上海
检察文库

检察实务丛书 ②

公诉实务教程

Public Prosecution:
A Practical Tutorial

主　编　余啸波

副主编　周永年　龚培华　吴元浩
　　　　李　宁　高孝义

上海交通大学出版社
SHANGHAI JIAO TONG UNIVERSITY PRESS

内 容 提 要

本书以公诉工作的诉讼进程为主线，共分"公诉制度概述"、"审查起诉"、"出庭公诉"、"刑事审判监督"和"死刑案件办理"五个部分，立足司法实务的实际需要，从公诉理论、公诉制度到公诉技巧、公诉谋略，从公诉工作应遵循的基本规则到公诉人审案与出庭的程序规则等，完整系统的阐述了公诉工作各个环节的要点与难点。

在编写过程中，每章注意选择典型案例以及处理方法为示例。书后附有"庭审问题处置方法释疑"与"常用公诉法律文书格式示例"，以增强本书的规范和实用性，努力做到理论与实务相结合、知识与经验相结合、广度与深度相结合。

图书在版编目(CIP)数据

公诉实务教程/余啸波主编. —上海：上海交通大学出版社，2012(2018重印)
(上海检察文库. 检察实务丛书)
ISBN 978-7-313-08154-4

Ⅰ.①公…　Ⅱ.①余…　Ⅲ.①公诉—中国—教材
Ⅳ.①D925

中国版本图书馆 CIP 数据核字(2012)第 022302 号

公诉实务教程

余啸波　主编

上海交通大学出版社出版发行

(上海市番禺路 951 号　邮政编码 200030)
电话：64071208　出版人：谈　毅
上海天地海设计印刷有限公司 印刷　全国新华书店经销
开本：787mm ×960mm 1/16　印张：32.25　字数：504 千字
2012 年 2 月第 1 版　2018 年 8 月第 7 次印刷
ISBN 978-7-313-08154-4/D　定价：69.00 元

■ 本书主编：

余啸波

■ 副 主 编：

周永年　龚培华　吴元浩　李　宁　高孝义

■ 编 写 人：

王　震　陈为钢　陈茜茜　贺　卫　安　宁　谷晓丽
何继清　邹积超　徐亚之　曹　化　皇甫长城

序

改革开放三十多年来,我国立法工作取得了举世瞩目的成就,中国特色社会主义法律体系已经形成,社会主义民主法制建设进入崭新的历史阶段。"法律的生命力在于实施",中国特色社会主义法律体系的形成对检察工作提出了新的更高要求,法律监督工作的重要性愈发凸显,人民群众对法律监督成效的期待更加强烈,要求检察机关忠实履行法律监督职责、切实维护国家法律的尊严、保障国家法律的统一正确实施。

作为全市检察系统的领导机关,上海市人民检察院担负着领导全市检察机关执法办案工作的职责。如何加强市院对下级院的指导,提高检察队伍的职业素质和执法能力,保障全市检察机关坚持党的领导、充分履行各项检察职能、有效服务保障经济社会发展大局是一个需要积极探索的课题。

上海市人民检察院历来重视检察队伍业务素质的提高,多年来采取诸如"听庭评议"活动、"两岗"(岗位练兵、岗位成才)活动、"套餐式"主体教育培训、检委会学习制度、专家讲座、案例通报等一系列措施与方法,充分发挥了对业务工作的指导效果,确保了办案质量,提高了监督水平。编撰出版"检察实务丛书"是市院加大执法能力建设的又一重要举措。

"检察实务丛书"作为"上海检察文库"的重要组成部分,内容涵盖反贪、反渎、侦监、公诉、未检、监所、控申、民检、预防等各项检察实务工作。本丛书将突出以下特点:

一是指导性。丛书由市院统一组织编写,编撰者都是具有深厚法律功底、丰富实践经验和熟练职业技能的资深检察官,同时邀请沪上知名专家教授和检察实务专家担任专家顾问,力求使丛书全面、准确、完整地反映检察实务工作内容,使本丛书具有较强的指导性和较高的权威性。

二是开放性。丛书不预设任何内容限制,凡是与检察实务有关的论著皆可纳入其中。丛书内容包括所有检察实务,涉及检察实践中一些重大突出、疑难复杂问题的研究;既有实体法问题的阐述,也有程序问题的探讨;既有检察工作实践经验的提炼,也有对检察实务原理的精释;既有我国检察制度的剖析,也有对国外相关检察制度的引介。

三是实用性。丛书推行"检察官教检察官"的指导培训模式,将全部由检察官自己编写,意在突出实用性、操作性的特点,目的是凝聚执法办案检察官的集体思维和智慧积淀。为使本丛书成为检察办案有用的实务教材和重要参考用书,书中要求贯穿司法实践中的生动实例,归纳检察实务的技巧。书末还附有相关文书的格式和样本,有的还随书附赠光盘。

四是时代性。丛书立足于最新的法律法规、司法解释和规范性文件等来阐释检察实务工作,同时吸收了理论界、司法实务界关于检察实务的最新研究成果,运用的案例也多是近年来发生的司法实例。因此本丛书反映了最新的、与现行的检察实务相关的内容,充分展现时代性。

"检察实务丛书"的编撰出版,展现了上海检察机关长期致力于理论与实务研究的浓厚氛围,凸显了检察官对司法实践经验的总结和理论提升的思考,反映了上海"四个中心"建设背景下检察机关走专业化、规范化发展道路的特色。希望丛书的出版能够进一步整合本市检察实务研究的资源,激励广大检察人员对相关法律问题和司法实务的理性思考和深入研究,进一步提升检察队伍的整体素质,从而有力地推动上海检察机关各项业务工作的科学发展。

上海市人民检察院检察长 陈旭

2011 年 12 月 1 日

全国检察机关第四次"公诉工作会议"明确指出,公诉是我国检察机关核心的标志性职能之一,是法律监督的重要组成部分。这充分说明公诉职能与检察职能的关系及其重要性。

公诉职能的重要性源于其所具有的原发性、延伸性和综合性的特点。原发性,是指公诉是检察机关最悠久、最古老、最通行的职能,有检察就有公诉;延伸性,是指公诉职能促使检察机关对侦查活动的始末和审判活动的延续实行监督,以确保公诉权的行使;综合性,是指相对于其他部门的职能而言,公诉既要指控,又要监督,既要对侦查活动监督,还要对审判活动监督,职能比较宽泛。也因此,公诉工作倍受关注。

随着我国法治进程的不断推进和公民维权意识的不断增强,司法调整社会利益的途径正不以人们意志为转移地在迅速拓宽。如何以公正司法、规范办案为中轴,不断提高公诉工作的质量与水平,满足人民群众的期待和社会发展的需求,是检察机关面临的重要课题。这不仅要靠每一位公诉人认真学习和精确掌握法律政策的精神,还要靠在实践中不断总结与持续积累公诉经验与成果,并不断传承、发扬广大。

《公诉实务教程》是结合公诉理论,对公诉实践经验进行认真总结的尝试。全书以公诉工作的诉讼进程为主线,共分"公诉制度概述"、"审查起诉"、"出庭公诉"、"刑事审判监督"和"死刑案件办理"五个部分,立足司法实务的实际需要,借鉴与吸收当前的研究成果,从宏观的公诉理论、公诉制度到微观的公诉技巧、公诉谋略,从公诉工作应遵循的基本规律到公诉人审案与出庭的程序规则等各个方面,对公诉实务进行了较为系统的研究与阐述。

编写过程中,我们注意选择典型案例以及庭审问题处置经验为示例，以增强可读性、实用性，努力做到理论与实务相结合、知识与经验相结合、广度与深度相结合。

希望本书能对有志于从事公诉工作、投身公诉事业的检察同仁有所帮助。

余啸波*

2012 年 1 月

---

* 上海市人民检察院副检察长。

目　录

│第三章│
出庭公诉

| 第四章 |

刑事审判监督

| 第五章 |
死刑案件的办理   349

第一章
公诉制度概述

第一节　现代公诉制度简介

从历史进程看,相对于审判机关和警察机关,检察机关产生的时间要短许多,而且与审判权和侦查权产生、发育和存续的稳定性相比,公诉权属性具有变动性的特征,公诉制度在当代各国也呈现出多样性的特点。分析、比较不同国家公诉制度的形成及内容构造,有助于我们深化对有中国特色公诉制度的理解和把握:一方面,国家制度观念对公诉制度的产生和变化起着重要的引导作用,它为公诉权的产生与运作提供了价值定位和逻辑框架;另一方面,公诉制度的真正基础是公诉实践而不是国家制度观念。可以说,一个国家的公诉制度是国家制度变迁与国家制度观念,以及公诉制度实践、理性构建与自然演进对立统一的过程。

受篇幅所限,本节将重点考察欧陆、英美及社会主义国家中部分具有典型意义的国家和地区的公诉制度。有关我国公诉制度的特点,本书将在后文作专门阐释,故此处仅概要叙述我国公诉制度的产生及发展。

一、现代各主要国家公诉制度的演变[①]

公诉,相对于自诉而言,是指由专门的机构代表国家提请法院追究被告人

[①] 参见王新环:《公诉权原论》,中国人民公安大学出版社 2006 年版,第 11—50 页;郝银钟:《刑事公诉权原理》,人民法院出版社 2004 年版,第 30—45 页;朱孝清、张智辉:《检察学》,中国检察出版社 2010 年版,第 128—137 页。

刑事责任的制度。这一制度滥觞于法国,后被英美法系和以苏联为代表的社会主义国家普遍借鉴和采纳,成为当今世界各国刑事司法制度中的重要组成部分。

（一）以法国为代表的大陆法系公诉制度

在法国历史上,作为后来专司公诉权的检察官,最初的职能是国王及贵族的私人代理人,其参加诉讼并不具有公诉的性质。1670 年,法国国王颁布刑事敕令,明确规定:在最高审判机关设置检察官,称总检察官,下设检察官于各级法院内部。这是大陆法系国家检察机关设置实行审检合署的开端。该敕令同时规定,检察官的职责不仅仅限于通过诉讼保护王室利益,而且具有对一切刑事案件行使侦查和起诉的权力。以此为标志,法国的检察官制度基本形成。法国大革命期间,法国制宪会议于 1790 年将原来的国王代理人分为两种:一种是仍由国王任命的国王委员,专门掌管向法院请求法令的适用与判决的执行;一种是由人民选举的公诉官,专门掌管在刑事法院进行追诉辩论。由此,现代刑事诉讼程序的控审分离原则确立下来,以检察官为主体的现代公诉制度随之诞生。特别是 1808 年拿破仑颁布《刑事诉讼法典》,明确采用控诉原则,原来为王公财产利益执行私权追诉的家臣正式蜕变为为国家公共利益追诉犯罪并执行公诉的官吏,从而开创了现代公诉制度的先河。

法国检察官公诉制度不但影响了欧洲大陆国家,还影响了世界许多国家的诉讼法律制度。目前,欧洲大陆的德、意等国公诉制度的基本框架保留了法国公诉制度的基本特点。近代以来仿效法国建立公诉制度的日、韩等国,尽管在诉讼制度上不同程度借鉴了英美法系的内容,但其公诉制度总体上保持了大陆法系的特征。

（二）以英美为代表的英美法系公诉制度

英国是私权比较发达的国家,作为一种社会传统,英国很长时期内把维持治安和追诉犯罪视为公民的私事。在起诉方式上,英国传统的做法是国家不设立像大陆法系那样的检察机关来专门负责提起公诉,理论上,检察官、警官、任何政府机关、地方机构和个人均可以对任何犯罪起诉。因此,尽管英国法中形成了比较有特色的大陪审团审查决定起诉制度①,但严格讲,在很长的历史时期

---

① 参见王新环:《公诉权原论》,中国人民公安大学出版社 2006 年版,第 11—50 页;郝银钟:《刑事公诉权原理》,人民法院出版社 2004 年版,第 30—45 页;朱孝清、张智辉:《检察学》,中国检察出版社 2010 年版,第 128—137 页。

内,英国并不存在像大陆法系那样以专门的国家机构或官员为标准的公诉制度。

不过,近代以来,随着社会的发展,英国逐渐限制陪审团的运用。1879年颁布的《犯罪检举法》设立总检察长,代表国家对重要案件提起公诉;1933年以后,陪审团起诉体制正式在英国消失;20世纪末,英国进行了重大司法改革,根据1985年《刑事起诉法》,英国普遍建立以皇家检察署为核心、由检察长统一领导的检察机关,统一行使公诉权,从而实行了与大陆法系相同的检察官公诉制度。受英国影响,一些英联邦国家如澳大利亚也相继设立独立的检察机关,从而出现英美法系检察官公诉制度的现代转型。

美国独立后的法律制度与诉讼制度基本秉承英国,但它结合本国情况吸收了大陆法系国家的法律制度,从而在近代形成了独具特色的公诉制度。美国对刑事案件全部实行公诉。轻罪案件由警察官员直接起诉,重大案件由检察官起诉,但在联邦系统和部分州的刑事诉讼中,重罪案件仍须大陪审团审查,以决定是否起诉;同时《权利法案》规定,非经大陪审团提起公诉,任何公民不得被判处死罪或者其他不名誉罪。

(三) 以苏联为代表的社会主义公诉制度

与大陆法系和英美法系所不同的是,以苏联为代表的社会主义国家的检察机关,并非专司公诉职能的诉讼主体,而是"维护统一法制"的专门机关。这一思想来源于列宁《论双重领导与法制》一文中提出的"中央检察权"思想。该类型检察机关的设立以1922年的《俄罗斯社会主义联邦苏维埃共和国检察机关条例》为标志,为之后的苏联和其他社会主义国家所借鉴。该检察体制下的公诉制度,是基于一般监督模式下的公诉制度。即将法律实施监督、司法监督、诉讼监督以及追诉犯罪等职能混为一体;追诉犯罪仅仅是检察机关实施监督的一种形式和手段,其所体现出来的对权力行使的监督才是其本质特征。

(四) 我国的公诉制度

我国近代公诉制度始于清末修法。1906年,清政府制定《大理院审判编制法》,在大理院下设各级审判厅,各级审判厅内设各级检察局,负责对刑事案件提起公诉,监督审判活动,监视判决执行。这种检审合署的体制为北洋军阀政府所沿用。国民政府时期,在《法院组织法》中规定,在最高法院内设检察署,其他各级法院仅配检察官,由此确定了合署制与配置制混合的公诉制度。总体上看,从清末修法到国民政府时期,我国近代公诉制度承袭了大陆法系的基本特点与构造。

新中国成立之初,借鉴苏联的立法模式和经验,设立了最高人民检察署,对政府机关、公务人员和全国国民严格遵守法律实行最高检察职能,从此改变了检审合署的制度,使检察机关成为独立的国家机关。1949 年颁布的《最高人民检察署试行组织条例》规定,最高人民检察署的职权之一,即是直接行使并领导下级检察署行使对案件的侦查、提起公诉的职能;1954 年《人民检察院组织法》再次明确检察机关是唯一的公诉机关,行使对刑事案件提起公诉、支持公诉的职能。但在内部机构设置上,直至检察机关恢复重建,公诉部门一直未成为独立的职能部门。直到 2000 年,最高人民检察院经中央批准,完成了内部机构改革,公诉作为独立的内设部门被确定下来,专门承担审查起诉、出庭支持公诉、刑事审判监督的工作,公诉职能得以专门确立。

二、不同法系公诉制度的基本特点分析①

(一) 大陆法系公诉制度的基本特点

1. 公诉权属于司法权,但检察机关隶属于行政机关

在大陆法系,检察机关通常被认为是司法机关,与审判机关共同行使国家司法权,检察官与法官都被称为司法官。但在组织结构上,一方面,检察机关要接受作为行政机关组成人员司法部长的领导和指挥;另一方面,检察机关要执行政府的刑事政策。检察官具有双重身份,被称为站着的司法官,但同时又属于国家公务员。

2. 公诉机关享有较为广泛的职权

大陆法系普遍实行国家公诉主义,所有刑事案件由检察机关提起公诉。为了保证公诉的有效性,法律赋予检察官指挥警察侦查或者自行侦查的权力。与公诉权相联系,检察官具有起诉或者不起诉的自由裁量权,具有出席法庭指控犯罪、对法院裁判提出抗诉和监督诉讼是否合法的权力。

3. 公诉机关在组织管理方面具有整体性

这主要表现在三个方面:一是检察院具有不可分割性。检察官在法律上被视为同一个人,在履行职责上可以互相替代。二是实行检察一体化原则。上下级检察机关垂直领导,下级必须服从上级。三是检察机关不受申请回避。检察机关是

---

① 朱孝清、张智辉主编:《检察学》,中国检察出版社 2010 年版,第 128—137 页。

刑事诉讼中必要的主当事人,任何人不能申请检察机关在刑事诉讼中回避。

4．公诉机关在行使职权时具有独立性

一方面,对法官享有独立性。检察官是为执行权力机关服务,对预审法庭和审判法庭享有绝对的独立地位。法官不得对检察官进行训斥或者发出指令,也不得对检察院提起公诉意见书的语句进行删减。另一方面,对当事人享有独立性。受到犯罪侵害的当事人采取何种态度,对检察机关并无约束力。

5．公诉机关在诉讼中既是当事人,又不同于一般当事人

一方面,公诉中的原告,始终是检察机关,享有诉讼当事人的权利和保障;另一方面,由于检察机关代表社会并为保护社会利益而提起刑事诉讼,故比一般当事人享有更大的特权和更广泛的保障。

(二) 英美法系公诉制度的基本特点

1．公诉机关属于行政机关

就法律地位而言,英美法系的检察机关通常被定位为政府法律顾问,隶属于政府行政系统。总的来说,英美法系国家的检察机关一般隶属于国家元首或者政府首脑,总检察长由司法部长兼任,由国家元首或政府首脑在征得议会同意后任命,任期届满前由国家元首或政府首脑宣布免职。

2．公诉机关的组织体系较为松散

英美法系国家的检察机关不仅缺乏全国统一的组织体系,而且缺乏严密的内部分工。以美国为例,美国在联邦系统按照司法区设立检察机关,并实行统一领导,但是各州的检察机关并不隶属于联邦的检察机关,并且各州的检察制度具有一定的差异性,州检察长对地方检察官的领导权在多数州都十分微弱,地方检察院具有相对独立性。

3．公诉机关职权相对较少

与大陆法系国家相比,英美法系国家的检察官没有自行侦查和指挥侦查的权力,也没有监督诉讼过程的权力和监督刑罚执行的权力。如在美国,检察官可以协同警察或者执法人员对犯罪案件进行侦查,但不能干预和指挥侦查。对于重罪案件,联邦检察官应向大陪审团提供证据和法律咨询,由大陪审团决定是否起诉。在大陪审团决定起诉后,检察官就成为公诉的执行者。

4．公诉人是诉讼当事人

由于英美法系普遍实行当事人主义的诉讼制度,检察官在参加诉讼的过程

中始终是作为一方当事人出现的,没有超越当事人法律地位的特权。不管是隶属于内政部的英国检察机关,还是隶属于司法部的美国联邦检察机关,在诉讼中的地位始终是受当事人主义原则的支配,被看做与被告人具有同等地位的诉讼当事人,享有与辩护方当事人相同的诉讼权利。

(三) 社会主义公诉制度的基本特点

以苏联模式为代表的社会主义公诉制度有四个突出特点:

1. 公诉机关具有独立的法律地位

检察机关由最高权力机关直接产生,并直接对权力机关负责,受权力机关监督。检察机关具有遍布全国的组织结构,对外自成体系,对内实行一体化的领导体制和活动方式。检察机关行使职权,不受行政机关、团体和个人的干涉。

2. 公诉机关享有广泛职权

在保留公诉权的基础上,检察机关同时被赋予较大的监督权,还对一切国家机关及其工作人员的职务活动具有普遍的监督权,并且这种监督权具有极大的权威性。

3. 公诉机关在组织体系上实行高度统一的直接领导

在全国范围内,与行政机关、审判机关相对应,设立不同级别的检察机关,并实行统一领导,从而形成全国系统。上下级之间实行上令下从,并且这种领导关系既包括工作方面的领导,也包括组织人事及其他方面的领导。在内部实行检察长负责制。

4. 公诉机关既是诉讼的主体,又是诉讼的监督者

检察机关在刑事诉讼中统一行使国家公诉权,对犯罪进行追诉,享有原告权利。同时还负有监督职责,代表国家对侦查机关、审判机关和其他诉讼当事人在诉讼活动中出现的违反法律的情况进行监督,以保障法律的正确实施。

三、现代各国公诉制度基本内容比较①

(一) 相同点

(1) 公诉案件基本条件相同,即对提起公诉的条件,均要求:一是刑事案件归属公诉机关管辖;二是根据查明的事实和证据,认为犯罪嫌疑人或被告人实

---

① 朱孝清、张智辉主编:《检察学》,中国检察出版社 2010 年版,第 128—137 页。

施的行为已经构成犯罪；三是被告人的行为依法应当受到刑事惩罚。

（2）出庭支持公诉的程序和方法基本一致，均包括派员出庭、参与回避程序、宣读起诉书、参与法庭调查、变更公诉、参加法庭辩论、提出量刑建议等方面，只是在一些具体环节和操作上有所不同。

（二）不同点

（1）公诉主体不同。有的由检察机关统一行使，如日本、韩国；有的由检察官和大陪审团分别行使，如美国；有的由检察官和预审法官共同行使，如英国、法国。

（2）公诉权范围不同。有的由国家垄断公诉，如美国、法国、日本；有的兼采国家垄断主义和被害人追诉主义，如英国、德国；有的以私诉为主，公诉为辅，如澳大利亚、新加坡。

（3）审查起诉方式不同。有的是审查制，即由公诉机关直接决定，不采用开庭方式；有的是抗辩制，审查起诉还交由预审法庭开庭，进行公开审理；有的则采用折中制，如法国的预审法庭二级预审、美国的大陪审团审查起诉。

（4）庭前公诉机关职能不同。美国检察官在庭前拥有诉辩交易的权限，这是其他国家公诉制度所不具备的。

第二节　公诉制度基本原理

一、公诉与公诉权概述

（一）公诉

1. 公诉的概念与本质

公诉，是指为了国家利益、公共利益而由代表国家的专门机关或者个人依法指控被告人犯有罪行，请求法院开庭审判，追究犯罪人刑事责任的诉讼活动。由于公诉是以国家名义提起刑事诉讼，故被称为国家追诉主义。与之相对应，自诉是以被害人个人名义提起刑事诉讼，故被称为私人追诉主义。从历史发展的进程看，刑事诉讼由传统的私人追诉主义逐渐演化为国家追诉主义。目前，完全采用私人追诉主义的国家已不存在。完全由国家垄断刑事诉讼起诉权，而不存在自诉的,称为起诉一元主义。世界上包括我国在内的大多数国家都采用公诉为主、自诉为辅的起诉模式,即起诉二元主义。从世界各国刑事诉讼立法看,代表国家行使公诉权的专门机关主要是检察机关。

公诉的本质是国家追诉主义。一方面,国家法律授权检察机关作为提起刑事诉讼的专门机关;另一方面,检察机关追诉犯罪行为是以国家名义进行的,即国家追诉犯罪。

2. 我国公诉制度的基本特点

我国的公诉制度经历了独特的发展过程,既受到世界各国刑事诉讼制度的影响,又吸收了我国司法实践的具体经验。我国的公诉制度与其他国家相比,有其自身的特点:

1) 人民检察院具备公诉权与法律监督权两项权能

根据我国《宪法》、《刑事诉讼法》和《人民检察院组织法》的规定,人民检察院是国家法律监督机关,并承担公诉职能。所以,人民检察院在刑事诉讼中具有双重属性,既是国家法律监督机关,又是国家公诉机关。人民检察院对刑事犯罪进行追诉、提起公诉的过程,也是进行法律监督的过程。

2) 人民检察院是唯一的公诉机关,独立行使公诉权

根据我国《刑事诉讼法》的规定,人民检察院独立行使公诉权,其他机关、团体和个人无权提起公诉。对案件无论是起诉还是不起诉,均由人民检察院自行决定,其他机关无权干预。

3) 公诉人不是刑事诉讼当事人

我国检察官作为公诉人出席法庭支持公诉,参与法庭调查和法庭辩论,但其不属于刑事诉讼当事人,而是代表国家行使公诉权和法律监督权的独立诉讼主体,其权利要比诉讼当事人广泛得多。

4) 人民检察院与公安机关、审判机关之间是相互配合、相互制约的关系

在我国,刑事诉讼实行分工负责、相互配合、相互制约的原则。公安机关负责侦查,人民检察院负责审查起诉。公安机关对人民检察院的不起诉决定有要求复议、提请复核的权力。法院负责审判,人民检察院对法院确有错误的裁判有权提出抗诉,有权对法院裁判活动进行监督并提出纠正意见。

5) 人民检察院属于司法机关

根据我国《宪法》、《刑事诉讼法》和《人民检察院组织法》的规定,人民检察

院是司法机关,其代表国家提起公诉的活动具有司法属性,应当符合开放性、公正性和独立性等司法要求。

6) 公诉与自诉相互救济

我国刑事起诉采用了公诉为主、自诉为辅的二元模式。这种模式既有利于发挥国家职能,又有利于调动公民个人追诉犯罪的积极性,从而使刑事犯罪及时得到处理。然而,公诉和自诉的范围并不是绝对的,两者在一定条件下可以相互转化。因为犯罪直接侵害了被害人的合法权益,故而被害人对于追诉犯罪的要求最为强烈。国家追诉机关基于某种原因可能忽略被害人的利益,未追究犯罪嫌疑人的刑事责任,或者作出对犯罪嫌疑人绝对不起诉的决定。为维护被害人的合法权益,我国《刑事诉讼法》第145条、第170条规定,某些刑事案件可以由公诉转为自诉。即被害人对于某些公诉案件,在公安机关、人民检察院不予追诉的情况下,可以直接向人民法院起诉。而对于某些自诉案件,被害人无力收集证据或者因某种原因不敢起诉时,国家也要进行干预。所以,自诉案件可以向公安机关控告,经公安机关立案侦查,由人民检察院提起公诉,即自诉转为公诉。由此,公诉与自诉相互转化、相互救济的基点在于维护被害人的合法权益。

(二) 公诉权

1. 公诉权的概念与性质

公诉权,是指专门机关依法代表国家主动追究犯罪,并将犯罪诉至审判机关,请求予以定罪处罚的一种诉讼权能。公诉权在本质上是一种国家追诉权,在程序意义上是一种司法请求权,是实现国家刑罚权的前提。对公诉权的性质,可以从以下几个方面来理解:

1) 公诉权是一种犯罪追诉权

检察机关提起公诉的目的是请求审判机关确认被告人有罪。只有确认被告人有罪,才能追究其刑事责任。提起公诉的前提就是认为被告人涉嫌犯罪而要求审判机关予以确认,因而公诉权是一种犯罪追诉权。

2) 公诉权是一种司法请求权

公诉权属于诉权,是请求启动审判的刑事诉讼权力。在现代法治国家,控审分离原则要求刑罚不能直接由审判主动适用,必须以刑罚请求的存在为前提。公诉权在形式上表现为请求审判机关对刑事案件进行审理并作出裁判的权力,其作为一种司法请求权,具体包括审判请求权、有罪判决请求权和刑罚请求权。

3)公诉权是一种程序性权力

公诉权的行使可以推动刑事诉讼程序的发展,使犯罪受到追究。虽然其对国家刑罚权的实现具有重要意义,但其本身不能解决定罪的实体问题和进行最终处置。故此,与同为公权力的行政权和审判权不同,公诉权只是一种诉讼权,即程序性权力。

2. 公诉权的基本权能①

公诉权是由诸多要素依照刑事诉讼进程排列组成的,是多层次的权力要素集合体。这些权力要素由公诉权派生,是公诉权的具体表现形式。公诉权的基本权能包括以下几种:

1)调查权和补充侦查权

我国检察机关为了更好地行使公诉权,有权行使调查权。调查权,指侦查机关将案件侦查终结移送检察机关后,检察机关为了更好地审查起诉而自行行使的一种调查权。

检察机关在行使公诉权时,除进行调查外还有权行使补充侦查权。补充侦查是原侦查工作的继续,仍属于侦查的范畴。补充侦查是在原有侦查工作的基础上,进一步进行侦查的一种刑事诉讼活动。其不是每一个刑事案件都必须经过的诉讼程序,而是在原有侦查工作没有完成侦查任务的情况下,对侦查的一种补救措施。补充侦查有两种方式:一是退回补充侦查,即检察机关将案件退回侦查机关进行补充侦查;二是自行补充侦查,即检察机关决定自行对案件进行补充侦查。

2)提起公诉权

提起公诉权,是指代表国家将犯罪嫌疑人提交审判机关审判,并出席法庭支持所提诉讼主张,请求审判机关依法对犯罪嫌疑人追究刑事责任的诉讼权力。具体又包括以下权能:

(1)起诉权 是指代表国家将犯罪嫌疑人提交审判机关审判的诉讼权力。这是公诉权的基础性权力,对于实现公诉任务意义重大。一方面,公诉指控是

---

① 朱孝清、张智辉主编:《检察学》,中国检察出版社2010年版,第128—137页。

对侦查和审查起诉在法律意义上的总结,表明了检察机关对案件的基本认识和态度;另一方面,起诉权是支持公诉权、变更起诉权、不起诉权和抗诉权等其他权能的前提和基础。

起诉权一经检察机关依法行使,就产生一定的法律效力。具体包括三个方面:一是启动审判程序,产生刑事诉讼系属关系。刑事案件一经起诉,即脱离检察机关而归属于审判机关,审判机关有对案件进行审判的权力和义务。案件系属某一法院后,对于同一案件不能重复起诉。案件因起诉而产生的诉讼系属关系因审判机关就该案件作出程序或者实体的终局裁决而消灭。案件起诉以后,检察机关除撤回起诉外,无权对该案件作出处理。二是限制审判权的范围。审判机关只能针对提起公诉的被告人及其犯罪事实进行审判。除非检察机关变更起诉,审判机关不得对检察机关指控的被告人之外的人或者事实行使审判权。三是明确证明责任。检察机关对公诉主张负有提出证据加以证明的义务,并应当派员出庭支持公诉,证明公诉主张。

(2)出庭公诉权 是指代表国家出席和参加审判机关对公诉案件的开庭审理活动,积极举证、论证公诉主张,反驳被告人或辩护人的无理辩解,请求法庭依法确定被告人的刑事责任的诉讼权力。在我国,出庭公诉权的行使具有以下特点:一是人民法院审判公诉案件,人民检察院应当派员出庭支持公诉,但是依法使用简易程序的可以不派员出庭;二是出庭公诉权的主体是人民检察院,执行主体是检察官;三是出庭公诉权的行使方式必须符合我国《刑事诉讼法》的规定;四是出庭公诉权的行使阶段包括整个公诉案件的审判阶段,直至生效判决作出;五是出庭公诉权的内容包括定罪请求权、量刑请求权、变更起诉权等具体权能。

(3)起诉变更权 是指对已经提起的公诉加以撤回、进行追加、补充或者作出狭义变更的诉讼权力。起诉变更权体现了公诉的酌定性,是实现准确、有效公诉的保障。其确立和行使对于诉讼当事人的权益保护以及对审判机关的审判活动都具有重要影响。具体而言,起诉变更权包括以下几项权能:一是追加起诉权,指在公诉案件的审判程序中,检察机关对起诉书中未指控的犯罪嫌疑人或者犯罪行为一并进行指控,而不另行起诉的诉讼权力。追加起诉权实质上是一种起诉后的合并公诉。二是变更起诉权,指检察机关提起公诉后,对起诉内容进行改变的诉讼权力。三是撤回起诉权,指公诉提起以后有因发现不具备起诉条件而向审判机关收回已经提出的诉讼,引起审判机关撤销诉讼的诉讼权力。

3）不起诉权

不起诉权,是指检察机关对案件进行审查后,认为不具备起诉条件,或者认为不适宜起诉时,作出决定不将案件移送审判机关进行审判并终止刑事诉讼的诉讼权力。当今世界各国为了强调公诉的合理性和目的性,均赋予检察机关对符合起诉条件的案件是否起诉的自由裁量权,这已经成为当今世界各国公诉制度发展的一大趋势。

根据我国《刑事诉讼法》的规定,人民检察院享有的对公诉案件的不起诉权包括三类:一是绝对不起诉权。即人民检察院对于行为不构成犯罪或者依法不应当追究刑事责任的犯罪嫌疑人,依法决定不起诉的诉讼权力。二是相对不起诉权。即人民检察院对于犯罪情节轻微,依照刑法规定不需要判处刑罚或者免除刑罚的犯罪嫌疑人酌定不起诉的诉讼权力。三是存疑不起诉权。即人民检察院对于补充侦查的案件,认为证据不足,不符合起诉条件的,可以决定不将犯罪嫌疑人起诉至人民法院的诉讼权力。

4）抗诉权

抗诉权,是我国检察机关的重要职权,指人民检察院认为原审人民法院的判决确有错误,依法向上一级人民法院提出,并要求对案件重新审判的诉讼权力。抗诉权是起诉权的延伸和继续。依照我国《刑事诉讼法》的规定,人民检察院的抗诉权包括第二审程序的抗诉权和审判监督程序的抗诉权两种。第二审程序的抗诉权,是指地方各级人民检察院认为本级人民法院第一审的判决、裁定确有错误,依法向上一级人民法院提出并要求对案件进行重新审理;审判监督程序的抗诉权,是指最高人民检察院发现地方各级人民法院、上级人民检察院发现下级人民法院已经发生法律效力的判决和裁定确有错误,依照审判监督程序向同级人民法院提出并要求再审的权力。

二、我国公诉权的诉讼职能定位

（一）犯罪的追诉者

任何犯罪都破坏社会秩序,损害国家利益和社会公共利益。人民检察院代表国家行使公诉权,其目的在于准确、及时、公正地惩罚犯罪,通过提起公诉对犯罪嫌疑人及其行为进行初步评价,从而维护国家、社会以及公民个人利益。

(二) 权力的监督者

根据我国《宪法》、《人民检察院组织法》的规定,人民检察院是国家法律监督机关,在刑事诉讼中具有双重身份,既是国家公诉人,又是法律监督者,依法监督侦查权与审判权的正确行使。

(三) 权利的保障者

人民检察院在刑事诉讼中依法保障犯罪嫌疑人、被告人、被害人、其他诉讼参与人的合法权利。公诉权对侦查权、审判权的制约,特别是对审判范围、审判活动的限制,有利于避免无辜的公民受到刑事追究,同时保障犯罪嫌疑人、被告人受到公正审判。人民检察院代表国家参与刑事诉讼,还有利于保障犯罪嫌疑人、被告人、被害人、其他诉讼参与人的法定诉讼权利。

三、我国公诉权的运行机制

公诉权运行机制,主要是指公诉权的运行主体在履行公诉职能时所采取的方式和办案制度。一套科学、合理的公诉运行机制的建立,是公诉实践不断发展的基础和目标。

(一) 公诉权运行主体:检察机关与公诉人

我国的公诉权,依法由检察机关统一行使,同时公诉作为一种国家行为,必须通过一定的人来具体实施,公诉人就是代表国家具体实施公诉的专门人员。因此,公诉权运行的主体,包括检察机关和公诉人两个层面。

1. 检察机关的组织体系与层级关系

1) 外部组织体系与层级关系

根据我国《宪法》、《人民检察院组织法》和《刑事诉讼法》的规定,上下级检察机关是领导与被领导的关系,上命下从,一体行使检察职权。具体表现为:最高人民检察院领导地方各级检察院工作,上级检察机关领导下级检察机关工作;上级检察机关对下级检察机关的决定,有权予以撤销或者变更,有权指令下级纠正已办结案件中的错误,有权移送、指令起诉管辖;上级检察机关有权支持或撤回下级检察机关的抗诉。

需要注意的是,"上命下从、检察一体"是以检察机关的名义进行的。上下级公诉部门之间,仅在业务上存在指导与被指导的关系,上级公诉部门对下公诉部门的意见或者决定,在法律上并没有强制执行的效力。

2)内部组织体系与层级关系

根据《人民检察院组织法》第 3 条的规定,在检察机关内部,实行首长负责制,即设检察长一人,副检察长和检察员若干人,并由检察长统一领导本检察院工作。同时,设立检察委员会,实行民主集中制,在检察长的主持下,讨论决定重大案件和其他重大问题。

2. 公诉人的诉讼地位与职位分类

1)公诉人的诉讼地位

在上述检察体制下,公诉人在层级关系上处于被领导的从属地位,系根据检察长的授权,以本院的名义履行职务,这与其他国家的公诉人以个人名义行使公诉职能有所不同。但公诉是以法律适用为目的的诉讼活动,以直接性和亲历性为基础,这决定了公诉必然具有鲜明的个体化特点,因此,公诉人行使职权又必然带有一定的独立性,在具体案件中有相对独立的自由裁量权,在授权范围内有权根据自己对法律的理解和事实的认定作出诉讼决定。

2)公诉人的职位分类

公诉人是对从事审查起诉和出庭公诉的检察人员的统称,不是特定的法律职称。从不同的角度看,公诉人的职务可以分为不同的种类:

(1)从法律职称看,公诉人包括检察长、副检察长、检委会委员、检察员、助理检察员。根据《检察官法》第 2 条和第 6 条的规定,代表国家进行公诉,是检察官的主要职责所在;而检察官包括检察长、副检察长、检委会委员、检察员和助理检察员。因此,检察机关的书记员不属于公诉人。

(2)从出庭的法律职务看,公诉人可以分为检察长、检察员和代理检察员。根据《人民检察院组织法》第 15 条的规定,对提起公诉的案件,由检察长或者检察员以国家公诉人的身份出席法庭,支持公诉,并监督审判活动是否合法。同时,该法第 27 条又规定,经检察长批准,助理检察员可以代行检察员职务。因此,公诉人在出庭中的法律职务,不能引用"副检察长"或者"检委会委员"的称谓。副检察长或者检委会委员出庭的,应署为"检察员"。此外,还要注意,代理检察员与助理检察员不同,前者是后者在出庭时特有的法律职务称谓。

(3)从主诉制的组成看,公诉人又可以分为主诉检察官、代理主诉检察官、预备主诉检察官、主诉检察官助理等。这种分类是在实行主诉检察官办案责任制的情况下,因公诉部门内部办案职权分工不同而形成的,对外不具有法律效力。

3. 检察机关与公诉人的关系

1) 检察机关组织一体化与公诉裁量相对独立性

如前所述,我国公诉权的运行,在检察机关层面,体现出一体化的层级关系特征,而在公诉人层面,又体现出一定司法裁量的相对独立性特征。这两种关系相互制约,共同保障公诉权的合理运行:一方面,检察一体化的组织体系会使公诉人独立行使职权受到一定限制;另一方面,检察官独立也会限制检察一体化过分细化。要协调检察机关组织一体化与公诉裁量相对独立性的关系,必须正确处理好检察机关的领导与公诉人在办案上的分歧与矛盾。上级的领导是为了更好地保证公诉权的行使,而并非不要公诉人独立行使职权,对公诉人的限制也应当保持在一定的范围之内,任何过分限制公诉人独立行使职权的权力,必然导致公诉人独立负责精神受到压抑,这对于正确执法,提高公正执法水平是不利的。

2) 主诉检察官与检察长、部门负责人及主诉检察官助手的关系

(1) 主诉检察官与检察长之间是被授权与授权的关系,即通过实行主诉检察官办案责任制,公诉活动的决定权限划分为检察长、检委会和主诉检察官三个层次。主诉检察官只能在授权范围内行使权力。

(2) 主诉检察官与部门负责人之间是被管理与管理的关系,即部门负责人对主诉检察官的办案有监督管理权,但不能改变主诉检察官的决定。

(3) 主诉检察官与主诉检察官助手之间是业务上的指导与被指导的关系,主诉检察官助手在主诉检察官的指导下办理案件。

(二) 公诉权运行的基本程序

公诉权运行从启动到终止,通常情况依次包括以下程序:

1. 接受公诉动议

通常情况下,公诉权的启动也遵循不告不理的原则,即未经侦查机关移送审查起诉,公诉权不会主动启动。但在特殊情况下,公诉权也会对特定的犯罪事实或者犯罪主体主动启动,即在审查起诉中发现遗漏犯罪事实或者犯罪嫌疑人的,应要求公安机关立案侦查和移送审查起诉。

2. 作出公诉决定

一旦公诉动议被提出,检察机关就应当启动公诉权,对案件进行审查后,依

法作出提起公诉、决定不起诉或者退回公安机关处理的决定。

3．出庭支持公诉

对于提起公诉的案件,检察机关应当派员出席法庭,阐释公诉理由,支持公诉主张。

4．提起刑事抗诉

检察机关认为一审判决、裁定确有错误的,可通过抗诉启动二审程序;认为生效判决、裁定确有错误的,可通过抗诉启动审判监督程序。

在上述基本程序运行过程中,一般会出现三种结果:一是诉讼活动止于审查起诉,即在审查起诉中作出终止诉讼的决定,如作出不起诉决定或者退回公安机关处理;二是诉讼活动继续推进,包括因提起公诉启动一审程序、因提起抗诉启动二审或再审程序;三是诉讼活动出现回转,即受理移送审查起诉后退回侦查机关(部门)补充侦查、提起公诉后撤回起诉或者提起公诉经延期审理进行补充侦查。

四、公诉的基本原则

公诉的基本原则,是指贯穿公诉活动全过程,体现公诉价值,决定刑事诉讼结构,并对公诉立法及司法活动具有普遍指导意义的刑事诉讼准则。

(一) 无罪推定原则

1．无罪推定原则的含义

无罪推定,是指在刑事诉讼中,受刑事控告的人未经司法程序由法院确定为有罪之前,在法律上应当认为其无罪。其含义包括:

1) 只有经过法院的有罪判决,才能确定被告人有罪

定罪权是法院审判权的一部分,只有法院才拥有对个人的定罪权,其在确定某一行为为犯罪的方面具有排他性的决定权,这是法治国家的重要标志。它意味着法院一旦确定某人为有罪,国家对其进行处罚就具有直接的法律依据。反之,在法院未作出生效的有罪判决之前,国家不能确认任何人有罪或处以刑罚。因此,无罪推定原则为被告人在刑事诉讼中享有广泛的权利提供了重要的法律依据。

2) 被告人有罪的证明责任由控诉方承担,且证明必须达到排除合理怀疑的程度

无罪推定作为一种直接推定,其提出相反要求的证明责任必然由控方承担,被告一方不承担证明自己有罪或无罪的义务。同时,控方的这种反证必须达到足以推翻假定被告人"无罪"这一直接推定的程度,即必须达到超出合理怀疑的程度,否则就不能推翻该直接推定。因此,作为控方的检察机关一旦向审判机关提出向被告人追究刑事责任的控诉要求和主张,就有义务向审判机关提供证据证实被告人有罪,从而推翻被告人无罪的直接推定。

3) 对被告人的有罪判决只有运用合法证据并通过正当程序作出

证据合法、程序正当是有罪判决合法、正当的前提条件。无罪是法律所拟制的每个公民的原始状态,在未经合法证据和正当程序最终否定之前,只能承认它的原始状态。如果经过的程序或者运用的证据不合法,即使最终否定了推定的原始状态,这种否定也是违法的和不正当的,将会被提出抗诉或上诉而被上级审判机关撤销。因此,无罪推定原则在无罪与有罪之间设置的正当法律程序,是国家确定被告人有罪必须通过的屏障。

我国《刑事诉讼法》第 12 条就规定"未经人民法院依法判决,对任何人都不得确立有罪",这应当被视为无罪推定原则。

2. 无罪推定原则的适用

在公诉活动中贯彻无罪推定原则,检察机关和公诉人应当做到:

1) 树立保障犯罪嫌疑人和被告人合法权利的观念

无罪推定原则的一项核心内容是,犯罪嫌疑人和被告人在未经法院有罪判决前,不得视为有罪和作为罪犯对待,为此刑事诉讼法赋予其各项诉讼权利。检察机关是追诉机关,是公益的代表,在公诉活动中应站在客观公正的立场上,而"客观公正"的立场只能是坚持无罪推定的原则。它要求追诉机关在诉讼过程中时刻注意对犯罪嫌疑人和被告人有利的证据和对其的保护,从而防止追诉机关在认识上走向片面和极端,保证案件的正确处理。因此,检察机关或公诉人在诉讼活动中必须改变"重打击轻保护"的传统观念,树立打击与保护并重的观念。

2) 强化证据意识

根据无罪推定原则的要求,犯罪嫌疑人和被告人在公诉活动中被推定为无罪,要推翻这种原始状态的法律假定,作为控诉方的检察机关必须承担证明责任,同时要以证据为依据。从我国司法实践看,检察机关在审查认定证据上存在的问题主要表现为两方面：一是重口供而轻其他证据；二是不重视对证据的合法性审查，甚至运用不合法的证据。因此，在公诉活动中贯彻无罪推定原则，检察机关或公诉人要重视客观证据的收集和运用，对于违法收集的言词类证据坚决予以排除，这样才能不断强化证据意识。

3）克服片面强调定罪率的现象

无罪推定原则是对审判机关定罪的要求，然而司法实践中却将这一原则运用到检察机关的起诉上，要求检察机关起诉到法院案件的判处有罪率越高越好，并将这种定罪率的高低作为评价检察机关办案质量高低的重要标志。这种执法思想的主观出发点是好的，也能起到提高办案质量的作用，但有违无罪推定原则和客观实际情况。对此应当从两方面着手解决，首先是树立正确的定罪率观念，克服片面将定罪率高低作为评价下级检察机关办案质量高低的做法；其次是增强程序执法观念，以刑事诉讼法规定的起诉条件作为检验检察机关提起公诉正确与否的标准。

（二）法治原则①

1. 法治原则的含义

法治原则（rule of law），意指法律的统治，简称法治。法治相对于人治而言，实质上解决的是个人权力与法律谁服从谁的问题，它是治理国家的主要方法或原则。法治是历史发展的必然，是民主法治的标志。作为刑事诉讼重要组成部分的公诉活动是治理国家的重要体现，必然贯彻法治原则。

1）树立法律至上的观念

法律至上，是指法律具有最高的权威，任何个人或组织都无权凌驾于法律之上。强调法律之上，并不是对权力的否定，也不是对经济基础的决定作用的否定，而是强调权力的获得和行使应当有法律依据，任何经济社会活动都必须遵守法律。由于法律至上体现了"人民主权"的思想，因此法律至上的观念就是人民意志至上的观念。

2）系统完备的法律制度

系统完备的法制是指建立一个部门齐全、结构和谐、体例科学的法律体系，这是法治的象征和法治的前提条件。从法制的形成过程看，成文法的系统化、

---

① 张穹主编：《公诉问题研究》，中国人民公安大学出版社 2000 年版，第 182—192 页。

完备化是法制发展的最高形式,也是法治的必然要求。因为系统完备的法制可以克服立法体制不统一、部门立法频繁所导致的法律不协调、重复,甚至相互矛盾的现象,而完备的体现是法律的法典化。因此,我们可以说法典是人民自由的《圣经》,没有法典的法治不是真正的法治。

3) 严格公正执法

不公正的立法固然是一种弊害,但是在未经最终适用于具体个案处理前,那种弊害还只是潜在的或只是表现在一种符号意义上,而一个以追求社会正义为存在基础的执法却可以将立法上的弊害降低至可能的最低限度。因此,执法的公正是实现良法的有效保证,是树立法律至上观念的重要手段,也是社会正义的最后一道防线。为保证执法的严格、公正,除了制定完备的法律体系外,还需注意提高执法人员的整体素质,制定违法责任追究制,加强执法监督的力度。

2. 我国法治原则的适用

党的十五大明确提出了"依法治国,建设社会主义法治国家"的目标,这意味着法治原则将贯穿于我国的方方面面,而公诉活动中坚持法治原则是其中的一个重要方面。

在公诉活动中贯彻法治原则,人民检察院和公诉人应当注意:

1) 树立程序法治观念

法治既是一种状态,更是一个动态的过程,法治状态必须经过法律适用的过程才能实现。程序法作为规定诉讼过程的法律,其实施的过程就是法治实现的过程。在实体法与程序法的问题上,两者是形式与内容的关系,不存在孰轻孰重,因而司法人员应当认识到,实体的内容必须通过适当的程序才能实现,而程序也必须适合实现实体的内容。只有树立实体法与程序法并重的正确的程序法治观念,才能有利于法治的实现。

2) 完善有关公诉活动的法律制度

完善有关公诉活动的法律制度,是程序法治观念的具体体现。1996 年的《刑事诉讼法》和最高人民法院、最高人民检察院的司法解释对于我国公诉法律制度的逐步形成起到了推动作用。但受历史和现实的条件限制,我国公诉法律制度中需要完善之处尚存在于方方面面,如关于主诉检察官的职权问题、关于证人出庭问题、庭审方式问题、证据规则问题、量刑规范和量刑纳入法庭审理程序问题等,都以期引起立法上的关注。

3）严格依法公正行使公诉权

公诉权是公诉活动中的核心权力,人民检察院严格依法公正地行使公诉权,是法治原则的基本要求。然而,从司法实践看,人民检察院行使公诉权尚未达到法治原则所要求的程度,还存在着如未严格按照法律规定充分行使不起诉权,对法院的程序违法很少提起抗诉等现象。出现上述现象有思想观念和体制上的原因。在思想上是长期受"重打击轻保护"的影响,忽视人权保障;在办案体制上,受不起诉和抗诉时相对复杂的内部制约程序影响,有些办案人员怕麻烦、图省事。因此,改变上述现象,首先要求司法人员转变观念,理解立法精神,树立程序法治观念,唯有如此,才能促使人民检察院公正行使公诉权,保证法治原则在公诉活动中的执行。

（三）独立行使公诉权原则

1. 独立行使公诉权原则的含义

独立行使公诉权,是指检察机关或公诉人在刑事诉讼活动中行使公诉权不受任何其他机关、团体和个人的干涉,只服从法律。它调整着控诉机关与立法、审判机关等之间的法律关系,确保公诉权的专属性和独立行使性以及公诉权的公正行使,是实现正义的一道重要法律屏障。

2. 我国独立行使公诉权原则的适用

在我国,人民检察院和公诉人在公诉活动中贯彻独立行使公诉权原则,应当重视正确处理以下关系:

1）正确处理独立行使公诉权与人大个案监督的关系

人大个案监督是指县级以上人大及常委会依法对人民检察院办理的具体案件所进行的监督。如何认识和处理两者之间的关系,对人民检察院能否独立行使公诉权具有重要影响。任何权力失去制约和监督都将会被滥用,人民检察院的公诉权也是如此,需要建立以权力制约权力的制度,因此人大对个案进行监督既有必要性,又有法律依据。当然,这并不意味会损害人民检察院独立行使公诉权原则,人大的个案监督职能引起一定的监督程序,而不会代替人民检察院对案件行使决定权。

2）正确处理与舆论监督的关系

舆论监督是指报纸、广播、电视等新闻媒体对人民检察院的诉讼活动所进行的监督。而人民检察院独立行使公诉权与新闻媒体的监督具有相同的目的,即追求正义。然而,舆论监督是一种社会监督,与其他权力一样,它也是一把"双刃剑",可能被正当行使,也可能被滥用。为此,需要建立一套规范,防止新闻媒体对具体案件发表倾向性意见,影响人民检察院独立行使公诉权,同时人民检察院也应当采取确实有效的措施,将诉讼活动置于新闻媒体的监督之下,使其成为增进公正执法的社会因素。

3)不断增强检察官行使公诉权的相对独立性

(1)合理界定主诉检察官的职权范围 赋予检察官一定的职权是检察官具有相对独立性的基础,也是实行主诉检察官办案责任制的核心内容,但在职权划定的范围上存在不同认识。界定主诉检察官的职权范围应当以法律为依据,凡法律明确规定由检察长或检委会行使的权力,不应交由主诉检察官行使,其他权力检察长均可委托主诉检察官行使。

(2)加强对主诉检察官的监督 推行主诉检察官办案责任制后,伴随主诉检察官职权的扩大,其权力被滥用的可能性也增大。为此,必须加强管理,加大监督力度,确保主诉检察官正确行使公诉权。如需要制定案件备案制、案件抽查制、听庭评议制、跟踪联系制和错案追究制等相应的责任制度。

(四) 公益原则

1. 公益原则的含义

公益原则,是指检察机关在刑事诉讼中必须切实保障国家、社会及公民个人的合法权益。它是检察机关追求的目标或活动的一项基本准则,其要求检察机关或公诉人在公诉活动中必须综合考虑三方面内容,即国家利益、社会利益和公民个人的合法权益。对这三者利益的维护与保障就构成了公益原则的全部内涵。

2. 我国公益原则的适用

在我国,人民检察院和公诉人在公诉活动中贯彻公益原则,应当把握以下要求:

1)依法维护国家和社会利益

依法维护国家和社会利益是公益原则对人民检察院的根本要求。应从两方面正确理解与把握:首先,国家利益和社会利益在我国具有一致性;其次,维护国家利益和社会利益必须依照法定程序进行。

2)切实保障公民个人的合法权益

　　法调整着社会关系,而社会关系的主体是人,因而法必须以人为本,注重保障人权,这是法的人权思想的实质蕴涵。刑事诉讼法是以追诉犯罪为内容的规范,而犯罪是一种人的行为,它涉及对人生命和自由的剥夺问题,因而刑事诉讼法对人权尤为关注。作为追求公益准则的人民检察院及公诉人,应当树立法治观念,增强人权保护意识,将其一切诉讼活动建立在保护人权的基础上,只有这样才符合法治精神,也才能更好地保护公民个人的合法权益。

　　3) 进一步加强法律监督

　　法律监督是对执法、司法活动所实行的国家监督,其目的在于保证国家法律的统一、正确实施。我国《宪法》和《人民检察院组织法》明确规定,人民检察院是国家的法律监督机关,三大诉讼法也将法律监督确立为人民检察院的一项原则。可见,法律监督已成为我国人民检察院活动的根本原则。因此,法律监督作为我国人民检察院的根本职能,有其深厚的理论基础,为更好地实现公益原则的要求,人民检察院的法律监督权应当得到进一步加强。①

---

① 参见张穹主编:《公诉问题研究》,中国人民公安大学出版社 2000 年版,第 227—236 页。

第二章
审查起诉

第一节　审查起诉概述

一、审查起诉的概念与意义

(一) 审查起诉的概念

审查起诉,是指人民检察院根据法律规定,对侦查机关或者部门侦查终结并提出起诉意见的案件进行审查,以决定是否将犯罪嫌疑人提交人民法院审判的一项刑事诉讼活动。它既是人民检察院履行公诉职能的一项基本活动,也是人民检察院对侦查活动进行法律监督的一种重要手段。

我国《刑事诉讼法》第 136 条规定:"凡需要提起公诉的案件,一律由人民检察院审查决定。"根据《人民检察院刑事诉讼规则》第 234、235 条规定,对于人民检察院直接立案侦查的案件,依法应当追究犯罪嫌疑人刑事责任的,或者犯罪情节轻微,依照刑法规定不需要判处刑罚或者免除处罚的,侦查部门也应当在侦查终结后,分别提出起诉和不起诉的意见,并将案件移送本院公诉部门审查决定。这表明,无论是公安机关侦查终结的案件,还是人民检察院侦查部门直接受理侦查终结的案件,需要对犯罪嫌疑人提起公诉的,都必须由人民检察院审查决定。

人民检察院审查起诉的任务是:其一,按照"以事实为根据,以法律为准绳"的原则,就案件事实、收集和运用证据、适用法律等方面是否符合法律要求,进行全面、细致地审查,以准确查明犯罪事实,正确适用法律,视不同情况分别作出起诉、不起诉、建议作出撤销案件处理、退回补充侦查、自行补充侦查以及移送案件等决定,确保追诉犯罪的及时性、准确性、全面性和合法性;其二,对侦查活动进行法律监督,及时发现和纠正侦查活动中的违法行为,维护法律权威,保障犯罪嫌疑人、被害人和其他诉讼参与人的合法权益。

(二) 审查起诉的意义

审查起诉作为刑事诉讼中一个独立而关键的诉讼阶段,对于保障刑事诉讼的公正性,提高刑事诉讼效率,实现刑事诉讼目的,都具有重要意义。其意义具体体现在以下几个方面:

1. 审查起诉是案件进入审判阶段前的必经程序,是连接侦查与审判的一个独立诉讼阶段

无起诉即无审判,这是现代刑事诉讼的一项基本原则。人民检察院通过审查起诉,对那些犯罪事实清楚,证据确实、充分,依法应当追究刑事责任的犯罪嫌疑人提起公诉,使审判程序得以启动,为国家刑罚权的实现奠定了坚实基础。从刑事诉讼的完整过程看,侦查程序在前,审判程序在后,审查起诉则是介乎两者之间的中间阶段,具有承前启后的重要作用。

2. 审查起诉是刑事诉讼程序中的一个重要过滤机制,有利于保证刑事诉讼的准确性、全面性、高效性

通过全面审查案件,一方面有利于防止将无罪、依法不应当追究刑事责任或者指控证据不足的人提交审判,保证刑事追诉的准确性,维护公民合法权益;另一方面有利于准确、及时地将犯罪嫌疑人交付审判,防止放纵和遗漏犯罪。此外,通过审查起诉,对犯罪情节轻微,依照刑法规定不需要判处刑罚或者免除刑罚的犯罪嫌疑人作出不起诉决定,及时终结刑事诉讼程序,可以有效减少司法机关工作量,提高刑事诉讼效率。

3. 审查起诉为公诉人出庭支持公诉奠定良好的基础

审查起诉的过程,也是承办案件的公诉人熟悉和掌握案件事实、证据和有关法律、法规及政策规定的过程。全面、细致地审查起诉,不仅可以为正确决定提起公诉或者作不起诉处理准备充分的依据,也可以保证公诉人在出庭支持公诉时能够正确运用法律和证据证实、揭露犯罪,开展法制宣传教育,从而取得良好的庭审效果。

4. 审查起诉是人民检察院履行法律监督职责的重要途径

人民检察院通过审查起诉对侦查活动是否合法进行监督,可以及时发现和

纠正侦查活动中的违法行为,从而保证刑事诉讼活动的合法性,维护司法公正。

二、审查起诉的内容

我国《刑事诉讼法》第137条规定:"人民检察院审查案件的时候,必须查明:(一)犯罪事实、情节是否清楚,证据是否确实、充分,犯罪性质和罪名的认定是否正确;(二)有无遗漏罪行和其他应当追究刑事责任的人;(三)是否属于不应追究刑事责任的;(四)有无附带民事诉讼;(五)侦查活动是否合法。"根据《刑事诉讼法》的规定,《人民检察院刑事诉讼规则》第250条作出明确要求:"人民检察院审查移送起诉的案件,必须查明:(一)犯罪嫌疑人身份状况是否清楚,包括姓名、性别、国籍、出生年月日、职业和单位等;(二)犯罪事实、情节是否清楚,认定犯罪性质和罪名的意见是否正确;有无法定的从重、从轻、减轻或者免除处罚的情节;共同犯罪案件的犯罪嫌疑人在犯罪活动中的责任的认定是否恰当;(三)证据材料是否随案移送,不宜移送的证据的清单、复制件、照片或者其他证明文件是否随案移送;(四)证据是否确实、充分;(五)有无遗漏罪行和其他应当追究刑事责任的人;(六)是否属于不应当追究刑事责任的;(七)有无附带民事诉讼;对于国家财产、集体财产遭受损失的,是否需要由人民检察院提起附带民事诉讼;(八)采取的强制措施是否适当;(九)侦查活动是否合法;(十)与犯罪活动有关的财物及其孳息是否扣押、冻结并妥善保管,以供核查。对被害人合法财产的返还和对违禁品或者不宜长期保存的物品的处理是否妥当,移送的证明文件是否完备。"

根据上述规定,同时基于我国人民检察院国家法律监督机关的性质和地位,审查起诉不仅具有启动审判和过滤案件的功能,也具有侦查监督和补正功能。人民检察院审查起诉必须查明的内容比较广泛,既包括实体性问题,又涉及程序性问题。

(一) 实体性审查

1. 犯罪嫌疑人的身份状况是否清楚

犯罪嫌疑人的身份状况主要包括姓名、性别、民族、国籍、出生年月日、出生地、职业、单位、公民身份证号码和住址等。查明犯罪嫌疑人的身份状况,一方面是为了验明正身,避免发生张冠李戴、冒名顶替的情况,确保犯罪嫌疑人的身份准确无误;另一方面是因为犯罪嫌疑人的身份状况对于刑事责任的承担、案件性质的认定以及刑罚的确定等方面都具有直接影响。这种影响主要涉及：①犯罪嫌疑人是否应当负刑事责任；②犯罪嫌疑人的犯罪性质和罪名认定是否正确；③对犯罪嫌疑人是否应从重、从轻、减轻或者免除处罚；④对犯罪嫌疑人判处何种刑罚。此外，在共同犯罪情况下，犯罪嫌疑人的身份状况往往影响其他同案犯罪嫌疑人的刑事责任，或者影响刑事诉讼程序如何依法进行。因此，审查犯罪嫌疑人的身份状况是否清楚是审查起诉的首要内容。

对于犯罪嫌疑人身份状况不清的，审查起诉时应当认真、积极予以查明。司法实践中，查明犯罪嫌疑人身份状况，主要通过审查案件卷宗中是否附有犯罪嫌疑人的居民身份证、户籍资料、出入境护照或者有关单位的证明等材料来进行。要注意审查有关身份资料是否伪造或者经过改动，不同身份资料之间是否存在矛盾等，以确定身份资料的真实性。

需要注意的是，即使犯罪嫌疑人的身份状况未完全查清，只要能够确定犯罪行为是其所为，一般情况下并不影响案件移送审查起诉和提起公诉。根据我国《刑事诉讼法》第 128 条第 2 款的规定，犯罪嫌疑人不讲真实姓名、住址，身份不明的，如果犯罪事实清楚，证据确实、充分，侦查机关也可以按其自报的姓名移送人民检察院审查起诉。《人民检察院刑事诉讼规则》第 281 条第 3 款规定："被告人真实姓名、住址无法查清的，应当按其绰号或者自报的姓名、自报的年龄制作起诉书，并在起诉书中说明。"但如果因犯罪嫌疑人身份不明影响定罪量刑的，应当认为属于主要事实不清，须决定退回补充侦查。

2. 对定罪量刑有直接影响的事实和情节是否查明

这包括：犯罪事实、情节是否清楚，认定犯罪性质和罪名的意见是否正确，有无法定的从重、从轻、减轻或者免除处罚的情节，共同犯罪案件的犯罪嫌疑人在犯罪活动中的责任的认定是否恰当。

犯罪事实、情节，具体包括犯罪时间、地点、手段、后果、动机、目的和因果关系等影响行为社会危害程度的各种主客观情形。犯罪事实、情节清楚，既是人民检察院决定提起公诉的基础，又是人民法院正确定罪量刑的前提。审查起诉时要求全面查明犯罪嫌疑人的犯罪事实和情节。不仅要查明与定罪有关的犯罪事实、情节，也要查明与量刑有关的犯罪事实、情节；不仅要查明主要犯罪嫌疑人的全部犯罪事实和地位，也要查明其他同案犯罪嫌疑人的全部犯罪事实和作用；不仅要准确把握罪与非罪的界限，正确认定犯罪性质和罪名，也要划清此罪与彼罪、一罪与数罪的界限;不仅要查明从重处罚的情节,也要查明从轻、减轻或者免除处罚的情节。当然,全面查明犯罪嫌疑人的犯罪事实和情节,并不意味着要对与案件事实有关的所有问题一一核实,而是要重点查明对定罪量刑有直接影响的事实和情节。

需要注意的是,侦查机关或者部门的起诉意见书虽然已经对犯罪事实、情节以及犯罪性质、罪名作出了认定,但是其只能供审查起诉时参考,对公诉活动不具有约束力。承办案件的检察官在阅读起诉意见书后,应当避免先入为主,根据查明的案件事实和相关法律规定,实事求是地进行审查,从而保证犯罪事实、情节审查清楚,犯罪性质、罪名认定准确。

3. 证据是否确实、充分

查明证据是否确实、充分,是人民检察院决定提起公诉、决定不起诉处理以及人民法院正确定罪量刑的依据和基础。审查判断证据,既要看收集的证据材料是否客观真实,又要看是否足以形成完整的证据体系或者锁链,使与定罪量刑有关的事实、情节都得到证明,从而全面揭示案件原貌,彻底排除犯罪嫌疑人没有实施所指控犯罪的合理怀疑。只有犯罪事实清楚,证据确实、充分,犯罪嫌疑人的行为已经构成犯罪,人民检察院才可以决定对犯罪嫌疑人提起公诉。若发现其中某个证据虚假,整个证据链条存在薄弱环节,尚不足以证实所指控犯罪事实的,应当决定对案件进行补充侦查。对于经过补充侦查,某一犯罪事实仍然证据不足,难以认定的,应当放弃对该事实的指控;若全案证据不足,不符合起诉条件的,根据我国《刑事诉讼法》第140条第4款的规定,可以作出不起诉决定。

4. 有无遗漏罪行和其他应当追究刑事责任的人

人民检察院在审查起诉时,应当切实履行侦查监督职能,注意发现侦查活动中的疏漏,包括是否有应当发现而未发现、应当认定而未认定的罪行,是否有应当追究刑事责任而未追究的人。发现有遗漏罪行和其他应当追究刑事责任的人的,应当依法予以追诉。需要补充侦查的,人民检察院应当提出书面意见,连同案卷材料一并退回侦查机关或者部门补充侦查,必要时也可以根据情况决定自行侦查。

5. 是否属于不应当追究刑事责任的情形

根据我国《刑事诉讼法》第141条的规定,对于提起公诉的犯罪嫌疑人,不仅要求其犯罪事实已经查清,证据确实、充分,还必须依法应当追究刑事责任。因此,虽然犯罪嫌疑人实施了符合犯罪构成要件的行为,但是依法不应当追究刑事责任的,应当作出不起诉决定。根据《刑事诉讼法》第15条的规定,若在审查起诉时发现以下情形的,应当决定不起诉:①情节显著轻微、危害不大,不认为是犯罪的;②犯罪已过追诉时效期限的;③经特赦令免除处罚的;④属于告诉才处理的犯罪的;⑤犯罪嫌疑人死亡的;⑥其他法律规定免于追究刑事责任的。

6. 有无附带民事诉讼,对国家财产、集体财产遭受损失的案件是否需要由人民检察院提起附带民事诉讼

我国《刑事诉讼法》第77条规定:"被害人由于被告人的犯罪行为而遭受物质损失的,在刑事诉讼过程中,有权提起附带民事诉讼。如果是国家财产、集体财产遭受损失的,人民检察院在提起公诉的时候,可以提起附带民事诉讼。"据此,刑事附带民事诉讼包括两种情况:一种是被告人的犯罪行为使被害人遭受物质损失,由被害人提起的附带民事诉讼;另一种是被告人的犯罪行为使国家、集体财产遭受损失,由人民检察院提起的附带民事诉讼。人民检察院在审查起诉时,应当审查犯罪嫌疑人的犯罪行为是否造成了被害人的物质损失,被害人是否提起了附带民事诉讼。若被害人已经提起附带民事诉讼,应当予以支持;若被害人没有提起附带民事诉讼,应当告知被害人或者其法定代理人有权提起,是否提起由被害人或者其法定代理人自行决定。被害人有权选择在刑事诉讼中一并提出附带民事诉讼,或者在刑事诉讼以外另行向人民法院提起民事诉讼。被害人要求提出附带民事诉讼的,应当告知其提交民事诉状,在提起公诉时将民事诉状连同起诉书一并移送人民法院。犯罪嫌疑人和被害人双方愿意调解的,人民检察院应当与人民调解组织积极沟通,密切配合,建立工作衔接机制,及时告知双方当事人申请委托人民调解的权利、申请方法和操作程序以及调解协议后的案件处理方式。人民检察院在审查起诉时,要注意查明国家、集体财产是否因犯罪嫌疑人的犯罪行为遭受损失。遭受损失的,人民检察院可以告知该国有、集体单位有权提起附带民事诉讼。若该单位没有提起,或者因单位被撤销、受损失的财产归属不明等原因无法提起,以及由人民检察院提起附带民事诉讼更为适宜的,人民检察院可以直接提起附带民事诉讼,保护国家、集体财产不受损失。

（二）程序性审查

1. 证据材料是否随案移送，不宜移送的证据清单、复制件、照片或者其他证明文件是否随案移送

侦查活动中获取的所有证据材料都必须随案移送人民检察院，以便全面审查判断证据，保证审查起诉结论的准确性和公正性。对于应当移送而未移送的证据材料，人民检察院有权要求侦查机关移送。为了保证证据材料的客观真实性，所移送的证据材料一般应当是原件或者原物。但是，根据我国《刑事诉讼法》第198条第2款的规定，若作为证据的实物由于本身具有的特殊性质不宜移送的，应当将其清单、照片或者其他证明文件随案移送。对此，应当注意审查是否属于不宜移送的范围，案卷中是否附有相应清单、照片或者其他证明文件。

2. 采取的强制措施是否适当

司法实践中，侦查机关在移送审查起诉时，大多已经对犯罪嫌疑人采取了逮捕、取保候审或者监视居住的强制措施。人民检察院在审查起诉时，应当办理换押手续或者重新办理取保候审、监视居住。若认为已经采取的强制措施种类不当，或者没有必要采取强制措施的，应当及时予以变更或者撤销；对于应当采取强制措施而没有采取的，应当依照法定程序，依法采取相应的强制措施。

3. 侦查活动是否合法

人民检察院审查起诉的过程，也是对侦查活动进行法律监督的过程。在审查起诉时，要注意审查侦查活动是否符合法定程序，法律手续是否完备，是否存在侵犯犯罪嫌疑人、被害人和其他诉讼参与人合法权益的行为。特别要查明侦查人员在讯问犯罪嫌疑人和询问被害人、证人过程中，是否存在刑讯逼供和以威胁、引诱、欺骗以及其他非法方法收集证据的情况，发现侦查活动中有违法行为的，对于情节较轻的违法行为，可以通过检察建议、口头提出纠正等形式予以指出和纠正；对于情节较重的违法行为，应当向侦查机关发出纠正违法通知书；侦查人员的违法行为已经构成犯罪的，应当依法追究其刑事责任。

4. 与犯罪有关的财物及其孳息是否被扣押、冻结并妥善保管，对被害人合法财产的返还和对违禁品或者不宜长期保存的物品的处理是否妥当，移送的证明文件是否完备

人民检察院在审查起诉时，要注意审查与犯罪有关财物的范围、性质以及是否存在孳息，是否有违禁品、危险物品以及不宜长期保存的物品；要注意审查

包括赃款、赃物在内的与犯罪有关的财物是否全部被扣押、冻结,保管方法妥善与否,是否附随完备的清单、照片或者其他证明文件。若对被害人的合法财产予以返还的,应当注明理由,并附随清单、照片和被害人书写或者签名的收条、单据。

三、审查起诉的程序①

(一) 受理案件

受理审查起诉,是指人民检察院接受侦查机关侦查终结移送审查起诉的案件,以及人民检察院公诉部门接受侦查部门侦查终结移送审查起诉的案件,进行初步审查后,决定是否受理的刑事诉讼活动。根据《人民检察院刑事诉讼规则》的规定,公诉部门收到移送审查起诉的案件材料和起诉意见书后,应当在七日内指定检察人员进行初步审查。审查的期限,计入人民检察院审查起诉期限。这种审查只是形式上的审查,不涉及案件事实、证据状况和法律适用等实质性问题,其目的是决定案件是否受理。决定是否受理移送审查起诉的案件时,主要从以下几个方面进行审查:

1. 案件是否属于本院管辖

人民检察院决定受理移送审查起诉的案件,必须以同级人民法院对该案件具有审判管辖权为前提。也即人民法院有审判管辖权,则同级人民检察院有公诉管辖权,反之则没有公诉管辖权。根据我国《刑事诉讼法》的规定,最高人民法院、高级人民法院分别管辖全国性、全省(自治区、直辖市)性重大刑事案件;中级人民法院管辖的第一审刑事案件包括三类:危害国家安全案件,可能被判处死刑、无期徒刑的普通刑事案件,以及外国人犯罪的刑事案件;基层人民法院管辖除上述案件以外的其他第一审刑事案件。在地域管辖方面,一般情况下由犯罪地人民法院管辖第一审刑事案件。若由被告人居住地人民法院审判更为适宜的,可以由被告人居住地的人民法院管辖。几个同级人民法院都有管辖权的案件,由最初受理的人民法院管辖,在必要的时候,可以移送主要犯罪地的人民法院审判。一人犯数罪、共同犯罪以及其他需要并案审理的案件,只要其中一人或者一罪属于上级人民法院管辖,全案由上级人民法院管辖。由此,人民

---

① 张穹主编:《公诉问题研究》,中国人民公安大学出版社 2000 年版,第 311—317 页。

检察院在收到起诉意见书后,应当根据法律规定审查同级人民法院是否有审判管辖权,从而确定本院是否有公诉管辖权。

经审查,若认为属于上级人民法院管辖的第一审案件,应当书写审查报告,连同案卷材料报送上一级人民检察院,同时通知移送审查起诉的侦查机关或者部门;若认为属于同级其他人民法院管辖的第一审案件,应当书写审查报告,连同案卷材料移送有管辖权的人民检察院或者报送共同的上级人民检察院指定管辖,同时通知移送审查起诉的侦查机关或者部门。对于上级人民检察院受理同级侦查机关或者部门移送审查起诉的案件,认为属于下级人民法院管辖的,可以直接指令下级人民检察院管辖,由下级人民检察院向同级人民法院提起公诉,同时通知移送审查起诉的侦查机关或者部门。

2. 起诉意见书以及案卷材料是否齐备,案卷装订、移送是否符合有关要求和规定

起诉意见书和案卷材料齐备,是审查起诉正确、顺利进行的基础。案卷材料的装订和移送应当符合有关要求和规定。即案卷材料应当装订成册;多个卷宗应当在封面标明总卷数和编号;每个卷宗均应当详细填写目录、编写起止页码。根据《人民检察院刑事诉讼规则》第 246 条的规定,对起诉意见书、案卷材料不齐备的,应当要求来案机关或者部门在三日内补送;对于案卷装订不符合要求的,应当要求来案机关或者部门重新装订后移送审查起诉。

3. 作为证据使用的实物是否随案移送,移送的实物是否与清单相符

根据我国《刑事诉讼法》第 198 条第 2 款和最高人民法院、最高人民检察院、公安部、国家安全部、司法部、全国人大常委会法制工作委员会《关于刑事诉讼法实施中若干问题的规定》第 48 条的规定,对作为证据使用的实物,应当依法随案移送。对不宜移送的,应当将其清单、照片或者其他证明文件随案移送。在受理案件时,人民检察院应当根据移送实物证据清单所列情况,当场验看实物与清单是否相符。对作为证据使用的实物未移送的,或者移送的实物与物品清单不相符的,应当要求侦查机关或者部门在三日内补送。

4. 犯罪嫌疑人是否在案以及是否采取强制措施的情况

根据《人民检察院刑事诉讼规则》第 246 条的规定,对于犯罪嫌疑人在逃的,应当要求公安机关在采取必要措施保证犯罪嫌疑人到案后移送审查起诉。共同犯罪的部分犯罪嫌疑人在逃的,应当要求公安机关采取必要措施保证在逃

31

的犯罪嫌疑人到案后另案移送审查起诉,对在案犯罪嫌疑人的审查起诉应当照常进行。犯罪嫌疑人在押的,应当查明羁押场所并办理换押手续,以便提审犯罪嫌疑人以及安排律师会见犯罪嫌疑人。

(二) 审查案件

人民检察院受理移送审查起诉的案件后,应当指定主诉检察官办理。审查案件一般要经过以下程序:

1. 告知程序

告知是我国《刑事诉讼法》规定的,人民检察院在审查起诉过程中必须履行的义务,是程序正义的直接体现,对于保障犯罪嫌疑人、被害人及其法定代理人的刑事诉讼权利具有重要意义。根据《刑事诉讼法》第 33、40 条的规定,人民检察院自收到移送审查起诉的案件材料之日起,应当在三日内告知犯罪嫌疑人有权委托辩护人,告知被害人及其法定代理人或者其近亲属,附带民事诉讼的当事人及其法定代理人有权委托诉讼代理人。告知可以采取口头或者书面方式。口头告知的,应当记明笔录,由被告知人签名,写明告知时间;书面告知的,应当要求被告知人在送达回执上签署姓名和收到时间后将送达回执入卷。书面告知可以采取直接送达、邮寄送达的方式,特殊情况下还可以采取公告送达方式。

需要注意的是,对于犯罪嫌疑人的亲友未经犯罪嫌疑人委托为其辩护人的,只要犯罪嫌疑人认可,人民检察院不应当限制,但是违反法律规定的除外。因为被告知人地址不详等原因无法告知的,应当记录在案。

2. 审阅案卷材料

认真审阅侦查机关或者部门移送的起诉意见书以及案件材料是审查起诉过程中的一项基本工作,也是全面掌握案情的主要途径。承办检察官接到案件后,首先应当仔细阅读起诉意见书,了解和掌握犯罪嫌疑人涉嫌的犯罪事实、情节,以及侦查机关或者部门认定的罪名、要求起诉的理由等。其次,应当详细查阅案卷中的各种证据材料,按照审查起诉的要求,逐项比对、审查核实。发现疑问的,可以采取必要的调查措施予以解决。

阅卷审查应当制作阅卷笔录。阅卷笔录,是指承办检察官在阅卷审查时记录的案卷中有关案件基本情况以及认定处理意见的综合性书面材料。阅卷笔录的主要内容包括案件来源、犯罪嫌疑人基本情况、侦查机关或者部门认定的案件事实以及证据情况等,并应当写明案件存在问题和对案件的处理意见。制作阅卷笔录应当认真细致、客观全面、准确精炼、重点突出。

3. 讯问犯罪嫌疑人

我国《刑事诉讼法》第 139 条规定:"人民检察院审查案件,应当讯问犯罪嫌疑人。"讯问犯罪嫌疑人的主要作用在于可以当面核实犯罪事实和情节,直接听取其辩解,从而有利于全面把握案件,防止冤假错案的发生,同时也有助于及时发现侦查活动中的违法行为。在讯问犯罪嫌疑人之前,承办检察官应当全面了解案情,掌握相关证据情况,尤其是犯罪嫌疑人在侦查阶段供述、辩解以及其与有关证据的矛盾之处,明确需要核实的问题,并拟定讯问提纲。

讯问犯罪嫌疑人,应当严格依照法定程序进行。应当向犯罪嫌疑人告知办案人员的身份,并告知其在审查起诉阶段所享有的刑事诉讼权利;讯问人员不得少于两人;严禁刑讯逼供和以威胁、引诱、欺骗以及其他非法的方法获取口供;讯问聋、哑犯罪嫌疑人,应当有通晓聋、哑手势的人参加,并将该情况记录在案。讯问外国籍犯罪嫌疑人、少数民族的犯罪嫌疑人,应当聘请翻译人员参加,并将该情况记录在案。

讯问犯罪嫌疑人,应当制作讯问笔录。讯问笔录应当详细具体、忠实原话,并交犯罪嫌疑人核对,对于没有阅读能力的犯罪嫌疑人,应当向其宣读。若笔录有遗漏或者差错,应当补充或者改正。犯罪嫌疑人认为笔录没有错误的,应当签名、捺印。

4. 听取被害人和犯罪嫌疑人、被害人委托的人的意见

我国《刑事诉讼法》第 139 条规定:"人民检察院审查案件,应当听取被害人和犯罪嫌疑人、被害人委托的人的意见。"听取被害人和犯罪嫌疑人、被害人委托的人的意见,应当由两名以上办案检察官进行,并制作询问笔录。直接听取意见有困难的,可以向被害人和犯罪嫌疑人、被害人委托的人发出书面通知,由其在指定期限内提出书面意见,未提出的,应当记录在案。需要注意的是,为更好地听取意见,人民检察院应当保障辩护人、刑事诉讼代理人的合法权益,切实做好相关接待工作。

5. 询问证人

人民检察院对证人证言笔录存在疑问或者认为对证人的询问有遗漏的,可以对证人进行询问并制作笔录。询问证人,可以到证人的所在单位或者住所进行,必要时也可以通知证人到人民检察院提供证言,询问时,应当个别进行,且

办案检察院不得少于两人。询问中涉及证人隐私的,应当保守秘密。询问不满18周岁的证人,可以通知其法定代理人到场。

6. 就案件所涉及的专门性问题向有关专家咨询

为了解决在审查起诉过程中遇到的专门性问题,并进一步研究犯罪时遗留的痕迹和其他证据,以排除疑问、避免遗漏,保证认定事实和采信证据的准确性,办案检察官应当主动向有关方面的专家或者机构咨询。必要时,有权要求侦查机关、部门或者自行进行鉴定、补充鉴定、重新鉴定和复验、复查。

7. 补充侦查

根据我国《刑事诉讼法》第 140 条第 2 款和《人民检察院刑事诉讼规则》第266 条的规定,在审查起诉过程中,人民检察院认为犯罪事实不清、证据不足或者遗漏同案犯罪嫌疑人等情形,需要补充侦查的,可以退回公安机关补充侦查,也可以自行侦查。

退回公安机关补充侦查,一般适用于主要犯罪事实不清,证据不确实、不充分,遗漏重要犯罪事实或者其他应当追究刑事责任的人等情形需要补充侦查工作量较大的案件。人民检察院应当制作《退回补充侦查决定书》,说明退回补充侦查的理由,列出退回补充侦查提纲,连同案卷材料一并退回公安机关。此外,根据《人民检察院刑事诉讼规则》第 267 条的规定,对于人民检察院公诉部门对本院侦查部门移送审查起诉的案件审查后,认为犯罪事实不清、证据不足或者遗漏罪行、遗漏同案犯罪嫌疑人等情形,需要补充侦查的,应当向侦查部门提出补充侦查的书面意见,列出退回补充侦查提纲,连同案卷材料一并退回侦查部门补充侦查。

人民检察院可以自行侦查的,一般适用于基本犯罪事实清楚,基本证据确实、充分,能够认定犯罪嫌疑人的犯罪行为,但是需要补充必要的辅助证据或者对现有证据进行一定完善的案件。此外,对于侦查人员在侦查活动中存在违法行为,可能影响案件公正处理的,以及与侦查机关在认定事实和证据方面有重大分歧的案件等,可以由人民检察院自行侦查。

根据《刑事诉讼法》第 140 条第 3 款的规定,对于退回公安机关补充侦查的案件,应当在一个月内侦查完毕。退回补充侦查以两次为限。补充侦查完毕后,人民检察院重新计算审查起诉期限。对于人民检察院在审查起诉过程中自行侦查的,法律没有规定次数限制,但是应当在审查起诉期限内侦查完毕。

（三）作出决定

案件审查终结后,人民检察院应当根据相关法律,视案件具体情况分别作出以下决定:

1. 起诉

人民检察院认为犯罪嫌疑人的犯罪事实已经查清,证据确实、充分,依法应当追究刑事责任的,应当根据《刑事诉讼法》第141条的规定作出向人民法院提起公诉的决定。

2. 不起诉

犯罪嫌疑人有符合我国《刑事诉讼法》第15条规定的情形之一的,应当根据《刑事诉讼法》第142条第1款的规定作出不起诉决定,即绝对不起诉;对于犯罪情节轻微,依照刑法规定不需要判处刑罚或者免除处罚的,可以根据《刑事诉讼法》第142条第2款的规定作出不起诉决定,即相对不起诉;对于退回补充侦查的案件,仍然认为证据不足,不符合起诉条件的,可以根据《刑事诉讼法》第140条的规定作出不起诉决定,即存疑不起诉。

3. 退回侦查机关或者部门处理

经过审查,人民检察院发现犯罪嫌疑人没有违法犯罪行为的,应当书面说明理由,将案件退回侦查机关或者部门处理;发现犯罪行为并非犯罪嫌疑人所为的,应当在退回同时建议侦查机关或者部门重新侦查。若犯罪嫌疑人已经被逮捕,人民检察院应当撤销逮捕决定,通知侦查机关或部门立即释放犯罪嫌疑人。

第二节　公诉案件的受理与分配

一、公诉案件的受理

公诉案件的受理,是指人民检察院按照刑事诉讼法的有关规定,接受并初步审查侦查终结移送审查起诉的案件,决定是否受理的诉讼程序。《人民检察院刑事诉讼规则》第244条规定:"人民检察院对于公安机关移送审查起诉的案件,应当在七日内进行审查。"第246条规定:"经审查后,对具备受理条件的,填写受理审查起诉案件登记表。"公诉案件的受理可以被视为公诉程序发端,在受理的过程中包含一定的审查内容。

(一) 案件受理的诉讼意义

案件的受理程序虽然在整个审查起诉中的地位并不突出,但其诉讼意义却不容忽视。

1. 启动审查起诉工作,推进诉讼活动的开展

案件的受理是对侦查机关侦查活动成果的承接,标志着审查起诉程序的启动,它直接关系到整个案件诉讼活动的顺利进行。如果案件被受理,则意味着公诉机关启动了对犯罪嫌疑人的追诉程序,嫌疑人被追诉并被科以刑罚的可能性增大;案件不被受理,审查起诉程序不予启动,犯罪嫌疑人被追诉的可能性则大为降低。[①] 案件的受理在某种意义上意味着追诉程序的正式开始,诉讼活动正式针对特定的犯罪嫌疑人和特定的犯罪事实及证据开展,整个刑事诉讼将由此进入真正的司法程序。

2. 检查案件程式要件,便利案件的审查起诉

决定案件是否受理,主要是通过案件的程式审查进行的,这种审查常常是程序上的,而不是实体意义上的。受理的审查并不着意于判断犯罪嫌疑人是否构成犯罪,是否需要追究刑事责任,而在于检验审查案件移送时各种材料和情况是否符合有关法定条件,是否满足公诉部门进行审查起诉的条件。审查起诉活动是重要的诉讼环节,是正式追控程序的开始,侦查机关移交案件必须符合特定的条件,否则审查起诉活动无法顺利进行。

3. 初步掌握案件情况,方便案件分配和处理

案件的受理是公诉部门首次接触案件,并由此对案件的基本情况进行初步了解。一般情况下,公诉部门在案件受理后会进行初步审查,然后由部门负责人分配给具体承办的检察官进行办理。在目前实施主诉检察官办案责任制以及日益强调专业化办案模式的情况下,这种分配需要综合案件的性质、案件的种类、难易程度等进行把握,从这个意义上说,案件的受理是进行案件分配的基础。此外,按照案件管理规范化、档案标准化以及办公自动化的要求,案件受理

---

① 王昕:《公诉运行机制实证研究——以 C 市 30 年公诉工作为例》,中国检察出版社 2010 年版,第 28 页。

也是案件登记程序的开始,相应的案件信息被采集登记,便利案件的进一步处理。

(二) 案件受理的条件

案件的受理是审查起诉环节的"门槛"程序,但设置这一"门槛"的意义在于程序把关,而并不是对案件进行实质性的审查,后续的审查起诉本身才是实质性审查的过程。在案件的受理阶段,犯罪嫌疑人是否构成犯罪或者是否需要追究刑事责任,并非案件受理的条件;侦查机关是否按照有关法律法规及要求提供相应的案件材料,案件材料是否满足开展审查起诉的条件,案件是否应当进入审查起诉程序才是案件受理条件的本质要求。根据有关法律法规和要求,在实践中应注意把握以下几个条件:

1. 管辖是否合法

管辖问题是诉讼中首先要解决的问题,根据我国法律规定,各级人民检察院提起公诉的案件,应当与人民法院管辖相适应,即检察机关的管辖范围应当与人民法院的审判管辖相对应。根据《刑事诉讼法》的有关规定,中级人民法院管辖下列第一审刑事案件:危害国家安全案件,可能判处无期徒刑、死刑的普通刑事案件,以及外国人犯罪的刑事案件;高级人民法院管辖的第一审刑事案件,是全省(自治区、直辖市)性的重大刑事案件;最高人民法院管辖的第一审刑事案件,是全国性的重大刑事案件;而基层人民法院管辖除上述法院依法管辖外的其他第一审普通刑事案件。同时,《刑事诉讼法》也规定了地域管辖,即刑事案件由犯罪地的人民法院管辖。如果由被告人居住地的人民法院审判更为适宜的,可以由被告人居住地的人民法院管辖;几个同级人民法院都有权管辖的案件,由最初受理的人民法院审判。在必要的时候,可以移送主要犯罪地的人民法院审判。在案件的受理环节,首先应该通过起诉意见书等材料判断案件是否属于本级、本区域管辖,是否存在需要移送或者指定管辖的情况。

2. 材料是否齐备

起诉意见书和案卷材料,是公安机关认定意见和案件事实的载体,自然成为审查工作的基础。[①] 审查起诉工作主要是围绕着法律文书和案卷材料展开的,因此相应材料的齐备规范,将极大便利审查起诉工作的开展。在案件受理

---

① 姜伟主编:《公诉业务教程》,中国检察出版社 2003 年版,第 129 页。

阶段要特别关注:①起诉意见书及相关案卷材料是否齐备,有无缺损;②案卷材料是否符合装订要求。在审查过程中,如果条件允许,也可以关注案卷材料的制作情况,比如多个卷宗的封面是否标明卷数和编号,有无目录和页码,卷中的圆珠笔、铅笔书写的材料是否同时复印后装卷等。

3. 物证是否到位

证据是诉讼活动进行的基础,根据有关法律规定,侦查机关在移送审查起诉时应当将所有证据材料一并移送,因此案件受理过程中要注意证据尤其是物证是否到位。主要审查:①案件的赃证物品是否随案移送;②相应的赃证物品是否附有相应的清单。需要注意的是,应当随案移送的实物必须移送,随案移送的实物与清单应一致(重点审查清单与实物在型号、形状、规格、颜色、质地等方面是否一致);依法不需要或者不宜随案移送的实物应有照片或其他证明文件说明其保管或处理情况。

4. 主体是否到案

审查起诉活动应该在犯罪嫌疑人到案的情况下进行,否则审查起诉活动将失去意义。因此,在案件的受理过程中,应注意犯罪嫌疑人是否到案,主要审查:①犯罪嫌疑人是否到案;②羁押情况及换押手续是否完备;③所采取的强制措施的情况,对采取取保候审或监视居住的要注意是否注明地点及联系方法。

(三)案件受理审查的处理结果

公诉案件的受理是审查起诉的程序把关,对具备受理条件的案件,可以由接案人员(一般是公诉部门内勤)填写"受理审查起诉案件登记表",交由部门负责人进行分配办理。对于设立案件管理中心等集中受理案件的检察机关可以先做好登记审查,再交给公诉部门处理。

对于不符合受理条件的案件,一般不予受理,但应区分不同情况并按下列要求作相应处理:

(1)对于案件非本院管辖的,按照有关管辖的法律和规定,受理后作相应处理。

(2)对于起诉意见书及案件材料不齐备的,应要求侦查机关(部门)三日内补充齐备后再行移送。

(3)对于案卷材料不符合装订要求的,应要求侦查机关(部门)按规定重新分类装订后移送审查起诉。

（4）对于赃证物品未移送到案的或者移送的实物与物品清单不相符的,应要求侦查机关（部门）三日内移送或者说明情况。但是除了作为证据并且适宜移送的实物外,不得以未移送赃款赃物为由,拒绝受理案件。

（5）对于赃证物品未附有清单或者清单不规范的,应要求侦查机关（部门）补充或者修正后再行移送。

（6）对于犯罪嫌疑人未到案的,应要求侦查机关（部门）采取措施保证犯罪嫌疑人到案后,再移送审查起诉。共同犯罪的部分犯罪嫌疑人在逃的,应当要求公安机关在采取必要措施保证在逃的犯罪嫌疑人到案后另案移送审查起诉,对在案的犯罪嫌疑人的审查起诉应当照常进行。

（四）案件受理环节的检警关系

刑事诉讼法要求人民法院、人民检察院和公安机关在刑事诉讼过程中应当分工负责,互相配合,互相制约。在案件的受理环节,主要涉及的是检察机关与公安机关的关系问题,这也应按照刑事诉讼的法律规定进行处理。

检察机关和公安机关在刑事诉讼中的关系定位是较为复杂的,很多人将检察机关和公安机关同视为追控机关,作为追控方的共同体。但实质上,对于检警关系应该辩证看待,检察机关是我国的法律监督机关,追控职能主要体现在职务犯罪的侦查环节和公诉环节。对于一般刑事案件而言,在案件移送审查起诉至检察机关后,检察机关尚未提起公诉前,检察机关的角色更多是监督者,即对公安机关的实体侦查意见和侦查程序合法性进行监督审核,并无实质追控意见,自然不能定位于追控者。而在提起公诉之后,检察机关表明了追控意见并致力于出庭支持公诉,则基本上应为追控者。因此,从法律层面而言,在提起公诉前包括案件受理阶段,检察机关应以监督者姿态处理检警关系。实质上,从案件受理具体环节看,也充分体现了检察机关的监督职能——程式审查实际上就是一种监督和制约。这种监督不仅出自检察机关法律监督者的法律要求,而且也有利于检察机关审查起诉工作顺利开展的实现。如果案件的程式要件不符合相关规定,将不利于审查起诉工作的开展,也会给以后的诉讼阶段带来诸多的麻烦。因此,在案件受理环节,应充分遵循检察监督的原则来处理检警关系。

当然,在案件受理过程中检警之间的相互配合也是非常重要的。案件移送审查起诉是侦查活动总的成果,从侦查到审查起诉实际上是诉讼活动的接力,检察机关和公安机关面对的诉讼任务是相通的,在打击犯罪、保障人权、保证诉讼活动的顺利进行方面目标是一致的。因此,在案件的受理过程中,检警之间必须讲配合。对于案件程式审查中的些微瑕疵,检察机关可以灵活掌握,在不影响大的原则和合法的前提下,可以先行受理并要求公安机关尽早补齐;在程式审查的过程中,还要注意两家机关对问题认识的协调统一,尽力保证案件顺利交接。这是由检警双方刑事诉讼任务的同质性和同一性所决定的,也是由目前双方的司法现实决定的。①

二、公诉案件的分配

公诉案件在受理之后,需要交具体的承办检察官办理,这其中存在案件分配的过程。目前法律法规对公诉案件的分配并无明确的规定。案件的分配多视为一种检察机关内部活动,作为部门管理工作,依据内部规定或者习惯进行操作。实际上,科学合理的案件分配制度对于保证诉讼的顺利进行也是非常重要的。

(一) 案件分配的概念和意义

案件分配是指公诉案件在受理后,将案件分发给公诉案件的办案主体,交由其办理的过程。案件分配是一种检察机关公诉部门内部的程序,具有一定的管理属性,但必须承认,它对诉讼的顺利进行会产生一定影响。特别是随着考核制度的细化以及专业化办案机制的日益强调,公诉案件的分配对提供诉讼质量和效率有着重要的意义。

首先,科学合理的案件分配制度可以提高办案的效率和质量。案件的受理是检察机关审查起诉的发端,而案件的分配则是办案主体审查起诉的发端,案件最终是要交到承办检察官手中进行办理的。科学合理的案件分配制度可以保证尽早将案件分发到承办检察官手中,便于其审查起诉工作的及时开展,提高了诉讼的效率。同时,在专业化的办案模式下,合理的案件分配还保证案件与办案主体之间的良好对应关系,保证案与人对口,能够在一定程度上保证案件的办理质量。

---

① 王昕:《公诉运行机制实证研究——以 C 市 30 年公诉工作为例》,中国检察出版社 2010 年版,第 40 页。

其次,科学合理的案件分配制度能够提高公诉人素质,便于积累诉讼经验,案件的分配是在案件与承办人之间建立对应的关系,必须要考虑案件的性质、罪名、难易程度、社会影响等,同时也要考虑承办人的知识背景、特长优势、诉讼技巧、资历经验等。科学合理的案件分配制度不仅能保证案与人对口,还可以通过适当的倾斜和协调,使得承办检察官建立起对某一类案件特定的经验积累,也便于承办检察官特别是年轻检察官快速提高办案素质,掌握诉讼规律。

最后,科学合理的案件分配制度也便于案件的管理。案件的分配是案件管理的重要环节,科学的案件分配有利于案件管理的有序性,也有利于在审查起诉的过程中及时掌握案件处理的情况。

(二) 案件分配的基本模式

案件的分配制度是公诉部门的内部制度,在一定程度上参考了内部规定和惯例。因此,不同的地区、不同层级的检察机关有着不同的案件分配模式。

1. 专业分类模式

这种案件分配模式是根据案件的罪名、性质、复杂、难易程度等将办案主体划分为不同的专业办案组,将某一类案件集中于专业办案组办理的模式。在实施主诉检察官办案责任制的检察机关内,这种模式一般被普遍采用。各个主诉检察官办案组除了承办一般性质的刑事案件之外,还承办特定罪名的刑事案件。有的检察机关还成立了简易程序案件办案组,专门办理简易程序案件。专业分类化的模式的科学合理基础在于办案主体的科学划分,以及对办案主体特长和经验的良好把握和积累。

这种分配模式有利于案件的专业化办理,提高办案效率,有利于培养专家型的公诉人;而其弊端在于案件类型相对集中封闭,不利于办理案件的集思广益,不利于公诉人全面素质的提高,容易导致办案思路僵化,并且易造成司法腐败。

2. 区域包片模式

这种模式是将本院辖区再划分为若干小的特定区域,发生在不同小区域的案件安排相应固定的公诉检察官办理。这种模式安排特定的公诉检察官或者特定的公诉办案组负责,一般来说其对本区域的情况比较了解,与负责本区域的侦查人员比较熟悉,能够保证案件的办理质量和效率。

这种分案模式具有节约人力资源、减少行政环节等优点,还能一定程度地缓解忙闲不均的现象,也能合理避开滋生司法腐败、司法不公的因素。但这种分案模式的缺点也比较明显,其难以激发各个公诉检察官的主观能动性,也不利于精英公诉人的培养。

3. 循环分派模式

这种模式依照案件移送审查起诉的次序,依照随机和平衡原则分配给各办案主体办理。一般是由公诉部门负责人按照事先确定的规则(一般是时间顺序),顺序轮换分发给承办检察官进行办理。这种办案模式主要是照顾检察官之间的办案负担的平衡性,分配的结果并不考虑案件本身的因素,是一种机会上的平均主义。

此模式操作相对简单便捷,从制度层面上讲也能够满足承办人办案负担的平衡的要求。但这种案件的分配模式比较机械、死板,不利于形成专业化的办案模式,也不利于诉讼效率的提高。

4. 指定模式

这种案件分配模式是指对社会影响大、媒体关注度高的案件,在更大范围选配、指定优秀公诉人出庭,强化出庭公诉工作。这是一种特殊的案件分配模式,它完全是基于案与人的特点进行分配,通常是作为一种临时性的案件分配方式被使用。

这种分配模式充分考虑人案关系,强调特案特办、大案专办,一般说来能够保证案件办理的质量和效率。但这种模式也有临时性的特点,容易打破案件分配的平衡;同时将案件集中于优秀公诉人办理,也不利于一般公诉人办案经验的积累。

5. 混合模式

混合模式是根据案件的实际情况,综合运用多种案件分配模式。这种模式不是一种单独的案件分配方式,而是在充分考虑案件特点和人员特点的基础上对上述几种案件分配模式的交叉运用。

目前大部分检察机关在办案实践中很少使用单一的分配模式,一般是在循环分派的基础上,考虑案件的特点和办案人员的特长进行专业化分类式分案。

(三)案件分配中的公诉部门负责人管理权

案件的分配一般是由公诉部门负责人进行操作的,其可以针对案件特点,参考分案的模式和程序,指定案件承办检察官。正如前文所言,案件的分配是一种带有管理属性的活动,公诉部门的负责人在其中有一定的管理权。

公诉部门负责人案件分配管理权是指公诉部门负责人在案件分配的过程中的决定分发、协调的权力,主要包括:

1. 决定案件分发的权力

公诉部门负责人可以直接决定案件的分配,这种直接权力保证了案件分配的高效性。在案件日益增多的情况下,要提高办案的效率,首先应该从源头做起,不允许在非实质性的案件审查过程中有拖沓。公诉部门负责人拥有这一直接的、带有行政性质的决定权,能够保证案件迅速有效地分发到承办检察官手中,避免争议,也避免诉讼节奏的延缓。

2. 协调案件办理的权力

公诉部门负责人在案件分配中的管理权是一种动态权力,它不仅在案件分配时起作用,也应该延伸至案件分配之后。在保证办案质量和效率的大背景下,公诉部门负责人有权在案件分配之后根据现实的情况,灵活进行协调,改变原来的案件分配情况,调换案件的承办检察官。

3. 催办案件处理的权力

案件的处理有一定的时效,根据刑事诉讼法的有关规定,审查起诉的期限一般最长为一个半月(不包括退回补充侦查的情况下),应该说在案件不断增多的情况下,案件办理效率要求很高。而一些特殊性质的案件对办案的期限也可能有所要求,这实际上要求公诉部门的负责人及时掌握案件的处理情况,对处理不力的案件要有一定的催办权,必要时可以调换案件的承办检察官。

(四) 案件的再分配

案件在分配之后,承办检察官要及时对案件进行初审,主要查明:案件材料是否齐备、案件是否属于本院管辖、是否有符合回避条件的情形、犯罪嫌疑人是否到案等。之所以进行初查,是因为承办检察官一般比案件的受理人(内勤)有更为丰富的经验和更高的敏锐性,能够及时发现案件存在的问题。在初查的过程中,尤其要注意案件的管辖问题以及可能需要进行案件分配后的再分配。再分配包括:

(1)移送 对于认为属于上级人民法院管辖的第一审案件,应当写出审查报告,连同案卷材料报送上一级人民检察院,同时通知移送审查起诉的公安机关。

（2）报送　对于认为属于同级其他人民法院管辖的第一审案件，应当写出审查报告，连同案卷材料移送有管辖权的人民检察院或者报送共同的上级人民检察院指定管辖，同时通知移送审查起诉的公安机关。一人犯数罪、共同犯罪和其他需要并案审理的案件，只要其中一人或一罪属于上级人民检察院管辖的，全案由上级人民检察院审查起诉。

（3）交办　上级人民检察院受理同级公安机关移送审查起诉的案件，认为属于下级人民法院管辖时，可以直接交下级人民检察院审查，由下级人民检察院向同级人民法院提起公诉，同时通知移送审查起诉的公安机关。

第三节　审查起诉的权利义务告知

《刑事诉讼法》第 33 条规定："……人民检察院自收到移送审查起诉的案件材料之日起三日以内，应当告知犯罪嫌疑人有权委托辩护人……"；第 40 条规定："……人民检察院自收到移送审查起诉的案件材料之日起三日以内，应当告知被害人及其法定代理人或者其近亲属、附带民事诉讼的当事人及其法定代理人有权委托诉讼代理人。……"这涉及审查起诉过程中当事人权利义务的告知问题。实际上，在刑事诉讼中，当事人权利义务的告知并不仅限于委托辩护人或者诉讼代理人的告知，而是另有着更为丰富的内容。在审查起诉环节，权利义务告知程序的地位和意义虽然并不突出，但其与当前刑事诉讼所强调的人权保护密切相关，应该引起我们的高度重视。

一、权利义务告知的概念和诉讼意义

审查起诉中的权利义务告知是指检察机关在受理案件之后，按照有关法律规定向案件的犯罪嫌疑人、被害人等人员告知其诉讼权利和义务的诉讼程序。权利义务告知是法律明确规定的诉讼程序，主要通过司法机关的告知行为，指导当事人充分、有效行使诉讼权利，切实地履行诉讼义务，明晰当前的诉讼阶段和性质，以便使之作出正确选择，推进诉讼进程。

权利义务告知程序作为诉讼活动中的重要组成部分，它的定位既有着象征意义，也有着现实意义。首先，权利义务告知程序具有法定性。它要求有关司法机关严格按照有关法律规定,必须依法告知当事人有关权利和义务——包括按照法律明确要求的步骤和程序进行,即对时间限制的遵循,告知方式的适用,告知内容的全面、清晰,根据诉讼的具体进程履行对应的告知范围等,这些均为刑事诉讼立法所规定的内容,必须严格执行。这种法定性是人权保障原则在刑事诉讼中的必要延伸,从某种意义上说,这种法定性是人权保障进步的标志。其次,权利义务告知程序具有要素性。权利义务告知程序不仅仅具有象征意义,它也是刑事诉讼不可缺少的要素。一般而言,权利义务告知程序设置到各诉讼阶段之初,所有可能涉及的权利和义务有必要使参与诉讼的当事人知晓,这是其有序展开诉讼行为的前提和基础。同时,"告知权并不是一项一般性的权利,而是其他权利得以正确行使的先决性权利"①。它确保有关当事人行使自己的权利、履行自己的义务,使自己的诉讼活动成为参与诉讼、影响实体判决的基础。最后,权利义务的告知有义务性。权利义务的告知对于司法机关而言具有义务性,它要求司法机关切实履行相关的告知义务,保证告知的效果,并将相关程序记录在案。这种告知活动是司法机关必须履行的义务,司法机关不履行相关告知义务将可能影响到诉讼活动进行的效果,从而导致诉讼程序无效或者受到其他相应的制裁。

刑事诉讼中的权利告知是一个非常重要的问题。人们只有知道自己的权利,才能有效地行使权利,才能在权利受到侵犯时要求补救,所以,权利的告知是行使其他权利的基础。② 同样,刑事诉讼中的义务告知也至关重要,在强调人权保护的同时,当事人对诉讼程序的配合义务是不能忽视的,它是刑事诉讼得以顺利进行的重要保障。因此,权利义务的告知有着非常现实的诉讼意义:

(一) 保障诉讼权利

"权利告知是人权保障原则中不可缺少的部分"③。权利义务告知的最重要功能在于保障当事人相关的权利。它赋予当事人对后续即将展开的诉讼活动所享有的各种保护自身利益的权利的知悉权,这些权利为当事人维护诉讼主体地位,加强诉讼参与性,保证诉讼顺利进行提供了有力的保障。诉讼过程就是权利和义务的不断交织的过程,每一个诉讼阶段都会涉及不同的诉讼活动,这

---

① 汪习根、陈焱光:《论知情权》,载《法治与社会发展》2003 年第 2 期。
② 杨宇冠:《权利告知的国际规定与我国刑诉法的完善》,载《人民检察》2008 年第 24 期。
③ 〔日〕谷口安平:《程序的正义与诉讼》,王亚新、刘荣军译,中国政法大学出版社 1996 年版,第 4 页。

些诉讼活动又势必包含不同的权利内容,只有在告知程序中将这些内容有效地传达给当事人,才能保证他们下一步有针对地行使这些权利,保障他们作出正确的选择。没有告知程序作为前提和基础,许多诉讼权利就会成为立法装饰——当事人连起码的权利都不清楚,也势必影响其诉讼参与性,无疑会使得诉讼落入"纠问式"的旧窠。

(二) 明确诉讼义务

当事人是诉讼活动的参与者,也是诉讼后果的直接承受者,因此保障诉讼活动的顺利进行是当事人的义务,或者说当事人有义务配合诉讼活动的进行。即使作为被追诉对象的犯罪嫌疑人,虽然现代刑事诉讼不断在强调对其权利的保护,但从未否定其诉讼义务的承担。没有诉讼当事人的配合,没有强制性诉讼义务的存在,诉讼活动的顺利进行是难以想象的。刑事诉讼法律对当事人义务性的规定保证了当事人能够按照正当的诉讼规则和诉讼秩序参与到诉讼活动之中,这些义务性的规定当然并非当事人完全能够熟悉。因此,权利义务告知程序的另一层意义就在于将这些义务性的规定及时告知相关当事人,使其明确义务,保证其配合。

(三) 提示诉讼活动

刑事诉讼不同于民事诉讼,国家机关在其诸环节中占有相对重要的位置,而当事人对刑事诉讼活动相对来说则比较陌生。权利义务告知程序不仅是刑事诉讼的必要组成部分,而且可以使得当事人对相关诉讼程序熟悉起来。在很多情况下,当事人只有了解了权利义务之后,才能将诉讼活动推进下去,而司法机关诉讼活动的进行也有赖于当事人主动参与诉讼活动和实施相应的诉讼行为。权利义务告知程序通过对当事人诉讼活动的提示,可以确保司法进程清晰、完整、规范,程序运作起来得心应手,各项工作的展开有据可查,利于司法工作效率的提高。

(四) 控制权力滥用

在刑事诉讼中,与强大的国家权力相比,当事人相对处于较为弱势的地位。权利义务告知程序的意义并不在于告知程序本身,而在于它为相对弱势的当事人提供了法律认可的防御手段。从消极角度说,权利义务告知程序能够限制国家强权的不法侵扰;从积极角度说,当事人可以通过主动实施这些权利争取在诉讼中处于有利境地,维护个人权利,获得最大的诉讼利益。另外,权利义务告知程序也能够有效防止司法机关工作人员违法行为的发生,一定程度上遏制有关机关的司法专横、职权滥用行为;而相关的工作人员,通过履行这种权利告知,能够提醒自己在履行职责过程中保障被追诉者的相关权利,杜绝任意侵犯或践踏人权的行径,警诫自己的违法或不当职权行为,依法尊重并保障有关诉讼参与人的权利。

二、权利义务告知的内容和要求

审查起诉阶段所涉及的告知义务主体为人民检察院,在审查公安机关移送的案件以及检察院侦查部门自行侦查的案件并决定是否向法院提起公诉时,权利范围模糊,缺乏明确执行标准,检察人员在告知权利的过程中,很容易随意取舍内容而不进行全面告知,这必然会对被追诉人诉讼权利的实现产生消极影响。因此,有必要对权利义务告知的内容和要求予以明确。

(一) 主要内容

权利义务告知程序主要体现在《刑事诉讼法》第 33 条、第 40 条以及《人民检察院刑事诉讼规则》第 253 条等的规定中,但必须承认,无论是《刑事诉讼法》还是《人民检察院刑事诉讼规则》,对有关当事人在审查起诉阶段的具体权利义务并没有集中性的规定,法条中也并没有作出明确的列举,而是散见于诸法条,且有的并非明确以权利的形式出现。综合有关法律规定,审查起诉阶段的权利义务告知的内容主要有:

1) 向犯罪嫌疑人送达《委托辩护人告知书》、《犯罪嫌疑人权利义务告知书》,告知诉讼权利和义务

(1) 权利:①证明文件知悉权;②与本案无关问题拒绝回答权;③获得法律帮助的权利;④辩护的权利;⑤申请回避的权利;⑥申请取保候审的权利;⑦要求解除强制措施的权利;⑧申请补充鉴定或者重新鉴定的权利;⑨对不起诉决定申诉的权利;⑩使用本民族语言进行诉讼的权利;⑪核对笔录的权利;⑫书写亲笔供词的权利;⑬对侵权提出控告的权利;⑭获得国家赔偿的权利。

(2) 义务:①遵守刑诉法及有关规定,接受检察机关依法采取的强制措施及其他诉讼行为;②如实回答的义务;③接受检查的义务;④接受搜查的义务。

2) 向被害人告知或送达《委托诉讼代理人告知书》、《被害人权利义务告知书》,告知诉讼权利和义务

（1）权利：①委托诉讼代理人的权利；②申请回避的权利；③提起附带民事诉讼的权利；④对不起诉决定申诉的权利；⑤申请补充鉴定和重新鉴定的权利；⑥使用本民族语言文字进行诉讼的权利；⑦核对笔录的权利；⑧书写亲笔陈述的权利；⑨证件知悉权；⑩侵权控告权；⑪未成年人特殊保护权；⑫请求抗诉权。

（2）义务：①如实陈述的义务；②接受人身检查的义务。

（二）程序要求

权利义务告知程序与当事人的权利义务密切相关，在诉讼活动的顺利推进上有着非常重要的意义。《刑事诉讼法》和《人民检察院刑事诉讼规则》对告知权利义务存在一定的要求，但考虑到权利义务告知程序的重要意义，应贯彻及时、合法、合理、规范、有效的基本原则。

1. 及时全面

当事人的权利义务如果不能在合理的时间内及时通知到本人，将会使权利的实现变得更为困难或失去法律意义，如果是事后再行补办，不仅违反了正当程序关于消除不必要的延误的要求，而且有伪造证据之嫌。因此，时间因素对当事人的权利义务能否及时行使或履行至关重要。根据有关法律规定，在审查起诉阶段，办案人员应当在收到移送审查起诉案件之日起三日内告知相关当事人权利义务。此外，根据《人民检察院刑事诉讼规则》的有关规定，讯问犯罪嫌疑人或者询问被害人、证人时，应当分别告知其在审查起诉阶段所享有的诉讼权利。在告知相关权利义务时应注意告知的全面性，不能只告知义务不告知权利，也不能只告知权利不告知义务，同时要注意权利义务内容的全面性，使得当事人对当前诉讼阶段的权利义务有全面的认识和了解。

2. 规范留痕

《人民检察院刑事诉讼规则》第315条第2款对告知方式作了专门规定，即告知可以采取口头或者书面方式。口头告知的，应当记明笔录，由被告知人签名；书面告知的，应当将送达回执入卷。在实践中，存在口头告知、书面告知、邮寄告知等诸多形式。实际上，采用哪种告知形式应当根据具体情况进行具体分析，要合理规范，且务必注意告知程序的留痕。在进行口头告知的时候，应当将告知的内容记入笔录，并由被告知人签名确认；书面告知的，应当由被告知人签名确认，相关回执入卷；邮寄送达的应该将有关邮寄凭证入卷；无法告知的也应当记入笔录；拒绝签字盖章或者无能力签字盖章也要记入笔录。告知程序的规范不仅能够保证告知的有效性,保障有关当事人的知悉权,更为重要的是保证程序的完整性和规范性,否则难免会影响相关诉讼活动的顺利进行,甚至会影响到诉讼活动的有效性。

3. 积极有效

告知权利义务程序是刑事诉讼重要的组成部分,正如上文所言,其与当事人的权利义务密切相关,对于保证刑事诉讼的顺利进行至关重要。因此,告知权利义务必须保证其合理有效性,不能仅仅在程序上"走过场",而应该保证有关的当事人能够对自己的权利义务有充分的了解,对当事人在知悉权利义务之后的反映应及时处理。这需要做好三方面的工作:一是权利义务的解释说明工作,将法律规定的当事人的权利义务完整、透彻地向当事人告知,对当事人难以理解的部分要耐心说明;二是要对一些与当事人利益密切相关的权利义务或者与诉讼顺利进行密切相关的权利义务进行主动询问,比如委托辩护人的权利、申请回避的权利等等,从而保障诉讼的顺利进行;三是对当事人的权利要求作出及时处理,如当事人需要委托辩护人或者诉讼代理人但因经济困难无力委托辩护人或者诉讼代理人的,可以为其申请法律援助等。

三、权利义务告知中应当注意的问题

(一) 认真执行程序规范

审查起诉过程中权利义务告知程序意义重大,在实行的过程中务必要讲求规范:①告知程序在时间上要严格把握。检察人员在办案时,对犯罪嫌疑人、被告人依法享有的诉讼权利,必须在法律规定的期间内按时告知,并将告知情况记入笔录;②对涉及侵犯人身、民主权利或者被害人积极主张权利的案件,必须在法律规定的期间内向被害人告知或者送达《委托诉讼代理人告知书》;③注意方式、方法灵活,要根据现实情况选择告知方式、方法,保证当事人诉讼知悉权;④鉴于申请回避程序在诉讼中的特殊地位,在告知或者送达时均应向诉讼当事人告知法律规定申请回避的权利内容及其法律意义,对诉讼当事人是否申请回避的意见,应当记入笔录,让被告知人签名。

(二) 切实保证告知效果

权利义务告知在刑事诉讼过程中,必须实现其既定效果,否则权利义务告知程序就成为没有实质意义的点缀。在审查起诉阶段,当事人进入新的诉讼阶段,对相关诉讼环节并不熟悉,因此检察机关负有义务采取措施,主动为权利主体获得和行使应有的权利提供方便、创造条件,否则会对权利主体造成误导效果或者严重影响到被追诉人对所享有权利的内容、性质的认识。不论当事人是否知悉这些权利,检察机关都应当无条件地、主动地予以告知,并就如何行使这些权利向诉讼参与人做好解释说明和咨询工作,有效确保他们诉讼权利的实现:①对其中文化水平较低、不理解法律术语的,要对告知内容进行必要的解释;②对于当事人为外国人、无国籍人、不通晓汉语的人或又聋又哑人的,应当聘请通晓其本国、本民族语言或者聋哑手势的人员为其进行翻译;③对受理后三日内当面告知困难的,应该灵活应对,比如可以通过先电话通知,再当面告知的方法,切实保证告知的效果;④对当事人提出的各种权利要求,要积极应对处置。

(三) 合理处置特殊情况

在权利义务告知过程中难免会遇到一些特殊的情况,如被害人出现死亡或者丧失诉讼能力的情况,这种情况下应向法定代理人告知或者近亲属告知。告知法定代理人的,按照父母、养父母、监护人和附有保护责任的机关、团体的代表的顺序择先进行;没有法定代理人的可告知近亲属,按照夫、妻、父、母、子、女、同胞兄弟姐妹的顺序择先进行,以切实保护相关被害人的权利。

权利行使和义务履行是当事人参与刑事诉讼的最主要形式,其在人身自由、人格尊严、个人隐私、生命安全等各方面的权利,都应该由相关制度予以保障和实现。权利义务告知程序的存在,为处于弱势诉讼地位的当事人提供了相应的对抗手段。目前我国相关法律规定尚不完备,为了更好地实现控辩平等的现代刑事诉讼目的,体现公正、民主和法制的观念,应注意在进一步充实相关的保障内容基础上,细化权利的行使程序,扩展告知事项范围,设置更为明确和合理的制裁性措施。

第四节　审查起诉中阅卷

《人民检察院刑事诉讼规则》第 249 条规定:"人民检察院受理移送审查起诉案件,应当指定检察员或者经检察长批准代行检察员职务的助理检察员办理,也可以由检察长办理。办案人员接到案件后,应当阅卷审查,制作阅卷笔录。"阅卷是审查起诉阶段检察官对案件作出最终处理决定的基础环节,事实上检察官阅卷行为就是对案件事实不断筛选和疑点不断排除的过程。[①] 必须承认,我国刑事诉讼对案卷材料的要求比较高,案件的全部信息客观上表现为案卷材料,而审查起诉工作的重点在于确定案件事实是否清楚,证据是否确实、充分,是否满足提起公诉的条件,承办检察官必须通过阅卷以摘录、筛选、甄别、判断相关案件信息,形成符合犯罪构成要件的确定认识,才能保证案件办理质量和起诉决定的正确。

一、阅卷的基本要求

审查起诉中的阅卷是一项创造性劳动,具有较强的技术性、专业性和特别的要求。要掌握阅卷审查工作的基本方法,遵循正确的思维规律,把握正确的思维脉络,并确立阅卷审查的意识。[②] 审查起诉中的阅卷也是一项基础性工作,对于审查起诉工作的顺利开展以及之后的出庭公诉高效进行都是至关重要的,因此对阅卷工作要有正确的态度,也要善于掌握科学、有效的方法。总体而言,对阅卷工作应注意以下几点要求:

(一)认真阅卷,讲求全面、细致、深入

案卷是侦查活动的综合记录,也是全部案件信息的载体。审查起诉工作的重点在于了解案情,明确案件的证据情况,确定是否构成犯罪,并对案件是否符合提起公诉条件作出初步判断。这个过程与阅卷工作是密不可分的,承办检察官必须依赖阅卷才能获取上述信息,阅卷工作对承办检察官而言是至关重要的。因此,对待阅卷工作必须要有认真的态度。

在具体阅卷的过程中,首先要强调全面阅卷,防止以偏概全。案卷是制作阅卷笔录的基础材料,只有仔细无遗地查阅全部卷宗材料,悉心作出分析,才能在笔录中提炼出案件的重点,才能提纲挈领地反映案件全貌。否则,难免顾此失彼、丢三落四。在阅卷过程中要避免忽略类似证据的现象,比如对犯罪嫌疑人基本相似的多份讯问笔录,不能仅阅读一份,而忽略其他讯问笔录。这很容

[①] 王昕:《公诉运行机制实证研究——以 C 市 30 年公诉工作为例》,中国检察出版社 2010 年版,第58 页。

[②] 王亦农、龚农:《刑事案件阅卷审查的思维方法》,载《中国检察官》2010 年第 7 期,第 54 页。

易造成对证据细节的忽略,而且也忽视了审查起诉工作中重要的侦查监督职责。在阅卷过程中也应该避免只重结论不重过程的问题,如对待鉴定结论,不能只看结论,而应该全面审查其鉴定资质、鉴定方法、鉴材选取、鉴定结论形式要件等等。

阅卷过程中还要讲究细致,细节往往关乎案件胜败,在刑事案件中尤其如此——刑事案件定罪时对证据证明程度的要求非常之高。这就需要承办人练就火眼金睛,用近乎苛刻的眼光来阅卷,不放过案卷中的每一个时间、地点、动作、字句,否则不仅可能遗失重要的案件信息,而且极可能因为这种细节上的忽视在法庭上被辩护人捕捉而造成被动。特别是针对案卷中有关材料的形式要件细节问题,要认真审查,如讯问笔录制作时间有无冲突、扣押清单有无见证人、鉴定结论有无鉴定人的签名盖章等。

审查起诉中的阅卷不是简单地熟悉案情,最主要的还是对有关案件材料和证据进行审核,这就决定了阅卷必须深入,要善于挖掘案卷中隐藏的各种信息,而不能浅尝辄止。

(二) 规范阅卷,认真制作阅卷笔录

阅卷是审查起诉工作中的重要一环,具有严肃性,应该规范进行。目前不少承办检察官忽视了阅卷的规范性,将阅卷工作当做一般性看材料的过程,以为将案卷全部看完,了解了基本的案情就是完成阅卷。这实际上是非常片面的。阅卷几乎是案件承办人形成内心确信的唯一途径,而人的认识过程有一个渐进的过程,并且这种认识要达到"犯罪事实清楚,证据确实、充分"的标准,这意味着阅卷必须采用适当的方法、有特定的要求。每一个承办检察官阅卷的方法可以不一致,但必须规范合理,而不能肆意妄为。

规范阅卷的一个重要的要求是认真制作阅卷笔录,但现实中,一些人常常在阅卷过程中不作阅卷笔录。不少人没有养成记阅卷笔录的习惯,看卷走马观花,看完以后凭记忆和印象讨论案情,还有一些人认为阅卷笔录不是正式的法律文书,可有可无,不要求办案人记阅卷笔录,有了审查报告就可以应付了。实际上,阅卷笔录有审查报告不可替代的作用,它动态地反映了人的认识过程,对综合把握案件的证据情况是非常重要的,而且对审查报告无法记载的内容,阅卷笔录可能充分注意,在诉讼中常常会发生意想不到的作用。

制作阅卷笔录,尽管没有明确的要求和统一的格式,但也不是没有规律可循,没有要求可讲。制作阅卷笔录固然不必强调统一固定格式,千篇一律,但必须做到客观全面、准确清楚、重点突出、详略得当。

(三) 系统阅卷,注意证据之间的关系

在审查起诉中的阅卷阶段,承办检察官仅仅注重对案件事实和证据的审查是不充分的,还要结合庭上讯问、举证、质证等方面的要求,将思考成熟的观点、意见和疑难问题等,通过阅卷及时记录下来,围绕事实,列举证据,找到辩论焦点。所以,承办检察官要注意把阅卷工作与法庭举证结合起来,为指控犯罪、证实犯罪打下基础,即承办检察官要注意把握证据之间的关系。这需要在阅卷的过程中注意两点:

一是审查起诉阶段承办检察官基于提起公诉的证据标准要求,必须做到确实充分;尽量做到全面审查案件证据材料,关注证据之间是否能形成证据锁链。二是承办检察官在阅卷中要重视对证据之间矛盾的排除,将有关疑问及时记录并寻求破解。这是因为刑事诉讼中的定罪讲究证据链的周密闭合,证据链条上的任何一个环节出现问题,都可能导致全案事实发生根本变化,可谓"牵一发而动全身"。

这实际上就要求我们在阅卷的过程中要采用系统的方法,要注意证据材料与非证据材料之间的关系、程序性法律文书与证据材料之间的关系、此证据材料与彼证据材料之间的关系,最好在预先把握案件基本情况的前提下(在阅卷前可以先审阅侦查机关提交的起诉意见书),建立整体观念后再进行阅卷。

(四) 理性阅卷,善于发现问题

阅卷的过程不仅仅是一个简单阅读的过程,它实质是一个审核的过程,是一个认识的过程。阅卷过程应该不断地对信息进行吸收、识别、比较、推理。因此在阅卷的过程中,要善于思考,善于运用多种思维,善于发散性思考,善于想象,保持案件审查的思维过程有自觉性、目的性、方向性。

案卷材料一般都是由侦查机关移送,任何人都无法将案件事实还原再现,案件承办检察官阅卷更多审阅的是二手材料。所以在阅卷的过程中要敢于怀疑,带着疑问去审阅案卷证据材料是否真实、有无瑕疵,对看似充分确凿的证据,判断有没有缺失,考虑有没有人为的干扰、侦查机关的侦查活动有无违法活动等。对于案卷中的有关材料,不能偏信,不能因为是侦查机关提供的就不去质疑,不加认真审核。

在理性思考和敢于质疑的基础上,要善于发现案卷材料的问题,不能作机械性的阅读。对案卷中出现的问题和阅卷中产生的困惑,不能轻易放过,务必要理清、搞透。不能在阅卷过程中解决的问题要及时进行调查或者要求侦查机关补充侦查,绝不能置之不理。

二、阅卷审查的基本内容

阅卷的步骤因案而异,因人而异,一般按照先审查侦查机关起诉意见书,然后按照刑事卷宗的订卷顺序审查法律手续、口供材料、证据材料、其他材料,只是在审查口供材料和证据材料的顺序上有先供后证和先证后供等区别。承办检察官如果在审卷当中发现有程序违法或者证据不足以及办案中的其他问题时,要区分不同情况,分别予以纠正或者提出解决问题的方法或建议,及时退回侦查机关进行补充侦查。

(一)审查侦查机关意见

承办检察官收到侦查机关移送的案卷材料后,应当首先审阅起诉意见书,对办案单位认定的犯罪嫌疑人的基本情况、社会经历、是否具有前科劣迹、涉嫌的犯罪事实以及适用法律情况有个简明扼要的认识,便于带着问题通阅全卷,对照证据材料进行审查判断。

(二)审查案件来源、犯罪嫌疑人的到案情况和破案情况

1. 审查案件来源

案件来源是指侦查机关以何线索发现案件。案件的来源包括报案、控告、举报、犯罪嫌疑人自首和群众扭送犯罪嫌疑人到案,也包括侦查机关在日常工作中发现违法犯罪线索,进而立案开展侦查工作。审查案件来源,主要通过审查报案人的《接受刑事案件登记表》、被害人的《询问笔录》、《刑事案件立案审批表》或《刑事案件立案报告书》等材料,了解侦查机关是依据什么线索发现该案件。

2. 审查犯罪嫌疑人的到案情况和破案情况

犯罪嫌疑人的到案情况,是指犯罪嫌疑人是在什么情况下正式接受侦查机关的调查,通常表现为何种情况下被侦查机关寻获并接受讯问的。这对于确认犯罪嫌疑人、查明案件性质具有重要意义,而且直接影响到对该犯罪嫌疑人自首、坦白的认定。破案情况,是指犯罪案件发生后,侦查人员根据什么线索发现

犯罪嫌疑人,收集了哪些证据来确认犯罪嫌疑人,并最终抓获犯罪嫌疑人的情况。

审查上述问题,主要通过审查侦查单位制作的"抓获经过"、"破案情况"、"到案说明"等工作情况说明进行。这些材料主要是公安机关执法人员用于说明根据什么线索查破刑事案件,如何将犯罪嫌疑人抓获到案的一种办案文书。上述材料都应当包括下列内容:根据什么线索发现犯罪嫌疑人;根据什么证据确认犯罪嫌疑人;在什么时间、什么地点抓获犯罪嫌疑人;如何抓获犯罪嫌疑人;犯罪嫌疑人被抓获后是如何交代违法犯罪行为的;是否查获赃证物品;如何扣押赃证物品等,此类文书应有说明人签名及所在单位印章。当然,随着诉讼法律法规的不断完善以及刑事证据规格要求的不断严格,此类文书今后应向诉讼证据的"人格化"要求的方向转变,应由相应的证人证言来予以印证。

(三) 审查法律手续

审查法律手续主要指审查法律手续是否齐全有效,法律文书的制作是否合法、规范。这里的法律手续是指在刑事侦查中为采取侦查措施或者强制措施而履行的审批手续和所制作的相应法律文书,包括刑事案件的受理、立案、破案手续,强制措施审批执行手续,延长拘留和羁押的手续,勘验检查手续,搜查、扣押手续,查询、冻结存款手续,刑事鉴定手续,侦查实验手续,以及辨认和通缉手续等。

1. 审查法律文书是否齐全、有效

刑事侦查过程应当是完整履行法定程序的过程,法律规定多数刑事侦查措施和刑事强制措施必须经过县级以上侦查机关负责人的批准,并制作相应法律文书,在执行时要形成相应的侦查笔录等。审查法律手续是否齐全、有效,就是审查需要履行审批手续的办案活动是否经过规范的审批,是否按规范制作了法律文书,并且依照法定程序向犯罪嫌疑人或者有关人员予以宣布,以及是否告知其亲属或单位,采取侦查措施、执行强制措施(尤其是逮捕)时是否制作了相应笔录等。

2. 审查侦查中形成的法律文书是否合法、规范

法律文书是在办理刑事案件中形成的文书材料,主要包括证据类文书(如《扣押物品清单》)、决定类文书(如《呈请拘留报告书》)和凭证类文书(如《搜查证》等)。法律文书的制作质量直接关系到证据效力问题,只有具备客观性、规范性和准确性,才能真实反映侦查人员的执法活动,否则可能影响到有关诉讼

行为和证据的效力。

《刑事诉讼法》和《公安机关办理刑事案件程序规定》对法律文书的制作规格多有明确规定。法律文书的审核方式根据案件情况而定,包括以下方面的内容:一是审查各种制式法律文书形式,主要是相应的填写是否完整规范,有无空项或错误。二是审查法律文书的逻辑,即文书内容是否存在矛盾,同一侦查人员在不同笔录中所反映出的工作时间是否有重叠现象,《提讯证》中记载的提讯时间和签字情况是否与讯问材料一致等。三是对法律文书内容的审查,即审查对犯罪事实、执法活动、诉讼活动的记载是否清楚准确,记载的内容有无词不达意、漏掉主要内容等问题。四是审查法律文书的法律依据是否正确,注意法律条款的援引是否准确无误。

(四)审查案件事实

案件事实包括:犯罪行为发生的时间、地点、作案动机与目的、实施手段、使用的工具、侵害对象、危害结果;犯罪嫌疑人是否具有法定从轻或者从重处理的情节;共同犯罪中每个犯罪嫌疑人的作用地位和应负的责任,有无遗漏应追究刑事责任的人;赃款赃物的去向、涉案人员情况和同案之间的关系等。阅卷就是通过审查案件材料再现犯罪过程,而再现犯罪过程是通过对相关证据的审查并进行分析、推理得以实现的。因此,审查证据材料是认定案件事实的基础,是案件审核的中心工作。审查证据可以按照不同种类证据的不同特点确定审查重点,对证据的审查可见本章第六节内容。

只有全面、准确掌握已收集证据的情况,通过单独审查、对比审查和综合审查,才能对其客观真实性、合法性和关联性有一个准确的判断,找出证据中的矛盾之处并分析其原因,提出排除矛盾的意见,从而认定案件事实。审查证据还必须分清哪些是证明犯罪嫌疑人有罪的证据,哪些是证明其无罪或者罪轻的证据,哪些能直接使用,哪些尚待查证。总之,只有对获取的全部证据进行审查、分析,才能够准确认定案件事实。

(五)审查实施强制措施的合法性和适当性

对实施强制措施的合法性、适当性的审查至关重要,它可以确保对犯罪嫌疑人依法采取强制措施,保障犯罪嫌疑人依法享有的权利。此项工作通常是通过对拘传、拘留、逮捕、取保候审手续、监视居住手续的审查实现的。承办检察官要注意从犯罪嫌疑人所涉嫌犯罪的严重程度、办案工作是否达到采取此项强制措施的证明要求、对犯罪嫌疑人是否有羁押的必要性等角度进行审查分析。在此基础上,要注意审查适用强制措施的期限,并注意审查向犯罪嫌疑人告知权利义务的情况以及通知其亲属或者单位的情况。

1. 审查适用强制措施的期限是否合法

《刑事诉讼法》对强制措施的适用都有严格的时限要求,对犯罪嫌疑人超期羁押就构成程序违法,办案人员应当承担相应的执法过错责任。在审查对犯罪嫌疑人适用强制措施情况时,要注意审查三个问题:①审查犯罪嫌疑人到案后是否在法定期限内被变更强制措施,不同种类强制措施的适用时间之间是否衔接适当,是否存在超期羁押或者限制人身自由超过法定期限问题等。②注意审查《拘留证》、《逮捕证》等强制措施决定书的制作时间是否符合法定时限,审批手续、法律文书和相应笔录材料的制作是否配套问题。③审查目前犯罪嫌疑人是否具有改变强制措施的情形。

2. 审查对犯罪嫌疑人宣布强制措施决定、讯问以及告知权利的情况

在阅卷中,承办检察官要注意对犯罪嫌疑人采取刑事拘留或者逮捕等强制措施后,办案单位是否在法定期限内向犯罪嫌疑人宣布对其处理决定,犯罪嫌疑人是否在处理决定书上签字;对于犯罪嫌疑人拒绝签字的,侦查人员是否在此法律文书上注明情况;同时要审查对犯罪嫌疑人拘留、逮捕后是否在 24 小时内进行讯问,犯罪嫌疑人是否认罪;对于犯罪嫌疑人为自己作无罪或者罪轻辩解的,侦查机关是否听取其辩解,对其所提出的事实和证据是否进行复核,是否存在不应当对其刑事拘留或者逮捕的情形等。

适时向犯罪嫌疑人告知诉讼权利,是办案人员的法定义务,否则就构成程序违法。承办检察官在审核法律手续时,应当通过审查不同阶段的讯问笔录,检查办案人员是否适时履行了告知义务。尤其应注意的是,对于用做证据的鉴定结论,应审查侦查机关办案人员是否将鉴定结论告知犯罪嫌疑人并告知其有申请补充鉴定和重新鉴定的权利,犯罪嫌疑人是否提出补充鉴定或者重新鉴定的要求,这是实际办案中最容易忽略的问题。对于侦查机关办案人员没有适时履行告知义务的,承办检察官应当及时向办案单位指出,以便及时补正,切实保证犯罪嫌疑人的合法权利。

3. 审核采取或者变更有关强制措施后是否依法通知其家属

根据《刑事诉讼法》等有关法律规定,对犯罪嫌疑人采取拘留、逮捕等限制

人身自由的刑事强制措施后,除了有碍侦查或者无法通知的情形外,应当以《刑事拘留通知书》、《逮捕通知书》的形式把拘留的原因和羁押的处所,在 24 小时内通知其家属或者其所在单位。对犯罪嫌疑人继续留置盘问后也应当及时做上述通知。在审核中,承办检察官要注意审查卷中有无向犯罪嫌疑人家属或者单位发拘留或者逮捕通知书的记录和凭证。

(六)审查其他材料

所谓其他材料,一般是与认定案件事实本身无关,但涉及应否追究犯罪嫌疑人刑事责任、如何追究犯罪嫌疑人刑事责任的相关问题的材料,其中包括案件的管辖、时效、犯罪嫌疑人的主体资格、身体健康情况、现实表现以及刑事附带民事诉讼的相关问题。

1. 审查案件的管辖问题

通过阅卷,承办人要通过对犯罪行为发生地的审查确定案件的管辖权,着重解决三个问题:此案件是否应当属于公诉案件?是否应当由本地检察机关管辖?是否应当由本级检察机关管辖?对于流窜作案、多次作案的案件,审查时要注意甄别主要犯罪行为的发生地和犯罪嫌疑人的被抓获地。

2. 审查所涉嫌犯罪的追究时效问题

审查犯罪案件的追究时效工作应当在案情已经基本查清,犯罪时间以及危害后果均已经确定的情况下进行。

3. 审查犯罪嫌疑人的主体资格

审查犯罪嫌疑人的主体资格,是指审查犯罪嫌疑人作案时是否达到法定刑事责任年龄、是否具有刑事责任能力问题,也包括对犯罪嫌疑人自然情况的审查。如果涉及刑法对犯罪主体身份有特殊规定的案件,还应当审查犯罪嫌疑人是否符合刑法对特殊主体的要求,如是否属于国家工作人员、是否属于司法工作人员等。实践中,要注意两个方面的审查工作:

(1)审核犯罪嫌疑人作案时是否达到法定刑事责任年龄。此即确定犯罪嫌疑人的出生日期,这涉及能否追究其刑事责任以及如何追究刑事责任问题,属于阅卷的重点。要注意审查侦查人员是否收集了犯罪嫌疑人的身份证、户籍所在地公安机关出具的户籍证明,所收集的证明是否有涂改或者伪造的痕迹,与犯罪嫌疑人本人供述的出生日期是否一致。有关证明材料之间存在矛盾的,要注意用多种方式辨别真假。对于未成年人犯罪嫌疑人,更要认真核实其作案时的真实年龄,除了调取相关户籍材料和出生证明,还可以通过实地调查、司法鉴定等侦查措施核实其身份,避免出现犯罪嫌疑人冒名顶替现象。

（2）审核犯罪嫌疑人是否具有刑事责任能力,这是行为人承担刑事责任的必要条件。对刑事责任能力的审查,如果卷内有司法精神病鉴定材料,就必须对司法精神病鉴定结论进行全文审查,不能只看结论部分而不研究正文部分。另外,对于卷中没有进行精神病材料而行为反常的犯罪嫌疑人,也应注意结合有关材料提出犯罪嫌疑人是否具有精神不正常嫌疑,是否需进行司法精神病鉴定的意见。

4. 审查犯罪嫌疑人的现实表现情况

犯罪嫌疑人现实表现,包括其是否受过刑事处罚和行政处罚,是否负案在逃等,这是影响量刑的重要环节。对此可以通过审查其户籍所在地派出所和工作单位出具的证明材料完成。而对是否有前科劣迹情况的审查,则可以通过对已经收集的判决书、劳动教养或收容教养决定书、治安处罚裁决书以及其他行政强制措施决定书等法律文书进行审查。如果犯罪嫌疑人在执行刑罚或行政强制措施中被减刑、假释、提前释放或提前解除行政强制措施,则要审查有无提前恢复人身自由的证明文件入卷,这涉及是否认定为累犯以及有无从重处理情节等问题。

5. 审查犯罪嫌疑人的生理和身体健康情况

犯罪嫌疑人的生理和身体健康情况也是需要审查核实的一个方面,包括是否有不宜羁押的严重疾病,是否为聋哑人或者盲人等。对于女性犯罪嫌疑人,则要注意审查其是否怀孕,是否正在哺乳自己不满一周岁的婴儿。如果犯罪嫌疑人系又聋又哑的人或者盲人,依照刑法规定应当从轻、减轻或者免除处罚,审查时要注意审查有无相关证明材料。

6. 审查刑事附带民事诉讼的相关问题

在阅卷的过程中,对于有被害人的案件,还要注意被害人的意见,确定被害人是否可以提起附带民事诉讼,是否已经提出附带民事诉讼的意向,以及在移送审查起诉前犯罪嫌疑人是否已经先行向被害人作出赔偿或者补偿。

7. 审查立卷规格问题

审查立卷规格就是审查侦查卷的装订是否符合规格,包括审查卷宗装订是否整齐并符合分卷要求,卷内材料装订顺序是否正确,卷首、卷内文件目录是否填写齐全,移送审查起诉的侦查卷宗正文是否编页码,卷内文件目录与卷内文件的内容和页数是否吻合等。

三、阅卷的思路和方法

诉讼实践中,办案人错误地认定事实、错误地定性、错误地起诉的深层次原因,在于人类的认识能力——包括侦查发现事实的能力、公诉中判断证据与事实及其性质的能力都是有限的。在公诉环节,则直接体现在办案人员对案件的审查出现问题,而案件审查最主要也直接的方式就是阅卷。阅卷是审查起诉最基础、最重要的环节。可以说,不会阅卷,阅卷没有正确的思维方法,肯定办不好案,甚至会办错案。

(一)全卷通读法

全卷通读法是一种比较简单的阅卷方法,这种方法往往适用于案卷材料众多或者案件事实比较单一的案件。在通读卷宗材料过程中,要对与起诉意见书中所指控的相关的犯罪事实和证据材料进行印证,对案件的要害事实证据和关键语句应随手择要记下,并记准页码,以便随时查阅或引用。

全卷通读法当然也不能机械地阅读案卷,应该在阅读案卷的过程中及时总结和分析,对前后内容进行关联性思考,逐步摸清案件的基本情况。当然,全卷通读法也有基础条件,那就是案卷材料的装订规范合理,能够按照时间、案件事实或者证据情况进行归类,对不符合装订规范的,这种方法显然不宜采用。

(二)起诉意见书主导法

以起诉意见书认定的事实为主线,依照起诉意见书记载的事实和证据情况,有针对性地进行阅卷。这一阅卷方法主要适用于事实比较简单的案件。在阅卷之前,首先要对侦查机关提交的起诉意见书认真地审阅,获知案件基本的事实、证据和法律适用情况,并作出初步判断。如果认为侦查机关认定的事实比较明确、单一,获得的证据材料基本能够满足认定该案事实和确定犯罪构成的要求,适用的法律正确,即可以起诉意见书记载的内容(特别是证据情况)为导线,对案卷材料进行梳理,然后进行有针对性的审阅。

对于起诉意见书中未载明的证据材料,也应该在阅卷中加以关注,并对之进行甄别,判断其对认定案件的事实和适用法律是否有意义。对于起诉书载明的证据也要善于进行分析判断,不能偏听偏信。基于人认识的差别性,对其中与认定事实不一致、缺乏关联性的材料,存疑于心或作记录,综合相关材料判断能否定这些事实。

(三) 犯罪嫌疑人供述和辩解比照法

对犯罪嫌疑人认罪的简单案件,可以依照犯罪嫌疑人供述的情况,有针对性地进行证据的对比阅卷。犯罪嫌疑人在嫌疑范围内属于直接参与犯罪的人员,对犯罪事实和其他案件的情况最为了解,对证据的来源最为明晰。不仅如此,犯罪嫌疑人的供述一般有顺时性的特点,能够按照犯罪事实的先后顺序进行连贯性的陈述,在侦查阶段也对一些关键问题和疑难问题作了回答,因此犯罪嫌疑人的供述和辩解含有较大的信息量。对于犯罪嫌疑人认罪的简单案件或者本区域常见型案件,可以先审阅犯罪嫌疑人的有关供述,对其犯罪事实和有关情况有了基本了解之后,依据其交代的情况逐一通过阅卷加以确认。

对于多人多次作案的案件,案卷较多,如果依次序一本一本读完,难免读到后边又忘了前边,以致重复阅读,浪费大量时间和精力。针对这种情况,要视具体情形灵活处理。一是可以采用对照阅读的方法,即先阅口供,阅完一个犯罪事实以后,翻阅相应的其他证据。比如,对于多次盗窃案件,阅完犯罪嫌疑人对一次盗窃的供述后,及时翻阅下一次犯罪事实,这样看似繁琐,实则比较准确,也能避免不必要的重复,并能及时发现供证不一的地方,从而为及时补充证据做好准备。二是主犯突破法。对于共同犯罪案件则可以考虑从主犯的口供开始,通过其口供了解基本案情以后,再根据口供提供的情况,对照审阅其他证据,可以做到重点突出,脉络清晰。

对于最终作有罪供述但侦查过程中存在供述反复的,应该加以注意。对于这类案件,一方面要对犯罪嫌疑人供述进行重点审阅,理清其供述前后变化的内容、频次、原因等;另一方面要谨慎对待最终供述,对最终供述要结合案情和其他证据进行综合判断,并在随后的阅卷中对有关疑点进行针对性的审阅、甄别。

(四) 证据分类综合法

根据《刑事诉讼法》的规定,我国刑事诉讼中主要有七种证据形式。虽然在实践中,证据材料的形式是丰富多彩的,某些证据材料形式实际上已经超越了法律的规定。但就大多数普通案件来说,七种证据形式仍然是常见的;而且对于特定类型的案件,其证据形式一般也是相对固定的。例如,在一般性的贩毒案件中,一般包括犯罪嫌疑人供述、证人(购毒者、目击者——大多数情况下是公安人员)证言、物证(毒品和毒资)、鉴定结论(毒品检验)等证据形式,这实际上也给我们提供了一种阅卷的方法,即按照证据类型或者部分事实对应的证据进行有针对性的阅卷。

在这种阅卷方法中,一般采用的是填充式的阅卷摘录形式。先根据特定案件的证据形式进行分类虚待,然后依据证据形式分别对案卷进行有针对性的审阅,将审阅内容填充进去即可。对于不在七种证据形式之列的证据材料,可以单独设立一栏,进行填充。

(五)犯罪构成引导法

阅卷过程中包括对事实的确定和证据审核,这其中的核心问题仍然是对犯罪事实的确定,进而选择适当的法律条款加以定罪。而犯罪的确立根据我国刑法一般的原理,通常采用的是犯罪构成理论。这就说明犯罪事实的确定与犯罪构成之间存在特定的对应关系。根据这一规律,我们也可以通过犯罪构成来阅卷进行引导。

通常情况下,侦查机关在起诉意见书上认定的事实较为笼统、概括,对于一些复杂、疑难的案件,侦查机关的起诉意见书又常常采用描述式的写法,对犯罪事实没有形成集中、有效的概括和表达,常常不着边际。这就需要我们采用犯罪构成引导的方法,在初步了解起诉意见书的内容后,即根据相关罪名的犯罪过程先行确定待证的构成要件事实,然后通阅全部案卷——这一过程可以适当简略——以粗浅了解主要证据证明内容为目标,进而根据先前确定下来的事实再进行第二次阅卷,这一过程要围绕犯罪构成进行精阅,通过对犯罪构成内容上的填补,确定犯罪事实。

(六)案件事实解析法

案件事实解析法有两种形式,分别适用于不同情形。其基本方法是将案件事实分解为不同的部分,以此为据对案卷材料进行梳理分析。

其一,对于基层检察机关而言,实践中处理的案件一般都是相对集中在几个特定罪名,比如盗窃罪、抢劫罪、抢夺罪、诈骗罪、故意伤害罪、贩卖毒品罪等。对于特定犯罪而言,其基本事实相对都是确定的。比如在盗窃案件中,一般包括动机产生、预谋、共谋、挑选时机、时间地点、准备工具、物色目标、实施盗窃、转移赃物、销赃等。确立这样的基本事实之后,即可以有针对性地阅卷,形成基本的犯罪事实确认。其二,对于特定的案件,可结合起诉意见书引导法,先对起诉意见书载明的相关犯罪事实进行分解,形成事实要素的顺序、逻辑关系,然后根据分解事实在阅卷过程中对证据进行重点审核。

(七) 重点证据突破法

对于案件情况比较复杂、专业性较强的案件,一般情况下犯罪事实纷繁复杂,起诉意见书的意见也可能存在偏颇,很多情况下犯罪嫌疑人拒不交代或者供述反复,在阅卷先期形成预判比较困难。在这种情况下一般应该采用重点证据突破的方法,先对重点证据或者核心证据进行审阅,对全案整体证据情况有初步了解后,再进行详细阅卷。当然,对于重点证据的确认,不同案件会有不同的情况,关键是要选择信息含量较大、整理规范的证据材料。

比如对于一些经济类案件,司法会计审查报告是其常见的证据形式,在报告中不仅仅有对有关的犯罪数额的审核,而且也包括了对相关证据的分析和整理,所含信息量比较大,一般来说对基本犯罪事实都有所反映。在这种情况下,完全可以先对此类报告进行审阅,形成基本的犯罪事实模式和证据情况印象,这无疑将对我们下阶段的审阅工作提供帮助,从而可能提高阅卷的效率。

(八) 联想—比对法

诉讼中虽然强调法律事实而非客观事实,但事实主要是人的行为,行为就有其自然的结构,要符合"生活的逻辑"。根据这一道理,可以得到一个检验证据、认定事实、发掘情节的方法,这里称为"联想—比对法"。即以某罪的犯罪构成和侦查阶段认定的犯罪事实为基础,在背景、动机、行为细节与因果关系、犯罪发展的关联环节等方面进行联想、设想,并"预测"涉案的当事人(包括证人)、可能产生的证据等。对于具有多种可能性的环节,应将重要的、可能性大的几种列明。这样就会得到一个细节丰富的犯罪事实和"全案证据"。之后,再审阅案卷材料,将推导的事实与证据和案卷事实、证据相比较,核实相关情节与证据,就会明确足以认定的事实和情节、未查明也不必查明的情节、未查明而应当继续查明的情节、应收集而未收集(或不能收集)的证据等。这样一来,事实与相关证据都了然于心了。[①]

阅卷的思路和方法因案而异,因人而异,并没有固定的、统一的模式,问题

---

① 王亦农、龚农:《刑事案件阅卷审查的思维方法》,载《中国检察官》2010 年第 7 期,第 55 页。

的关键是选择最有效的方法——在阅卷的过程中并不排斥阅卷方法的重叠运用。对案卷材料过多的案件,阅卷应采取先简后繁,多次阅读的方法,即先用略读、跳读的方法,将案卷大体翻阅一遍,列出案卷证据材料的种类、内容,犯罪的次数、特征和主要问题,然后再用精读的方法,根据略读产生的思路和问题,反复阅读,直到将全卷阅透为止。一般采用"简—繁—简"的阅读顺序,先略读,后精读,最后再浏览一遍。这种先简后繁的阅卷方法,有助于迅速形成对案件的整体印象,避免陷入卷宗的海洋里,理不出头绪。

四、阅卷笔录的制作

刑事案件的阅卷笔录是审查起诉阶段阅读案件材料后对案件事实和证据进行的摘录。其目的是帮助承办检察官理顺证据、熟悉案情、便于查阅,不至于因阅卷不仔细而遗漏问题。制作阅卷笔录的作用有三点:一是帮助承办检察官初步熟悉案卷、案情、证据,对一个陌生的案件有一个大概了解;二是便于以后查找证据;三是为撰写审查报告作准备。一份高质量的阅卷笔录不仅可以帮助承办检察官顺利进行审查起诉工作,而且可能在出庭支持公诉时发挥提示的作用。虽然制作审查报告时存在大量摘录案卷材料的情形,有替代阅卷笔录的趋势,但审查报告常常是一个终局性的认定结论,缺少阅卷笔录中事实的动态反映性——阅卷笔录可以准确反映办案人员的办案思路,提示办案人员应该注意的问题,记录办案之中常常一闪而过的思维火花——阅卷笔录具审查报告不可替代的作用。因此,审查起诉过程中,制作阅卷笔录应该保证一定的质量。

(一) 阅卷笔录的内容

我们认为阅卷笔录是阅卷过程的记录,阅卷笔录的内容不仅应该包含对案卷证据材料的摘录、概括,也应该记录阅卷审查过程中的问题、疑惑以及解决问题的思路、心得等问题。从内容要件上讲,应该包括:

(1) 标题。为了便于检索,阅卷笔录标题可写"×××××案阅卷笔录"、"阅卷摘录"等。在标题的右下方标明开始阅卷的时间。一件复杂的案件卷宗,有时需要较长的时间才能阅读完毕。阅完卷宗的时间,可在阅卷笔录的最后注明。

(2) 犯罪嫌疑人的主体身份情况,主要包括:姓名、性别、出生年月日、籍贯、户籍所在地、文化程度、经常居住地、工作单位、职务、强制措施的种类与起止日期等情况。以上各项对应的证据材料应予标注。

（3）犯罪嫌疑人供述和辩解、被害人陈述、证人证言等言词证据的主要内容和证明情况，主要包括：言词证据提供人的基本情况，言词证据采集的时间（精确到时分）、地点、讯（询）问人员，言词证据的基本内容，证明的情况，以及言词证据的冲突情况等，对应案卷页码情况应予标注。

（4）其他证据材料的主要内容和证明情况，可以包括：书证、物证、视听资料、鉴定结论的来源、获取时间、获取地点、获取方式、凭据、主要内容、证明的情况、存在的瑕疵、证据之间的冲突情况等，对应案卷页码情况应予标注。

（5）犯罪嫌疑人的前科、自首、立功等情况，主要包括：内容摘要、对应证据材料的来源和获取情况等，对应案卷页码情况应予标注。

（6）案发及侦破情况，主要包括：侦查机关提供的情况说明、报案登记表内容、抓获经过的工作情况说明、犯罪嫌疑人首次供述的情况等，对应案卷页码情况应予标注。

（7）存在的问题及解决情况。对阅卷过程中发现的问题和疑惑等要随时记录，对解决问题和疑惑的答案也应建立对应关系。

（8）阅卷意见。阅卷过程中的心得和判断意见也可以记录在笔录中。

（二）阅卷笔录的结构和形式

阅卷笔录一般是承办检察官自己使用的内部文书，并无必要采用统一、固定的结构和形式，采用何种结构和形式，通常以承办检察官的习惯和使用方便为标准。

阅卷笔录主要是对案卷证据材料的梳理和摘录，既要注意摘录材料的内容，又要注意阅卷笔录的结构。摘录卷宗材料，如果只是随阅随摘，没有正确的结构安排和摘录方法，即使材料摘录得准确、完整，也会是杂乱无章，一团乱麻，难以看清案情眉目。因此必须掌握正确的结构安排方法和摘录方法，通过摘录，将零乱的材料作出合理的排列组合，安排好结构，理出头绪。实践中，可以采取以下方法安排阅卷笔录的结构：

1. 主体结构

1）以事为主线的制作方法

对一罪一人（犯罪嫌疑人）多起（作案事实）的犯罪案件，承办检察官应在同种罪名下以作案事实为主线展开阅卷并制作阅卷笔录。排列顺序有两种：一种是按作案时间先后顺序进行排列;一种是按社会危害性大小进行排列。如盗窃案,一人作案数十起,按时间先后顺序排列为宜;如抢劫案,一人作案数起,按社会危害性大小排列为宜。

2) 以人为主线的制作方法

对一罪多人多起的犯罪案件,可以考虑在同种罪名下,以人为主线来制作阅卷笔录。通常将主犯排列在前,从犯、胁从犯、教唆犯排列在后,围绕犯罪嫌疑人按作案先后排列证据。如诈骗案中,有四个犯罪嫌疑人、五起作案事实,在诈骗罪名下,将四个犯罪嫌疑人按主犯排列在前的顺序横向排列四个单元,在每个人名下按作案先后列举作案事实和证据。每名犯罪嫌疑人的每起作案事实与证据要与其他犯罪嫌疑人横向对应,便于比较。

3) 以罪为主线的制作方法

对有多人多起数罪的犯罪案件,通常可以区分不同种罪名,将重罪排列在前,轻罪排列在后,标注上罪名,分列若干罪名单元。在同种罪名之下按主犯排列在前,从犯、胁从犯、教唆犯排列在后的方法排列。然后,再按犯罪时间先后或按社会危害性大小的顺序排列作案事实,在每起作案事实下面列举证据。如在一起杀人罪、抢劫罪、敲诈勒索罪案中,有五个犯罪嫌疑人、二十起作案事实。制作阅卷笔录时,可将杀人罪、抢劫罪、敲诈勒索罪分列三大块,在每一罪名下按主犯排列在前的顺序依次横向排列五小块,在每一小块中,按涉嫌罪行由重至轻的顺序(或按时间顺序,视案而定)编号串列作案事实,与其他四小块横向对应,在每起作案事实下面编号串列证据,形成一案三罪五个犯罪嫌疑人二十起作案事实的审查阅卷笔录。

2. 辅助结构

所谓的辅助结构就是针对特定犯罪事实的特征对案卷材料进行摘录组合。一般可以从特定犯罪构成、法定量刑情节、财产关系等方面制作阅卷笔录,形成辅助体系。

1) 主观故意体系

承办人在审查起诉过程中,如果遇到某些案件犯罪嫌疑人主观故意难以确认时,应就此分列单元,认真加以区分。如故意杀人罪中的主观故意是直接故意或间接故意,与过失致人死亡罪中的无杀人主观故意有本质的区别,为了避免庭审中举证条理不清,难以区分,阅卷时承办人应当将这几种主观故意对照法律认真加以区分、比较,将主观故意分列单元,分别寻找相应的证明材料,形成证据体系。

2)主体资格体系

犯罪嫌疑人主体资格不明确,有争议时,承办人在阅卷中应充分考虑到在法庭上的举证要求,根据事实、证据、法律将犯罪嫌疑人主体资格分列单元审查,加以确认。如在办理贪污罪案时,对犯罪嫌疑人主体资格的审查是关键,承办人应将主体资格审查证据及相关情况详细列出,据以作出肯定或否定的结论。

3)财产所有权体系

办案中,也有财产所有权归属不明确,难以认定的情形,承办人应将财产所有权问题列出,加以分析。如侵占罪,犯罪嫌疑人非法侵占财物2万元,承办人有必要弄清该财物所有权的归属,将所有权问题分列单元,按证据予以肯定或否定。

关于制作阅卷笔录的形式或者制作方法,我们可以灵活把握,在实践中常用的方法主要有以下几种:

1. 索引摘录

索引法,是指在阅卷时,只须将移送案件的单位、时间、案由、犯罪嫌疑人的基本情况、侦查机关认定的事实写清楚,对证明犯罪嫌疑人犯罪的各项证据采用目录式的索引方法注明在卷位置即可。使用索引法制作笔录,比全部照抄卷宗要简洁、省时,而且比全部照抄卷宗更加容易检索有关案件的信息,使人一目了然,所以比全部照抄有更大的实用价值。

使用索引法制作阅卷笔录应注意三点:一是索引要准确全面,不仅指明所引证据的在卷页数,而且应注明该证据的调取情况,如口供、证言的取得时间,调查人员的姓名、调取证据的地点,接受调查的犯罪嫌疑人、证人是否被告知权利、义务,被调查人是否阅过、听过笔录并认可、签字等。二是注释要清楚,对所引证据应详细注明证据种类、所要证明的问题及证据本身存在的问题等。三是必要时应附上证据复印件,复印的范围应是认定犯罪的主要证据。

2. 列表填充

采用列表法制作阅卷笔录的,多为犯罪嫌疑人、证人较多,犯罪事实较多的案件,在这种情况下,通过列表,对证据加以归类,并把各项证据进行纵向与横向对照,能够使犯罪事实与证据之间的呼应关系更加明了,而且也突出了证据之间的矛盾,容易找出证据漏洞,这也是抄卷无法达到的效果。

采用列表法制作阅卷笔录,应注意以下几个问题:一是列表的范围可大可小,可以全部都采用列表法,也可以仅就案件的某一局部问题采用。如数罪案件,可仅对其中一罪采用该法,而对其他罪采用别的方法。二是列表的项目要全。以盗窃案件为例,既要包括犯罪嫌疑人供述、证人证言、赃物去向、赃物价值证明等项,在供述中又可分出犯罪时间、地点、手段、对象、结果等要素。为对比明确,列表中的对照项目一定要详细。三是列表法还可与索引法交叉使用,即在所列表中只须注明证据的在卷位置及其证明要点即可。

3. 图解组合

图解法是最具体、直观的表现方法,它能将整个案情用图解的形式表现出来。图解有简单与复杂之分,复杂图解需要办案人员根据案情、事实和证据情况精心策划,没有固定的模式,通常有列表图解、直线图解、曲线图解、几何图解等并注有文字说明。但运用图解方法有时并不能完全反映案件事实的全貌,通常还要与其他方法有机结合,才能形成完整的体系。图解法受本身条件所限,一般在针对特定犯罪事实或者局部事实时使用。如下图就是一个阅读"传销案件笔录"的图例:

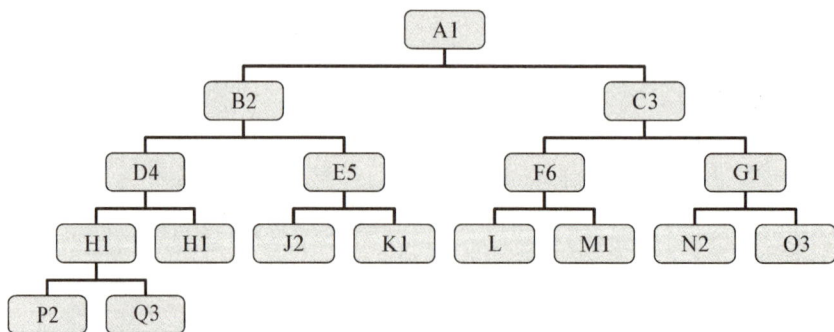

(三) 阅卷笔录的基本要求

1. 简洁明快,结构明晰

制作阅卷笔录的主要目的是从速了解案情,并为下一步审核案件作准备,所以制作阅卷笔录应力求简洁,能反映基本犯罪事实和证据特点即可,无须全卷照录。这样既能节省时间,又能使笔录的内容更加集中突出,更好地发挥笔录的作用。

制作阅卷笔录应简洁,并不意味着笔录可以粗疏,想录什么录什么,而应该达到清楚地反映案卷证据特点的目的。制作阅卷笔录要明晰,就是指首先笔录能反映案卷的全部证据,包括有罪证据和罪轻或无罪证据;其次,每一个证据的证明要点应被准确反映;最后,所制作的笔录应符合犯罪事实发生、发展的逻辑结构和证据之间的逻辑结构,使人一目了然,便于使用。

2. 内容深刻,重点突出

所谓深刻,是指阅卷笔录不仅要能反映侦查卷宗的内容,而且应对该内容进行归纳和分析,为进一步审核案件指明方向。详言之,就是在抄录卷宗内容的同时,及时提出问题,进行证据分析,设计调查提纲。对于审查起诉而言,还可以初步设计庭审讯问、举证计划,真正发挥阅卷笔录的作用,而不应是为阅卷而阅卷,阅完就算完。

笔录的制作还要讲究重点突出,摘录要详略得当,防止篇幅冗长。阅卷笔录虽然要求全面地反映案件情况,但并不是说每一部分内容、每一个细节都写进笔录,不分主次轻重。阅卷笔录是纲要性的材料,阅卷人必须抓住重点,用简练的语言概括、归纳案卷材料,使之成为能够一目了然,纵观全案的提纲。如果事无巨细,泛泛抄录,等于对案卷的复制,就失去了制作阅卷笔录的意义。

3. 合理规范,便于诉讼

阅卷笔录制作应根据证据材料的不同特点合理设计,形式规范。要条理分明,防止零乱繁杂。制作阅卷笔录,是为了解案情,出庭答辩提供参考材料。为此,阅卷人可以先作出阅卷摘录,再根据摘录材料的性质、作用,将其划分为几大部分,并在每一部分里把有关的材料罗列出来,最后规划整理,统筹安排,制作成篇。否则,如果毫无中心地边看边记,材料就会杂乱无章,不便于区分、对比,也不便于使用。

阅卷笔录应清晰有序,便于办案,便于诉讼。要注明摘录出处,防止摘引无据。每摘录一份材料,都要在其后边用括号注明属于某卷宗第几页第几行。这样做,是为了在法庭辩论中谈到某个事实或证据时,便于援引说明,做到有根有据。

第五节 听取当事人及其
委托的人的意见

《刑事诉讼法》第 139 条规定，"人民检察院审查案件，应当讯问犯罪嫌疑人，听取被害人和犯罪嫌疑人、被害人委托人的意见。"《人民检察院刑事诉讼规则》第 251 条也有相关规定，要求在审查起诉案件时，应当讯问犯罪嫌疑人，听取被害人和犯罪嫌疑人、被害人委托的人的意见，并制作笔录。由此可见，听取当事人及其委托的人的意见是刑事诉讼的必经程序，在审查起诉环节有着非常重要的诉讼地位。

一、听取当事人及其委托的人的意见的意义

听取当事人及其委托的人的意见是刑事诉讼的"规定动作"，这反映出审查起诉工作不是在封闭、秘密状态下进行，具有一定的透明度，是诉讼民主的具体体现，有利于充分听取各方意见，准确认定案件事实，对于维护当事人合法权益有着非常重要的意义。[①] 在这一过程中，承办检察官不仅可以从中进一步查清案件的有关事实，也能够使当事人的意见得到充分的阐述，从而为公正地处理案件创造条件。具体而言，听取当事人及其委托的人的意见有以下意义：

（一）保证案件的公正处理

对于处于审查起诉阶段的案件而言，虽然侦查阶段已经对有关犯罪事实及法律适用有了初步的认定和意见，但要达到提起公诉的要求，仍可能存在一定的差距。特别是对于一些有被害人的案件的，犯罪嫌疑人和被害人对案件的事实可能有着不一样的认识，因此对案件事实的认定可能存在一定的困难。对于审查起诉的承办检察官而言，广览兼听是其处理这种复杂困难情况的最好办法。在充分听取当事人的意见后，结合其他证据，承办检察官可以进行深入分析，从而进一步认清案件事实，正确地选择适用法律，保证案件的公正处理。同时，听取当事人及其委托的人的意见，增加了审查起诉活动的透明度，使得检察

---

① 姜伟主编：《公诉业务教程》，中国检察出版社 2003 年版，第 133—134 页。

人员规范运用司法权力,也在一定程度上保证案件能够得到公正的处理。

(二)保障犯罪嫌疑人的辩护权

在现代刑事诉讼观念中,犯罪嫌疑人被视为处于弱势地位,面对强大的国家权力,其辩护权和其他诉讼权利要充分予以重视。听取当事人的意见特别是犯罪嫌疑人的意见,能够有效保证犯罪嫌疑人充分有效地行使辩护权,对相关的指控进行申辩,使得其摆脱刑事诉讼中完全的被动状态,更为积极地参与到刑事诉讼之中。从另一角度而言,犯罪嫌疑人的意见是提出自己的意见,特别是对有关证据的异议,也可以扩展自己的辩护领域,能够有效地推进诉讼的顺利进行,保证案件的公正处理。

(三)充分了解被害人的意见

实践中,被害人在刑事诉讼中处于相对尴尬的地位,公诉制度大大压缩了被害人参与刑事诉讼的范围和深度,在很多情况下被害人的意见和诉求并没有得到充分的尊重,很多被害人甚至常常被排斥在诉讼之外,其诉讼主体地位并没有得到有效的保障。在审查起诉中,规定"应当询问被害人的意见"无疑有利于保障被害人能够有效参与刑事诉讼,能够充分了解被害人的有关意见,这对核实有关事实和证据有很重要的意义,同时也有利于及时获知被害人在犯罪处理、损害赔偿方面的意见,保证案件的处理的法律效果和社会效果。

(四)审核相关言词证据

犯罪嫌疑人和被害人是案件事实的直接接触者,对犯罪的有关情况和证据有相对更为直观的、全面的、深入的了解。在侦查阶段,一般情况下犯罪嫌疑人和被害人都对犯罪事实进行了供述或者陈述从而形成了相关笔录。在审查起诉过程中,承办检察官面对的最主要的证据就是大量笔录。但这些笔录的制作由于各种主客观的原因,可能存在失实、遗漏和误差的情况。听取当事人的意见,无疑成为审核这些相关言词证据的最有效方式,通过这种面对面的交流,承办检察官不仅可以对侦查阶段获取的言词证据进行必要的审查,实现去伪存真,而且很可能发现新的问题,获得新的案件信息。这对于查清案件事实,实现侦查监督,公正处理案件有着非常重要的意义。

二、听取当事人及其委托的人的意见的基本要求

听取当事人及其委托的人的意见是承办检察官与当事人的直接接触,是一

种面对面的交流。这一过程并非一种非正式的交流过程,而是刑事诉讼过程中的必要诉讼程序,因此有一定的规范和要求。

(一) 合法规范

听取当事人及其委托的人的意见应该严格按照有关法律规定进行。我国的《刑事诉讼法》、《人民检察院刑事诉讼规则》对讯问犯罪嫌疑人、询问被害人以及听取当事人委托的人的意见等都有比较严格的规定。一方面这是基于对相关诉讼参与人诉讼权利的尊重和保护;另一方面也是想通过设定特定的程序来保证听取意见的全面性。一般而言,在听取当事人及其委托的人的意见时,应注意在人员构成、身份表示、权利告知、时间地点、方式方法、语言翻译、笔录制作等方面法律规定,保证整个过程是在法律程序范围内进行,详细要求可以参见本章第六节的有关内容。这里需要注意两点:一是直接听取被害人和犯罪嫌疑人、被害人委托的人的意见有困难的,可以向被害人和犯罪嫌疑人、被害人委托的人发出书面通知,由其提出书面意见,在指定期限内未提出意见的,应当记入笔录;二是询问不满 18 岁的被害人时,可以通知其法定代理人到场。

(二) 客观节制

当事人与案件往往有着直接利害关系,因此在听取当事人及其委托的人的意见时应注意甄别,排除当事人及其委托的人基于利害关系出现的不真实陈述和不合理要求。一方面,对于当事人表述过程中出现的不真实、不合逻辑的意见,要在告知其法律责任的基础上,予以警告、审查和制止;另一方面,对于当事人提出的不合理要求,要在告知其权利义务的基础上进行有关法律法规的解释,必要时要进行劝阻和驳斥。当然,这种客观节制的态度必须于法有据、合情合理,不能够冷淡漠视或者蛮横无理。

(三) 充分全面

听取当事人及其委托的人的意见,不仅有相当大的诉讼意义,而且也为当事人提供了广阔的意见表达的空间,其当然迫切希望能把自己对整个案件的看法、意见和要求在这一过程中进行充分的表达。因此,承办人在听取当事人及其委托的人的意见时,应当充分、全面听取有关意见,保障相关当事人及其委托的人的相关权益。一方面,要允许当事人对有关的情况和事实进行较为全面的阐述;另一方面,要注意把握听取意见的节奏,进行适当的补充和提示,使得当事人的有关意见能够得到充分的阐释,也能保障当事人的合法权益,特别是其容易忽视的一些合法权益。

(四) 反应及时

听取当事人及其委托的人的意见的意义并不在于听取程序本身,更为重要的是对相关意见作出反应,切实保护当事人的合法权益。当事人及其委托的人的意见一般与案件事实、证据、强制措施、权利保障、赔偿请求等有关,这些意见与当事人的利益紧密相关。承办人在听取当事人及其委托的人的意见时,要根据情况及时作出反应。对于能够当场作出答复的,应该当场给予解释和答复;对于不能当场作出答复和回应的,要结合法律和情理进行解释说明,随后要根据法律规定及时进行处理,并将处理结果及时告知当事人,在必要时可以为当事人提供一定的协助。

三、接待当事人委托的人的阅卷

卷宗与证物是认定案件事实的重要基础,①《刑事诉讼法》第 36 条第 1 款规定:"辩护律师自人民检察院对案件审查起诉之日起,可以查阅、摘抄、复制本案的诉讼文书、技术性鉴定材料,可以同在押的犯罪嫌疑人会见和通信。其他辩护人经人民检察院许可,也可以查阅、摘抄、复制上述材料,同在押的犯罪嫌疑人会见和通信。"《律师法》第 34 条规定:"受委托的律师自案件审查起诉之日起,有权查阅、摘抄和复制与案件有关的诉讼文书及案卷材料。"阅卷权是辩护人、诉讼代理人、附带民事诉讼代理人有效履行委托职责的必要手段,接待当事人委托的人阅卷也是审查起诉过程中一个非常重要的环节。

当然,必须承认,目前的《刑事诉讼法》与《律师法》在律师阅卷问题特别是阅卷范围上存在一定的不协调。从《刑事诉讼法》第 36 条第 1 款可以看出,辩护律师仅可以查阅、摘抄、复制本案的诉讼文书、技术性鉴定材料。同时,这样的规定在司法实践中又常常得不到很好的贯彻实施,一些辩护律师仅能查阅到的是拘留证、逮捕证、起诉意见书和鉴定结论的文书。案件材料是集中记载了案件的情况和证据,在我国诉讼体制下几乎是案件信息的全部,辩护人、诉讼代理人及附带民事诉讼代理人如果不能有效阅卷,获取充分的案件信息,显然无法有效开展辩护和代理活动,当事人的合法权利也可能因此得不到有效的保

---

① 林钰雄:《刑事诉讼法》(上册),中国人民大学出版社 2005 年版,第 171 页。

障。《律师法》将阅卷范围扩展到诉讼文书和案卷材料无疑有利于当事人委托的人有效履行委托职责。然而，"由于修改后的律师法与刑事诉讼法相关内容发生冲突且效力不明，加之律师法有些规定过于原则或模糊，缺乏可操作性，导致在司法实践中这部法律得不到有效执行，甚至有些部门根本不承认其效力"①。但检察官要有这样的意识，即当事人委托的人的阅卷活动是保障刑事诉讼顺利开展的必要环节，特别是辩护律师在审查起诉阶段提出辩护意见，实际在很大程度上是协助检察机关进行审查起诉工作，使人民检察院起诉定性准确，证据更加充分，程序更加严格，也使司法更加公正。因此，检察机关和承办检察官应当以客观公正的态度对待诉讼活动，应当贯彻落实《律师法》有关规定，切实保护当事人的权利。

（一）阅卷的范围

《律师法》规定辩护律师自案件审查起诉之日起，有权查阅、摘抄和复制与案件有关的诉讼文书及案卷材料。但该法没有对诉讼文书、案卷材料的范围作出明确界定。在诉讼实践中，案件情况不同，涉及的诉讼文书和案卷材料也不同，但我们认为应该掌握这样一个原则，即凡属与案件相关的，能反映诉讼程序和案件事实，除涉及内部诉讼材料或者保密材料（不宜在法庭出示质证的）外的诉讼文书和案卷材料都应该纳入阅卷范围。

具体而言，所谓诉讼文书，可以沿用最高人民检察院《人民检察院刑事诉讼规则》的解释，包括立案决定书、拘留证、批准逮捕决定书、逮捕决定书、逮捕证、搜查证、起诉意见书等为立案、采取强制措施和侦查措施以及提请审查起诉而制作的程序性文书。对于审查起诉阶段的案卷材料，有人认为应该包括两个部分："一是侦查机关侦查终结移送人民检察院审查起诉的卷宗材料，包括退回补充侦查后移送的补充侦查材料；二是检察机关自行补充侦查并且作为提起公诉案件的案卷材料。"②从操作而言，这种理解比较恰当。但从实践情况看，公安机关移送审查起诉的材料往往也包括相应诉讼程序的内部审批材料等，这些材料虽然与案件有关，但属于内部程序材料，我们认为不应纳入阅卷的范围。此外，正如一些学者所言，"对于律师阅卷的范围，也应有必要的例外规定。对于控方

---

① 汪海燕：《一部被"折扣"的法律——析〈律师法〉与〈刑事诉讼法〉的冲突》，载《政法论坛》2009 年第 3 期，第 91 页。
② 李忠诚：《律师会见权和阅卷权问题》，载《人民检察》2008 年第 7 期，第 38 页。

不准备向法庭提交的证据材料中涉及国家秘密的证据,有关警方线人、特殊身份的证据,根据'国家利益豁免原则'可以作为例外"①。至于实践中出现的所谓"技侦材料"或者"密卷",我们认为如果此类材料需要在法庭上出示并进行质证,当事人委托的人应有权进行查阅,以有效保护当事人的有关权益。

(二) 接待阅卷程序

关于接待阅卷的程序,有关法律法规并没有作出明确的规定,我们认为为了有效保护有关阅卷权,应该对接待阅卷程序作出必要规定,其中应该掌握两个原则:第一项是便利原则,包括两方面的内容,其一是要有利于当事人委托的人阅卷,排除一些人为障碍;其二是要便利于办案人办理案件,阅卷行为不能对承办检察官产生不利的影响。第二项是规范原则,即相应的阅卷行为应该有必要进行制度规范,确定一定权利义务,明确一定的责任,保证阅卷行为的有序开展。

1. 预约

阅卷权是法律赋予受委托人(一般是律师)的一项基本权利,虽然从理论上讲,律师可以随时至检察机关进行阅卷,但很明显随时阅卷的理想状况在实践中一般难以实现,存在时间上的冲突。当事人委托的人阅卷应先向承办检察官或者特设的接待人员预约,以避免律师阅卷与承办检察官阅卷的冲突,避免因检察人员出庭、提审、外调等拿不到案卷的情况发生。对于直接来院阅卷的,如遇承办检察官外出,则由接待人员另行安排好阅卷时间后电话通知律师前来阅卷。预约时,应当询问律师和其他代理人查阅案件时间、当事人、案由、需查阅的诉讼文书与案卷材料范围,以及所需要提供的服务等。

2. 接待阅卷

接待阅卷时,接待人应验看辩护人或者其他代理人的律师执业证书、律师事务所证明、委托书或者法律援助公函等资料,以核实身份。需要注意的是,一名犯罪嫌疑人最多只能委托两人作为辩护人。对于共同犯罪案件,一名辩护人不得为两名以上的同案犯罪嫌疑人辩护。同样,律师担任诉讼代理人的,也不得同时接受同案两名以上被害人的委托。阅卷应该接受必要的监督,可以设立

---

① 程荣斌等:《从修订后律师法看检察机关保障律师阅卷权制度的完善》,载《人民检察》2008 年第 18 期,第 14 页。

特定的接待人员在特定场所接待有关人员阅卷,并提供复印等服务。律师和其他代理人在阅卷时应切实保证卷宗的安全和完整,不得在卷内涂改、划圈、加插或抽走材料,不得拆散卷宗和撕页,不得遗失,不得将案卷材料带出指定阅卷场所。对于违反阅卷要求的,接待人员应该予以制止,并做好记录,按有关规定处理的同时通知律师主管部门。

3. 听取意见

当事人委托的人阅卷后,应听取其阅卷意见或者由其填写《听取意见书》,并由阅卷人签名确认。律师和其他诉讼代理人可以在《听取意见书》中表述与案件相关的法律意见,特别是对证明犯罪嫌疑人无罪、罪轻或者减轻、免除刑事责任的意见。

(三) 接待阅卷中需要注意的问题

1. 接待阅卷态度问题

阅卷应当严格按照有关法律规定进行,不应故意刁难阅卷人。如果不能及时安排阅卷的,应向阅卷人说明理由,并在三日内再行安排。在接待阅卷的过程中,应该在法律和有关规定的范围内尽量配合阅卷人的阅卷工作,提供合理的、必要的服务。同时要认真听取阅卷人的意见,做好与辩护人和诉讼代理人的交流工作。对于辩护人和诉讼代理人所提出的意见,应该认真对待,特别是涉及变更强制措施、申请重新鉴定、收集有关证据等请求,也要认真对待,及时审核,并作出反馈。

2. 阅卷复印收费问题

实践中,一个比较现实的问题是阅卷中的复印收费问题。最高人民法院、最高人民检察院等六部委在 1998 年出台的文件中明确规定,对于律师复制案件的材料,只能收取复制材料所必要的工本费用,不得收取各种其他名目的费用。工本费收取的标准应当全国统一,由最高人民法院、最高人民检察院报国家价格主管部门核定。这为检察机关收取复制费用提供了依据,但由于该文件提到的收费标准至今尚未出台,给当前的收费工作带来了障碍。① 我们认为复印的收费标准应主要考虑成本,包括纸张、油墨、机器维修等费用,一般应低于市场价格,并应当予以明示。

---

① 周健辉:《律师阅卷亟待明确四个问题》,载《检察日报》2008 年 6 月 10 日第 3 版。

3. 阅卷后的保密问题

阅卷范围的扩大,虽然意味着案卷材料暴露的范围更大了,但仍然会涉及保密问题。这里有两方面的内容:一是要求检察人员在接待阅卷的过程中,要合理把握阅卷的范围,对于案卷中不宜交其阅卷的材料可以不交其阅卷。二是应加强阅卷人的保密监管。对于律师以外的辩护人及诉讼代理人申请阅卷,要在接到申请书三日内进行审查,并作出是否许可的决定。同时要加强律师的保密提示和教育,还要加强与律师协会的交流、沟通,明确秘密范围,严明保密纪律,预防泄密事件发生。

4. 再阅卷的通知问题

在审查起诉的过程中,可能存在退回补充侦查和补充证据材料等程序,这就可能导致法律文书和案卷材料发生一定变化,一些新的法律文书和案卷材料会出现,从而发生再阅卷问题。但是在实践中,一些辩护人或诉讼代理人常常难以随时关注案件的进程,对新材料的出现可能不能及时发现。我们认为,此时检察机关应及时通知辩护人或诉讼代理人再阅卷。这样可以有效避免辩护人或诉讼代理人的证据和程序异议,将有关问题尽早暴露,及时解决,从而有利于保障诉讼的顺利进行。

第六节 审查和复核证据

一、审查起诉中的证据制度

(一) 审查起诉中的证明对象

1. 待证事实

待证事实,又称证明对象、要证事实,是指需要运用证据加以证明的事实。我国《人民检察院刑事诉讼规则》第 333 条详细列举了待证事实,该条规定:"公诉人讯问被告人,询问证人、被害人、鉴定人,出示物证,宣读书证、未出庭证人的证言笔录等应当围绕下列事实进行:(一)被告人的身份;(二)指控的犯罪事实是否存在,是否为被告人所实施;(三)实施犯罪行为的时间、地点、方法、手段、结果,被告人犯罪后的表现等;(四)犯罪集团或者其他共同犯罪案件中参与犯罪人员的各自地位和应负的责任;(五)被告人有无责任能力,有无故意或者过失,行为的动机、目的;(六)有无依法不应当追究刑事责任的情况,有无法定的从重或者从轻、减轻以及免除处罚的情节;(七)犯罪对象、作案工具的主要特征,与犯罪有关的财物的来源、数量以及去向;(八)被告人全部或者部分否认起诉书指控的犯罪事实的,否认的根据和理由能否成立;(九)与定罪量刑有关的其他事实。"由此,人民检察院在庭审活动中需要加以证明的事实包括两类:一是无条件的必须加以证明的事实。一般为犯罪构成要件等实体法事实。二是一定条件下才需加以证明的事实。即在刑事诉讼中发生争议时才需证明的事实,一般为程序法事实和证据事实。

2. 免证事实

免证事实,是指不需要提出证据加以证明的事实。其包括:

(1)为一般人所共同知晓的常识性事实。这种事实无须证明的理由在于,其具有客观实在性,再予证明就是多此一举。

(2)人民法院生效裁判所确认的并且非依法律监督程序重新审理的事实。人民法院所作的生效裁判具有既判力,其认定的事实不需要提出证据加以证明,可以直接作为判决的依据。

(3)法律、法规的内容以及适用等属于司法人员履行职务所应当知晓的事实。这类事实又被称为"司法认知",无须证明。

(4)在法庭审理中不存在异议的程序事实。

(5)法律规定的推定事实。推定,是指依据法律根据已经确认的事实对未知事实作出的假定。在刑事诉讼过程中,对案件客观事实的认定通常采取证据证明的方法,但在无法以证据证明的特定情形下,法律有时允许以推定方式加以确认。

(二)审查起诉中的证明标准①

1. 法定证明标准要求

根据我国《刑事诉讼法》第 141 条的规定,"证据确实、充分"是人民检察院提起公诉的法定证明标准。

(1)质的要求:确实。即据以定罪的每一个证据都经过查证属实,能够证明

---

① 姜伟主编:《公诉业务教程》,中国检察出版社 2003 年版,第 92—99 页。

案件的真实情况。

（2）量的要求：充分。即人民检察院在提起公诉时，用以控诉犯罪嫌疑人的证据应当达到相当的数量。不仅要像逮捕时排除和杜绝"孤证"定案现象，而且要能够在公诉人内心形成有罪并应当追究刑事责任的程度。

需要说明的是，这里的"确实、充分"只是人民检察院认为的"确实、充分"，是一种阶段性的"确实、充分"，不一定等同于定罪阶段的"确实、充分"。

2. 与逮捕证明标准及定罪证明标准的区别与联系

公诉证明标准和定罪证明标准从字面上看都是"证据确实、充分"，逮捕证明标准是"有证据证明有犯罪事实"。

1）与逮捕证明标准的区别与联系

《人民检察院刑事诉讼规则》第86条第2款规定："'有证据证明有犯罪事实'是指同时具备下列情形：（一）有证据证明发生了犯罪事实；（二）有证据证明该犯罪事实是犯罪嫌疑人实施的；（三）证明犯罪嫌疑人实施犯罪行为的证据已有查证属实的。"由此，公诉证明标准和逮捕证明标准都需要有查证属实的证据来证明某一犯罪事实，但证明程度不同。公诉证明标准要求证据确实、充分才能起诉被告人，而逮捕证明标准只要求有部分证据查证属实就可以逮捕犯罪嫌疑人。

2）与定罪证明标准的区别与联系

虽然就整体而言，法律对公诉证明标准和定罪证明标准的规定是一致的，都应当达到"证据确实、充分"的要求，但是就具体案件而言，人民检察院认定的"证据确实、充分"毕竟在程序上比人民法院认定的"证据确实、充分"要早，没有必要将公诉证明标准提高到与定罪证明标准完全一样的高度。在实际操作中，公诉证明标准可以在证据质量和数量要求上比定罪证明标准低一些。

（三）审查起诉中的证据规则

1. 非法证据排除规则

非法证据排除规则与合法性规则相联系，从反面来界定证据的采用标准，是现代法治国家普遍采用的一项证据规则。一般而言，非法证据包括三类：一是形式非法的证据。即不具备或者不符合法定形式的证据。二是主体非法的证据。即不具备法定取证主体资格的人收集的证据。三是取证程序或者手段非法的证据。即通过不符合或者违反法律规定的程序、手段取得的证据。

我国《刑事诉讼法》第 43 条规定:"……严禁刑讯逼供和以威胁、引诱、欺骗以及其他非法的方法收集证据。……"最高人民法院《关于执行〈中华人民共和国刑事诉讼法〉若干问题的解释》第 61 条规定:"严禁以非法的方法收集证据。凡经查证确实属于采用刑讯逼供或者威胁、引诱、欺骗等非法的方法取得的证人证言、被害人陈述、被告人供述,不能作为定案的根据。"《人民检察院刑事诉讼规则》第 265 条第 1 款规定:"严禁以非法的方法收集证据。以刑讯逼供或者威胁、引诱、欺骗等非法的方法收集的犯罪嫌疑人供述、被害人陈述、证人证言,不能作为指控犯罪的根据。"此外,最高人民法院、最高人民检察院、公安部、国家安全部和司法部联合发布的《关于办理死刑案件审查判断证据若干问题的规定》和《关于办理刑事案件排除非法证据若干问题的规定》也就排除非法证据问题作了专门规定。由此,可以确定以下具体的适用规则:

(1)非法取得的言词证据一律不能作为定案根据。

(2)非法取得的实物证据通过补正或者作出合理解释后可以作为证据使用。

(3)通过非法取得的言词证据而得到的其他合法证据,可以作为证据使用。

2.口供补强证据规则

口供补强证据规则,是指法律明确规定口供对案件事实的证明力不足,不能单独作为证明该案件事实的根据,必须有其他证据佐证并予以补强。我国《刑事诉讼法》第 46 条规定:"……只有被告人供述,没有其他证据的,不能认定被告人有罪和处以刑罚;……"即在刑事案件中,如果证明被告人实施了指控的犯罪行为的唯一证据是其本人的供述,则不能认定该被告人有罪和处以刑罚。

需要注意的是,口供补强证据规则要求的是除了口供以外还要有能证明指控的犯罪行为是被告人所为的其他证据,而不是说只要有其他证明该案案件事实已发生的证据。补强证据应当与口供出自不同的来源。侦查讯问笔录、被告人对其他人的讲述均不能作为口供的补强证据。补强证据应当达到能够独立证明犯罪行为是被告人实施的程度。

3.最佳证据规则

最佳证据规则,是指在刑事诉讼活动中应当采用最可靠的证据,如书证的原件、物证的原物等。

我国《刑事诉讼法》对最佳证据规则没有作出直接规定。一般认为,原始证据同传来证据相比,与案件事实真相的联系更加直接,真实性更强。而原始证据经过复制等处理后形成的传来证据,真实可靠程度会降低。最高人民法院《关于执行〈中华人民共和国刑事诉讼法〉若干问题的解释》第53条第1、2、3款规定:"收集、调取的书证应当是原件。只有在取得原件确有困难时,才可以是副本或复制件。收集、调取的物证应当是原物。只有在原物不便搬运、不易保存或者依法应当返还被害人时,才可以拍摄足以反映原物外形或者内容的照片、录像。书证的副本、复制件,物证的照片、录像,只有经与原件、原物核实无误或者经鉴定证明真实的,才具有与原件、原物同等的证明力。"由此,在司法实践中能够收集、使用原始证据的,应当尽量收集和使用。需要注意的是,原始证据也有不真实的可能,必须结合证据的具体情况进行判断。

4. 证据展示规则

证据展示规则,又称庭前证据展示制度、庭前证据开示制度,是指控辩双方在开庭审理前将各自掌握的证据材料向对方展示的制度。通过证据展示,控辩双方可以在法庭审理前互相获得必要的案件信息,从而保证刑事诉讼的公正和效率。

我国《刑事诉讼法》中有一些证据展示的规定,但严格意义上的证据展示制度并没有建立。具体而言,一是对辩方应当向控方展示的证据未作任何规定,这与证据展示的双向性原则相矛盾。二是没有证据展示的程序性规定。证据展示的主体、时间、方式以及不进行展示的法律后果等均无法律依据。为解决审判突袭等问题,有必要在今后的立法和司法过程中对证据展示规则进行研究,真正加以确立。

二、审查和复核证据的基本方法与要求

提起公诉的重要条件之一是"证据确实、充分",实际上审查起诉的主要内容就是对案件的有关证据进行审查和复核。对刑事证据的审查判断是公诉人员正确认识案件事实的主要方法,也是实现法律监督的重要途径。在司法实践中,证据中存在真与伪、相关与无关、合法与非法等情况,而且大部分证据系由侦查机关提供,经过传递进入审查起诉阶段,证据情况对公诉人员来说就更为复杂。因此,确定案件的证据是否真实、证明力的大小,以及相关程序是否合法,并就案件事实作出结论,就需要对刑事证据进行审查判断。通过审查判断,

可以鉴别证据的真伪,去伪存真,确保证据的真实性;可以排除无关证据,确保证据与案件的关联性,保证证据的证明力;可以根据确实、充分的证据定案,为正确适用法律奠定坚实基础,保证公诉的顺利提起。

(一) 单个证据的审查判断

单个证据的审查判断是指对单一证据材料进行审查判断。依照通说,证据具有客观性、关联性和合法性三项基本要素,对单个证据的审查判断主要是结合上述"三性"进行审查判断。在对单个刑事证据进行审查判断时,要审查每一个证据的来源、证据形成的时间、地点、条件等环境因素,审查证据本身内容的客观性、证据与案件事实之间的联系、证据的收集程序是否合法。

1. 定案证据必须客观真实,具有客观性

这要求证据必须是一种客观存在的事实,不以人的主观意志为转移,不存在想象、猜测、臆想、估计和没有根据的道听途说。我国《刑事诉讼法》第 42 条第 3 款明确规定:"以上证据必须经过查证属实,才能作为定案的根据。"其中"属实"即客观真实。证据的客观性要求:①证据是一种客观存在,而不是一种主观臆断,即任何人都不能用主观臆断来代替这种事实或随意修正这种事实的客观内容;②证据的客观存在应当是一种人们能够凭借自己的感官或者相应的仪器设备来发现和认识的事实。① 证据客观性的直接要求是证据具有真实性,它确实是来自于案件事实,是对案件事实的客观反映——作为定案根据的证据必须经得起各种各样的反驳和质疑。

2. 定案证据必须与本案相关,具有关联性

所谓关联性是指证据对特定的案件事实的证明作用和价值,它是证据客观性的一种动态反映。证据的关联性要求:①证据所反映的事实必须是案件事实的全部或者一部分,与案件的事实有着直接或者间接的联系;②证据的这种关联性来自于证据的客观、直接反映;③证据与事实的关联是统一的,证据与证据之间应协调一致,不能互相矛盾、互相排斥,它们对事实的证明是统一的、协调的,必须得出一致结论。证据的关联性存在于证据与案件事实之间,它们的联系是内在的、本质的,只有在综合分析全案证据的基础上,才能感知证据与案件事实的内在联系。在审查证据的关联性时,应当分清该证据的证明对象是什么

---

① 胡锡庆主编:《刑事诉讼法学》,法律出版社 2000 年版,第 169 页。

及证明的程度如何。这种审查判断当然需要借助公诉人员的主观能动性,但必须避免对证据和事实的牵强附会、生拉硬套,也不可先入为主,持有偏见,犯机械的形而上学的错误。证据同案件客观事实的联系,形式是多样的,不能放大或缩小证据对案件的证明力。

3. 定案证据必须具备合法性

这要求证据必须由法定诉讼主体依照法定程序收集,并符合法律规定的相关表现形式。在审查起诉阶段,证据的合法性要求:①收集证据的主体必须合法;②证据必须是通过合法手段调查收集的事实材料,通过刑讯逼供等非法手段调查收集的证据是非法证据;③证据应当符合法律规定的表现形式;④证据的内容必须合法。2010年《关于办理死刑案件审查判断证据若干问题的规定》和《关于办理刑事案件排除非法证据若干问题的规定》的颁布实施,对证据的合法性要求进行了更为明确的规定。在日益强调程序正义的今天,证据的合法性要求势必会有新的发展,会有更为严格的要求,这要求公诉人员在审核证据时要将更多的精力投入到证据合法性的审查上。违法收集的证据要注意甄别,采用刑讯的方法逼取的口供等证据要作为非法证据,其他类型的违法取得的证据要注意能否进行修正和说明,如果不能也要进行排除。此外,需要对证据的获取方法也要加以关注,因为工作中的差错或者采用的方式方法不当也可能使证据不实或部分不实。比如鉴定的方法不正确、不科学,很可能导致鉴定结果不正确。因此,在审查证据时,一定要了解每个证据的取得方法,是否违背了法定的程序和要求。

在对单个刑事证据进行审查判断时,还要注意从以下几点进行把握:

1. 每一个证据的来源

每个证据的来源是确定的,证据形成和收集的时间、地点、环境,收集、调取、固定和保全的方法都应当是确定的。一切来历不明的物品、书证、道听途说的言词或捕风捉影的议论,只能作为参考的线索,而不能作为诉讼证据使用。比如对于没有证人身份证明材料和提取程序证明的所谓证人亲笔书写的证言,就不能作为证据使用。

2. 审查证据形成的条件

证据形成条件不同,可能影响到证据的客观性和关联性。事实上,每种证据在不同的环境、不同的条件下,表现方式可能有所差异,内容也可能存在差异。在审查单个证据时，一方面要严格把握证据的形式，要审查证据形成的时间、地点和条件；另一方面，要注意结合证据形成的条件审查证据的客观性，比如证人是生理上有缺陷的人，对其提供的特定条件下的证言要认真审核证言的真实性、可靠性。

3. 审查每一个证据的内容

对证据内容的审核除了把握其与案件事实的关系外，还要注意证据的内在逻辑性和证据之间的逻辑性。每一个证据的形成有其客观必然性，应注意证据内容前后是否一致，自身是否存在逻辑矛盾，内容是否合乎情理。需要注意的是，对证据内容的审核一定要把握证据的主线，不能过分关注证据细节，陷入单纯、微观的具体证据和细节的比较中。比如同案犯对同一事实的供述可能在细节上存在差异，此时应该把握大方向和主线，不要过分纠缠细节。

（二）诸证对比的审查判断

诸证对比的审查判断是指对多个证据材料通过比较、对照进行审查判断，从中发现和寻找它们之间的共同之处和差异点，并据此来审查证据是否真实、可靠。这里其实涉及的是一个证据的印证问题，刑事印证是指在运用证据证明案件事实的过程中，根据证据之间存在的相互吻合、相互印证等关系，判断全案证据是否确实、充分，排除不真实的证据，对遗漏的证据环节予以补强的一种证明方法。证据的印证是相互的，甲证据被乙证据印证，同时乙证据也被甲证据印证着，因此证据间的印证又称为证据的相互印证。① 案件的事实是由一系列证据共同构成的，单一证据审核存在一定的盲点，在构建证据体系和审核证据的确定性方面仍然是不够的，引入诸证对比，关键是对每一个证据材料与案件其他证据相对照和印证，从证据的相互关联性和逻辑性上进行考察，看其是否一致，是否存在矛盾。

1. 纵向证据比较

纵向的证据比较主要是按照证据形成的先后顺序进行比较，尤其是针对言词证据而言，这种纵向比较重要。言词证据的纵向比较是对同一个人就同一个案件事实在不同的时间的言词证据作前后对照，看其内容是否稳定，是否前后一致，有无矛盾存在。比如对于犯罪嫌疑人供述这种证据而言，要考察犯罪嫌

---

① 张少林、卜文：《刑事印证之研究》，载《中国刑事法杂志》2010年第2期，第84页。

疑人在第一次讯问阶段、深入侦查阶段、会见辩护人后、审查批捕阶段、预审阶段、审查起诉阶段所作的供述是否一致,是否存在时供时翻、供述不一的情况。在这些问题没有得到合理解答之前,绝不能轻易采信某言词证据作为定案的证据。发现存在前后不一时,要及时分析不一的原因,通过证据之间比较寻找真相。当然,纵向证据的组合、排列必须建立在证据合法的基础上,切忌对违法取证的证据进行盲目组合、排列对比。通过纵向证据的组合、排列,可以查出刑讯逼供引起犯罪嫌疑人的时供时翻的矛盾之处,是看守所管理不严引起的被告串供,还是处于恶习较深的被告人蓄意翻供,还是处于包庇他人或者自暴自弃的心理,通过纵向证据的排列组合,暴露出矛盾,发现解决问题的有效途径。[①]

2. 横向证据比较

横向的证据比较,主要是指对照围绕某一具体事实所涉及的证据进行比较,即对案件中证明同一个案件事实的不同种类的证据,或者不同的诉讼参与人就同一案件事实提供的证据作比较,考察它们所反映的内容是否协调一致,是否存在矛盾。横向证据比较所涉及的范围比较广,既可以是同种类证据之间的比较,也可以是不同种类证据之间的比较。比如不同证人就犯罪嫌疑人外貌特征所作的证言,甲称犯罪嫌疑人身高 1.75 米,穿褐色外套,乙称犯罪嫌疑人身高 1.8 米,穿黑色外套,这就属于同类类型的证据比较;如证人指认丙是犯罪嫌疑人,而指纹鉴定指向丁是犯罪嫌疑人,这便属于不同种类证据之间的比较。在司法实践中,对证据进行比较,首先要确定分歧点,然后对综合案情、逻辑、规律、情理以及其他证据进行全面的考察和分析,去伪存真。必要时也可以通过调查对质、相互质询、交叉讯问、鉴定、辨认、侦查实验等来解决证据之间的矛盾,特殊情况下要重新制作、调取、收集证据。

3. 围绕核心证据的证据比较

在审查起诉中要面临数量众多的证据,这些证据类型不同,形成条件也不同,客观上可靠性也有所差别。在司法实践中,根据案件这一特性可以适当采用核心证据比较法。首先应当在众多的证据中确定一个核心证据,这个核心证据应该有以下两点特性:一是其相对比较可靠,在客观性、关联性和合法性上基本不存在问题;二是该核心证据能够比较全面地反映整个案件的事实。在确定

---

① 颜玉康:《论刑事证据审查的程序和规则》,载《中国刑事法杂志》第 46 期,第 92 页。

核心证据之后则可以将其他证据与该核心证据进行比较,以确定是否存在矛盾,是否一致。比如在一些经济案件中,常常存在司法会计鉴定,一般而言该类证据是综合全部案情所作,能够比较全面地反映案件的真实情况,且其由专业人员作出,客观性和合法性也有保障。在这种情况下就可以将司法会计鉴定作为核心证据,将其他证据与之相比较,对有关事实进行重点分析。又如反映作案过程的视听资料,也可以将犯罪嫌疑人的供述、被害人陈述、证人证言、物证等证据与之比较,对其他证据进行有针对性的审核。当然,这种证据审核方法并不适用于全部案件,只有存在核心证据的案件才可以适用。实践中要注意对核心证据的严格把关,避免因为核心证据出现问题导致其他证据比较印证也出现问题。

(三) 证据的综合审查判断

证据的综合审查判断是指对全案的证据材料进行审查判断,即不仅将全案所有的证据材料联系起来,而且还将全案证据材料与待证的事实联系起来,进行综合性的审核判断,看其是否协调一致,是否相互印证,是否能共同构筑成完整、合理的案件事实。这种证据的综合审查判断不是证据的简单堆砌,而是深入分析证据之间的关系,着眼于整个案件事实,要求对可能影响定罪量刑的一切事实都有相应的证据予以证明,而且证据满足确实、充分的要求,相互之间不存在影响基本案件事实合理的矛盾,得出的结论是唯一的。综合全案证据进行审查,不仅要将此种证据与彼种证据进行对照分析比较,而且要将证据与案件事实联系起来加以考察,证据的证明力的大小就是通过同案件事实联系考察显示出来的。它实际上解决三个方面的问题:一是对证据确实性的审查判断;二是对证据充分性的审查判断;三是对证据体系的组合。①

(1) 对证据确实性的审查判断,是将全案所有的证据与其所对应证明的若干个案件事实结合起来检验,依照常理和逻辑,查实它们是否相互协调一致,是否相互呼应,证据与证据之间、证据与案件事实之间的联系是否合理。这是一种更深层次的比较印证,立足于整个犯罪事实考察证据之间的关系,因此除非有难以解决的矛盾影响犯罪事实的合理构筑,一般情况下不必花费太多精力纠缠于细节问题。

(2) 对证据充分性的审查判断,是把查证属实的证据材料与案件事实的证

---

① 张书华主编:《公诉方略》,吉林大学出版社 2009 年版,第 369 页。

明对象联系起来分析。一是要把证据与待证事实联系起来,看看有关事实是否有相应的证据予以证明,有无应当证明而未予证明的情况;二是要把握证据的证明效能,亦即证据对有关事实证明的程度如何、所证的事实与罪状之间的吻合程度如何;三是现有证据链是否完整咬合,根据现有证据材料得出的结论是否唯一、是否排除了合理的怀疑。

（3）对证据体系搭构的合理把握,在审查起诉阶段主要是指按照一定模型将证据塑造成符合提起公诉要求的系统。证据体系是在一定反映形式内含有互相协调的若干个事实信息的体系,不仅是反映形式上组成体系,而且更重要的是将分散的案件信息组成体系。证据体系的形成对于全面把握案件的证据和事实,便利诉讼的进行意义重大。对于证据体系的塑造一般有链式证据体系、轮式证据体系、扣式证据体系三种。

链式证据体系要求每个证据像链条（链条上的每个证据通常是间接证据）一样,环环紧扣,紧密咬合,互相联系证明案情。

比如一起杀人案,证人甲目睹犯罪嫌疑人与被害人发生争执,证人乙看到犯罪嫌疑人买了刀具,证人丙发现被害人遇害当晚犯罪嫌疑人进入被害人家中,证人丁看到犯罪嫌疑人向河边扔了一把刀后在河边清洗血衣,而杀人现场有犯罪嫌疑人的脚印,被害人的指甲中有犯罪嫌疑人的皮肉等,这些证据相互咬合形成证据链体系,证明犯罪嫌疑人杀害被害人的犯罪事实。

轮式证据体系要求有一个直接证据,其他证据对这个直接证据进行补强和说明,从而形成了一个以直接证据为核心,其他证据围绕中心相互支撑的辐射型证据体系。

比如一起监守自盗型职务侵占案,有监控录像证实犯罪嫌疑人盗窃了自己负责看管的货物,这就是一个直接核心证据,而另外有单位劳动合同证明其单位员工有看管货物的职责;又有证人证言和排班表证实其盗窃当晚当班;另有证人证实其有销赃情况等,这就形成了一个以核心证据为重点的轮式证据体系。

扣式证据体系是以证据为扣,以犯罪构成为扣眼,一一对应的证据体系。该证据体系要求犯罪构成的每一项内容都有对应的证据组予以证实,不仅保证案件事实的确定性,还要保证犯罪构成的确定性。扣式证据体系内部可以包含链式证据体系和轮式证据体系,最终是服务于案件事实的认定和犯罪的确定。

三、讯问犯罪嫌疑人

《刑事诉讼法》第 139 条规定:"人民检察院审查案件,应当讯问犯罪嫌疑人……"因此,讯问犯罪嫌疑人是审查起诉阶段必经程序。在审查起诉阶段,讯问犯罪嫌疑人不仅是确定犯罪事实的重要手段,而且也是审核侦查阶段犯罪嫌疑人供述的重要手段。

(一)讯问犯罪嫌疑人的特点和意义

庭前审查证据的重中之重是审查犯罪嫌疑人供述的真实性、合法性,[①]审查犯罪嫌疑人供述的最有效方式无疑是讯问犯罪嫌疑人。审查起诉阶段讯问犯罪嫌疑人与侦查阶段讯问犯罪嫌疑人有所不同,在侦查阶段,讯问犯罪嫌疑人是侦查人员就案件事实依法对犯罪嫌疑人进行审讯的一种活动,其直接目的就是获得犯罪嫌疑人的供述和辩解,其最终目的是查明全部犯罪事实,侦查其他同案犯,保障无罪的人不受刑事追究;[②]而审查起诉阶段的讯问则有更为丰富的内容,有其自身的特点和更为深远的意义。

1. 审查起诉阶段讯问犯罪嫌疑人的特点

虽然我国《刑事诉讼法》在"审查起诉"一章对讯问犯罪嫌疑人并无详细的规定,在实践中也主要是援引"侦查"一章的有关讯问犯罪嫌疑人的规定,但从两者的功能、内容和意义上说,两者还是有一定的区别的。我们认为与侦查阶段的讯问犯罪嫌疑人相比,审查起诉阶段的讯问犯罪嫌疑人有内容复杂性、重点复核性、供述固定性的特点。

(1)内容复杂性 侦查阶段讯问犯罪嫌疑人既是侦查人员与犯罪嫌疑人之间所进行的一场短兵相接的说理斗争,又是侦查人员与犯罪嫌疑人之间的一场面对面的尖锐、复杂的斗智过程,这一过程集中于事实的发现和揭露。审查起

---

① 熊红文:《公诉实战技巧》,中国检察出版社 2007 年版,第 13 页。
② 左卫民:《刑事程序问题研究》,中国政法大学出版社 1999 年版,第 110 页。

诉阶段讯问犯罪嫌疑人,其主要作用是当面核实其是否犯罪以及犯罪事实和情节,直接听取其对自己行为的辩解理由,有利于全面把握案件,防止冤假错案的发生,同时也有助于及时发现侦查活动中的违法行为。[①] 实际上,审查起诉阶段讯问犯罪嫌疑人虽然已有侦查阶段的相关供述为基础,但讯问必须围绕全部案件事实重新展开。同时在讯问的过程中,还要认真听取犯罪嫌疑人的辩解,与其他证据进行对比印证,并对侦查机关的侦查活动进行监督。这就意味着与侦查阶段的讯问犯罪嫌疑人相比,审查起诉阶段的讯问犯罪嫌疑人有着更为丰富、更为复杂的内容。

（2）重点复核性　审查起诉阶段对犯罪嫌疑人的讯问并非首次讯问,主要是对前期诉讼程序讯问情况的复核;而且审查起诉阶段对犯罪事实已经有了初步了解,审查起诉阶段的讯问将重点围绕这些事实展开。审查起诉的对象自然包含前期侦查机关侦查终结的成果,包括起诉意见书认定的事实和收集的相关证据。这些侦查终结的成果与犯罪嫌疑人供述是密切相关的,审查起诉阶段的讯问虽然是针对整个犯罪事实进行讯问,但仍系对前期侦查结果的复核;对于犯罪嫌疑人的有罪供述应该依照起诉意见书认定的事实进行有针对性的重点复核。这与侦查阶段突破性、获取性的讯问是有本质差别的。

（3）方法的常规性　侦查紧随刑事案件立案,一般情况下犯罪的事实和证据尚未完全暴露,处于不确定的状态。审讯人员与犯罪嫌疑人之间处于一种攻守较量状态,审讯人员对犯罪嫌疑人是否能如实交代罪行,甚至是不是本案的罪犯也常常心中无数,而犯罪嫌疑人也心存侥幸。因此,侦查中的讯问可以采用多种策略,以突破案件为目的。而审查起诉中的讯问处在侦查终结后,相对而言已经基本掌握了有关犯罪事实,对犯罪嫌疑人的心理和态度有了一定的了解。因此,一般不必再采用特殊的审讯方法和策略来讯问,以核对事实和证据,了解犯罪嫌疑人辩解为主要目的。

（4）供述的固定性　一般而言,犯罪嫌疑人供述是案件中的重要证据,对于查清案件事实有着非常重要的意义。在有罪供述的案件中,犯罪嫌疑人供述也决定着审判程序的选择。因此,审查起诉中应对犯罪嫌疑人的供述加以固定。但犯罪嫌疑人供述经历公安预审、审查批捕阶段的讯问,犯罪嫌疑人的心理可

---

① 姜伟主编:《公诉业务教程》,中国检察出版社 2003 年版,第 132 页。

能会发生新的变化,其供述可能存在不稳定的状态。事实上,审查起诉阶段是对犯罪嫌疑人供述最后的审前核实机会,应充分利用,对犯罪嫌疑人供述进行最后的固定。

2. 审查起诉阶段讯问犯罪嫌疑人的意义

1) 核实犯罪嫌疑人供述,查清案件事实

犯罪嫌疑人的供述与案件事实有着直接而关键的联系。在审查起诉阶段讯问犯罪嫌疑人,听取其有罪的供述和无罪、罪轻的辩解,可以了解侦查阶段讯问笔录上没有记载或者记载不清楚的案情,发现遗漏的罪行和其他应当追究刑事责任的人,调查核实证据,确定各个证据的效力和证明力,而全面认识案件事实、情节和案件的相关信息,完整掌握客观方面的犯罪行为、犯罪嫌疑人的归案过程和犯罪嫌疑人的主观方面,如犯罪动机、犯罪原因、案发后的悔罪心理、认罪态度等。[①] 这对于查清有关案件事实是非常有意义的。

2) 稳定犯罪嫌疑人供述,审核原有证据

犯罪嫌疑人与案件的处理有着直接的利害关系,因而其供述有着极大的不稳定性。在审查起诉阶段,犯罪嫌疑人可能面临即将来临的正式指控,其心理状态可能发生变化,从而导致其原有供述发生变化。审查起诉阶段讯问犯罪嫌疑人可以有效固定犯罪嫌疑人的供述,防止其向不良的方向甚至翻供发展,同时可以对案件中的其他证据进行审核,了解和摸清犯罪嫌疑人对有关证据材料的态度,为庭审作准备。

3) 摸清犯罪嫌疑人态度,了解辩护观点

犯罪嫌疑人的认罪态度是选择审判程序的重要因素,而且对犯罪嫌疑人的认罪态度的了解也有助于公诉人预测庭审中的争议焦点,选择适当的公诉策略。在审查起诉阶段,通过讯问犯罪嫌疑人,可以对其疑惑进行解释,对其辩解进行获知和破解,还可以利用讯问的机会对其进行教育,促使其认罪伏法,自觉接受法律的制裁,从而保证诉讼的顺利进行。

4) 确认犯罪嫌疑人供述,加强侦查监督

刑事犯罪案件具有一定的隐蔽性和复杂性,加之侦查人员可能存在主观局

---

① 昌学文、李国超:《浅谈审查起诉阶段讯问犯罪嫌疑人的完善》,载《法制与经济》2009 年第 2 期,第 96 页。

限性,在程序上存在一定瑕疵,这导致获取犯罪嫌疑人的供述可能存在一定的偏差;更为严重的是,目前刑讯逼供、诱供等一定程度上还存在着,犯罪嫌疑人的权利遭到了侵害。审查起诉阶段讯问犯罪嫌疑人,可以确认犯罪嫌疑人的供述,查实是否存在非法取证的情况,实现检察机关的侦查监督职能。

(二) 讯问前的准备

讯问犯罪嫌疑人是案件承办检察官与犯罪嫌疑人的直接较量,虽然有前期的侦查成果,但仍然不能掉以轻心,必须要提高认识,充分重视讯问犯罪嫌疑人,克服讯问流于形式的弊病,事前做好充分的准备。

1. 了解案件的基本情况

要实现审查起诉阶段讯问犯罪嫌疑人的诸项意义,承办检察官必须高度重视,做好前期的阅卷工作和调查工作,充分了解案件的基本情况。在实践中,可以着重把握以下几点:①侦查机关起诉意见书指控的基本事实和有关证据情况;②犯罪嫌疑人的基本情况以及其供述情况(是供认不讳、部分供认部分否定还是全部否定),对于供述有变化反复的犯罪嫌疑人应关注其变化的时间节点和原因;③关注各个证据间的关系,尤其是犯罪嫌疑人供述与其他证据间的关系,注意是相互印证还是存在矛盾点;④对于共同犯罪案件,注意同案犯供述之间的共同点和差异,尤其注意有关细节问题的异同;⑤犯罪嫌疑人供述和其他证据中有无涉及新的犯罪事实,有无遗漏应当追究刑事责任的其他犯罪嫌疑人;⑥关注是否存在有疑问的证据,这些有疑问的证据是否可以通过讯问犯罪嫌疑人得到解决。

2. 掌握犯罪嫌疑人的背景和心理

掌握犯罪嫌疑人的背景和心理状态,对讯问有重要意义,讯问的主要策略实际上是依照犯罪嫌疑人的背景和心理展开的。不同的犯罪嫌疑人有着不同的成长背景和心理特征,在讯问的过程中可能有着不同的态度和反应,特别是在经历过前期的诉讼程序后,审查起诉阶段犯罪嫌疑人的心理可能出现变化,也要对之进行必要的预测和应对。掌握犯罪嫌疑人的背景和心理主要考虑犯罪嫌疑人身份、文化水平、资历、阅历、家庭成员、亲友、性格、一贯表现、兴趣爱好、犯罪原因和被押后的心态变化等。此外,一方面要研究犯罪嫌疑人心理上的弱点或案件本身存在的薄弱环节,做好重点突破其防线的准备,选择侦查讯问的突破口;另一方面要对犯罪嫌疑人前期供述的变化情况作深入分析,并作出预测。

3. 制作讯问提纲

经过认真审阅案卷材料,掌握犯罪嫌疑人的背景和心理后,为了保证讯问有针对性、有计划分阶段、按步骤地进行,避免盲目性和混乱无序,可以制作讯问提纲。

制订讯问提纲,应该根据不同的案件和案情,被讯问人的年龄、性别、职业、文化程度、社会阅历、懂法程度以及心理素质的不同,采用不同的讯问方法和策略。同时,要结合犯罪嫌疑人的原有供述情况和心理特征,对讯问情况进行必要的预测。此外,还要考虑到有临场的应变性,需要制订多套讯问提纲。具体而言:

(1) 对于犯罪事实清楚、证据确实充分、犯罪嫌疑人认罪态度较好,已全部供认的案件,或者部分供认、部分否定案件中已经供认的部分,办案人员应当围绕起诉意见书认定的有关事实进行重点讯问,主要针对案件的主要情节和实质性问题、关键证据展开,尤其注意区分罪与非罪、此罪与彼罪的关键点。如对于涉嫌盗窃罪的犯罪嫌疑人,则要围绕"非法占有目的"、"秘密窃取"、"盗窃手法"、"既遂未遂"、"赃物处理"、"到案情况"等制作讯问提纲。

(2) 对于犯罪事实和证据疑点较多,犯罪嫌疑人的口供前后有反复、有矛盾的案件,则要围绕认定犯罪嫌疑人有罪的关键性证据和犯罪嫌疑人侦查阶段的有罪供述进行重点讯问,同时要注意查明犯罪嫌疑人口供出现反复的原因(特别注意是否存在刑讯逼供等情况),对于犯罪嫌疑人的辩解理由要展开有针对性的讯问,排除认定犯罪的各种障碍和疑点。同时,对于可能遗漏犯罪事实或者遗漏犯罪嫌疑人的案件,要进行补充性的讯问。

(3) 对于"零口供"案件,要结合全案情况制订讯问提纲。办案人员要树立"零口供"意识,坚持不以是否获取犯罪嫌疑人的有罪供述来衡量讯问成功与否的办案理念,要注意发掘证据之间存在的矛盾,将讯问的焦点集中于有关犯罪细节或者同案犯的认罪事实方面,通过比对,凸显有关矛盾,确定犯罪嫌疑人的辩解是否存在虚假性。对于沉默型"零口供"案件,制订讯问提纲时要采取积极策略,根据犯罪嫌疑人的背景和心理,寻找突破口。

一般而言,讯问提纲应该包括以下内容:①主体身份、前科、背景等;②涉嫌犯罪事实(时间、地点、环境、主体、工具、条件、经过、情节、结果、逃避追查的方式等)的讯问;③关键证据、疑点证据和矛盾证据的讯问;④对量刑情节及相关问题(自首、立功、坦白、退赃、赔偿等)的讯问;⑤对前期供述情况的确认;⑥其他情况的讯问。

4. 安排讯问计划

制订好讯问提纲后,应根据案件的具体情况,安排好讯问的时间。根据案件的具体情况,对讯问内容多少和频次制订计划,尽量做到讯问时间充裕、连续,防止因时间安排不当而仓促上阵,马虎了事;或者今天问了一半,过一段时间再去讯问,这样既拖延了讯问时间,也容易造成讯问内容不统一。同时要对讯问人员的组成、讯问地点、讯问的材料和有关记录工具尽早予以安排,保证讯问的顺利进行。

(三) 讯问的程序要求与技巧方法

讯问是承办人与犯罪嫌疑人的直接较量。一方面,这种较量应该遵守一定的规则,在法律规定的程序范围内进行;另一方面,这种讯问对承办人的要求较高,需要掌握一定的技巧。

1. 讯问犯罪嫌疑人的程序要求

有关法律规范对审查起诉阶段讯问犯罪嫌疑人并没有作出明确的程序规定,一般按照侦查阶段的讯问犯罪嫌疑人的程序要求进行,具体而言:①讯问犯罪嫌疑人必须由两名以上的检察人员进行。②提讯在押的犯罪嫌疑人,应当填写提押证,在看守所进行讯问。因工作需要,需要提押犯罪嫌疑人出所辨认罪犯、罪证或者追缴犯罪有关财物的,可以提押犯罪嫌疑人到人民检察院接受讯问。提押犯罪嫌疑人到人民检察院讯问的,应当经检察长批准,办理提押手续,并由二名以上司法警察押解。③对于未采取逮捕强制措施的犯罪嫌疑人,可以传唤到犯罪嫌疑人所在市、县内的指定地点或者到他的住处进行讯问。传唤犯罪嫌疑人,应当向犯罪嫌疑人出示传唤通知书和有关证件,并责令犯罪嫌疑人在传唤通知书上签名或者盖章。传唤、拘传持续的时间最长不得超过十二小时。不得以连续传唤、拘传的形式变相拘禁犯罪嫌疑人。④第一次讯问时应告知犯罪嫌疑人有关诉讼权利义务,听取其是否申请回避的意见。⑤讯问犯罪嫌疑人的时候,应当首先核对其主体基本情况,其次讯问犯罪嫌疑人是否有犯罪行为,让他陈述有罪的情节或者无罪的辩解,然后向他提出问题。犯罪嫌疑人对与本案无关的问题,有拒绝回答的权利。⑥讯问又聋又哑的犯罪嫌疑人,应当有通晓聋、哑手势的人参加,并且将这种情况记明笔录。⑦讯问犯罪嫌疑人,应当制作讯问笔录。讯问笔录应当字迹清楚、详细具体、忠实原话,并交犯罪嫌疑人核对。对于没有阅读能力的,应当向他宣读。如果记载有遗漏或者差错,应当补充或者改正。犯罪嫌疑人认为讯问笔录没有错误的,由犯罪嫌疑人在笔录上逐页签名或者盖章并盖指印。如果犯罪嫌疑人拒绝签名或者盖章的,应当在笔录上注明,参加讯问的检察人员应当在笔录上签名。⑧犯罪嫌疑人请求自行书写供述的,检察人员应当准许。必要的时候,检察人员也可以要求犯罪嫌疑人亲笔书写供词。⑨讯问犯罪嫌疑人,可以同时采用录音、录像的记录方式。讯问职务犯罪案件的犯罪嫌疑人一般应当制作同步录音、录像。

2. 讯问犯罪嫌疑人的技巧

讯问犯罪嫌疑人的方法和技巧很多,不同的案件也可以采用不同的讯问方法,选择不同的讯问技巧,关键是要在讯问中占据主动的地位,始终把握讯问的方向,灵活调整讯问策略。总结讯问技巧,主要有以下几类:

(1)直接讯问　直接讯问就是用确切表达的方式,开门见山,直截了当地提出要问的问题,不需遮掩、迂回。这种讯问方式可以围绕案件的事实、量刑情节、关键证据、有关疑点进行;问题明确,不给犯罪嫌疑人思考狡辩的机会。这种讯问方法既可以适用于犯罪事实清楚、证据确实充分的案件,也可以适用于犯罪嫌疑人拒不供认的案件。

(2)循序讯问　这种讯问方式由若干互有联系的单一问题按一定的次序编排组合起来,形成一个问题系列;问题由浅入深、由表及里,环环相扣,循序渐进地提问。前面的问题为后面的问题打下基础,作出铺垫,提供前提,后面的问题则揭示实质,作出结论,层层递进,步步紧逼,让犯罪嫌疑人不知不觉中按讯问人的思路交代相关问题。

(3)迂回讯问　这种讯问方法并不从核心和焦点问题直接入手,而是先从外围或者一些无关问题开始,通过一环环之间的巧妙联系,达到不知不觉切入主题的目的。这种方法主要适用于一些对抗情绪比较强或者反讯问能力比较强的犯罪嫌疑人。

比如在一起盗伐林木案件中,讯问时先想方设法让犯罪嫌疑人承认一些事先无心理防备的或防备薄弱的次要问题,但这些问题又围绕主要事实,并与本案有关。如可以先让其承认"曾经去过砍伐现场"、"见过被伐林木"、"与某某人关系很好"、"去联系过木材商贩"等。外围突破了,离核心就不太远了。事实上,一旦打开了缺口,嫌疑人再想掩盖主要事实已经非常难了。①

(4)归谬讯问 这种讯问是通过一系列讯问,将被告人供述的不合理、不合逻辑、不合事实、自相矛盾之处暴露,进而归纳其荒谬之处。这种方法适合于案情较为复杂而且对象多有狡辩的情况。

如一起诈骗案中,犯罪嫌疑人以借款等名义诈骗数额巨大的现金,并承认大部分被挥霍。但他辩解是借不是骗,且自己办两个家具厂有收入也准备归还。在承办人讯问为什么借款消费时,他供认家具厂在几年前就被撤销了,没有生活来源。接着问他借款时是否准备归还,他处于两难境地——回答准备归还,与承认的借款理由矛盾;回答不准备归还,显然就是诈骗。最后,他不得不承认自己一开始就是骗。

(5)震慑讯问 一般而言,犯罪嫌疑人处于羁押状态,充满恐惧、孤独、烦躁,而且其处于封闭环境中信息量也十分有限。针对这种情况,可以采用震慑性讯问方法,注意利用其对讯问人员任何有意、无意言行、表情的猜忌,因信息量、所处地位的局限容易产生错觉,达到讯问目的。

如一起合同诈骗案件中犯罪嫌疑人李某落网而主犯在逃,李辩解他是按主犯的安排去签定租赁协议,不知是骗。冷处理一段时间后,承办人又突然提讯李,漫不经心地告诉他以前未如实供述,自己不供不代表别人也不供。李某必然心中恐慌。此时承办人突然加重语气问"协议上的印章到底是怎么回事"。李某只好承认是按主犯安排自己找人私刻的。事前明知诈骗的事实就基本清楚了。如果不这样,而是直接告诉他主犯被抓获供出他知情或问他"你应知道印章是私刻的",就属违法的诱供或欺骗。

---

① 高宝林:《讯问技巧的运用》,载《森林公安》2006 年第 1 期。

（6）跳跃讯问　这种讯问方法一般打破讯问的常规顺序，跳过一些问题的逻辑环节，直插犯罪嫌疑人防御的无备之地，打乱其防御部署。按照一定的策略意图，把一些关键性问题分散安插在不同的侧面，从不同的角度提出。这种讯问方法比较适用于犯罪嫌疑人羁押时间较长，有充分时间进行周密思考进而反讯问态度较强硬的犯罪嫌疑人。

比如一起利用计算机病毒实施网络盗窃的案件，犯罪嫌疑人一直辩称自己的电脑中的被害人资料不是其存放的，而是将电脑借给他人由他人存放的，并把所谓的借用电脑的人变造成一个只知道绰号而不知道真实姓名、联系方式、住址的人。检察人员在获知发送计算机病毒网络 IP 地址后，发现该地址对应犯罪嫌疑人的住址。由此，先讯问一些关于犯罪嫌疑人上网习惯、生活习惯的问题，如有没有他人到其家上网、其上网的地址在哪里等问题，在得到其一般在家中上网，并无其他人到其家中上网的回答后，接着突然跳跃到关于 IP 地址的问题，使其陷入进退两难的境地。

（7）教育讯问　这种讯问方法主要是利用法律、政策以及人情世故、亲情关系等对犯罪嫌疑人进行教育，进而使其认清形势，了解不如实供述的后果，打消其侥幸心理，促使其主动供述。这种方法较适合于心理素质较弱、初犯、偶犯等犯罪嫌疑人，也是讯问女性犯罪嫌疑人的常用方法。

无论采用什么讯问方法，在讯问的过程中，讯问人员要注意讯问用语的规范化，讯问既要符合法律程序，讲究讯问方法，也要注意文明用语，文明办案，防止语言不当，影响讯问内容，损害检察机关形象。同时要根据案情和犯罪嫌疑人的认罪态度以及讯问实际情况，灵活选择不同的讯问方法。此外，讯问人员要有一定的应答技巧，因为有时犯罪嫌疑人也会反客为主，突然向讯问人员提出一些问题，而讯问人员又不能不答。这种应答对犯罪嫌疑人的心理将产生很大影响，甚至直接关系到犯罪嫌疑人心理转化的方向，这时双方攻防地位就发生了转换，讯问人员由讯问的进攻转变为应答的防御态势。因此，巧妙应答是讯问人员积极防御的言语行为。无论采用直接、间接、模糊、反问哪一种方式应答，都既不能让犯罪嫌疑人摸到底细又要设法促使其心理向老实供认问题的方向转化。

（四）讯问笔录的制作

讯问犯罪嫌疑人工作的好坏，最终会反映在讯问笔录中。讯问笔录不符合讯问的要求，讯问得再好也无实际意义。因此，讯问时要认真做好讯问笔录，使讯问与笔录同步，主要内容或者关键情节必须全面详细地记录下来，做到讯问笔录条理清晰、内容完备、简明扼要、一目了然，为出庭支持公诉打好基础。

根据《人民检察院刑事诉讼规则》第251条第2款的规定，在审查起诉阶段，办案人员讯问犯罪嫌疑人应当制作笔录。《人民检察院刑事诉讼规则》仅在第142条规定了侦查阶段讯问笔录的制作要求，即"应当字迹清楚，详细具体，忠实原话"，而对审查起诉阶段办案人员如何制作讯问笔录没有规定。司法实践中，讯问笔录受制作人个性和习惯的影响较大，但不管怎样，过于随意的记录还是会影响到笔录制作的质量，也影响诉讼的效果。因此，讯问笔录的制作仍然要遵循一定的规范。

1. 制作讯问笔录的内容

制作讯问笔录的指导思想是：依规定的格式制作，按合法的渠道取得，以客观的事实证明，尽全力完整记录。一般来说，讯问笔录应该包含以下内容：

（1）首部　该部分一般为填充式，主要填写讯问次数、讯问起止时间、讯问地点、有关人员情况。

（2）嫌疑人的基本情况　在第一次讯问犯罪嫌疑人时，应通过核实并写明其姓名（别名、化名、绰号）、性别、年龄（如系未成年人，则应注明出生年、月、日，问明生日是否为农历）、民族、籍贯、文化程度、工作单位、职务、住所、前科情况、简历、家庭成员及主要社会关系，以及采取强制措施的情况。

（3）告知事项　首先，应当介绍讯问人员的身份，应写明"我们是××检察院的公诉部门人员"，同时应记载"出示证件（或证明文件）"的事项。其次，说明谈话的目的，一般可以表述为"你涉嫌××犯罪的案件现以侦查终结移送我院审查起诉，现在依法对你进行讯问"，当然也可以根据不同的谈话目的，采用相应的叙述方式。再次，告知有关法律规定、告知有关权利义务，主要包括：第一，告知犯罪嫌疑人应如实回答有关问题，具体可以表述为"根据《刑事诉讼法》第93条规定，你对我们的提问应当如实回答"。第二，告知犯罪嫌疑人有权委托辩护人，具体可以表述为"根据《刑事诉讼法》第96条规定，你可以委托辩护人为你辩护,为你申请取保候审"。第三,告知犯罪嫌疑人有申请回避的权利,具体可以表述为"根据《刑事诉讼法》第 28 条、第 29 条规定,你有申请回避的权利"。最后,讯问犯罪嫌疑人"以上内容听清楚没有"或者"以上内容你明白吗"。对上述告知事项,应在讯问笔录中记载犯罪嫌疑人明确回答的内容。

（4）讯问人与被讯问人的讯答内容　讯问时,应当首先讯问犯罪嫌疑人是否有犯罪行为,之后一般可以让犯罪嫌疑人完整叙述有关犯罪事实。对犯罪嫌疑人的有罪供述,应记清楚犯罪的地点、时间、动机、目的、行为、手段、过程、后果以及有关的人和事等要素;对犯罪嫌疑人的无罪或罪轻辩解,也要记录在案。对有疑问之处或者需要重点记录之处,可以反复讯问。

（5）尾部　在就全案事实和证据情况讯问完毕之后,进入尾部。首先,讯问其是否有刑讯逼供和检举揭发情况。其次,讯问其是否有补充。再次,核对笔录。《刑事诉讼法》第 95 条规定,犯罪嫌疑人承认笔录没有错误,应当签名或盖章并盖指印。对笔录的确认,具体可以讯问以下内容:"你以上所说的内容是否属实"或者"以上所讲的事实,是不是你的真实意思表示",对笔录页码上、记录中补充和更正的地方也应签名、盖指印。最后,由犯罪嫌疑人在笔录正文最后一行的下一行亲笔书写"以上×页笔录我已经看过,和我说的一样",并签署姓名、日期,同时在笔录的每一页页脚签署姓名和日期并逐一盖指印。对于有翻译人员的,翻译人员也应当签署姓名和日期。对于没有阅读能力的犯罪嫌疑人应当向其全文宣读笔录,并在笔录注明"以上×页笔录已经向犯罪嫌疑人×××宣读,其听后表示记录正确",同时签署宣读人的姓名和宣读日期。

2. 讯问笔录的制作要求

1）笔录制作应合法、规范

讯问笔录是司法机关记录诉讼活动情况的一种文字材料,在一些情况下,这些笔录甚至可能作为证据在诉讼中使用,因此它的制作必须符合法定程序,其内容和形式也应该符合法律规定。首先,讯问主体和制作主体应合法。根据有关法律规定,审查起诉阶段讯问犯罪嫌疑人只能由不少于二人的检察人员进行,其他人员不能讯问也不能制作讯问笔录。其次,讯问内容合法。讯问犯罪嫌疑人必须按法律规定程序进行,充分保证犯罪嫌疑人的诉讼权利。严禁刑讯逼供、诱供、骗供,也不允许恫吓或施加压力。否则,根据有关法律规定,被刑讯逼供的犯罪嫌疑人供述属于非法证据而被排除。最后,讯问手续和程序合法。根据有关法律规定,对于不需要逮捕、拘留的犯罪嫌疑人,可以传唤到犯罪嫌疑人所在市、县内的指定地点或者到他的住处进行讯问,但是应当出示人民检察院的证明文件,传唤、拘传持续的时间最长不得超过十二小时;第一次讯问应当告知犯罪嫌疑人其权利义务;需要翻译的,应为其聘请翻译人员;讯问笔录应当交犯罪嫌疑人核对,对于没有阅读能力的,应当向他宣读;如果记载有遗漏或者差错,犯罪嫌疑人可以提出补充或改正;犯罪嫌疑人承认笔录没有错误后,应当签名或盖章并盖指印。制作笔录履行了合法的手续,才具有法律效力,否则会影响证据的效力。

2) 笔录制作应客观、清楚

笔录是对讯问过程的全面记录,要客观、准确、清楚地记载问答的全部内容及讯问经过的实况。对有关问题以及回答、供述或辩解,都应当不失原意地清楚记录,必要时应原话进行记录。尽量减少对犯罪嫌疑人语言的加工和书面语言的运用,使其具有反映犯罪嫌疑人职业、生活习惯、籍贯的语言特点。对于涉及的时间、次数、数量以及物品的质量、数额、型号、规格等务必准确无误,对有关犯罪手段和方法要力求详尽。对犯罪嫌疑人的有关辩解,应在笔录中如实反映,不要随意取舍,以防错案的发生。对于犯罪嫌疑人明显的谎言,也要忠实记录,并结合上下文关系或者逻辑关系生动地予以反映。对于犯罪嫌疑人的讯问中的动作和表现,如"沉默"、"冷笑"、"低头"、"吱唔"、"哭泣"、"脸红"等动态情况的变化,也应当适时进行记录,这对摸清犯罪嫌疑人的心理状态,审查其动机和目的,综合分析案情是有帮助的。

3) 笔录制作合理、流畅

讯问笔录虽然是对讯问过程的记录,但实践中受讯问对象、讯问问题、讯问环境的影响,讯问笔录难以做到是对讯问过程的完整、顺序的记录。这要求我们在安排讯问问题时要考虑顺序,务必要合理。制作笔录时一方面要讲究全面,另一方面要善于甄别,而不是不分青红皂白地"每闻必记",当遇到被讯问人回答问题时语无伦次,反复兜圈子,甚至不着边际答非所问地谈些与案件无关的问题,则应当区分情况,调整记录内容。对于重点问题,则要详尽记录,防止遗漏。同时,在记录的过程中,应该根据讯问的节奏,调整记录的次序和内容,保证记录流畅。

四、询问证人、被害人的程序与方法

被害人陈述与证人证言也是刑事诉讼重要的证据形式,被害人和证人是案件的亲历者或者见闻者,对案件的有关事实有比较全面、完整和清晰的了解。在审查起诉阶段,我国《刑事诉讼法》明文规定应当听取被害人的意见;对于证人,有关法律虽然没有规定必须对之进行询问,但询问证人是审查证人证言这种证据的重要方式。

(一) 询问证人、被害人的规范要求

询问证人和被害人应严格按照有关法律规定进行,注意询问的规范性和合法性。

1. 询问证人、被害人的程序要求

根据我国《刑事诉讼法》和《人民检察院刑事诉讼规则》的有关规定,询问证人和被害人有统一的法律规定:①询问证人和被害人,可以到证人、被害人所在单位或者住处进行,但是必须出示人民检察院的证明文件。在必要的时候,也可以通知证人到人民检察院或者公安机关提供证言。检察人员可以根据证人和被害人及案件的具体情况确定询问地点。②对证人和被害人进行询问时,应当告知其权利和义务。③询问证人和被害人,应当由检察人员进行,询问的检察人员不得少于二人。④询问证人应当个别进行。⑤询问证人和被害人,应当问明证人、被害人的基本情况以及与当事人的关系,并且告知其应当如实地提供陈述、证据、证言的义务和有意作伪证或者隐匿罪证要负的法律责任,但是不得向证人泄露案情,不得采用羁押、刑讯、威胁、引诱、欺骗以及其他非法方法获取证言。⑥询问不满 18 岁的证人和被害人,可以通知其法定代理人到场。⑦讯问聋、哑的证人和被害人,应当有通晓聋、哑手势的人在场,并且将这种情况记入笔录。⑧讯问证人和被害人,应当制作询问笔录。询问笔录应当字迹清楚,详细具体,忠实原话,并交被询问人核对。对于没有阅读能力的,应当向他宣读。如果记载有遗漏或者差错,应当补充或者改正。被询问人认为询问笔录没有错误的,由被询问人在笔录上逐页签名或者盖章。如果被询问人拒绝签名或者盖章的,应当在笔录上注明。检察人员也应当在笔录上签名。⑨人民检察院应当保障证人、被害人及其近亲属的安全。询问中涉及证人和被害人隐私的,应当保守秘密。⑩不得对证人及其亲属进行威胁、侮辱、殴打或者打击报复。

　　2. 询问证人、被害人的步骤

　　证人证言和被害人陈述都属于言词证据,在诉讼实践中常常有很大的不稳定性。在审查起诉阶段,虽有前期的侦查工作作保证,但仍可能出现一些意想不到的变化。因此,对待证人和被害人的询问,仍应该计划周密,耐心细致,合法规范,一般需要做好以下工作:

　　(1) 熟悉案情,了解情况　熟悉有关犯罪事实和证据情况,了解被询问人的背景和心理,是进行询问的基础。在询问之前,承办检察官应该充分审阅案卷,熟悉整个案情,掌握有关证据材料的基本情况。对待证人证言,要尤其注意甄别,挑选有询问价值的证人证言重点进行了解。同时要把握被询问人的基本情况(包括年龄、性别、身份、职业、文化程度、道德品质、经济状况、知识结构、性格、社会阅历、懂法程度以及其与作案人和犯罪嫌疑人之间的利害关系等),充分估计被询问人的心理状况和作证能力。

　　(2) 确定目标,制订提纲　为了保证询问的顺利开展,避免混乱无序,承办检察官在询问前应该确定询问目标(人的目标和事的目标),并根据案件的情况和被询问人的特点制订询问提纲。首先,承办检察官应该研究案情和证据情况,明晰需要询问的对象,要从被询问人那里得到什么,通过询问需要解决什么问题,以及该问题的解决程度等。其次,承办检察官要获取的证据形式是什么样的,是要做成笔录还是做成视听资料等。最后,要事先拟订询问提纲,确定询问问题、提问顺序、问题数量、询问策略,选择具体的询问时间和地点。询问方案要有一定的弹性,要利于灵活操作,要便于形成替代方案,预备后手对策。

　　(3) 研究对象,预约时间　询问证人、被害人与讯问犯罪嫌疑人不同,环境和诉讼地位的不同造成了两者在回答问题时考虑的因素不同,特别是证人,其与案件并无直接的利害关系,在询问中要善于提高其配合力度。因此,在询问前应研究询问对象,全面了解被询问人的身份、职业、性格、知识结构、道德品质、经济状况、文化水平以及其与犯罪嫌疑人之间的利害关系等。证人、被害人一般有正常的工作生活规律,在决定询问证人、被害人之前,应提前预约,避免影响到其正常的工作生活;在询问地点选择上应按照法律规定,尽量避免对被询问人员产生不利的影响。

　　(4) 个别询问,制作笔录　在询问的过程中,应当严格按照有关法律规定的程序进行,注意对被询问人员的权利保护和安全保护。在询问中,应坚持个别询问。如果同一案件中有数个证人或被害人,应当逐一询问,不能在同一时间同一场所内对两名以上的证人或被害人进行询问,与案件调查无关的人员也不得在场。询问中应当制作好询问笔录,一般应当让证人、被害人作完整的陈述,记录应全面、客观、流畅,保证询问笔录的制作质量和规范,使得其能在诉讼中正常发挥证据效力。询问结束后,被询问人阅看后应在笔录的末行下签注:"以上笔录看过,和我说的一样";如果被询问人没有阅读能力,应当向他宣读。然后,由被询问人签署姓名、日期;对记录中补充和更正的地方、末页签名或盖指印注明。如果询问使用了录音、录像等科技手段,也应记入笔录,必要时让被询问人核对并履行确认手续。

(二) 询问证人、被害人的方法和要求

证人和被害人在刑事诉讼中的地位不同,其心理也不同;而且由于各种原因,两者的心理也比较复杂。因此在询问的过程中应注意询问的方法。

1. 创造适当宽松气氛

询问人员首先要尽最大努力去消除证人、被害人的畏惧和紧张心理,取得证人的心理认同。同时要善于运用语言技巧,引起证人、被害人对自己的信任和尊重。在实践中可以在了解询问对象基本情况的基础上,从其感兴趣的话题谈起,在拉家常和谈心中有意识地把谈话方向引向主题,要从小事和细节上给被害人、证人以尊重。首先让证人自由地、充分地把有关事实和情节陈述一遍,询问人员此时应该作耐心的倾听者;对待被害人尤其不能产生厌烦心理,更不能因方法简单、粗暴而给被害人造成精神和生理上的再次伤害;对身心受到伤害的被害人,还要给予安抚。

2. 注意分辨陈述真假

在询问证人和被害人的过程中,要尤其注意对其陈述内容的分辨,注意审查核实。特别是对被害人,由于其与案件的结局有切身的利害关系,它可能因为个人怨恨而夸大或捏造事实,也可能因为遭受犯罪的侵害,精神高度紧张、情绪激动而发生认识上、记忆上的错误,还可能因为受到威胁、利诱或出于自身名誉、利益的考虑,不敢或不愿陈述真实情况。因此,在听取被害人的意见时要注意分辨真假,慎重审核。

3. 善于主导询问方向

虽然我们主张询问时询问对象首先应完整陈述,但在询问的过程中,询问人员仍应该主导询问的方向,重点询问案件事实发生的时间、地点、周围环境,犯罪嫌疑人的特征,犯罪嫌疑人所使用的犯罪工具、手段、强度,以及被害人受侵害的情况、后果等。与案件无关的陈述应进行制止、转换、引导;对于询问对象只是重复已经提出的意见或涉嫌肆意攻击、诬告陷害的,应当予以制止或及时结束询问。

4. 合理诉求及时反应

随着人们法律意识的增强,询问对象的相关要求比如人身安全、隐私的保护、提供必要费用等诉求都会增多,在这种情况下询问人员要及时作出反应。对于被害人的诉求,必须讲究策略;针对被害人提出的意见,要耐心解释,一一作答。对符合法律规定的指控,又有证据证明的,应予支持。对于不符合法律规定的不合理的诉求,应向被害人告知、解释。特别是对被害人漫无边际提出过高的赔偿数额要求的行为,要及时说服其放弃没有依据的请求,不可作出过分承诺。

五、书证、物证及其复制件收集与审查判断

物证、书证均属于实物证据,物证是能够证明案件真实情况的物品和痕迹,书证是以文字、数字、符号、图画及摄影照片所表达的思想内容来证明案件真实情况的书面文件或其他物品。[①] 因物证、书证以其特有的固定形态和较为稳定的内容来证明犯罪,相对于言词证据更具有雄辩性。2010 年最高人民法院颁布了《关于办理刑事案件排除非法证据若干问题的规定》和《关于办理死刑案件审查判断证据若干问题的规定》(以下简称"两个证据规定"),对刑事诉讼证据的审查判断提供了更为明确的标准,特别对收集程序的合法性审查作了严格规定,在审查起诉中应该特别注意对书证、物证的收集程序的审查判断。

(一) 书证、物证及其复制件收集的基本程序

书证、物证及其复制件收集的方法很多,我国《刑事诉讼法》第 109 条至 118 条、《人民检察院刑事诉讼规则》第 174 条至第 193 条对搜查、扣押书证、物证等实物证据具体程序作出了规定。

按照这些规定,书证、物证及其复制件的收集基本按照以下原则进行操作:

---

① 胡锡庆主编:《刑事诉讼法学》,法律出版社 2000 年版,第 195—197 页。

1. 关联原则

对于书证、物证及其复制件,只能收集与案件有关的证据,不得任意扩大范围:①在勘验、搜查中发现的可用以证明犯罪嫌疑人有罪或者无罪的各种物品和文件,应当扣押;与案件无关的物品、文件,不得扣押。②不能立即查明是否与案件有关的可疑的文件、资料和其他物品,也可以扣押,但是应当及时审查。经查明确实与案件无关的,应当在三日以内退还。

2. 证明文件原则

检察人员收集书证、物证及其复制件,一般应该出示有效证明文件:①进行搜查,必须向被搜查人出示搜查证。在执行逮捕、拘留的时候,遇有紧急情况,不另用搜查证也可以进行搜查。进行搜查,应当向被搜查人或者他的家属出示搜查证。检察人员进行搜查时,搜查证由检察长签发,遇有紧急情况进行无证搜查后,应当及时向检察长报告,及时补办有关手续。②人民检察院到本辖区以外执行搜查任务,办案人员应当携带搜查证、工作证以及写有主要案情、搜查目的、要求等内容的公函,与当地人民检察院联系。当地人民检察院应当配合、协助执行搜查。③检察人员可以凭人民检察院的证明文件,向有关单位和个人调取能够证实犯罪嫌疑人有罪或者无罪的证据材料,并且可以根据需要拍照、录像和复制。对于涉及国家秘密的证据,应当严格保守秘密。④人民检察院办理案件,需要向本辖区以外的有关单位和个人调取物证、书证的,办案人员应当携带工作证、单位办案证明信和有关法律文书,及时同当地人民检察院联系,当地人民检察院应当配合、协助执行任务。如果需要调取的证据是比较简单的,可以向证据所在地的人民检察院函调。函调证据应当注明取证对象的具体内容和确切地址。协助函调的人民检察院应当及时派员按调查内容进行调查取证,并且在收到函件一个月内将调查结果送达请调的人民检察院。

3. 当场见证原则

对于书证、物证及其复制件的收集常常集中于特定的场所,为了有效保证有关人员的合法权益,同时为了保证收集的合法性和规范性,还应贯彻见证人制度:①在搜查的时候,应当有被搜查人或者他的家属、邻居或者其他见证人在场;②在搜查的时候,应当对被搜查人或者其家属说明阻碍搜查、妨碍公务应负的法律责任;③对于扣押的物品和文件,应当会同在场见证人和被扣押物品持有人查点清楚。

4. 记录凭证原则

对于书证、物证及其复制件的收集一般应当记录相应的过程,对于需要提取或者调取的要列明清单:①搜查的情况应当写成笔录,由侦查人员和被搜查人或者他的家属、邻居或者其他见证人签名或者盖章。如果被搜查人或者他的家属在逃或者拒绝签名、盖章,应当在笔录上注明。②对于扣押的物品和文件,应当会同在场见证人和被扣押物品持有人查点清楚,当场开列清单一式二份(写明文件、资料和其他物品的名称、型号、规格、数量、重量、质量、颜色、新旧程度和缺损特征等),由侦查人员、见证人和持有人签名或者盖章,一份交给持有人,另一份附卷备查。如果持有人拒绝签名或者盖章的,应当在扣押物品清单上记明。

5. 原始最佳原则

最佳证据规则主要适用于书证,该规则要求书证的提供者尽量提供原件。[①]实际上,在收集书证和物证的过程中,都应当尽量收集原件,只有在收集不便时才提取复制件:①调取书证、视听资料应当调取原件。取得原件确有困难或者因保密需要不能调取原件的,可以调取副本或者复制件。②调取物证应当调取原物。原物不便搬运、保存,或者依法应当返还被害人,或者因保密工作需要不能调取原物的,可以将原物拍照、录像。对原物拍照或者录像应当足以反映原物的外形、内容。③调取书证、视听资料的副本、复制件和物证的照片、录像的,应当附有不能调取原件、原物的原因、制作过程以及原件、原物存放地点的说明,并由制作人员和原书证、视听资料、物证持有人签名或者盖章。④对于扣押的金银珠宝、文物、名贵字画、违禁品以及其他不易辨别真伪的贵重物品,应当当场密封,并由扣押人员、见证人和被扣押物品持有人在密封材料上签名或者盖章。

(二) 书证、物证及其复制件的审查判断

正如前述,证据的审查判断应结合客观性、关联性、合法性综合进行。书证、物证及其复制件的审查判断也不例外。物证的证明力更加稳定、客观;证明力具有被动性和片段性,需要其他证据配合共同证明案件事实。[②] 书证也是如此。"两个证据规定"对有关书证、物证的审判判断提供了标准,也可以指导我们在审查起诉工作中把握书证、物证的审查判断:

---

① 何家弘主编:《外国证据法》,法律出版社 2003 年版,第 61 页。
② 熊红文:《公诉实战技巧》,中国检察出版社 2007 年版,第 6 页。

1. 客观性审查

客观性审查主要是针对书证、物证及其复制件来源和真实性的审查:①审查物证、书证是否为原物、原件,物证的照片、录像或者复制品及书证的副本、复制件与原物、原件是否相符;物证、书证是否经过辨认、鉴定;物证的照片、录像或者复制品和书证的副本、复制件是否由二人以上制作,有无制作人关于制作过程及原件、原物存放于何处的文字说明及签名;②物证、书证在收集、保管及鉴定过程中是否受到破坏或者改变;③与案件事实有关联的物证、书证是否全面收集;④物证的照片、录像或者复制品,书证的副本、扫描件、复印件等与原物、原件核实是否无误或者是否经鉴定证明(或以其他方法)为真实。对于物证、书证的审查尤其要注意审查是否经过变更或者伪造,必要时可以借助鉴定技术力量。

2. 关联性审查

书证、物证及其复制件应与案件相关联,能够证明案件的有关事实,否则不能作为证据使用。在审查关联性时应结合案件有关事实及其他证据情况进行综合分析,同时要善于发现和挖掘证据的内在证明潜力,而不能仅停留在表面。对于对现场遗留与犯罪有关的具备检验鉴定条件的血迹、指纹、毛发、体液等生物物证、痕迹、物品,可以审查是否通过 DNA 鉴定、指纹鉴定等鉴定方式与被告人或者被害人的相应生物检材、生物特征、物品等作同一认定。对于关联性不明显的书证、物证及其复制件,侦查机关又主动提交的,应当要求侦查机关提供情况说明。

3. 合法性审查

正如前文所述,书证、物证及其复制件的收集应当严格按照有关法律规定进行,合法性欠缺的证据不仅对证明案件事实可能产生障碍,而且本身不符合程序正义的要求。在现实审查中,合法性审查应当严格把握:①收集程序、方式是否符合法律及有关规定;②经勘验、检查、搜查提取、扣押的物证、书证,是否附有相关笔录或者清单;③笔录或者清单是否有侦查人员、物品持有人、见证人签名,没有物品持有人签名的是否注明原因;④对物品的特征、数量、质量、名称等注明是否清楚。在审查的过程中不仅应该审核形式要件,还应该审核实质要件,如现实中有些扣押清单上的见证人本身就是侦查人员,此时审核是否有见证人的签名已无意义,而需要鉴别见证人的身份。对于书证、物证及其复制件存在程序瑕疵,如搜查笔录、提取笔录、扣押清单上没有侦查人员、物品持有人、见证人签名,物品特征、数量、质量、名称等注明不详的,或者收集调取物证照片、录像以及复制品,书证的副本、复制件未注明与原件核对无异,无复制时间,无被收集、调取人(单位)签名(盖章)的,或者物证照片、录像以及复制品,书证的副本、复制件没有制作人关于制作过程及原物、原件存放于何处的说明或者说明中无签名的,应当要求有关人员进行补正或者解释说明。

六、勘验、检查笔录的审查判断

勘验、检查笔录是侦查人员对与犯罪事件有关的场所、物品、尸体、人物等进行勘验、检查后所作的文字记录、绘图、照片、录像等材料的总称。从其形成的过程和其特点而言,勘验、检查笔录具有较高的客观真实性,但其审查仍应注意全面性和细致性,主要把握以下几点:

(1)勘验、检查是否依法进行,笔录的制作是否符合法律及有关规定的要求,勘验、检查人员和见证人是否签名或者盖章等。

(2)勘验、检查笔录的内容是否全面、详细、准确、规范:是否准确记录了提起勘验、检查的事由,勘验、检查的时间、地点,在场人员、现场方位、周围环境等情况;是否准确记载了现场、物品、人身、尸体等的位置、特征等详细情况,以及勘验、检查、搜查的过程;文字记载与实物或者绘图、录像、照片是否相符;固定证据的形式、方法是否科学、规范;现场、物品、痕迹等是否被破坏或者伪造,是不是原始现场;人身特征、伤害情况、生理状况有无伪装或者变化等。

(3)补充进行勘验、检查的,前后勘验、检查的情况是否有矛盾,是否说明了再次勘验、检查的原由。

(4)勘验、检查笔录中记载的情况与被告人供述、被害人陈述、鉴定意见等其他证据能否印证,有无矛盾。

对勘验、检查笔录的审查判断要立足于案情,立足于科学与常识,立足于技术手段,要结合其他证据综合分析判断;对于现场情况比较复杂或者勘验、检查笔录不全面、不科学的,检察人员应当进行实地勘查,做到心中有数。对待存在程序瑕疵的勘验、检查笔录,应要求侦查人员进行解释说明。

七、鉴定结论的审查判断

鉴定结论是鉴定人凭借其专业知识对案件事实的推理和判断,具有科学性的重要特点，一度被视为"证据之王"。但应该看到，鉴定结论本质上仅仅是一种专家证言，影响它的因素很多，因而并非完全客观，不容置疑的。在审查起诉工作中，应该树立对待鉴定结论的正确态度，不能迷信。

作为证据提供给检察机关的司法鉴定主要有以下三种：一是当事人自行委托的鉴定结构作出的鉴定；二是公安机关、检察机关根据侦查需要委托内部鉴定人员所作的鉴定；三是检察机关依当事人申请或依职权决定委托鉴定机构作出的鉴定。[①] 在审查判断过程中应该重点把握以下几点：①鉴定人是否存在应当回避而未回避的情形；②鉴定机构和鉴定人是否具有合法的资质；③鉴定程序是否符合法律及有关规定；④检材的来源、取得、保管、送检是否符合法律及有关规定，与相关提取笔录、扣押物品清单等记载的内容是否相符，检材是否充足、可靠；⑤鉴定的程序、方法、分析过程是否符合本专业的检验鉴定规程和技术方法要求；⑥鉴定结论的形式要件是否完备，是否注明提起鉴定的事由、鉴定委托人、鉴定机构、鉴定要求、鉴定过程、检验方法、鉴定文书的日期等相关内容，是否由鉴定机构加盖鉴定专用章并由鉴定人签名盖章；⑦鉴定结论是否明确，是否已告知当事人；⑧鉴定结论与案件待证事实有无关联；⑨鉴定结论与其他证据之间是否有矛盾，鉴定意见与检验笔录及相关照片是否有矛盾。

在审查的过程中，如对鉴定结论有疑问的，可以指派或者聘请有专门知识的人或者鉴定机构，对案件中的某些专门性问题进行补充鉴定或者重新鉴定。对审查起诉案件中涉及专门技术问题的证据材料需要进行审查的，可以送交检察技术人员或者其他具有专门知识的人员审查。检察技术人员或者其他具有专门知识的人员审查后应当出具审查意见。对于存在多份鉴定结论且结论之间存在冲突的，案件的承办检察官应该本着科学、客观的态度进行对待，不能偏信鉴定权威，也不能偏信级别较高的鉴定单位，而应该结合案件具体情况及其他证据进行综合性判断。

八、视听资料的审查判断

视听资料是指利用录音、录像记录的音响、形象以及其他视听科技设备与

---

① 熊红文：《公诉实战技巧》，中国检察出版社 2007 年版，第 9 页。

手段提供的信息作为证明案件事实的资料。视听资料有着生动直观性、客观精确性和物质依赖性的特点。实践中,视听资料一般有三个来源:一是司法机关运用技侦手段在执行职务中制作的;二是有关机关、单位特设的安全监控装置录制的;三是公民个人制作、提供的。审查起诉中,对待视听资料,无论其属何种来源,都必须认真、严格地进行审查,而不能以提供主体为转移。审查中,主要把握以下内容:①视听资料的来源是否合法,制作过程中当事人有无受到威胁、引诱等违反法律及有关规定的情形;②是否载明制作人或者持有人的身份,制作的时间、地点和条件以及制作方法;③是否为原件,有无复制及复制份数;调取的视听资料是复制件的,是否附有无法调取原件的原因、制作过程和原件存放地点的说明,是否有制作人和原视听资料持有人签名或者盖章;④内容和制作过程是否真实,有无经过剪辑、增加、删改、编辑等伪造、变造情形;⑤内容与案件事实有无关联性。

在审查的过程中,应当结合案件其他证据审查其真实性和关联性,对于影像音响质量不高的视听资料,必要时应提交有关当事人进行辨认固定。对视听资料有疑问的,应当进行鉴定。目前,侦查机关提供的视听资料载体一般是光盘,审查过程中,一般应完整听看,审查声音、图像是否清晰,有无失真,是否连贯流畅,有无人工雕凿的痕迹,进而审视画面音响与现场当时情景是否一致,判断有无利用视频、音频合成技术伪造视听资料的可能;同时审查侦查机关调取相关视听资料的手续和程序是否合法。

九、电子证据的收集与审查判断

电子证据被应用于司法实践之中已有较长的时间,但在我国电子证据作为一种独立的证据形式并未在立法层面上得到确立。从"两个证据规定"看,电子证据的一些常见形式包括电子邮件、电子数据交换、网上聊天记录、网络博客、手机短信、电子签名、域名等。一般而言,电子证据的审查包括两方面:一是审查电子证据的证明意义;二是审查侦查机关的取证程序是否合法。

检察机关公诉、侦查监督等部门承担着证据审查的职能,但由于电子证据审查涉及一些专门性技术问题,根据《人民检察院刑事诉讼规则》第 257 条第 2款的规定,"审查起诉部门对审查起诉案件中涉及专门技术问题的证据材料需要进行审查的,可以送交检察技术人员或者其他具有专门知识的人员审查。检察技术人员或者其他具有专门知识的人员审查后应当出具审查意见"。因此，检察技术部门也可以协助参与电子证据的审查工作。具体而言，电子证据审查是指检察机关证据审查部门或检察技术部门协助证据审查部门对电子证据的合法性、真实性和与相关事实的关联性总和是否能够达到所需求的证据标准的综合考量，出具审查意见并予处置的一种活动。

（一）电子证据的收集

在司法实践中，涉及电子证据取证工作的侦查部门主要包括公安机关刑事侦查部门、经济犯罪侦查部门、治安管理部门、网络安全保卫部门以及检察机关自侦部门等。所依规范一般是公安部网络安全保卫局于 2005 年颁布实施的《计算机犯罪现场勘验与电子证据检查规则》和《公安机关电子数据鉴定规则》以及检察机关于 2009 年颁布的《人民检察院电子证据鉴定程序规则（试行）》。其中，《计算机犯罪现场勘验与电子证据检查规则》对电子证据取证进行了比较详细的规范，主要内容包括：①计算机犯罪现场勘验与电子证据检查，应当由县级以上公安机关公共信息网络安全监察部门负责组织实施。必要时，可以指派或者聘请具有专门知识的人参加。②对计算机犯罪现场进行勘验和对电子证据进行检查不得少于二人。现场勘验检查，应当邀请一至两名与案件无关的公民作见证人。公安司法人员不能充当见证人。计算机犯罪现场勘验与电子证据检查的指挥员应当由具有计算机犯罪现场勘验与电子证据检查专业知识和组织指挥能力的人民警察担任。电子证据检查，应当遵循办案人员与检查人员分离的原则。检查工作应当由具备电子证据检查技能的专业技术人员实施，办案人员应当予以配合。③作为证据使用的存储媒介、电子设备和电子数据应当在现场固定或封存。④对现场状况以及提取数据、封存物品文件的过程、在线分析的关键步骤应当录像，录像带应当编号封存。在现场拍摄的照片应当统一编号制作《勘验检查照片记录表》。在现场提取的易丢失数据以及现场在线分析时生成和提取的电子数据，应当计算其完整性校验值并制作、填写《固定电子证据清单》，以保证其完整性和真实性。⑤特殊情况下才可以实施在线分析。①⑥现场勘验检查结束后，应当及时制作《现场勘验检查工作记录》。《现场勘验

---

① 特殊情况包括：案件情况紧急，在现场不实施在线分析可能会造成严重后果的；情况特殊，不允许关闭电子设备或扣押电子设备的；在线分析不会损害目标设备中重要电子数据的完整性、真实性的。

检查工作记录》由《现场勘验检查笔录》、《固定电子证据清单》、《封存电子证据清单》和《勘验检查照片记录表》等内容组成。⑦远程勘验过程中提取的目标系统状态信息、目标网站内容以及勘验过程中生成的其他电子数据,应当计算其完整性校验值并制作《固定电子证据清单》。应当采用录像、照相、截获计算机屏幕内容等方式记录远程勘验过程中提取、生成电子证据等关键步骤。远程勘验结束后,应当及时制作《远程勘验工作记录》。⑧通过网络监听获取特定主机通信内容以提取电子证据时,应当遵循与远程勘验相同的规定。⑨办案人员将电子证据移交给检查人员时应同时提供《固定电子证据清单》和《封存电子证据清单》的复印件,检查人员应当检查电子证据的完整性。⑩从电子证据中提取电子数据,应当制作《提取电子数据清单》,记录该电子数据的来源和提取方法。⑪电子证据检查结束后,应当及时制作《电子证据检查工作记录》。⑫《现场勘验检查工作记录》、《远程勘验工作记录》、《电子证据检查工作记录》应当加盖骑缝章后由至少两名勘验、检查人员签名,《现场勘验检查工作记录》应当由至少一名见证人签名。⑬《现场勘查照片记录表》应当记录该相片拍摄的内容、对象,并编号入卷。

(二) 电子证据的审查判断

电子证据的审查判断虽然比较复杂,但也可以从证据的客观性、关联性和合法性三个方面进行。

1. 电子证据的客观性审查

电子证据有极大的不稳定性和不可靠性,这主要由两个方面原因造成:一是计算机自身不可避免所产生的错误;二是物理条件或人为因素。① 这使得电子证据的客观性审查尤为重要。电子证据的客观性包含两个方面的问题:一是电子证据本身有无遭受伪造、变造的情形;二是电子证据是不是正常电子设备依正常程序产生、存储、传播。

由于司法实践中侦查机关移送的电子证据多已转化为勘验、检查笔录及鉴定文书或其他形式的书证材料,因此审查分为两个阶段:第一阶段为程序规范的审查,检察人员必须审查电子证据文书材料所依据的电子证据是否真实、完整、充分,来源是否合法,能够证明电子证据来源的《提取电子证据清单》、《固定

---

① 蒋萍、杨莉莉:《电子证据》,清华大学出版社、中国人民公安大学出版社 2007 年版,第 148 页。

电子证据清单》以及《原始证据封存、使用记录》等材料是否齐全,有无瑕疵。取证的方法是否科学,是否采用了相关技术标准(如国家标准、行业标准或实验室标准等),文书内容是否存在矛盾和不一致,运用的方法能否得出相应的结论或意见等。第二阶段为实质性审查,对于案件定性或量刑起关键作用的电子证据,办案人员、犯罪嫌疑人或法定代理人等诉讼参与人提出异议的电子证据,与其他证据存在矛盾或能够与其他证据相印证而有利于补强证据的电子证据,在客观条件允许的前提下,应当进行实质性审查,即对电子证据进行检查鉴定,通过科学的方法,判断电子证据是否真实,有无伪造、拼凑、篡改等,以确保证据的真实性和可靠性。

2. 电子证据的关联性审查

虽然在证据的判断中,证据的关联性是首先要分析的问题,但是证据的关联性主要是一个事实上联系的问题。在这一问题上,电子证据与传统证据没有本质上的差别。① 审查电子证据的关联性,必须从以下几个方面入手:一是明确电子证据状态,提出的电子证据欲证明什么犯罪事实和情况,这是审查证据相关性的前提和基础;二是该事实是否为认定构成犯罪的实质性问题;三是所提出的电子证据对解决案件中的争议问题有无实质性的意义;四是电子证据所反映的事实,同有关书证、物证、证人证言是否互相吻合,是否有矛盾。只有当对上述四个问题的回答都是肯定时,该电子证据才具备了关联性。

对于电子证据相关性的审查,关键在于把握电子证据与事实的"连结点",发现连结点的基础在于收集证据信息的全面性,这意味着提取电子证据应当尽可能直接提取实物或全盘复制内部数据;无法直接提取或制作复制件的,应当全面收集与案件相关的电子数据。证据与待证事实之间的联系形式是多种多样的,并且其关联程度也可表现为多个层次,可以是直接的,也可以是间接的。这里强调在审查关联性时要注意发掘电子证据的证明信息。我们应该认识到很多信息隐藏在电子证据表现形式的背后,电子证据生成的时间、创建者、维护过程等都可能与待证事实之间的存在密切联系。如一个数码照片文件,除内含的图像信息外,还包括拍摄这张照片的相机品牌、型号、拍摄日期、光圈值、曝光

---

① 皮勇:《刑事诉讼中的电子证据规则研究》,中国人民公安大学出版社 2005 年版,第 53 页。

时间、目标距离,甚至包括拍摄地点的经度、纬度、海拔度等附属信息,以及数码照片的存储地址等相关信息。这些信息很可能就是电子证据与待证事实的连结点,通过检查这些信息,不但能进一步了解客观事实,而且通过这些信息之间的比对,能够判断证据的真伪,从而提高证据效力。

3. 电子证据的合法性审查

证据的合法性是指证据从形式与来源上合乎法律规定。实践中,电子证据基本转化为鉴定文书、勘查文书或其他形式的书证等(以下简称为"电子证据文书")。因此,电子证据的合法性审查就是审查收集电子证据的主体和程序是否合法。

程序审查是实体审查的前提基础,而主体资格的审查又是程序审查的首要步骤。电子证据具有较强的专业性和技术性,即使长期从事司法工作的人员,也很难专业地提取、固定电子证据,而非专业性的操作可能影响电子证据的证明力,甚至会使电子证据失去证据资格。因此,只有法定的专业人员才能进行电子证据的勘验、鉴定工作。此外,制作电子证据文书的主体也应当是特定的,不具备主体资格的机关、机构或个人将从根本上否定其证据资格。如鉴定文书,其制作机构和制作人必须具有相应资格和能力,目前除公安部网络安全保卫局、物证鉴定中心外,具有机构鉴定资格的还有检察机关司法鉴定机构、各电子数据司法鉴定中心或计算机司法鉴定事务所。而勘验检查笔录应当由具有电子证据勘查职能的部门如公安部网络安全保卫部门出具。

电子证据的收集是否符合法定程序,直接影响证据的可采性和真实性。因此,应当根据"两个证据规定"、《计算机犯罪现场勘验与电子证据检查规则》、《电子数据鉴定规则》等相关规定审查电子证据的制作、储存、传递、获得、收集等程序和环节是否合法,过程是否规范,是否遵循相应的原则,相关操作记录是否齐全,取证人、制作人、持有人、见证人等是否签名或者盖章确认等。

最后需要说明的是,对电子证据,应当结合案件其他证据,审查其真实性和关联性。对电子证据有疑问的,应当进行鉴定。此外,审查起诉部门对审查起诉案件中涉及专门技术问题的证据材料需要进行审查的,可以送交检察技术人员或者其他具有专门知识的人员审查。检察技术人员或者其他具有专门知识的人员审查后应当出具审查意见。

第七节　补充侦查和要求侦查机关提供法庭审判所需的证据材料

《刑事诉讼法》第 140 条规定："人民检察院审查案件,可以要求公安机关提供法庭审判所必需的证据材料。人民检察院审查案件,对于需要补充侦查的,可以退回公安机关补充侦查,也可以自行侦查。对于补充侦查的案件,应当在一个月以内补充侦查完毕。补充侦查以二次为限。……"

一、审查起诉中的补充侦查

补充侦查作为我国刑事诉讼活动的一项重要程序,对于发挥司法机关分工负责、互相配合、互相制约的作用,准确、及时地查明犯罪,惩罚犯罪分子,保证有罪的人依法受到刑事处罚,无罪的人不受刑事追究,具有十分重要的意义。案件事实的还原毕竟充满困难,审查起诉中的补充侦查是实现公诉客观、准确的必要保障。

(一) 补充侦查的概念、意义及种类

补充侦查是指案件在移送审查起诉后,经过审查发现原有的侦查程序由于某种原因未能完成侦查任务,导致案件事实不清或者证据不足等情况,需要继续进行补充收集证据的侦查活动。

补充侦查不同于原侦查活动,它有其自身的特点。审查起诉中的补充侦查实际上是侦查活动已经结束,案件进入审查起诉阶段,因指控犯罪的事实不明确、证据不足,遗漏罪行、遗漏犯罪嫌疑人的情形出现,需要对侦查工作进行补充或者补救的一种法律救济措施。设置补充侦查制度的最根本出发点在于弥补侦查机关原侦查的不足,这也决定了补充侦查与原侦查的区别。关于补充侦查与原侦查的差异,有学者归纳如下:①性质不同,补充侦查是事后救济措施,原侦查是直接受理案件后的第一次侦查活动;②侦查直接目的不同,补充侦查是在嫌疑人、被告人明确的前提下,查清证据不足、指控不明确的部分,原侦查的直接目的是收集证据,查获罪犯,查明案件事实;③侦查期限不同,补充侦查一个月为限,不超过两次,原侦查最长可超过 7 个月;④起点不同,补充侦查是

在原来侦查基础上进行的,原侦查则在立案基础上进行;⑤侦查终结后处理结果不同,补充侦查必须将侦查结果向作出补充侦查决定的机关送达,原侦查结束后可以撤销案件或者移送审查起诉。① 区分补充侦查与原来的侦查活动,有利于进一步理解补充侦查的涵义。补充侦查的"补充性"特征又决定了补充侦查程序启动的选择性,即不是所有刑事案件都可以、都必须进行补充侦查,只有符合一定条件的案件才需要适用补充侦查。②

审查起诉中的补充侦查可以及时补充收集证据,查明全部案件事实,可以有效地防错防漏,有利于保证案件的公正处理,保证审查起诉活动顺利进行,进而实现整个刑事诉讼的流畅,具有十分重要的意义。

1. 补充收集证据,查清案件事实

审查起诉活动的基础是查清案件的事实,这是实现刑事诉讼两大诉讼目的,即保障人权和惩罚犯罪的前提。无视真实的发现,刑事诉讼活动就没有存在的必要,因此可以说,真实本身就充满着价值。③ "如果没有与真实相一致的司法事实认定,那么公民就会对司法程序的公正性和可靠的司法裁判以及有效的纠纷解决丧失信心,这一点不管是在民事案件还是刑事案件中无一例外。"④而诉讼证据成为认定事实的唯一根据,只有与相关充分的证据相对应的事实才能在诉讼中被确认,这就是法律真实。检察机关是代表国家行使追诉权的公诉机关,在审查起诉阶段,还原案件事实存在很多障碍,一方面案件本身就充满了复杂性和矛盾性;另一方面由于侦检分离,检察机关与侦查机关有时存在认识的差异,导致发现案件事实存在一定的困难。补充侦查制度弥补了第一次侦查活动的不足,能够实现追求客观事实是刑事诉讼法的重要价值取向。查明事实真相对于无辜的人来说,可以防止错及无辜;对于有罪的人来说,有助于罚当其罪。

2. 实现侦查监督,完善侦查成果

法律监督是审查起诉活动的一项重要内容,特别是在我国现行法律体制

① 徐美君:《论补充侦查制度》,载《中国刑事法杂志》1998 年第 5 期。
② 胡之芳、胡之惠:《论审查起诉中的补充侦查》,载《政法学刊》2009 年第 2 期。
③ 宋英辉:《刑事诉讼目的论》,中国人民公安大学出版社 1995 年版,第 48 页。
④ [美]罗伯特·萨摩尔、阿尔西·莫兹:《事实真实、法律真实与历史事实:事实、法律和历史》,徐卉译,载《公法》第 4 卷,第 132 页。

下,检察机关应该为维护国家法律的统一实施,保护国家、社会和公民的合法权益,依法行使检察监督权进行监督,以产生一定法律效果的法律制衡制度。侦查阶段是对犯罪的最初追查阶段,基于对案件突破的渴望以及对嫌疑人的难以避免的歧视,在侦查阶段极易发生损害当事人合法权益、违反诉讼程序的活动。检察机关在审查起诉阶段,面对侦查机关的侦查结果应该采取审慎的态度,除了确定和发现案件事实之外,对侦查活动应该进行有效监督。补充侦查就是这种监督的有效形式,甚至可以说是一种有效的侦查监督制裁方式。《人民检察院刑事诉讼规则》第 265 条第 2、3 款规定:"人民检察院审查起诉部门在审查中发现侦查人员以非法方法收集犯罪嫌疑人供述、被害人陈述、证人证言的,应当提出纠正意见,同时应当要求侦查机关另行指派侦查人员重新调查取证,必要时人民检察院也可以自行调查取证。侦查机关未另行指派侦查人员重新调查取证的,可以依法退回公安机关补充侦查。"同时,补充侦查包含监督性,可以起到完善侦查结果,提高侦查质量的作用,使得侦查成果能够经得起诉讼的检验,从而保证案件的公正处理。

3. 实现程序逆转,推进诉讼进行

诉讼程序一般是不可逆的,但诉讼程序不可能设置完美,每一阶段的诉讼任务也不一定能在相应的诉讼阶段完美地完成。但现代诉讼程序是相对独立又相互衔接的,诉讼目的的实现需要程序直接配合。因此,在诉讼进行的过程中,一旦出现程序之间的断节或者诉讼目的未实现,应当一定程度上允许程序的逆转。补充侦查程序就是一种诉讼程序的逆转,补救常规程序本身无法抵制的不足之处。这种补救措施能够在任何一个先前措施已经背离程序设置初衷的时候,及时补上这个漏洞或者纠正这个错误,并推动刑事诉讼程序有序向前,保证国家打击犯罪、保障人权任务的实现。

在审查起诉阶段,补充侦查发生于以下三种情况:其一,发现侦查活动违法,要求侦查机关另行指派侦查人员重新调查取证而侦查机关未另行指派侦查人员重新调查取证的。这实际上体现了检察机关对侦查机关侦查活动能动的监督。其二,认为犯罪事实不清、证据不足或者遗漏罪行、遗漏同案犯罪嫌疑人等情况,决定退回侦查机关补充侦查的。这种补充侦查是一种典型意义的程序逆转,意在补救诉讼成果,实现相应的诉讼目的,推进诉讼活动的顺利开展。其三是在审查起诉阶段检察院认为犯罪事实不清、证据不足或者遗漏罪行、遗漏同案犯罪嫌疑人等情况,无须退回侦查机关补充侦查,则可决定自行补充侦查。检察机关自行补充侦查,其立法本意在于贯彻刑事诉讼经济原则,加强检察机关对侦查活动的监督作用,是实现惩罚犯罪目的的工具与手段,有利于迅速查明案件事实真相,保障当事人迅速审判权利。具体采用哪种方式,由检察机关根据案件情况、补充侦查工作量大小、检察机关自身自查条件等因素,本着有利于及时查明案件事实的原则加以确定。①

(二) 补充侦查的条件

《人民检察院刑事诉讼规则》第 266 条规定:"人民检察院认为犯罪事实不清、证据不足或者遗漏罪行、遗漏同案犯罪嫌疑人等情形,认为需要补充侦查的,应当提出具体的书面意见,连同案卷材科一并退回公安机补充侦查;人民检察院也可以自行侦查,必要时可以要求公安机关提供协助。"对于自侦案件,《人民检察院刑事诉讼规则》第 267 条也规定:"人民检察院审查起诉部门对本院侦查部门移送审查起诉的案件审查后,认为犯罪事实不清、证据不足或者遗漏罪行、遗漏同案犯罪嫌疑人等情形,认为需要补充侦查的,应当向侦查部门提出补充侦查的书面意见,连同案卷材料一并退回侦查部门补充侦查。"从法条可以看出,不论是公安机关侦查的案件,还是检察机关的自侦案件,补充侦查都是在"人民检察院认为犯罪事实不清、证据不足或者遗漏罪行、遗漏同案犯罪嫌疑人,需要进行补充侦查"的情况下进行的。具体而言,可以从实体意义和程序意义两个方面理解补充侦查的条件。

1. 实体意义条件

补充侦查的实体条件包括事实不清、证据不足,遗漏罪行、遗漏同案犯罪嫌疑人。事实不清即主要犯罪事实不清,主要犯罪事实是指犯罪的基本事实,包括谁犯了罪,犯了什么罪,犯罪的时间、地点、手段、结果等等。

而证据不足是指认定事实和情节的有关证据达不到确实充分的标准,达不到提起公诉的标准。实践中,由于侦查人员的能力差异,客观环境的变化导致证据收集、固定出现困难等因素,案件常常难以做到证据完整无缺。《人民检察院刑事诉讼规则》第 286 条规定:据以定罪的证据存在疑问,无法查证属实的;犯罪构成要件事实缺乏必要的证据予以证明的;据以定罪的证据之间的矛盾不

---

① 姜伟主编:《公诉业务教程》,中国检察出版社 2003 年版,第 137 页。

能合理排除的;根据证据得出的结论具有其他可能性的,属于证据不足。如果符合上述情况,则应该理解为补充侦查意义上的证据不足。这就意味着补充侦查的证据条件是主要证据不充分,即证明基本犯罪事实的证据不确实或不充分。《人民检察院刑事诉讼规则》第283条规定:人民检察院针对具体案件移送起诉时,"主要证据"的范围由办案人员根据该条规定的范围和各个证据在具体案件中的实际证明作用加以确定。实践中主要从以下几个方面把握"主要证据":①起诉书中涉及的各种证据种类中的主要证据;②多个同种类证据中被确定为"主要证据"的;③作为法定量刑情节的自首、立功、累犯、中止、未遂、正当防卫的证据。

当然,起诉意见中遗漏罪行、遗漏同案犯罪嫌疑人也是进行补充侦查的情形,这是检察机关监督权和追诉权的体现。

2. 程序意义条件

《刑事诉讼法》没有规定侦查程序问题属于补充侦查范围,从《人民检察院刑事诉讼规则》的规定看,当侦查程序违法时,是应该进行重新侦查或补充侦查的。《人民检察院刑事诉讼规则》第265条规定:严禁以非法的方法收集证据。以刑讯逼供或者威胁、引诱、欺骗等非法的方法收集的犯罪嫌疑人供述、被害人陈述、证人证言,不能作为指控犯罪的根据。人民检察院审查起诉部门在审查中发现侦查人员以非法方法收集犯罪嫌疑人供述、被害人陈述、证人证言的,应当提出纠正意见,同时应当要求侦查机关另行指派侦查人员重新调查取证,必要时人民检察院也可以自行调查取证。侦查机关未另行指派侦查人员重新调查取证的,可以依法退回侦查机关补充侦查。所以出现侦查程序问题,补充侦查也有可能发生。

实际上,取证程序违法所引发的补充侦查是一种程序公正的内在要求,因为违法取证不仅可能导致证据因违法被排除从而形成证据不足,还极易导致有关认定事实的证据的不充分、不确实,从而影响事实的认定。当然,《人民检察院刑事诉讼规则》规定的程序违法也只限于犯罪嫌疑人供述、被害人陈述、证人证言的收集。但2010年"两个证据规定"的颁布,实际上意味着很多其他形式的证据都有可能被排除,从这个意义上讲,应该将程序意义要件进行扩大化的理解。

3. 必要性条件

《人民检察院刑事诉讼规则》对补充侦查条件的规定体现了诉讼过程既要

追求实体公正,也要保证程序公正。但补充侦查还需要一个必要性要件,即补充侦查的进行是必要的,而不是肆意启动的。侦查机关运用侦查权力实施了侦查行为提出起诉意见后,侦查阶段就应告终结。如果严格遵循程序至上原则,一般不应该允许对侦查阶段回复或逆转。因为这有可能损害被告人的权利,浪费有限的侦查资源。只有在实体意义条件或程序意义条件的实现达到不进行补充侦查会导致某个重要证据欠缺,以致无法认定事实,影响打击犯罪、保障人权以及严重影响诉讼的顺利进行时,才可以进行补充侦查。

(三) 补充侦查的程序

补充侦查是一种程序逆转,是在原有的侦查工作基础上,由审查起诉恢复至侦查的诉讼活动。作为一种常规程序的例外,它应该有严格的程序要求和明确的程序目的。

1. 启动

公诉案件的承办检察官在讯问犯罪嫌疑人,听取当事人及其诉讼代理人意见,听取辩护人意见,查阅案卷和进行必要的调查后,对于满足补充侦查条件而需要进行补充侦查的案件,应当制作《补充侦查审批报告》,详细叙述案件的基本情况、补充侦查的理由、补充侦查的事项等,交主诉检察官审批;对第二次退回补充侦查的应提交"三级审批"。

对于启动补充侦查,应严格从两个方面把握启动的条件:一是补充侦查的必要性。应抓住案件主要问题,不纠缠细枝末节,在不影响定罪量刑的前提下,大胆提起公诉,不要因为枝节问题草率或反复退查,影响案件的效率;平时要注重与侦查人员的及时沟通,一些简单的证据补充工作完全可以在审查过程中要求侦查机关提供。对于下列特殊情况,可以自行侦查:①侦查机关明显作假案;②侦查机关调查取证存在倾向性;③关键证据的复核。二是补充侦查的可能性。在作出退查决定之前应进行充分的思考和预测,如果明知退查不可能达到效果,应就现有事实和证据对案件依法作出处理。

2. 制作补充侦查提纲

对于退回补充侦查的案件,应当制作补充侦查提纲,指导侦查机关有针对性地开展补充侦查活动。在制作补充侦查提纲之前应与侦查人员进行充分的沟通和交流,通过交换意见,确定案件补充侦查的内容,形成合力,良性互动,提高补充侦查工作的效果。

在补充侦查提纲的撰写上,应结构严谨、内容全面、语言简洁,具体而言:

首先,在结构上应条理清晰。行文有逻辑,补充侦查事项才会显得清晰,侦查机关的补充侦查工作才能系统、有序开展。因为每个补充侦查案件都有其自身的特点,其条理性的体现也并非千篇一律。如某案只有一起犯罪事实,可以按犯罪构成要件逐一列举;如果有多起犯罪事实,则可以将每起事实作为一个小单元,再分别针对每一起事实按构成要件逐一列举。①

其次,在内容上应完整全面。补充侦查提纲在内容上应主要包括以下几点:①现有证据在认定事实和情节上的困难;②现有证据存在的问题以及补充侦查的理由;③对于需要进行侦查的事项应提供明确的补充侦查思路和方向;④对于存在一定困难的侦查事项可以提出侦查方法;⑤补充侦查的细节和应注意的问题;⑥在某些补充侦查不到位或者不能时的处理意见。

再次,在说理上应充分透彻。补充侦查提纲系交给侦查人员阅看执行,对相关内容的说理要做到全面、充分、透彻。要让侦查人员充分了解现有证据达到什么样的证明程度、在哪些方面存在不足、为什么要补查证据。说理必须围绕案件争议的焦点和法律规定展开,这可使侦查人员心悦诚服地接受补充侦查的要求,积极主动地做好补充侦查工作。

最后,在语言上准确礼貌。在相关补充侦查意见的表达上虽可言简意赅,但不要过于原则化或细节化;同时要注意语言的准确性,不要使用易产生歧义的语句,尤其是使用法言法语时,应严谨准确。退回补充侦查会给侦查人员带来一定的工作量,因此在补充侦查意见的阐释上,要注意用语的礼貌,要以平等、尊重而又不失亲切的口吻,多用"请、建议"等体现交流、合作色彩的语言。②

3.《补充侦查决定书》连同案卷退回侦查机关(部门)

对于需要退回补充侦查的案件,在制作完补充侦查提纲,相关补充侦查报告得到批准后,应当制作《补充侦查决定书》,连同案卷一起退回侦查机关(部门)。

这里需要注意的是,根据《人民检察院刑事诉讼规则》第 267 条的规定,人民检察院审查起诉部门对本院侦查部门移送审查起诉的案件审查后,认为犯罪

---

① 耿磊:《如何制定完备的退回补充侦查提纲》,载《检察日报》2010 年 12 月 14 日第 3 版。

② 耿磊:《如何制定完备的退回补充侦查提纲》,载《检察日报》2010 年 12 月 14 日第 3 版。

事实不清、证据不足或者遗漏罪行、遗漏同案犯罪嫌疑人等情形,认为需要补充侦查的,应当向侦查部门提出补充侦查的书面意见,连同案卷材料一并退回侦查部门补充侦查。这说明了对于人民检察院的自侦案件,需要进行补充侦查的,一般需要退回补充侦查,而不能自行侦查。

4. 次数限制和时限

根据《人民检察院刑事诉讼规则》的有关规定,对于退回公安机关补充侦查的案件,应当在一个月以内补充侦查完毕,补充侦查以二次为限。补充侦查完毕移送审查起诉后,人民检察院重新计算审查起诉期限。人民检察院审查起诉部门退回本院侦查部门补充侦查的期限、次数参照上述规定执行。人民检察院在审查起诉中决定自行侦查的,应当在审查起诉期限内侦查完毕。

在审查起诉期间改变管辖的案件,改变后的人民检察院对于符合《刑事诉讼法》第140条第2款规定的案件,可以通过原受理案件的人民检察院退回原侦查的公安机关补充侦查,也可以自行侦查。改变管辖前后退回补充侦查的次数总共不得超过两次。

(四) 补充侦查的诉讼后果

补充侦查是在原来案件侦查的基础上进行的补充性活动,即原来的侦查活动并没有完全达到侦查终结的条件,才有必要实施补充侦查。所以,补充侦查的结果首先必须达到案件侦查终结的条件,即根据已经查明的事实、证据,依照法律规定,足以对案件作出起诉、不起诉或者撤销案件的结论,决定不再进行侦查,并对犯罪嫌疑人作出处理。

经过补充侦查后,如果侦查机关认为犯罪事实清楚,证据确实、充分,依法应当追究刑事责任的案件,侦查人员应重新制作起诉意见书,将案件移送人民检察院审查起诉。如果侦查机关认为原来移送审查起诉的案件确有错误,侦查人员可以撤销案件。

对于补充侦查后,侦查机关继续提交人民检察院审查起诉的案件,根据不同的情况分别作出处理:

(1) 经审查,认为犯罪事实清楚,证据确实、充分,依法应当追究刑事责任,应当作出起诉决定,按照审判管辖的规定,向人民法院提起公诉。

(2) 经审查,对于犯罪情节轻微,依照刑法规定不需要判处刑罚或者免除刑罚的,人民检察院可以作出不起诉决定。

（3）对于补充侦查的案件，人民检察院仍然认为证据不足，不符合起诉条件的，可以作出不起诉的决定。

（4）经审查，对于符合《刑事诉讼法》第 15 条规定的情形之一的，即：①情节显著轻微、危害不大，不认为是犯罪的；②犯罪已过追诉时效期限的；③经特赦令免除刑罚的；④依照刑法告诉才处理的犯罪，没有告诉或者撤回告诉的；⑤犯罪嫌疑人、被告人死亡的；⑥其他法律规定免予追究刑事责任的，人民检察院应当作出不起诉决定。

（5）对于上述第 3、4 种情况，实践中也有公安机关撤回案件的情况。

（6）人民检察院对已经退回公安机关二次补充侦查的案件，在审查起诉中又发现新的犯罪事实，应当移送公安机关立案侦查；对已经查清的犯罪事实，应当依法提起公诉。

二、要求侦查机关提供法庭审判所必需的证据材料

根据《刑事诉讼法》第 140 条第 1 款的规定，人民检察院审查案件，可以要求公安机关提供法庭审判所必需的证据材料，即如果认为需要补充有关证据材料，而又不需要退回补充侦查，可以要求侦查机关提供法庭审判所必需的证据材料，制作《提供法庭审判所需证据材料通知书》。这种情况一般适用于案件事实已经查清，但尚有个别属于法庭审判所必需的证据材料没有完全达到庭审的要求，需要进行查证，但不必将案件退回公安机关补充侦查的情况。①

要求侦查机关提供法庭审判所必需的证据材料，应注意以下几点：

（1）制作《提供法庭审判所需证据材料通知书》应条理清楚明晰，严格制定文书内容。制作《提供法庭审判所需证据材料通知书》时，检察人员应当认真研究案件，严格把握证据要求，逐条列出侦查机关需要进一步收集的证据，并提出相应的证据要求。

（2）应明确时间要求，确保及时提供证据。要求侦查机关提供法庭审判所必需的证据材料，一般都是针对证据要求比较迫切的情况。因此在制作《提供法庭审判所需证据材料通知书》的时候，应该向侦查人员明确提交的时间，以保证提交证据的及时性。

---

① 姜伟主编：《公诉业务教程》，中国检察出版社 2003 年版，第 139 页。

（3）与侦查人员充分沟通，督促其落实执行。要求侦查机关提供法庭审判所必需的证据材料虽属于法律明确规定的诉讼程序，但由于案件进入退回补充侦查程序，侦查人员可能存在怠于侦查的情况。针对这种可能性，承办检察官应在发出《提供法庭审判所需证据材料通知书》后，时刻关注相关侦查或者调查情况，督促其落实执行，保证相应的证据提交到位。

第八节　审查起诉的决定

一、决定提起公诉

（一）提起公诉的法定条件

提起公诉的法定条件可以分为实体条件和程序条件。

1. 实体条件

我国《刑事诉讼法》第 141 条规定："人民检察院认为犯罪嫌疑人的犯罪事实已经查清，证据确实、充分，依法应当追究刑事责任的，应当作出起诉决定，按照审判管辖的规定，向人民法院提起公诉。"按照这一法律规定，人民检察院提起公诉，应当具备两个实体条件：

1）犯罪嫌疑人的犯罪事实已经查清，证据确实、充分

犯罪事实是对犯罪嫌疑人正确定罪量刑的基础。因此，人民检察院提起公诉必须查明犯罪事实。这里的犯罪事实，既包括客观方面的犯罪行为，又包括犯罪嫌疑人的主观心理态度和影响定罪量刑的其他事实。根据《人民检察院刑事诉讼规则》第 279 条的规定，具有下列情形之一的，可以确认犯罪事实已经查清：一是属于单一罪行的案件，查清的事实足以定罪量刑或者与定罪量刑有关的事实已经查清，不影响定罪量刑的事实无法查清的；二是属于数个罪行的案件，部分罪行已经查清并符合起诉条件，其他罪行无法查清的；三是无法查清作案工具、赃物的去向，但有其他证据足以对犯罪嫌疑人定罪量刑的；四是言词证据中主要情节一致，只有个别情节不一致且不影响定罪的。

证据是认定犯罪事实的客观依据。人民检察院代表国家对犯罪嫌疑人提起公诉，必须以确实、充分的证据为根据。证据确实、充分，要求指控的犯罪事

实都有相应的证据予以证明,且证据之间、证据与案件事实之间不存在矛盾,足以排除非被告人作案的可能性。

2) 依法应当追究刑事责任

犯罪嫌疑人实施了某种犯罪行为,并非一定要承担刑事责任。根据我国《刑法》第 13 条、《刑事诉讼法》第 15 条的规定,具有法定不应当追究刑事责任的情形时,人民检察院不能提起公诉。对于犯罪情节轻微,依法不需要判处刑罚或者免除刑罚的,人民检察院认为可以不追究刑事责任时,可以不起诉;人民检察院认为应当追究刑事责任时,有权依法提起公诉。

2. 程序条件

根据法律规定,提起公诉还需符合两项程序条件:

1) 人民检察院对案件具有管辖权

人民检察院只能对有管辖权的刑事案件提起公诉。获得案件管辖权有两种途径:一是根据法律规定,当同级人民法院具有审判管辖权时,人民检察院即具有公诉管辖权;二是根据上级人民检察院的指定而获得案件管辖权。

2) 犯罪嫌疑人在案

只有犯罪嫌疑人在案,人民检察院才能将其起诉至人民法院审判,否则不能提起公诉,而应依法中止审查起诉。

(二) 提起公诉的程序与效力

1. 提起公诉的程序①

在我国,提起公诉的程序包含以下内容:

1) 作出提起公诉的决定

凡是符合提起公诉法定条件的,人民检察院应当决定提起公诉。在实行主诉检察官办案责任制的情况下,主诉检察官对其所办理的案件在授权范围内具有提起公诉的决定权。其他案件则必须提出意见后报请检察长决定,或者由检察长提交检察委员会讨论决定。

2) 制作起诉书

人民检察院作出起诉决定后,应当制作起诉书。起诉书是人民检察院代表国家向人民法院提起公诉、指控被告人构成犯罪,并要求追究其刑事责任的法

---

① 姜伟主编:《公诉业务教程》,中国检察出版社 2003 年版,第 185—191 页。

律文书,集中体现了人民检察院对公诉案件进行审查起诉后的结论性意见。起诉书的核心内容是人民检察院对案件事实的认定意见以及起诉的根据和理由,此外还包括被告人的基本情况、案由、案件来源等。

起诉书应当根据普通程序案件、单位犯罪案件、简易程序案件的特点,分别制作。其格式要求详见本章第九节。

3)移送起诉书和其他证据材料

根据我国《刑事诉讼法》第150条规定,人民检察院提起公诉的案件,应当向人民法院移送起诉书,并且附有证据目录、证人名单和主要证据或者照片。

2. 提起公诉的效力

提起公诉是审查起诉阶段和审判阶段的连结点,其效力体现在以下三个方面:

(1)必然启动审判程序,使人民法院产生审判的权力和义务。凡是公诉案件,人民法院只能根据人民检察院的起诉进行审判,其审判活动受到起诉范围的制约。对于人民检察院提起公诉的案件,人民法院必须进行审理并作出裁判。

(2)使犯罪嫌疑人和被害人的诉讼权利和义务发生变化。因人民检察院提起公诉,犯罪嫌疑人的诉讼地位发生变化,成为刑事被告人。被告人、被害人开始享有审判阶段的法定诉讼权利,并承担相应的诉讼义务。

(3)对人民检察院的诉讼活动具有制约作用。刑事案件提起公诉并由人民法院作出有罪判决后,人民检察院不能就同一事实再次提起公诉。但人民法院以证据不足为由判决无罪,如果有新的证据证明被告人有罪的,人民检察院可以再次起诉。在人民法院作出判决前,人民检察院可以要求撤回起诉。撤回起诉后没有新的事实或者证据的,人民检察院不得再次提起公诉。

(三)起诉材料的移送

1. 起诉材料移送的概念与目的

起诉材料的移送,是指人民检察院在对案件作出起诉决定后将制作的起诉书和案件证据目录、证人名单和主要证据或者照片提交人民法院的诉讼活动。起诉材料移送的目的是引起刑事诉讼的审判程序。

2. 起诉材料移送的方式

当前世界各国在对起诉材料移送的方式上主要表现为,只向法院提供起诉书和一份证据材料目录的"起诉状一本主义"与全案证据材料移送法院方式。前者较之后者排除了法官庭前审查而使实质性的审判活动提前的弊端,但不利于法官在庭审中有针对性地指挥法庭;后者较之前者虽能使法官在掌握案情的基础上有计划地把握庭审进程,但无法避免法官的先入为主,从而影响法官在庭审中的判断。

我国在对上述两种移送方式进行利弊权衡的基础上,在《刑事诉讼法》第150条规定,应当向人民法院移送起诉书、证据目录、证人名单和主要证据复印件或者照片。

3. 起诉材料移送的内容

1) 起诉书的移送

根据最高人民法院《关于执行〈中华人民共和国刑事诉讼法〉若干问题的解释》和《人民检察院刑事诉讼规则》的规定,移送的起诉书应当一式八份,每增加一名被告人增加起诉书五份。

2) 证据目录的移送

根据《关于〈中华人民共和国刑事诉讼法〉实施中若干问题的规定》和《人民检察院刑事诉讼规则》的规定,人民检察院移送的证据目录应当是提起公诉前收集的证据材料的目录。

3) 证人名单的移送

根据《关于〈中华人民共和国刑事诉讼法〉实施中若干问题的规定》和《人民检察院刑事诉讼规则》的规定,人民检察院移送证人名单应当包括提起公诉前提供了证言的证人名单。证人名单应当列明证人的姓名、年龄、性别、职业、住址、通讯处等。根据最高人民法院《关于执行〈中华人民共和国刑事诉讼法〉若干问题的解释》的规定,移送的证人名单还需列明出庭作证和拟不出庭作证的证人。

4) 主要证据的移送

根据《关于〈中华人民共和国刑事诉讼法〉实施中若干问题的规定》和《人民检察院刑事诉讼规则》的规定,"主要证据"包括:①起诉书中涉及的各种证据种类中的主要证据;②多个同种类证据中被确定为主要证据的;③作为法定量刑情节的自首、立功、累犯、中止、未遂、正当防卫的证据。

《人民检察院刑事诉讼规则》第283条同时规定,人民检察院针对具体案件移送起诉时,主要证据的范围由办案人员根据上述范围和各个证据在具体案件中的实际证明作用加以确定。人民法院不能要求检察机关按照法院认定的"主要证据"范围予以移送。

（四）简易程序的适用

1. 简易程序的概念与适用目的

简易程序,是指人民法院对于符合法定条件的第一审轻微刑事案件依法适用的较普通程序简易的一种刑事审判程序。适用简易程序的目的在于实现繁简分流,提高诉讼效率,使司法机关可以集中力量处理重大、疑难、复杂案件。同时,也可以使轻微刑事案件当事人尽快摆脱诉讼的拖累,恢复正常生活状态。

2. 适用简易程序的条件

根据我国《刑事诉讼法》第174条的规定,适用简易程序的案件包括三类:一是依法可能判处3年以下有期徒刑、拘役、管制或者单处罚金的案件;二是告诉才处理的案件;三是被害人起诉的有证据证明的轻微刑事案件。公诉案件适用简易程序必须同时具备以下几个条件:

1）依法可能判处3年以下有期徒刑、拘役、管制或者单处罚金

适用简易程序的公诉案件较之其他公诉案件而言,社会的危害程度较轻。其中的"依法可能判处",是人民检察院、人民法院根据被告人涉嫌犯罪行为的具体情节和社会危害程度,结合刑法规定而对最终可能宣告的刑罚的一种推断,并不是实际判处的结果。但这种推断不仅是建立在对案件事实审查基础上,也是在刑法规定范围内作出的,绝不是承办人的凭空想象。

2）被告人及辩护人对所指控的基本犯罪事实没有异议

基本犯罪事实,是指影响定罪量刑的事实和情节。被告人对于其他细枝末节问题有异议,或者对基本犯罪事实无异议,只是对构成此罪或彼罪有异议的,不影响简易程序的适用。如果被告人否认犯罪事实或者辩护人作无罪辩护,适用简易程序难以实现证实、揭露犯罪,公诉人就必须出庭支持公诉。

3）事实清楚,证据确实、充分

事实清楚,是指被告人对人民检察院起诉书指控的犯罪事实和适用法律意见没有争议;证据充分,是指人民检察院对指控的犯罪事实提供了比较清楚、确实、有力的证据,无须再进行复杂的举证、质证和辩论。但这并不意味着案情一定简单,对于案情复杂的案件,只要人民检察院和被告人对案件事实和处理意

见基本一致,证据充分的,仍然可以适用简易程序。

4) 经人民检察院建议或者同意适用

人民检察院认为案件可以适用简易程序的,可以在提起公诉时向人民法院提出建议。同时,人民法院对人民检察院没有建议适用简易程序的公诉案件,认为需要适用简易程序的,也可以向人民检察院提出书面建议。无论是人民检察院还是人民法院提出适用简易程序的建议,均必须得到对方的同意。有一方认为不宜适用简易程序的,应当适用普通程序。

5) 经被告人同意适用

根据《关于适用简易程序审理公诉案件的若干意见》的规定,人民法院在决定适用简易程序前应当征得被告人的同意。需要指出的是,人民检察院在向人民法院提出适用简易程序的建议时,可以不征得被告人的同意,以提高诉讼效率。

3. 简易程序的特征

根据我国《刑事诉讼法》的规定,适用简易程序审理公诉案件在程序上具有以下特征:

1) 原则上实行独任审判制度

我国《刑事诉讼法》第 147 条规定:基层人民法院适用简易程序的案件可以由审判员一人独任审判。由于适用简易程序的案件一般具有简单轻微、事实清楚的特点,被告人对指控的事实也没有较大的异议,故一般没有必要再采取合议庭的方式进行审理,从而可节约司法资源、提高审判效率。

2) 人民检察院可以不派员出席法庭

我国《刑事诉讼法》第 175 条规定:"适用简易程序审理公诉案件,人民检察院可以不派员出席法庭。"这主要是考虑到适用简易程序的案件事实清楚,证据确实、充分,被告人对指控事实无较大异议的情况下,人民检察院不派员出庭也可以保证人民法院对案件进行正常审理和公正判决。

但是,为了更好地履行法律监督职能,必要时人民检察院可以根据案件情况派员出庭支持公诉,如人民检察院监督公安机关立案侦查的案件,一般应派员出庭。

3) 法庭调查、法庭辩论程序简化

我国《刑事诉讼法》第 177 条规定,适用简易程序审理案件,不受第一审普通程序关于讯问被告人,询问证人、鉴定人,出示证据,以及法庭辩论程序规定的限制。被告人自愿认罪,并对起诉书指控的犯罪事实无异议的,人民法院可以直接作出有罪判决。但在判决宣告前应当听取被告人的最后陈述意见。

4)审理期限缩短

我国《刑事诉讼法》第178条规定:"适用简易程序审理案件,人民法院应当在受理后20日以内审结。"这比适用普通程序审理案件的期限要短,符合办案实践和简易程序案件特点,对于及时终结诉讼程序,节约司法资源具有重要意义。

4. 简易程序的变更

根据我国《刑事诉讼法》第179条的规定,人民法院在适用简易程序审理案件过程中,发现不宜适用简易程序的,应当按照第一审普通程序重新审理。根据《关于适用简易程序审理公诉案件的若干意见》规定,应当将简易程序转为普通程序的情形包括:①被告人的行为不构成犯罪;②被告人应当判处3年以上有期徒刑;③被告人当庭对起诉指控的犯罪事实予以否认;④事实不清或者证据不足;⑤其他不宜适用简易程序审理的情形。在人民法院作出判决前,人民检察院发现已经决定适用简易程序审理的案件具有上述情形之一的,应当要求人民法院按照第一审普通程序审理。人民法院应当将案件转为第一审普通程序审理。

对于转为普通程序审理的案件,人民法院应当在三日内将全案卷宗和证据材料退回人民检察院,审理期限从转为普通程序之日起计算。对于转为普通程序审理的案件,人民检察院必须派员出庭支持公诉。

(五) 对被告人认罪案件进行简化审理程序的适用

1. 适用对被告人认罪案件进行简化审理程序的动因

对被告人认罪案件进行简化审理,又称"普通程序简化审",是指对于依法适用普通程序的被告人认罪案件,简化部分庭审程序,从而予以快速审结的一种审判方式。对被告人认罪案件进行简化审理,是在不违背我国《刑事诉讼法》有关适用普通程序审理刑事案件规定的前提下,为提高诉讼效率,实现司法资源的合理配置而进行的积极探索。

从司法实践看,当前案多人少矛盾日益突出,且由于各种条件限制,很难通过加大司法资源投入得到解决,只能借助于审理方式的调整,简化诉讼程序,实现优化司法资源配置,提高诉讼效率。从我国《刑事诉讼法》的规定看,适用普通程序的案件无法通过适用简易程序达到简化审理的目的,且简易程序适用范围有限,由此普通程序简化审就是在这种现实矛盾和司法需求中作出的必然选择。

2. 对被告人认罪案件进行简化审理的适用条件

对被告人认罪案件进行简化审理,一般应当具备以下条件:

(1) 案件基本事实清楚,据以定罪的证据确实、充分。只有案件基本事实清楚才能确保不会因为对案件进行简化审理而影响案件质量。办案人员在审查案件时,如果发现案件基本事实不清的,就不能建议人民法院对案件进行简化审理。

(2) 被告人对被指控的犯罪事实没有异议。如果被告人不承认犯罪事实,公诉人就需要通过详细的法庭调查、法庭辩论来支持公诉主张。在这种情况下,就不可能对庭审过程进行简化。司法实践中,辩护人作无罪辩护的,表明控辩双方在事实、证据或者定性方面存在较大争议,一般也不宜对案件进行简化审理。

(3) 被告人对作有罪供述的法律后果有明确认识。被告人对认罪后可能受到的刑事处罚要有正确的认识,以保证被告人承认犯罪事实是出于真实的意思表示。如果被告人因为认识错误而作了有罪供述,就有可能在了解其应当承担的法律后果后出现翻供等情况。

(4) 依法可能判处 3 年以上有期徒刑,但可能判处死刑以及其他不宜进行简化审理的除外。对于可能判处 3 年有期徒刑以下的案件,可以使用简易程序予以快速审结,故不存在适用对被告人认罪案件进行简化审理程序的问题。对于可能判处死刑的案件,因涉及被告人的生命权,即使被告人认罪也不能进行简化审理。此外,根据《关于适用普通程序审理"被告人认罪案件"的若干意见(试行)》(以下简称《意见(试行)》),下列案件不适用简化审理:"①被告人系盲、聋、哑人的;②外国人犯罪的;③有重大社会影响的;④被告人认罪但经审查认为可能不构成犯罪的;⑤共同犯罪案件中,有的被告人不认罪或者不同意简化审理的;⑥其他不宜适用简化审理的。"

(5) 被告人同意对案件进行简化审理。对指控事实、证据和定罪根据的知悉权,是被告人的一项基本刑事诉讼权利。尊重被告人对庭审方式的选择,是保障其诉讼权利,维护审判公正的基础。因此,决定对案件进行简化审理,应当以被告人同意为前提。

3. 对被告人认罪案件进行简化审理的程序

1）对被告人认罪案件进行简化审理的提出

人民检察院认为符合对被告人认罪案件进行简化审理条件的案件，可以在提起公诉的同时书面建议人民法院适用简化庭审方式审理。对于人民检察院没有建议，人民法院经审查认为可以适用简化庭审方式的，应当征求人民检察院、被告人及辩护人的意见。人民检察院、被告人及辩护人同意的，适用简化庭审方式审理。

2）对被告人认罪案件进行简化审理的方式

普通程序简化审可以简化的主要是普通程序中讯问、示证、质证、辩论等诉讼程序。根据《意见（试行）》的规定，对被告人认罪案件进行简化审理，可以对具体审理方式作如下简化：①被告人可以不再就起诉书指控的犯罪事实进行陈述。②公诉人、辩护人、审判人员对被告人的讯问、发问可以简化或者省略。③控辩双方对无异议的证据，可以仅就证据的名称及所证明的事项作出说明。合议庭经确认公诉人、被告人、辩护人无异议的，可以当庭予以认证。④控辩双方主要围绕确定罪名、量刑及其他有争议的问题进行辩论。

4. 普通程序简化审的变更

合议庭在庭审中发现不符合普通程序简化审条件的，应当决定不再适用普通程序简化审，变更为普通程序审理方式。

二、决定不起诉

（一）不起诉的概念与适用条件

1. 不起诉的概念

不起诉，是指人民检察院对于侦查终结移送审查起诉的案件，经审查认为不应当或者不必要对犯罪嫌疑人追究刑事责任，从而决定不向人民法院提起公诉，终止刑事诉讼的活动。根据我国《刑事诉讼法》的规定，不起诉可以分为绝对不起诉、相对不起诉和存疑不起诉。

2. 不起诉的适用条件

1）绝对不起诉的适用条件

我国《刑事诉讼法》第 142 条第 1 款规定："犯罪嫌疑人有本法第十五条规

定的情形之一的,人民检察院应当作出不起诉决定。"根据《刑事诉讼法》第 15 条的规定,绝对不起诉的具体条件是:

(1) 情节显著轻微、危害不大,不认为是犯罪的　情节显著轻微,是指通过对案件的事实情况进行考察,依法确认属于虽有违法行为,但社会危害不大的案件,对这类案件依法不按犯罪处理,而改由公安机关或行政执法部门加以行政处罚。情节显著轻微和危害不大是互相补充的一个条件,两者不能分割,而不是两个并列的条件。要正确使用这一法定条件必须坚持主、客观相一致原则,在综合分析案件情节、行为的社会危害性的基础上依照法律的明确规定对某种行为能否认定为犯罪作出评判。

(2) 犯罪已过追诉时效的　刑事追诉时效,是指刑法规定的司法机关追究犯罪人刑事责任的有效期限。我国《刑法》第四章第八节对追诉时效期限作出了具体规定。犯罪已过诉讼时效不予起诉,是近代各国刑事诉讼法普遍适用的原则,公诉时效的长短与犯罪适用的刑罚轻重成正比。

(3) 经特赦令免除刑罚的　特赦是赦免的一种,是由国家元首或国家最高权力机关以命令的方式,对特定的犯罪人免除其刑罚的全部或部分的执行。自 1959 年以来,我国实行了 7 次特赦,从其对象、范围和条件看,我国特赦的特点是:特赦对象不是个别人,而是一类或几类罪犯;不针对刑罚尚未开始执行的罪犯,而是对经过一定时间改造,确有悔改的罪犯实行的;其免除的不是罪犯的全部刑罚,而是尚未执行的剩余部分;程序上由全国人民代表大会常务委员会根据中共中央或国务院建议,经审查决定,由最高人民法院和高级人民法院执行。

(4) 告诉才处理的犯罪,没有告诉或者撤回告诉的　告诉才处理,是指犯罪必须有被害人的控告,司法机关才能追究被告人的刑事责任。告诉才处理的案件属于自诉案件范围,控诉权归属于被害人,对于这类案件,行使起诉权、放弃起诉权和撤回起诉均属于被害人自由处分的权利范围。根据刑法的规定,告诉才处理的案件包括四类:一是侵占罪;二是侮辱、诽谤罪(严重危害社会秩序和国家利益的除外);三是虐待罪(致使被害人重伤、死亡的除外);四是暴力干涉婚姻自由罪(致使被害人死亡的除外)。

(5) 犯罪嫌疑人死亡的　根据刑法罪责自负原则,司法机关只能对实际构成犯罪的行为人行使追诉权,犯罪嫌疑人死亡,追究其刑事责任已无实际意义,故检察院不能向法院起诉已经死亡的犯罪嫌疑人。但在共同犯罪案件中,部分犯罪嫌疑人的死亡则并无影响,对已死亡的犯罪嫌疑人在起诉书中只需注明"另案处理"即不起诉处理即可。

(6)其他法律规定免予追究刑事责任的 其他法律规定免予追究刑事责任的情形,是指犯罪嫌疑人虽然实施了依法达到犯罪程度的危害行为,但是根据刑法或者其他法律的规定,不追究刑事责任的情况。其主要包括:我国《刑法》第16条规定的由于不可抗力或者不能预见的原因造成损害后果的;不满16周岁的人实施的行为不属于《刑法》第17条规定应当追究刑事责任范围,而不予追究的;《刑法》第18条规定的精神病人在不能辨认或者不能控制自己行为的时候造成危害结果的;《刑法》第20条第1款、第3款规定的正当防卫;《刑法》第21条第1款规定的紧急避险;《刑法》第24条规定的没有造成损害的中止犯等。

2)相对不起诉的适用条件

我国《刑事诉讼法》第142条第2款规定:"对于犯罪情节轻微,依照刑法规定不需要判处刑罚或者免除刑罚的,人民检察院可以作出不起诉决定。"由此,相对不起诉的适用条件有两个:

(1)行为人的行为已经构成犯罪 行为人的行为已经构成犯罪,是指行为人的行为已经符合我国《刑法》第13条的规定,具备了社会危害性、刑事违法性和应受惩罚性三个特征,以及《刑法》分则规定的罪名特征,且人民检察院审查后,认为其犯罪事实清楚,证据确实、充分,足以认定为犯罪。

(2)行为人的行为符合"犯罪情节轻微,依照刑法规定不需要判处刑罚或者免除刑罚"的要求 犯罪情节轻微是适用相对不起诉的前提条件,其是指从犯罪嫌疑人实施犯罪行为的动机、目的、手段、危害后果等情况以及犯罪嫌疑人的年龄、一贯表现等综合考虑,认为犯罪情节轻微。依照刑法规定不需要判处刑罚,是指虽然不具有免除处罚的情节,但犯罪嫌疑人的犯罪情节轻微,社会危害较小,综合全案具体情况,结合刑法和司法解释关于法定刑和量刑标准的规定,认为不需要判处刑罚。免除处罚,主要是指我国《刑法》规定的,可以免除处罚的情况。

3)存疑不起诉的适用条件

我国《刑事诉讼法》第140条第4款规定:"对于补充侦查的案件,人民检察院仍然认为证据不足,不符合起诉条件的,可以做出不起诉的决定。"由此,存疑不起诉的适用条件有两个：

（1）程序条件　必须经过补充侦查，是适用存疑不起诉的程序条件。根据《刑事诉讼法》第140条第3款的规定，补充侦查的次数以两次为限。人民检察院在审查起诉过程中发现证据不足，不符合起诉条件的，不能径行决定不起诉，必须退回补充侦查。人民检察院可以在法定退回补充侦查的次数范围内，根据案情决定退回补充侦查一次或者两次。对于人民检察院自行侦查的案件，必须经过两次补充侦查才能作出存疑不起诉决定。

（2）实体条件　"证据不足，不符合起诉条件"，是适用存疑不起诉的实体条件。当案件达不到证明标准的质量和数量要求时，人民检察院可以依法作出不起诉决定。根据《人民检察院刑事诉讼规则》第286条的规定，具有下列情形之一的，属于证据不足：一是据以定罪的证据存在疑问，无法查证属实的；二是犯罪构成要件事实缺乏必要的证据予以证明；三是据以定罪的证据之间的矛盾不能合理排除的；四是根据证据得出的结论具有其他可能性的。

（二）不起诉的程序

根据我国《刑事诉讼法》和《人民检察院刑事诉讼规则》的规定，适用不起诉的基本程序包括：

1. 审查不起诉案件

经过审查案件的全部事实、情节和证据，承办检察官认为符合不起诉条件的，应当制作审查报告，经部门负责人审核，报检察长或者检察委员会讨论决定。

2. 决定不起诉

不起诉决定权由人民检察院行使。根据《人民检察院刑事诉讼规则》的规定，不起诉决定分别由检察长和检察委员会作出。对于符合我国《刑事诉讼法》第15条规定情形之一的，经检察长决定，作出不起诉决定。即法定不起诉决定由检察长作出。

由检察委员会作出不起诉决定的情形包括两种：①对于补充侦查的案件，人民检察院仍然认为证据不足，不符合起诉条件的，经检察委员会讨论决定，作出不起诉决定；②人民检察院对犯罪情节轻微，依照刑法规定不需要判处刑罚或者免除刑罚的，经检察委员会讨论决定，作出不起诉决定。即相对不起诉和存疑不起诉由检察委员会讨论决定。

3. 制作不起诉决定书

不起诉决定书是人民检察院作出不起诉决定的载体。凡是不起诉的案件都应当以不起诉决定书作为中止刑事诉讼的标志。不起诉书格式详见本章第九节。

4. 宣布和送达不起诉决定书

不起诉决定由人民检察院公开宣布。公开宣布不起诉活动应当记入笔录。不起诉决定自公开宣布之日起生效。

不起诉决定书应当送达被害人或者其近亲属及其诉讼代理人、被不起诉人以及被不起诉人所在单位。送达时，应当告知被害人或者其近亲属及其诉讼代理人，如果对不起诉决定不服，可以自收到不起诉决定书后7日内向上一级人民检察院申诉，也可以不经申诉，直接向人民法院起诉；告知被不起诉人依照我国《刑事诉讼法》第142条第2款规定的被不起诉，如果对不起诉决定不服，可以自收到不起诉决定书后7日内向人民检察院申诉。对于公安机关移送审查起诉的案件，人民检察院决定不起诉的，应当将不起诉决定书送达公安机关。人民检察院根据《刑事诉讼法》第140条第4款、第142条第2款规定，对直接立案侦查的案件决定不起诉后，应当将不起诉决定书副本以及案件审查报告报送上一级人民检察院。

5. 移送有关机关处理

人民检察院决定不起诉后，可以根据案件的不同情况，对被不起诉人予以训诫、责令具结悔过、赔礼道歉或者赔偿损失。需要对被不起诉人给予行政处罚、行政处分或者需要没收违法所得的，人民检察院应当提出检察意见，连同不起诉决定书一并移送有关主管机关处理。

（三）不起诉的监督与制约

1. 不起诉的公开审查

不起诉的公开审查，是指人民检察院对于存在较大争议并且在当地有较大社会影响的案件，经审查后准备作不起诉处理的，在不起诉决定作出前，就案件是否应当起诉以一定形式公开听取侦查机关（部门）、犯罪嫌疑人、被害人或者犯罪嫌疑人、被害人委托的人的意见。不起诉案件公开审查的目的，是充分听取侦查机关（部门）、犯罪嫌疑人、被害人或者犯罪嫌疑人、被害人委托的人对案件处理的意见，为人民检察院是否作出不起诉决定提供参考。

最高人民检察院《人民检察院办理不起诉案件公开审查规则(试行)》(以下简称《规则(试行)》)第4条规定:"公开审查的不起诉案件应当是存在较大争议并且在当地有较大影响的,经人民检察院审查后准备作不起诉处理的案件。"第5条规定:"对下列案件不进行公开审查:(一)案情简单,没有争议的案件;(二)涉及国家秘密或者个人隐私的案件;(三)十四岁以上不满十六岁未成年人犯罪的案件;十六岁以上不满十八岁未成年人犯罪的案件,一般也不进行公开审查;(四)其他没有必要进行公开审查的案件。"同时,《规则(试行)》第6条至第16条对不起诉公开审查的程序和内容作了明确规定。

人民检察院公开审查不起诉案件应当注意:①处理好民主监督和人民检察院独立行使检察权的关系。在把社会监督引入不起诉处理程序的同时,保证不致因为强调社会监督而使检察权受到不当干涉。②公开审查不起诉案件应当在《刑事诉讼法》规定的审查起诉期限内完成,不能因为公开审查而延长审查起诉期限。

2. 不起诉的复议、复核、复查

我国《刑事诉讼法》第144条规定:"对于公安机关移送起诉的案件,人民检察院决定不起诉的,应当将不起诉决定书送达公安机关。公安机关认为不起诉的决定有错误的时候,可以要求复议,如果意见不被接受,可以向上一级人民检察院提请复核。"需要指出的是,复议是复核的必经步骤,但复核并非复议的必然延伸。《刑事诉讼法》规定的复议、复核制度,是公安机关对人民检察院不起诉权的监督制约制度,体现了公检机关在刑事诉讼中相互配合、相互制约的原则。因此,人民检察院要充分考虑公安机关提出的意见,从而防止案件出现偏差。对于直接立案侦查的案件,不存在复议、复核的问题。

根据《刑事诉讼法》第144、145、146条的规定,人民检察院应当对公安机关复议、复核的案件,被害人不服不起诉决定的案件,被不起诉人不服相对不起诉的案件进行复查。同时,《人民检察院刑事诉讼规则》第292条规定,人民检察院对直接立案侦查的案件作出存疑不起诉或者相对不起诉后,审查起诉部门应当将不起诉决定书副本以及案件审查报告报送上一级人民检察院备案。上一级人民检察院根据这些备案材料对不起诉决定进行复查。由此,对不起诉案件的复查是人民检察院对不起诉的内部监督制约制度。这种内部监督制约主要体现在:①上级人民检察院对下级人民检察院不起诉决定的监督。即上级人民检察院对公安机关复议、复核的案件,以及被害人不服不起诉决定的案件进行复查;上级人民检察院对下级人民检察院上报备案直接立案侦查的不起诉案件进行复查。②案件复查实行内部人员回避制度。除《刑事诉讼法》第三章规定的一般回避外,公安机关要求复议,被害人、被不起诉人要求申诉的,人民检察院应当另行指定检察人员进行审查。①

3. 公诉转自诉

公诉转自诉,是指对于被害人有证据证明被告人侵犯自己人身、财产权利的行为应当依法追究刑事责任,而公安机关或者人民检察院不予追究被告人刑事责任的案件,被害人可以直接向人民法院起诉。

我国《刑事诉讼法》第170条规定:"自诉案件包括下列案件:……(三)被害人有证据证明被告人侵害自己人身、财产权利的行为应当依法追究刑事责任,而公安机关或者人民检察院不予追究被告人刑事责任的案件。"第145条规定:"对于有被害人的案件,决定不起诉的,人民检察院应当将不起诉决定书送达被害人。被害人如果不服,可以自收到决定书七日以内向上一级人民检察院申诉,请求提起公诉。人民检察院应当将复查决定告知被害人。对人民检察院维持不起诉决定的,被害人可以向人民法院起诉。被害人也可以不经申诉,直接向人民法院起诉。人民法院受理案件后,人民检察院应当将有关案件材料移送人民法院。"法律之所以这样规定,是为了解决司法实践中被害人告诉无门,权益受侵害的情况。同时,公诉转自诉也是对人民检察院行使不起诉权的一种外部监督和制约,即通过法律规定的救济途径纠正人民检察院因主客观错误而作出的不起诉决定,防止不起诉权的滥用,从而保障被害人的合法权益和司法公正。

4. 对职务犯罪案件不起诉决定的评议与审批

对职务犯罪案件审查后,需要作出不起诉决定的,应当填写《拟不起诉决定书》,连同相关材料一并移送人民监督员办公室,交由人民监督员评议。

人民监督员对职务犯罪案件的不起诉决定进行评议时,主诉检察官应当客观介绍案情、出示证据、说明拟作出不起诉决定的理由和法律依据。人民监督员评议、表决结果及监督意见应当及时报经本院检察长审核,提交本院检察委

---

① 参见张穹主编:《公诉问题研究》,中国人民公安大学出版社2000年版,第364—367页。

员会讨论,并报上一级人民检察院审批后决定。检察长或者检察委员会同意人民监督员意见的,主诉检察官应当执行。检察长与人民监督员意见不一致的,应当提交检察委员会讨论决定。

报请上级人民检察院审批的,必须将案件请示文书、人民监督员评议、表决意见、检察委员会讨论决定及记录,连同全部案件材料,在检察委员会讨论决定之日起七日内报送。

三、退回侦查机关(部门)处理

(一) 退回侦查机关(部门)处理的程序意义

退回侦查机关(部门)处理,是最高人民检察院以司法解释的形式——《人民检察院刑事诉讼规则》——确定的一种在审查起诉阶段终止诉讼程序的案件处理方式。

按照《刑事诉讼法》第二编第三章的规定,经过审查起诉的案件,有两种处理方式,即提起公诉和决定不起诉。但其规定存在不周延性。对于犯罪嫌疑人没有实施违法犯罪行为和犯罪事实并非犯罪嫌疑人所为的两种情形,既不能提起公诉,也不符合不起诉的适用条件,具体该如何处理,法律没有规定。为解决此问题,《人民检察院刑事诉讼规则》第262、263条专门规定了退回侦查机关(部门)处理的案件审查终结处理方式,以弥补立法规定的缺陷与不足。

(二) 退回侦查机关(部门)处理的条件

按照《人民检察院刑事诉讼规则》第262、263条的规定,退回侦查机关(部门)处理,包括两种情形:

(1)犯罪嫌疑人没有实施违法犯罪行为,即在被移送审查起诉的案件中,犯罪嫌疑人的行为既不属于刑事上的犯罪行为,也不属于一般的行政违法行为。如果犯罪嫌疑人的行为属于行政违法行为,尚未达到犯罪的危害程度,则可以根据《刑事诉讼法》第15条第1项的规定,以"情节显著轻微、危害不大,不认为是犯罪"为由,直接对案件作绝对不起诉处理。

(2)犯罪事实并非犯罪嫌疑人所为,即在被移送审查起诉的案件中,犯罪事实虽成立,但是由其他人所为,而非被移送审查起诉的犯罪嫌疑人所为。

要注意的是,对上述两种情形作退回公安机关处理时,案件均应当同时达到案件事实清楚、证据确实充分的程度。如果案件事实不清、证据不足,如对犯罪嫌疑人的行为是否构成违法,或者犯罪事实是否由犯罪嫌疑人所为,尚未查清的,不能直接退回侦查机关(部门)处理,而是应当退回补充侦查以进一步收集证据;如经补充侦查仍不能认定的,则应作存疑不起诉处理。

(三)退回侦查机关(部门)处理需要注意的问题

(1)要注意严格依法掌握适用条件。司法实践中存在不规范适用退回公安机关处理的问题,应当避免。如对于公安机关移送审查起诉的不满 16 周岁的人实施的抢劫案件,或者属于告诉才处理的案件,应当按照《刑事诉讼法》第 15 条的规定,决定不起诉,而不能退回公安机关处理。

(2)要注意保护当事人的合法权益。根据刑事诉讼法的规定,被不起诉人和被害人对检察机关的不起诉决定有申诉权,被羁押的被不起诉人还有获得国家赔偿的权利。如果将应当作不起诉处理的案件作退回公安机关处理,则会变相剥夺犯罪嫌疑人或者被害人的权利,影响司法公正。

四、审查起诉的期限与中止

(一)审查起诉期限

1. 审查起诉期限的分类

按照刑事诉讼法的规定,审查起诉的期限有三种:

(1)一般期限,即根据《刑事诉讼法》第 138 条和《人民检察院刑事诉讼规则》第 272 条的规定,检察机关对于移送审查起诉的案件,应当在一个月内作出决定。

(2)延长期限,即根据《刑事诉讼法》第 138 条规定和《人民检察院刑事诉讼规则》第 272 条的规定,对于重大、复杂案件,一个月内不能作出决定的,可以再延长 15 日。要注意的是,根据《人民检察院刑事诉讼规则》第 272 条的规定,延长审查起诉期限应当经检察长批准,但在实行主诉检察官办案责任制后,经由主诉检察官决定即可。

(3)特殊期限,即根据《刑事诉讼法》第 74 条的规定,对于犯罪嫌疑人被羁押的案件,不能在上述审查起诉期限内办结,需要继续查证、审查的,对犯罪嫌疑人可以取保候审或者监视居住,相应的,审查起诉的期限可以延长至与取保候审、监视居住期限相同。

对此要注意两点:其一,在这种情况下,对超过法定期限不能结案的在押犯罪嫌疑人决定取保候审、监视居住可以不受《刑事诉讼法》第51条第1款第2项的社会危险性要求的限制。其二,《刑事诉讼法》第74条的目的,是防止案件久拖不决,造成当事人被超期羁押[1],故该特殊期限仅适用于移送审查起诉时犯罪嫌疑人被羁押的案件,对于移送审查起诉时犯罪嫌疑人未被羁押,如被采取取保候审或者监视居住的案件,仍应最长在一个半月内审结。那种认为对犯罪嫌疑人未被羁押的案件审查起诉不受一个月或者一个半月限制的观点,是缺乏法律依据的。[2]

2. 审查起诉期限的重新计算

根据《人民检察院刑事诉讼规则》第268、272条的规定,审查起诉期限的重新计算,包括两种情形:一是对于补充侦查完毕重新移送审查起诉的案件,检察机关从收到案件之日起重新计算审查起诉期限;二是对于审查起诉期间改变管辖的案件,改变管辖后的检察机关从收到案件之日起计算审查起诉期限。

3. 审查起诉期间精神病鉴定的期限

按照《刑事诉讼法》第122条的规定,审查起诉中,对犯罪嫌疑人作精神病鉴定的期间,不计入审查起诉期限。这主要是因为对犯罪嫌疑人作精神病鉴定的情况比较复杂,往往需要一段时间才能得出结论,在法定审查起诉期限内难以作出正确的判断,故1996年《刑事诉讼法》根据实践需要,将1984年全国人大常委会《关于刑事案件办案期限的补充规定》的相关内容予以吸收。

(二) 审查起诉期限的中止

审查起诉期限的中止,是指在案件的审查起诉中,因出现法定事由,而中断计算审查起诉期限,待法定事由消失后再继续计算审查起诉期限。

1. 审查起诉期限中止的条件

根据《人民检察院刑事诉讼规则》第273条的规定,审查起诉期限中止适用于两种情形:一是犯罪嫌疑人潜逃;二是犯罪嫌疑人患有精神病或其他严重疾病不能接受讯问,丧失诉讼行为能力。

2. 审查起诉期限中止的处理

根据《人民检察院刑事诉讼规则》第273条的规定,①审查起诉期限中止需

---

[1] 全国人大常委会法制工作委员会刑法室编:《中华人民共和国刑事诉讼法条文说明、立法理由及相关规定》,北京大学出版社2008年版,第209页。

[2] 姜伟、钱舫、徐鹤喃、卢宇蓉:《公诉制度教程》,中国检察出版社2007年版,第231页。

报检察长决定;②犯罪嫌疑人到案或恢复诉讼行为能力的,报检察长决定撤销中止;③共同犯罪嫌疑人中部分出现中止情形的,对其中止审查,对其他犯罪嫌疑人的审查起诉照常进行。

3. 对犯罪嫌疑人在审查起诉期间患精神病案件的特殊处理

根据上海市高级人民法院、上海市人民检察院、上海市公安局 2003 年联合下发的《关于办理犯罪嫌疑人、被告人在刑事诉讼期间患精神病的案件的规定》,检察机关在审查逮捕、审查起诉环节发现犯罪嫌疑人属于无受审能力的精神病患者的,应当终止诉讼,并将案件退回公安机关。这主要是考虑到对因患精神病而丧失诉讼行为能力的犯罪嫌疑人,需要公安机关予以强制治疗,如由检察机关中止审查起诉,不利于对犯罪嫌疑人的处理。

要注意的是,对于审查起诉中经鉴定,犯罪嫌疑人同时属于无刑事责任能力和无诉讼行为能力的,应当按照《刑事诉讼法》第 15 条的规定作绝对不起诉处理,而不能退回公安机关处理。

五、涉案款物的处理

为规范对涉案款物的处理,2010 年最高人民检察院制发《人民检察院扣押、冻结涉案款物工作规定》,对扣押、冻结涉案款物工作予以统一规范。

(一) 审查起诉中涉案款物的处理

公诉部门审查案件时,应当对随案移送的扣押、冻结涉案款物清单、处理意见进行审查,并视情况作出处理:

(1)账实不符的,应当要求侦查机关(部门)进行核实、更正。

(2)经审查认为不应当扣押、冻结的,应当提出处理意见,报检察长批准后解除扣押、冻结,返还原主或者被害人。

(3)决定不起诉的案件,应当在不起诉决定书中写明对扣押、冻结的涉案款物的处理结果;需要没收被不起诉人违法所得的,应当提出检察意见,连同不起诉决定书一并移送有关主管机关处理;需要返还原主或者被害人的,应当解除扣押、冻结,直接返还。对于起诉书中未认定的扣押、冻结款物,按照上述规定处理。

(4)犯罪嫌疑人在审查起诉中死亡,其被冻结的存款、汇款应当依法予以没收或者返还被害人的,应当申请人民法院裁定通知冻结犯罪嫌疑人存款、汇款的金融机构上缴国库或者返还被害人;需要返还犯罪嫌疑人的,直接解除冻结并返还其合法继承人。

（二）提起公诉后涉案款物的处理

1. 提起公诉时涉案款物的随案移送

（1）提起公诉的案件，公诉部门应当在起诉书中写明对扣押、冻结的涉案款物的处理情况。

（2）对作为证据使用的扣押物品，应当随案移送；对冻结的犯罪嫌疑人存在金融机构的款项，应当随案移送该金融机构出具的证明文件；对不宜移送的，应当将其清单、照片或者其他证明文件随案移送。

（3）扣押的涉案款物，对依法不移送的，应当待人民法院作出生效判决后，按照人民法院的通知上缴国库。

2. 法院判决后涉案款物的处理

人民检察院应当严格按照人民法院的生效判决、裁定处理扣押、冻结的款物。起诉书中已经认定但人民法院判决、裁定中未认定的扣押、冻结款物，以及扣押、冻结的涉案款物，经审查属于被害人的合法财产，不需要在法庭出示的，人民检察院应当及时返还；诉讼程序终结后，经查明属于被告人的合法财产的，应当及时返还，并经领取人在返还款物清单上签名或者盖章，将返还清单、物品照片附入卷宗。

（三）特殊情况下涉案款物的处理要求

（1）对于应当返还被害人的扣押、冻结款物，无人认领的，应当公告通知。公告满一年无人认领的，依法上缴国库。无人认领的款物在上缴国库后有人认领，经查证属实的，人民检察院应当向人民政府财政部门申请退库或者返还。原物已经拍卖、变卖的，应当退回价款。

（2）对于贪污、挪用公款犯罪案件中扣押、冻结的涉案款物，除法院判决上缴国库的以外，应当归还原单位。原单位已不存在或者虽然存在但对被贪污、挪用的款项已经作为损失核销的，应当上缴国库。

（3）扣押、冻结的涉案款物应当依法上缴国库或者返还有关单位和个人的，如果有孳息，应当一并上缴或者返还。

（四）涉案款物处理的程序

1. 处理期限

应当在作出不起诉决定书或者收到人民法院生效判决、裁定书后 30 日以内对扣押、冻结的款物依法作出处理,并制作扣押、冻结款物的处理报告,详细列明每一项款物的来源、去向并附有关法律文书复印件,报检察长审核后存入案卷。情况特殊的,经检察长决定,可以延长 30 日。

2. 处理手续

处理扣押、冻结的款物,应当制作扣押、冻结款物处理决定书并送达当事人或者其近亲属,由当事人或者其近亲属在清单上签名或者盖章。当事人或者其近亲属不签名的,应当在处理清单上注明。处理扣押、冻结的单位款物,应当由单位有关负责人签名并加盖公章。单位负责人不签名的,应当在处理清单上注明。

第九节　审查报告、起诉书和不起诉决定书的制作

一、审查报告的制作

公诉案件审查报告,是依照刑事诉讼法有关规定,由审查起诉承办人对受理移送审查起诉案件进行依法审查的情况和意见进行报告所制作的专门工作文书。[①] 公诉案件审查报告反映了检察机关从受案到出庭前的工作内容,记载了案件事实认定、证据梳理分析、起诉意见形成等审查起诉的整个过程,是审判前审查起诉工作成果的集中反映,具有重要的诉讼意义,应该慎重对待。

2002 年,最高人民检察院公诉厅下发《关于公诉案件审查报告的制作说明》和《公诉案件审查报告(样本)》,各级检察机关参照执行。经过多年的探索,各级检察机关也开始试行公诉案件审查报告综合化改革,形成了多种做法。从实际的情况看,这些改革多是从内容上进行了适当的调整,基本框架结构变化较少。

(一) 公诉案件审查报告的内容

根据最高人民检察院公诉厅下发的《关于公诉案件审查报告的制作说明》

---

① 熊红文:《公诉实战技巧》,中国检察出版社 2007 年版,第 71 页。

和《公诉案件审查报告(样本)》,公诉案件审查报告主要分为四个部分,即首部、正文、尾部和附件。

1. 审查报告首部

首部是记录案件基本诉讼情况的部分

(1) 文件名称,可以表述为"×××人民检察院公诉案件审查报告";

(2) 文号,可以表述为"(院简称)检刑审字(年度全称)×号";

(3) 案件来源,可以表述为"案件来源:×××公安局或×××检察院侦查终结移送审查起诉或不起诉";

(4) 案由,主要是侦查机关(部门)认定的案件性质;

(5) 犯罪嫌疑人,可以按照罪行由重至轻顺序写清姓名;

(6) 收案时间,表示受理本案的具体年月日;

(7) 侦查机关及承办人,记录为"×××公安局侦查员×××或×××检察院检察员×××";

(8) 强制措施:逮捕(取保候审、监视居住);

(9) 案件受理及告知事项,具体表述为:"×××(侦查机关名称)以×号起诉意见书移送我院审查起诉的犯罪嫌疑人涉嫌×××一案(如果案件是其他人民检察院移送的,应当将改变管辖原因、批准单位、移送单位以及移送时间等写清楚),我院于×年×月×日收到案件材料后,依照《刑事诉讼法》第 33 条第 2 款、第 36 条、第 40 条第 1 款、第 137 条、第 139 条规定,于×年×月×日已告知犯罪嫌疑人有权委托辩护人;×年×月×日已告知被害人及法定代理人或者近亲属、附带民事诉讼的当事人及其法定代理人有权委托诉讼代理人。承办本案检察人员于×年×月×日依法讯问了犯罪嫌疑人,听取了(被害人和犯罪嫌疑人、被害人委托人)的意见,并审阅了全部案件材料,核实了案件事实与证据。期间,退回补充侦查×次(退补时间、补回时间);提请延长审限×次(提请时间、批准期限)。经上述工作,本案已审查终结,现报告如下:……"

2. 审查报告正文

1) 犯罪嫌疑人的基本情况及其他诉讼参与人的基本情况

(1) 犯罪嫌疑人的基本情况,包括:姓名、性别、出生年月日、身份证号码、民族、籍贯、文化程度、职业或者工作单位及职务、住址、曾受过的行政或刑事处罚、因本案采取强制措施情况、现在何处。具体表述为:"犯罪嫌疑人×××(曾用名×××,别名×××,化名×××,绰号×××),男(女),×岁(×年×月×日出生),身份证号码×××,×族,×××人,×××文化程度,职业(工作单位及职务),户籍地为×××,暂住地为×××。前科劣迹情况。因涉嫌×××罪,于×年×月×日被刑事拘留,×年×月×日经×××院批准逮捕,现羁押于×××市×××看守所(或取保候审在×××)。赃物×××于×年×月×日移送至我院。"

需要注意的几点是:一是犯罪嫌疑人自报姓名又无法查实的,应当注明系自报;外国人涉嫌犯罪的,应注明国籍;单位涉嫌犯罪的,应写明犯罪单位的名称、所在地址以及法定代表人或代表的姓名、职务,有应当负刑事责任的"直接责任人"的,应按上述犯罪嫌疑人基本情况书写。二是如果有可能系未成年人犯罪,但又无法查证的,应当注明骨龄鉴定的年龄。三是对于国家机关工作人员利用职权实施的犯罪,还应当写明其何时何单位任何职务。四是居住地与户籍地不一致时,应当注明户籍地。五是行政处罚仅限于与定罪有关的情况。刑事处罚应写明释放的时间。六是在审查起诉阶段有依法改变强制措施情况的,应在此部分体现,并写明改变强制措施的时间、内容和理由。

(2)被害人(法定代理人、近亲属及诉讼代表人)的基本情况。被害人的基本情况可以参照犯罪嫌疑基本情况的写法,对于法定代理人、近亲属及诉讼代表人,写清姓名、年龄、身份即可。

(3)委托代理人的基本情况,写清姓名、单位。

(4)辩护人基本情况及所属律师事务所。

2)案件侦破的简要过程

根据案件材料记载,简要说明案发时间、地点、报案、立案、犯罪嫌疑人归案情况。

3)侦查机关认定的犯罪事实及意见

简要叙述侦查机关移送审查起诉意见书认定的犯罪事实及意见。具体表述为:"……(概括摘录),其行为触犯《中华人民共和国刑法》第×××条第×××款之规定,构成×××罪。"

4)审查复核证据、退查、自行补充证据过程

(1)审查复核证据经过,主要分析审查证据的合法性、客观性、关联性,指明证据与事实中存在的问题。

（2）退查和自行补充侦查经过，主要应写明退查或自行补充侦查的时间、事项、理由、结果及未能查证事项的理由。在审查中经自行侦查或补充侦查已经解决的，应当写明如何解决的，目的是反映审查中的工作量和审查水平，同时对侦查机关收集证据工作存在问题的注意，有利于引导侦查取证工作的准确性。

5）工作情况

简要叙述提审犯罪嫌疑人、证据开示、听取被害人及其委托人和犯罪嫌疑人的辩护人的意见、询问证人等事项。如果存在犯罪嫌疑人、被害人改变供述和陈述的情况，应写明。

具体表述为："审阅全部案件材料后，承办本案检察人员于①×年×月×日依法讯问了犯罪嫌疑人×××，其供述与预审阶段供述一致（如果出现翻供、辩解等现象，简要说明情况及理由）；②×年×月×日依法询问了被害人×××，其陈述与预审阶段所作陈述一致（如果发生变化，简要说明情况及理由），听取被害人×××及其委托的人（注明身份）的意见（对意见进行简要说明）；③×年×月×日依法询问了证人×××，其证言与预审阶段所作证言一致（如果发生变化，简要说明情况及理由）；④×年×月×日日依法会见了犯罪嫌疑人×××委托的人（注明身份），听取了意见（简要说明情况及理由，如有庭前证据交换等情况，简要说明过程与结果）；⑤其他工作（补充鉴定、复验复查等情况，应简要说明）。"

6）依法审查后认定的事实

审查认定的事实应当包括犯罪嫌疑人实施犯罪行为的动机、目的、时间、地点、经过、手段、情节、数额、危害结果，犯罪嫌疑人作案后的表现等有关罪与非罪，罪行轻重，有无坦白、自首、立功、累犯等事实和从重、从轻、减轻、免除处罚的情节，以及其他情节要素、犯罪构成要件材料。对于一案有多项事实的，应当依照时间顺序或由重至轻的顺序逐一分段写明。

7）认定上述事实的证据

对每一份证据主要阐明此证据的证明点、与其他证据的吻合点和矛盾点，摘抄卷宗内容，要求简明扼要，突出该证据的特点，使所列证据清晰、明确、客观、真实。排列证据一般应当依照刑事诉讼法规定的七种证据以及其他证明材料按照庭审举证、质证的顺序排列。每份证据应先表明证据特征，每写完一份证据应另起一行，概括说明该证据证明了什么、与其他证据的吻合和矛盾之处，是否还存在其他问题；每份证据后应用括号注明卷号及页号。对同类证据且证明内容相同的证据可组合阐明;对于一人多起多罪、多人多起多罪等案件,写证据时,可以采取案件事实与证据相对应的复合结构形式写法进行排列。

8) 对证据的分析论证

此部分写法因人因案而异,要求办案人在认定证据的基础上,结合存在的问题,对本案所有证据的证明力、客观性、合法性以及证据间的关联性等进行综合分析论证,从而得出所建立的证据体系是否完善、证据是否确实充分的结论。

(1) 对犯罪事实的分析论证,主要应从以下三个方面进行分析论证:一是《刑事诉讼法》第137条规定的事项已经查清;二是与案件事实有关但并不影响定罪量刑的枝节事实(作案工具、赃款去向不明,言词证据间存在矛盾)虽未查清,但案件的其他证据确实充分,案件基本事实已经查清,足以对犯罪嫌疑人定罪量刑的分析论证;三是其他罪行虽然无法查清,但是部分罪行已经查清并完全符合起诉条件的分析论证。

(2) 对证据确实充分的分析论证,主要应从以下六个方面进行分析:一是据以定案的每一份证据都经过查证,合法、属实;二是据以定案的证据与被证明的案件事实之间具有关联性;三是审查起诉中认定的每一起犯罪事实和情节,均有相应的证据予以证明;四是各个证据之间,以及证据与案件事实之间的矛盾得到合理的排除;五是据以定案的证据体系足以得出唯一的排他性结论;六是针对辩解作出说明。

9) 需要说明的问题

该部分的写法因人因案不同,但应当包括以下内容:①案件非主要事实及证据不够清楚与充分,证据间存在的矛盾,证据的合法性和客观性等问题的分析和解决办法;②案件定性争议问题的分析和解决办法;③案件管辖问题的分析和解决办法;④追诉漏罪、漏犯的情况;⑤侦查活动的违法情况以及纠正情况;⑥有碍侦查、起诉、审判的违法活动情况以及解决方案;⑦赃款、赃物的追缴、保管、移送、处理情况;⑧被害人及附带民事诉讼原告人、被告人及其亲属、人民群众对案件的处理情况,是否有上访及其他不同反应,应采取的措施和处理方式;⑨需要改变定性的或需要由检察机关提起附带民事诉讼的,应写明事由、证据和法律依据;⑩办案人认为需要解决的其他问题。

10) 审查结论和处理意见

这主要包括:①审查结论,即根据审查认定的事实与证据,一般可以按照犯罪的四个构成要件全面分析犯罪嫌疑人的行为是否构成犯罪,构成何罪。②处理意见,主要包括以下几项:一是对本案的处理意见,办案人应根据审查认定的事实和证据,简要阐明适用的法条,确定构成何罪,确定有无法定、酌定从重从轻处罚情节,提出是否起诉、适用哪种审判程序的意见。同时,对是否需追诉漏罪、漏犯或提起附带民事诉讼等提出意见。二是量刑建议,针对本案的事实,被告人的犯罪行为、动机、手段、主观恶性、作用与地位、危害结果、到案后的认罪态度、悔罪表现,结合法定、酌定的量刑情节,提出对本案的量刑意见。

3. 审查报告尾部

要在正文左下方写明"以上意见妥否,请批示"(主诉检察官可根据授权情况确定是否注明此项),承办人落款及结案日期(汉字书写)写在右下方。

4. 审查报告附件

附件为《出庭预案》,如果适用简易程序,则不必写这部分。如果适用简化审理,要按照《关于适用普通程序审理被告人认罪案件的若干意见(试行)》的规定作适当调整,充分体现简化审理的要意。此部分包括讯问提纲,询问提纲,举证、质证提纲,公诉意见,以及答辩提纲等。

(二) 公诉案件审查报告的制作要求和方法

公诉案件审查报告的整体要求是要素齐全,犯罪事实叙述完整具体,事实与证据结合紧密,证据和法律适用分析客观、充分、系统,结论意见正确。目前,审查报告的改革方向是提高案件的办理质量和提高工作效率,改革的焦点主要围绕认定事实表述、证据摘录、证据分析、审查处理意见的分析方面,主要是对相关内容进行深化和逻辑性改造,这实际上也为制作审查报告提出了一些新的要求。

1. 关于认定事实的表述要求和方法

案件事实是审查报告中的重要部分。承办人应当在阅卷、审查证据、提讯犯罪嫌疑人及充分调查的基础上,写明审查认定的事实。对不同类型和不同情况的案件认定事实部分的写法应有所区别,总体要求是:

(1)犯罪事实应当详细写明,具体表述时要做到事实要素(主要包括时间、地点、动机、目的、行为过程、手段、情节、数额、结果,以及涉及量刑的退赃、自首、立功、累犯等)齐全,因果关系明显,逻辑合理。

(2)对作案多起但犯罪手段、危害后果等类似的一般刑事案件,在表述犯罪事实时,可以先对相同的情节进行概括表述,然后逐一列举出每起事实的具体情况,从而避免无效重复。

（3）对一人多罪、多人多罪应逐一表述犯罪事实,充分考虑案件的性质、手段、结果等,适当进行归类。

（4）所述事实应有证据支持。既然审查后认定的事实有合法证据支撑,那么根据证据审查和分析后得出的事实,就要求每一个事实要素都要有两个以上的证据证实。比如案发时间,被害人证明案发时间是 12 时 30 分,而犯罪嫌疑人讲是 12 时,又没有其他证据来证明案发时间的,那么在表述事实时宜表述为"12 时许",这样无论是 12 时 30 分还是 12 时,就都可以包含,而不宜表述为"12 时 30 分"。[①]

（5）语言规范,事实描述准确。

2. 证据列举及摘录的要求和方法

对每一份证据要阐明其证明点与其他证据的吻合点和矛盾点。摘抄卷宗内容,要求简明扼要,使所列证据清晰、明确、客观、真实。所有证据要按照庭审举证、质证的顺序排列。针对不同案件的实际情况,列举证据可采取不同方式:

（1）按照证据类型举证。这是最基本的证据列举形式,主要按照犯罪嫌疑人的供述和辩解、被害人陈述、证人证言、书证物证、鉴定结论、勘验检查笔录、视听资料等顺序列举证据。这种方法主要适用于单一罪名简单刑事案件。

（2）一事(罪)一举证。这种方法是在每一起犯罪事实后面写明据以认定的主要证据。这种方法能够有针对性地、更加充分明确地表明认定每一起事实的根据,适用于多罪名和多起犯罪事实的案件。

（3）按照犯罪构成举证。这主要针对职务犯罪案件或犯罪嫌疑人针对某一犯罪构成要件翻供的案件。这是一种逻辑性比较强的举证方式,常常能够直接运用于法庭举证。

（4）表格式举证列举。这主要针对一人多事及多人多事的案件,且相关的事实具有相似性,证据上也有相似性和类型化。比如一人盗窃 20 笔,就可以列表格:每一笔事实对应相应的犯罪嫌疑人供述辩解、被害人陈述、证人证言、赃物等。这种方式条理清晰,有利于案件事实的查明与认定。

---

① 参见刘军、李勇:《公诉审查报告制作要点》,载《人民检察》2009 年第 12 期。

对于证据的摘录也有相应的要求,其基本要求是准确、客观、全面,详略得当。准确就是要求摘录忠于侦查卷宗中证据的真实记载,不得带有承办人自己的主观倾向和先入为主的判断。客观就是站在中立的立场上,既摘录对犯罪嫌疑人不利的证据,也摘录对犯罪嫌疑人有利的证据,这也是履行检察官的客观义务的应有之义。全面就是不能遗漏影响定罪量刑或对案件有重要影响的证据材料,实践中容易忽略自首、累犯、主从犯等细节证据的摘录。① 详略得当则应该根据案件难易、繁简程度等具体情况,灵活安排。对于有些重要情节,应采用问答式原话摘录。

比如王某贪污案件中,王某否认自己有贪污的故意,供述中有一段话,问:你为什么要指使分钱? 答:我就是想带他们"混"点钱。问:混钱什么意思? 答:就是拆迁时搞点拆迁款。这样的原话问答式摘录,具有很强的说服力,说明犯罪嫌疑人主观上具有非法占有的故意。②

3. 证据分析论证的要求和方法

证据的分析论证是审查报告的核心内容,直接与有关事实的认定相关联。对证据的分析论证和审查结论的审查是办案人对案件的最终判断,直接关系到案件处理的质量,应当有透彻的论证、有明确的观点和意见。对证据和审查结论的分析论证,要全面具体,切忌只讲观点,不阐述理由或阐述理由较少。

我国《刑事诉讼法》第141条规定,人民检察院认为犯罪嫌疑人的犯罪事实已经查清,证据确实、充分,依法应当追究刑事责任的,应当作出起诉决定。证据分析论证最终要达到确实、充分的标准。当然,这"只是一个一般性、总体性的、政策性的要求,而不是具有规范意义的,具有操作性的法律要求。没有其他辅助标准或具体指标,难免造成这种标准既大且空,难以掌握而且不便操作"③。在具体分析论证的过程中主要把握:①据以定案的证据均已查证属实;②案件事实均有必要的证据予以证明;③证据之间、证据与案件事实之间的矛盾得到合理排除;④得出的结论是唯一的,排除了其他的可能性。

---

① 参见刘军、李勇:《公诉审查报告制作要点》,载《人民检察》2009年第12期。
② 参见刘军、李勇:《公诉审查报告制作要点》,载《人民检察》2009年第12期。
③ 何家弘主编:《证据学论坛(第4卷)》,中国检察出版社2002年版,第164—165页。

具体证据的分析审查内容参见本章第六节有关内容。在分析方法上要尤其注意证据之间的关系,寻找它们之间的相互印证之处和相互矛盾之处。对于案件中对有关事实都有证明意义的证据,应展开比较和联系,审查其所印证的内容是否一致,以确定其是否能作为证明案件事实的依据。在分析中,应注意证据深层信息的挖掘,而不能停留在表面。

4. 量刑建议的表述的要求

量刑建议是近年来一些检察机关在刑罚裁量方面尝试的一种程序制度改革措施。这一制度的推行,有利于增加量刑透明度、保障被告人的权利、实现刑罚公正。为此,审查报告样本的量刑建议规定,对犯罪嫌疑人不但要根据事实和情节提出量刑幅度,还要提出具体建议判处几年刑罚。这就需要掌握好量刑建议的幅度。一般在提出量刑建议时宜根据不同的案件提出有弹性的建议。对某些案件,可以要求确定的刑罚,也可以要求一个刑罚幅度;对某些案件的量刑如果尚觉把握不足,也可以采用指出法律条款的幅度,建议依法判处,或依法从重、从轻判处等表述方式。如果需要适用缓刑,检察机关则应当提出适用缓刑的建议。

二、起诉书的制作

起诉书格式由首部、被告人(被告单位)的基本情况、案由和案件审查过程、案件事实、证据、起诉要求和根据、尾部七个部分组成(格式样本附后)。

(一) 首部

首部由人民检察院名称、文书名称和文号三部分组成。

1. 人民检察院名称

应用全称,如区县院名称前应冠以"上海市"字样;对涉外案件提起公诉时,在"上海市"前应冠以"中华人民共和国"字样,并单独成行。

"涉外案件"是指符合下列情形之一的案件:

(1) 在我国领域内外国人犯罪的,或者我国公民对外国人犯罪的案件;

(2) 依照《刑法》第 7 条规定,我国公民在我国领域外犯罪的案件;

(3) 依照《刑法》第 8 条规定,外国人在我国领域外对我国国家或者我国公民犯罪的案件;

(4) 依照《刑法》第 9 条规定,我国在所承担的国际条约义务范围内行使刑事管辖权的案件;

（5）依照《刑法》第10条规定，在我国领域外犯罪，虽经外国审判但仍需要依我国刑法追究刑事责任的案件。

涉港、澳、台案件，不属于"涉外案件"。

2. 文书名称

即"起诉书"，单列一行。

3. 文号

由制作起诉书的人民检察院的简称、案件性质（即"刑诉"）、起诉年度、案件顺序号组成。如"沪徐检刑诉〔2009〕1号"，上下各空一行。其中，年份、序号用阿拉伯数字书写；年份须用四位数字表述，写在六角方括号（"〔 〕"，而非"[ ]"）内。文号书写在该行的最右端。序号不编虚位（如"1"不编号为"001"），不加"第"字。

如果共同犯罪案件的被告人需要分案起诉的，在文号后加"—×"，"×"表示分案号，用阿拉伯数字书写，如"沪徐检刑诉〔2009〕20—1号"。

对撤回起诉后因发现新的证据而重新起诉的，应当重新编号，制作新的起诉书。

（二）被告人（被告单位）的基本情况

被告人（被告单位）的基本情况，包括被告人（被告单位）身份情况、被告人前科劣迹情况、被告人被采取强制措施和羁押期限变化情况等三部分内容。对各部分内容，应按照格式中所列要素顺序叙写。

共同犯罪案件或其他同案起诉案件，被告人（被告单位）的基本情况，一般按罪责轻重的顺序从重到轻排列叙写。

1. 被告人（被告单位）身份情况

1）被告人身份情况

中国籍被告人身份情况，依次包括姓名、性别、出生年月日、公民身份号码、民族、文化程度、职业或者工作单位及职务、住址等8项；外国籍被告人身份情况，依次包括姓名、性别、出生年月日、国籍、护照号码、国外居所、中国住址等7项；无国籍被告人身份情况，除将国籍写明"无国籍"外，其他所能查明的要素及顺序，与外国籍被告人相同。

（1）姓名。以户籍资料载明的姓名为准，如有与案情有关的曾用名、乳名、别名、化名、绰号或网名等，应当在其姓名后面用括号[1]注明。

---

① 如无特殊注明，本部分所述"括号"均指小括号。

被告人系又聋又哑的人或者盲人的，应当在其姓名后用括号注明。

被告人系外国人或者无国籍人的，应当在其中文译名后用括号注明外文姓名，有中文姓名的一并注明。

被告人真实姓名无法查清的，按其自报姓名或者绰号等叙写。被告人自报姓名可能造成损害他人名誉、败坏道德风俗等不良影响的，可以对被告人编号并按编号制作起诉书，如"1号被告人"或者"被告人甲"等。对被告人不报真实姓名，身份无法查清，按其自报姓名、绰号或者编号等起诉的，应在该段右侧附被告人2寸正面免冠照片。

（2）性别。即男或女；对于生理结构特异无法分清性别的，可表述为"性别未知"或"性别未说明"。

（3）出生年月日。以户籍资料载明的公历出生日期为准。除未成年人外，如果出生日期不能确定，按被告人自报年龄叙写。对无户籍资料和公民身份号码的未成年人，一般应以查明的公历出生日期认定，并在出生年月日后写明出生地点。

（4）公民身份号码。应严格按照户籍资料载明的公民身份号码叙写，号码应是15位或18位数字。具体表述为："公民身份号码：……"，不再使用"身份证号码：……"的表述。

对于无公民身份号码的，应在出生年月日后写明出生地，并用括号注明无公民身份号码。出生地应写明省（自治区）、县（自治县）或者直辖市、区两级行政区划；查不清的按自报叙写。具体表述为："……×年×月×日出生于×省×县/×市×区（自报，无公民身份号码）"。

对特殊身份被告人，应写明相应证件号（如军人标明军人证号）；对外国籍被告人，应写明护照号码；对港、澳、台被告人，应写明其入境时所持的有效证件号码，如港澳居民往来内地通行证、台湾居民来往大陆通行证等。

（5）民族。以户籍资料载明的民族为准，用全称。无户籍资料的按自报民族叙写。

（6）文化程度。一般写明所受最高层次学历教育情况。对本科（含）以下文化的，具体表述为以下几种：文盲、小学文化、初中文化、高中文化、中专文化、大专文化、本科文化等，不必加"程度"字样；本科以上文化，仅有学历的，表述为"研究生学历"，有学位的，表述为"硕士"或"博士"。

（7）职业或者工作单位及职务。职业是指案发时的职业情况。对学生,写明"在校学生";对农民,写明"农民";没有职业的,写明"无业";从事临时职业的,写明"无固定职业"。

工作单位及职务是指被告人案发时或被采取强制措施前所从业的单位和担任的职务,表述为:"原系××单位××"。对于职务犯罪案件,如果工作单位与作案时所在单位不一致或者决定起诉时已经离开原工作单位的,同时叙写作案时的单位及所担任职务,表述为:"原系××单位(案发时或被采取强制措施前从业单位)××,曾担任××单位(作案时从业单位)××"。

对于具有人大代表、政协委员身份的被告人(一般在起诉前已经被罢免),应在工作单位及职务后叙写:"……,×年×月×日至×年×月×日系×市×区第×届人大代表/政协委员"。

被告人的党派情况不必叙写。

（8）住址。以被告人户籍所在地为准;户籍所在地与经常居住地不一致的,还应当写明经常居住地;非本市人员没有经常居住地而有暂住地的,写明暂住地。具体表述为"户籍在……"、"住(暂住)……";如果户籍所在地与经常居住地相同的,表述为"住……"。表述时要标明省、市、区、县(市)、街、门牌号。没有固定住址的,表述为"无固定住所"。

外国籍、无国籍被告人的国外居所、中国住址按上述要求叙写。

经常居住地一般是指公民离开住所地最后连续居住一年以上的地方。

（9）自报身份信息的注明。如以上身份信息均系被告人自报的,统一在自报身份信息后用括号注明"以上均系自报"。

2）被告单位身份情况

被告单位身份情况,依次包括单位名称、住所地、法定代表人姓名及职务等3项。住所地是指被告单位主要办事机构所在地;主要办事机构所在地不明确的,以注册地为准。被告单位不具有法人资格的,"法定代表人"改称"负责人"。

诉讼代表人身份情况,依次包括姓名、性别、出生年月日、工作单位及职务等4项。

对上述被告单位及其诉讼代表人的身份情况诸要素,按前述被告人身份中相应要素的要求叙写。

2. 被告人前科劣迹情况

被告人前科劣迹情况,主要是指被告人曾受到的刑事处罚情况和与本案定罪量刑相关的行政处罚情况。

(1) 同时有多个刑事处罚和行政处罚情况的,应当先写刑事处罚情况,后写行政处罚情况,并分别按时间先后顺序排列。不能简单按时间顺序将前科和劣迹情况穿插叙写。

(2) 刑事处罚情况一般表述为:"×年×月×日因犯×××罪被×××人民法院判处×××,×年×月×日刑满释放";因减刑被提前释放的,表述为:"……因减刑于×年×月×日刑满释放";被假释的,应写明假释及期满的时间;被适用缓刑的应写明缓刑考验期届满时间。

(3) 行政处罚情况仅限于作为本案犯罪构成要件或者量刑情节的行政处罚情况,一般表述为:"×年×月×日因×××行为被×××(机关)×××(行政处罚措施及数额或者期限)。"对于因本案行为事先被行政处罚的,可以表述为:"×年×月×日因本案×××行为被×××(单位)×××(行政处罚措施及数额或期限)。"

3. 被告人被采取强制措施和延长羁押期限情况

1) 被告人被采取强制措施情况

应采用被动句式,表述内容依次为:采取强制措施的时间、原因、批准或者决定的机关、执行的机关、强制措施的种类。被告人被取保候审或监视居住的,只表述取保候审或监视居住的时间和批准或者决定的机关,不写执行机关。被采取过多种强制措施的,应按照执行时间的先后写明前后变更情况。变更强制措施的,应注明变更的时间和批准或决定机关。同案被告人二人以上,且被采取强制措施日期等相同的,可以单独成段合并叙写。具体按照以下表述方式叙写:

(1) 被采取刑事拘留、逮捕的,表述为:"×年×月×日因涉嫌×××罪,由上海市公安局/上海市公安局××分局刑事拘留,×年×月×日经本院/×××人民检察院批准/决定,×年×月×日由上海市公安局/上海市公安局×××分局执行逮捕。"

(2) 被逮捕时检察机关改变公安机关认定罪名的,表述为:"×年×月×日因涉嫌×××罪(刑事拘留罪名),由上海市公安局/上海市公安局××分局刑事拘留,×年×月×日经本院/×××人民检察院批准,以涉嫌×××罪(逮捕罪名)于×年×月×日由上海市公安局/上海市公安局××分局执行逮捕。"

(3)被采取刑事拘留、逮捕后,在侦查或者审查起诉中被依法变更为取保候审或监视居住的,可以表述为:"×年×月×日因涉嫌×××罪,由上海市公安局/上海市公安局×××分局刑事拘留,×年×月×日经本院/×××人民检察院批准/决定,×年×月×日由上海市公安局/上海市公安局×××分局执行逮捕,×年×月×日由上海市公安局/上海市公安局×××分局(或者经本院/×××人民检察院决定)取保候审/监视居住。"

(4)被刑事拘留、逮捕的被告人系县级以上人大代表的,可以表述为:"因涉嫌×××罪,×年×月×日经×××人民代表大会主席团/常委会许可,×年×月×日由上海市公安局/上海市公安局×××分局刑事拘留;×年×月×日经×××人民代表大会主席团/常委会许可,×年×月×日经本院/×××人民检察院批准/决定,×年×月×日由上海市公安局/上海市公安局×××分局执行逮捕。"对于因现行犯被刑事拘留的,向人大主席团或常委会报告的情况无须叙写,但之后被逮捕的,仍应写明报请许可情况。许可刑事拘留或逮捕的人大主席团或常委会,应是被告人担任代表所属人大的主席团或常委会;同时担任多级人大代表的,应同时报请该各级人大许可,并在起诉书中叙明。

(5)被告人在服刑期间又被发现漏罪或者又犯新罪,没有被采取强制措施的,可以表述为:"×年×月×日因犯×××罪被×××法院判处×××,现在×××服刑。"

(6)侦查阶段被采取取保候审或监视居住后,审查起诉阶段被继续采取取保候审或监视居住的,可以表述为:"×年×月×日因涉嫌×××罪,由上海市公安局/上海市公安局×××分局取保候审或监视居住,×年×月×日由本院/×××人民检察院决定继续取保候审或监视居住。"

(7)被采取刑事拘留、逮捕后因解除或撤销强制措施而依法释放的,可以表述为:"×年×月×日因涉嫌×××罪,由上海市公安局/上海市公安局×××分局刑事拘留,×年×月×日经本院/×××人民检察院批准/决定,×年×月×日由上海市公安局/上海市公安局×××分局执行逮捕,×年×月×日被释放。"

(8)对上述所列之外的情况,可以参照上述方式叙写。

2)被告人被羁押期限变化情况

被告人被刑事拘留、逮捕后,有延长刑事拘留期限以及延长、重新计算羁押期限等情况的,应在叙写被刑事拘留、逮捕情况后按照以下表述方式叙写:

(1) 延长刑事拘留期限的,表述为:"×年×月×日延长刑事拘留期限至×天。"该"×天"系指延长拘留期限后的总天数,而非最后一日的日期,故"至×天"应统一用汉字小写表述,以与日期相区别。

(2) 逮捕后延长侦查羁押期限的,公安机关侦查终结的案件表述为:"×年×月×日,经上海市人民检察院批准,由上海市公安局/上海市公安局×××分局延长侦查羁押期限×个月。"检察机关侦查终结的案件表述为:"×年×月×日,经上海市人民检察院决定,延长侦查羁押期限×个月。"

(3) 重新计算侦查羁押期限的,表述为:"×年×月×日,因发现被告人×××另有重要罪行,由上海市公安局/上海市公安局×××分局/本院/×××人民检察院重新计算侦查羁押期限。"

(三) 案由和案件审查过程

(1) 侦查机关移送审查起诉和本院侦查终结的时间,以检察机关或本院公诉部门收案日期为准。

(2) "移送"适用于同级检察机关之间变更管辖权的案件;"报送"适用于下级检察机关向上级检察机关变更管辖权的案件;"交送"适用于上级检察机关向下级检察机关变更管辖权的案件。

(3) 对于提起公诉后因上级法院指定等原因改变审判管辖的案件,可以表述为:"本案由×××(侦查机关)侦查终结,以被告人×××涉嫌××罪,于×年×月×日移送×××人民检察院审查起诉,×××人民检察院因提起公诉后改变管辖,于×年×月×日移送(或者报送、交送)本院审查起诉。本院受理后,于×年×月×日告知……"

(4) 退回补充侦查的案件,应按格式写明各次退补和最后一次补充侦查终结重新移送审查起诉的日期,以及补充侦查机关的名称。

(5) 告知被告人有权委托辩护人、听取辩护人的意见和告知被害人有权委托诉讼代理人,听取意见的情况均应按格式要求写明。

对于侦查机关移送审查起诉后变更管辖权的案件,管辖权变更前后的检察机关均应依照法律规定向被告人、被害人等履行权利告知义务,但起诉书中只需按上述要求叙写本院的权利告知情况,对管辖权变更前的检察机关的权利告知情况,不必叙写。

(6) 建议适用"两简"程序的案件,被告人及其辩护人同意的,按格式要求叙写;不同意的,不必叙写。

(7) 对精神病鉴定、中止审查起诉等影响审查起诉期限的情形,应按格式要求叙写。

(8) 被告人及其辩护人在审查起诉阶段申请取保候审的情况,不必叙写。

(四) 案件事实

(1) 起诉书指控的所有犯罪事实,无论是一人一罪、多人一罪,还是一人多罪、多人多罪,都必须逐一列举。

(2) 案件事实认定要以证据为基础,注意体现客观事实发展的逻辑,做到表述完整、描述准确、言之有据、紧扣犯罪要件、突出个案特征。

(3) 案件事实应区分犯罪事实和量刑情节事实。对于法定量刑情节事实,应当叙写;对于酌定量刑情节事实,如损害赔偿、认罪悔罪、一贯表现以及被害人过错、谅解等,可以根据案件具体情况,决定是否在起诉书中认定。

量刑情节事实一般应在犯罪事实后另起一段叙写,与犯罪事实密切相关的量刑情节事实可以一并叙写。

(4) 案件事实应按照合理的顺序叙写。一般可按照时间先后顺序叙写;一人多罪的,应当按照犯罪的轻重顺序,由重罪至轻罪依次叙写;多人多罪的,可以按照由主犯至从犯或者由重罪至轻罪的顺序叙述,突出主犯、重罪。对每一罪名的案件事实,均应以相应标题注明,如:

"经依法审查查明:

一、××犯罪事实

(另起一段叙写)

二、××犯罪事实

(另起一段叙写)"

(5) 对作案多起但犯罪手段、危害后果等相同的案件事实,可以先对相同的情节进行概括叙述,然后再逐一列举出每起事实的具体时间、结果等情况,而不必详细叙述每一起犯罪事实。

（6）犯罪手段触犯同一法条多个款项的，事实表述应当详细，并与起诉理由部分援引的法条内容相对应。

（7）一案中有多名被告人，且同时具有共同犯罪与单独犯罪事实的，可以先写共同犯罪事实，再根据被告人的主次顺序依次叙写单独犯罪事实。

（8）共同犯罪案件中，有同案犯在逃或者分案处理的，应在其名称后用括号注明"另案处理"；已作撤回起诉、不起诉、退回公安机关处理或者作行政处罚的，应注明"另行处理"，均不得简称为"另处"。

（9）有被害人的案件，只需在叙写案件事实中第一次出现被害人姓名时，在其姓名前加上"被害人"字样，并根据案件的具体情况，在被害人姓名后用括号标明性别、出生年月日等信息。被害人是外国人的，还应在姓名后用括号标明国籍。

（10）对因涉及个人隐私等原因，不便显示真实姓名的被害人或者其他诉讼参与人，叙写其姓名时可以"某某"替代其名字，如"王某某"。

（五）证据

（1）对证据一般应根据证明内容分组排列，与指控事实、犯罪构成要件相对应，并结合庭审举证，逐一写明每组证据的证明主旨。

（2）证据的证明内容一般应概要写明，重大疑难复杂案件可以例外。鉴定意见的结论部分一般应全面引用。

（3）量刑情节事实的证据应在犯罪事实证据后，按上述要求叙写。

（4）对证据来源的合法性、真实性等情况应概要说明，一般单独成段表述为"上述证据来源及收集程序合法，内容客观真实，足以认定指控事实"。

（5）多罪名案件一般应采用一罪一证方式，在该罪名的案件事实后叙写证据。具体可以采用以下方式叙写：

"一、犯罪事实

（一）××犯罪事实

……（分别另起段叙写认定的事实和证据）

（二）××犯罪事实（另一罪名的案件事实）

……（分别另起段叙写认定的事实和证据）

二、量刑事实

……（另起一段叙写认定的事实和证据）"

只对某罪名适用的量刑情节事实,可放在该罪名的犯罪事实部分一并叙写。

(六) 起诉要求和根据

(1) 起诉要求和根据应紧扣犯罪构成要件,结合个案特点,运用法律语言对被告人的行为性质、危害程度、情节轻重等进行概括性的刑法评价。对改变移送审查起诉罪名的,一般应概要阐明理由。

(2) 起诉书中不必表述量刑建议。对建议适用简易程序审理的案件,量刑建议应当在《量刑建议书》中提出;对适用普通程序审理的案件,量刑建议可以在《量刑建议书》中提出,也可以在发表公诉意见时提出。

(3) 多种量刑情节的案件,应在表述全部法定量刑情节后,再表述酌定量刑情节。对于法定量刑情节,应先叙写从重处罚情节,后叙写从轻、减轻或者免除处罚情节。对于酌定量刑情节,应先叙写从重处罚情节,后叙写从轻处罚情节。表述时不同量刑情节之间用句号分开。

(4) 多被告人的案件,可以先统一表述共有量刑情节,再按照被告人顺序依次分别表述其各自特有量刑情节。量刑情节一致的,可以合并表述。

(5) 数罪并罚的案件,一般按照由重罪到轻罪的顺序引用法条;无轻重之别的,根据表述案件事实的先后顺序引用。

(6) 对刑法条文明确规定的法定量刑情节,不需引用司法解释条文;对由司法解释根据刑法规定进一步明确的法定量刑情节,应该引用司法解释条文。

(7) 引用《刑法》条文,表述为:"根据……的规定";引用司法解释条文,表述为:"按照……的规定"。法律条文应具体引用到条、款、项。

(8) 对各常见法定量刑情节,可以参照如下方式表述:

① 自首、坦白。一般自首表述为:"被告人×××犯罪后能自动投案,如实供述自己的罪行,根据《中华人民共和国刑法》第六十七条第一款的规定,系自首,可以从轻(或者减轻)处罚。"

准自首(或以自首论)表述为:"被告人×××在被采取强制措施后(或者服刑期间)如实供述司法机关尚未掌握的其他罪行,根据《中华人民共和国刑法》第六十七条第一款、第二款的规定,以自首论,可以从轻(或者减轻)处罚。"

形迹可疑的自首表述为:"被告人×××在罪行尚未被司法机关发觉,仅因形迹可疑,被公安机关盘问、教育期间,主动、如实交代自己的罪行,按照《最高人民法院关于处理自首和立功具体应用法律若干问题的解释》第一条第一款的规定,应认定为自首,根据《中华人民共和国刑法》第六十七条第一款的规定,可以从轻(或者减轻)处罚。"

坦白表述为:"被告人×××如实供述自己的罪行,根据《中华人民共和国刑法》第六十七条第三款的规定,可以从轻处罚。"

因坦白避免特别严重后果发生的表述为:"被告人×××如实供述自己的罪行,避免特别严重后果发生,根据《中华人民共和国刑法》第六十七条第三款的规定,可以减轻处罚。"

② 立功。一般立功表述为:"被告人×××揭发他人犯罪行为,查证属实,根据《中华人民共和国刑法》第六十八条的规定,应当认定有立功表现,可以从轻(或者减轻)处罚。"

帮助抓获同案犯的立功表述为:"被告人×××到案后协助司法机关抓获其他犯罪嫌疑人(同案犯),按照《最高人民法院关于处理自首和立功具体应用法律若干问题的解释》第五条的规定,应当认定有立功表现,根据《中华人民共和国刑法》第六十八条的规定,可以从轻(或者减轻)处罚。"

③ 累犯、再犯。一般累犯表述为:"被告人×××曾因犯罪被判处有期徒刑,在刑罚执行完毕后五年内再犯应当判处有期徒刑以上刑罚之罪,根据《中华人民共和国刑法》第六十五条第一款的规定,系累犯,应当从重处罚。"

特殊累犯表述为:"被告人×××曾因犯××(危害国家安全等)罪被判过刑,又犯××(危害国家安全等)罪,根据《中华人民共和国刑法》第六十五条第一款、第六十六条的规定,应以累犯论处,应当从重处罚。"

毒品类犯罪的再犯表述为:"被告人×××曾因犯××(毒品)罪被判过刑,又犯××(毒品)罪,根据《中华人民共和国刑法》第三百五十六条的规定,应当从重处罚。"

④ 主犯、从犯。并案处理的表述为:"……被告人×××起主要作用,根据《中华人民共和国刑法》第二十六条第一款的规定,系主犯。被告人×××起次要作用,根据《中华人民共和国刑法》第二十七条的规定,系从犯,应当从轻(或者减轻、免除)处罚。"

分案处理的表述为:"……被告人×××起次要作用,系从犯,根据《中华人民共和国刑法》第二十七条的规定,应当从轻(或者减轻、免除)处罚。"

⑤ 犯罪预备、未遂与中止。犯罪预备表述为:"被告人×××为了犯罪,准备工具、制造条件,根据《中华人民共和国刑法》第二十二条的规定,系犯罪预备,可以比照既遂犯从轻(或者减轻、免除)处罚。"

犯罪未遂表述为:"被告人×××已着手实施了犯罪,因意志以外的原因未能得逞,根据《中华人民共和国刑法》第二十三条的规定,系犯罪未遂,可以比照既遂犯从轻(或者减轻)处罚。"

犯罪中止表述为:"被告人×××在犯罪过程中,自动放弃犯罪(或者自动有效地防止犯罪结果发生),根据《中华人民共和国刑法》第二十四条的规定,系犯罪中止,应当减轻(或者免除)处罚。"

⑥ 聋哑人与盲人。聋哑人、盲人犯罪表述为:"被告人×××系又聋又哑的人(盲人),根据《中华人民共和国刑法》第十九条的规定,可以从轻(或者减轻、免除)处罚。"

⑦ 数罪并罚。一般表述为:"被告人×××在判决宣告前一人犯数罪,根据《中华人民共和国刑法》第六十九条的规定,应当实行数罪并罚。"

服刑期间漏罪表述为:"被告人×××在判决宣告以后,刑罚执行完毕以前,发现在判决宣告以前还有其他罪没有判决,根据《中华人民共和国刑法》第六十九条、第七十条的规定,应当实行数罪并罚。"

缓刑期间漏罪表述为:"被告人×××在缓刑考验期限内发现判决宣告以前还有其他罪没有判决,根据《中华人民共和国刑法》第六十九条、第七十七条第一款的规定,应当撤销缓刑,实行数罪并罚。"

缓刑期间犯新罪表述为:"被告人×××在缓刑考验期限内犯新罪,根据《中华人民共和国刑法》第六十九条、第七十七条第一款的规定,应当撤销缓刑,实行数罪并罚。"

假释期间漏罪、犯新罪表述为:"被告人×××在假释考验期限内犯新罪(发现判决宣告以前还有其他罪没有判决),根据《中华人民共和国刑法》第七十一条、第八十六条第一款(第七十条、第八十六条第二款)的规定,应当撤销假释,实行数罪并罚。"

(七) 尾部

尾部包括主送人民法院名称、承办案件公诉人法律职务及姓名、日期和盖章、附注事项四个方面。

1. 主送人民法院名称

由"此致"和人民法院名称组成。人民法院应当是与首部所示起诉书制作单位相对应的人民检察院,用全称;涉外案件的应冠有"中华人民共和国"字样。"此致"空两格单独成行叙写;人民法院名称另起一行,顶格叙写。

2. 承办案件公诉人法律职务及姓名

一般表述为"检察员:×××",右对齐。法律职务包括检察长、副检察长、检察员、代理检察员四种。公诉人为二人以上时,署名纵向排列,务求整齐规范。

对公诉人的法律职称及姓名和其之后的内容需要另起一页的,应先在该另起页的左上角注明:"(此页无正文)"。

3. 日期与印章

应当写签发起诉书的具体日期,用汉字小写形式叙写在公诉人法律职务及姓名下一行的对应位置,并加盖制作文书的人民检察院院印。

4. 附项

(1)"附"顶格加冒号,所附内容应另起一段后空两格叙写,每项附项以阿拉伯数字编号,以句号结尾。

(2)被告人在押的,其现在处所应按各被告人的羁押场所叙写。如果被取保候审、监视居住的处所与被告人基本情况中载明的住址一致的,可以表述为:"被告人×××现取保候审于居住地(暂住地)。"有联系电话的,可一并注明。

(3)需在附项中列明或者单独移送姓名、住址及联系方式的被害人,是指在审查起诉中已明确委托诉讼代理人的被害人;对其他未委托诉讼代理人的被害人,不必叙写。

(4)所附证据目录、证人名单、主要证据复印件、赃证物品清单均应用汉字小写注明份数和页数,适用"两简"程序建议书、《量刑建议书》、附带民事诉讼起诉状应用汉字小写注明份数。

(5)建议适用普通程序审理"被告人认罪"案件的,随案移送全部卷宗材料和证据,不再移送主要证据复印件。

(6)附项内容中不应使用"随案移送"的表述。

(7)相关法律条文应作为最后的附项叙写。

① 所附法律条文为起诉书正文所引用的刑事法律和刑法司法解释条文及《刑事诉讼法》第 141 条。必要时,可以摘录《刑事诉讼法》的其他规定和刑事诉讼司法解释的规定。

② 所附法律条文应具体到条、款、项。法条中有多款或多项的,可以只摘录与本案有关的款或项;需要摘录同一条文中顺序不相连的款或项的,对无须摘录的款或项用省略号省略。

③ 所附法律条文应按照《刑法》、刑法司法解释、《刑事诉讼法》、刑事诉讼司法解释的顺序依次分类排列,并分别居中注明"《中华人民共和国刑法》"、"《中华人民共和国刑事诉讼法》"以及具体司法解释的名称。同一法律或者司法解释的多个条文,按照法条顺序依次排列。

（八）关于起诉书的格式标志和印章等规定

（1）起诉书一律采用国际标准 A4 型（210 mm×297 mm）80 克双胶特白纸,左侧装订。

（2）页边距设置上空 37 mm、下空 35 mm、左空 28 mm、右空 26 mm;文稿行距设置为固定值 28 磅;字符间距设置为标准。

（3）题目"上海市×××人民检察院"用宋体二号,居中,上空一行;"起诉书"用宋体一号,加粗,居中,上空一行,字距间空二格。

（4）正文、文号及附项用三号仿宋体字,一般每页排 22 行、每行排 28 字。文号与上下文之间用三号字空一行,右侧与正文边缘对齐。起诉书页码居中。正文中的一级标题用黑体三号,二级标题用楷体三号,加粗。数字用 Times New Roman 三号。

（5）所附相关法律条文按照上述行距、字距及格式排版,列举需要摘录的法律条文,字体为小三号、楷体。法律条文的条数和内容之间空两格,条数加粗,无须加条标。

（6）"正本"、"副本"章盖于首页"起诉书"右侧部位,"本件与原件核对无异"章盖在检察人员姓名和日期的左侧部位,并与检察人员姓名和日期平行。骑缝章字体向上,居中盖于两页间。加盖上述印章时均应当使用蓝色印泥。院印使用红色印泥,盖于检察员和日期间,压年盖月,力求印章清晰、国徽向上。

（九）其他需要注意的问题

（1）除年号、序号、专用术语（如机械型号）、百分比、门牌号、金额、正文中日期和其他需要用阿拉伯数字者外,数字一般应以汉字小写形式表示。涉及新的计量单位的,应以法定计量单位为准。千位以上数额需使用千位分隔符。

（2）对于外国人犯罪的案件,起诉书正本和副本使用中文制作,并加盖院印;同时,为方便诉讼,可以用外籍被告人所在国官方语言制作若干起诉书翻译件,但不加盖院印,依法送达有关单位。

三、不起诉决定书的制作

不起诉决定书是人民检察院作出不起诉决定的法定载体,具有终止刑事诉讼的法律效力。不起诉决定书应当具有严密的逻辑性、严谨的科学性、严格的法律性和严肃的权威性。

（一）首部

此部分包括制作文书的人民检察院名称、文书名称和文书编号。

（二）正文

1. 被不起诉人的基本情况

被不起诉人的基本情况按文书中所列项目顺序叙明。具体要求参照起诉书格式的相关内容。

2. 辩护人的基本情况

此部分包括辩护人的姓名、单位。

3. 案由和案件来源

"案由"应当写移送审查起诉时或者侦查终结时认定的行为性质,而不是审查起诉部门认定的行为性质。

"案件来源"包括公安、安全机关移送,本院侦查终结,以及其他人民检察院移送等情况。

应当写明移送审查起诉的时间和退回补充侦查的情况（包括退回补充侦查日期、次数和再次移送日期）,同时写明本院受理日期。

4. 案件事实和证据情况

此部分包括否定或者肯定被不起诉人构成犯罪的事实及作为不起诉决定根据的事实,应当根据三种不起诉的性质、内容和特点,针对案件具体情况各有侧重点地叙写。

对相对不起诉案件,应当将基本证据的名称和证明作用简明写出,形成锁链,以增强事实与证据之间的联系,表现所述事实的客观性和准确性。因为,"犯罪情节轻微"既是一种客观存在,也是检察机关对这一客观存在的正确认识,将这一正确认识清楚表述,可使不起诉决定书具有说服力。而对于尚无充分证据证明的事实,则不能写入不起诉决定书中。

5. 不起诉理由、法律依据和决定事项

(1) 引用法律时应当引全称。

(2) 引用法律条款时要用汉字将条、款、项引全。

(3) 在相对不起诉决定书中,只明确指出被不起诉人所触犯的刑法条款,而在文字表述上不写被不起诉人"构成××罪"。

6. 告知事项部分

(1) 凡是有被害人的案件,不起诉决定书应当写明被害人享有申诉权及起诉权,并应当告知被害人申诉的上一级人民检察院的具体名称,告知被害人自诉的同级人民法院的具体名称。

(2) 根据《刑事诉讼法》第 142 条第 2 款作出的不起诉决定,还应当写明被不起诉人享有申诉权。

(3) 不起诉决定同时具有《刑事诉讼法》第 145 条和第 146 条所规定的情形的,不起诉决定书应当统一按被不起诉人、被害人的顺序分别写明其享有的申诉权及起诉权。

(三) 尾部

(1) 署名部分:统一署某检察院院名。

(2) 本文书的具文日期应当是宣告日期。

(四) 其他

(1) "上海市×××人民检察院"用宋体二号,上空一行;"不起诉决定书"用宋体一号加粗,上空一行;案件顺序号用小括号,上空一行。

(2) 不起诉决定书以人为单位制作,做到一人一编号。

(3) 不起诉决定书应当有正本、副本之分。其中正本一份发送被不起诉人,一份归入正卷;副本发送辩护人及其所在单位、被害人或者近亲属及其诉讼代理人、侦查机关(部门)。

(4) 关于不起诉决定书的格式标志和有关印章的要求参见起诉书格式的相关内容。

第三章
出庭公诉

第一节　出庭公诉概述

一、出庭支持公诉的概念和任务

(一) 出庭支持公诉的概念

出庭支持公诉,是指人民检察院在人民法院开庭审判公诉案件时,派员出席法庭,进一步阐述和论证公诉意见,并通过举证、质证和辩论,促使人民法院采纳公诉意见,依法判决被告人有罪并处以相应刑罚的诉讼活动。

出庭支持公诉是提起公诉的继续,其目的在于促使人民法院采纳正确的公诉意见,准确查明案件事实,使有罪的人依法公正地受到追究。出庭支持公诉的公诉人,应当是由检察长、检察员或者经检察长批准代行检察员职务的助理检察员一人至数人担任。书记员不能担任出庭支持公诉的公诉人。

除适用简易程序审理的案件,检察机关可以不派员出庭外,其他案件均要派员出庭支持公诉。

(二) 出庭支持公诉的任务[①]

1. 证实所控犯罪

控辩式庭审模式中,控诉职能主要由公诉人承担,其需要在法庭上进行一系列的诉讼活动,包括宣读起诉书,讯问被告人,询问证人、被害人、鉴定人,出

---

① 姜伟、钱舫、徐鹤喃、卢宇蓉:《公诉制度教程》,中国检察出版社 2007 年版,第 310—312 页。

示物证,宣读书证、未到庭证人的证言笔录、鉴定人的鉴定结论、勘验检查笔录和其他作为证据的文书,向法庭提供作为证据的视听资料,对证据和案件情况发表意见,针对被告人、辩护人的意见进行答辩,全面阐述公诉意见,反驳不正确的辩护意见等等。这些活动的目的,都是支持公诉,使犯罪分子受到应有的惩罚。

2. 提出量刑建议

促使人民法院正确定罪量刑,是公诉人出庭支持公诉的重要任务,对案件的量刑向人民法院提出建议是公诉主张的一项重要内容。公诉人在发表公诉意见时,必须在起诉书的基础上对公诉主张作进一步阐述和论证,这其中即包括阐述对量刑的意见。

3. 监督审判活动

检察机关作为国家专门的法律监督机关,负有对人民法院的审判活动是否合法进行监督的职责。法庭审理是审判活动的核心,因而对法庭审理活动进行监督是审判工作的重点之一。公诉人代表检察机关出席法庭,有责任对审判程序是否合法进行监督,以保证刑事诉讼法的规定在法庭审理中得到切实的执行。

4. 保障合法权利

刑事诉讼法赋予被告、被害人以及其他诉讼参与人比较充分的庭审权利。公诉人出席法庭,是站在维护公平正义和社会主义法制的立场上,因此在追究犯罪的同时,也依法应当维护诉讼参与人的合法权利。

5. 开展法制教育

对公民进行法制宣传教育,是检察机关的一项重要的社会职责。公诉人在法庭上,一方面要揭露犯罪、证实犯罪,另一方面也要通过分析犯罪发生的原因、讲解法律知识等,促使犯罪分子改过自新,教育其他公民自觉遵守法律,以达到预防犯罪的目的。

二、法庭审理中公诉人的角色定位

我国 1996 年修改《刑事诉讼法》时,吸取了英美当事人主义审判模式、德法职权主义和日本混合式庭审模式的成功经验,建立了中国特色的控辩式庭审模式,这种庭审模式大大调整了合议庭、公诉人与辩护人之间的关系,加重了被害人作为当事人参与诉讼的角色地位，并使公诉人在整个庭审诉讼活动中处于多方关系的重心[1]，所以出庭支持公诉必须要处理好与合议庭、辩护人、被害人以及证人、鉴定人等诉讼参与者的关系。

(一) 公诉人与合议庭的关系

(1) 在庭审程序上，合议庭居于诉讼主导地位，公诉人应接受审判长和合议庭的指令，开展庭审活动。

(2) 在案件处理上，合议庭发挥终局裁判功能，公诉人应向合议庭证实指控意见的正确性、充分性。

(3) 在制约关系上，合议庭属于法律监督对象，公诉人应当依法监督合议庭的审判活动是否符合法律要求。

(二) 公诉人与辩护人的关系

(1) 诉讼主张具有对立性，即在对被告人应否定罪以及如何定罪和处罚上，公诉人与辩护人基于不同的立场，互相辩驳，利益诉求相互对立。

(2) 诉讼目的具有一致性，即在维护法律正确实施，保障当事人合法权益，确保被告人得到公平、公正的处理上，公诉人与辩护人的目标是一致的。

(三) 公诉人与被害人的关系

(1) 诉讼主张具有一致性，即公诉人和被害人在追究被告人刑事责任的要求上是相同的。

(2) 诉讼立场具有差异性，即公诉人是代表国家，站在客观公正的立场上指控犯罪；被害人更多的是基于个人利益提出控诉要求。

(3) 诉讼地位具有独立性，即公诉人与被害人之间不能相互取代，对于被害人的主张，公诉人应当认真听取，对于被害人的不同主张，不必予以反驳。

(四) 公诉人与证人、鉴定人的关系

(1) 诉讼关系上具有主从性，即证人、鉴定人有义务按照公诉人和法庭的要求出庭作证，如实回答公诉人的提问等。

(2) 诉讼地位上具有独立性，即证人、鉴定人应按照自己所了解的事实或者所掌握的专业知识作证，作证内容是客观的，不应受公诉人的左右。

---

[1] 张穹主编：《公诉问题研究》，中国人民公安大学出版社 2000 年版，第 401 页。

三、出庭公诉的举证责任①

诉讼对案件事实的调查具有回溯性的特点,只能以证据为线索或桥梁,再现案发过程。法庭审理是诉讼的核心,也是认定案件事实的关键所在,在法庭上由谁承担举证责任,这是刑事诉讼的根本问题,决定着诉讼的最终结果。

(一)举证责任概述

举证责任,是指在审判中向法庭提供证据证明诉讼主张的责任。按通常的理解,举证责任包括了证明责任,证明责任成为举证责任的核心。其包含四个层面的含义:

(1)提出事实主张的责任,这是举证责任的基础,包括指控的定罪事实主张和量刑事实主张;

(2)提供证据的责任,即主动就自己所提出的事实主张提供相应证据加以证明;

(3)说服责任,即所提供的证据足以说服法庭采纳本方诉讼主张,认定被告人被指控的犯罪事实;

(4)在不能提供确实、充分的证据时承担不利诉讼后果的责任,即指控的罪名不能成立,被告人被法院判处无罪或者撤回起诉。

这里要注意两点:其一,法庭不承担举证责任。因为在控辩式庭审模式下,法庭仅仅是诉讼的裁判者,不属于控诉方,也没有任何诉讼主张。其二,除非法律明确规定和有特定事由,被告人不应就犯罪事实是否成立承担举证责任。被告人在审判中可以提出证据证明自己无罪或者罪轻,但这是其权利而非其义务或者责任。

(二)举证责任的转移

刑事诉讼中的举证责任转移,是指当被告人为了否定公诉的事实主张而提出具有积极辩护意义的具体事实主张时,该具体事实主张的举证责任由被告人承担的情形。

积极辩护意义的具体事实主张包括:被告人无刑事责任能力或者行为系正当防卫、紧急避险的主张;被告人无作案时间的主张等。如果被告人只是否认

---

① 姜伟、钱舫、徐鹤喃、卢宇蓉:《公诉制度教程》,中国检察出版社 2007 年版,第 171—182 页。

公诉人的指控,如否认实施犯罪行为,则不承担举证责任。但要注意的是,基于公诉方与被告方在诉讼地位上的不同,对被告人的举证要求应低于对公诉人的举证要求,即就某一个环节的事实而言,被告人的证明不必达到事实清楚、证据确实充分的程度,只要证明其主张的事实与公诉方主张的事实相比,存在发生的更大可能性即可,此时如果公诉人不能强化指控证据,法庭就可以采信被告人的事实主张。

(三) 举证责任的倒置

举证责任倒置,是指在特殊情况下,法律规定由被告人承担证明自己无罪的举证责任。被告人如不能履行举证责任,法律推定其有罪。

我国举证责任倒置的立法案例是巨额财产来源不明罪。在此举证责任倒置的情况下,公诉人就基础性事实承担举证责任,即公诉人需提供证据证明被告人是国家工作人员,其财产或者支出明显超出合法收入,差额巨大,在此基础上,被告人只有提出证据以说明财产的合法来源,才能避免被定罪。

第二节　出庭前的准备

一、出庭前准备的概念和意义

(一) 出庭前准备的含义

出庭前准备,简称庭前准备,是指对人民法院决定开庭审理的公诉案件,公诉人为出庭支持公诉,揭露犯罪,维护法律的公正而在出庭前所做的准备工作。[①] 充分的庭审准备是出庭公诉工作成功的保证。庭前准备工作是为出庭支持公诉服务的,目的就是为了更有效、有力地指控犯罪、弘扬法制,更好地实现出庭支持公诉的法律效果和社会效果。

公诉人庭前准备与法官庭前准备最根本的区别是既包括程序准备,还包括实体准备。而实体准备是最主要的。所谓实体准备,即围绕起诉书所指控的犯罪事实、证据、法律适用、量刑所做的各项准备工作。所谓程序准备,既包括确

---

① 张穹主编:《公诉问题研究》,中国人民公安大学出版社 2000 年版,第 368 页。

定庭审记录的书记员,申请需出庭的证人、鉴定人等,还包括庭审中可能出现的回避、管辖权异议等程序方面的预案准备。

广义的庭前准备是指正式开庭审理前的所有准备工作,从这个意义上讲,审查起诉工作以及提起公诉将起诉书连同证据目录、证人名单、主要证据复印件移送法院等工作,均视为庭前准备。这里所讲的庭审准备,是狭义上的,即特指法院在决定开庭审理后到正式开庭前这一段时间的准备工作。

(二) 出庭前准备的作用与意义

庭前准备不是刑事诉讼中的独立程序,却是刑事诉讼的必要阶段,对于保证公诉质量、庭审效果具有重要的作用与意义。

1. 重温案情

提起公诉的案件移送法院后,法院需要一段庭前审理的时间,再确定开庭审理的时间。决定开庭审理到正式开庭,之间至少也有三日。对于不断有其他新的案件审理的公诉人,对确定开庭审理的案件,在记忆上多少有所淡化。而庭前准备,则使得公诉人能对案件重新作一回顾,进一步熟悉案情,审视证据情况,思考如何用现有证据证实指控罪名。在庭前准备阶段对案情进行回顾是为了强化庭审上的指控,与审查起诉阶段的案情重温相比,针对性、目的性更强,针对的焦点问题也有所不同。

2. 梳理思路

出庭公诉的核心是证实指控罪名的确实充分性,并说服合议庭予以采信控方的指控意见。而公诉思路是否清晰,是否有条理有层次,则决定着公诉的质量与效果。庭前准备、设计庭审总体思路及主线,有利于在庭审中将讯问、举证、质证、发表公诉意见和答辩有机结合,不致产生零落散乱,"眉毛胡子一把抓"的感觉。其中针对庭审如何示证、质证,通过庭前事先对各种证据的组合工作,能有效形成证据体系,避免无头绪地简单罗列证据,同时明确质证思路。

3. 预判应对

出庭公诉能否成功,在很大程度上取决于公诉人对庭上可能出现的情况的预见性。在庭前准备阶段,公诉人的状态已经由原有的审查起诉状态转化到庭上指控的状态,公诉人做准备工作,就离不开进行预测:辩护人对各项证据可能提出怎样的质疑,被告人的认罪态度是否有新的变化,证人出庭是否会改变证言,原有证据能否取得良好的庭审效果,辩护人对法律适用及量刑问题又将提出怎样的辩护意见。通过庭前准备工作,预测得越周全,准备得越充分,就越能成竹在胸。

4. 驾驭庭审

庭审中要想控制全局,驾驭庭审活动,需要当庭的有智有谋,更需要庭前的有谋有略。这离不开事先扎实的准备、精心的安排,绝非庭上一时的灵感或应变技巧所能实现的。

需要说明的是,庭前准备工作,是在审查起诉阶段的成果基础上的深化,而非"另起炉灶"。在审结报告中对于庭审中可能涉及的问题进行叙明,不仅可以减轻庭前准备工作量,更有助于庭前准备工作再深入化。

二、出庭前准备的内容

根据《人民检察院刑事诉讼规则》第 330 条规定,公诉人出庭前的准备工作包括:进一步熟悉案情,掌握证据情况;深入研究与本案有关的法律、政策问题;充实审判中可能涉及的专业知识;拟订讯问被告人,询问证人、鉴定人以及宣读、出示、播放证据的计划并制定质证方案;拟订公诉意见,准备辩论提纲。这五部分内容可以概括为以下四个方面:

(一) 进一步熟悉案情和证据

案件事实和证据是定案的基础,也是控辩双方交锋的重点。只有对案件事实和证据了如指掌,才能使出庭公诉立于不败之地。[①] 所以庭前准备最基础、最不容忽视的工作就是对案情和证据的进一步熟悉。在重温案情的基础上,将事实、证据作必要的归纳、梳理,对案件做到心中有数,有效应对被告人翻供或辩护人的突然发问。

在庭审准备阶段,进一步熟悉案情和证据的方法主要有二:一是通过重新审阅卷宗进行熟悉,及时拾遗补缺;二是通过审阅审查报告,再结合辩护人、被告人的最新反馈意见熟悉案件,并明确案件焦点。

(二) 深入研究与本案有关的法律、政策问题

对案件的开庭审理,基础是事实、证据。但一切事实和证据都是在法律的轨道上进行调查和论证,离开法律的轨道,任何事实和证据都会失去意义。因

---

① 姜伟主编:《公诉业务教程》,中国检察出版社 2003 年版,第 202 页。

此,事实和证据之辩实质上是法律之辩。[①] 在庭前深入研究与本案有关的法律、政策问题,一方面可以更好阐释法律评价问题,对公诉主张进行充分的说明,对辩方无理主张有力驳斥,掌控庭审主动权;另一方面,也能在庭审教育中,真正实现对旁听群众的法制宣传目的。深入研究的方法大致可以概括为两个方面:

一是扩大与案件相关的法律的范围,不拘泥《刑法》、《刑事诉讼法》和刑事司法解释,还包括相关的民事、经济法律、行政法规、部门规章、地方性法规甚至包括我国加入的国际公约、条约等。

二是提高政治敏感度,充分了解有关的刑事政策。刑事政策,是党和国家根据我国的国情和一定时期的形势而制定的同犯罪作斗争的指导方针和行动策略。如当前的"宽严相济"刑事政策,对与具体案件的办理具有重要的指导意义。正确适用法律,需要结合刑事政策,这是保证办案法律效果和社会效果、政治效果统一的必要措施。公诉人在庭前阶段有必要了解、掌握有关的刑事政策。如在办理破坏金融管理秩序的犯罪案件时,查阅党中央、国务院整顿金融秩序发布的文件,领会有关政策的精神和整治金融犯罪的重要意义,能为阐明被告人犯罪行为的危害性和追究其刑事责任的必要性奠定必要的政策依据。[②]

(三)充实庭审中可能涉及的专业知识

公诉人作为控方,需要办理各种各样的案件,面对各个领域、各个层次的专业知识,有必要加以充实。同时随着社会经济、科学技术的飞速发展,专业型案件日益增多,对公诉人专业知识的扩充存储也提出了更高的要求。庭前充实庭审中可能涉及的专业知识具有重要的意义:

一是丰富、巩固庭审上的公诉指控的需要。不少专业性强的新型犯罪,如果能结合相关专业知识阐释,就可以更明晰地揭示该犯罪行为的客观表现和危害本质,强化庭审指控的力度。

二是积极应对以专业性问题作内容的辩点的需要。当辩护人以专业性问题作为辩护理由,不了解、掌握相关专业知识就会在答辩中无所适从,相反则可以有效化解。

公诉人在庭前准备阶段对相关专业知识的扩充,有效的方法是及时向专家

---

① 吴光裕主编:《出庭检察官实务教程》,上海社会科学院出版社 2001 年版,第 108 页。
② 姜伟主编:《公诉业务教程》,中国检察出版社 2003 年版,第 202—203 页。

虚心请教,借助专家资源,帮助自己在较短时间内掌握相关知识;同时,也要发挥主观能动性,借助网络、书籍等各个渠道,短期有针对性地集中钻研。

(四) 制作庭审预案

庭审预案,是指公诉人在开庭前通过对庭审情况的预测,预先制作的出庭方案,包括讯问提纲、举证提纲、质证提纲、公诉意见、答辩提纲等。庭审预案既是公诉人出席法庭履行支持公诉职能的方案,也是公诉人通过对被告人的辩解及辩护人的辩护意见的预测,有针对性地制作的反驳方案。

对于庭审预案的制作,虽然详略可以因案而有所不同,但对这部分庭前准备工作却是不容省略的。

1. 制作讯问提纲

讯问提纲,是公诉人为保证庭审中对被告人顺利展开公诉讯问而在庭前拟订的提纲。讯问被告人是公诉人在出庭工作中的一项重要职权活动,讯问的角度、内容、措辞、口吻都很有讲究。

1) 讯问提纲的基本要求

一是纲要性。即讯问提纲应概括要点,抓住重点。不是面面俱到,也不是所有问题都列明。过于详细、具体,并不利于公诉人庭审上应对讯问中的突然变化。

二是针对性。即讯问提纲应为指控巩固证据。讯问提纲不再侧重于查找、审核证据,也不再是深挖余罪、突破案件,而主要是围绕起诉书的指控为巩固证据,增强证据证明力度服务。

三是展示性。即讯问提纲应有助于向法庭展现犯罪概貌。应问到犯罪事实的要素,问细关键的情节,问清主观故意,问实客观行为,通过讯问,可以将主要犯罪事实展现在法庭上。

四是规范性,用语规范庄重。公诉讯问具有公开性、展示性,讯问提纲中用语措辞必须规范、合法、庄重。

2) 制作讯问提纲的方法

一是按照犯罪构成要件抓牢主要事实和情节。犯罪构成要件的要素是多方面的,公诉人应根据案件的具体情况,围绕主要事实和情节,有选择地列出,设计讯问题目。

二是围绕争议焦点抓住重要细节。通过预测控辩双方的争辩焦点,做好对相关细节的讯问并着重列出。

三是针对共同犯罪罪责区分找准适当角度。如对于故意伤害案中,针对三名被告人是谁持棒球棍将被害人右眼击打致重伤这一关键事实,围绕三名被告人进入房间的顺序、所处的位置、击打的部位及当时的反应,证实其中被告人赵某直接持棒球棍击打被害人致重伤,另两名被告人目击同伙这一行为放任且以殴打其他部位予以配合。

四是预测被告人翻供,找到处置对策。被告人庭前已经翻供的,或有翻供迹象的,应在讯问提纲中做好预先的应对工作,力争掌握主动权,有效应对翻供。

2. 制作询问提纲

1)询问证人提纲

询问证人提纲,是公诉人为保证法庭调查中对证人顺利进行询问而在庭前拟订的提纲,包括询问控辩双方证人的提纲。我国确立的有限直接言词证据规则,加强了控辩双方特别是控方做好证人出庭作证工作的责任。[①] 因此,制作好询问证人提纲,显得尤为必要。拟写时需注意的问题是:

一是抓住要点。询问的思路要清晰,问话要抓住要点、关键,不可纠缠于枝节。

二是运用问长答短的方法。尽量让回答者简答,以便清晰地向所证事实作出明确的回答。

三是预测翻证,拟订预案。对可能出现的翻证要有一定预测预判。

2)询问鉴定人提纲

询问鉴定人提纲,是公诉人为法庭调查中查明案情,解决案件中某些专业性问题而向鉴定人发问所拟订的提纲。因为鉴定结论是定案的主要证据之一,又具有较高的科学性、权威性,所以做好鉴定人的出庭询问工作,可以很大程度上起到说服法庭、加强指控的效果。拟写询问鉴定人提纲时需注意的问题是:

一要围绕鉴定结论的来源、内容、特征及所证明的结论拟订提纲。

二要重点针对与定罪量刑有关且在鉴定中未能说明和有可能产生争议的问题。

---

① 张军主编:《刑事证据规则理解与适用》,法律出版社 2010 年版,第 151 页。

　　三要避免向鉴定人提案件的法律性问题。如向鉴定人询问被告人在当时的精神状态下应否负法律责任之类的问题,就不应涉及。

　　四要适当设计问短答长的提问,让鉴定人充分论证专业性问题。因鉴定人出庭的目的,是利用其专业知识向法庭分析解决专业性问题,所以应注意问题的设计,从而让鉴定人有充分的时间进行论证、解释。

　　3. 制作示证预案

　　示证预案又叫示证计划、举证提纲,是公诉人为保证调查阶段能针对起诉书指控的犯罪事实和情节,提出证据并运用证据以达到证明被告人有罪、罪轻、罪重的目的而在庭前拟订的提纲。具体指公诉人向法庭宣读未到庭被害人陈述、证人证言、书证及鉴定结论,出示物证、现场勘查笔录及照片,播放视听资料的计划。

　　制作示证预案,是庭前准备工作的重要内容。公诉人承担着指控的举证责任,证据是否过硬,示证是否得法,关系到案件是否能指控成功。示证环节的成功与否在相当程度上取决于侦查机关(部门)取证的情况,但公诉人如何示证也是非常重要的。制作示证预案,包括对示证方案的设计与安排、示证说明内容的拟写以及示证过渡语言的选择三个方面。

　　1) 设计示证方案

　　举证不是一个把公诉机关掌握的有罪证据简单向法庭展示的过程,而是向法庭证明被告人有罪的核心环节。即示证不是罗列证据,而是有层次、有条理、有顺序地展示一个完整证据体系的过程。所以,制作示证预案的第一步就是设计示证方案。具体案情不同,示证也应有异。实践中常用的举证方案有以下几种:

　　一是按犯罪构成示证。这种示证方案一般在职务犯罪案件的举证中使用较多。这种方案适合被告人的犯罪构成要件比较复杂,犯罪的主体、主观方面、客观方面等都需要证据证实的情形。

　　二是按一事一证示证。这种示证方案在犯罪事实多节但清楚争议不大的案件中适用较多。可将每一次犯罪事实作为一组证据,每组中有多份证据且根据证明力的强弱排序。对于证明共同内容的证据,可单独列出一组证据示证。

　　三是按犯罪阶段示证。对于犯罪过程比较复杂、参与人员众多、犯罪阶段明显的案件,可以适用这种示证方案,有助于使举证过程层次分明。如被告人谭某等 27 人故意伤害案,公诉人采取以犯罪各个阶段为主,以证据种类为辅的举证方案,将全案分成预谋与策划阶段、纠集人员阶段、准备作案工具阶段、实施伤害行为四个阶段,再加上犯罪后果、枪支鉴定、量刑情节,共分成七大组证据出示。这种示证方式使得相当复杂的案件通过举证有化繁为简的效果。

四是按证据种类示证。对于犯罪事实比较复杂、证据量较多,但罪名单一、犯罪次数单一的案件可以适用这种示证方案。按证据种类示证时,需要注意按照证明力强弱来安排好示证的顺序。

2)拟写示证说明

示证说明就是公诉人向法庭宣读、出示证据时,就该证据的来源、合法性及所要证明的问题等所作的说明性评述。

一是拟写关于证据来源及其合法性的说明。包括侦查人员姓名、身份,取证时间、地点,证人、被害人的姓名等,同时应说明该证据是依法定程序取得的。如被告人秦永林等六人重大责任事故案中对《调查分析报告》举证时的说明性语言:

……莲花河畔景苑 7 号楼倾倒事故专家组于 2009 年 7 月 13 日出具的《调查分析报告》,该报告系由以工程院江欢成院士为组长的事故分析专家组出具,专家组成员由地质勘察、设计、施工等单位的知名专家组成。专家组的名单,请见屏幕。十三名调查组专家在该份调查报告上签署了各自的姓名。

上述调查分析报告,是上海市政府在事故发生后,根据国务院令第 493 号《生产安全事故报告和调查处理条例》,成立事故调查专家组,经专家组在考察现场、听取汇报、复核调查等工作基础上,对事故原因所作出的全面报告。……

二是拟写关于所证明问题及其客观性的说明内容。对于证据所证实的内容,公诉人是需要向法庭作出说明的,在示证提纲中应拟写好,这是示证说明的核心内容,必须具体而不能笼统地说该证据证明被告人犯了某某罪。同样是上述案例,公诉人在出示一组证据后,对证实内容作了细致而准确的归纳。

……公诉人出示的这一组证据,用以证实本案涉及的梅都公司、众欣公司、光启公司分别为发生倾倒事故的莲花河畔景苑建设单位、施工单位以及监理单位。同时,能证实本案的被告人秦永林、张耀杰、夏建刚、陆卫英、乔磊系上述单位在莲花河畔景苑工程项目的责任人员。公诉人出示该组证据证实三点:

第一,根据1997年10月市十届人大常委会通过的《上海市建筑市场管理条例》第41条规定,建设单位应当根据承发包合同约定,对建设工程的质量、施工安全和现场管理承担责任。因此,梅都公司对整个工程的施工安全负有责任。

第二,根据国家建设部、交通部等七部委在2003年5月通过施行的《工程建设项目施工招标投标办法》第66条规定,招标人不得直接指定分包人。建设部在2003年11月颁布的《房屋建筑和市政基础设施工程施工分包管理办法》第7条同样规定,建设单位不得直接指定分包工程承包人,任何单位和个人不得对依法实施的分包活动进行干预。因此,梅都公司无权将工程分包给他人。公诉人将在之后的证据中进一步证实秦永林接受张志琴指令,将土方开挖工程分包给张耀雄。

第三,证实了被告人秦永林系梅都公司在莲花河畔景苑的项目负责人,也是建设方在施工现场的代表,对此,秦永林自己的供述也予以了印证。

三是拟写证据关联性的内容。证据之间是否具有关联性、印证性,具体体现在哪,是应当在示证过程中予以阐述的,否则就会让示证变为单纯的罗列证据。再以上述的案例为例,公诉人对部分证据出示后对证据之间的关联性进行了如下分析说明:

……众欣公司的一般员工到监理方的工程师都明确地告诉我们:被告人夏建刚是受众欣公司法定代表人指派在施工现场担任安全生产责任人,全面管理安全事宜:包括代表众欣公司向建设方协调、向质检站申报、代表施工方参加工程列会,甚至保管众欣公司项目图章、处理工人纠纷、监督施工现场脚手架规范等等,这些证人证言和公诉人已经出示的三份书证,都

179

印证了被告人自己在 2010 年 1 月 14 日所作的供述:我是众欣公司在莲花河畔景苑的现场管理员。

需要注意的是,对于宣读不出庭的证人证言,要事先划定宣读的部分;对现场勘查笔录、鉴定结论,要事先确定宣读的内容;对于书证,要事先摘选书证的主要内容,突出关键性词语;对于物证,要拟订关于物证特征及其说明效力的说明性语言;运用多媒体辅助示证的,辅助的文字解说词也应拟写好。

3) 选择示证语言

因庭审的公开性、展示性,公诉人示证时语言应规范严谨、简洁合理,所以选择规范、间接的举证衔接语言是必要的。比如:

"审判长,本案的全部证据公诉人将分两大部分向法庭出示。"

"审判长,公诉人提请出示第二组证据。"

"审判长,公诉人提请由法警配合,将物证交由被告人辨认。"

"审判长,公诉人提请出示证人某某到庭作证。"

需注意的是,对示证语言的选择,并非教条式,公诉人在庭审中可以有一定变通。同时对于示证语言,也不要求一定要在每个案件的示证预案中都写明。

4. 制作质证方案

质证方案,是公诉人为保证在庭上能充分反驳被告人、辩护人针对证据的质疑或充分发表对被告人、辩护人所举证据的质证意见,而在庭前拟订的方案。它包括了质证和质证答辩两部分。[1] 质证方案的制订,关系到是否能取得质证主动权,实现诉讼主张。因此必须全面预测,充分准备。

1) 关于质证提纲的制作

质证提纲,是指针对辩方提供的证据制作相应的质证纲要。首先要对辩方在庭前递交的证据仔细审核,再运用证据"三性"进行质证,即针对合法性、客观性、关联性做好质证准备。

2) 关于质证答辩提纲的制作

质证答辩提纲,是对控方自己向法庭提供的证据,根据辩方可能提出的质疑拟好的答辩提纲。质证答辩提纲的制作,大致有两种:

---

[1] 张穹主编:《公诉问题研究》,中国人民公安大学出版社 2000 年版,第 394 页。

一是与示证预案相结合。根据示证的顺序,对每个证据预测质证意见,拟写答辩意见。根据法庭常规的"一事一证、一证一质、一质一清"的调查程序,以每个示证证据为本,依各个证据可能提出的质疑拟写答辩要点。

如杨辉故意杀人案中的质证答辩提纲就是与示证提纲结合制作的。

　　……第一组,证实被告人杨辉具有杀人动机的证据

　　1. 证人杨丹丹(被告人杨辉的表妹)2005 年 2 月 16 日证言

　　2. 证人龚涛(被告人杨辉的朋友)2005 年 2 月 17 日证言

　　3. 证人程彩锋(被害人徐志明家的房客)2005 年 2 月 16 日证言、3 月3 日辨认笔录

　　举证说明:

　　被告人杨辉当庭陈述因房东徐志明催讨房租,还将其房间断电,遂报复杀人。关于租住徐志明房屋一节得到了杨丹丹、龚涛、程彩锋的证实,关于拖欠房租一节得到了龚、程两名证人证言的印证,杨的当庭陈述具有可信性。

　　上述证据请法庭质证。

　　质证预测:

　　辩护人可能提出"3 名证人的证言均为间接证据,仅能证实杨拖欠房租,并不能证实杨因此而产生杀人动机"。

　　质证意见:

　　如果只片面地看 3 名证人的证言,或许能得出辩护人的上述结论,但当作为间接证据的证人证言与直接证据——被告人供述相互印证时,即可形成证据锁链证实杨辉的杀人动机。……

二是专门拟写质证答辩提纲。集中将辩方可能提出的质证意见进行归纳,确定答辩的重点与范围,避免被辩方牵着鼻子走,被动应付的局面。

5. 制作公诉意见

公诉意见是公诉人根据法庭调查,就证据和案件情况在法庭辩论阶段所作的第一轮辩论发言,是以起诉书为基础在事实和法律上对公诉主张所作的进一步论证、补充和说明。公诉人发表公诉意见是法庭辩论的开始,综合体现了公

诉人总结能力、论证能力、反应能力、逻辑思维能力和表达能力。一份制作精良的公诉意见往往成为优秀公诉人出庭中的亮点。公诉意见的制作内容主要分为以下几个部分：

一是对检察人员出庭支持公诉的目的、法律依据和职责进行简要的说明。一般可表述为："审判长、审判员（人民陪审员）：根据《中华人民共和国刑事诉讼法》第一百五十三条、《中华人民共和国检察院组织法》第十五条的规定，我们以国家公诉人的身份，对本案提起公诉并出席法庭支持公诉，同时依法履行法律监督职责。"

二是根据法庭调查情况，对本案事实、证据情况进行综述。简要概括法庭调查情况，对法庭质证情况进行总结和评论，并运用各证据之间的逻辑关系论证被告人的犯罪事实清楚，证据确实、充分。对于事实、证据无原则性争议的，可以作简要概括；对于控辩分歧较大，则要作全面充分的分析和论证。既要对证据的合法性、关联性、客观性作说明，还要全面阐述案件整个证据体系的证明力。

三是法律论证。阐明被告人触犯的法律条款和应负的法律责任，指明被告人行为的违法性和应受惩罚性，提出定罪及从重、从轻、减轻处罚等意见以及较为具体的量刑建议。对于法律适用方面存在较大争议的案件，公诉意见中应着重围绕案件的法律适用，论证起诉指控的法律适用符合法律规定和法学理论。

四是法制宣传。结合一些重要的犯罪情节、手段和后果，揭露被告人犯罪行为的危害程度、社会危害性，适时剖析犯罪的思想根源和社会根源，做必要的法制宣传和教育工作。对于社会影响较为广泛、媒体较为关注的大要案，从宣传法制的角度阐述案件的警示意义，是很有必要的。

上述内容，除了有关对出庭公诉目的、法律依据和职责的说明之外，其他内容应根据案件不同而有所侧重。

对于公诉意见，并没有严格的统一写法。最关键的在于针对案件特点，归纳梳理出最能体现案件特质的细节。如杨辉故意杀人案，公诉人制作的公诉意见中，对于事实证据的分析就相当全面到位，而又不落俗套。

……大量的、经过庭审质证确认的、能够形成证据锁链的间接证据充分证实：杨辉的供述是真实可信的，本案确系被告人杨辉所为，且系其一人所为。

（一）本案系被告人杨辉所为

庭审查明的事实证明：

（1）具备作案时间——5名被害人先后失踪的时间集中在2月15日，而多名证人证实杨辉2月15日就滞留在被害人家中；

（2）作案动机可信——杨辉供称杀死徐志明的起因是徐多次催讨房租，故怀恨在心、伺机报复。欠房租一节得到了证人证言的印证；杨辉供称杀死徐志明儿子、父母、妻子的原因是防止事情败露，这种杀人灭口、自我保护的心理也比较可信；

（3）作案工具吻合——庭审过程中，公诉人出示了水果刀、美工刀断片、手套等从现场提取的作案工具以及根据杨辉的供述查获的榔头，被告人杨辉对上述物品进行了当庭辨认。此外，《尸体检验报告》证实被害人的伤痕与致死原因与上述凶器相符，《物证检验报告》证实上述凶器沾有5名被害人的血迹；

（4）作案过程详细——庭审中，杨辉供称的杀死5名被害人的顺序、地点，尸体摆放的位置、遗留血迹的位置以及包裹尸体的物品均得到现场勘查笔录、物证（DNA）检验报告的证实，且能一一对应；

（5）物品来源相符——案发后，侦查机关从杨辉在上游村暂住处查获的不锈钢杯子、钥匙均系被害人家中物品，检验报告也表明上述物品中有被害人的血迹，杨辉所穿的鞋子上亦检出被害人的血迹；

（6）证据效力可靠——潜入被害人家中的通道（气窗）、榔头的去向，均系杨辉交代之后才查明、调取的，如非杨本人作案，何以得知如此细节？

（7）杨辉在与徐志明搏斗时左手中指被咬伤，该细节也得到《损伤检验意见书》的证实。

综上，被告人杨辉在侦查阶段的所有5次供述、在公诉机关的供述以及今天的当庭陈述，均比较稳定、一致，且其供述的作案动机、作案时间、作案工具、作案过程又与《现场勘查笔录》、《尸体检验报告》、《物证检验报告》、相关物证、证人证言等证据相互印证，形成了完整、闭合的证据锁链，足以确认。

（二）本案系被告人杨辉一人所为

接手案件的时候，公诉人曾与善良的市民一样，怀着这样一个疑问：5

个人,都是杨辉一个人杀的吗? 经审查全案证据,案情已经明了,事实已经明确——本案作案者只有杨辉一人。分析如下:

1. 排除外来人员作案

《现场勘查笔录》证实,被害人徐志明家中无论院门、底楼总门、二楼阳台、各房间门窗均完好无损,未发现工具破坏痕迹,亦未发现其他人的痕迹。据此,作案人员来自于内部,而房客王红兰夫妇和程彩锋均住在院内平房,没有进入徐家楼房的可能,只有租住徐家楼房底层的杨辉及龚涛嫌疑最大。

2. 排除龚涛作案或与杨辉共同作案的可能

经侦查人员赴崇明县取证,多名证人一致证实龚涛春节期间除了2月11日、12日返回过浦东,其余时间均呆在崇明(见侦查卷二 P163—171);王红兰、徐梦熊一致证实龚涛春节期间不住被害人家里,且2月15日只看到杨辉一人在被害人家,2月16日搬家时也只有杨辉一人。据此,龚涛有案发时不在现场的证据,完全可以排除。

3. 五名被害人系先后被杀,而非同时遇害

庭审表明,被害人徐志明及徐浩君的遇害时间为2005年2月15日早上6点王玉贤离家上班后至中午12点徐三毛、冯金妹来到徐志明家中之间;被害人徐三毛、冯金妹的遇害时间是在中午12点至下午3点王玉贤下班回家之间;被害人王玉贤的遇害时间是在当天下午3点下班回家之后。5名被害人分三批先后出现在家中,客观上使得被告人杨辉连杀5人成为可能。……

再如,被告人卢彪、韩阳出售假币一案中,公诉人针对被告人主观上明知系假币而出售,从四个客观方面进行论证,尤其是从被告人参与的名称、地址等全系虚假的销售模式,和被告人经历的特定事件两个方面,提炼归纳出了证实被告人主观明知的客观依据,让人信服:

……被告人参与的名称、地址等全系虚假的销售模式,体现了被告人明知系售假而仍然参与的主观心态。纵观全案,我们发现本案中犯罪团伙的销售模式是"一假到底"。假名:每一位员工编造假姓名;假单位:谎称系

上海收藏协会分会;假地址:实在闵行,假报在黄浦;假发票:网上购买的已经加盖好公章;假快递:自己填写快递单自己送达;假介绍:从网络、货品介绍上复制好产品介绍;假购买:为促使被害人上当,伪装成购买者,谎称因数量限制要求他人代买;假珍贵:所谓一套价值数千元,市值近万元,数十套价值数万元的物品就被堆放在杂物间内,这是不是依照常识对贵重物品的保管方式。以上被告人亲身经历和实施的八方面的假,只能得出一个结论,即明知系假而售假。

被告人经历的特定事件,表明其确切知晓系伪造货币而销售。从被告人供述和证人证言中,我们可以看到这样几个特定事件:一是陪同汇款,知晓进货价格。明知几百元的进货价格,显然知道系伪造。二是恶性竞争,告知系伪造。遇到客户说明从其他地方购买到更便宜的纪念币,则明确告知系伪造。三是相互议论,知晓系伪造。人本身的基本认知和对售假模式的亲身感受,使得被告人以及其他普通员工之间也对销售对象、责任、后果有着担忧与后怕,而通过集体开会要求不论真假、只管销售,当然只能得到"掩耳盗铃、自欺欺人"的结果。四是明知增值,仍然低价出售。网上的市场实际价格一涨再涨,而被告人等人的推销价格不变,显然不符合市场规律。五是明知限量发行,但推销时却没有限量。其推销的纪念币有严格的发行数量,而被告人所在团伙却没有限制,多多益善……虽然主观认识存在于每人的头脑和内心,但客观事实的表现可以充分证实被告人明知系假币而销售。

公诉意见作必要的法制宣传,不可"大而空",否则起不到效果,还让人生厌。公诉人在对该部分进行处理时既要注重挖掘深度,又要防止一味拔高。在制作时,应体现出公诉人的"真情实感"。如 2007 年的赫英志故意杀人案,因当时广受媒体关注,且有媒体报道披露本案的被害人封根娣不仅当年抛夫弃子与李西明私奔,而且把两个儿子带到上海也是为了要利用他们为自己经营的公司出力,小儿子之所以和自己的老婆离婚,是因为封根娣让小儿媳做业务主管后小儿媳与客户关系暧昧,而封根娣为了公司业务不管不问。正如公诉人当庭的法制宣传丝毫没有说教,但直指人心,让人深思,令人动容。

善良与罪恶、人性的光辉与劣根在一起案件中交织、较量。正确地诠释、适用法律进而将赫英志绳之以法并不困难,然而,如何去修复案内当事人已经被仇恨扭曲的社会关系,化解仇恨和矛盾也并不简单。

后来公诉人精心准备的公诉意见,当庭发表后,收到了相当好的庭审效果,尤其是最后一部分内容:

> 本案被告人赫英志与被害人封根娣的结合,众所周知,是一个特殊时代的产物。如果没有知识青年的上山下乡、插队落户,他们甚至无缘相识。知青返城又导致多少家庭破裂、妻离子散。如果要判断责任的归属,可以说我们案内的当事人都应当是受害者。本案是一起不该发生的悲剧!我们国家自古以来就有"恩欲报,怨欲忘。抱怨短,报恩长"的古训,说的是别人的恩情要记得回报,对别人的怨恨要慢慢淡忘。怨恨不要记得太久,而恩情则要长久地记得、长思报答。古往今来,这应当是我们每一名中国人做人的基本道德。而坐在被告席上的赫英志,你在将利刃刺向李西明、刺向封根娣的时候,你想到过你的前妻、你儿子的母亲为了生活奔波的艰难吗?你想到过你的两个儿子将怎样面对生养他们的父亲、母亲吗?如果赫英志、封根娣的两个儿子也坐在今天的旁听席上,公诉人真诚地希望你们能够用宽容、体谅的心态去吸取这血的教训,不要让你们父亲的悲剧重演!

在公诉意见的制作中还需注意的是:

一是证据论证应强化,不可笼统,千案一面。实务中个别公诉人对证据论证作弱化处理,往往用"本案有被害人陈述、证人证言、物证、鉴定结论等证据证实"这样的格式化语言来一笔带过,或虽然宣读了证据的内容,但对证据之间的印证点,证据锁链到底是怎样形成的并没有论述,导致对证据的论证方式及语言,有放到其他任何一个案子里皆可的感觉。

二是语言应符合口语传播特点,不可过于书面,运用法言法语的同时也应有适当的文字修饰。公诉意见的制作需要有一定的写作基础,它实质上是一篇指控性的法庭演讲稿,应当避免过于书面化的语言及长句。公诉意见毕竟是拿来给人"听"的,而非拿来给人"看"的。用"老百姓听得懂的语言"来发表公诉意见,是公诉人需要掌握并使用的一项重要能力。

6. 制作答辩提纲

答辩提纲,是公诉人针对辩方可能提出的辩护观点而在庭前拟订的予以驳斥的应对提纲。[①] 这是保证最佳辩论效果的有效途径。通过拟写答辩提纲,可以保证公诉人在庭前对庭审中被告人及辩护人的意见、观点有所预测预判,不至于面临突然发难而措手不及。同时,也可以保证公诉人在面对不同辩护观点时能准备好答辩思路及策略。认真做好答辩提纲一般遵循"三部曲"式的准备步骤,即预测辩方观点—梳理辩论争点—拟写答辩要点。

1) 预测辩方观点

对于答辩提纲的准备,关键在于尽可能全面准确地预测辩方的辩护观点,预测得越准,答辩准备就越充分,辩论的效果也就越佳。预测的方法很多,大致有:通过以辩护人的角色换位思维进行预测;通过分析辩护人的意见反馈进行预测;通过审阅犯罪嫌疑人在提审中的辩解进行预测等等。从实践中看,辩方观点往往有以下几个方面:一是认定事实和证据中较薄弱环节。如运用间接证据认定的犯罪事实等。二是法律无明确规定的情形。如重大责任事故罪中,如何理解情节特别恶劣的标准等。三是法学界认识分歧的法律适用问题。如金融诈骗犯罪中关于非法占有目的的认定问题。四是被告人庭前曾翻供或一直辩解的问题。五是审查起诉中比较复杂、疑难的问题。

2) 梳理辩论争点

对于辩方意见的预测,不是事无巨细地分别叙写,而是在尽可能全面预测的基础上作必要的梳理,综合、归纳提炼辩论焦点,明确答辩范围。这样不仅可以帮助公诉人面对辩方具体的观点时,能准确辨明辩护意向,抓住辩论的焦点问题,而且能帮助公诉人在庭审答辩中迅速准确地归纳出辩方的观点。对上文所列辩方观点,一般可以归纳为四种:罪与非罪辩、此罪与彼罪辩、指控是否全部成立辩、量刑情节辩。有时还包括程序辩。

3) 拟写答辩要点

在对辩方观点进行充分预测的基础上,应拟写答辩要点,一般是以一问一答的书面形式。在拟写答辩要点时,需要确定重点,分清主次。一般来说,应把案件的一些关键性问题和薄弱环节确定为主攻方向,集中力量详细论证和反

---

① 姜伟主编:《公诉业务教程》,中国检察出版社 2003 年版,第 205 页

驳,把道理说深和说透;对次要的问题进行反驳则相对简单,点到为止。值得注意的是,答辩意见的拟写建议以要点的形式,这样更有助于公诉人在庭审答辩中能立足庭前的准备,又能有新的扩充发挥。如果每个字句,包括过渡性的语言都写下来,反而会使公诉人在答辩时变成读答辩意见。如杨辉故意杀人案:

> 辩护人可能提出,杨辉有性格缺陷或精神障碍,应从轻处罚。
> 答:公诉人已经注意到这个问题,在审查起诉过程中,公诉人专门走访了上海市精神卫生中心参与对杨辉精神状态鉴定的专家,获悉被告人杨辉既无精神病,亦无非精神病性精神障碍,他的"冲动"仍是正常人范畴内的性格表现,对行为的法律性质具有实质性的辨认能力,应负完全刑事责任能力。

第三节　宣读起诉书

一、宣读起诉书的诉讼意义

起诉书是刑事案件进入审判程序的诉讼标志,是人民法院对被告人行使审判权的重要依据,也是人民检察院履行诉讼监督职能的重要载体。[1] 起诉书作为检察机关代表国家向人民法院提出追究被告人刑事责任请求的重要法律文书,成为出庭支持公诉的基础和依据。宣读起诉书是公诉人出席一审法庭支持公诉的第一项诉讼活动,是法庭调查的首要内容。在审判长宣布法庭调查开始后,公诉人就应当宣读起诉书。对起诉书的宣读,实际为法庭调查和法庭辩论明确了主线和重点,使法庭审理有计划、有重点、有层次地进行。

二、宣读起诉书的规范要求

(1) 宣读时应起立。宣读起诉书时应一律起立,不得坐着宣读,同时还应保

---

① 季刚、刘晶:《公诉规则与实务》,中国检察出版社 2006 年版,第 25 页。

持站姿的端正,不得有俯胸驼背、左右摆晃的不良姿势。起诉书宣读完毕后,应向审判长告知:"审判长,起诉书宣读完毕。"然后落座。

(2)宣读应完整。起诉书的宣读应从"××人民检察院起诉书"开始,至"检察员××"结束,出庭公诉人员与落款公诉人员姓名不一致的,应宣读实际出庭公诉人员姓名。实务中有个别公诉人对起诉书的首部往往省略宣读,或对证据论证部分只宣读证据名称不宣读证据内容,该做法虽然看似提高了庭审效率或避免了起诉书证据论证与当庭示证的重复,但却损害了起诉书的重要价值,应当禁止。

(3)宣读应准确。庭前应熟悉起诉书内容,进行必要的预先宣读,针对发音模糊的字词能提前查阅确认,避免当庭宣读中出现的错别字。同时在提前的宣读熟悉中,对长句的断句处理心中有数,避免不恰当的断句引起歧义。

(4)宣读应清晰。宜使用普通话,口齿清楚流畅。保持适当的音量,在有扩音装备的情况下,可以适度放低音量,且保持合适的距离,避免因噪音的产生影响庭审对宣读内容的接收。在无扩音装备的情况下,应适当提高音量。另外在宣读中确保吐字、咬字清晰,避免发言含混、吞字。应给人层次清楚、段落分明的印象,而非模棱两可不知所云。

三、宣读起诉书应当注意的问题

(1)得体的肢体语言。在宣读起诉书过程中,一方面是保持得体的站姿,要挺、稳、舒展。另外最好在站立时与旁听席保持45°角,这样可以给人一种公诉人不仅仅是和合议庭或辩护人在交流,还照顾到旁听者的感觉。另一方面是保持得体的手势。这里的手势主要是指公诉人执起诉书的手势。规范的做法是双手持起诉书,有利于起诉书的翻页,左手最好持起诉书的骑缝轴的位置,避免翻页中因频繁换手产生翻页噪音。

(2)必要的眼神交流。在实务中往往有一种误区,认为既然是读起诉书,照本宣读就可以了,个别公诉人在宣读起诉书时,即便是再长的内容,从头到尾都是低头看着起诉书。宣读起诉书应有必要的眼神交流,因为公诉人能大胆地与庭审中的任何一方作必要的眼神交流,可以体现一种自信、坦诚的印象。另外,在宣读中与被告人进行眼神交流,不仅能有尊重被告人的感觉,也能发现被告人针对起诉书情绪变化的点在哪里。

（3）适度的语调语速。宣读起诉书应避免两个误区：一是将起诉书的宣读等同于批判书的宣读。个别公诉人认为公诉人应体现出对犯罪的疾恶如仇，语调语速过于凌厉，而失去了应有的理性平和。二是将起诉书的宣读看成形式上的走过场，一口气宣读完了事，无节奏，更无语调变化可言。对于起诉书的宣读首先要在语调语速上有变化，如起诉书首部"被告人基本情况"的宣读与最后的"起诉理由与依据"部分就应有所不同，后者在语速上要慢一些，语调要坚定有力。其次语调语气的处理要有一定感染力，但不应处理为过于情绪化的感觉，应体现出语言坚定有力但又有节有度。

第四节　法庭讯问和询问

一、法庭讯问、询问概述

（一）法庭讯问、询问的特点、目的和意义

法庭的讯问、询问是指公诉人在法庭调查中讯问被告人，询问证人、被害人和鉴定人的诉讼活动。相比较侦查、审查起诉中的讯问、询问，有如下特点：

一是过程的公开性。法庭的讯问、询问已经不限公诉人与发问对象，作为法庭调查的一部分，不仅合议庭、辩方介入，而且因庭审的公开，甚至有社会公众旁听，整个过程都被公开且实际记录。这对于公诉人的讯问、询问方式、能力提出了更高的要求，规范、准确、简练是必然的要求。信马由缰地提问，势必造成难以挽回的缺憾。

二是目的的特定性。侦查、审查起诉中的讯问、询问主要是为了收集证据、核实证据，以发现、确定犯罪嫌疑人和查清案件事实，而法庭讯问、询问主要是为了出示证据、核实证据，否定虚假的供述和证言，以证明起诉书认定犯罪事实的正确性。[①]

三是诉讼性质的两面性。一方面，当被告人承认所指控的犯罪事实或供述其他人的犯罪事实，以及证人证言对被告人不利，具有控诉证据的性质时，公诉

---

① 姜伟主编：《公诉业务教程》，中国检察出版社 2003 年版，第 222 页。

人的法庭讯问、询问具有举证的性质,既是证明指控的犯罪事实的过程,也是向法庭展示案件事实的过程;另一方面,当被告人不供认犯罪事实,或者证人证言对被告人有利,具有辩护证据的性质时,公诉人的法庭讯问、询问主要是核实证据效力和证明力,为法庭质证铺垫。

(二) 法庭讯问、询问的规则

1. 相关性规则

相关性规则又叫关联性规则,是指讯问、询问的内容与案件事实具有客观联系,能够对案件的待证事实有揭示作用。所以,公诉人的法庭讯问、询问应有针对性,内容必须与指控的犯罪事实有关。根据最高人民法院《关于执行〈中华人民共和国刑事诉讼法〉若干问题的解释》第 146 条的规定,询问证人发问的内容应当与案件的事实相关。该规定适用于对被告人、被害人、附带民事诉讼原告人和被告人、鉴定人的讯问、发问或者询问。最高人民检察院《人民检察院刑事诉讼规则》第 338 条第 3 款规定:"对证人发问,应当针对证言中有遗漏、矛盾、模糊不清和有争议的内容,并着重围绕与定罪量刑紧密相关的事实进行。"这些规定其实都涉及关联性规则的问题。

判断所提的问题是否具有关联性,要看该问题对案件的某个实质性事实或情节是否具有揭示性。如一起驾驶机动车进入厂区偷盗工业原料的案件,公诉人在有关讯问偷盗过程之外,还继续讯问被告人什么时候学的驾驶技术,有无驾驶证,这样的问题就与案件的犯罪事实没有关联性。

2. 合法性规则

根据最高人民法院《关于执行〈中华人民共和国刑事诉讼法〉若干问题的解释》第 146 条的规定,询问证人不得以诱导方式提问,不得威胁证人,不得损害证人的人格尊严。该规定适用于对被告人、被害人、附带民事诉讼原告人和被告人、鉴定人的讯问、发问或者询问。最高人民检察院《人民检察院刑事诉讼规则》第 335 条第 1 款规定:"讯问被告人、询问证人应当避免可能影响陈述或者证言客观真实的诱导性讯问、询问以及其他不当讯问、询问。"这些规定是构成合法性规则的法律基础,要求公诉人在法庭上的讯问、询问应当符合法律规定,不能采取威胁、引诱及其他非法的方法进行。

其中要注意防止诱导性提问。诱导性是指因暗示可能致使被讯(询)问人产生误解或错觉,从而不能如实反映和提供案件的真实情况。如讯问被告人:

"你们三个人,是不是陈某从窗户进入拿钥匙,然后你开门进去的?"这样的发问带有明显的诱导。不过,对于记忆诱导性的提问,即对于理解能力有限和记忆有限的被告人或证人,唤起其记忆的引导性问题,不属于诱导性发问,司法实践中是允许的。如询问证人:"双方打斗有谁在旁观?"证人回答:"有王某、刘某,还有……我想不起来了,现场还有人看到。""李某在现场吗?""我想起来了,他当时也在现场旁观的人群中。"这种记忆诱导性的发问,有利于庭审迅速查明案情。

3. 反对复合性规则

反对复合性规则是指反对多重问题一次发问,反对一个问题混杂多重含义,通俗地说就是"话中有话"。讯问、询问中暗含两个以上的问题,被问者难以掌握应具体针对哪个问题进行回答。如讯问被告人:"你是否停止了殴打被害人?"这个问题中实际就包含了被告人是否殴打了被害人与是否停止了殴打被害人两个问题,是典型的复合性问语,被告人肯定或否定的回答都意味着承认曾经殴打过被害人。所以,庭审讯问、询问应力求一事一问,发问简短明确,用语简单合理,避免使用反问句或多重句,防止含义混乱,以利于当庭提问的效果。

4. 证据支撑规则

公诉人的讯问、询问在于向法庭解释指控的脉络,强化指控的力度,所以不是"寻求真相",而是"明知故问"。对于讯问、询问的问题,都应有一定数量的证据佐证、支撑,对回答有所预测。否则一旦被告人回答出乎意料,容易陷入被动。比如实务中有这样的讯问:"你在公安机关为什么承认了?"答:"开始我不承认,可他们打了我。""你到底干没干?""没有干。""你态度很不好?""我说的都是事实。"因为没有什么证据和理由对付被告人,公诉人只好以几句训斥结束,从而影响庭审效果。

5. 意见排除规则

意见排除规则又称意见证据规则,是要求证人只能陈述自己感知的案件事实,而不能提供意见。所谓的意见就是指证人猜测性、评论性、推断性的证言,因意见证据并非证人对案件事实的亲身感知,且无法确保其真实性,故不具有可采性。故询问证人应尽量促使证人比较直观的陈述,在证言中尽量少陈述意见(推论、概括和结论)。

需要注意的是,如果证人亲自感知到案件情况,并且立足于案件情况作出猜测性、评论性、推断性的证言,而根据一般的生活经验能够认定此类证言符合事实,则此类意见证言也能够作为证据使用。同时证人的意见证言只能涉及证人亲自感知的事实,而不能涉及假说性问题。因为脱离证人亲自感知的事实,证人的意见证言就丧失了作为证据使用的基础性条件。

二、讯问被告人的策略与方法

公诉人讯问被告人,是指在法庭调查中,公诉人就起诉书指控的犯罪事实以及相关情况对被告人依法进行发问的诉讼活动。随着我国刑事诉讼庭审模式不断向抗辩式庭审改革发展,公诉人询问被告人在庭审中的地位越来越不可小觑。作为出庭支持公诉的基础环节,讯问被告人的成功与否,直接影响到示证、质证及辩论的效果。讯问被告人不仅是公诉人与被告人之间特殊的心理接触,也是控辩双方庭审较量的开始。往往通过讯问,可以比较出控辩双方智慧和经验的高下。所以,公诉人应提高讯问的策略、方法。

讯问被告人的方法、策略的选择因案而异,因人而异,主要考虑被告人的认罪态度及案件的特点,另外综合考虑被告人的个体特质,如表达能力、脾气性格、心理素质等。

(一) 普通程序案件讯问被告人的策略与方法

1. 迂回包抄式

它是指面对在关键情节上一直不供述或供述反复的被告人,先就无太大争议的事实讯问,通过讯问表面看似与定罪量刑无关且似乎对被告人有利的问题,使被告人逐渐放松警惕,待时机成熟,转切到关键问题上揭示被告人的辩解不可采信。如一起受贿案件中,被告人对十三次收受他人钱财的事情不否认,但辩解行贿人与其是同族叔侄关系,钱款均是逢年过节的人情往来。公诉人在讯问时采用迂回包抄法,先讯问十三次收钱的时间、地点、数额,而不是直接纠缠钱款收受的性质。在被告人一一回答问题的过程中,公诉人又问了一个与案件看似无关的问题,即被告人是否在行贿人调任其他职务后还收到过其送的钱款,被告人马上予以否认,公诉人随即抓住时机驳斥:"作为职权能影响行贿人职级晋升的被告人,根本不是因人情才收到钱款的,否则不可能在行贿人调任后收钱的路就断了。"于是利用职务便利受贿的关键问题就在不经意间得以揭示,让被告人措手不及。

对反讯问经验比较丰富的被告人,采取这种方法,往往能取得较好的讯问效果。

2. 直切要害式

这即是对定罪量刑有影响的主要事实、关键情节要问深问透,使其犯罪事实、情节得以充分暴露。如陈某等三人消防责任事故案,陈某实际不参与肇事房的日常管理,要认定其承担刑事责任,关键在查清"其出资联系租房,后受聘任负责人时又起意并出资装修楼房用于出租,从中获利;在消防机关多次要求整改消除隐患仍未予有效改正"的事实。这些关键的涉案事实在庭审中要讯问清楚,从而确定各被告人在接受消防检查和整改时各自应承担的刑事责任。

3. 对质讯问法

这即利用共同犯罪案件中认罪态度较好的被告人的讯问口供,反驳不认罪的被告人虚假的供述和辩解。这种讯问方式适用于有个别被告人不供的共同犯罪案件,针对性和说服力比较强。一般对认罪态度较好,参与犯罪比较多的被告人优先讯问,对不承认参与犯罪的被告人应最后讯问,以便在讯问后者时进行对质。如一起伪造国家机关证件罪的四人共同犯罪案,第一被告人否认参与伪造国家机关证件的犯罪活动,公诉人在庭审中最后讯问第一被告人,因认罪的其他三名被告人分别通过讯问供述,伪造证件的资金及设备、原材料均系第一被告人所提供,所以再对质讯问第一被告人时,其辩解的虚假性就很容易在法庭上呈现。对多名被告人有不同认罪态度的案件,一般先讯问认罪态度较好的被告人,使其发挥证实犯罪的作用。如苏某等六人假冒注册商标案,公诉人先讯问认罪态度较好、证据相对确实充分的被告人李某和姚某,在庭审初期尽早固定该两人的供述,使合议庭对本案的情况、各被告人在犯罪中的地位、作用有初步认识,同时对其余被告人的供述起到印证效果。

需注意的是,对多名被告人之间互相推诿的案件可打破常规,先讯问认罪态度不好的被告人,通过被告人之间的不同供述来否认其中一人的虚假辩解,然后结合其他证据证实被告人的犯罪事实。如陈某等三人消防责任事故案,陈某能如实供述,另两名被告人孙某、范某对相关事实互相推诿。公诉人先讯问孙某,当孙某极力辩解自己不参与管理,而是由陈某、范某管理时,再接着向陈、范二人发问,果不出其然,陈某、范某面对孙某的推卸责任,断然否认孙某的不实之词,并详细供述孙某参与管理的情况,取得了很好的效果。

4. 质疑问难法

对于在庭上拒不认罪的被告人,可采取质疑问难法。抓住其回答的不一致之处,攻其不备,使其不能自圆其说。如李某刑讯逼供、包庇案,公诉人先任由李某自我辩解,并允许他将案发当天的行踪从几点几分到几点几分都说得一清二楚。然后再问他:"你的时间都是看表的吗? 怎么这么准确?"李某立即警觉地回答:"当然不可能每时每刻看表,但我对时间的感觉是很准确的。"公诉人追问:"即使你当时感觉准确,那你今天在法庭上会不会记错呢?"被告人李某自得地回答:"自己的记忆不会出错。"公诉人立即指出:"在你的书面自我陈述中,对被害人杨某家人找到派出所的时间以及你派民警到普陀中心医院的时间均与实际发生时间有整整一天的差错,这又是怎么回事?"被告人李某怔了一下,随即辩解:"当时记错了,公诉人你不要抓住我的一点差错就小题大做。"公诉人当即指出:"你在案发后不久对时间的回忆都出现这么大的差错,事隔半年反而你的记忆比当时更清楚吗? 你用自己感觉的时间来证明你案发时不在现场,现在事实证明你的感觉也会出错而且会出很大的错,那你还拿什么来证明你不在现场,你认为这是小题大做吗?"这样就一针见血地指出李某在当庭辩解中存在的前后矛盾和与以往辩解的矛盾。

两种特殊情况下的讯问方法:

1) 被告人不针对公诉人的讯问作答时的讯问方法

当被告人对公诉人的讯问不作正面回答,东拉西扯时,公诉人首先应明确告知被告人听清问题后有针对性地回答,不要回避问题;然后进行封闭式讯问(即只要回答是或不是),使回答内容限定在公诉人设计的范围之内,一旦被告人试图脱离主题,即及时制止;当其对某些提问含糊其辞时则适时予以追问,显示出其回答的荒谬性和不合理性。如苏某等六人假冒注册商标案,苏某急于推卸自己的罪责,公诉人先安抚他不要激动,应当听清公诉人的提问再回答,尔后按照事先准备,采取长问短答的方式,先问苏某从事国际贸易的经历,再问是否知道李某生产的是假冒注册商标的化妆品时,苏某辩称不知道。公诉人即问其是否了解同类正品的市场价格,苏某犹豫后回答:"作为贸易公司我认为不需要去了解。"公诉人立即逼问:"究竟有没有去了解?"苏某只能回答:"没有。"公诉人即问:"你有没有要求提供生产这些原装化妆品的授权证明?"苏某还是回答:

"我认为不需要。"公诉人紧接着讯问:"你从李某处购买的化妆品的价格是不是比正规产品低很多?"苏某回答:"我不了解正规的应该是什么价格。"公诉人当即明确列举了部分正规产品的价格,并与本案合同价格进行比较,然后问苏某:"你认为以这样的价格买的可能是正品吗?"虽然苏某仍然回答"我认为是正常的",但其回答的荒谬性已十分明显。

2) 被告人拒绝回答公诉人讯问时的方法

被告人拒绝回答公诉人的某一问题时,公诉人不应紧接着进行下一轮发问,而应提请法庭注意:公诉人的该问题是与案件的哪些事实有关,被告人在这其中所起的作用是什么,进而阐明被告人之所以不愿回答,其用意是回避本人所参与事实和在其中起的作用,通过阐述引导合议庭形成正确的内心确信。如果该问题原先被告人做过供述,可以就供述的内容扼要予以说明,并说明公诉人在以后的法庭质证中将会宣读相关供述笔录,随后再转入下一个问题的发问。

(二) 适用普通程序审理被告人认罪案件讯问被告人的策略与方法

公诉人庭审讯问不是庭审中的必经环节,不是每个案件的庭审公诉人都必须讯问被告人。对被告人自愿认罪的案件,最高人民法院、最高人民检察院、司法部《关于适用普通程序审理"被告人认罪案件"的若干意见(试行)》第7条第2项规定:公诉人、辩护人、审判人员对被告人的讯问、发问可以简化或者省略。被告人对被指控的基本犯罪事实无异议,并自愿认罪的第一审刑事公诉案件,一般适用普通程序简化审。对于指控被告人犯数罪的案件,对被告人认罪的部分,可以适用普通程序简化审。

由于普通简化审理案件中,被告人是认罪的,在法庭上对于公诉人的客观提问一般能如实陈述。公诉人讯问被告人重点放在定罪量刑有关的事实和情节上,如影响此罪与彼罪认定的关键事实;共同犯罪中对各被告人地位、作用有影响的情节;影响量刑档次的重要情节。相比较普通程序,公诉人的法庭讯问不需要面面俱到,而且在讯问方式上一般宜采取直接讯问的方式。

直接讯问法,即就指控的犯罪事实和与定罪量刑有关的情节直接、正面发问,其中对案件的关键内容直接切入讯问,要求被告人作出明确的供述,询问方式通常表现为短问长答的形式。直接讯问一般可选择两种方式发问。一是顺时法,即按照案件事实发生、发展的时间顺序进行发问,如按照起意、预谋、预备、实施犯罪的过程依次发问。对于不纠缠犯罪起因的被告人顺时法讯问比较适合。二是逆时法,即对犯罪结果先行发问,然后讯问犯罪过程、犯罪动机和起因。对于被害人有过错而被告人又过于纠缠的侵犯人身权利的案件,如故意杀人、故意伤害、索债型的非法拘禁案,逆时法讯问通常能收到较好的庭审效果。

三、询问被害人、证人、鉴定人的策略与方法

(一) 对证人的询问

当庭询问证人是指控和证实犯罪最直接最有力的手段。由于出庭作证与在庭前接受询问的环境、心理等诸多因素存在不同,证人在法庭上的表现会有所变化,同时相比较原始书证、物证与证人证言在可固定性上的差别,公诉人必须花更多的精力通过询问证人来有效举证、质证。

1. 询问证人的主要内容

询问证人,应当针对以下内容进行:

一是证言中遗漏的内容。如一起故意伤害案中,辩方的证人庭前提供证言证实被告人殴打的是被害人的腿部而非构成重伤的眼部,但遗漏了被告人是在看到同伙持棍敲击被害人的情况下实施殴打的重要内容。所以,公诉人在庭上对此遗漏的内容详细询问,从而澄清被告人是与同伙配合共同导致被害人重伤的结果,驳斥了"行为过限"的观点。

二是证言中矛盾的、模糊不清的内容。在庭审中公诉人对此是不应回避的,证人有合理的解释,可以排除证据的矛盾,提高可采信度。

三是有争议或可能产生争议的内容。如一起抢夺案中关于被告人是强行扯断被害人的项链还是偷偷剪断的存在争议,庭上询问时对目击证人就需要着重问清这个问题。

四是其他与定罪量刑有关且需向证人发问的内容。

2. 询问的主要方式

实务中,当庭询问证人常见的有以下几种方式:

(1) 解释性询问 对于需要证人作比较全面的陈述时,往往采用此种询问方式,如:"你是怎么知道这车是被告人偷的?"需要注意的是,解释性发问看似开放,实际对于答案,公诉人是知晓的,否则会在询问中被证人牵着走,在庭审中失去主动权。

（2）选择性询问　对于记忆暂时模糊，表述"卡壳"的证人，可以采用有几种可能性答案的提问方式，让证人回答。需要注意的是，采用这种方式要慎重，避免诱导性发问。

（3）封闭性询问　对于案件中一些诉讼双方不会发生争议的问题，可以采用旨在让证人回答"是"或"不是"的提问方式。采用这种方式，可以加快庭审的节奏。

（4）追问　对于证人的证言中关系案件定罪量刑的几个关键点，为进一步固定，可采用明确的询问方式。例如，行贿人称其送钱给被告人，是因为被告人在业务上提供了帮助，则公诉人追问证人究竟是什么帮助，以揭示权钱交易的犯罪本质。

根据传唤主体的不同，证人可以分为辩方证人和控方证人。一般本方传唤的证人是对本方有利的证人。对于控方证人和辩方证人，询问方式、技巧也有所不同。

对于控方证人，在庭前准备阶段应做好如下工作：一是考察证人的工作经历、文化程度、临场心理素质、语言表达能力；二是掌握出庭证人与本案被告人之间的具体关系，对公诉人的配合程度等；三是打消证人出庭顾虑；四是在庭前与证人进行预备询问，使其适应法庭的调查方式和领悟公诉人的问话要领，避免词不达意的情况出现。在法庭询问时，一般可以按照预定的提纲询问需要证明的事实、情节。先要求证人对所了解的与案件有关的事实作连贯陈述，然后针对性地发问。主要针对证言中有遗漏、矛盾、模糊不清以及可能产生争议的内容，并着重围绕与定罪量刑紧密相关的事实展开询问，从而强化证人证言的证明力。在询问时应仔细听取证人当庭陈述是否有变化，一旦出现证言变化影响到案件的定罪量刑，则需要高度重视。首先要求证人解释证言变化的理由以分析是否合理，再对证言变化的内容详细询问以发现矛盾可疑点。对于当庭无法核实变化后的证言，公诉人可以向法庭申请延期审理，于庭外进行调查核实。

对于辩方证人，公诉人在辩护人先行发问的过程中，要仔细聆听证人的当庭陈述，明确其所证实的是案件中的哪些事实，对案件的定罪量刑产生何种影响，及时发现证言中的漏洞、疑点，在公诉人的询问中，让证人作解释性回答，边询问边揭示证言的虚假不实。

3. 对于几类特殊证人的询问策略和方法

1) 对故意作伪证的证人的询问

故意作伪证的证人常见有三种类型：一类是与案件有利害关系的证人，如受贿罪中的行贿人；一类是与被告人有亲近关系的证人，如亲属或好友；还有一类是受不当原因影响的证人，如被被告人、辩护人及其家属贿赂、收买、指使而作伪证的证人。

由于作伪证的证人一般在庭前作了相对周密的准备，通过询问揭露其虚假性的难度是比较大的。询问可以借鉴讯问被告人的方法。公诉人询问时，必须要知道真相并掌握证据，巧妙设问，不可无的放矢。

实务中询问与固证相结合往往能在询问故意作伪证证人时起到有效的作用。询问与固证相结合的方式，就是针对某一事实、情节或细节进行询问，证人相应作答后，及时用简短的语言对其回答进行概括固定，再抓住破绽予以击破。美国总统林肯从事律师职业时的一次有关月光的著名辩护，就是一个相当经典的例子。

> 林肯：在看到枪击之前你与拉克伍在一起吗？
>
> 证人：是的。
>
> 林肯：你站得非常靠近他吗？
>
> 证人：不，约有 20 尺远。
>
> 林肯：不是 10 尺吗？
>
> 证人：不，有 20 尺或更远。
>
> 林肯：在宽阔的草地上？
>
> 证人：不，在林子里。
>
> 林肯：什么林子？
>
> 证人：榉木林。
>
> 林肯：在 8 月树上的叶子相当密实吧？
>
> 证人：相当密实。
>
> 林肯：你认为这把手枪是当时所用的那把吗？
>
> 证人：看起来很像。
>
> 林肯：你能看到被告开枪射击，能看到枪管等情形？

证人:是的。

林肯:这距离布道会场多近?

证人:1/4 里。

林肯:灯光在何处?

证人:在牧师讲台上。

林肯:有 3/4 里远?

证人:是的,我已经回答第 2 遍了。

林肯:你是否看到烛火,拉克伍或盖瑞森可有携带?

证人:没有! 我们要烛火干吗?

林肯:那么你如何看到枪击事件?

证人(傲慢地):借着月光!

林肯:你于晚间 10 点看到枪击;在榉木林里;离灯光 3 里远;你看得到手枪枪管;看到那人开枪;你距他 20 尺远。你看到这一切都借着月光? 离营地灯光几乎一里之外看到这些事情?

证人:是的,我之前就已告诉你。

林肯从大衣口袋里抽出一本蓝色的天文历,慢慢地翻开,给陪审员及法官看,并慎重地从其中一页当中念道:那天晚上看不见月亮,月亮要到翌晨一点才升起。面对这些,作伪证的证人已经完全崩溃。[①]

这个案例中庭前对虚假证言破绽敏锐的洞察及充分的准备,无疑是询问取胜的关键,不过庭上巧妙地询问也起到了非常重要的作用:对关键细节层层盘问、及时栓定,在步步为营中切断对方的其他后路,最后给予致命一击。

2) 对因感知受局限而陈述有误的证人的询问

有些证人并非有意作伪证,因为其对外界事物的感知、记忆和陈述能力有一定问题或缺陷,或者被外界某些因素干扰了其正常的感知能力。如证人自己的感官机能、感知时的精神状态以及当时的客观环境,都有可能影响证人证言的可靠性。对于这类证人的询问,应着重问清陈述误差形成的原因,还原客观事实。

---

① 转引自季刚、刘晶:《公诉规则与实务》,中国检察出版社 2006 年版,第 207 页。

如一起猥亵案中,辩护人申请的出庭证人明确回答辩护人,案发时一直在现场,而且没有看到过被告人拉下被害人的裤子实施猥亵的行为。辩护人又进一步追问证人是否能肯定当时一直在现场都没有看到过被告人实施过猥亵行为,证人肯定地说没有。结果当时法庭一阵哗然,对控方的指控产生疑问。公诉人在庭上的询问及时澄清了事实。

> 公诉人问:你当时与谁在一起?
>
> 证人:我的孩子。
>
> 公诉人:孩子是站在你身旁的吗?
>
> 证人:不,抱在我怀里。
>
> 公诉人:这时发生了什么事?
>
> 证人:这时人群一阵拥挤,我担心被推倒,便连忙转身抱紧孩子。
>
> 公诉人:这时你的目光仍在看被告人吗?
>
> 证人:不,我在看身后的人群和怀里的孩子。
>
> 公诉人:这有多长时间?
>
> 证人:一两分钟。
>
> 公诉人:证人,你能肯定,在你转身看护孩子的这段时间内,被告人没有实施刚才辩护人问的行为吗?
>
> 证人:我不能肯定,我没有看被告人。[①]

(二) 对被害人的询问

被害人陈述通常能直接证实犯罪过程,当庭询问被害人一般能起到强化庭审指控的效果。但被害人陈述的真实可靠程度容易受诸多因素的影响,尤其是在当庭询问中,容易出现两种倾向:

一是因恐惧心理,如担心在法庭上指证被告人会遭到被告人或其亲友的报复,当庭陈述内容有所回避,甚至推翻原有说法。

二是因报复心理,利用在庭审中被告人处于被控方指控的劣势,而乘机夸大犯罪事实、情节,意图使被告人受到严惩。

---

① 转引自季刚、刘晶:《公诉规则与实务》,中国检察出版社 2006 年版,第 205 页。

公诉人询问被害人要防止上述情况，取得良好的庭审效果，需要注意策略和方法。

一方面做好庭前准备工作。对拟出庭的被害人，应重点了解其出庭前的心理变化，是否有异常表现，有无受到主客观方面因素影响发生陈述变化的可能性，及时做好心理安抚工作。

另一方面，在庭审询问时，一般可以采取直接询问的方法，由其就被害过程和了解的其他案件情况作连贯陈述后，再就遗漏、前后矛盾或者陈述不清和有争议的情节重点询问。询问过程中注意观察被害人的情绪反应、心理动态，有针对性地调整询问方式，包括语音、语调及措辞，对心慌、恐惧的被害人作必要的情绪安抚，对愤怒激动的被害人作必要的情绪缓和。对于被害人的询问方法要合法，不得诱导，询问中出现被害人陈述变化影响定罪量刑的，则作必要的质询。

（三）对鉴定人的询问

我国《刑事诉讼法》第156条规定："……公诉人、当事人和辩护人、诉讼代理人经审判长许可，可以对证人、鉴定人发问……"鉴定结论在我国作为独立的证据类型，经过查证属实才能作为定案根据，故对鉴定人的询问关系到鉴定结论能否为法院所采信。对鉴定人的询问方法一般是先针对鉴定主体，然后是鉴定结论，最后是鉴定方法和过程。

关于鉴定主体，包括鉴定机构和鉴定人适格的问题。一是鉴定人所在的鉴定机构是否经过法定程序批准，属于法定的鉴定部门。根据2005年全国人大常委会《关于司法鉴定管理问题的决定》，对法医类、物证类和声像资料类等鉴定实行鉴定人和鉴定机构登记管理制度，没有经过省级司法行政部门登记、公告的，不能从事上述鉴定。二是鉴定人是否属于就鉴定事项具有专门知识，且经法定部门依法任命为有鉴定资格的人。通过询问上述内容，公诉人可以强化所出示鉴定结论的法定性和权威性，明确该鉴定专家的地位或社会威望，增强法官对鉴定结论的信任度。

关于鉴定结论的问题，是通过询问让鉴定人说明鉴定结论的科学性，重点针对鉴定结论尚未说明和可能产生争议的问题进行询问。

关于询问鉴定的方法和过程，主要是涉及鉴定活动自身的程序，包括了解案件以及检材、样本的提取、固定、保存的基本情况，对检材或样本进行检验，对检验结果进行的论证和说明,以及对检验的监督等。通过对鉴定方法、步骤和过程的询问,以及鉴定人的说明、解释和论证,能有效强化鉴定结论的可靠性,增强鉴定结论的可采性和可接受性。

询问鉴定人可以参照询问证人的规则、方法。需注意的是,询问鉴定人提供鉴定结论证明指控事实时,不得进行诱导性询问。如伤情鉴定结论是被害人系钝器伤,公诉人询问鉴定人"该伤势是否是木棍棒一类的钝器所伤",这种发问就明显属于诱导性发问。

四、应对被告人翻供、证人翻证的策略与方法

(一) 被告人翻供的应对

被告人翻供是指被告人当庭否认犯罪或部分否认指控,改变其以往有罪供述。基于趋利避害的心理,被告人即使在庭前一直作有罪供述,也有可能在庭审中翻供。对于当庭翻供的情况,公诉人不可无端地认为被告人是为了逃避处罚,认罪态度不好,而应从保障公诉的准确性出发,全面审查判断,结合全案其他证据审查其庭前供述和庭审翻供,从而去伪存真。一般出现翻供,首先应当讯问被告人翻供的具体理由,再进一步讯问有关的细节,以审查其翻供的理由是否成立。

如果被告人提出翻供的理由是基于庭前有罪供述系刑讯逼供等非法手段获取,并当庭提出了相关的线索和证据的,法庭则会启动证据合法性审查的专门程序,先行调查庭前供述的合法性。在此阶段,公诉人负担举证责任以证明证据的合法性,并要达到"确实、充分"的证明标准。2010 年的《关于办理刑事案件排除非法证据若干问题的规定》中对此作了明确规定。公诉人举证不能或举证不充分的,被告人庭前的供述不能作为定案依据。

如果被告人提出其他理由,公诉人应根据其具体的内容,并结合其他证据判断其翻供是否符合案情和常理。对于被告人不能合理说明翻供理由或其辩解与全案证据相矛盾,而其庭前供述与其他证据能够相互印证的,公诉人应建议法庭采信被告人的庭前供述。

1. 应对被告人翻供的策略

被告人翻供的理由真伪混杂,下述内容所总结的策略,主要针对翻供理由虚假的情况。

1) 对症下药,攻心为上

对翻供起决定作用的是被告人的某种不良心理,如侥幸、畏罪、存有误解、抗拒等。故解决翻供的关键必须首先判明这些心理,根据不同的心理特点有针对性地施加压力,促使这些不良心理向好的方向转化。如文某某过失致人死亡案,文某某因阻止被害人从阳台上逃跑而在拉扯中导致被害人失足从四楼坠落死亡,文某某后投案自首。法庭上文某某辩解被害人是自己跳下楼摔死的。被告人之所以翻供,就是因为其存有"杀人偿命"的畏罪心理和"死无对证"的侥幸心理。公诉人针对被告人的心理,一方面向其说明自首的必备要件是如实供述,抓住其渴望宽大处理的心理进行政策攻心,并客观讲明过失致人死亡的量刑规定;另一方面,通过讯问及向被告人出示现场勘察照片,证明被害人是在阳台外侧的凸台上向旁边的空调凸台跨跳时,上衣被被告人拉扯而失足坠楼的,并不存在被害人自己往楼下跳的情况,从而使被告人侥幸心理产生动摇。最后被告人在庭审后期心理转变,认罪服法。

2) 将计就计,后发制人

一般翻供的被告人,在翻供前都经过了相对周密的思考和权衡,也作了精心准备,在法庭上一般不会轻易放弃翻供。因此对于翻供时编造的谎言,不要过早戳穿,可以将计就计,等掌握了翻供的全部内容和理由,并从中寻找到破绽,适时彻底揭穿。若过早回击,不仅可能打草惊蛇,还会加重被告人抵触抗拒心理,使庭审出现僵局。

3) 因案而异,因人施策

案件性质、情节不同,被告人翻供的理由、焦点也有所不同,同时被告人因年龄、性格、知识层次、社会阅历的不同,翻供的方式和心理转变的难易也不尽相同。因此应对翻供,要因案而异,因人施策。如对于原认罪态度较好翻供信心不坚定的被告人,可以采用教育引导法和讯问佐证结合的讯问方法,促使被告人自动放弃翻供。对于主观恶性较深、顽固不化的被告人则应采取揭露询问或借言反证的方法,抓住其破绽或矛盾之处予以重击。

2. 具体方法

1) 针对存在破绽的翻供应对方法

一是对被告人翻供理由明显违背生活常识的,直接揭露其荒谬之处。如在原浦东新区社会发展局局长张某受贿、玩忽职守一案庭审中,被告人当庭推翻以往的有罪供述,辩称这是被侦查人员押在落下冰块的空调下挨冻且被打得皮开肉绽的情况下被迫承认的。公诉人当庭指出,空调机制冷温度最低只达零上18摄氏度,怎么会落下必须达到零摄氏度以下才能形成的冰块。通过生活常识,直接揭穿了被告人的谎言。

二是对被告人辩解未看过以往有罪供述笔录,而该笔录上有其修改内容的,当庭出示笔录指出其辩解不实。如果被告人到案后在有罪供述笔录中进行过多处修改,尤其是针对一些重要细节做过修改,在被告人当庭以"没有阅看过笔录"或是被迫签字而翻供的,公诉人可以通过当庭出示笔录,指出其中的修改部分,予以驳斥被告人的无理辩解。

三是被告人提出首次有罪供述系非法取证,与同步录音录像矛盾的,当庭播放审讯录像,直接揭露其谎言。讯问过程录音录像是侦查人员利用录音、录像设备记录、固定讯问的内容及当时情景的一种技术辅助性活动,与书面形式的讯问笔录相比,它不但能全面反映口供内容,还可以完整再现口供陈述的程序与环境,对于证明被告人庭前有罪供述的合法性,反驳其翻供理由的虚假性具有很好的效果。原则上当庭应完整播放,但鉴于时间一般都较长,应该有所选择播放,针对被告人所说的几个时间段进行播放。

四是被告人翻供的理由在庭前已交代过且已被查实虚假的,公诉人讯问时用查实结果揭露其翻供的虚假。如一起盗窃案中,被告人当庭翻供时又提出曾在审查起诉阶段相同的理由,即警察发现被害人钱包失窃,因知道他有好几次盗窃的前科劣迹,所以在找不到小偷的情况下,故意冤枉他。该理由已被查实是虚假的,因为民警根本不认识被告人,且当时盘问钱包失窃情况时还没有将被告人带到派出所,对其身份及前科劣迹情况还没有进行查询。据此公诉人当庭以查实的结果对被告人的翻供进行驳斥。

五是被告人翻供内容存在前后矛盾,不能自圆其说的,公诉人追问并及时点破。如一起二人结伙故意杀人案中,第一被告人当场翻供否认自己是持刀捅杀被害人的行为人。在法庭讯问时,公诉人不仅通过巧妙的讯问令被告人陷入自相矛盾的困境,而且一针见血地揭示,使得翻供的被告人当庭转变认罪态度。

　　　　公诉人:到底是谁持刀刺杀死者的?

　　　　被告人:是郑某(第二被告人)。

公诉人：他是怎么刺杀死者的？

被告人：当时他从后面抱住死者，我持刀准备刺死者，这时死者突然拿出枪来，我一下没反应过来，吓得把刀掉在地上，郑某便立即捡起刀朝死者胸部刺了一刀。

公诉人：你当时在什么位置？

被告人：我当时站在郑某的后面。

公诉人：郑某与被害人谁的个子更高？

被告人：郑某个子更高。

公诉人：那你有没有看到死者长什么样？

被告人：我视线被郑某挡住了，没看到死者长什么样子？

公诉人：也就是说，你没有与死者正面对视？

被告人：是的。

公诉人：你既然一直在死者后面，又被郑某挡住视线，你又怎么能看到死者拿枪的？

被告人：……

2) 针对不存在明显破绽的翻供应对方法

一是根据以往被告人有罪供述具有先供后证的特点，证明有罪供述具有不可逆转的客观性、真实性，当庭无罪供述虚假。

二是抓住被告人当庭供述与证据证明的事实间的矛盾，层层设问，使其不能自圆其说。如一起受贿案中，被告人当庭翻供辩称其与行贿人是多年的老朋友，常有礼尚往来。而案件事实表明被告人根本不认识行贿人。对此公诉人巧妙设问，有力击溃了被告人的翻供心理防线。

公诉人：你以前供述为什么说不认识李某？

被告人：确实认识，但当时我糊涂了。

公诉人：你现在清醒吗？

被告人：现在清醒。

公诉人：李某的儿子今年多大了？结婚了没？

被告人：他儿子今年二十多岁，结婚了。

公诉人：他儿子结婚，你去没去？

被告人：我们是老朋友，当然要去送礼的。

公诉人：审判长，被告人的辩解纯属一派胡言，李某的儿子现在还在大学读书，根本没有结婚。

三是利用其他同案犯的当庭供述或证人的当庭证言，揭露被告人辩解的虚假。将被告人与证人或同案人当庭对质，找出其中的矛盾和破绽之处，针对被告人的不实之处进行揭示。如陈某受贿案，庭审中陈某几乎全部翻供，行贿人张某出庭又提出"其与陈某之间经济往来系基于感情"，企图帮陈某掩饰受贿事实。公诉人紧紧抓住陈某与行贿人张某当庭供述的诸多矛盾，从证据证明的标准和情理分析的角度，对陈某的无罪辩解予以反驳，接着出示相关书证、物证及证人证言，牢牢巩固起诉书所指控的被告人陈某收受财物为他人谋利益的事实。

四是通过对被告人历次供述内容的对比，找出其中的同异进行分析论证，以揭示当庭供述的不合理。如倪某贪污受贿案，被告人翻供、证人（被告人丈夫）变证、行贿人庭上变证，公诉人机智应对，将被告人及其丈夫先后四次不同的说法排列成表，当庭出示，使被告人供述之间的矛盾昭然若揭。

（二）证人翻证的应对

证人翻证是指证人改变原来在庭前的证言内容。证人当庭作出与其庭前不一致的证言，可能基于不同的原因。如证人当时并未看清案件情况却在庭前作出肯定性的证言，后在庭审时纠正先前的证言。应对证人翻证的策略与方法主要有：

一是询问翻证的原因和理由。司法实践中，证人在法庭上更加超脱，而且需要接受控辩双方交叉询问的考验，因此，对于证人作出的相互矛盾的当庭陈述和庭前陈述，首先应当让证人当庭对其翻证作出解释，如果证人的解释具有合理性，且有其他证据印证，则应当采信当庭的证言。如果解释不具有合理性，又无法得到相关证据的印证，则表明当庭提供的证言不具有可信性。

如一起多名被告人致死一名被害人的故意杀人案，证人当庭翻证称其实际上看见被告人某乙而非某甲持刀捅刺被害人的胸部，在针对其当庭证言为何与庭前证言存在矛盾的询问时,该证人解释,其在案发当时看见被告人某乙而非某甲持刀捅刺被害人的胸部,但因在侦查阶段接受询问时,误将某甲的名字当做某乙的名字而提供了错误的证言。同时又鉴于侦查人员从现场提取的一把作案工具上不仅有被害人的血迹,还有某乙的指纹,另外经讯问,某乙也供述是自己持刀捅刺被害人胸部的,故公诉人提请合议庭采信证人当庭的证言。[①]

二是告知利害关系。告知其要如实提供证言和有意作伪证或隐匿罪证要负的法律责任。

三是详细询问发生变化的证言内容,发现其中存在的矛盾和破绽,结合证据反驳。面对证人翻证,在证人对翻证作出解释后,公诉人应当尽量深入地询问案件的细节问题,通过有针对性的询问,能够把握证人对案件情况的了解程度,从而结合其他证据评估证人翻证的可信度。

第五节 法庭示证

公诉示证是出庭公诉的核心。"在抗辩式的庭审模式中,法官对案件事实的认识主要依赖于公诉机关的举证。"[②]公诉人必须切实认识到法庭示证在抗辩式庭审模式中的重要地位,明晰示证的基本要求,掌握示证的方法技巧。

一、法庭示证的概念与要求

(一) 法庭示证的概念

法庭示证,也叫法庭举证,是指公诉方通过向法庭提供、出示证据,证明起诉书指控被告人实施的犯罪事实和情节是客观真实的诉讼活动。庭审方式改革后,公诉人在开庭前只移送主要证据,合议庭对整个案件的掌握很大程度上是依靠法庭审理期间控辩双方举证的情况,公诉人在法庭上的示证效果将对公

---

① 张军主编:《刑事证据规则理解与适用》,法律出版社 2010 年版,第 153 页。
② 季刚、刘晶:《公诉规则与实务》,中国检察出版社 2006 年版,第 132 页。

诉能否成功起到至关重要的作用。公诉人举证力度不够、效果不佳,将导致合议庭对案件的证据把握不准、事实认定不清,给判决的作出带来障碍。公诉人在法庭上能否准确和有效地履行举证责任,正确认识并向法庭和社会揭示证据的证明价值和各证据间的逻辑关系,直接决定法庭对案件事实认识的方向和结论。

(二) 示证的基本要求

1. 范围明确

公诉人示证要紧紧围绕起诉书指控的犯罪事实进行,不可随意扩大或缩小范围。在法庭审理中的举证示证范围,决不应仅仅以是否属实作为判别的标准,而必须结合关联性和法律性的要求综合判断。关联性要求凡是与案件没有联系的材料都不能作为证据,这种客观的联系关键是指对查明案件事实有无证明作用。证据只有具有关联性才对案件的事实有证明的意义。法律性就是指证据的合法性,包括证据收集主体的合法、收集程序的合法以及证据形式的合法。2010 年《关于办理死刑案件审查判断证据若干问题的规定》、《关于办理刑事案件排除非法证据若干问题的规定》的颁布实施,对证据的合法性作了更为明确、集中的规范,也对公诉人法庭示证提出了更高的要求。如对于非法言词证据排除,公诉人不能证明到确实充分,则该证据应被排除,不能宣读、出示,不能作为定案依据。

在此需要说明,公诉人法庭示证的范围是围绕指控的犯罪事实,但作为控方主张的事实中有部分免证事实,《人民检察院刑事诉讼规则》第 334 条列举了五种:为一般人共同知晓的常识性事实;人民法院生效裁判所确认的并且未依审判监督程序重新审理的事实;法律、法规的内容以及适用等属于审判人员履行职务所应当知晓的事实;在法庭审理中不存在异议的程序事实;法律规定的推定事实。

其余的事实是公诉人需要证明的待证事实,具体可以分为两种:一是需要无条件证明的事实,如犯罪构成要件事实等为定罪量刑所必须加以证明的实体法事实;二是有条件证明的事实,主要为程序法事实,即诉讼中存在争议才加以证明的事实。

2. 程序规范

在法庭审理过程中,公诉人的示证必须严格按照法律规定的程序进行,依法规范的示证,是有效维护当事人合法权益和法律正确实施的重要保障。

出示物证,应当向当事人、证人等问明该物证的主要特征,而后就物证的来源、特征及所证明的内容概括说明,提请法庭同意后,交由法警让当事人、证人辨认。如果针对该物证还有刑事科学技术鉴定,可在辨认后宣读鉴定书。公诉人出示的物证应当是原物,只有在原物不便搬运、不易保存或者依法应当先返还被害人时,才可以出示足以反映原物外形或者内容的照片、录像。

出示书证,与出示物证相同。

出示证人证言、陈述、供述等笔录,证人、被害人未到庭的,公诉人可以当庭宣读证人证言笔录、被害人陈述笔录。被告人或到庭的证人证言、被害人陈述与庭前供述、证言、陈述不一致的,公诉人应当宣读被告人、证人、被害人庭前的供述、证言和陈述笔录。宣读笔录,通常应全文宣读,也可以摘一部分宣读。宣读笔录前应说明讯(询)问时间、地点以及讯(询)问人、记录人。宣读笔录后应当概括说明该笔录的主要内容和所证明的事实,以及与其他证据的关系等。

出示鉴定结论及勘验、检查笔录,鉴定人或负责勘验、检查的侦查人员到庭的,鉴定书和勘验、检查笔录应当由鉴定人、勘验人、检查人宣读并作说明。鉴定人、勘验人、检查人未到庭的,公诉人应当宣读鉴定书和勘验、检查笔录,并进行必要的说明。宣读时应对人员姓名、时间、内容予以宣读。

播放视听资料,播放前应向被告人、被害人、证人问明与视听资料相关的事实情况,然后向法庭说明该视听资料的来源及所证明的内容。播放后,应要求被告人、被害人、证人对视听资料储存的信息如场合、人物、物品、文件等进行辨认。如针对该视听资料由技术鉴定,可以在播放后宣读鉴定书。

对被告人不认罪的案件或者被告人经辨认对证据内容有异议的,适用普通程序审理的案件,公诉人应当宣读言词证据原文的节录部分。摘要宣读指的是宣读能证明案件事实的关键字句,可适当对摘要后的内容作一点文字上的调整,使文句通畅。摘要宣读是公诉人行使证据采信权的表现,对证据中不利于控方的部分,公诉人可以不宣读。但摘要宣读不能改变证据的原意,更不能故意歪曲证据原意。

3. 客观全面

作为承担公诉职能和法律监督职责的公诉人,在法庭示证中应当客观全面。一是所举证据本身应是真实可靠,符合客观真实性的。二是对被告人有利、不利的证据均应出示。既要注重向法庭提供被告人有罪、罪重和应当从重处罚的证据，又要注意证明罪轻或可从轻、减轻处罚的证据。三是所举证据不可断章取义。在使用证据时不应人为改造证据或曲解证据，掐头去尾。宣读证据时只拣有利的几句，不利的内容避而不谈，矛盾的排除不作合理排除等做法，都有悖于客观全面的要求。四是示证应围绕指控犯罪事实，全方位地证实犯罪构成要件要素事实，从而为法庭正确定罪量刑提供充分的依据。

客观全面的示证还需注意两点：

其一，避免重复举证。公诉庭审举证不需要穷尽侦查机关（部门）收集和公诉机关补充的所有证据，对于有多份证据证明案件的非关键事实的，将其中一至两份证据出示即可，其他证明内容完全相同的证据只需向法庭说明有这些证据的存在即可，不需要重复示证。

其二，避免每份证据都全文出示。全面示证不代表全文宣读，不代表不能摘要宣读。如证据内容较少且全部内容都涉及待证事实的，应全部宣读；如证据内容较多且仅部分涉及待证事实或内容涉及多项待证事实的，则需要摘要宣读。

4. 逻辑有序

法庭示证不是随机地一份一份罗列证据，也不是简单地汇总证据。为了在一个特定时间、空间内有效展示案件概貌，使法庭对案件证据有相当程度的了解，法庭示证必须体现逻辑性、条理性。证据与证据之间具有时间上、空间上或内容上的逻辑性。而这种逻辑性需要公诉人用心发现、细心梳理，根据时间、空间或内容上的联系，有所侧重，安排好证据的出示顺序、排列组合工作，从而让举证逻辑清晰、条理有序。

二、法庭示证的方法

法庭示证的方法关乎指控犯罪的效果，庭审时间中采用的"分组示证，一证一质，一质一认"的模式被普遍运用，实践也证明分组示证是较为理想的示证方式。作为示证的基本方法，分组示证有两种特殊形式：一是单个示证法。对于案情简单、证据数量少的案件往往一证一示即可。如简单的盗窃案，被害人陈述证实财物失窃，被告人供述证实偷盗过程，估价鉴定结论证实赃物价值。此类案件则无分组的必要。二是单元示证法。对于多被告多犯罪事实的案件，一般则需要在分单元的基础上再在单元内分组。

（一）证据如何组合

分组示证就是将能相互印证的证据材料联结形成一体，从不同层面、角度共同证实同一内容，如不同的证据证明方向是一致的，共同证明某一事实成立，则可成为一组。在组合证据时需注意几点：一是证据分组要合理。对证据组合的逻辑思路应清晰，各组证据间的划分应合理，不应有生硬、牵强之感。二是证据数量要适当。不可将过多的证据归入一组，否则会影响质证效果。三是示证节奏要恰当。对于一组证据，不可不顾庭审情况，"一锅"示证，举证的速度与份数应考虑被告人及其辩护人对所举证据的记录能力、反应速度，否则不利于被告人、辩护人辩护权的行使。①

对于证据分组的方法，因案而异。

1. 一被告人一犯罪事实的案件

可以根据定罪证据和量刑证据进行证据的组合。对于量刑证据可以根据证据证明作用的不同进一步区分，如从重情节、从轻情节等。对于定罪证据，常用的分组方法有：

（1）犯罪构成法：是按照犯罪构成的要件，组织、出示证据的方法。合理组织证据应当根据有关犯罪构成要件的事实进行，如故意伤害罪中，根据故意伤害行为是否属于被告人所为、犯罪造成的危害后果、犯罪行为与后果间的因果关系、被告人的罪过等构成要件进行分组示证。

有关犯罪构成法示证，具体先出示哪个要件的证据，主要视具体案情和证据状况及庭审争议焦点而定。一般是无争议的先出示，有争议的最后着重出示。

（2）阶段划分法：是以发展中的自然停顿为标准，将整个案件过程划分为若干阶段，分组举证。作案时间长、事实复杂的案件，根据若干阶段或板块分组示证，做到有条不紊、脉络清晰，防止零敲碎打的繁琐现象。

（3）证据种类组合法：是根据刑事诉讼法规定的证据种类，合理组合证据。如证人证言、被害人陈述、物证、书证分别集中出示。但不同犯罪行为之间、不同的罪名之间的同种类证据不宜组合，集中出示。

---

① 参见熊红文：《公诉实战技巧》，中国检察出版社 2007 年版，第 156 页。

需说明的是,对于证据分组方法往往是交织使用的,如犯罪构成法与阶段划分法可以结合使用。

2. 一被告人多事实或多罪名的案件

可以首先运用事实、罪名划分法组合证据。即以罪名、事实作为示证单元,然后再按照一人一事案件的分组方法,将单元内的证据分组出示。

3. 多名被告人的案件

对于多被告人一犯罪事实的案件,一般应以主犯的行为为主线,采取单人单事案件的证据分组方法分组。

对于多被告人共同作案多节犯罪事实的案件,一般应将每一犯罪事实的证据视为一个单元,各单元再分组示证。

对于多被告人交叉作案多节犯罪事实的案件,既可以每起犯罪事实为单元对证据分组,又可以被告人为标准,划分证据的单元和组别。①

对于多被告人有共同犯罪又有单独犯罪的案件,一般应将共同犯罪和单独犯罪划分为不同的证据单元。

(二) 示证如何排序

法庭示证讲究有序,如果随意举证,不管前后顺序是否科学,不但他人听不清,自己也理不清。公诉人示证时根据案情特点、证据内容,按照一定的顺序有条不紊地向法庭出示证据,使举证有序、合理,符合客观事实的客观发展过程,从而收到良好的庭审效果。示证排序是对组合后的证据安排出示顺序,不仅包括不同组证据的示证顺序,还包括每组内证据的排列出示顺序。

1. 证据组的出示顺序

不同的证据组,哪个先出示,既是示证逻辑条理性的要求,也是庭审策略的需要。一般有以下几种方法:

1) 时间顺序法

顺时示证法,是根据犯罪发生的时间顺序来安排、组织证据。这是最主要最常用的举证方法。因顺时举证,往往符合人们对事物的认识规律,容易体现层次分明、条理清楚的特点。

___

① 参见乔志华、李小平:《规范示证质证认证,强化出庭公诉效果》,载《人民检察》1998年第1期,第31页。

逆时示证法,是先出示犯罪事实和危害后果发生的证据,然后出示该犯罪事实系被告人所为的证据,再出示有关量刑情节的证据。逆向思维的示证方式,能让人耳目一新,尤其是针对危害后果的示证有很好的加强效果。如交通肇事案、重大责任事故案中,运用该方法示证效果较好。

交叉示证法,是在顺时示证的总的脉络下,视情在具体组别证据上进行逆时示证。

2)先易后难法

为避免庭审在一开始陷入僵局,也为了能对犯罪嫌疑人施加必要的心理压力,作为庭审的策略与技巧,先易后难法示证是比较常用且有效的。"难易"一般是根据争议情况及案件证据情况来判断的,如争议的有无、证据证明力的强弱。

对于无争议的罪名先示证,有争议的罪名后示证。

对于数罪案件,先行针对无争议的罪名示证,可以加快庭审调查节奏,并能集中火力解决有争议罪名的示证问题。

对于无争议的事实、情节先示证,有争议的事实、情节后示证。

对于一罪的案件,也根据庭审争议情况区分出哪些事实、情节,需要稍后花笔墨着重解决的。

对于案件易于进攻的突破点先示证,难度较大的攻坚点后示证。

案件中根据证据证明力的强弱,明确进攻战场、防守战场,在证据证明力强,稳操胜券的方面先行示证,取得突破,在证据较薄弱,双方胶着不下的方面,可以先行扫清战场后集中全力攻克。

3)先主后次法

每起案件都有不同的焦点问题,有些问题对于案件的结果有着根本影响和决定作用。先主后次示证法,就是对这一类关键问题的证据先行出示,从而使庭审顺利开展下去。

4)犯罪构成要件法

示证顺序根据犯罪构成要件的常规顺序,安排示证顺序。

2. 每组内的示证顺序

以下几种证据一般可以考虑放在每组的前面先行出示:一是一组内最有客观性、真实可信度的证据。如勘验、检查笔录。二是一组内最重要、最有证明力的证据。如目击故意杀人过程的见证人的证言。三是能反映证明内容的概括的证据。四是证据印证度最强的证据。如得到了多名证人及物证印证的被害人的陈述,可以先予以出示。

三、法庭展示证据的注意事项

(一) 突出举证焦点与重点

法庭示证,如事无巨细同等对待,不仅造成庭审拖沓冗长,效率低下,而且让人摸不到头绪。所以,庭审举证必须对已有的证据进行审查筛选,对不同的证据甚至是同一份证据,也应有所侧重,分清主次。针对案件特点及证据情况,突出举证重点、焦点。实务中可以根据下面几个方法来明确示证重点、焦点:

1. 根据案件关键问题确定

在决定定罪量刑的重点问题上要加大举证力度,突出重点,从而收到扼住要害的效果。包括:

(1) 证明犯罪构成要件中核心事实的证据,如故意伤害案件证明伤害程度的证据、盗窃案中证明盗窃数额的证据等。

(2) 证明被告人犯罪实施阶段的证据。实施犯罪是犯罪过程的中心阶段,它不但是连接主体与客体的纽带,而且也是犯罪意图外化,形成定罪量刑的主要事实根据的阶段,对证明被告人这一阶段行为的证据要重点举证。

(3) 证明共同犯罪中主犯犯罪行为的证据。主犯犯罪行为是共同犯罪的核心,对主犯犯罪行为的充分举证,等于把握案件的主线,为准确定罪量刑打下基础。

2. 根据被告人认罪态度确定

示证重点、焦点,应根据被告人认罪态度的不同而有所调整。对于被告人认罪服法,如实供述犯罪事实的案件,举证的重点在于对其供述进行印证、补充固定。如在 2006 年被评为"全国十佳公诉庭"的被告人李信受贿案庭审举证中,被告人对起诉书指控的 40 节受贿犯罪事实均供认不讳,公诉人在举证中就重点宣读行贿人的陈述,并出示其他证人证言、书证等,强化对被告人的有罪供述的佐证效果。

对于被告人拒不认罪,推卸责任的案件,要重点放在驳斥其翻供不供的证据上,着力论证其犯罪事实存在和应负刑事责任的证据。

3. 根据控辩争议问题确定

根据庭前预测的辩护意向,围绕可能成为控辩焦点的事实与情节,重点举证。

结合辩护规律,控辩争议焦点常见的如防卫过当中的限度问题,伤害案中的伤害程度问题,盗窃案中的核价和数额问题,强奸案中的违背妇女意志问题,抢劫案当场使用暴力或其他威胁手段问题,故意杀人案中的主观故意和手段问题等。

4. 根据庭审需要确定

对于旁听群众较多,规模较大的庭审,因兼顾法制宣传教育,要将重点放在犯罪的危害后果和被告人的主观恶性方面的证据上,有助于向旁听者阐明检察机关提起公诉的充分理由,澄清认知,起到法制教育的作用。对于小规模的庭审,罪与非罪比较模糊的案件,应重点集中在定性的证据示证论证上。

(二) 注重专业技术人员出庭

专业技术人员包括鉴定、检验、勘验人员,该类人员的出庭有助于提高公诉证据的证明力,加强质证答辩力。申请专业技术人员出庭,是有法律依据的。《关于执行〈中华人民共和国刑事诉讼法〉若干问题的解释》第 138 条规定:"对指控的每一起案件事实,经审判长准许,公诉人可以提请审判长传唤证人、鉴定人和勘验、检查笔录制作人出庭作证,或者出示证据,宣读未出庭的被害人、证人、鉴定人和勘验、检查笔录制作人的书面陈述、证言、鉴定结论及勘验、检查笔录;……"相比较证人出庭作证,勘验、检验、鉴定人员的到庭作证也值得公诉人重视。对于专业性较强的检验、鉴定,公诉人囿于专业知识的局限,说明解释工作存在较大的难度,尤其是面对辩护方对此的质疑,有力驳斥也存在较大难度。所以,通过勘验、检验、鉴定人员的出庭作证,能释疑解惑,更能强化公诉指控。如一起故意伤害致人死亡案中,法医鉴定死者是"被外力打击其敏感部位,导致迷走神经紊乱,抑制性急性心力衰竭死亡"。在示证中,通过法医出庭,很好地解释了被害人被击打的是何部位,怎样形成迷走神经紊乱,怎样导致抑制性急性心力衰竭等重要问题,收到了较好的庭审效果。

(三) 注重对证据的说明与分析

1. 证据说明

证据说明是公诉人在举证的前后,对所出示的证据所作的简要说明。证据说明有利于体现举证的脉络和层次,有助于实现示证的条理性。对于证据说明,应引起公诉人足够的重视。

1) 举证思路的说明。公诉人担任着说服法庭的重任,对于思路作必要的说明,能起到提示的作用。逻辑合理、思路清晰的举证,则有助于说服工作的进行。举证思路的说明,主要包括:

一是举证顺序的说明。公诉人举证前的开场白就是对整个案件的举证顺序作一总的介绍,给法庭一个总的印象。这种说明切忌冗长,应简要概括。如"审判长、审判员,现在公诉人将围绕被告人王某故意伤害故意、故意伤害行为、危害后果和量刑情节四个方面进行举证。……"

二是证据组合的说明。分组示证是示证的基本方式,也是有效方式,证据组合的具体情况需要在举证时概要介绍。如"审判长,公诉人现在向法庭出示的是被告人实施了故意伤害行为的证据,共有四份证据组成,分别是被害人的陈述、目击证人的证言、验伤通知书、法医鉴定结论"。

2) 举证目的的说明。在每一组(个)证据出示前,公诉人应对所证明的问题进行简要介绍,即向法庭表明该证据示证的目的。如"第一份证据是证明被告人具有作案条件的证据"。

3) 举证内容的说明。主要包括以下两种情况:

一是证据来源及合法性的说明。出示每份证据时,证据的来源、特点等情况应作简要介绍。如"被害人唐某于 2008 年 3 月 27 日向公安机关侦查员何某、钱某所作的陈述笔录证实……""司法鉴定科学技术研究所司法鉴定中心于 2008 年 4 月 8 日出具的司鉴中心(2008)活鉴字第 631 号《鉴定书》(该鉴定书鉴定人:副主任法医师刘某;主检法医师益某;授权签字人:主任法医师范某)"等。

二是拟证明内容及相关性的说明。在举证时对证据证明内容作必要说明,并针对该证据与其他证据之间的印证关系进行说明。如在孔某故意伤害案中,公诉人在对伤势鉴定书进行举证后,又对内容及时说明:"被鉴定人唐某遭受他人外力作用,临床体检显示其鼻部软组织肿胀,影像学资料显示其右侧上颌骨骼突骨折,双侧鼻骨骨折,其中右侧鼻骨粉碎性骨折等。上述损伤系钝性外力作用可以形成。参照《人体轻伤鉴定标准(试行)》中第十条(一)、第十三条之规定,上述损伤评定为轻伤。鉴定结论:被鉴定人唐某遭受他人外力作用,致右侧上颌骨骼突骨折,鼻骨粉碎性骨折等。该损伤构成轻伤。这一鉴定结论与起诉书认定的事实一致。"另外,公诉人在出示另外一份勘查笔录时,说明了该份证据与其他证据的印证关系。如:"该现场勘查笔录及现场照片反映的现场的特征、位置,特别是有关镂空的栅栏铁门的情况同证人证言是完全吻合的,也进一步印证了有些目击者在门外看到了孔某在院内对被害人实施殴打的证言内容是客观的。"

2. 证据分析

证据分析是指在举证质证完毕后公诉人对法庭调查中所出示的证据的客观真实性,证据与被告人行为、案件事实之间的内在联系即证据的效力所作的综合性论证,对虚假证据或者证据间矛盾合理排除的根据和理由的说明以及证据对案件证明意义的阐述。[①] 证据分析关乎举证的效果与质量,尤其是对于情节复杂、证据数量大的案件。法庭的举证只是将能证明犯罪事实的相关证据客观地列举出来,证据的状态一般属于分散的、不凝聚的状态,证据之间或证据环节之间的关联性还未被综合分析论证出来。公诉人对证据的分析,则能对调查中的证据进行及时、必要的归纳总结,分析论证,通过完整、连贯地论证公诉方所展示、质证、认证的证据确实充分,取证合法,指控的犯罪事实和情节足以认定,加深合议庭对公诉人所举证据的理解,说服法官采纳公诉主张。因此,提高出庭公诉中的证据分析能力,是必要而且重要的。

1) 证据分析的内容

证据分析包括单个证据的分析和整个证据体系的综合分析。分析主要针对以下内容:一是对公诉证据体系进行分析。对证据体系是怎样构成的进行分析,而不是简单地罗列、堆砌证据。二是对辩方证据进行评判。对辩方提供的证据不仅要表明所持意见,还要阐述理由。

2) 注意事项

要深入分析论证,防止证据目录式的罗列。对证据证明意义作必要的分析,能防止证据与案件事实有机联系的中断。

庭审实务中,在证据分析上常见的问题是对案件证据缺乏深入的分析论证,以证据目录式的罗列代替分析,证据的证明意义到底在哪里,没有应有的分析。如"经审查证明,上述犯罪事实有被害人陈述、证人证言、书证、物证以及鉴

---

① 杜世项:《出庭公诉研究》,中国检察出版社 2000 年版,第 182 页。

定结论的证实,事实清楚,证据确实充分,足以认定",这样的证据分析根本起不到运用证据证明犯罪的作用,结果反而会给人指控不力或强词夺理的不良印象。当被告人当庭翻供,没有必要翔实的证据分析时,将严重影响庭审的指控效果。

在徐某故意杀人案中,公诉人对证据作了深入、严密的分析论证,收到了很好的庭审效果。

被告人在法庭调查中推翻原来的有罪供述,称丈夫蔡某死亡系家中水壶烧开水、脸盆煮毛巾消毒时,沸水溢灭明火引起煤气中毒所致。但是当庭的证据表明,这是谎言。尸检报告验明被害人血液中碳氧血红含量达90%。上海市化学中毒防治中心专家证明:空气中的一氧化碳浓度与人体血液中的碳氧血红含量成正比关系,在特定的同一空间内(被害人居室)一个灶眼产生的煤气在血液中的饱和含量为70%,两个灶眼产生的煤气在血液中的饱和含量为88%以上,这表明被害人死于两个灶眼产生的煤气量。但是现场的侦查实验表明,脸盆水沸不可能溢灭煤气明火,只能将脸盆烧干后致底烧裂或烧穿,而现场又无一脸盆有此情况。因此,结论是被害人死于人为导致的两个灶眼的煤气量。被害人生前表现正常,被害前一天还在积极筹备新居装潢,被害时着睡衣在午休,结论是排除自杀。室内煤气管道测试结果表明没有漏气状况,可以排除被害人系意外死亡。综上分析,结论是清楚的,被害人死于他杀。那么是谁所杀? 另外两名证人的陈述表明,被告人因外遇提出离婚被丈夫拒绝,又对人声称要做掉被害人,因此,被告人有杀人动机。徐某单位及证人的陈述证明,蔡某被害当天,被告人调休在家,且在家门外徘徊,表明被告人有作案时间。某证人陈述他们到被告人家找蔡时,上楼前见徐家厨房窗户闭合着,房门紧关,反复敲门达数分钟无人应答,他们下楼后看到被告人家里厨房窗户已打开,便判断家中有人,再返身上楼又敲门数分钟,徐某才神色慌张地开门,并发现蔡在室内昏迷,室内有煤气味,问徐,徐作否认,并称蔡病发。二位邻居陈述,他们听到徐进屋后有人敲门达10分钟徐才开门,后来他们出来看到徐神色慌张,且室内有煤气味,但徐否认,并称可能是头痛发作。前来急救的医生陈述,他们也闻到煤气味。但徐也否认,并称蔡20分钟前还说头痛病发。他们感到奇怪,因为凭经验被害人已死亡一小时以上。法庭调查中的证据还表明,被害人向医院也隐瞒了蔡煤气中毒,且急于火化尸体,阻拦验尸。这组证据表明,徐某作案后当场被人发现,她又极力掩饰,她的一系列反常之举,也证明是她作案,否则解释不通。这与她的有罪供述相印证。被告人到案后曾供述,她因有外遇提出离婚被丈夫拒绝便起意谋杀。她常从报上看到有人煤气中毒死亡,凭她的职业(徐系医生)经验,这类死亡很难查清是意外还是他杀,于是便伺机调休在家,乘病愈后在家休养的丈夫午休时给丈夫吃了安眠药(尸检报告证实),并在其熟睡后打开两个灶眼的煤气,关闭窗户作案。自己故意在门外擦洗自行车,与邻居聊天作掩饰,原准备两小时后进屋关掉煤气并打开窗户散尽煤气味后再打120并制造假象掩饰。不料蔡的同事上楼来了,她无路可走便只能躲进屋内想回避,无奈屋内煤气味太重受不住,只好开窗,后听到邻居告诉来人她在家,且来人从开窗上判断出她在家,便只好开门,以后对人连连掩饰,包括害怕尸检发现蔡的死因。被告人这些陈述在今天的法庭调查中都得到了上述证据的印证。特别是她关于打开两个灶眼而不是一个灶眼施放煤气这一点,公安机关事先并不掌握,是在审查起诉时由公诉人通过侦查实验和其他证据查实的,因此,这段供述具有先供后证的客观性。现在公诉人可以得出唯一的结论,是被告人谋杀了被害人。[1]

需要说明的是,由于现在的庭审中,没有证据分析这一独立的程序环节,对所出示的证据进行全面、系统分析不能完全在示证阶段实现,所以往往在法庭辩论第一轮公诉意见的发表中,要对举证、质证、认证情况作以概括,对证据进行全面系统分析。在示证环节主要针对个体证据和某一证据组别或单位证据进行分析,为综合证据分析打下基础。

(四) 注重多媒体示证的运用

多媒体示证是指案件的文书类、图片类、音像视频类证据在庭审前输入多媒体举证系统,在经过编辑、制作、存储,依庭审需要排列顺序,庭审是通过控制

---

[1] 引自季刚、刘晶:《公诉规则与实务》,中国检察出版社2006年版,第159页。

投影仪显示于设置在法庭中的大屏幕上,将证据直观再现。[1] 随着科技的迅速发展,现代信息技术与新的庭审方式实现结合,利用多媒体示证成为公诉制度改革举措之一。多媒体作为举证方式上的一场革命,打破了"举证就是读证据、传书证"的传统认识,其所具有的生动、具体、简洁、直观的优势,是单纯语言所不能企及的。[2] 多媒体示证具有不可比拟的价值意义。

1. 理论与实务价值

1) 强化庭审指控

新的庭审模式强化了公诉方的当庭指控职责。而指控主张实现的关键在于举证、质证的顺利开展。

首先,多媒体示证有利于明晰举证思路。将证据的组合、证据之间的关系等直观展示在屏幕上,能给人留下指控意图层次清、脉络明的印象。如在莲花河畔景苑倒楼案的出庭公诉中,通过前后制作幻灯文稿一百多页、出示书证三百多页,使庭审过程条理清晰、指控明确。

其次,多媒体示证还有利于"活化"证据。公诉人举证时,往往对于一些图表性、动态化的事实难以准确、完整、客观表述。对被害人身体受伤部位和程度,仅靠语言也不易理解。在交通肇事案中,对事故原因及肇事现场的表述往往讲起来困难,听起来费力。然而,运用多媒体演示,无论是动态的和静态的情景、时间和空间的概念,都能清晰明了地展示。如一起网络直播的交通肇事案中,针对监控录像清晰度有限、发生时间极其短暂的特点,及时进行了录像截屏,并进行线性编辑,对肇事的十五秒进行了慢放处理,从而实现了动态与静态展示事故发生过程的效果。

再次,多媒体示证还有利于固定证据、组织证据、运用证据,揭露犯罪,证明犯罪。如在一起电信诈骗案的出庭公诉中,通过播放视频、音频,多媒体展示电脑数据、犯罪流程示意图、资金流向分解表,并结合出示书证、物证,证人出庭作证等方法,将支离破碎的证据有机地整合,生动形象地向法庭再现电信诈骗的犯罪过程,增强了指控的说服力和可信度。

最后,多媒体示证还有利于反驳被告人翻供。公诉人利用多媒体示证对证

---

[1] 姜伟主编:《公诉业务教程》,中国检察出版社 2003 年版,第 233 页。

[2] 季刚、刘晶:《公诉规则与实务》,中国检察出版社 2006 年版,第 159 页。

据保存的完整性、归纳的条理性和查阅的灵活性,可以适时巧妙地出示关键性证据来揭穿辩解的荒谬,证实犯罪,加强指控的说服力。利用大屏幕展示真实、详尽的证据,可以无形中对被告人施加巨大的心理压力,有效地抑制其翻供。如在一起盗窃案中,面对被告人否认盗窃助动车的当庭翻供,庭审上公诉人播放被告人盗窃助动车时车库内的监控录像,以证据佐证反驳被告人的翻供,为庭审指控打下了扎实的证据基础。

2)提高庭审效率

传统的庭审举证主要是通过公诉人对证据的宣读来完成,费时费力。运用多媒体示证,可以有效提高庭审效率。

采用多媒体示证,能迅速将书证、证人证言等证据内容在屏幕上展示,公诉人可以直接对展示的证据进行分析说明,并要求被告人进行当庭辨认。一份书证往往可以在短短几十秒内就可以完成举证、析证、质证的全过程,大大提高了效率。

以往庭审中,需要辨认、辨别的物品均需交审判人员、辩护人、被害人、被告人等质证,造成庭审时间被大量耗费。多媒体示证的运用使所有参与诉讼质证的人可即时从屏幕上获取证据信息,缩短庭审时间,加快控辩节奏,提高庭审效率。如某贪污案的两名被告人的有关主体身份的证据有 11 份,其中有 9 份属于表格式。公诉人借助多媒体示证用时仅 3 分钟,比常规方法减少了 20 分钟,有效地提高了庭审效率。

3)完善庭审效果

多媒体示证,利用多媒体界面作用,将案件的有关证据和事实展示于法庭,有助于实现直观、形象、生动、可信的庭审效果。相对于传统、简单、枯燥的证据展示方法,多媒体示证逼真、现场感强且易于判断,其所特有的动画模拟功能,还可以再现案件的发生、发展过程,使案件事实动态化、形象化,易于理解、易于接受。同时多媒体示证把过去庭审过程中主要以听觉器官传递诉讼信息的方式,变为大屏幕配合同步展示证据内容,视听一体传递诉讼信息的方式,使审判人员、被告人、辩护人及旁听人员能够耳闻目睹证据信息,提高诉讼信息的传递速度,强化人们对案件事实的认知程度。如对涉及多名被告人、多节犯罪事实以及社会影响大的公诉案件,运用直观、形象的多媒体示证可以减少旁听者对专业性强的法律程序、法律用语的距离感,从而更容易获悉案情。

另外,新颖的举证形式、直观的举证内容,也有利于当庭开展法制宣传工作,放大庭审的社会效果。

2. 运用的基本原则

一是必要性原则。多媒体示证运用应有其必要性,不能为了搞多媒体示证而示证,搞形式主义,摆"花架子"。不能将所有案件都推广进行多媒体示证,所有证据都进行多媒体示证,对案件和证据要有所选择。衡量必要性要看:一是案件中的大部分证据按常规方法是否不能或难以示证;二是案件按常规方法示证工作量是否太大;三是案件庭审是否有诸如有效驳斥被告人翻供、法制宣传等情形。

二是客观性原则。多媒体示证制作过程中由于容易发生剪辑、修改、伪造、涂改等现象,庭审中难免出现被告人及其辩护人质疑以多媒体出示的证据的客观真实性。因此,在制作多媒体时,不能随意增删修改,应力求最大限度地反映证据的本来面目。尤其是运用三维动画模拟演示,更应建立在客观证据基础之上,不可臆断,另行创造证据。

三是辅助性原则。多媒体示证必须服从和服务于出庭公诉。多媒体示证的特点是人机结合,以人为主,不可过分强调它的高技术属性,过分炫耀举证中的多媒体技术,而降低对公诉人举证、质证能力的要求。同时多媒体示证只是示证的一种辅助手段,绝不能代替宣读证据等常规示证方式,应与常规示证方式相结合。

3. 方法技巧

运用多媒体示证做好出庭公诉工作的关键在于庭前的准备工作和周密的举证方案。

1) 庭前制作

多形式全方位地收集证据,是运用多媒体示证的必要条件。引导侦查机关增强取证的科技含量,丰富取证手段和形式,规范取证过程,收集可视性强、便于多媒体展示的证据和资料,既有听读证据,又有可视证据,既有文图证据,又有音像证据,既有静态证据,又有动态证据。

证据录入之前,公诉人应制作多媒体举证预案,根据案件的需要及多媒体示证的特点筛选证据。如大屏幕显示文字的分辨率有一定限制,在种类选择上应尽量减少文字类证据,较多运用图片类及音像类证据。另外,要仔细审查证据形式是否规范,保证录入系统的证据是无瑕疵的。

证据的录入,就是将文书图片、音像资料等通过数码相机拍摄或扫描仪扫描后,将证据输入电脑进行编辑整理,制作出一系列相互关联的证据链,储存在计算机中待用。在有的案件中,需要宣读大量的言词证据及书证,对此,可以采取语音的形式,事先安排专门人员录音,举证时同步播放宣读证据的录音。

证据的编辑是对录入电脑中的证据,根据举证需要剪辑制作的过程。编辑过程中用红杠、红框、箭头等形式添加批注。对图片类证据增加文字说明,对某些证据局部放大、缩小,还可以根据案情制作一些"三维"模拟动画,更直观、形象地展示犯罪过程。

2)庭上展示

多媒体示证可以视公诉需要,融入公诉的各个环节而非单纯拘泥于举证阶段。

讯问阶段:适时采用多媒体示证,加强讯问的针对性、有效性。如陈某受贿案,对利用科技项目审批职权的问题,借助事先制作的审批流程图,更直观再现了其利用初审审批权让申报项目获得最终专项补贴资金的过程。如文某过失致人死亡案,讯问时结合多媒体展示被害人上衣的照片,既完成了对实物的辨认,又为讯问被告人有关拉扯被害人衣物致其坠楼的事实做好铺垫。

举证阶段:一是尽可能分组举证。在合理分组的基础上进行多媒体示证,有助于在最短的时间内用最直接的方式呈现案件概貌。把能够证明案件同一内容的不同类别、不同属性的证据,通过多媒体合为一组,形成"立体"的举证模式,可直接体现出证据之间的关联性。将证据证明力、证明作用、证明内容等关联性的证据按其性质和证明需要进行编排、组合、储存,增加其系统性、有机性,可增强举证的便捷性、有效性。二是全面质证。在运用多媒体示证过程中,应制定兼具灵活性、程序性的举证方案,通过庭审中的一证一质、边证边质,把一个个犯罪事实、犯罪情节证明清楚。

辩论阶段:公诉人在该阶段需要发表公诉意见及答辩,不需进行举证,但在此若运用多媒体示证,将对证据的分析论证、犯罪事实的阐述、犯罪后果的阐明具有切实意义。如围绕犯罪行为所造成的后果,公诉人利用多媒体出示相关的录像、照片等证据资料,配以相应字幕,不仅能加深法庭对犯罪结果和危害后果的印象,还能增强指控犯罪的说服力。在法庭辩论中,借助多媒体同步展示相关的法律法规、立法解释、司法解释、司法文件等，可以加强法律论证的透彻性。另外，多媒体示证还能改变照本宣科式地发表意见，收到更好的公诉效果。

第六节 法庭质证

一、法庭质证概述

（一）法庭质证的概念与意义

1. 法庭质证的概念

法庭质证，主要是指法庭审理中控辩双方互相就对方向法庭提供的证据提出质疑并进行辩论的诉讼活动，是审判长主持的法庭调查阶段的必经程序，是证据调查的核心，也是法庭认证的前提。法庭调查包括示证、质证和认证。其中示证是质证的前提，而认证即法庭对证据的确认、采信，则是质证的结果。[①]

质证具有以下特征：①主体是有权在法庭参与质证活动的人员；②对象是控辩双方向法庭提供的全部证据及人民法院收集、调取的证据；③内容是证据的客观真实性、合法性、关联性。

2. 法庭质证的意义

1）有利于保证法庭合法认定案件事实

在法庭调查过程中，通过控辩双方的质证，对证据来源、形式和内容提出质疑，针对证据的客观性、关联性和合法性进行辩论，可以提示法官注意证据存在的矛盾与问题，防止虚假的、不相关的证据材料被采信为定案根据，从而更容易客观、全面地查明案清，合法认定案件事实。

2）有利于确保司法公正的实现

从司法活动角度看，质证既是实现实体公正的保障，也是体现程序公正的标志。通过法律规定的正当程序，控辩双方都有充足、平等的机会提交证据并相互对质，法官只能根据质证的结果作出裁判，这既保障了当事人的诉讼权利，

---

① 姜伟主编：《公诉业务教程》，中国检察出版社 2003 年版，第 263 页。

又限制了法官裁判权的肆意妄为。

（二）法庭质证的程序与基本要求

1. 法庭质证的程序

根据修订后的《刑事诉讼法》，法庭质证程序体现了两个特点：一是及时质证，即不是一方全部举证结束才质证，而是在单个或单组证据举证后就立即进行质证。二是质证与辩论交织。在质证阶段，控辩双方实质就是围绕证据的客观性、合法性、关联性问题质疑、反驳、辩论，展开局部争辩。

质证的基本程序是"一证一质"，又称单个质证，即每一个证据在法庭上被一方举出来之后，应立即由另一方对该证据进行质证，而不能在若干证据被举出来后再质证。对于认定案件重要事实的关键证据，应当一证一质，不得进行捆绑质证。这样可以使质证活动更充分、细致、具体，有利于保护被告人的合法权益，减少避免冤假错案。

质证还有一种特殊的程序是分组质证。对于证据数量特别大的案件，可以分组举证、质证，另外对于一些次要的、与定罪量刑无实质性影响的证据以及控辩双方无争议的证据，质证也可以分组进行。这样有利于实现公正与效率的平衡。需注意的是，被告人或辩护人如对分组质证提出异议的，为保障被告人行使质证权，公诉人应当"一证一质"。

2. 法庭质证的基本要求

公诉人进行法庭质证，首先要坚持实事求是，依法质证。即无论是提出答辩还是质疑，都要以事实和证据实际情况为依据，以法律规定为准绳。

其次要全面质证，突出重点。对辩方出示的证据，公诉人均应质证，不过在全面质证的同时，要突出重点，对关键证据和关键问题着重质证。

（三）法庭质证的内容与方法技巧

1. 质证的内容

公诉案件庭审中，控辩双方对对方所举证据进行质证的内容主要集中在证据的客观性、关联性和合法性上，具体包括以下几点：

一是对证据客观真实性的质证。即对证据是否与客观事实相符，是否具有可信度展开质证。

二是对证据关联性的质证。即对证据与案件定罪量刑的相关性展开质证。

三是对证据合法性的质证。即针对证据收集的主体、程序、外在形式等的合法性进行质证。如作伤情鉴定的机构或法医并无鉴定资质;如有两份在不同市区所出具的扣押物品文件清单,但上面的见证人却系同一人。

四是对证据证明方向的质证,即针对证据的证明方向是控方证据还是辩方证据展开质证。如一个黑社会性质组织案件的庭审中,公诉人以被告人出面协调其兄与他人矛盾的事实作为有罪证据,辩方提出质疑,认为这个证据恰恰证明被告人与其兄并不存在共同的黑社会组织利益,否则应当一致对外,而不会作为中间人要其兄向其他组织头目妥协。

五是对证据原因力的质证。即针对证据与待证事实之间的因果关系展开质证。如证人证言证实被害人生前被被告人击打了脸部,而尸检报告结论证实被害人生前有心脏病,辩护人遂提出被告人的殴打行为只是导致被害人死亡的条件,而未直接导致被害人死亡。

六是对证据间矛盾的质证。即对证据存在与其他证据的矛盾之处进行质证。包括同一种证据间存在的矛盾、同一类证据间存在的矛盾、不同种类证据间存在的矛盾。如被害人前两次陈述其被诈骗了现金 7 万元,第三次笔录却陈述其只损失了 5 万元。针对上述矛盾进行质证,也是实践中常见的。

2. 质证的方法和技巧

(1) 对辩护人提出证据内容本身不能证明客观事实时,宜采取举实论证法。对辩护人提出证据内容本身不能证明客观事实时,公诉人可采取举实论证法,即列举案件事实的证据进行分析论证,阐明自己的观点。如苏某假冒注册商标案中,辩护人提出 EMAIL 信件只反映苏某向李某定购化妆品的事实,不能证实苏明知李生产假冒化妆品。公诉人当即反驳称通过 EMAIL 内容可以看到,苏某明确要求李某按照他所提供的样品进行仿造,苏明知李假冒生产的主观故意十分明确,根本不是公诉人的推测。

(2) 对辩护人从办案程序上提出的细节质疑,宜采用依法说明的方法。对辩护人从办案程序上提出的细节质疑,公诉人可直接采用说明的方法,从证据的合法性方面进行答辩。如苏某假冒注册商标案,辩护人责问公诉人为何没有将审计报告附件作为主要证据复印件移交,公诉人根据关于庭前移送主要证据的范围规定,说明公诉机关的做法并不违反程序规定,而辩护人在庭前早已发现这一情况亦未提出补充的要求,说明对此表示了认可。同时公诉人还解释了审计报告的附件内容与已复印的相关书证大部分是重复的,没有一一复印的必要。最终,当审判长询问辩护人是否需要休庭核对附件时,辩护人不再坚持。

(3) 对被告人供述等言词证据的质证,宜采用以形证实法。对被告人供述等言词证据的质证,公诉人可采用以形证实法,即通过分析证据的形式、证据的变化状态,论证证据产生的客观性和收集的合法性,达到证实证据真实性的目的。如倪某贪污案,倪某提出自己先前供述是在不明事理、不明法理的情况下所作,企图加以推翻。公诉人先以视听资料分析收集证据的合法性,证实收集和固定证据的过程是遵照法律程序进行的,后分析被告人供述在诉讼的不同阶段发生变化的原因,揭示被告人欲翻供的心理,帮助合议庭对有关证据作出正确判断。

(4) 对于以间接证据证明的案件,宜采取环环相扣法。对于以间接证据证明的犯罪,可采取环环相扣法,即通过逻辑严密、编排合理的举证顺序,用证据之间的有机连贯性来驳斥辩解的方法。如李某刑讯逼供、包庇案,李某及其辩护人几乎对每组(份)证据都提出异议。由于证据编排得当,对于辩护人的每个异议,公诉人除进行口头答辩外,能紧接着用下一份(组)证据来予以佐证。公诉人在宣读被害人肖某的陈述后指出,被害人肖某口中的"大个子"就是本案被告人李某。辩护人立即提出:"被害人没有直接指证'大个子'就是李某,公诉方凭什么认定这个大个子就是李某?"对此,公诉人立即要求法庭传唤同案关系人唐某到庭,随后又要求另一同案关系人庄某到庭作证,通过他们的证言证实肖某口中的"大个子"就是被告人李某。辩护人又提出,唐某、庄某系同案犯,其证言可信度值得质疑。公诉方立即说明:"首先唐某、庄某两人的证言取得合法有效,且在今天的法庭上得到了质证;其次他们证言相互之间能够印证;再次他们的证言还得到了另外两名非本案关系人的证言的佐证。"随即公诉方宣读了两名非本案关系人的证言,进一步证实被告人李某当天多次出入案发现场,强调两名非本案关系人证言与肖某、唐某、庄某说法间的一致性,驳斥了辩护人的说法。

(5) 对辩方所出示的证据内容已被控方认可的,可以直接表示认同。对于辩方向法庭出示的证据,因控方已向法庭提供同一证明内容的证据或该辩护证据证明的内容已被起诉书所认定的,公诉人可在质证时直接表示认同。如起诉书已认定被告人自首,辩护人向法庭出示陪同被告人投案的证人证言,公诉人质证时表示认同。

二、对被告人辩解的质证

(一) 被告人辩解概述

我国法律将被告人陈述区分为供述与辩解两部分。所谓供述是指对指控罪行全部事实的供述和对确认其有罪的部分事实的供述。所谓辩解是指被告人在刑事诉讼过程中否认自己有犯罪行为,或者虽然承认自己犯了罪,但有依法不应追究刑事责任或者有从轻、减轻或免除处罚等情况所作的申辩和解释。被告人辩解具有以下几个特点:

(1) 真伪混杂。被告人的辩解有真实的成分,一些被告人的辩解或部分辩解是其依法行使自己的诉讼权利,如实陈述案件,合乎情理,但也有一些被告人的辩解或部分辩解是虚假狡辩。实践中真假辩解往往会混杂其间。

(2) 理由多样。促使被告人辩解的动因是多样的,如畏罪心理、侥幸心理、对抗心理等。

(3) 内容复杂。辩解的内容有的是否认罪行,也有的是否认主观罪责,有的是否认共同犯罪中起主要罪责,还有的是强调被害人过错等等,不一而足。

(二) 对被告人辩解的质证方法

被告人的辩解有虚假的,也有真实的。因此,公诉人对被告人的辩解应有正确的认识,不能一概视为虚假,需仔细甄别真伪。公诉人在质证中要充分予以关注。由于被告人在庭审中的辩解主要是在接受公诉人讯问或辩护人发问时所作的,因此公诉人对被告人辩解的当庭质证必须同讯问同步进行,在讯问中质证。① 质证的策略方法也就与讯问策略方法有所交织。实践中,公诉人针对虚假的被告人辩解,主要是通过讯问发现并抓住矛盾,再利用矛盾提出质疑和反驳:

一是对被告人辩解本身存在的矛盾提出质疑和反驳,如一起盗窃废旧电缆的案件中,被告人辩解自己只是应同事之要求一起去加班抢修电缆,并未参与盗窃,但又提到其和同事并未携带任何抢修工具,也未实施抢修行为。公诉人在庭上利用此矛盾有效地质疑了被告人辩解的真实性。

二是对被告人辩解与同案被告人供述之间的矛盾提出质疑和反驳。如一

---

① 张穹主编:《公诉问题研究》,中国人民公安大学出版社 2000 年版,第 460 页。

起故意伤害致人死亡案,第一被告人当庭辩解并没有砍过被害人的右手。公诉人通过讯问其他两名被告人,均证实砍断被害人右手的人是第一被告人。公诉人据此请求法庭就该问题对三名被告人进行对质,结果使得被告人放弃了该辩解。

三是对被告人辩解与其他证据之间存在的矛盾提出质疑和反驳。如一起寻衅滋事案的庭审中,被告人辩解其是在准备投案的途中被公安人员抓获的,而被告人所购买的火车票及同行人员的证人证言证实,被告人是准备回老家躲避抓捕。公诉人抓住这个矛盾,采用相关证据辅助出示的形式进行质证。

三、对辩方证人证言的质证

(一) 对辩方出庭证人证言的质证

根据刑事诉讼法的规定,被告人、辩护人有权在刑事审判中申请通知新的证人出庭作证。辩方申请出庭的证人证言一般是有利于被告人的,可能削弱甚至否定指控。因此,公诉人做好辩方出庭证人的当庭质证工作,既是进行庭审重要的程序内容,也直接关系到公诉人出庭支持公诉的质量和效果。

1. 对辩方出庭证人证言质证的内容

公诉人可从以下几个方面质证辩方申请出庭的证人证言:

(1) 身份情况,即是否与案件当事人、案件处理结果有利害关系。在我国,证人与案件当事人、案件处理结果存在利害关系,虽然不会导致该证言被排除,但该证言的证明价值却可能受到影响。因为司法实践表明,"证人对一方当事人的感情或者与案件结果存在利害关系,会导致其证言产生偏见性"①。因此,如果辩方出庭证人与案件当事人、案件处理结果存在利害关系,公诉人在质证时,应注意结合其他证据分析证人的可信度,进而提醒合议庭正确评估该证人证言的证明价值。

(2) 来源情况,即是否亲自感知了案件事实。具体来说,应审查证言的内容究竟是证人直接感知,还是听其他证人转述,又或是道听途说,通过审查证人当庭证言中的细节内容加以判断。对于转述其他证人的证言,需核实案件信息来源。对于道听途说的证言或来源不明的证言,公诉人在质证时,应建议法庭不

---

① [美]约翰·斯特龙等:《麦考密克论证据》,汤维建等译,中国政法大学出版社 2003 年版,第 77 页。

予采信。

（3）证人的作证能力，即证人的感知力、记忆力和表达能力是否准确。证人的作证能力包括感知能力、记忆能力和能够被人理解的表述能力。[①] 证人的作证能力与证言的质量密切相关。所以，公诉人对辩方出庭证人的作证能力应给予充分的注意。如果证人在听觉或视觉、触觉等感官方面存在明显的缺陷，则会对其感知能力产生实质性影响。如一个高度近视的证人证实他在未佩戴眼睛的情况下看到百米之外的作案过程，其真实性是值得质疑的。同样记忆力、表达能力也会成为影响证言真实性的主观因素，质证时对这些方面也应关注。同时审核证人在案发时所处的客观环境如光线、角度、距离等，也能帮助公诉人进行质证。

（4）证言内容的情况，即是否存在矛盾、模棱两可。当辩方证人作证发言时，公诉人应当认真倾听，质证时应注意发现证言内容本身的矛盾点、模糊点，同时结合案件事实和证据情况，发现证言内容与其他证据尤其是实物证据之间的矛盾。如一起故意伤害案中，辩方证人当庭作证称被害人嘴部是被被告人一方的一个红色上衣男子用拳头打伤的，被告人只是在劝架。该证人称其是从作案现场附近保安值班室的监控屏幕上看到的，然而调取的监控录像中对于被害人如何被殴打并没有反映。

2. 质证技巧

质证技巧方法因案而异，因人而异，需灵活掌握。根据司法实践中总结的经验，对辩方证人证言质证的技巧有不少，以下是几种常用的：

（1）细节盘问法。询问细节越具体，越容易发现证人证言中存在的问题。

（2）正面发问法。以直截了当的发问让证人陈述，暴露证言中存在的问题。

（3）变换方式重复发问法。为发现证人证言中的弱点、破绽，公诉人可以采取灵活转换话题提问的方式，围绕同一个问题反复发问。

（二）对辩方书面证人证言的质证

根据《刑事诉讼法》第157条的规定，辩护人有权宣读未到庭的证人证言笔录，即辩护人有权向法庭提供书面证人证言进行举证、质证。公诉人应从以下几个方面进行质证：

---

① ［美］诺曼·嘉兰等：《执法人员刑事证据教程》，但彦铮等译，中国检察出版社2007年版，第87页。

1. 对书面证人证言的合法性质证

（1）证人证言收集的主体是否合法。根据刑事诉讼法的规定，辩方有权收集证人证言等刑事证据材料的主体只能是被告人的辩护律师，其他辩护人无此权利。对于不具有律师资格的其他辩护人向证人调查取得的证言，公诉人当庭首先应对该书面证人证言的主体资格提出质疑。

（2）证人证言收集的程序是否合法。修改后的《律师法》对辩护律师收集刑事证据材料的程序作了修改，向证人收集不需要经过检察院或法院的许可。但收集程序并非肆意妄为，仍应遵循刑事诉讼法关于询问证人的一般性规定，根据最高人民法院、最高人民检察院、公安部、国家安全部、司法部《关于办理死刑案件审查判断证据若干问题的规定》第13条，询问证人必须个别进行；书面证言必须经证人核对确认并签名（盖章）、捺指印；询问聋哑人或不通晓当地语言、文字的少数民族人员，外国人应当提供翻译。公诉人应对辩护律师出现上述程序性的问题予以充分注意，并及时提出质证。

2. 对书面证人证言的真实性质证

针对辩方提供的书面证人证言的真实性进行质证，主要是围绕证据本身是否存在虚假、矛盾，是否与客观环境存在矛盾，是否符合情理等展开，具体主要包括以下情形：

（1）就证人所表述的内容与其认知水平之间的矛盾提出质疑和反驳。如一名80岁的农村文盲老太在证言笔录中说："我儿子还不出钱，对方就把我儿子非法拘禁起来，不仅讨了欠款，还敲诈勒索了几千元。"该表述所使用的词语明显超出证人的能力范围。

（2）就证人不确切的陈述寻找矛盾之处提出质疑和反驳。如一起故意伤害案中，两名辩方证人证明被害人是被一穿黑色羽绒服的男子打伤，可现场类似特征的除了另一人之外还有被告人，故该证据并不能明确排除被告人没有作案。证言由于模棱两可本身缺乏证明内容的确定性，就不具有证明力，不能作为定案的根据，公诉人应准确判断提出质证，建议法庭不予采信。

3. 对证人证言的关联性提出质疑和反驳

司法实践中，辩护律师有时会提交一些表面上看起来与案件有关，而实质上与案件定罪量刑无关的证人证言，对此公诉人质证的点应锁定在关联性上。如辩护人提供多名证人的证言证明被告人将受贿款捐献给了希望工程，以此否定被告人行为构成受贿罪,公诉人当庭指出这一证据与被告人行为是否构成受贿罪之间不具有关联性。

需要注意的是,根据《关于办理死刑案件审查判断证据若干问题的规定》第15条的规定,如人民检察院对于辩方提供的不出庭证人的书面证言有异议,而该证人证言对定罪量刑又有重大影响的,人民法院应当通知该证人出庭作证,经质证无法确认的,不能作为定案的根据。

四、对其他辩护证据的质证

(一) 对辩方提供物证的质证

物证是以物的外形特征、物质结构和形态特征以及物的反映形象特征证明案件事实,是以客观存在的实物及其反映形象证明案件事实。

1. 对物证本身质证

《关于办理死刑案件审查判断证据若干问题的规定》第8条第1款规定:"据以定案的物证应当是原物。只有在原物不便搬运、不易保存或者依法应当由有关部门保管、处理或者依法应当返还时,才可以拍摄或者制作足以反映原物外形或者内容的照片、录像或者复制品。……"对于辩方提供的物证质证时,需注意审查物证是否为原物或与原物相符。对其确证,可以通过交被告人或能证实案件事实的其他诉讼参与人辨认,也可以鉴定。

2. 对物证取得过程质证

包括对物证的来源、发现时间和地点、提取物证的方法、物证的特征及保存的方法和时间等进行质证。如在一起故意杀人案中,辩护人出示一件沾有血迹的衬衫,强调被告人案发当日没有穿上衣,而沾有血迹的男上衣说明作案者另有其人。公诉人通过质证了解到血衣是在案发后由被告人的亲属在现场附近捡到的,而侦查机关在案发当日已对现场进行勘查并依法收集了有关物证。公诉人据此以该物证取得程序不合法,且与案件无关联性,认为不能作为定案依据。

3. 对物证所证明的问题进行质证

许多物证无须鉴定就能够基于物质属性、形态、内容等证明案件事实,但对于现场遗留的血迹、指纹、体液等痕迹物证,必须借助鉴定结论才能证明其与案件具有关联性。如辩方提供此类证据,则应结合鉴定来确证是否能作为证据使用。

（二）对辩方提供书证的质证

书证是以文字、符号等形式表达思想和记载的内容证明案件事实。对辩方提供的书证进行质证的主要方法如下：

1. 从书证是否为原件或与原件相符进行质证

最高人民法院《关于执行〈中华人民共和国刑事诉讼法〉若干问题的解释》第 53 条规定："收集、调取的书证应当是原件。只有在取得原件确有困难时，才可以是副本或者复制件。"《关于办理死刑案件审查判断证据若干问题的规定》第 8 条第 2 款规定："据以定案的书证应当是原件。只有在取得原件确有困难时，才可以使用副本或者复制件。……"所以，对辩方提供的书证是否为原件或与原物相符进行质证，是必须的。如果辩方提供的书证是原始证据，就需要审查书证是不是原件，从而避免辩方伪造证据或由于疏忽而错误提交证据。是不是原件可以通过辨认或鉴定的方式进行。如果辩方提供的书证是副本、复制件，则一方面需要审查原件是否存在，避免辩方伪造证据；另一方面需要审查副本、复制件是否与原件相符，从而避免辩护人编造、篡改证据。[①]

2. 从书证来源及收集程序是否合法进行质证

《关于办理死刑案件审查判断证据若干问题的规定》第 9 条第 3 款规定："对物证、书证的来源及收集过程有疑问，不能作出合理解释的，该物证、书证不能作为定案的根据。"该规定其实不仅针对侦查人员，对于也能提供书证的辩方，同样也要在收集程序、方法上注意符合法律及有关规定，否则将导致证据因不符合合法性，而不能作为定案根据。

3. 从书证内容是否真实、相关进行质证

（1）内容是否反映当事人的真实意思。即考察书写人是否受到违背其真实意愿因素的影响如利诱、欺诈等等。

（2）内容是否明确，有无矛盾。即考察书写内容是否存在表述模糊、前后矛盾的地方。

（3）内容是否与案件事实有关联。证据必须具有案件相关性，才有可能作为定案依据。辩方提供的书证同样应符合关联性。如一起强奸案中辩护人提

---

① 张军主编：《刑事证据规则理解与适用》，法律出版社 2010 年版，第 102—103 页。

供被害人以往因卖淫被行政处罚的书证,公诉人在当庭质证时指出,该书证与本案定罪量刑没有相关性,不应采信,最后该质证意见被合议庭采纳。

(三) 对辩方提供的视听资料的质证

视听资料是 1996 年《刑事诉讼法》修改后新增的一个证据种类。最高人民检察院于 1996 年 12 月 31 日发布的《关于印发检察机关贯彻刑事诉讼法若干问题的意见的通知》第 3 条第 1 款解释称:"视听资料是指以图像和声音形式证明案件真实情况的证据。包括与案件事实、犯罪嫌疑人以及犯罪嫌疑人实施反侦查行为有关的录音、录像、照片、胶片、声卡、视盘、电子计算机内存信息资料等。"视听资料与物证、书证存在着内在的差异,"具备望之有形、听之有声、查之有据的独特性能",属于一种"更接近案件实际情况的证据"。① 与传统的物证、书证等证据相比,视听资料容量大、内容丰富、直观性强,具有较强的准确性和可靠性,但视听资料也存在虚假的可能性。一是视听资料可能没有全面、客观反映记录对象的实际情况。因为视听资料的制作过程容易受到仪器设备、制作技术、环境条件等的影响。二是视听资料本身也容易被伪造、添加、删减、编辑。因此,对于辩方提供的视听资料要严格审查判断,主要从以下几个方面进行质证:

1. 对视听资料的来源进行质证

对于辩护人提供的视听资料,首先应当审查其来源是否合法。根据最高人民法院《关于执行〈中华人民共和国刑事诉讼法〉若干问题的解释》第 150 条的规定,当庭出示的视听资料,应当先由出示证据的一方就所出示的证据的来源、特征等作必要的说明,然后由另一方进行辨认并发表意见。控辩双方可以互相质问、辩论。对于辩护律师提交的视听资料,公诉人应该认真查明资料的制作人、制作过程、制作条件。制作过程中当事人有无受到威胁、引诱等违反法律及有关规定的情形,也属于对来源是否合法进行质证的内容。

2. 对视听资料的内容进行质证

公诉人应对视听资料的内容进行质证。因视听资料的内容存在经过剪辑、增加、删改、编辑等伪造、变造的可能,则一旦视听资料与本案其他证据发生矛盾,不应轻信。如肉眼对视听资料真伪的技术性问题无法识别,则应建议法庭

---

① 樊崇义等:《证据法学》,法律出版社 2000 年版,第 124 页。

休庭,并申请对视听资料进行鉴定。

3. 对视听资料的关联性进行质证

视听资料的内容应当与案件事实存在关联性。辩护人提供的视听资料即使再客观真实,如无益于查明案件的真实情况,也就不具有证据证明力了。如一起交通肇事案中辩护人提交的视听资料是关于该案的一期法制节目片段,旨在通过该节目中交通警察对交通事故的叙述来否认被告人肇事逃逸,公诉人在庭上质证时提出该视听资料与本案没有证据上的关联性,合议庭当庭采纳了控方的质证意见。

第七节　法庭辩论

一、法庭辩论概述

(一) 法庭辩论的概念与意义

法庭辩论是指控辩双方在审判长的主持下,就法庭调查的全部证据和案件情况与起诉书的指控是否一致以及如何适用法律发表总结性意见和辩驳陈词。[①] 在刑事案件一审过程中,法庭调查结束后的一个重要环节程序就是法庭辩论,其中第一轮是控辩双方发表总结性意见,分别是公诉人发表公诉意见、辩护人发表辩护意见,第二轮及此后轮次是控辩双方发表辩驳陈词,即进行反驳答辩。

法庭辩论阶段的辩论相比较质证时的辩论有所不同。一是辩论的内容范围不同。法庭辩论是针对案件的证据、事实、法律适用以及被告人的刑事责任等问题,质证时的辩论则仅限于证据和案件事实,通常集中于证据的客观性、关联性和合法性。二是辩论的程序方式不同。质证时的辩论是在一个或一组证据举证后就展开的,是一种"短兵相接",而法庭辩论则是在所有证据均向法庭提交并经过质证后才进行的,是"全面交锋",运用所有的证据和事实,对本方的主张、观点进行论证,同时驳斥对方的观点。

---

① 季刚、刘晶:《公诉规则与实务》,中国检察出版社 2006 年版,第 213 页。

作为法庭审理中具有独立意义的必经程序,其意义不仅在于能使法官更深入查明案情、审核证据,还在于其是控辩色彩最强烈的环节,是加强控辩对抗的重要步骤。

(二) 公诉人法庭辩论的基本要求

1. 观点清晰,全面论证

公诉人在辩论时,必须要做到观点明确鲜明,即被告人的行为确实构成犯罪,应受到刑事处罚,切忌观点含混、模棱两可。同时要从案件整体出发,立足于证据体系进行辩论,做到逻辑严密、说理充分,切忌论证笼统甚至牵强、强词夺理。

2. 找准关键,重点阐明

辩论阶段应选择并围绕分歧焦点,尤其是事关案件定罪量刑的关键问题,作重点阐明或驳斥,不能陷入该辩的辩不清,不该辩的纠缠不清。这样做有利于合议庭对案件有准确的认识,也有利于在法庭辩论中掌握辩论的主动性。对于辩论的关键点,公诉人要破立结合:既要驳斥辩方观点的不合理之处,又要着重分析论证影响公诉主张成立与否的关键问题。

3. 以我为主,掌握主动

在法庭辩论中,公诉人的目的不是制服被告人、打败辩护人,而是说服法官,因此必须能够控制好庭审局面,掌握主动权,避免被辩方牵着鼻子走。坚持以我为主,就是以观点阐明为主,防止一味驳斥辩方观点,更不能让辩论成为控辩双方的意气之争。公诉人要做到"六答六不答"。"六答"是:歪曲和否定事实的必答;对罪名提出异议的必答;适用法律条款有分歧的必答;曲解政策、法律、法规的必答;提出从轻、减轻、免除处罚不符合法律规定的必答;把客观条件说成犯罪主要原因的必答。即对案件定性、关键证据的证明力以及主从犯的地位等影响定罪的关键性问题重点答辩。"六不答"是:与案件无关的问题不答;与本案有关但和定罪量刑无关的不答;纠缠于无法查清的事实,据此提出不合理假设的不答;使用学术观点进行辩护的不答,但说明要依法而不依学理解释;对于细枝末节问题不答;对于符合事实和法律法规的辩护意见不答。[①]

4. 有理有节,庄重得体

公诉人在辩论中,要以事实、证据和法律为根据,运用合乎逻辑的论证方法

---

① 张穹主编:《公诉问题研究》,中国人民公安大学出版社 2000 年版,第 480—481 页。

论证公诉意见,批驳辩方意见,做到"摆事实,讲道理"。同时注意在辩论中的情绪控制,恰当运用语气、语调、语速、音量、手势以及表情,不可以势压人,从而保证辩论的准确、文明、规范和得体。

二、法庭辩论的基本方法

法庭辩论是庭审中最精彩的部分,是整个庭审的焦点,公诉人法庭辩论要体现论与辩的统一,论要深刻透彻,辩要一针见血,实现"立"与"破"的结合。这需要掌握好法庭辩论中的证明与反驳的基本方法。

(一) 证明方法

证明,是指引用已知为真的判断来确定另一判断的真实性的逻辑思维过程,是运用"立"的方法来证明自己的论题为真。法庭辩论中公诉人需要运用逻辑证明的辩论方法,来论证公诉证据的合法性、相关性、客观真实性,维护公诉指控的观点,反驳辩方的观点。常用的证明方法有:

1. 分析与综合

分析是把论证的对象分解为各个部分分别加以研究的一种证明方法。从不同角度、层面对辩题的论证过程,实际上就是分析的过程。公诉人通过分析进行证明,必须要把辩论中的某一辩题从整体分解为各个部分,逐一加以认识、论证。需要注意的是,分析不是简单的分解,论证不应成为孤立、片面的,而应该具有系统性。即在分析案件证据和事实的基础上运用综合的方法,从本质上再现案件的整体性和具体性,系统地将对方的错误揭示出来。公诉人的辩论要建立在扎实的案件事实基础上,必须学会运用分析与综合的方法,让案件有一个明晰、系统、完整的呈现。

2. 演绎与归纳

演绎是根据一般原理来论证有关特殊事实判断的真实性的方法。演绎证明的可靠程度与前提的可靠程度联系密切,即前提只有经过实践检验为确实可靠的原理、原则或法律规定,得出来的结论才是可靠的。法庭辩论中,公诉人以一般的犯罪构成、法律规定等为指导去分析案件的思维过程,就是演绎的过程。

归纳是指用特殊事实的判断证明一般原则的方法,是从个别、特殊的认识概括出一般性的原理、原则的证明方法。对于案情简单的案件,只要列举穷尽辩方辩题的全部论据为假,证明辩护观点为假,或控方所依据的论题全部为真,即可证明公诉人的观点正确。对于这种归纳法，必须要穷尽一切可能，如果适用正确，往往能收到很好的证明效果。如对于受贿案中经常出现的有关是受贿还是受赠这个辩点，公诉人就可以先归纳出赠与行为的特征，并据此列出案件中被告人接受他人现金的行为不具有赠与行为特征的事实，从而证明构成受贿罪的观点。

证明过程中往往既有归纳，又有演绎，公诉人要学会用大量形象、生动、典型的事实归纳论证，又能以演绎证明的方法，以严谨的逻辑推理说服法庭。

3. 直接与间接

直接证明是引用论据从正面直接确定论题的真实性。由论据可以直接推导出论题为真，不需经过中间环节。对于事实清楚，掌握足够的直接证据的案件，在法庭辩论中运用这种方法，庭审效果比较好。如对于一起故意杀人案中被告人究竟是故意杀人的故意还是故意伤害的犯罪故意，公诉人就采用了直接证明法，指出：第一，被告人因对被害人与其妻偷情不满，曾多次有杀被害人的言语表示；第二，被告人使用事先携带的砍刀足以致人死亡；第三，被告人选择致命的颈部挥砍数下。这些证据都直接证明了被告人主观、客观上都是要剥夺被害人的生命。

间接证明是根据逻辑思维规律中的排中律，引用论据确定与论题相排斥的判断虚假，进而确定论题的真实性。即由论据真推出同论题相排斥的判断假，进而推出论题为真。具体方法包括：

（1）反证法。即先证明与原论题相矛盾的判断假，然后根据排中律得出原论题为真。

（2）排除法。即通过论证对原论题以外所有被穷尽的可能情况为假，从而证明原论题为真。如徐某故意杀人案中，公诉人对于被害人是死于他杀的进行论证时，就运用了排除法，列举了除了他杀之外的另两种情况：自杀和意外死亡，然后用充足的理由论证了这两种可能情况是不存在的，即"被害人生前表现正常，被害前一天还在积极筹备新居装潢，被害时着睡衣在午休，结论是排除自杀。室内煤气管道测试结果表明没有漏气状况，可以排除被害人系意外自杀"，从而间接证明了被害人是被他人所杀的论题是真的。

（二）反驳方法

反驳是根据一些判断的真实性，以确定某个判断虚假或者某个论证不能成立的思维过程。反驳是用"破"的方法来证明辩方的论题为假,是一种简便可行的答辩方法。它主要是针对辩方的论题错误、论据错误、推理错误而展开的,常用的方法有:

1. 直接反驳

通过引用真实性明显的判断或已经由实践检验过的原理作论据,直接推出辩方论题的虚假。即摆事实、示证据、讲法理,直接加以反驳。

2. 间接反驳

通过论证与被反驳论题具有矛盾关系或反对关系的论断的真实性,从而确定被反驳论题是虚假的。

3. 揭露矛盾反驳

当对方对同一对象作出不同的断定,出现了自相矛盾时,将其中的矛盾之处揭露出来,是反驳对方的有效方法之一。如一起故意伤害案中,辩护人在辩护意见中提出被告人是过失犯罪,并无伤害被害人的犯罪故意。公诉人及时抓住辩方关于无预谋伤害的观点与被告人事先购买凶器、踩点跟踪被害人的事实之间的矛盾,有力地反驳了辩方关于过失犯罪的观点。

当对方以偏概全、轻率概括,作出某种虚假命题时,列举与之相反的具体事例,将对方驳倒。这也是揭露矛盾反驳法的运用,是一种轻巧的反驳方法,公诉人只要能从纷繁复杂的事物现象中寻找出一个和对方观点针锋相对的反例,对方的观点就站不住脚了。

4. 归谬反驳

在辩论中,先假设对方的观点正确,由此推出荒谬的结论,以此驳倒对方观点。这种方法是一种极富攻击力的反驳。对于无理的辩解,归谬法往往能使公诉人的答辩既有力,又少费口舌。如一起故意伤害致人死亡的案件中,被告人狡辩被害人是因医院抢救不及时而死亡的。公诉人在第一轮公诉意见中已经对被害人的死亡原因作了充分阐述,于是答辩期间没有再援引证据进行反驳,而采用了归谬法予以反驳:"如果说被害人的死亡原因是抢救不及时,那么怎样才算是及时呢?是不是只有被告人在医院作案,甚至在手术台前作案,并且医务人员事先做好准备,被告人一边作案,医务人员一边抢救才算及时,否则任何故意伤害致死他人的被告人,都可以抢救不及时为由把罪责推卸给医院,而救死扶伤,实行人道主义的医务人员反而承担抢救不及时的责任,结果是伤人者无罪,救人者有罪。"

三、公诉人发表公诉意见及法庭答辩的具体方法

(一) 发表公诉意见的具体方法

公诉人发表公诉意见是法庭辩论的开始,公诉意见的发表是公诉人总结能力、论证能力、反应能力、逻辑思维能力和口头表达能力的综合体现。有质量的公诉意见将为出庭公诉起到重要的作用,成为庭审中的亮点。

1. 公诉意见应做及时调整

公诉意见应随着庭审而作适当调整,不能刻板因循庭前预案,不应埋头读公诉意见书。因为经过法庭调查,很多情况发生变化,公诉意见的内容应及时作出调整。著名律师钱列阳在所著的《刑事辩护技巧》一书中,为阐述辩护人不应遵循辩护预案的观点,就一针见血地指出公诉人有"低头念"公诉意见书的通病:"第一,公诉人最后发表公诉意见的时候,十有八九是在低头念公诉意见书,这个公诉意见和法庭调查中发生的新的变化内容可能相矛盾,检察官照本宣科几乎是他们的通病,不会灵活地把某一个公诉意见立即拿掉,衔接不上法庭调查,……第二,公诉意见里往往把双方证人出庭以后发表的重要内容忽略掉或者和公诉内容、被告的陈述有矛盾……"公诉人必须学会及时调整公诉意见,常用的调整方法与内容有:

(1) 庭审预案中对某个争议问题准备不足,而庭审调查中控辩又就此问题分歧较大,公诉人在发表公诉意见时应将其作为一个重点,详细论证。论证时必须运用具体的证据指出究竟是哪些具体的证据如何证明的,而不能笼统地说明某一事实或情节已经被证人的证言、被害人陈述、鉴定结论、书证、物证所证实。通常公诉人在发表公诉意见时,可以先指出虽然被告人在法庭调查阶段提出辩解否认某项事实,辩护人亦然提出质疑,但法庭中的某些证据怎么证明了该事实是成立的。

(2) 庭审预案中对伪证、翻证或辩方证据准备不足的,公诉意见中应对上述情况作表述而不能一带而过,尤其是可能影响指控的事实或罪名的,更应重点进行分析驳斥。

(3) 庭审预案中对自首的认定因被告人的翻供而需要改变的,公诉人应当庭改变对自首的认定,建议合议庭结合自首的要件依法不认定自首。

2. 利用公诉意见的发表，占据庭审主动

在法庭第一轮辩论中，公诉人首先发表公诉意见，公诉人可以对辩护人可能提出的问题进行全面论证和反驳，进行主动出击。如一起故意杀人案，被告人一直辩称没有杀人的故意，庭审中辩护人也想借此机会提出被告人无杀害被害人的主观故意，很可能提出被告人的行为应认定为故意伤害致人死亡的辩护观点。于是公诉人在发表公诉意见时，首先就被告人构成故意杀人罪而非故意伤害罪进行了论证：

> 第一，被告人使用的凶器是带倒钩的长约 17 厘米的锋利的双刃匕首，对人的生命构成极大的威胁；第二，任何人都知道心脏是人体最为重要的致命器官，但是被害人全身有三处受伤，第一、第二处伤均在胸部，第三处伤在右腹部；第三，在案发之前，被告人和被害人有较深的矛盾，被告人曾对证人说过"总有一天，我要杀死他（被害人）"，其杀害被害人的主观故意是很明显的；第四，前两处伤均是直接深致心脏动脉和心脏瓣膜，第三处伤深及肝脏，致肝破裂，三处伤均是致命伤。综上所述，被告人辩称只是想伤害被害人的辩解与事实和证据不符。

辩护人发表辩护意见时，果然提出被告人杀人的主观故意不存在，其行为是故意伤害致人死亡的辩护观点，但因为公诉人对此辩护观点已经作了客观全面的分析和论证，结果使得辩护人的辩护显得非常苍白无力。[①]

3. 公诉意见应具有说服力

一方面是体现在公诉意见的内容上，通过对证据的分析论证，全面说明公诉机关指控有事实根据，有法律依据，有理论支撑，说服法庭接受公诉机关的指控；另一方面体现在有效的表达形式上，用诚恳平和的态度、坦诚自然的目光交流、清楚流畅的语言进行分析论证。

（二）法庭答辩的具体方法

法庭答辩是在法庭辩论第二轮及其以后轮次中的反驳陈词，是公诉人出庭支持公诉的一项重要活动。答辩"要立足公诉意见，把反驳辩方观点与进一步

[①] 熊红文：《公诉实战技巧》，中国检察出版社 2007 年版，第 268 页。

论证公诉意见紧密结合"①。不过需要注意的是,答辩并不是对公诉意见的重复。通过答辩,公诉人运用法律与证据,结合社会价值理念,说明为什么被告人的行为构成犯罪,为什么要定这个罪,这个罪的社会危害性是什么,辩护人的不同意见为什么不成立。

公诉人必须重视运用好答辩权:

一是增强法庭答辩的主动性。在过去的庭审中,有些公诉人往往在发表公诉意见后,面对辩方提出的不同意见和理由,不以为然而不再进行答辩,认为反正法庭会依公诉意见来判。在改革后的庭审模式下,也有些公诉人存在消极答辩的情况。由于庭前预测工作不充分,面对辩方有力的质疑,公诉人要么回避,要么语焉不详,结果给法庭及旁听者留下指控说服力不足的印象,影响庭审效果与指控质量。所以,公诉人必须重视和学会答辩,增强答辩的主动性与能动性。

二是判明辩护意见的结论。公诉人在法庭辩论中,要认真倾听辩方第一轮发言,准确判明辩护意向。通常辩护人的意见有四种结论:其一,被告人的行为不构成犯罪;其二,被告人的行为不构成指控的重罪,而构成某一轻罪;其三,被告人受指控的罪名或事实中,有一部分不能成立;其四,被告人的行为构成控罪,但量刑情节存在异议。不同的辩护意见与公诉意见相应地就会形成法庭辩论中的罪与非罪辩、此罪与彼罪辩、指控是否全部成立辩、量刑情节辩。

三是明确答辩的范围和重点。公诉人通过辨明辩护意向,甄别内容的主次,抓住辩论中的焦点问题,进而明确答辩的范围和重点,做到原则问题不放过,枝节问题不纠缠,无关问题不理会。一般控辩争议焦点关系定罪量刑的关键性问题要重点答辩;对与本案无关的问题、已经答辩清楚的问题或不影响定罪量刑的枝节性问题不予答辩或仅作简单答辩。

四是确定答辩的要点。针对事先确定的答辩范围和重点,公诉人结合庭前准备好的答辩提纲,临时拟好答辩要点,一般先归纳概括辩方的主要观点,然后逐一进行答辩。

五是组织生动有说服力的反驳内容。如原某市副区长祝某受贿案的辩护人在发表辩护词时提出被告人的行为是谋私不损公,不具有社会危害性的观

---

① 姜伟主编:《公诉业务教程》,中国检察出版社 2003 年版,第 246 页。

点,相对具有迷惑性。公诉人在答辩中指出:

> 被告人不是一个普通百姓,他完全懂得人民投票选举他,是希望他能做一位名副其实的父母官。当官不为民做主,不如回家卖红薯。这个普通百姓都知道的道理,他会不懂吗? 他更知道,该区有近 10 万居民要动迁,要牺牲个人家庭的利益,这固然是为了城市建设这个大局,但也是在用实际行动支持他这个分管区长的工作。而被告人是如何对待人民的牺牲的呢? 他偏偏是利用人民动迁让出的土地,在批租中大肆受贿。公诉人到他家去核对赃物时,为他用赃款购置的大批高级家具、家电、珠宝首饰以及豪华的装修感到震惊。要知道,正在他居室的楼下,就有近万名在寒风中举家动迁的居民。面对这种反差,你就能感受到什么叫利令智昏,什么叫腐败了。……国家利益包括经济的、政治的。被告人的犯罪严重损害了党和政府的形象,伤了民心,这不是对国家利益的损害吗? 所以被告人的行为不仅肥私而且损公,不但违法更是犯罪。[①]

公诉人答辩常用的方法主要有以下几种:

1. 简单说明法

如果被告人、辩护人的观点与公诉人的观点一致或无原则分歧,辩护人又重新提出来的,公诉人可以简单说明辩护人的观点与控方一致或基本一致,不再重复。如果辩护人作无谓的纠缠,公诉人也可以采取简单说明的方法予以反驳。

2. 直言驳斥法

如果被告人、辩护人提出的观点脱离事实、证据和法律存在的,公诉人要直切要害予以驳斥。如一起重大走私案中,起诉书指控某公司业务员刘某犯走私罪,而辩护人在辩护词中却大谈认定某公司犯走私罪事实不清楚、法律依据不足。公诉人在答辩中就作了直接的反驳:

> 起诉书仅仅指控刘某以公民身份犯有走私罪,因此本案没有关于法人

---

① 转引自季刚、刘晶:《公诉规则与实务》,中国检察出版社 2006 年版,第 234 页。

犯罪的起诉书；刘某不是公司的法定代表人，起诉书也没有起诉他应代表公司作为被告人，因此本案没有法人犯罪的被告人；你们没有受委托作为公司犯罪的辩护人，而是为个人被告人作辩护人，因此本案没有法人犯罪的辩护人。在既没有起诉书，又无被告人和辩护人的情况下，辩护人何以为该公司犯罪作辩护呢？

3. 归谬引申法

如果辩方提出了荒谬的观点，正面指出其错误实质，有时反而显得软弱无力，恰当地运用归谬引申法，效果则更好。即先假设辩护观点正确，然后加以引申，得出错误乃至荒谬的结论，反证辩护观点的错误。如一起故意伤害案中，被害人因被告人的伤害行为导致毁容，公诉人在公诉意见中指出毁容行为比较一般故意伤害行为更体现出犯罪情节的恶劣性，但辩护人发表意见时，对毁容一词歪曲解释，提出了被害人没有造成毁容：

> 毁容，应该是毁了容貌，使其血肉模糊，面目全非。受害人被刺后，虽然面部受伤，但最大的伤口现在已经治好，仅留下面部不大的几块伤疤。因而没有达到毁容的程度，不能按重伤害对待。

面对辩护人的荒谬观点，公诉人没有从被告人犯罪所造成的严重后果对辩护人作正面反驳，而以引申归谬的方法，达到了揭示荒谬反驳的目的：

> 按照辩护人的说法，毁人容貌一定要达到血肉模糊，面目全非，那么被害人为了打官司，是不是就不能求医治疗，必须忍痛到开庭审判，以保留"原状原形"，证明自己被伤害达到了何种程度的毁容，是轻伤害还是重伤害？

4. 紧扣大情反驳法

如果辩护人在辩护意见时过分、狭隘地煽情，公诉人应从大众情结上挖掘案件的社会价值内容，以高于辩护人的层面寓情喻理，向法庭阐明案件定罪量刑应立足大众之情，而非被告人的小家之情。如某起强制猥亵恶性案的法庭辩论过程中,辩护人发表辩护意见时着重表示:被告人吴某过去奉公守法,在厂里表现好,在家里孝顺有病的父母,到案后能坦白,案件属邻里纠纷,与流氓成性的犯罪有重大区别,可以在徒刑范围内从轻处罚。针对此意见,公诉人运用大众之情、正义之情的答辩内容,强烈地震撼了旁听者的心灵,收到了很好的庭审效果:

> ……尊重妇女与孝顺父母,同属于同一个道德范畴,一个真正奉公守法的人,他应该尊重自己的家人,同时也尊重整个社会的妇女与老人。吴某在这一点上,也具有两面性。一方面,他对自己的妻子、父母每每能尽些义务;另一方面,他又野蛮地摧残别人的妻子、别人的母亲。不少严重的刑事犯罪分子,他们在实施杀人、抢劫等严重刑事犯罪活动时,根本不顾及被害人及其家庭遭受的巨大痛苦,他们不愿意自己的妻子、父母被人残害,偏偏又肆无忌惮地残害别人的母亲、别人的妻子,他们将自己与整个社会完全对立起来,有的只是自己极为狭隘的利益。他们殊不知,如果人人都像他们那样,那么他们自己的妻子与老人的权利又何以能有保障。因此,对这种两面性,我们不能忽视其中的社会危害性,更不能以他们极为狭隘的那一面,去姑息迁就他们对整个社会的严重危害。今天对吴某的审判,就是要切实维护也包括吴的父母、妻子在内的全社会的妇女、老人的权利,就是要防止出现第二个、第三个吴某,这就是法律的公正。……①

5. 婉言驳回法

如果被告人、辩护人提出的辩护理由在一定程度上符合情理,但根据法律规定和案情不应采信,不能绝对地否定或者不加以分析地驳回,一般是先予以合理肯定,然后经过论证、比较阐明在本案中不能采纳该观点的理由和法律依据。

6. 合理纳言法

如果被告人、辩护人提出的辩护观点符合事实和法律规定,特别是提出应当酌定从轻的意见,公诉人应当客观地予以采纳。

需要注意的是,对于复杂案件,往往一案涉及数罪,一罪涉及数人,被告人

---

① 转引自季刚、刘晶:《公诉规则与实务》,中国检察出版社 2006 年版,第 236 页。

和辩护人往往从不同角度提出多种辩护意见,观点繁多复杂,答辩首先要对辩护观点进行综合归纳,将分散的辩护内容集中概括起来,提炼出辩护内容的焦点与核心,抓住其实质,突出重点进行答辩。其次在答辩时注意层次,一般采取先主后次、先大后小、先概括后具体的答辩方法。如某拐卖妇女儿童案,11名被告人及其辩护人共20余人分别从各被告人的犯罪事实、性质、社会危害、犯罪起因、后果、地位作用、实施犯罪方法和手段、互相之间罪责等方面提出近百条辩护意见,分别从各自的角度作了无罪、罪轻、从轻、减轻、免除处罚的辩护。公诉人将这些辩护意见归纳为五个部分:一是基本事实;二是各被告人的相互关系,在案件中所起作用及各自应承担的责任;三是案件的证据;四是定罪;五是量刑。然而,以被告人在案件中所起作用作为答辩重点,在答辩中不仅主次分明,条理清晰,而且可以提高庭审效率。

四、法庭辩论中的常用技巧

(一) 掌握辩论主动的技巧

要掌握辩论的主动,首先要学会归纳总结、提炼案件焦点。钱列阳律师曾经指出:谁把法庭辩论的焦点问题提炼出来,谁就占领了制高点。法律功底的深和浅,相当程度上不在于他说了多少,而在于他提炼了多少,所以归纳总结、提炼案件焦点是辩护律师一个非常重要的基本功。这一点同样适用于公诉人。其次要学会抓住关键,不纠缠枝节。要控制法庭辩论的走向,就要有抓有放,不能"眉毛胡子一把抓",跟着辩方的思路走。做到守住有利阵地,以我为主。最后要学会先发制人。公诉人将可能提出的和避而不谈的问题,在法庭辩论中先进行全面论证和反驳,从而产生主动出击,先入为主的效果。这需要公诉人做好充分的庭前预测工作。

(二) 摆脱对方纠缠的技巧

法庭辩论中当辩护人纠缠不休或自己处于被动时,要尽力摆脱。一是作以说明,将话题转移到关键问题上。如一起故意伤害案中,辩护人在辩论中围绕验伤通知书上的医师是否在验伤当天调班的问题,纠缠不清。公诉人在答辩时就采用了这种方法,指出:

验伤的医师当天并未调班,其本人的陈述及两名证人的证言均证实,调休登记上的记录信息是提前所写,后与实际情况有出入的,验伤通知书上的签字也系医师本人所留,故关于验伤通知书内容的真实性已经查清。本案需要解决的关键问题是被害人的伤势是否是被告人所造成的……

二是作反驳,点明对方纠缠的谬误之处。通过发现对方的破绽,适时作以反驳,从而让辩方难以再纠缠下去。

(三) 补救失误的技巧

补救是公诉人在法庭辩论中,发觉有表达不完整或不正确的地方时,适时、巧妙进行修正、补全。补救的方法有:

1. 大方承认,直接补正

公诉人在庭审上的措辞表达不可能保证没有失误,对于因口误等原因造成的失误,公诉人当庭大方而坦诚地承认,"即时即改"的做法可以表现出公诉人客观公正的态度和良好的风度,也能赢得辩护人的尊重,给法庭留下良好的印象。不可在出现错漏时一味回避,更不能强词夺理。如一次公诉庭审中,辩护人抓住公诉人发言中的一些纰漏,连续对公诉人的观点提出数个反问句式的质疑,公诉人此时已经意识到自己发言中的失误之处,对辩护人的问题一时语塞,情急之中引用列宁的名言"一个白痴提的问题,十个天才也解答不了"作答,结果引得旁听席一片窃笑,辩护人摇头表示无奈。

2. 巧妙应对,暗中补救

对于公诉人在法庭辩论中的疏漏及措辞欠妥之处,辩护人紧抓不放或借题发挥,大做文章,公诉人应沉着冷静,巧妙应对,切忌情绪失控。如王某某受贿、巨额财产来源不明案法庭辩论过程中,因辩护人庭前不阅卷,提出的观点总是纠缠一些细枝末节、不着边际,公诉人在第二轮答辩中多次以"荒谬"的措辞指责辩护人的观点,结果使得辩护人甚为难堪,以至于恼羞成怒。于是在接下来的辩护人答辩时,以公诉人使用"荒谬"一词对其进行人身攻击,进而攻击公诉机关的指控和执法态度。公诉人在意识到自己的措辞欠妥后,冷静地采取了以退为守的反驳方式,化解了辩护人恶意的攻击:

首先,公诉人的答辩可能有个别词语辩护人认为伤及其自尊,公诉人郑重声明:这仅仅是本公诉人法庭辩论的个人风格,与公诉机关的指控无关,更与公诉机关的执法态度无关。何谓"荒谬"? 错误到极点也! 公诉人不认为使用"荒谬"一词就代表人格侮辱。公诉人要提醒辩护人注意,如果你的发言确实荒谬,本公诉人就一定会说你的观点荒谬! 接下来,公诉人对辩护人的第二轮意见作综合答辩如下⋯⋯

第八节　量刑建议

一、检察机关量刑建议权的概念及性质

量刑建议是指人民检察院对提起公诉的被告人,依法就其适用的刑罚种类、幅度及执行方式等向人民法院提出的建议。就具体内容来说,不仅包括对刑罚的种类和幅度的建议,而且包括了刑罚的执行方式如判处缓刑的建议。

量刑建议权和定罪请求权一样,都是公诉权的具体权能、下位权能。定罪请求权是量刑建议权的前提,量刑建议权是定罪请求权的自然发展与目的,二者共同构成实体内容上的请求权。同时,由于公诉权本身具有法律监督的性质,是法律监督权的一部分,因此量刑建议权天然就具有对法院审判监督的属性,是检察机关履行审判监督职能的有效方式。

二、量刑建议的效力及意义

量刑建议作为一种"建议",对法院的量刑并无约束力,法院没有义务按检察院的量刑建议量刑,但量刑建议仍具有以下效力:[①]

(1)启动量刑程序。与起诉权在实体内容上分为定罪请求权与量刑请求权相适应,法院的审判程序也可分为定罪程序和量刑程序。如果检察院没有向法院求刑,法院就不能启动量刑程序;如果检察院向法院提出了量刑建议,法院在认定被告构成犯罪的前提下,就必须启动量刑程序。有些国家的庭审没有设置单独的量刑程序,并非其不具有量刑程序,只不过该程序与定罪程序合二为一罢了。

———————————

① 参见朱孝清:《论量刑建议》,载《中国法学》2010 年第 3 期。

(2)制约量刑裁判。这主要体现在三个方面：一是限定量刑权的范围,法院只能就检察院所起诉并提出量刑建议的被告人和罪行判处刑罚,而不能对另外的人和事判处刑罚;二是提醒法院审慎量刑,制约其自由裁量权;三是在判定被告人构成犯罪的前提下,法院必须对量刑建议作出回应。

(3)明确证明责任。检察院将被告人诉至法院并提出量刑建议后,就对自己所建议的内容负证明责任,如果不能证明或证明不力,就要承担量刑建议得不到法院支持和采纳的不利后果。

(4)预设监督标尺。量刑建议反映了检察院对量刑的预期。为检察院在日后开展量刑监督预设了一根标尺或曰"参照系"。虽然预设的这根标尺不一定准确,但它毕竟为判后的量刑监督预设了一个依据。

正是因为量刑建议具有上述效力,故对依法提起公诉的案件,检察机关向人民法院提出量刑建议,具有重要意义:一是有利于促进量刑公开、公正,从而保障司法公正;二是有利于制约法官的自由裁量权,加强量刑监督;三是有利于完善刑事审判程序和刑事诉讼结构;四是有利于提高诉讼效率;五是有利于保障当事人的诉讼权益。

三、检察机关提出量刑建议的基本原则

检察机关提出量刑建议,应当本着先易后难、循序渐进、简便易行、兼顾效率的要求进行。其基本原则包括:

(1)依法建议。应当根据犯罪的事实、犯罪的性质,以及情节和对于社会的危害程度,依照《刑法》《刑事诉讼法》以及相关司法解释的规定提出量刑建议。

(2)客观公正。应当从案件的实际情况出发,客观、全面地审查证据,严格以事实为根据,提出公正的量刑建议。同时,客观、理性地对待辩护人的量刑辩护意见,保障辩护人依法辩护,并认真听取正确、合理的辩护意见。

(3)宽严相济。应当贯彻宽严相济的刑事政策,在综合考虑案件从重、从轻、减轻或者免除处罚等各种情节的基础上,提出量刑建议。

(4)注重效果。量刑建议权是一种司法请求权,并不具有终局性,对审判没有当然的约束力,因此检察机关提出量刑建议时,既要依法行使检察机关的法律监督职权,也要尊重人民法院独立行使审判权,争取量刑建议的最佳效果。

四、检察机关提出量刑建议的工作程序

根据《人民检察院开展量刑建议工作的指导意见(试行)》和《关于规范量刑程序若干问题的意见(试行)》的规定,检察机关提出量刑建议时,应注意以下几个方面:

(一) 提出的方式

一般应制作量刑建议书。根据案件具体情况,也可以在公诉意见书中提出量刑建议。对于不派员出席法庭的简易程序案件,应当制作量刑建议书。

以量刑建议书提出量刑建议的,应将量刑建议书与起诉书一并送达人民法院;对庭审中调整量刑建议的,可以在庭审后将修正后的量刑建议书向法院提交。

在起诉书中提出量刑建议并不合适。因为在法庭审理之前,检察机关并不能准确判断庭审中可能出现的各种情况,尤其是不清楚辩护方可能出示的量刑证据和提出的量刑意见,提起公诉时提出的量刑建议可能不符合案件的实际情况,有的需要根据法庭审理情况作出必要的调整。而起诉书是法律文书,具有严肃性与稳定性,提起公诉后非经法定程序不得更改,如果量刑建议在起诉书中载明,在法庭审理时却发现需要调整,这就涉及起诉书的变更问题,亦使问题复杂化。[①]

检察机关以专门的量刑建议书的形式提出量刑建议,一是表明对提出量刑建议的重视和慎重;二是如果将量刑建议书与起诉书一起送达人民法院,可以让法院尽早了解检察机关的量刑意见;三是有据可查;四是有利于引导和促使检察机关认真、慎重地提出量刑建议,也有利于提高公诉人的业务水平。[②]

(二) 适用的范围

对于检察机关提起公诉的所有案件,犯罪事实清楚,证据确实充分,且提出量刑建议所依据的各种法定从重、从轻、减轻等量刑情节以及重要酌定从重、从轻等量刑情节已查清的,均可以提出量刑建议。同时,对于一些特殊的案件,出

[①] 王军、侯亚辉、吕卫华:《〈人民检察院开展量刑建议工作的指导意见(试行)〉解读》,载《人民检察》2010年第8期。

[②] 王军、侯亚辉、吕卫华:《〈人民检察院开展量刑建议工作的指导意见(试行)〉解读》,载《人民检察》2010年第8期。

于刑事政策、外交政策、政治效果、社会效果等方面的考虑,如认为不提量刑建议更为适宜的,可以不提明确具体的量刑建议,只发表依法从重、从轻、减轻处罚等概括性意见。但对于检察机关未提出明确量刑建议而辩护方提出量刑意见的,公诉人应当提出答辩意见。

(三) 确定的方法

量刑建议的确定方法,包括确定量刑建议的标准与步骤等。在最高人民检察院尚未出台有关规定的情况下,量刑建议的标准和步骤可以参考最高人民法院《人民法院量刑指导意见(试行)》中的规定。因为检察机关确定量刑建议,与法院确定刑罚判决在思维方法和思考过程上有一定的一致性。具体来说,量刑建议可以参照以下步骤确定:

(1) 确定基准刑。即在不考虑各种法定和酌定量刑情节的前提下,在法定刑幅度内,确定对基本犯罪事实的既遂状态应当适用的刑罚。基准刑起点应当是在具体的法定刑幅度档次内确定一个点,但一般不要"顶天立地",即原则上不要将该档次的最低刑或最高刑确定为起点,以为浮动刑的调节预留必要的空间。

(2) 确定浮动刑。即根据案件中的法定、酌定的量刑情节,确定对基准刑的调节程度和结果。

(3) 预测宣告刑。即根据基准刑和浮动刑,预测出法院可能宣告的刑罚。

(4) 提出量刑建议。即以预测的宣告刑为中心或基准,按照一定的幅度标准,提出相对确定的量刑建议。

(四) 建议的要求

从目前实践情况看,提出量刑建议主要有三种做法:一是提出相对确定的量刑建议,即在法定刑幅度内提出有一定幅度但又小于法定刑幅度的量刑建议;二是提出绝对确定的量刑建议,即明确提出应判处的刑种及确定的刑罚,如对于应判处有期徒刑的案件,提出明确、具体的刑期意见;三是提出概括性量刑建议,即不提明确的量刑意见,不提具体的刑种和幅度,仅在起诉书中指明量刑时应予适用的法律条款,或者只提出原则性意见,如建议法庭依法惩处或从重、从轻、减轻处罚。

实践中应当以相对确定的量刑建议为主,绝对确定的建议不宜作为一般的建议方式。因为案件情况纷繁复杂,对同一案件可能出现不同认识,且随着诉讼的推进案件情况可能发生变化,在同一法定量刑幅度内检法对于量刑存在一定的认识差异也是正常的,要求检察机关的量刑建议精确到与法院没有差异显然是勉为其难。司法实践中,绝对确定的量刑建议往往容易引起法官的反感,如果法官量刑和检察机关建议经常出现差距,则不但会挫伤检察机关提出量刑建议的积极性,也会影响量刑建议的严肃性和权威性,因此,应当以相对确定的建议为主要方式。具体来说,量刑建议一般应符合以下要求:

(1)除有减轻处罚情节外,量刑建议应当在法定量刑幅度内提出,不得兼跨两种以上主刑。

(2)建议判处有期徒刑的,一般应当提出一个相对明确的量刑幅度,法定刑的幅度小于3年(含3年)的,建议幅度一般不超过1年;法定刑的幅度大于3年小于5年(含5年)的,建议幅度一般不超过2年;法定刑的幅度大于5年的,建议幅度一般不超过3年。根据案件具体情况,如确有必要,也可以提出确定刑期的建议。

(3)建议判处管制的,幅度一般不超过3个月。

(4)建议判处拘役的,幅度一般不超过1个月。

(5)建议适用缓刑的,应当明确提出。

(6)建议判处附加刑的,可以只提出适用刑种的建议。对不宜提出具体量刑建议的特殊案件,可以提出依法从重、从轻、减轻处罚等概括性建议。

(7)指控被告人犯有数罪的,应当对指控的各罪分别提出量刑建议,可以不再提出总的建议。

(8)对于共同犯罪案件,检察机关应当根据各被告人在共同犯罪中的地位、作用以及应当承担的刑事责任分别提出量刑建议。

对于有些种类的案件,如数额犯等案件,经过长期审判实践,量刑的规律比较好掌握,犯罪与刑罚之间有明确的对应关系,在此情形下提出绝对确定的量刑建议具有可行性。对于某些不宜提出明确具体量刑建议的案件,允许提出依法从重、从轻、减轻处罚等概括性意见。

对于认为应判处无期徒刑、死刑的,应当明确提出判处无期徒刑、死刑的建议,而不应态度模糊。当然,对比其他建议,判处无期徒刑的建议应当慎重一些,而判处死刑的建议应当更为慎重。

(五)审批的程序

(1)对于主诉检察官决定提起公诉的一般案件,由主诉检察官决定提出量刑建议;公诉部门负责人对于主诉检察官提出的量刑建议有异议的,报分管副检察长决定。

（2）对于特别重大、复杂的案件,社会高度关注的敏感案件或者建议减轻处罚、免除处罚的案件,以及非主诉检察官承办的案件,由承办检察官提出量刑的意见,部门负责人审核,检察长或者检察委员会决定。

（3）在庭审过程中,公诉人发现拟订的量刑建议不当需要调整的,可以根据授权作出调整。所谓"授权",一种情况是指上述由主诉检察官决定提出量刑建议,如果主诉检察官出席法庭,则主诉检察官可以自行决定并作出调整。另一种情况是在出席法庭之前公诉人得到可以在庭审中自行决定调整的授权。对需要报检察长决定调整的,应当依法建议法庭休庭后报检察长决定。出现新的事实、证据导致拟订的量刑建议不当需要调整的,可以依法建议法庭延期审理。

五、量刑事实的证明[①]

量刑事实的证明,是公诉人提出量刑建议和出庭支持公诉的重要内容,这其中,证明责任和证明标准无疑是其中最为核心的部分。

（一）量刑事实

量刑事实是指控辩双方提出的从严从宽处罚主张所依据的事实,包括罪前事实（如被告人前科或一贯表现等）、罪中事实（如作案手段极其残忍、故意选择老弱病残孕者作为犯罪对象等）和罪后事实（如自首、立功、主动赔偿或者逃跑、毁灭罪证等）等法定或者酌定的从重、从轻、减轻或者免除处罚的事实。

量刑事实中有一部分属于犯罪事实,另有一部分诸如被告人的家庭成长环境、受教育的情况、有无前科劣迹、社会关系、再犯可能、被害人是否有过错等事实,虽然对于证明被告人是否有罪没有证明价值,但是对法院的量刑却具有举足轻重的意义。此外,包括被告人是否自愿认罪、是否主动对被害人进行赔偿、是否检举揭发他人的罪行以及被害人是否表示原谅等事实,亦非法院认定被告

---

① 熊选国主编:《〈人民法院量刑指导意见〉与〈关于规范量刑程序若干问题的意见〉理解与适用》,法律出版社 2010 年版,第 499—502 页。

人有罪与否的依据,却会对法院的量刑产生程度不同的影响。

(二) 量刑事实证明责任的分配

(1) 检察机关对量刑事实负证明责任。在公诉案件中,本着客观公正的立场,检察机关应当提供与量刑有关的所有证据资料,既应提供对被告人不利的罪重情节的证据,也应提供对被告人有利的罪轻情节的证据。在刑事诉讼中,公诉人应当就其主张的特定量刑事实和从重、从轻、减轻、免除处罚的情节提出证据予以证明,如果举证不能或不足,则要承担其主张不被支持的风险。

(2) 被告人及其辩护人对其主张事实有提出证据的责任。在量刑活动中,被告人已经失去无罪推定原则的保护,但这并不意味着其要承担完整意义上的证明责任(既承担提出证据责任,又承担说服责任)。基于证明难易、诉讼便利等因素的考虑,被告人仍应承担提出证据的责任,即被告人在提出有从轻、减轻、免除处罚等于己有利的事实和情节的主张时,有提出相应证据或者线索的责任。

(3) 被害人参与量刑程序时,也应就其诉讼主张承担证明责任。如果未能履行此责任,则其所主张的量刑意见不会被审判所采纳。

(三) 量刑事实的证明标准

一般来说,刑事诉讼证明有严格证明和自由证明之分。严格证明必须依照法定程序进行且要达到排除合理怀疑的证明标准,对犯罪事实、不利于被告人的量刑情节的证明,一般纳入严格证明范畴。自由证明在法定程序要求上比严格证明要低,证明标准上只需达到优势证明标准即待证事实存在的可能性大于不存在即可,有利于被告人的量刑情节的证明可纳入自由证明范畴。基于此,量刑事实的证明标准体系可以分为两个层次:

(1) 不利于被告人的量刑事实。这应当属于严格证明的范畴,从取证、举证、质证到认证都必须严格执行法定程序,否则不应作为认定从重处罚情节的根据。在证明标准上应采取排除合理怀疑标准,即应达到事实清楚、证据确实充分的程度,否则不予认定。

(2) 有利于被告人的量刑事实。这应当属于自由证明的范畴,在程序上并不是必须都要经过严格的证明程序。在证明标准上,采用优势证据标准即可。

（四）量刑事实的调查与辩论

1. 法庭调查

在法庭调查中,公诉人可以根据案件的不同种类、特点和庭审的实际情况,合理安排和调整举证顺序:①定罪证据和量刑证据可以分开出示的,应当先出示定罪证据,后出示量刑证据。②对于有数起犯罪事实的案件,其中涉及每起犯罪中量刑情节的证据,应当在对该起犯罪事实举证时出示;涉及全案综合量刑情节的证据,应当在举证阶段的最后出示。

对于辩护方提出的量刑证据,公诉人应当进行质证。辩护方对公诉人出示的量刑证据质证的,公诉人应当答辩。公诉人质证应紧紧围绕案件事实、证据进行,质证应做到目的明确、重点突出、逻辑清楚,如有必要,可以简要概述已经法庭质证的其他证据,用以反驳辩护方的质疑。

在进行量刑辩论过程中,为查明与量刑有关的重要事实和情节,公诉人可以依法申请恢复法庭调查。

2. 法庭辩论

根据法庭的安排,可以先对定性问题发表意见,后对量刑问题发表意见,也可以对定性与量刑问题一并发表意见。对于未提出明确的量刑建议而辩护方提出量刑意见的,公诉人应当提出答辩意见。

对于公诉人出庭的简易程序案件和普通程序审理的被告人认罪案件,参照相关司法解释和规范性文件的规定开展法庭调查,可以主要围绕量刑的事实、情节、法律适用进行辩论。

要注意的是,庭审中将量刑程序与定罪程序分开的目的,是实现量刑程序的相对独立性,促进量刑过程的公开和透明。因此,量刑纳入法庭审理的重点,在于对量刑证据的审查和量刑情节的认定,而非对具体刑罚幅度的确定,因此量刑辩论不能将量刑具体标准或者量刑建议的幅度范围作为重点。

六、对法院判决的监督

检察机关在收到法院的判决、裁定后,应当由承办人对判决、裁定是否采纳检察机关的量刑建议以及量刑理由、依据进行审查。认为判决、裁定量刑确有错误、符合抗诉条件的,经检察委员会讨论决定,依法向法院提出抗诉。

要注意的是,不能单纯以量刑建议未被采纳作为提出抗诉的理由。法院未采纳量刑建议并无不当的,在必要时可以向有关当事人解释说明。

第九节　出庭支持公诉的其他问题

一、公诉的变更、追加和撤回①

(一) 变更、追加和撤回起诉的概念和性质

变更起诉,是指人民检察院对已经向人民法院提起公诉的案件,决定改变公诉请求的诉讼活动。追加起诉,是指人民检察院对已经向人民法院提起公诉的案件,决定增加诉讼请求的诉讼活动。撤回起诉,是指人民检察院对已经向人民法院提起公诉的案件,决定撤销、收回公诉请求的活动。②

变更、追加和撤回起诉,与起诉和不起诉一样,均属于公诉权的具体权能体现。赋予公诉人享有变更、追加和撤回起诉的权力,既是基于刑事诉讼追求案件客观真实的需要,也是保证检察机关客观义务的要求,还是起诉裁量的必然。

(二) 变更、追加和撤回起诉的条件与程序

我国《刑事诉讼法》并没有规定变更、追加和撤回起诉,最高人民检察院《人民检察院刑事诉讼规则》第 351 条和最高人民法院《关于执行〈中华人民共和国刑事诉讼法〉若干问题的解释》第 169、179 条作了相应补充。

1. 变更、追加和撤回起诉的条件

变更起诉适用于两种情形:①发现被告人的真实身份与起诉书叙述的身份不符的;②发现被告人的犯罪事实与起诉书中叙述的犯罪事实不符的。此外,对于发现起诉书对被告人适用法律错误的,也可以变更起诉;未变更的,法院有权改变起诉书的指控意见。

追加起诉适用于两种情形:①发现遗漏被告人的罪行,可以一并起诉和审理的;②发现遗漏同案犯罪嫌疑人,可以一并起诉和审理的。

撤回起诉适用于以下情形:①发现不存在犯罪事实的;②发现犯罪事实并

① 邓思清:《检察权研究》,北京大学出版社 2007 年出版,第 297—300 页。
② 姜伟、钱舫、徐鹤喃、卢宇蓉:《公诉制度教程》,中国检察出版社 2007 年版,第 306 页。

非被告人所为的;③情节显著轻微、危害不大,不认为是犯罪的;④证据不足或者证据发生变化,不符合起诉条件的;⑤被告人因未达到刑事责任年龄,不负刑事责任的;⑥被告人是精神病人,在不能辨认或者不能控制自己行为的时候造成危害结果,经法定程序鉴定确认,不负刑事责任的;⑦法律、司法解释发生变化导致不应当追究被告人刑事责任的;⑧其他不应当追究被告人刑事责任的。①

要特别注意的是,办案实践中对撤回起诉,应严格依照法定条件适用,不能随意扩大适用范围。对具有下列情形之一的,不得作撤回起诉处理:①人民法院认为不属于其管辖或者改变管辖的,应由人民法院决定将案件退回人民检察院,由原提起公诉的人民检察院移送有管辖权的人民检察院审查起诉;②公诉人符合回避条件的,应由人民检察院作出变更公诉人的决定;③因被告人患精神病或者其他严重疾病以及被告人脱逃,致使案件在较长时间内无法继续审理的,应由人民法院裁定中止审理;④对于犯罪已过追诉时效期限并且不是必须追诉的,经特赦令免除刑罚的,或者被告人在宣告判决前死亡,应由人民法院裁定终止审理。②

2. 变更、追加起诉的程序

(1)诉讼阶段 应当在法院宣告判决前提出,包括开庭审理前、开庭审理中和开庭审理后。

(2)审批权限 应当报经检察长或者检察委员会决定,并以书面方式提出。

(3)具体方式 包括检察机关要求和法院建议两种方式。前者是指法庭审理中,公诉人认为需要变更、追加起诉的,应要求休庭,并记入笔录;后者是指法院发现新的犯罪事实,可能影响定罪,建议检察机关追加、变更起诉的,检察机关经审查作出是否追加或变更的决定。

要注意的是:其一,变更、追加起诉如需要给予被告人、辩护人必要时间进行辩护准备,公诉人可以建议合议庭延期审理。其二,在案件提起公诉后、作出判决前,发现被告人存在新的犯罪事实需要追究刑事责任,检察机关在法定期限内能够追加起诉的,原则上应当追加。如果法院在法定期限内不能将追加部分与原案件一并审结,检察机关可以另行起诉,原案件诉讼程序继续进行。

---

① 《检察机关执法工作基本规范(2010 年版)》(高检发[2010]35 号)第 5·163 条。
② 《检察机关执法工作基本规范(2010 年版)》(高检发[2010]35 号)第 5·165 条。

3. 撤回起诉的程序

（1）诉讼阶段　与追加、变更起诉相同,也应当在法院宣告判决前提出。

（2）审批权限　撤回起诉的提出,应当由承办人制作撤回起诉报告,写明撤回起诉的理由及处理意见,经公诉部门负责人审核后报检察长或者检察委员会决定,并制作《人民检察院撤回起诉决定书》,送达法院;法院要求书面说明理由的,应当书面说明。

撤回起诉的生效,应当经法院裁定准许;对于法院认为撤回起诉理由不充分,不同意撤回起诉并决定继续审理的,检察机关应当继续参与刑事诉讼,建议法院依法裁判。

（3）具体方式　与追加、变更起诉相同,包括检察机关要求和法院建议两种方式。前者是指法庭审理中,发现案件不符合起诉条件的,如证据不足或者证据发现变化,经补充侦查仍认为证据不足的,检察机关决定撤回起诉;后者是指法院建议检察机关撤回起诉或者拟作无罪判决,检察机关经审查并与法院交换意见后,认为符合撤回起诉条件的,可以决定撤回起诉。如果认为犯罪事实清楚,证据确实、充分,依法应当追究刑事责任的,则可以决定不撤回起诉,由法院依法判决。

（4）撤回起诉后的处理　对于撤回起诉的案件,应当在撤回起诉后七日内作出不起诉决定,或者书面说明理由将案卷退回侦查机关（部门）处理,并提出重新侦查或者撤销案件的建议。同时,应在三十日内将撤回起诉案件分析报告,连同起诉意见书、起诉书、撤回起诉决定书等相关法律文书报上级公诉部门备案。

对于退回侦查机关（部门）并提出重新侦查意见的案件,应当及时督促侦查机关（部门）作出撤销、解除或者变更强制措施的决定。

对于退回侦查机关（部门）并提出撤销案件意见的案件,应当及时督促侦查机关（部门）作出撤销强制措施的决定,依法处理扣押、冻结的涉案款物。

（三）变更、追加和撤回起诉的效力

（1）变更起诉,是对原起诉的改变,故原起诉内容失效,出庭支持的公诉应当是变更后的指控意见。

（2）追加起诉,是对原起诉的补充,故原起诉继续有效,与追加的起诉组成一个完整的"诉",出庭支持的公诉应当是追加前后的指控意见。

（3）撤回起诉,是对原起诉的否定,故没有新的事实或证据,不得再行起诉;

再行起诉的,法院有权不予受理。

新的事实,是指原起诉书中未指控的犯罪事实。该犯罪事实触犯的罪名既可以是原指控罪名的同种罪名,也可以是异种罪名。新的证据,是指撤回起诉后收集、调取的足以证明原指控犯罪事实能够认定的证据。因发现新的证据而重新起诉的,应当制作新的起诉书,重新编写起诉书文号,并在起诉书中写明原提起公诉以及撤回起诉等诉讼经过。

二、申请延期审理

(一) 申请延期审理的概念

申请延期审理,是指案件在法庭审理过程中,遇到影响审判顺利进行的情况,公诉人要求或建议合议庭决定暂停法庭审理,待影响审判的原因消失后再恢复法庭审理的诉讼活动。

(二) 申请延期审理的条件、程序和次数

1. 申请延期审理的条件

根据《刑事诉讼法》和《人民检察院刑事诉讼规则》的规定,法庭审理中遇有下列情形之一的,公诉人应当要求法庭延期审理:

(1) 发现事实不清、证据不足,或者遗漏罪行、遗漏同案犯罪嫌疑人,需要补充侦查或者补充提供证据的;

(2) 发现遗漏罪行或者遗漏同案犯罪嫌疑人,虽不需要补充侦查或者补充提供证据,但需要追加或者变更起诉的;

(3) 需要通知开庭前未向人民法院提供名单的证人、鉴定人或者经人民法院通知而未到庭的证人出庭陈述的;

(4) 公诉人需要出示、宣读开庭前送交人民法院的证据目录以外的证据,应当给予被告人、辩护人必要的时间进行辩护准备的;

(5) 因变更或者追加起诉,需要给予被告人、辩护人必要的时间进行辩护准备的。

除此之外,实践中对于被告人、辩护人当庭提出无罪、罪轻证据,需要核实,或者对指控证据作进一步调查核实的,也可以申请延期审理。

2. 申请延期审理的程序

由出庭支持公诉的公诉人向合议庭提出申请即可,无须检察长或检察委员

会决定。

3. 申请延期审理的次数与期限

在法庭审理过程中的申请延期审理,不得超过两次,每次不得超过一个月。

(三) 申请延期审理后的案件处理

对需要补充侦查而申请延期审理的,人民检察院应当在补充侦查期限内提请人民法院恢复法庭审理或者撤回起诉;没有申请恢复法庭审理的,人民法院将对案件作撤诉处理。

第十节　出庭形象和语言

一、出庭形象要求

出庭形象是对公诉人基本素质的外在要求,也是庭审取得良好效果的必备条件。公诉人出席法庭的职责,是代表国家指控犯罪,依法履行法律监督职责,同时结合案情进行法制宣传和教育。这一神圣的职责对公诉人的出庭形象提出了严格的要求。总体而言,公诉人在法庭上要做到着装整齐、举止端庄、精神饱满、态度严谨,表现出既充满信心和勇气又不傲慢轻视、既沉稳大度又不失睿智犀利的风格。

(一) 公诉人出庭着装及仪表的要求

公诉人出庭支持公诉应统一穿着检察制服、佩戴胸徽和制式领带,着夏服时,应着浅蓝色短(长)袖衬衣配夏裤(裙),扎系检察专用制式蓝色领带,夏服衬衣下摆扎系于裤(裙)腰内,不得露在外边敞穿;着春、秋、冬服时,上身内穿白色长袖衬衣扎系检察专用制式红色领带,衬衣下摆扎系于裤(裙)腰内。夏服和春、秋、冬服不得混穿。

穿着检察制服要着黑色皮鞋。男同志配穿深色袜,鞋跟一般不高于3厘米;女同志配穿肤色袜,鞋跟一般不高于5厘米。

穿着检察制服,应当做到服装整齐洁净,仪表端庄得体,并严格遵守下列规定:①不得敞怀、披衣、挽袖子、卷裤腿。②不得系扎围巾,不得染彩发。男同志不得留长发(发长侧面不过耳、后面不过衣领)、剃光头、蓄胡须;女同志不得披散长发、染指甲、化浓妆,不得佩戴耳环、项链等首饰。③不得在外露的腰带上系挂钥匙或者饰物。

（二）公诉人出庭的态势要求

公诉人出庭的态势主要指出庭时身体形态、手势动作、眼神表情等方面的要求。

（1）走姿、站姿和坐姿。公诉人走上公诉席或者退席行走时要做到上身保持挺拔的身姿,双肩保持平稳,双臂自然摆动,步伐均匀、步幅适中,节奏流畅,精神饱满、自然大方。在入席就坐时要轻稳,入座后上身自然挺直,双手平放于桌面,目光平视。整个庭审过程中,特别是宣读证据、发表公诉意见时要保持坐姿端正,避免伏案和一直低头。公诉人宣读起诉书时应起立,站立时做到头正、肩平、躯挺、腿并,避免身体的摇晃。

（2）手势与动作要求。公诉人出庭是代表国家履行法律职责,工作的庄严性决定了不可能像一般的演讲、辩论中那样大量运用手势、动作等肢体语言来辅助表达观点和思想情感。因此,公诉人出庭时除翻阅卷宗材料及出示证据、记录以外,一般双手应平放于桌面,在进行讯问、质证、辩论的过程中应尽量避免习惯性的小动作。即便为了配合阐明观点或表达情感,需要使用一些手势,也应做到恰如其分,手势的幅度不宜过大,次数不宜过多。

（3）眼神表情方面的要求。公诉人在讯问、质证、辩论和进行法制宣传教育的过程中,切忌目光游离或一直伏案低头,而应通过眼神的注视、环视等与发言的对象有所沟通交流。在表情方面,在保持严肃、庄重的主基调的同时,可以根据发言的内容不同,适当地通过表情来表达内心的情感,避免面部表情淡如清水、呆板僵硬。但是表情的运用应该恰当,避免过于夸张和故作姿态。

二、出庭语言要求

（一）出庭语言的基本特点

（1）规范性　出庭语言的规范性表现在两个方面:一是出庭所使用的法律语言的词汇、概念具有特定性,不容许随意更换、混同使用,同时每一个法律用语又有其专门的固定含义,不能随意加以解释。二是出庭语言应严格遵循语音、词汇、语法方面的规范。具体而言,在语音方面,要求使用普通话;在用词方面,尽量不用或少用方言或生僻词语,更不能自造生词;在语法方面,无论句子或语段、词序或词语搭配等,都必须符合现代汉语的语法要求。

(2)准确性 公诉人在法庭上对事实的描述、观点的表达、问题的分析要求具体准确,既不夸大,也不缩小;既不拔高,也不降低,恰当地表情达意,精当地遣词造句,做到运用概念准确、作出判断准确、进行推理准确,杜绝表达的似是而非、模糊不清和歧义。

(3)简洁性 出庭语言要做到言简意赅,用最少的语言传达出最大的信息量,即便对相关问题需要进行详尽、深入阐述的,也应注意语言的精炼性,避免长篇累牍、重复啰嗦。

(4)口语化 出庭语言与书面语言有着较大差别,其本质上是一种有声语言,要求公诉人通过说的方式将自己的主张、见解、态度、情感等传递给法官、被告人、辩护人以及旁听人员。这就要求公诉人在法庭上不能照本宣科,而是要通过一种通俗化、口语化的方式向受众传达信息,增强语言的说服力和感召力。

(二)出庭语言的常用技巧

1. 语音、语调、节奏的把握

出庭语言在语音方面要把握好音调的高低、长短、强弱和平仄等方面的变化,准确地表达公诉人所要传达的思想和情绪,同时要注意重音的使用,使需要重点强调的问题引起法庭的重视。在语调方面,要善于灵活运用升调、降调、平直调、曲折调等不同的语调来表达公诉人的语气和感情态度的变化。在语言的节奏上,一是注重语速把握,出庭语言的语速应该适中,不宜过快,以免听者无法完全听清公诉人说话的内容,或者造成公诉人急躁,不够稳重的印象;同时,语速应该有快慢的变化,在发问时以及需要强调观点时应适当放慢语速,而在针锋相对的辩论中以及表达强烈情感的时候,语速则应该适当加快。二是合理地借助语言的停顿,来强调观点、抒发情感,也给听者一个思考、理解和接受的短暂间歇,加深听者的印象。

2. 适当地使用修辞

修辞是提高语言表达效果的技巧。在出庭语言中恰当地运用修辞可以使表达更加形象、生动、益于接受。公诉人在出庭语言中运用修辞手法说明问题应该特别注重恰当性,因为法庭审判活动的性质决定了出庭用语的庄重性和严肃性,过多地或者不恰当地使用修辞,容易给人造成夸大、轻浮的印象,不利于准确地表达观点。一般而言,在对案件证据的分析论证以及法律适用问题的法理阐释中应尽量少使用修辞,力求语言表述的准确、严谨;在法庭辩论环节,可以适当地使用设问、反问的修辞手法,突出争议焦点,增强语言的力量;而在对案件社会危害性的揭露、法制宣传教育中,则可以适当地使用比喻、排比、反复等修辞手法,增强语言的生动性和感染力。

3. 出庭语言中的用词和句法

出庭语言中的用词应当体现法定性和准确性的特征。所谓法定性是指对于一些法律术语和概念必须严格使用,不得随意更改,更不能生造词汇。所谓准确性是指对词汇的选择必须能精准地表达公诉人所要表达的意思,词序设置、词语搭配要恰当,同时要避免使用"大概"、"可能"、"差不多"等模糊性词语。出庭语言中的句法首先当然要符合现代汉语的语法规范,避免使用病句。在此前提下,句式选择上应尽量多使用句式结构简单、节奏明快、层次感强的短句,而少使用句式结构复杂、艰涩难懂的长句,从而突显出庭语言的口语化效果,增强出庭语言的可接受性。同时,由于出庭语言往往都有特定的语境,语言交流的各方对此均心知肚明,所以句子中的一些特定成分在表述时可以适当地省略,从而保证口语表达的连贯性和流畅性,这也是口语表达和书面表达的一个明显区别。

4. 出庭语言的逻辑性

出庭语言中的逻辑性主要指逻辑法则和逻辑推理方法的运用。逻辑法则主要包括同一律、不矛盾律、排中律、充足理由律等,逻辑推理则包括演绎推理、归纳推理、两难推理等。适当地运用逻辑法则和逻辑推理方法可以增强出庭语言的思辨性和说服力。

5. 出庭语言的条理性

公诉人在法庭上表述观点时,特别是使用较长段的语言充分论证分析时,要格外注重语言的条理性。对所要表达的观点和理由应该分点、分层次进行表述,避免表达内容的含混杂糅。同时在表达过程中要特别重视转、承、启、合的运用,通过简短的连接性、过渡性词句,在层次之间建立起联系,在一个观点的几层意思表达结束后,精辟地进行概括总结,然后转入下一个观点的论述。通过使用这样的方法,可以强化语言的层次感,便于听者对于语言所包含信息的理解和把握,增强语言的说服力。

以上对出庭语言的一些技巧进行了介绍。公诉人出庭中表现出的良好口才是恰当的语言和熟练的应用技巧的结合。如果将公诉人口才的智能结构比喻成一座"金字塔",那么塔基应该是公诉人的基本素养,包括知识素养、品德素养和心理素质;而塔身是思维能力,包括思辨能力、想象能力和应变能力;塔顶则是口语表达能力。所以,从根本上提高出庭语言表达能力,除了掌握必要的语言技巧外,更应该加强平时的知识积累、品质磨练和修为提升,做到厚积薄发,真正实现出庭语言法理性、逻辑性和艺术性的完美结合。

第四章
刑事审判监督

第一节　刑事审判监督概述

一、刑事审判监督的概念、内容和意义

(一) 刑事审判监督的概念

刑事审判监督是刑事案件庭审活动的监督制约机制,是人民检察院对刑事审判活动及司法裁判是否符合法定程序和法定标准进行审查监督,发现并纠正违反诉讼程序及诉讼标准的诉讼行为和司法裁判,保证刑事审判权依法正确行使的专门活动。我国《宪法》第 129 条规定:"中华人民共和国人民检察院是国家的法律监督机关"。《人民检察院组织法》和《刑事诉讼法》的有关条款对刑事审判监督制度作了具体规定。《人民检察院组织法》第 5 条 4 项规定:人民检察院对人民法院的审判活动是否合法,实行监督。《刑事诉讼法》第 169 条规定:"人民检察院发现人民法院审理案件违反法律规定的诉讼程序,有权向人民法院提出纠正意见。"这些规定构建了刑事审判监督的法律制度,赋予了检察机关对法院刑事审判活动实行监督的权力,刑事抗诉(包括二审和再审抗诉)等制度的设置则具体明确了监督的途径和方式。①

(二) 刑事审判监督的内容

1. 对刑事判决、裁定的监督

裁判公正是司法公正最重要的体现。检察机关应当注重应用抗诉、再审检

---

① 向泽选:《刑事审判监督的制度缺陷与完善》,载《国家检察官学院学报》2006 年第 4 期。

察建议等手段依法纠正确有错误的裁判,防止冤及无辜、放纵犯罪、罚不当罪。尤其要将有罪判无罪、无罪判有罪、量刑畸轻畸重,以及因徇私枉法和严重违反诉讼程序影响公正审判的案件作为监督重点。

2. 对刑事审判活动的监督

对刑事审判活动的监督,即依法监督纠正审判活动中违反诉讼程序的行为。包括:①对庭审中程序违法行为的监督。对法庭审理中的违法行为,认为不及时纠正可能会影响公正审判的,依法建议休庭;对严重违反诉讼程序的,依法提出纠正意见;对严重违反诉讼程序影响公正审判的,依法提出抗诉。②对审判活动中侵权行为的监督。认真贯彻尊重和保障人权的宪法原则,依法维护诉讼参与人的诉讼权利。对侵犯当事人诉讼权利的行为,及时提出监督纠正意见。③对审判环节超期羁押的监督。

3. 对死刑案件审判和复核的监督

死刑案件人命关天,社会广泛关注。检察机关应高度重视死刑案件的办理和法律监督工作,认真贯彻"保留死刑,严格控制死刑"的政策,加强和改进对死刑案件审判活动和复核的法律监督,保证死刑案件的质量,促进死刑的依法慎重适用。

4. 对刑罚变更执行裁决的监督

针对一些地方违法减刑、假释、暂予监外执行仍然比较突出的情况,检察机关应加强对刑罚变更执行裁决的监督,对人民法院不当的减刑、假释裁定和暂予监外执行决定提出纠正意见。

5. 办理不服法院生效裁判的刑事申诉案件

检察机关应高度重视群众的举报、申诉,认真审查当事人不服刑事裁判的申诉和群众反映的裁判不公等线索,对冤错案件坚决依法监督纠正。

6. 查办刑事司法不公背后的职务犯罪。

坚持从查办司法人员职务犯罪入手强化监督,依法查处司法人员贪赃枉法、徇私舞弊、索贿受贿、滥用职权等职务犯罪案件,纯洁司法队伍,促进司法廉洁。

(三)刑事审判监督的意义

随着我国司法改革的不断深入,刑事审判监督备受人们关注。虽然我国《刑事诉讼法》明确规定检察机关有权对刑事审判活动实施法律监督,但仍有不少学者从"维护法院判决的终局性、稳定性"及"谁来监督监督者"等方面,对刑事审判监督制度存在的合理性提出质疑,甚至有人主张取消刑事审判监督制度。① 我们认为,我国确立刑事审判监督制度并非空穴来风,而是具有坚实的理论基础和实践基础,刑事审判监督对实现司法公正、保障人民权益、维护社会和谐稳定都有着极其重要的意义。

1. 刑事审判监督是实现司法公正的必要手段

刑事诉讼的直接目的在于通过一定的诉讼程序,准确及时地查明每一起案件的客观事实,并依照刑法的规定作出符合客观真实的裁判,从而实现公平正义。在此过程中,必须确保司法活动的过程和结果都是公正的。因为实体公正是司法活动追求的根本目标,程序公正则是实现实体公正的措施和保障。实践反复证明,单纯追求实体公正不仅会导致漠视甚至践踏诉讼参与人的人权,而且也会导致司法公正观念的扭曲,毕竟公正不仅要实现,而且要以人们看得见的方式实现。同时,诚如法谚所云:"迟来的公正即非公正",片面追求程序公正不仅可能导致唯程序主义,出现繁琐程序,而且也可能导致实体公正的丧失。② 在实体方面,刑事审判监督有助于审判人员正确地认定法律事实、准确地适用法律,从而对案件作出公正合理的裁判;在程序方面,刑事审判监督有助于诉讼各方的平等参与、审判人员的中立以及程序的合理性。因此,刑事审判监督对于实现司法公正具有不可替代的作用。

2. 刑事审判监督是维护司法权威的重要保障

司法必须享有权威,国家才有法治,司法才有条件实现为人民服务的宗旨。③ 司法权威首先来源于正当的权力,司法机关只有依法享有并公正行使司法权力,司法活动和司法判决才具有权威性。④ 有的学者对审判权的独立性以及裁判结果的终局性进行片面理解,认为刑事审判监督权会破坏法的安定性,从而损害司法权威。恰恰相反,现实告诉我们,人的认识是有局限性的,是个渐进的过程,而司法腐败现象也并未绝迹,由此而导致的审判违法、裁判不公还屡屡发生。司法权威的内涵固然丰富,但第一要义仍是公正。如果一味强求审判的独立性,不允许在一定条件下对裁判的终局性进行否定,有错不纠,才是对司

① 参见邓思清:《论我国刑事审判监督制度的缺陷与完善》,载《国家检察官学院学报》2004年第1期。
② 参见邓思清:《论我国刑事审判监督制度的缺陷与完善》,载《国家检察官学院学报》2004年第1期。
③ 方工:《司法权威树立公平正义可期》,载《检察日报》2009年9月24日。
④ 卞建林:《我国司法权威的缺失与树立》,载《法学论坛》2010年第1期。

法权威最大的损害。进一步而言,刑事审判监督权归根到底也只是一种程序上的权力,[①]并没有对违法的司法行为进行直接裁决,检察机关通过行使该项权力,促使法院纠正自身的违法行为,更正不公的裁判,反而是对审判权威乃至司法权威最大的维护。

3. 刑事审判监督是尊重和保障人权的主要途径

司法的直接目的是实现司法公正,而其终极价值与现实追求则在于保障人权。在现代社会,刑事诉讼活动不仅负有惩罚犯罪的义务,而且负有保护各个诉讼参与人在诉讼活动中所依法享有的诉讼权利的责任。在司法实践中,为了发现真实而侵犯人权的现象还没有完全杜绝,有时还十分严重,限制和监督司法权的运行就成了保障人权的必然要求。刑事审判监督作为刑事诉讼中重要的权力制衡机制,对于落实诉讼参与人的上诉权、侵权控告权、申诉权等具体化的人权内容具有直接的作用。刑事审判监督制度本身就是尊重和保障人权的有效途径。

二、公诉活动与刑事审判监督的关系

检察权的法律监督属性,在民事诉讼与行政诉讼中并未受到本质上的质疑。而法律监督权与公诉权在刑事诉讼中的冲突,是检察权定位于法律监督权的最大障碍。[②] 尤其是 1996 年修订《刑事诉讼法》时,对我国刑事诉讼中的审判方式进行了改革,吸收了当事人主义诉讼模式中的合理经验,使得控辩双方在庭审中的对抗性有所增强,检察机关作为公诉人的控方角色日益明显和突出,学者们开始注意到参加庭审中的检察官具有双重身份,对此质疑的声音也逐渐强烈。[③] 质疑者担心检察机关兼行公诉与审判监督职能会对刑事诉讼活动的正常运行产生一系列的弊端。

---

① 相对于行政权和审判权所产生的实体效力而言,检察权一般只具有作出某项程序性决定、引起一定程序的权力。检察监督权以程序性与行政权、审判权相区别、相抗衡,其本质就在于以程序性的制约权来实现对实体的监督。相关观点可参见冯耀辉:《论检察监督与程序公正》,载《检察制度理论思索与研究》,中国检察出版社 2005 年版。

② 王戬:《法律监督权:我国检察机权的本质属性》,载《中国检察(第 14 卷)》,北京大学出版社 2007 年版,第 5 页。

③ 参见温军:《刑事诉讼检察监督问题研究》,载戴玉忠、万春主编:《刑事诉讼法再修改与检察监督制度的立法完善》,中国检察出版社 2008 年版,第 446 页。

第一，有违司法公正。有人认为，司法公正原则要求，自己不得为自己案件的法官，作为公诉机关的检察机关对法院的审判活动实施法律监督与该原则相悖。理由主要是，检察机关在身兼法律监督机关和公诉机关两重身份，身负法律监督和指控犯罪双重职能的情况下，实际上处于一个两难境地：一方面要尽力指控被告人犯罪，要求法院给予其刑罚处罚，另一方面又要站在超脱的立场上对法院的审判进行监督。如果法院对被告人的判决恰恰与起诉者的意见相左，检察机关就有可能站在本案控诉方的立场上而不是站在超脱、公正的立场上进行法律监督。法院在行使审判权时也不免心有余悸，有时甚至主动要求与检察机关沟通、协调，让人感到"配合有余，制约不足"。①

第二，破坏诉讼机理。有人认为，现代刑事诉讼法的一个典型特征表现为，各诉讼主体在整个刑事诉讼过程中承担着各不相同的诉讼职能，有着严格的角色分工，并要求诉讼主体不得承担应由其他主体承担的诉讼职能，也不得实施任何与其诉讼职能不符或有碍其诉讼目标实现的诉讼行为。刑事诉讼职能的划分是同刑事诉讼的构造相适应的，刑事诉讼构造的特有属性就是控、辩、审三方在刑事诉讼中的法律地位和相互关系。只有通过能够充分体现程序公正的审判中心、审判中立、控审分离、控辩平等、控辩对抗等诉讼原则发挥诉讼主体各自的职能作用，诉讼目的才能获得有效且公正的实现。在现代刑事诉讼结构中，检察官的基本职能就是代表国家承担控诉职能，而我国宪法规范中确定的法律监督职能，使检察官承担公诉与监督双重职能，无疑背离了刑事诉讼的基本规律，这一方面使检察权的法律监督属性面临挑战，另一方面也无形中削弱了或影响了审判权甚至公诉权职能的发挥。② 因此，即便是支持检察机关行使审判监督权的人中，不少也认为应将公诉职能与刑事审判监督职能分离，由检察机关不同部门行使。

第三，导致角色冲突。有人认为，在刑事审判过程中，检察官服从法官指挥是世界各国的通行做法，也是现代刑事诉讼构造内在的、合理的要求。我国刑事审判方式经过改革，引入了对抗制，控辩双方举证、质证，法官中立听证并保持法庭控制权，因此作为公诉人身份出庭的检察官应当服从法官指挥。而按照

---

① 参见董晞：《改革我国司法机关多重职能体制之思考》，载《人民司法》1997 年第 10 期。

② 参见王戬：《法律监督权：我国检察机权的本质属性》，载《中国检察（第 14 卷）》，北京大学出版社 2007 年版，第 6 页。

我国宪法和相关法律规定,出庭检察官在审判程序中除行使公诉权外,还代表检察机关行使法律监督权,其监督者身份要求法官受制于自己。检察官的这种角色反差非常强烈。在检察官的心理认同上,监督者是检察官群体中最主要的心理认同,而在法官的心理认同上,出庭检察官的角色仅等同于公诉人。因此,审、检冲突不可避免。①

我们认为,上述观点一方面没有搞清检察机关职能、义务的本源和依据,尤其是大陆法系创设现代检察官制度的初衷;②另一方面也忽视了我国的成文法传统以及现实国情,将我国的检察机关仅仅定位为控诉机关,将检察官降格为"控方当事人",从而得出了公诉活动与刑事审判监督相冲突的错误结论。实际上,无论是从理论还是从实践层面进行考察,我国公诉权的本质就是法律监督,公诉权和审判监督权在内容和性质上不存在必然的冲突,刑事审判监督也主要是通过公诉活动予以实现的。

(一) 我国公诉权的本质就是法律监督

由于我国政治体制不同于西方国家,因而在对国家权力的监督制约方式上没有采取三权分立的模式,而是将检察机关设立为专门的法律监督机关,行使国家法律监督权。这表明法律监督是对检察机关行使权力在国家权力性质上的定位,即检察机关行使的一切权力都具有法律监督的性质,都是国家法律监督权的表现形式。③ 也就是说,法律监督权与检察权是一体的,检察权是法律监督权的具体体现和表现形式,法律监督权是检察权的本质和属性。④ 而提起公诉是世界各国检察机关共同的基本职能,也是最本源意义上的检察权,因为检察机关本来就是通过控审职能分离,专司起诉职能而出现的。⑤ 因此,在检察机关实施法律监督的各种手段中,公诉权是检察机关最基本的监督手段,公诉权的本质就是法律监督。其一,从功能上看,控诉犯罪是检察机关公诉权最基本的功能,在诉讼中,具有维护诉讼正常进行的作用。公诉权与侦查权、审判权互

---

① 参见刘少英、庞良程:《析公诉权与审判监督权的独立行使》,载《人民检察》1999 年第 11 期。
② 大陆法系创设的现代检察官制度将检察官定位为"法律的守护人",以实现对法官、警察的双重控制,对此可参见林钰雄:《检察官论》,法律出版社 2008 年版。
③ 参见王戬:《法律监督权:我国检察机关的本质属性》,载《中国检察(第 14 卷)》,北京大学出版社 2007 年版,第 8 页。
④ 孙谦主编:《中国检察制度论纲》,人民出版社 2004 年版,第 152 页。
⑤ 孙谦:《设置行政公诉制度的价值目标与制度构想》,载《中国社会科学》2011 年第 1 期。

相作用的过程中,具有控制侦查程序和审查侦查结果、启动审判程序和限定审判范围等作用。这种作用从法治建设的角度看,就是维护法律的统一、正确实施。这一功能决定了公诉权具有法律监督的性质。其二,从内容上看,公诉权包括审查起诉权、决定起诉和不起诉权、出庭公诉权、公诉变更权和抗诉权等权能。这些权能都在不同程度上具有维护法律统一、正确实施的作用,体现着法律监督的性质。

(二) 公诉活动和刑事审判监督具有内在一致性

1. 检察官的客观公正义务决定了两者在目标上并不矛盾

检察官的客观公正义务又称"检察官客观义务"、"检察官客观性义务"、"检察官客观公正原则",是指检察官为了实现司法公正,在刑事诉讼中不应站在当事人立场,而应站在客观立场上进行活动,努力发现并尊重案件的事实真相。检察官的客观公正义务是世界不同法系国家和地区普遍接受、国际准则确认的一项重要法律制度,也是检察官的重要行为准则。检察官客观公正义务的基本内涵有三:坚持客观立场;忠实于事实真相;实现司法公正。坚持客观立场,就是检察官必须站在客观立场,而不应站在当事人立场上进行活动。忠实于事实真相,就是检察官必须努力发现并尊重案件的事实真相,还原案件的本来面目,并严格依据案件的事实真相为诉讼行为。实现司法公正,就是检察官必须通过自己的诉讼活动使案件的办理达到公平正义的目标。这里的"公正",既包括实体公正,又包括程序公正;既包括检察官自身的诉讼活动公正,又包括通过自身的诉讼活动去促进法院公正审判。[①] 尤其在德、法等大陆法系国家,检察官被认为是"法律的守护者",他们通过积极介入侦查、审判、执行等程序,并积极行使侦查权、公诉权和执行权的方式来履行法律监督职能。历史上,之所以将公诉权交由检察官行使,主要就是为了监督和制衡法官的审判权。检察官"作为法律的守护人,使客观的法意旨贯彻整个刑事诉讼程序,而所谓的客观法意旨,除了追诉犯罪之外,更重要的是保障民权"。因此,"检察官不是法官,但要监督法官裁判,共同追求客观正确之裁判结果;检察官也不是警察,但要以司法之属性控制警察的侦查活动,确保侦查追诉活动之合法性"。[②] 由此可见,检察机关和

① 参见朱孝清:《检察官客观公正义务在中国的发展完善》,载《中国法学》2009 年第 2 期。
② 林钰雄:《刑事诉讼法(上册)》,中国人民大学出版社 2005 年版,第 102、114 页。

民事案件中的原告不同,其提起指控的目的不是一味地追求被告人获得有罪判决,而是通过自己的诉讼活动使案件的办理达到公平正义的目标,这和检察机关通过履行刑事审判监督职责监督审判人员公正审判的目标是一致的。

2. 现代控、辩、审诉讼结构决定了两者在形式上并不冲突

其一,从控、审关系看。检察机关的监督实质上是一种同级机关不同职能之间的监督,并不具有居高临下的独立监督者的诉讼地位,这种监督是在刑事诉讼程序内的一种职能。公诉权是一种程序性权力,不具有实体裁量的性质,案件最终如何处理由法院裁判,公诉权不可能直接撤销、变更法院的裁判,更不可能凌驾于审判权之上。因此,即使公诉权在某个方面监督审判权,也不会影响审判中立。其二,从控、辩关系看。检察机关的刑事审判监督职能有利于平衡控辩实力。在刑事诉讼活动中,控方拥有强大的诉讼资源,而被追诉方可能孤立无援甚至身陷囹圄,双方难以平等对抗。因此,如果仅仅要求检察机关以"当事人"自居,那么检察机关公诉的目的就是仅仅赢得诉讼而非发现真实,这样反而会使控辩双方的司法竞技演化为弱肉强食。而刑事审判监督职能要求,检察机关作为公共利益的代表,代表国家指控犯罪,同时履行保护人权的职能,确保公正审判,这表明,在现代刑事诉讼中,公诉权的法律监督性质与控辩平等的刑事诉讼结构并行不悖。[①]

(三) 刑事审判监督通过公诉活动予以实现

在大陆法系国家,公诉权对审判权的法律监督,主要通过三种方式进行:其一,起诉裁量权。是否将一个案件提交法官审判,由检察官决定,检察官不起诉的,法官不能审理,即不告不理。同时,检察官起诉指控的对象和范围,构成了法官审判的界限,法官只能在检察官起诉指控的对象和范围之内进行审判。其二,出庭支持公诉权。检察官出庭支持公诉,不仅是为了参与审判,也是为了监督审判,防止法官违法裁判,对于法官在审判中的程序违法行为,检察官可以当庭予以监督。其三,抗诉权。对于法官的实体违法行为,检察官可以通过提起抗诉的方式来予以监督。由此,检察官的审判监督权,都是通过行使公诉权的方式予以实现的。[②]

---

① 参见孙谦主编:《检察理论研究综述(1999—2009)》,中国检察出版社 2009 年版,第 205 页。

② 参见万毅:《法律监督的模式转型——由"外在形"监督到"参与型"监督》,载上海市人民检察院《"法律监督的途径与方式暨检察建议理论与实践"研讨会论文集》,第 13 页。

在我国,检察机关享有的法律监督权,可以通过不同的途径得以实现,如通过批准逮捕、审查起诉等形式对公安机关的侦查行为进行监督,通过派员参加、审查核实材料对减刑、假释、监外执行等执行情况进行监督。而在刑事审判活动中,检察机关的法律监督职责就是通过依法进行公诉活动予以实现的。检察人员通过提起公诉、出庭支持公诉、与被告人及辩护人进行辩论、对未生效和已生效的判决抗诉等行使公诉权,这种职权行为本身即具有法律监督的属性。[①]这种监督属性在检察机关提起再审程序抗诉中体现得尤为明显。再审程序抗诉针对的对象既可能是将有罪的人判为无罪的生效判决,也可能是将无罪的人判为有罪的生效判决,此时,检察机关公诉活动的目的和任务便不仅仅是实现国家的刑罚权,而是通过行使审判监督权来实现司法公正。

三、刑事审判监督的原则

刑事审判监督的原则是指具有普遍指导意义,贯彻于刑事审判监督全过程,为参与刑事审判监督的检察机关及检察人员所必须遵循的基本准则。刑事审判监督原则是刑事诉讼原则在刑事审判监督工作中的具体化。根据刑事诉讼法等相关法律规定,刑事诉讼原则主要包括:法制原则、证据裁判原则、独立行使刑事司法原则、审判公开原则、公民在适用法律上一律平等原则、诉讼经济原则、权利保障原则、辩护原则、及时性原则、检察监督原则等。刑事审判监督作为刑事诉讼的一环,首先必须遵守上述刑事诉讼的基本原则,此外,结合自身工作的内涵、范围,刑事审判监督也有其特有的原则。

我国现行法律以及司法解释并没有对刑事审判监督的原则作一个具体的规定。但是近年来,最高人民检察院有针对性地制定和完善刑事审判法律监督工作的业务规范。从这些规范中,我们可以看出最高人民检察院对于刑事审判监督工作的基本要求、方法是一脉相承的,从这样一个清晰的脉络中,我们可以对刑事审判监督工作应遵循的原则作一个基本的归纳。根据最高人民检察院2001 年 3 月印发的《关于刑事抗诉工作的若干意见》、2005 年 8 月印发的《关于进一步加强刑事抗诉工作强化审判监督的若干意见》、2008 年 3 月印发的《关于

[①] 参见王戬:《法律监督权:我国检察机权的本质属性》,载《中国检察(第 14 卷)》,北京大学出版社 2007 年版,第 6—7 页。

在公诉工作中全面加强诉讼监督的意见》等规定,以及最高人民检察院曹建明检察长 2008 年 10 月 26 日在第十一届全国人大常委会第五次会议上所作的《最高人民检察院关于加强刑事审判法律监督工作维护司法公正情况的报告》,我们认为,刑事审判监督的原则主要有以下几项:

（一）"坚决、慎重、准确、及时"原则

"坚决、慎重、准确、及时"原则就是指在刑事审判监督中要正确处理好监督工作的力度、质量、效率与效果的关系,切实做到四者的有机统一。一是"坚决"。就是对该监督的问题一定要敢于监督,不放弃任何监督事项、监督机会,确保有错必纠、违法必究,切实履行好法律赋予的职责。二是"慎重"。就是要根据公诉活动的特点,积极稳妥地开展监督工作,把工作做深、做细、做实,避免监督权行使的盲目性、随意性。要善于监督,讲求监督方式,对不同的违法现象区别对待,依法采取不同的监督措施,有理有节,力求取得最佳监督效果。三是"准确"。就是要在坚持以事实为根据、以法律为准绳的基础上开展监督,切实保障监督的质量,做到正确无误。四是"及时"。就是要增强工作的主动性,保证监督的实效性,切实提高监督效率,确保违法即究。

（二）履行公诉职能与强化法律监督并重原则

该原则强调要在充分履行公诉职能的同时兼顾履行刑事审判监督职能。我国检察机关在刑事审判活动中虽然担负着公诉职责,但是其法律地位不同于英美法系的检察机关,出庭检察官不是"控方当事人",其权力性质和诉讼义务均与当事人有着本质的区别。作为法律监督机关,检察机关既担负着监督公民和组织违反刑法的犯罪行为的追诉职责,又担负着维护人权、保障刑事诉讼活动依法进行的审判监督职责。在开展法律监督的过程中,检察官不仅要承担追诉犯罪职能,还承担着维护法律正确实施的责任。[1] 因此,检察官需要对自身的职权和定位有一个清醒的认识,不能因为庭审方式的改革,就将全部精力只集中在履行公诉职能上,也不能碍于需要得到法院的判决支持,就只谈配合不讲监督,而是需要强化监督意识,维护公平正义,将履行公诉职能和强化法律监督紧密结合起来。

---

① 童建明、万春主编:《中国检察体制改革论纲》,中国检察出版社 2008 年版,第 254 页。

（三）打击犯罪与保障人权并重原则

我国 2004 年通过的《宪法修正案》中，增加了"国家尊重和保障人权"的内容。打击犯罪与保障人权，是检察工作并行不悖的两大目标。这里的人权，应理解为广泛的自由和权利。① 刑事审判监督工作在价值取向上，应当突出保障人权的精神。首先要通过揭露犯罪、惩治犯罪，伸张社会正义，保证使犯罪分子得到应有的追究，切实保障被害人在内的广大人民群众的权利和自由。此外，检察机关在打击犯罪的同时，还要注重保障犯罪嫌疑人与被告人的人身权利和诉讼权利。正如德国著名刑事法学家米德迈尔所言："检察官应力求真实与正义，因为他知晓，显露他（片面打击被告）的狂热将减损他的效用和威信，他也知晓，只有公正合宜的刑罚才符合国家的利益！"② 因此，在履行刑事审判监督职能的过程中，检察人员应该注重保障当事人特别是犯罪嫌疑人和被告人的人身权利和诉讼权利，要依法纠正人民法院判决、裁定中的错误，以及审判活动中剥夺限制当事人和其他诉讼参与人的诉讼权利和其他合法权利的行为。

（四）实体监督与程序监督并重原则

司法公正作为法律所追求的一个重要价值目标，包括实体公正和程序公正两大方面。从司法实践看，过去存在着"重实体、轻程序"的程序工具主义乃至程序虚无主义。这种观念认为程序可有可无，程序违法不算违法。从近年来发生的多起冤假错案看，大多与程序不完善或者不严格遵守程序有关。程序不仅是实现实体公正的手段，更是防止、限制司法权被滥用，保障诉讼参与人的合法权利并提供救济途径的重要机制。因此，检察机关在行使审判监督职能的时候，要秉持实体公正与程序公正并重的理念，既注重审查刑事判决、裁定是否正确，又注重监督审判活动是否合法。

（五）监督质量与监督效果并重原则

在刑事审判监督工作中，不仅要注重监督的数量，做到有错必纠，更要注重监督的质量和效果，力求实现法律效果和社会效果的统一。刑事审判监督注重法律效果，就是强调要按照法律规定的标准启动刑事审判监督程序，使每项具体的监督活动都能按实体法和程序法确立的实体标准与程序标准得以实施，亦

---

① 童建明、万春主编：《中国检察体制改革论纲》，中国检察出版社 2008 年版，第 8 页。
② 转引自林钰雄：《检察官论》，法律出版社 2008 年版，第 26 页。

即各项具体的监督活动应当严格限定在法制的框架内。刑事审判法律监督注重社会效果,即要重视社会公众对刑事审判监督的反响,注重刑事审判监督产生的社会效应,克服孤立办案、就案办案的单纯业务观点。要把刑事政策巧妙地融入刑事审判监督活动,真正做到各项监督能够从本质上发挥促进社会稳定和保障人权的功效。[①] 要在刑事审判监督中做到法律效果与社会效果的辩证统一,必须紧紧地按照现实的公正价值目标,在法律制度的范畴内,科学合理地对确有错误的刑事裁判以及违法的审判活动实施监督,使刑事审判监督既符合法律规范的要求,又能满足不断变迁的公正理念对监督活动的要求,要从法律和案件本身审查是否存在应当监督的事由,更为重要的是必须考虑提起监督可能产生的社会效应。

第二节　刑事审判活动监督

一、刑事审判活动监督的概念和意义

(一) 刑事审判活动监督的概念

刑事审判活动监督,是指检察机关依法对人民法院的刑事审判活动是否违反法律规定的诉讼程序所进行的专门法律监督。《刑事诉讼法》第 169 条规定:"人民检察院发现人民法院审理案件违反法律规定的诉讼程序,有权向人民法院提出纠正意见。"《人民检察院组织法》第 5 条规定:"各级人民检察院行使下列职权:……(四)对于刑事案件提起公诉,支持公诉;对于人民法院的审判活动是否合法,实行监督。……"这是检察机关对刑事审判活动进行监督的具体法律依据。

根据上述规定,刑事审判活动监督具有以下特点:第一,监督的主体是检察机关。对人民法院审理刑事案件的活动进行监督,是检察机关作为法律监督机关的重要职责。第二,监督的对象是人民法院审理刑事案件中违反有关法律规定的行为。第三,监督的目的是保障人民法院依法正确行使刑事审判权,维护

[①] 向泽选:《刑事审判监督机制论》,载《政法论坛》2008 年第 1 期。

司法的公正和效率。

(二) 刑事审判活动监督的意义

实践中,刑事审判监督被长期聚焦于实体裁判,对一般性程序违法和其他错误的情况,缺少较好的监督途径。[①] 有的司法人员长期以来也受重实体、轻程序,重结果、轻过程观点的影响,对审判活动中程序违法的危害性认识不足,对刑事审判活动监督的意义理解不够。我们认为,程序具有独立的诉讼价值,程序公正是司法公正的前提和保障,而程序正是通过一系列的审判活动展现出来的。因此,检察机关对刑事审判活动的监督是社会主义法制的内在要求,具有十分重要的意义。

1. 保证审判依法进行,维护法律正确实施

审判阶段是刑事诉讼各个阶段的核心和关键。立案、侦查、审查起诉阶段的大量工作,都是围绕审判而展开的,最终需要通过审判阶段作出案件的最后处理决定。审判的任务,是通过法庭调查、法庭辩论等过程,全面审核证据,查清案件事实,依照刑事法律的规定,对案件作出裁判,为此,《刑事诉讼法》所规定的各项基本原则、审判制度和审理程序,在审判活动中都应全面贯彻执行,这是人民法院正确、合法、及时地处理刑事案件的重要保证。如果没有一定的监督机制,这一任务就难以实现。刑事审判活动监督从程序上保证了审判机关严格执法,使国家的刑事法律能够得到普遍、统一、正确的实施。

2. 及时准确惩治犯罪,有效杜绝冤假错案

刑事诉讼的基本任务就是及时、准确地查明犯罪事实,正确应用法律,惩罚犯罪分子,保障无罪的人不受刑事追究,教育公民自觉遵守法律,积极同犯罪行为作斗争,以维护社会主义法制。这项活动的特定性和严肃性,要求刑事诉讼必须严格地依法进行。人民法院的审判活动直接关系到查明犯罪事实和对被告人的定罪量刑,只有严格依照《刑事诉讼法》规定的程序和方式进行,才能准确及时地查清案件事实,处罚犯罪分子,使无罪的人不受刑事追究。检察机关通过对人民法院的审判活动进行监督,保证人民法院依法查明和认定事实,防止放纵犯罪或冤及无辜。

[①] 参见谢荣勇:《抗诉外审判监督途径的探索》,载戴玉忠、万春主编:《刑事诉讼法再修改与检察监督制度的立法完善》,中国检察出版社 2008 年版,第 292 页。

3. 确保各方平等参与,依法享有诉讼权利

《刑事诉讼法》第 14 条第 1 款规定:"人民法院、人民检察院和公安机关应当保障诉讼参与人依法享有的诉讼权利。"这是《刑事诉讼法》明确规定的刑事诉讼的一项基本原则。这既是社会主义民主法制的必然要求,也是刑事诉讼任务顺利完成的重要保证。公、检、法机关在依法行使各自的侦查权、检察权和审判权的时候,都必须认真贯彻这一原则。只有切实保障诉讼参与人的诉讼权利,才能使诉讼参与人的合法权益不受侵犯,才能使诉讼参与人积极参加诉讼,配合人民法院查明事实真相,保证办案质量,实现刑事诉讼的任务。检察机关在对刑事审判活动进行监督的过程中,其任务之一就是要监督人民法院尊重和保护被告人和其他诉讼参与人的诉讼权利,对于人民法院非法剥夺诉讼参与人诉讼权利和其他合法权益的行为,检察机关要及时提出纠正意见。

4. 源头遏制司法腐败,促进公正廉洁执法

司法是社会公平正义的最后一道防线。出现在司法领域的腐败现象,对于国家利益和公民合法权益的损害尤其严重。实践证明,权力一旦失去监督和制约,就会导致腐败。因此,要防止权力的滥用,就必须用权力制约权力。检察机关对人民法院的刑事审判活动实行监督,纠正审判活动中违反法定程序的行为,可以促使审判人员严格依法办案,减少和杜绝审判活动中违法行为的发生,促进人民法院不断提高审判的执法水平,促进审判人员公正廉洁执法。

二、刑事审判活动监督的范围和内容

(一) 刑事审判活动监督的范围

1. 按审判程序分,包括刑事一审、二审、再审和死刑复核程序的监督[①]

(1) 对一审程序的监督。第一审程序是人民法院审判刑事案件的基本程序,是人民法院整个审判程序体系的基础环节。无论公诉案件还是自诉案件,都是从第一审开始进行实体审理。第一审审判程序以前的立案、侦查、审查起诉等,都是为一审正确审判准备条件,第一审以后的各个审判阶段,都是对第一审审判的检查和监督。因此,对一审程序的监督是刑事审判活动监督的首要环节,其内容包括对法院立案审查、庭前工作、法庭审理的监督。

[①] 参见梁国庆主编:《中国检察业务教程》,中国检察出版社 2002 年版,第 239—240 页。

（2）对二审程序的监督。由于我国采取两审终审制度，二审程序对全面实现《刑事诉讼法》的任务有重要的意义。根据《刑事诉讼法》第 187 条对二审审判方式的规定，对人民检察院抗诉的案件，第二审人民法院应一律组成合议庭开庭审理；对上诉的案件，第二审人民法院以开庭审理为原则，以阅卷并调查询问的不开庭审理为例外。根据《刑事诉讼法》第 188 条的规定，对人民检察院提出控诉的案件或者第二审人民法院开庭审理的公诉案件，人民检察院应当派员出席。检察人员出庭的任务，一是支持抗诉或参加上诉案件的审理；二是对法庭的审理活动是否违反法定诉讼程序进行法律监督。对人民法院所采取的调查询问方式的审理活动，检察机关同样应当进行监督。

（3）对再审程序的监督。按照再审程序重新审判案件，是审判程序的重新开始。最高人民法院 2001 年 12 月印发的《关于刑事再审案件开庭审理程序的具体规定（试行）》，弥补了《刑事诉讼法》等法律对刑事再审程序规定比较原则的不足，对刑事再审案件的受理、庭前工作、开庭和不开庭审理的案件范围以及审理程序等均作出了明确规定。检察机关应当按照上述规定，对刑事再审活动实行法律监督。

（4）对死刑复核程序的监督。为了严格控制和慎重适用死刑，坚持少杀，防止错杀，根据 2007 年 1 月 1 日施行的最高人民法院《关于统一行使死刑案件核准权有关问题的决定》，死刑除依法由最高人民法院判决的以外，都应当报请最高人民法院核准。检察机关对死刑复核程序依法履行法律监督职能，可以及时发现问题，纠正违法，提高死刑案件的质量，保证死刑的正确适用。由于死刑立即执行的核准权统一收归最高人民法院行使，死刑缓期执行的核准权仍由高级人民法院行使，因此，对死刑复核程序的监督，主要由最高人民检察院和省级人民检察院承担。

2. 按案件性质分，包括对公诉案件和自诉案件的监督

根据案件性质不同，人民法院审判的刑事案件分为公诉案件、自诉案件以及刑事附带民事诉讼案件。根据《刑事诉讼法》第 8 条的规定，人民检察院是对整个刑事诉讼活动实行法律监督。因此，作为刑事案件组成部分的自诉案件，当然也属于监督的对象和范畴。但是，对于自诉案件如何进行监督，立法未作明确规定，实践中也没有形成统一认识。

《刑事诉讼法》、《人民检察院刑事诉讼规则》对检察机关履行法律监督职责

的有关程序性规定主要是针对公诉案件的,对于自诉案件,《人民检察院刑事诉讼规则》只是在第十章第四节第 411 条作了原则性规定,即"人民检察院对自诉案件和没有公诉人出庭的适用简易程序审理案件的判决、裁定的监督,适用本节的规定"。申言之,对于自诉案件的法律监督,《刑事诉讼法》及有关司法解释并未像对公诉案件那样作具体的规定,而仅要求比照执行。但这样的规定忽略了公诉案件与自诉案件的差异。由于公诉案件的判决、裁定书要在法定期限内送达人民检察院,检察机关在行使公诉权的过程中可以了解和掌握判决、裁定情况,因而能有效地实施监督。而对于自诉案件,人民法院进行审查后,可能分两种情形分别处理,即若犯罪事实清楚、有足够证据的案件,则开庭审判;若缺乏罪证,且自诉人提不出补充证据的,则说服自诉人撤回自诉,或者裁定驳回,从起诉到案件的最终处理结果,检察机关都不参与,对案件相关情况都无从知晓,便在一定程度上排除了检察机关对于该类案件的监督,[1]极易形成断案的片面性以及滋生司法腐败。[2] 为了制止审判权被滥用,必须强化外部监督,特别是检察机关的专门法律监督,以权力制约权力,保证自诉案件得到公正处理。为此,检察人员首先要在思想上提高认识,检察机关是代表国家实行法律监督的专门机关,对自诉案件诉讼活动进行法律监督,既是法律赋予的权力,又是自身职责所在,义不容辞。其次,在现有法律的框架内,检察机关对自诉案件审判活动的监督也并非无所作为。实践中,对审判活动进行监督并非只有通过派员出席法庭这一种途径,对自诉案件的监督完全可以通过查阅庭审笔录、庭外调查和取证以及受理控申、监所部门移送的人民群众来信、来访等方式进行。

3. 按庭审方式分,包括普通程序、普通程序"简化审"和简易程序的监督

普通程序是刑事诉讼的通常程序,除特殊情况外,案件适用普通程序进行审理。因此,对审判活动的监督首先是对适用普通程序审理案件的监督。

普通程序"简化审",即最高人民法院、最高人民检察院、司法部于 2003 年 3 月 14 日发布的《关于适用普通程序审理"被告人认罪案件"的若干意见(试行)》中规定的被告人自愿认罪的第一审公诉案件,可以简化某些诉讼环节的审理方式。在"简化审"的过程中,检察机关要注意监督人民法院是否严格执行《刑事

---

[1] 参见张琳、夏莉:《浅析刑事自诉案件的法律监督》,载《安徽警官职业学院学报》2007 年第 6 期。

[2] 参见雷文波:《浅论对自诉案件的法律监督》,载《检察实践》2005 年第 5 期。

诉讼法》规定的基本原则和程序,做到事实清楚、证据确实充分,切实保障被告人及其他诉讼参与人的诉讼权利。

适用简易程序审理的案件,根据最高人民法院、最高人民检察院、司法部于2003年3月14日发布的《关于适用简易程序审理公诉案件的若干意见》,除检察机关监督公安立案侦查的案件,以及其他检察机关认为有必要出庭的案件外,检察机关可以不派员出席。在实践中,要注意拓宽对简易程序案件的监督途径,除了加强立案监督案件、职务犯罪案件等重点案件的出庭外,还可以通过主动与法院沟通,跟踪、了解案件进展情况;听取被害人及其法定代理人对审判活动违法的反映;旁听案件的审理;阅看庭审笔录,审查庭审录像等方式进行监督。目前,各地检察机关还在积极探索提起公诉时提出书面量刑建议、简易程序案件集中出庭等新的监督方式。

4. 按审判活动分,包括对法庭审理活动的监督、对庭外活动的监督以及对审判委员会讨论决定具体案件的监督

法庭审理活动是刑事诉讼的核心和关键,也是刑事审判活动监督的重点。《刑事诉讼法》及相关司法解释对法庭审理活动的内容和程序均作出了翔实的规定。目前,检察机关对庭外活动以及审判委员会讨论决定具体案件的监督还比较薄弱,需要我们在实践中作积极的探索,如对立案庭审查的监督、对人民法院庭外调查核实证据的监督、对审判人员回避的监督,以及对扣押、冻结财物处理的监督等等。

(二)刑事审判活动监督的内容

人民法院在审理刑事案件过程中所有违反法定程序的行为,都属于刑事审判活动监督的内容。根据最高人民检察院《人民检察院刑事诉讼规则》第392条以及《人民检察院公诉工作操作规程》第387条的规定,审判活动监督的内容主要包括以下几个方面:[①]

1. 人民法院对刑事案件的受理活动是否合法

对案件的审查受理是人民法院行使国家审判权的开始程序,其法律性质是对案件的接受和审查,任务是解决是否将被告人交付法庭审判,案件是否符合开庭审判的条件。检察机关对于人民法院对案件的审查受理活动是否合法,应

---

① 该部分内容参见梁国庆主编:《中国检察业务教程》,中国检察出版社2002年版,第241—250页。

当依法进行监督。

《刑事诉讼法》第 150 条规定:"人民法院对提起公诉的案件进行审查后,对于起诉书有明确的指控犯罪事实并且附有证据目录、证人名单和主要证据复印件或者照片的,应当决定开庭审判。"据此,人民法院对公诉案件的审查,基本上为程序性审查。对于人民检察院提起公诉的案件,人民法院都应当受理。人民法院对提起公诉的案件进行审查后,对于起诉书中有明确的指控犯罪事实并且附有证据目录、证人名单和主要证据复印件或者照片的,应当决定开庭审判,不得以上述材料不充足为由而不开庭审判。如果人民检察院移送的材料中缺少上述材料的,人民法院可以通知人民检察院补充材料。人民检察院应当自收到通知之日起三日内补送。按照《人民检察院刑事诉讼规则》第 284 条的规定,对于人民法院要求补充提供的材料超越《刑事诉讼法》第 150 条规定的范围或者要求补充提供材料的意见有其他不当情况的,人民检察院应当向人民法院说明理由,要求人民法院开庭审判。另外,根据《刑事诉讼法》的规定,人民法院在审查受理阶段不应进行任何庭外调查活动。

人民法院对自诉案件的审查受理不同于公诉案件,不仅仅是单纯的程序审查,也包括实体审查,即审查被害人是否有证据证明被告人的行为构成犯罪,应当依法追究刑事责任。检察机关应当按照《刑事诉讼法》第 171 条审查自诉案件的规定,对人民法院审查受理自诉案件的活动进行监督。

2. 人民法院对刑事案件的管辖是否合法

《刑事诉讼法》第一编第二章规定了刑事案件的职能管辖、级别管辖、地域管辖等内容。检察机关应当注意监督人民法院是否依法确定案件管辖。实践中,涉及人民法院违反管辖规定的主要问题有:

(1)职能管辖错误的。《刑事诉讼法》第 170 条规定了人民法院可以作为自诉案件直接受理的管辖范围。对于此范围之外的应当由人民检察院提起公诉的案件,被害人直接向人民法院起诉的,人民法院应当根据管辖范围移送人民检察院受理。另外,根据有关司法解释,伪证罪、拒不执行判决裁定罪,应由公安机关管辖,而不能由人民法院直接受理。

(2)级别管辖错误的。根据《刑事诉讼法》的规定,对于第一审刑事案件,依法应当由上级人民法院管辖的,不能指定下级人民法院管辖。二审法院对一审法院认定事实没有错误,但适用法律有错误,或者量刑不当的判决、裁定,应当改判,不得发回重审。人民检察院按照审判监督程序提出抗诉的案件,接受抗诉的人民法院应当组成合议庭重新审理,对于原判决、裁定认定事实没有错误,但适用法律错误,或者量刑不当的,应当改判,不得指令下级人民法院再审。对按照二审程序审理的再审案件,如果认为必须判处被告人死刑的,应当发回一审重审。对于以上指定管辖和发回重审过程中的错误,检察机关应予纠正。

3. 人民法院审理刑事案件是否符合法定的审理期限和送达期限

《刑事诉讼法》对于一审、二审、再审等程序的审理期限,以及各种通知、判决、裁定等法律文书的送达期限都作出了明确规定。检察机关应对人民法院违反以下规定的行为提出纠正:

1)审理期限

对第一审期限,《刑事诉讼法》第 168 条规定:"人民法院审理公诉案件,应当在受理后一个月以内宣判,至迟不得超过一个半月。"遇有《刑事诉讼法》第 126 条规定的情形之一的,即交通十分不便的边远地区的重大复杂案件,重大的犯罪集团案件,流窜作案的重大复杂案件,犯罪涉及面广,取证困难的重大复杂案件,经省、自治区、直辖市高级人民法院批准或者决定,可以再延长一个月。如遇人民法院改变管辖的案件,从改变后的人民法院收到案件之日起计算审理期限。人民检察院建议退回补充侦查的案件,补充侦查完毕移送人民法院后,人民法院可重新计算审理期限。人民法院对提起公诉的案件进行审查的期限,应当计入人民法院的审理期限。《刑事诉讼法》第 178 条规定:"适用简易程序审理案件,人民法院应当在受理后二十日以内审结。"对第二审期限,《刑事诉讼法》第 196 条规定:"第二审人民法院受理上诉、抗诉案件,应当在一个月以内审结,至迟不得超过一个半月。"有《刑事诉讼法》第 126 条规定情形之一的,经省、自治区、直辖市高级人民法院批准或者决定,可以再延长一个月。最高人民法院审理的二审案件适用延长的规定时,由其自行决定延长的时限。第 207 条规定了对于按照审判监督程序重新审判的案件,应当在作出提审、再审决定之日起三个月以内审结,需要延长期限的,不得超过六个月。接受人民检察院抗诉的人民法院需指令下级人民法院再审的,应当自接受抗诉之日起一个月内作出决定。对超过以上审理期限的,检察机关应当依法提出纠正意见。

2)送达期限

包括是否在开庭前十日内将起诉书副本送达被告人;是否在开庭三日前将

传票和通知书送达诉讼参与人；当庭宣告判决的，是否在判决后五日内将判决书送达当事人和提起公诉的人民检察院；定期宣判的，是否在判决书宣告后立即送达当事人和提起公诉的人民检察院；当事人通过原审人民法院上诉的，原审人民法院是否在三日内将上诉状及案卷移送上一级人民法院，并将上诉状副本同时送交同级人民检察院和对方当事人；当事人直接向二审法院上诉的，第二审人民法院是否在三日内将上诉状交原审人民法院送交同级人民检察院和对方当事人等。

4. 人民法院审判组织的组成是否合法

除基层人民法院适用简易程序的案件可以由审判员一人独任审判外，人民法院对于刑事案件应当组成合议庭进行审判。有关合议庭的组成，《刑事诉讼法》第 147 条和《人民法院组织法》第 10 条分别作出了规定。基层人民法院、中级人民法院审判第一审案件，应当由审判员三人或者由审判员和人民陪审员共三人组成合议庭。高级人民法院、最高人民法院审判第一审案件，应当由审判员三人至七人或者由审判员和人民陪审员共三人至七人组成合议庭进行。人民法院审判上诉和抗诉案件，由审判员三人至五人组成合议庭进行。合议庭的组成人数应当是单数。合议庭由院长或者庭长指定审判员一人担任审判长。院长或者庭长参加审判案件的时候，自己担任审判长。参加法庭审理的人民陪审员应当是年满二十三岁有选举权和被选举权的公民，并不曾被剥夺过政治权利。人民陪审员在人民法院执行职务，同审判员有同等的权利。人民法院按照审判监督程序重新审判的案件，应当另行组成合议庭。重新组成的合议庭中，不得有原审判人员参加。

5. 人民法院在法庭审理过程中是否违反法定程序

法庭审理过程中，检察机关应着重监督人民法院的以下审判活动：

1）是否符合公开审判案件的规定

除法定不公开审理的情形外，①人民法院对其他案件的审判都应公开。对于公开审理的案件，检察机关应当监督案件是否有不公开审理的情形，是否在

---

① 《刑事诉讼法》第 152 条规定："人民法院审判第一审案件应当公开进行。但是有关国家秘密或者个人隐私的案件，不公开审理。十四岁以上不满十六岁未成年人犯罪的案件，一律不公开审理。十六岁以上不满十八岁未成年人犯罪的案件，一般也不公开审理。对于不公开审理的案件，应当当庭宣布不公开审理的理由。"

开庭三日前先期公布案由、被告人姓名、开庭时间和地点,是否允许公民到法庭旁听和允许新闻记者采访,参加旁听的是否有法律规定不得参加旁听的人等。根据有关司法解释,证人,不满十八周岁的未成年人,精神病人和醉酒的人,被剥夺政治权利、正在监外服刑的人和被监视居住、取保候审的人,携带武器、凶器和其他危险品的人,以及其他有可能妨害法庭秩序的人,不准参加旁听。外国人要求旁听或者采访非涉外案件的公开审判,应向我主管的外事部门提出申请,由外事部门与人民法院共同商定后,凭人民法院发给的旁听证或者采访证进入法庭旁听或采访。对于不公开审理的案件,监督应当监督开庭时是否当庭宣布了不公开审理的理由。属于个人隐私的案件,监督开庭时是否有无关的人进入法庭。

2) 法庭审判活动是否合法

检察机关对法庭审判的开庭、法庭调查、法庭辩论、被告人最后陈述、评议和宣判等各个阶段是否合法都应进行监督。在开庭阶段的监督内容是:审判长应当查明当事人是否到庭,宣布案由;宣布合议庭的组成人员、书记员、公诉人、辩护人、诉讼代理人、鉴定人和翻译人员的名单;告知当事人有权对合议庭组成人员、书记员、公诉人、鉴定人和翻译人员申请回避;告知被告人享有辩护权利。这些活动应由审判长进行,而不能由法院书记员进行。在法庭调查阶段以后的审判活动中的监督内容是:公诉人宣读起诉书后,法庭是否允许被告人、被害人就起诉书指控的犯罪进行陈述;是否无正当理由限制辩护人甚至公诉人发言;审判人员是否告知证人要如实地提供证言和有意作伪证或者隐匿罪证要负的法律责任;是否依照法律规定由公诉人、辩护人向法庭出示物证,让当事人辨认;对未到庭的证人的证言笔录、鉴定人的鉴定结论、勘验笔录和其他作为证据的文书,是否当庭予以宣读,宣读后是否听取公诉人、当事人和辩护人、诉讼代理人的意见;对在法庭审判过程中诉讼参与人或者旁听人违反法庭秩序的,审判长是否依法进行了警告制止、责令强行带出法庭、罚款和拘留等司法处罚;在审判活动中审判人员是否有诱供、指明问供、刑讯逼供等行为。

3) 对合议庭休庭调查核实证据的监督

在法庭审理过程中,合议庭对证据有疑问的,可以宣布休庭,对证据进行调查核实。人民法院调查核实证据,可以进行勘验、检查、扣押、鉴定和查询、冻结,但不能采取搜查的方法。对获得的证据应当在恢复庭审后当庭出示、宣读或者播放,听取控诉方和辩护方的意见,不能直接作为判决的证据。

6. 是否存在侵犯当事人和其他诉讼参与人诉讼权利或者其他合法权利的行为

当事人和其他诉讼参与人在法庭上都享有与其诉讼地位相当的诉讼权利。检察机关应当监督人民法院切实保护当事人和其他诉讼参与人的诉讼权利和其他合法权利,遇有人民法院侵犯当事人和其他诉讼参与人下列权利的,应当依法纠正:

1) 被告人的权利

人民法院应按时向被告人及其委托的辩护人送达起诉书、抗诉书副本,并告知没有委托辩护人的被告人有权委托辩护人;对自诉案件的被告人,应当在受理自诉案件之日起三日内告知被告人有权委托辩护人;公诉人出庭公诉的案件,被告人因经济困难或者其他原因没有委托辩护人的,人民法院可以为其指定承担法律援助义务的律师为其提供辩护;被告人是盲、聋、哑或者未成年人没有委托辩护人的,或者被告人可能被判处死刑而没有委托辩护人的,人民法院应当指定承担法律援助义务的律师为其提供辩护;开庭时,审判长应告知被告人有权申请回避,有权为自己辩护;对不通晓当地通用的语言文字的被告人,法庭应当为他聘请翻译;被告人在庭审过程中,对侦查人员、检察人员、审判人员侵犯其诉讼权利和人身侮辱行为提出控告的,法庭应当予以保障;在公诉人宣读起诉书后,法庭应保障被告人对指控的犯罪进行陈述;在庭审过程中,法庭还应保障被告人依法参加事实和证据的法庭调查和质证,发表意见,申请通知新的证人到庭,调取新的物证,申请重新鉴定或勘验的权利;法庭应当保障被告人参加法庭辩论,与控诉方相互辩论;被告人在审判过程中拒绝辩护人继续为他辩护或者另行委托辩护人辩护的,法庭应当准许;法庭辩论结束后,审判长应告知被告人有进行最后陈述的权利;宣告判决后,审判长应告知被告人有权上诉,并告知上诉期限和上诉法院。对人民法院决定采取的强制措施超过法定期限的,被告人有权向法院提出解除的要求。自诉案件的被告人还有权依法对自诉人提起反诉。

2) 辩护人的权利

2007 年 10 月 28 日,十届全国人大常委会对《律师法》作了较大的修改,特别是赋予律师在刑事诉讼活动中更宽泛的执业权利,修订后的《律师法》于 2008

年6月1日起正式施行。检察机关应根据新的工作要求,履行好审判监督职能,切实保障律师会见、阅卷、调查和发表意见等执业权利,切实保障刑事诉讼活动顺利进行。在审判阶段,辩护律师自案件被人民法院受理之日起,有权查阅、摘抄和复制与案件有关的"所有材料";其他辩护人则经人民法院许可,可以查阅、摘抄和复制"本案所指控的犯罪事实的材料"。辩护律师可以根据案情的需要,申请人民检察院、人民法院收集、调取证据或者申请人民法院通知证人出庭作证。辩护律师还可以自行调查取证。辩护律师及其他辩护人可以同在押的被告人会见和通信。

3)被害人的权利

被害人在庭审阶段的权利有:申请回避;出席法庭并就起诉书指控的犯罪进行陈述;向被告人发问;参加证据的调查与质证;申请通知新的证人到庭,调取新的物证,重新鉴定或勘验;对证据和案件情况发表意见,参加法庭辩论等。

4)自诉人的权利

自诉人可以向人民法院直接提出自诉和委托诉讼代理人;申请撤回自诉;提起附带民事诉讼;同被告人自行和解;作为原告人出席法庭参加法庭审判,同被告人辩论;申请回避;提出上诉等。

5)法定代理人、诉讼代理人的权利

法定代理人在诉讼中代表被代理人行使权利和承担义务,享有与被代理人相同的权利。但法定代理人不能代替被代理人陈述案情和作证,也不能代替被代理人承担与人身自由相关的义务。诉讼代理人依委托人授权,不同程度地享有委托人的诉讼权利。公诉案件的诉讼代理人,在法庭审理阶段享有与辩护人大体相同的权利。自诉案件的诉讼代理人享有的权利有:可以代自诉人向人民法院提起诉讼;人民法院开庭审理时代理律师有权应法院的通知到庭履行职务;经自诉人授权,有权代委托人申请回避;在法庭审理中经审判长许可可以向被告人发问,可以向证人、鉴定人发问,申请通知新的证人到庭,调取新的物证,申请重新鉴定或者勘验;可以同被告方展开辩论;有权代自诉人审阅审判笔录,请求补充或改正;对司法工作人员非法剥夺自诉人诉讼权利和人身侮辱等行为,有权提出控告;经被代理人的特别授权,可以代为承认、放弃或者变更诉讼请求,进行和解,提起反诉等。

6）证人、鉴定人、翻译人员的权利

除享有诉讼参与人一般的权利外，证人、鉴定人、翻译人员在审判阶段还享有各自的权利。证人可以要求人民法院补偿因作证而遭受的经济损失；可以对过去的证言提出补充和修正；人民法院应当保障证人及其近亲属的安全。鉴定人有权了解与进行鉴定有关的案情材料，有权要求指定或聘请其鉴定的人民法院提供足够的鉴定材料，如果不具备作出鉴定结论的条件时，有权拒绝鉴定。鉴定人有权收取相应的鉴定费用和得到经济补偿。翻译人员有权了解有关的案情和与进行翻译有关的其他情况，有权获得相应的报酬和经济补偿。

7. 法庭审理时对有关程序问题所作的决定是否违反法律规定

人民法院在案件审理过程中，依法可以针对一些程序问题的处理作出决定。决定是否正确，将会影响到法庭审理能否顺利进行，案件能否得到及时准确的处理。检察机关对于人民法院在法庭审理中所作的有关程序问题的决定，应当进行监督。根据《刑事诉讼法》的规定，人民法院在审理案件过程中使用决定的主要情形有：

1）解决申请回避的问题

在法庭审理过程中，当事人及其法定代理人向法庭提出有法定理由的回避申请的，法庭应当宣布休庭，由审判长依法呈报法院院长，由法院院长或审判委员会作出决定。经审查，符合法定回避条件的，应宣布延期审理；不符合法定条件的，应作出驳回回避申请的决定。如果当事人或其法定代理人申请不担任本案审判长的院长、庭长或者审判委员会委员回避的，审判长应当宣布记录在卷并继续审理，在闭庭后向院长或者审判委员会报告。检察机关应当对人民法院有关申请回避的决定进行监督。检察机关发现人民法院的有关人员应当回避而没有回避的，也应当主动依职权向人民法院提出纠正。

2）适用或变更强制措施

人民法院在审理案件时，根据案件情况，对被告人可以拘传、取保候审或者监视居住，对没有逮捕的被告人可以决定逮捕。对被告人适用强制措施，应当符合《刑事诉讼法》的有关条件。在法庭审理过程中，出现撤销或变更强制措施的法定情形时，人民法院应当作出撤销或变更强制措施的决定。检察机关应对人民法院适用或变更强制措施进行监督，既要保证刑事诉讼顺利进行，又要保障被告人的合法权利。

3）解决当事人和辩护人、诉讼代理人申请通知新的证人到庭，调取新的物证，申请重新鉴定或勘验等问题

《刑事诉讼法》第159条规定："法庭审理过程中，当事人和辩护人、诉讼代理人有权申请通知新的证人到庭，调取新的物证，申请重新鉴定或者勘验。法庭对于上述申请，应当作出是否同意的决定。"合议庭应根据案件已经审理的情况，申请人提出补充调集新证据的理由、拟证明的事实情况等，综合判断是否同意申请。

4）延期审理

《刑事诉讼法》第165条规定了法庭在审判过程中可以决定延期审理的情况。此外，由于拒绝辩护，被告人请求另行委托或指定辩护人，合议庭同意的；在审判中公诉人或自诉人指控了起诉书以外的罪行，被告人、辩护人要求作辩护准备的；合议庭在审判过程中认为证据不充分，或者发现了新事实需要退回补充侦查的等，也应延期审理。延期审理的决定，应当及时通知公诉机关和当事人。

8. 审判人员是否存在徇私枉法行为

检察机关应当监督审判人员严格执法，对审判过程中审判人员有徇私枉法行为的，应当坚决予以制止和纠正。首先，应注意审判人员是否违反规定会见当事人及其委托的人，接受当事人及其委托的人的请客、送礼。其次，应注意审判人员是否伪造、隐匿、毁灭证据或者指使他人进行此类活动；是否诱使和迫使证人作伪证；是否挟私报复或迫害当事人；是否以各种手段包庇、掩盖被告人的罪行等。

9. 是否存在其他违反法律规定的行为

由于《刑事诉讼法》和司法解释对刑事审判程序的规定非常繁复，实践中人民法院违反法定程序的行为也呈现出多样化和复杂性的特征。检察机关发现人民法院在刑事审判活动中有其他违反法律规定的审理程序的行为，也应当依法提出纠正意见。

三、刑事审判活动监督的途径和方法

（一）刑事审判活动监督的途径

检察机关对人民法院的刑事审判活动进行有效的监督，其前提是能够及时

发现人民法院刑事审判过程中的违法行为。检察机关只有运用各种方法、通过不同渠道，全面了解和掌握人民法院刑事审判活动的情况，才能从中发现问题。经过长期的司法实践，检察机关对刑事审判活动监督的途径由传统的审查裁判文书、出席法庭、受理申诉等，逐步拓展到旁听简易程序案件庭审、查阅庭审笔录、检察长列席审委会等，监督的重点也由普通程序案件逐步向简易程序、刑事自诉案件、以调查讯问方式审理的上诉案件拓展。

1. 审查刑事判决、裁定文书

《人民检察院刑事诉讼规则》第 399 条规定："人民检察院在收到人民法院第一审判决书或者裁定书后，应当及时审查，承办人员应当填写刑事判决、裁定审查表，提出处理意见，报审查起诉部门负责人审核。对需要提出抗诉的案件，审查起诉部门应当报请检察长决定；案情疑难或者重大复杂的案件，由检察长提交检察委员会讨论决定。"《人民检察院公诉工作操作规程》第 339 条也规定：公诉部门收到人民法院判决、裁定书后，应当及时审查，填写《对法院刑事判决、裁定审查表》，对判决、裁定的定罪、量刑和适用法律情况进行分析，并提出同意裁判或者提出抗诉的意见。对刑事裁判文书的审查是发现和纠正审判违法行为的重要途径。实践中，一般通过"四书"（起诉意见书、公诉案件审查报告、起诉书、判决书）对照的方法，审查法院审判活动是否符合法定程序，填写《对法院刑事判决、裁定审查表》，提出同意判决或其他具体意见。在刑事裁判审查中，应当对案件从受理到判决的各个时间结点是否符合法律规定、是否存在超期羁押、法院采取或变更强制措施情况、辩护和提供法律帮助情况、延期审理情况、法庭证据的质证和采信情况、判决书送达情况、判决书的文字等进行审查。值得注意的是，尽管上述规定只要求对刑事裁判文书进行"及时"审查，但考虑到第二审抗诉的期限为收到判决书、裁定书第二日起的十日之内，因此，实践中对于第一审判决书、裁定书的审查时间一般也以十日为限。

2. 出席法庭

人民法院的刑事审判活动主要是通过法庭进行的，开庭审理是人民法院审理刑事案件的主要形式。检察机关通过派员出席一审、二审和再审法庭，在依法行使支持公诉、支持抗诉、支持或者反驳被告人上诉等职权的同时，对法庭的刑事审判活动进行监督，是检察机关的法定权力和重要职责。检察机关要实现对人民法院的审判活动是否违反法定程序进行监督，必须依法出席法庭，把出庭作为实现监督的基本途径,围绕出庭开展监督。随着合议庭权力的扩大,多数刑事案件将由合议庭审理并评议后作出判决,庭审在刑事诉讼中的地位和作用大大提高了,这就对出庭的检察人员提出了更高的要求。出席法庭的检察人员,在法庭上既履行公诉职能,也承担法律监督职能;既要充分行使法律赋予的各项具体诉讼权利,也要注意对刑事审判活动是否合法进行监督。

3. 旁听简易程序案件庭审

根据《刑事诉讼法》及相关司法解释的规定,适用简易程序审理的案件,检察机关可以不派员出席法庭。据此,公诉案件适用简易程序时公诉人是否出席法庭,其决定权在检察机关。实践中,考虑到刑事简易程序的设立,本身就是兼顾公平与效率的结果,体现了提高诉讼效率的立法意图,因此很少有检察机关派员出席简易程序案件庭审的情况。[①] 为了加强对简易程序案件的监督,消除监督盲区,检察机关可以派员旁听人民法院开庭审理的简易程序公诉案件,在旁听时可以对有关问题进行记录,从中发现问题,完成监督任务。对于不能参加旁听的简易程序案件,可以查阅庭审笔录、调阅庭审录像,从中发现线索,纠正违法行为。

4. 查阅庭审笔录、调阅庭审录像[②]

对于讯问审理的二审上诉案件、再审不开庭案件、自诉案件、与刑事案件分别审理的附带民事诉讼案件,检察机关可以向人民法院调阅案卷材料和重点查阅庭审笔录、调阅庭审录像,审查人民法院的审理活动,从中发现和纠正审判活动中存在的违反法定程序的行为。为了节约司法资源,检察机关可以选择一些案件影响大、案情比较复杂的案件进行审查,并对人民法院比较容易出现违法行为的重点环节进行监督,以取得良好的审判活动监督效果。

5. 行使调查权

调查权是世界各国检察机关普遍享有的一种权力。检察机关对检察权所及范围内的事项进行调查,以便了解事实真相,是行使检察权的先决条件。[③] 实践表明,只有充分确实地掌握违法事实和证据材料,才能发现问题,完成监督任

---

① 参见徐鹤鸣、张忠平:《对刑事审判简易程序进行有效法律监督问题研究》,http://10.31.5.200/was5/web/detail? record。

② 周永年主编:《刑事抗诉重点与方法》,中国检察出版社 2008 版,第 199 页。

③ 张智辉:《检察权研究》,中国检察出版社 2007 年版,第 123 页。

务。检察机关除了通过参与法庭审判直接了解审判情况以外,要广泛收集和查实人民法院在审判活动中的违法事实和证据,大量的工作要在法庭审判之外进行。因此,庭外调查是检察机关发现人民法院审判活动中的违反法定诉讼程序行为、核实证据材料的重要途径。检察机关在庭外行使调查权的方法主要有:

1)处理人民群众来信来访

最高人民检察院在《关于在公诉工作中全面加强诉讼监督的意见》中指出,"要坚持诉讼监督工作的群众路线,把人民的诉求作为发现问题的'风向标'"。依靠群众是做好法律监督工作的基础。通过认真处理人民群众来信、接待人民群众来访,可以从中了解和掌握人民法院刑事审判活动的情况,进而发现违法行为的线索。对群众来信来访中所反映的情况和问题,要深入分析,细致调查,认真核实。

2)受理当事人等诉讼参与人的申诉、控告和检举

公民对国家机关和国家工作人员提出批评、建议、申诉或者检举,是宪法赋予公民的监督权利。① 当事人等诉讼参与人直接参与人民法院的刑事审判活动,对人民法院在审判中违反法定诉讼程序的行为有着切实体验。他们的申诉、控告和检举是检察机关发现人民法院审判活动中违反法定诉讼程序行为的重要线索。特别是对于检察机关不派员出席法庭的简易程序案件和自诉案件,更需要通过受理申诉、控告和检举来发现审判活动中的违法行为。

3)询问有关知情人和讯问被告人

在发现人民法院审判活动中的违法行为的有关线索后,为进一步核实违法情况,可以主动询问有关知情人、讯问原审被告人,从多方面了解情况,全面掌握事实证据。

6. 检察长列席审委会

根据《人民法院组织法》第 11 条的规定,人民检察院的检察长可以列席同级人民法院审判委员会会议。检察长列席审判委员会,有利于促使和监督审判委员会全面了解案情,对案件作出正确的处理决定。对于不开庭审理的案件,或者检察机关未派员出席法庭的案件,检察长可以通过列席人民法院的审判委员会了解法庭审理情况。审判委员会在讨论决定具体案件的时候,也属于审

---

① 中华人民共和国国务院新闻办公室:《中国的反腐败和廉政建设(2010 年 12 月)》。

组织,所进行的也是刑事审判活动,检察长通过列席审判委员会,可以对审判委员会的审判活动实行监督,保证其程序上的合法性。2010 年 1 月 12 日,最高人民法院、最高人民检察院联合发布《关于人民检察院检察长列席人民法院审判委员会会议的实施意见》,对检察长列席审委会的范围、方式以及相关程序性规定进行了进一步的明确,更有利于检察机关通过该种方式对审判活动进行法律监督。

7. 其他途径

由于刑事审判活动监督内容广泛,涉及的法律法规和司法解释也比较多,并且随着实践的发展,审判活动中的违法行为也会出现新形式、新情况,因此需要针对不同情况,采取其他相应的措施,不断拓宽监督的途径和方法。如可以通过新闻媒体披露、人民法院新闻报道等方法,扩大审判活动监督的来源和途径。[1]

(二) 刑事审判活动监督的方法

随着审判活动监督工作的开展,我们在肯定传统的纠正违法、抗诉等监督方式的同时,还要综合运用工作通报、联席会议、检察建议等多种方式进行监督,以体现刚柔并济的监督原则,实现事前监督与事后监督、个案监督与类案监督、日常监督与专项监督的有机结合。

1. 提出抗诉

刑事抗诉是检察机关依法履行审判活动监督职能的主要方式,是纠正人民法院严重违反法定诉讼程序并据此作出刑事判决、裁定的重要途径。

1) 二审程序抗诉

对于人民法院在审判活动中有下列情形之一,严重违反法定诉讼程序,并据此作出刑事判决、裁定的,应当提出抗诉:①审判人员应当回避而不回避的;②审判组织的组成不符合法律规定的;③违反公开审理或者不公开审理的法律规定的;④非法剥夺当事人法定诉讼权利的;⑤合议庭未经评议直接宣判的;⑥错误适用简易程序和普通程序"简化审"审理案件的;⑦具有法定中止审理的情形而未中止审理的;⑧裁定终止审理不符合法律规定的;⑨直接以裁定形式补正原刑事判决书中认定的事实或适用法律的;⑩其他严重违反法定诉讼程序

---

[1] 周永年主编:《刑事抗诉重点与方法》,中国检察出版社 2008 年版,第 210—211 页。

情形,导致判决不当,确有抗诉必要的。

2）再审程序抗诉

再审程序的抗诉对象除了包括上述各种程序严重违法情形以外,对于人民法院的审判活动有下列情形之一的,也应当按照再审程序提出抗诉:①审判人员在审理该案件时有贪污受贿、徇私舞弊、枉法裁判行为的;②人民法院驳回抗诉明显不当,按照再审程序提出抗诉,确有必要的;③未经二审程序而生效的刑事判决、裁定或者审判活动严重违反法定程序,按照再审程序提出抗诉,确有必要的;④其他严重违反法定诉讼程序的情形,导致判决不当,按照再审程序提出抗诉,确有必要的。① 需要指出的是,以上四种情况,除了第一种情况外,都强调"确有必要",这是由再审程序抗诉针对的是已生效判决、裁定的特点所决定的,为了在维护法院裁判的权威和确保法律正确实施两者之间寻找出平衡点,依再审程序的抗诉尤须谨慎。

2. 提出书面纠正意见

纠正违法是一种常见的,在实践中运用较为广泛的审判活动监督方式,其主要针对审判活动中的违法行为予以纠正,也是一种比较成熟的、有法律支撑的审判活动监督途径。纠正违法主要有提出书面纠正意见和口头纠正违法两种。提出书面纠正意见即制发《纠正审理违法意见书》。关于该部分内容将在本节的第五部分予以专题介绍。

3. 口头纠正违法

根据人民法院违反法律程序的严重程度,检察人员也可以通过口头纠正违法的方式进行审判活动监督。但对于是否可以当庭进行口头纠正违法,在理论和实践中,存在着一定的争议。《刑事诉讼法》第 169 条明确了检察机关对人民法院的庭审监督权。但是,1998 年 1 月发布的《关于刑事诉讼法实施中若干问题的规定》以及最高人民法院 1998 年 9 月发布的《关于执行〈中华人民共和国刑事诉讼法〉若干问题的解释》等司法解释中,却将检察机关对庭审监督方式限定为只能由检察机关在庭审后提出。有观点认为,此规定不仅有悖于《刑事诉讼法》及法律监督的本质要求,而且与违法审理的实际情况以及对其监督所应

---

① 参见《上海市检察机关公诉部门刑事审判监督规程(试行)》(沪检诉发〔2004〕72 号,2004 年 10 月22 日)。

当产生的效果不符。出庭检察人员通过口头纠正违法及时行使庭审监督权,有利于及时纠正违反诉讼程序的审判活动,确保公诉案件的正确审理,从而避免审理后"返工"和不良社会效果的发生。因此,出庭检察人员发现审判程序严重违法,可能侵害当事人的合法权益,影响公正判决的,应当及时以口头方式向法庭指出违法问题,依法提出纠正意见,要求法庭予以纠正。如果法庭对检察人员当庭提出的纠正意见不予采纳,应依法建议休庭,以便及时向本院检察长汇报后,决定是否制作法律文书,以书面的形式正式向法院提出纠正意见。①

4. 制发检察建议

检察建议是检察机关履行法律监督职能的重要手段,是检察机关参与社会管理、服务大局的重要方式。对于人民法院在审判活动中出现不规范行为,而又尚未构成明显的违法行为时,或者已经明显构成违法,但又不宜提出抗诉的,检察机关可以向人民法院制发检察建议,商请人民法院引起注意,并在以后的审判活动中予以纠正。曹建明检察长 2008 年 10 月 26 日在第十一届全国人大常委会第五次会议上所作的《最高人民检察院关于加强刑事审判法律监督工作维护司法公正情况的报告》中指出:"探索实行再审检察建议制度。对一些认为确有错误的生效裁判,采取检察建议的方式建议人民法院自行启动再审程序,节约司法资源,促进和谐司法。"上海市人民检察院 2010 年 2 月 24 日印发的《上海检察机关关于加强检察建议工作的若干规定》第 5 条也规定:"各级检察机关在履行法律监督职能中发现有下列情形之一的,可以向公安机关、人民法院和司法行政机关提出检察建议:……(二)人民法院已经生效的判决、裁定确有错误,但依法不能启动再审程序予以救济,或者虽有错误但不宜提出抗诉的;(三)人民法院庭审活动违反法律规定或者民事执行、调解以及其他执法活动确有错误,但不影响案件实质性结论,需监督纠正的……"上述这些情形都可以采用制发检察建议的方式进行监督。

5. 工作通报

工作通报,是指检察机关在履行刑事审判监督职能过程中,针对法院在执法指导思想、刑事政策把握、执法认识等方面存在的普遍性、倾向性的一类问题,提出检察机关自己的意见和建议,达到双方信息互通、消除分歧、对一些问

---

① 参见陈霁蕾、曹化:《刍议检察机关刑事审判监督制度》,载《犯罪研究》2009 年第 4 期。

题引起重视的效果,以求检、法形成相关共识,维护法律的统一实施。据上海市人民检察院统计,2009 年上海各级检察机关公诉部门共向法院发出工作通报12 份,且均得到法院的回复,取得了良好的监督效果。

6. 案件协商

案件协商是指检察机关对于检、法可能产生分歧的案件,与人民法院相关部门进行专门协商,充分阐明检察机关的观点和理由,确保办案质量和效果。《上海市检察机关公诉部门刑事审判监督规程(试行)》中也将案件协商规定为刑事审判活动监督的主要方式之一。值得注意的是,案件协商主要是针对“一类案件”进行的,对于个案分歧的解决,则主要是通过检察长列席审委会等途径进行。在案件协商过程中,要注意处理好保证人民法院依照法律独立行使审判权和检察机关依法履行审判监督职能的关系。

7. 检法联席会议

对于人民法院在刑事审判活动中存在的共性问题,检察机关还可以通过检法联席会议提出纠正意见。检法联席会议形成的会议纪要可以作为一种监督方式和成果,交由人民法院参照并改善。目前,检法联席会议已经成为司法实践中一种经常性的制度。

8. 追究刑事责任

根据《人民检察院刑事诉讼规则》第 389 条和 395 条的规定,检察机关发现审判人员在审判活动中的违法行为情节严重,构成犯罪的,应当按照案件的管辖范围,移交侦查部门,追究相关人员的刑事责任。这样,可以将刑事审判活动监督与职务犯罪监督有机结合起来,全面实现监督目的。

四、刑事审判活动监督应当注意的问题

(一) 要树立正确的监督意识

公诉活动是检察机关核心的标志性职能之一,既处在同犯罪直接较量的第一线,又处于诉讼监督的第一线。[①] 近年来,各级检察机关公诉部门在继续强化指控犯罪职能的同时,进一步加大诉讼监督力度,为维护社会稳定、促进司法公正作出了积极的贡献。但是,当前公诉环节的诉讼监督工作,尤其是对审判活

---

① 参见《朱孝清:充分发挥公诉职能作用,深入推进三项重点工作》,载《人民检察》2010 年第 14 期。

动的监督工作仍然比较薄弱,一部分公诉人还存在不愿监督、不敢监督、不善监督的情况。因此,公诉人要增强监督意识,树立办案是载体,监督是目的的观念,将监督意识贯穿执法办案的始终,确保违法必究,切实履行好法律监督职责。

（二）要把握适当的监督方式

曹建明检察长指出:"要坚持监督力度与监督质量、效果并重,坚持以事实为根据、以法律为准绳,依法履行法律监督职责,严格依法规范纠正违法、量刑建议、检察建议、再审检察建议等工作,坚决防止和纠正重监督数量、轻监督质量和效果的做法,切实维护法律监督的严肃性。"①因此,要根据公诉工作的特点积极稳妥地开展审判活动监督,避免监督权行使的盲目性、随意性;要讲求监督方式,对审判活动中不同的违法现象区别对待,依法采取不同的监督方式、方法,有理有节,力求取得最佳监督效果。

（三）要练就过硬的监督本领

第一,要熟悉法律法规,夯实监督基础。刑事审判活动监督的依据既包括刑事程序法,也包括刑事实体法和民事法律、法规。面对复杂多样的司法程序,公诉人只有熟练掌握法律法规和司法解释,才能监督有底气、制约不疏漏,做到监督有力、说理到位,便于人民法院接受和改正。因此,熟练掌握法律法规,是强化刑事审判活动监督的基础。第二,要细致文书审查,保证静态监督。在审判裁判文书时,对文书的标题、首部、正文、尾部以及附项都要进行严格审核,从中发现问题并进行纠正。在此过程中,要克服法院已作出有罪判决、消极应付文书审查的心理。第三,要掌握出庭技巧,强化动态监督。出席法庭支持公诉或者履行职务是进行审判活动监督的重要途径,在出席一审、二审、再审法庭过程中,检察人员要熟练掌握出庭的技巧,做到反应敏捷、处置果断,及时发现庭审中的问题并依法予以纠正。

五、《纠正审理违法意见书》的制作

（一）概念

《纠正审理违法意见书》是指检察机关在刑事审判活动监督中,发现在人民

---

① 《曹建明:2011 年检察工作主要任务》,http://www.spp.gov.cn/site2006/2010 - 12 - 21/0005430425.html,2011 年 1 月 10 日访问。

法院审理案件中有违反法定诉讼程序的行为,为纠正违法行为而依法向人民法院提出纠正意见时所制作的法律文书。该文书一式二份,一份送达人民法院,一份附卷。

(二) 法律依据和适用范围

《刑事诉讼法》第169条规定:"人民检察院发现人民法院审理案件违反法律规定的诉讼程序,有权向人民法院提出纠正意见。"《人民检察院刑事诉讼规则》第394条第1款规定:"人民检察院在审判活动监督中,如果发现人民法院或者审判人员审理案件违反法律规定的诉讼程序,应当向人民法院提出纠正意见。"

从《刑事诉讼法》以及司法解释的规定看,所有人民法院审理刑事案件违反法律规定诉讼程序的情况,都可以由检察机关向人民法院发出《纠正审理违法意见书》。但是,考虑到提出书面纠正意见是一种介于刑事抗诉和口头纠正违法的一种审判活动监督方式,其所针对的违法情况在程度上也应区别于另外两种监督手段。《上海市检察机关公诉部门刑事审判监督工作规程(试行)》中规定,制发《纠正审理违法意见书》应主要针对下列情形:

(1) 采信的证据未经庭审质证,但尚未影响定罪量刑的。

(2) 违反法定庭审程序,但程度较轻尚未达到抗诉条件的。

(3) 限制当事人法定诉讼权利,影响司法公正的。

(4) 超过法定审理期限或者法律文书超过法定期限,妨碍刑事诉讼正常进行,造成一定影响的。

(5) 其他明显违法,应当依法纠正的。如人民法院对刑事案件的受理违反管辖规定,尚未造成严重后果的;人民法院对刑事案件的受理活动违反法律规定,情节较轻的;法庭审理时对有关程序问题所作的决定违反法律规定的;挪用或私自处理赃款赃物的。

(三) 基本内容[①]

(1) 发往单位。写明主送的人民法院全称。

(2) 说明在审理中发现违法的情况。一般可表述为"本院在审判活动监督中发现……",为提出纠正意见提供立论依据,并引出下文内容。

(3) 认定违法的事实和证据。一般应当写明何单位、何人于何时、在处理什

---

① 具体格式可参见2002年1月1日起施行的《人民检察院法律文书格式》。

么案件中发生何种性质的违法情况。违法事实是提出纠正意见的事实依据,叙述应当具体。叙述违法事实还应当准确、客观,实事求是。有时还应当辅以必要的证据,加以说明和证实。如果因违法行为已造成不良后果,应当如实叙明不良后果的情况。

(4)认定违法的理由和法律依据。认定人民法院在审理案件中违反法律规定的诉讼程序的事实,应对违法的事实及其性质加以分析概括,根据法律规定的要求,写明认定其违法的理由,并引用《刑事诉讼法》的相应条款,作为法律依据。

(5)提出纠正意见。纠正意见是《纠正审理违法意见书》的核心内容,一般包括检察机关据以提出纠正意见的法律依据和纠正违法的具体意见。法律根据应引用《刑事诉讼法》第 169 条。在提出具体纠正审理违法意见后,应当向受文的人民法院提出反馈情况的要求和期限。例如,"请将纠正情况 10 日内告知我院"等。

(四)应当注意的问题

《纠正审理违法意见书》一经发出,便具有法律监督效力,人民法院应根据要求纠正违法情况。检察机关应当根据人民法院的回复监督落实情况;没有回复的,应当督促人民法院回复,使《纠正审理违法意见书》真正发挥作用,切实履行法律赋予检察机关的法律监督职能。根据《人民检察院公诉工作操作规程》第 391、386 条的规定,人民检察院提出的纠正意见不被接受的,应当向上一级人民检察院报告,并抄送上一级人民法院。上级人民检察院认为下级人民检察院意见正确的,应当通知同级人民法院督促下级人民法院纠正;上级人民检察院认为下级人民检察院纠正违法的意见错误的,应当通知下级人民检察院撤销《纠正审理违法意见书》,并通知同级人民法院。

以下是一份由上海市××区人民检察院发出的《纠正审理违法意见书》:

上海市××区人民检察院

纠正审理违法意见书

沪×检纠违〔2010〕第 1 号

上海市××区人民法院:

2010 年 9 月 19 日,本院以沪×检刑诉〔2010〕554 号起诉书将被告人梅××贩卖毒品案提起公诉,并建议适用简易程序。你院收到案件后,于同年 9 月 26 日向我院发出适用普通程序决定书,"因管辖请示"决定适用普通程序。后又于同年 10 月 11 日向我院发出适用简易程序通知书,同意本案适用简易程序审理。同年 10 月 14 日,经适用简易程序,实行独任审判,以(2010)×刑初字第 575 号刑事判决书对梅××贩卖毒品案作出一审判决。

本院认为,《中华人民共和国刑事诉讼法》第一百七十八条规定,适用简易程序审理案件,人民法院应当在受理后二十日以内审结。最高人民法院关于执行《中华人民共和国刑事诉讼法》若干问题的解释第一百一十八条规定,对于人民检察院建议按简易程序审理的公诉案件,决定是否受理,应当在三日内审查完毕。人民法院对提起公诉的案件进行审查的期限,计入人民法院的审理期限。

你院审理梅××贩卖毒品案最终适用简易程序,但超出了适用简易程序的受理期限审理案件,属于违反法律规定的行为,根据《中华人民共和国刑事诉讼法》第一百六十九条、《人民检察院刑事诉讼规则》第三百九十二条的规定,提出纠正意见,希望你院对此引起重视,在严格遵守刑事诉讼法律规定的前提下提高办案效率,并建立相应机制防止类似情况再次发生。请将整改意见在 10 日内回复本院。

上海市××区人民检察院
二〇一〇年十月二十一日

第三节 刑事抗诉

一、刑事抗诉概述

(一) 刑事抗诉的概念和特征

从世界各国看,抗诉(或上诉)权都是检察权的一项重要内容,一般是指检察机关或检察官对于法院的判决或裁定,如果认为确有错误时,向上一级法院提出抗诉(或上诉),要求其对案件进行重新审判的权力。但由于各国的诉讼结构、价值观念和对上诉审的性质认识不同,各国赋予检察机关(或检察官)上诉权的大小有较大的差异。在英美法系国家,法律赋予检察官的上诉权较小,即检察官只能对法院裁判中涉及的法律问题享有有限的上诉权,而对裁判中涉及的事实问题几乎无上诉权。在大陆法系和具有大陆法系传统的国家,检察机关(或检察官)拥有广泛的上诉权,即检察机关(或检察官)对裁判中涉及的所有事实和法律问题都有权提出上诉。[①]

我国法律赋予检察机关较广泛的抗诉权,包括刑事案件的抗诉权以及民事、行政诉讼生效案件的抗诉权。其中,刑事抗诉是指检察机关认为人民法院的刑事判决或裁定确有错误,按照法定诉讼程序,要求人民法院对案件进行重新审理的法律监督活动。与其他国家相比,我国的刑事抗诉具有以下特征:[②]

1. 监督性

刑事抗诉是基于检察机关的法律监督职能而进行的一种诉讼活动,这是刑事抗诉的本质特征。这种监督包括两个方面的内容:一是对刑事审判程序是否合法进行监督;二是对刑事判决、裁定是否正确进行监督。

2. 专门性

检察机关是行使刑事抗诉职权的专门机关,其他任何机关、团体、企事业单位和个人均无权行使。这种专门性,是由检察机关在国家机构体系中作为专门法律监督机关的地位所决定的。

3. 特定性

检察机关的刑事抗诉只能针对人民法院"确有错误"的判决和裁定提出,有其特定的对象和适用条件,不能任意提出。另外,刑事抗诉必须一案一抗,即针对特定案件的判决或裁定提出抗诉,不能同时针对几个案件提出一次抗诉。

4. 程序性

第一,刑事抗诉活动,包括审查决定抗诉、提出抗诉、支持抗诉等,都必须严格依照法定诉讼程序进行,否则不发生法律效力。第二,刑事抗诉的法定效力体现为启动二审或再审,只具有程序意义,诉讼涉及的实体问题需要人民法院进行审理后才能解决。

---

① 参见邓思清:《检察权研究》,北京大学出版社 2007 年版,第 349—351 页。
② 参见姜伟、钱舫、徐鹤喃、卢宇蓉:《公诉制度教程》,中国检察出版社 2007 年版,第 350—351 页。

5. 有效性

检察机关依法提出的抗诉具有法律效力，主要体现在以下几个方面：一是对人民法院具有约束力，必然引起人民法院对刑事判决、裁定进行重新审理，这是刑事抗诉基本的法律效力；二是检察机关对尚未发生法律效力的刑事判决、裁定提出的抗诉，具有阻止其生效执行的效力；三是具有使当事人、证人、鉴定人等诉讼参与人继续或重新参加诉讼的效力；四是对检察机关自身也产生约束力，除非撤回抗诉，检察机关必须依法履行职责，参与后续的诉讼活动，包括派员出席法庭支持抗诉等。

（二）刑事抗诉的一般方法和要求

根据《刑事诉讼法》的规定，刑事抗诉包括两种方法：一种是第二审程序的抗诉，即根据《刑事诉讼法》第 181 条的规定，地方各级人民检察院认为本级人民法院第一审未生效的判决、裁定确有错误时，在法定期限内向上一级人民法院提出的抗诉。另一种是再审程序抗诉，又称审判监督程序抗诉，即根据《刑事诉讼法》第 205 条第 3 款的规定，最高人民检察院对各级人民法院已经发生法律效力的判决和裁定，上级人民检察院对下级人民法院已经发生法律效力的判决和裁定，发现确有错误时，按照审判监督程序向同级人民法院提出的抗诉。第二审程序抗诉和再审程序抗诉都体现了检察机关对刑事审判的监督，适用对象均为确有错误的刑事判决或裁定。两者也有明显区别，体现在适用主体、适用对象、审理程序、提出抗诉的期限要求以及法律效力等许多方面。

根据上述《刑事诉讼法》的规定可以知道，无论是对于第二审程序抗诉还是再审程序抗诉，提起的法定标准都是刑事裁判"确有错误"，这是检察机关作为法律监督机关，保证国家法律的统一、正确实施的职责需要。但在具体履行刑事抗诉职能时，还应根据《关于进一步加强刑事抗诉工作强化审判监督的若干意见》的规定，重点把握"抗诉理由充分"、"有抗诉必要"两个抗诉要件。这是为了适应新的形势与任务，进一步加大刑事抗诉工作力度，提高刑事抗诉案件质量，强化刑事审判监督职能的具体要求。

1. 判决、裁定确有错误

只有当刑事判决、裁定确有错误时，检察机关才有刑事抗诉的必要。如果刑事裁判本身不存在错误，即使它与检察机关认定的事实、证据和法律适用有所出入,刑事抗诉也无从谈起。不能仅仅因为不服法院的判决、裁定而提起抗诉,这也是刑事抗诉与被告人的上诉、被害人的抗诉请求的不同之处。

2. 抗诉理由充分

检察机关提出刑事抗诉,必须有充分的理由支持自己的抗诉主张,才能使抗诉主张最终为法院所采纳。因此,提出刑事抗诉,除了考虑刑事判决、裁定是否确有错误外,一个重要因素就是要考虑是否有充分的抗诉理由。司法实践中,有时出现法院的判决、裁定与检察机关起诉的事实或证据存在一定出入,如检察机关起诉某被告人有十节盗窃事实,但通过法庭审判,有充分证据证明的只有六节盗窃事实,最后法院只认定被告人其中的六节盗窃事实,尽管法院的判决与检察机关起诉的事实有所出入,但检察机关对另外四节盗窃事实抗诉的理由并不充分。因此,检察机关在决定是否提出刑事抗诉时,应该考虑抗诉理由是否充分,抗诉理由不够充分的,不宜提出抗诉。例如:

> 2010年7月14日11时许,被告人施××与买家邬××经电话联系,约定以每粒35元人民币、总价3 500元人民币的价格交易毒品。当日15时许,施××携带100余粒毒品至约定地点与前来交易的邬××碰面。双方交谈后,施××突然准备离开,被守候的公安人员当场抓获,并从其身上缴获红色药片一包。经鉴定,上述9.78克红色药片中检出甲基苯丙胺成分。一审检、法两家对本案定性意见一致,但对被告人贩卖毒品的行为是构成犯罪既遂还是未遂,存在认识分歧。一审检察院指控认为,被告人施××在犯罪过程中自动放弃犯罪,没有造成损害,根据《中华人民共和国刑法》第二十四条,系犯罪中止,建议对其免予刑事处罚。一审法院判决认为,被告人施××事先与他人联系,约定贩卖毒品的数量及价格,又携带毒品至交易地点,该行为已符合贩卖毒品罪既遂的构成要件,应以贩卖毒品罪既遂论处;同时,他又系毒品再犯。故以贩卖毒品罪判处施××有期徒刑五年,并处罚金人民币六千元。
>
> 一审检察院提出抗诉认为,一审判决书认定事实不全面,适用法律不正确,量刑畸重。理由是:第一,一审判决对被告人施××系主动放弃毒品交易的事实未予认定;第二,认定施××系贩卖毒品既遂属适用法律不正

确;第三,一审判决量刑畸重。但某市检察院第二分院经审查后认为一审检察院抗诉理由不充分,理由是:第一,根据该市高级人民法院的相关规定,只要行为人将毒品现实地带入了交易环节的(即贩毒者已将毒品带到购买者面前着手交易的),不论是否完成交易行为,均应以贩卖毒品罪的既遂论处。如果有证据证明行为人以贩卖为目的而购买毒品或正在向贩毒者购进毒品的,亦应认定为贩卖毒品罪的既遂。本案中施××事先与购毒者约定好交易毒品的数量、价格和地点,事后又携带毒品至交易地点与购毒者见面,其行为完全符合该市高级人民法院相关规定中所规定的贩卖毒品既遂的犯罪形态。第二,被告人施××贩卖毒品的行为既不能认定为犯罪中止,也不属犯罪未遂。犯罪中止是指行为人在犯罪过程中,自动放弃犯罪或者自动有效地防止犯罪结果的发生。犯罪未遂是指行为人已经着手犯罪,因意志以外的原因而未得逞。也就是说,犯罪中止或未遂状态只存在犯罪过程中,而不能发生在犯罪完成之后。就毒品犯罪而言,只要被告人为贩卖毒品而进入交易地点,其即构成贩卖毒品犯罪既遂。之后,毒品交易是否完成,或被告人因怀疑被人发现而暂停交易,均不影响对其犯罪既遂的认定。相关司法规定之所以将认定贩卖毒品犯罪既遂的时间节点前置,是因为毒品犯罪社会危害性极大,需严厉打击。当然,根据罪责刑相一致原则出发,对贩卖毒品既遂但毒品尚未成交的,量刑时可作为酌情情节予以考虑。后某市检察院第二分院检委会讨论决定后,向市第二中级法院撤回了抗诉。

3. 有抗诉必要

"判决、裁定确有错误"、"抗诉理由充分"仅仅是提起抗诉的前提和基础,是否确实需要提出抗诉,还需要检察机关根据案件的具体情况斟酌决定,并不是只要发现人民法院的刑事裁判存在错误,就一概提出抗诉。对于诸如出于社会公共公益考量,抗诉可能导致社会效果不好的;法律规定不明确,检、法两家对案件的定性存在一定争议的;审判活动存在一定瑕疵,但是未达到影响公正裁判的严重程度的;判决书、裁定书存在某些技术性差错,但不影响案件实质性结论的;法院量刑偏轻偏重,但是在法律规定幅度内量刑的等情形,一般不宜提出抗诉。因此,检察机关在考虑是否提出刑事抗诉时,必须考虑是否有抗诉的必要,要尽可能做到"抗必准",不能为了片面地追求抗诉数量而忽视抗诉的质量和效果。①

二、第二审程序抗诉

(一) 第二审程序抗诉的概念和特点

1. 第二审程序抗诉的概念

第二审程序抗诉,又称上诉程序的抗诉,是指地方各级人民检察院对于同级人民法院第一审尚未发生法律效力的刑事判决或裁定,认为确有错误,在法定期限内向上一级人民法院提出的抗诉。

2. 第二审程序抗诉的特点

第二审程序抗诉属于刑事抗诉的一种类型,具有刑事抗诉的一般特征。但相较于再审程序抗诉以及被告人的上诉,其也有一些自身的特点:

第一,第二审程序抗诉只能针对公诉案件第一审尚未发生法律效力的刑事判决、裁定提出。如果是自诉案件尚未发生法律效力的判决、裁定,即使发现确有错误,也应当由自诉人、被告人自行决定是否提出上诉,检察机关不应在判决生效前提出抗诉。

第二,第二审程序抗诉有着法定的抗诉期限。与再审程序的抗诉不同,第二审程序抗诉必须在收到判决书第二日起的十日内或者收到裁定书第二日起的五日内提出。

第三,第二审程序抗诉的本质属性仍是法律监督。因第二审程序抗诉和被告人上诉具有必然引起第二审程序的同等效力,且较多的情况下导致的是不利于被告人的后果,故不少人会从控辩对抗的诉讼结构上,将第二审程序抗诉理解为是对第一审公诉的继续和补充。实际上,第二审程序抗诉针对的对象是法院的审判权,目的是纠正原审法院的错误裁判,其后果既可能不利于被告人,也可能有利于被告人,但无论是否有利于被告人,也只是实施法律监督继而纠正错误裁判所引发的必然结果。在第二审程序抗诉的过程中,上一级检察院检察人员在出庭支持抗诉时,既不受原审检察院公诉的主张及理由的约束,也不受原审检察院所制作的抗诉书的主张及理由的约束,而是站在客观、中立、公正的

---

① 参见周永年主编:《刑事抗诉重点与方法》,中国检察出版社 2008 年版,第 26—27 页。

立场上，代表国家对法院确有错误的裁判实施法律监督。① 因此，第二审程序抗诉的性质就是法律监督。

（二）第二审程序抗诉的条件

第二审程序抗诉的条件包括形式条件和实质条件。形式条件指的是检察机关提出第二审程序的抗诉必须要根据法律规定的程序进行，如必须在法定期限内提出；必须以书面形式提出；必须通过原审法院提出抗诉书等。实质条件是指检察机关提出第二审程序抗诉的理由和依据。这里着重讨论的是实质条件。

上文已经提到，第二审程序抗诉的实质条件就是《刑事诉讼法》第 181 条规定的"判决、裁定确有错误"。这种错误一般是指实质性的错误，即导致判决、裁定丧失客观公正性，在实体处理上发生了错误。判决、裁定的错误也可以是适用程序上发生错误，足以影响实体问题的正确处理。最高人民检察院 1998 年 12 月印发的《人民检察院刑事诉讼规则》和 2001 年 3 月印发的《关于刑事抗诉工作的若干意见》，先后就哪些情况属于人民法院的判决、裁定确有错误，检察机关应当提出抗诉作了规定。需要注意的是，《关于刑事抗诉工作的若干意见》对抗诉条件规定更为严格，强调依法履行审判监督职能与诉讼经济相结合，纠正确有错误的刑事裁判与维护刑事裁判的稳定性相结合。根据该意见，检察机关应当提出抗诉的情形可以划分为以下几类：②

1. 原判决和裁定认定事实或采信证据确有错误

这种错误又可以分为两类：

1）刑事判决或裁定认定事实有错误，导致定性或者量刑明显不当

这一类错误主要包括下列情况：一是刑事判决或裁定认定的事实与证据不一致，即法院所采信的证据不能证明所认定的案件事实，或者所认定的案件事实没有确实充分的证据予以证明；二是认定的事实与裁判结论有重大矛盾，即根据所认定的案件事实不能依法得出所作的裁判结论，如认定被告人只有伤害的故意却以故意杀人罪定罪处罚；三是有新的证据证明刑事判决或裁定认定事实确有错误。

---

① 参见朱孝清：《论刑事抗诉的属性》，载《刑事司法指南（总第 44 集）》，法律出版社 2011 年版，第 4—6 页。

② 参见姜伟、钱舫、徐鹤喃、卢宇蓉等：《公诉制度教程》，中国检察出版社 2007 年版，第 356—360 页。

司法实践中,人民法院根据检察机关提出的证据对事实进行认定并作出裁判以后,可能发现新证据,证明原判决、裁定认定事实与客观实际不符。基于实事求是的原则,原来的判决或裁定既然认定事实有误,就应当予以纠正。但对纠正这种错误应当采取什么方式,理论上和实践中均存在争议。一种观点认为,原判决、裁定是根据当时的证据情况作出的,后来出现的新证据不能否定当时所作判决、裁定的正确性,因而检察机关不能提出抗诉。但就提出抗诉的条件而言,所谓"确有错误"应包括原判决、裁定认定事实不符合客观实际。也就是说,原判决、裁定的根据虽然没有错误,但是结果错误。在这种情况下,抗诉并不否定当时人民法院所作判决、裁定的正确性,而是基于新的情况要求人民法院纠正不符合客观实际的判决、裁定。对于"新的证据",一般认为是原来没有而新取得的可以作为定案依据的证据,如发现新的证人能够提供证明案件事实的关键性证言。证据发生的变化也可以导致新的证据出现,如被告人、证人改变原来的供述、证言,新的供述和证言就是"新的证据"。

2) 刑事判决或裁定采信证据有错误,导致定性或者量刑明显不当的

主要包括:刑事判决或裁定据以认定案件事实的证据不确实的;据以定案的证据不足以认定案件事实,或者所证明的案件事实与裁判结论之间缺乏必然联系的;据以定案的证据之间存在矛盾的;经审查犯罪事实清楚、证据确实充分,人民法院却以证据不足为由判决无罪错误的。

对于人民法院以证据不足为由判决无罪的案件,检察机关认为确有错误,应当根据不同情况采取适当的处理方式。如果认为原审判决在采信证据方面确有错误,该采信的证据没有采信,不该采信的证据却采信了,检察机关认为案件事实清楚、证据确实充分,而人民法院认为事实不清、证据不足,因而判决无罪的,检察机关应当依法提出抗诉。如果检察机关对原判没有异议,但后来又发现新的证据,足以证明被告人有罪,实践中应当重新起诉,不能提出抗诉。

认定事实是否清楚、证据是否确实充分,是正确确定被告人刑事责任和定罪量刑的基础。如果认定事实和采信证据发生错误,导致定性或者量刑明显不当的,检察机关应当提出抗诉。如果判决、裁定在认定事实、采信证据方面存在错误,但是定性和量刑无明显不当的,从诉讼经济的角度考虑,检察机关一般不宜抗诉,有特殊情况的除外。

需要注意的是,提出刑事抗诉,不仅要求判决、裁定本身确有错误,还要求

检察机关据以支持抗诉主张的证据确实、充分,表明判决、裁定确实发生了错误。如果支持抗诉主张的证据不确实、不充分,就无法证明判决、裁定是不是有错误、有什么错误,人民法院也不可能作出改判。因此,原审刑事判决或裁定认定事实、采信证明有下列情形之一的,一般不宜提出抗诉:

第一,判决或裁定采信的证据不确实、不充分,或者证据之间存有矛盾,但是支持抗诉主张的证据也不确实、不充分,或者不能合理排除证据之间的矛盾的。也就是说,检察机关虽然认为原审判决或裁定采信证据错误或者采信的证据不确实、不充分,但也缺乏足够的证据支持自己的抗诉主张,案件实际上处于存疑的状态。在这种情况下,检察机关即使提出抗诉,也难以说服人民法院改判。

第二,被告人提出罪轻、无罪辩解或者翻供后,有罪证据之间的矛盾无法排除的,导致起诉书、判决书对事实的认定分歧较大的。

第三,刑事判决或裁定改变起诉定性,导致量刑差异较大,但没有足够证据证明人民法院改变定性错误的。

第四,案件基本事实清楚,因有关量刑情节难以查清,人民法院从轻处罚的。

2. 刑事判决或裁定在适用法律方面确有错误

这种错误又可分为三类:

1) 定性错误

即对案件进行实体评判时发生错误,导致有罪判无罪,无罪判有罪,或者混淆此罪与彼罪、一罪与数罪的界限,造成适用法律错误,罪刑不相适应的。

2) 量刑错误

即重罪轻判或者轻罪重判,量刑明显不当的。主要包括下列情形:一是未认定有法定量刑情节而超出法定刑幅度量刑,例如,原审判决、裁定在没有认定法定量刑情节且没有依法报请最高人民法院核准的情况下,在法定最低刑以下判处刑罚;二是认定法定量刑情节错误,导致未在法定刑幅度内量刑或者量刑明显不当,例如,不应当认定为避险过当而予以认定并减轻处罚,或者应当认定为紧急避险而没有认定并在法定刑幅度内量刑;三是适用主刑刑种错误,例如,法定最高刑为有期徒刑 15 年而判处无期徒刑;四是应当判处死刑立即执行而未判处,或者不应当判处死刑立即执行而判处;五是应当并处附加刑而没有并处;六是不具备法定的缓刑或免予刑事处罚条件,而错误适用缓刑或判处免予刑事处罚。总之,检察机关针对量刑错误提出抗诉,一般要求是量刑方面存在畸轻畸重,明显违背罪责刑相适应原则,超出法官自由裁量的幅度的情形。对量刑偏轻或者偏重,没有超出法定量刑幅度的,除非造成恶劣的社会影响,[①]否则应视为在法官自由裁量的范围之内,一般不宜提出抗诉。这样做一方面符合诉讼经济原则,另一方面也有利于维护判决、裁定的稳定性和审判的权威。

所谓适用法律,不仅包括对法律条文的引用和解释,也包括人民法院运用法律解决案件实体问题的过程。从这个意义上讲,定性、量刑都是适用法律的结果,因此定性错误和量刑错误都是适用法律错误的具体表现。例如:

> 2009 年 10 月间,被告人冯××伙同他人采用撬门入室的方式,先后三次在某市居民小区内实施盗窃,犯罪金额达人民币 5 万余元。其中,在被害人张××租借居住处窃取价值人民币 1 015 元的财物,在被害人倪××居住处窃取价值人民币 40 820 元的财物,在被害人王××居住处窃得价值人民币 8 725 元的财物等。一审法院以冯××犯盗窃罪,数额巨大,判处其有期徒刑九年,并处罚金人民币一万元。一审检、法两家对本案事实认定及定性均无争议,但对冯××盗窃被害人张××一节(以下简称“本案第一节事实”)是否属“入户盗窃”存在意见分歧。检察机关认为被告人冯××三次行为均系“入户盗窃”;而一审法院认为本案第一节事实不能认定为“入户盗窃”,其主要理由是被害人张××所租借的房屋,非单纯地用于居住,部分房间存在个人用于经营活动的情况,故认为属租借地。
>
> 为此,检察机关抗诉认为:一审法院对起诉书指控的第一节事实未认定“入户盗窃”,属于认定量刑情节错误致量刑畸轻。具体理由是:第一,该案发地位于居民小区的住宅楼内,现场无经营标识,且未处于营业状态,具有普通住宅的外观特征。第二,该案发地系被害人日常办公与个人居住的场所,非依法登记的经营场所。第三,冯××在客厅、卧室等处留下行窃痕迹。第四,冯××等人撬门进入居民住宅内行窃,具有主观上的入户故意。第五,被告人连续三次入户盗窃,窃得财物价值人民币 5 万余元,依法属数

---

① 参见最高人民检察院《关于进一步加强刑事抗诉工作强化审判监督的若干意见》第二部分的内容。

额特别巨大,应处十年以上有期徒刑。现一审法院以数额巨大判处其有期徒刑九年,并处罚金人民币一万元,属量刑畸轻。某市第二中级人民法院经审理,采纳了检察机关的抗诉意见,认定本案三节犯罪事实均属"入户盗窃",且犯罪数额特别巨大,故改判被告人冯××有期徒刑十年,剥夺政治权利一年,罚金人民币一万二千元。

适用法律错误可以表现为引用法律条文错误或者解释法律不当,但如果定性、量刑没有错误,从诉讼经济的角度出发,检察机关一般不应抗诉,而对引用法律条文或者解释法律不当的错误,以检察建议形式向人民法院提出。具体而言,在原审刑事判决或裁定在适用法律方面有下列情形之一的,一般不宜提出抗诉:

第一,法律规定不明确,存有争议,抗诉的法律依据不充分的。对法律规定在理解上发生分歧,是司法实践中经常发生的现象。检察机关提出抗诉,一般应有充分的法律依据,否则人民法院也不会采纳抗诉意见。在依据不充分的情况下贸然提出抗诉,也有悖刑事抗诉的严肃性、权威性。但如果案情重大,原审判决、裁定在适用法律上与司法实践中对法律理解的倾向性意见相悖,确有必要提出抗诉的,也可以抗诉。法律规定不明确,但检察机关认为依据充分,通过个案抗诉有利于促使检法两家对一类案件的法律适用问题达成共识的,也可以考虑抗诉。

第二,刑事判决或裁定认定罪名不当,但量刑基本适当的。这种情况下,虽然判决、裁定在定性上发生了错误,但量刑基本适当,没有影响国家刑罚权的正确行使,属于可抗可不抗的情形,由检察机关根据案件具体情况决定是否抗诉。如果原审判决、裁定在定性上发生的错误有可能严重误导下级法院或者其他法院的刑事审判工作,对司法实践产生负面连锁反应,检察机关也可以提出抗诉,以维护法律的统一、正确实施。

第三,具有法定从轻或者减轻处罚情节,量刑偏轻的。在具备法定从轻或减轻情节的情况下,法院从轻或者减轻的幅度比较大,但没有明显违背罪责刑相适应原则的,一般情况下不宜抗诉。

第四,未成年人犯罪案件量刑偏轻的。本着"教育、感化、挽救"的方针,对于犯罪的未成年人应当从宽处理。即使法院从轻或者减轻处罚的幅度比较大,一般情况下不宜抗诉。

第五,被告人积极赔偿损失,人民法院适当从轻处罚的。被告人赔偿损失,虽然不是法定的量刑情节,但反映了被告人的悔罪态度,或者反映了被告人家属为其弥补损失以求从宽处理的态度,人民法院可以作为酌定情节考虑,予以从轻处罚。只要没有明显违背罪责刑相适应的原则,检察机关不宜抗诉。

3) 对人民检察院提出的附带民事诉讼部分所作判决、裁定明显不当的

这里强调"人民检察院提出的",是因为在被害人及其法定代理人、近亲属提出附带民事诉讼的情况下,由于当事人有权处分自己的民事权利,即使判决、裁定有错误,一般也以附带民事诉讼原告人自行提起上诉为宜。

3. 人民法院在审判过程中严重违反法定诉讼程序

具体有以下几种情形:

(1) 违反有关回避规定。

(2) 审判组织的组成严重不合法的。

(3) 除另有规定的以外,证人证言未经庭审质证直接作为定案依据,或者人民法院根据律师申请收集、调取的证据材料和合议庭休庭后自行调查取得的证据材料没有经过庭审辨认、质证,直接采纳为定案依据的。

(4) 剥夺或限制当事人法定诉讼权利的。

(5) 具备应当中止审理的情形而作出有罪判决的。

(6) 当庭宣判的案件,合议庭不经过评议直接宣判的。

(7) 其他严重违反法律规定的诉讼程序,影响公正判决或裁定的。

人民法院审判活动虽然违反法定诉讼程序,但是未达到严重程度,不足以影响公正裁判的,一般不宜提出抗诉,必要时可以以检察建议、《纠正审理违法意见书》等形式向人民法院提出纠正意见。

下列案例是以违反诉讼程序为由提出抗诉的典型案例,依法保证了公诉案件的正常进行:

1997 年 8 月 29 日辽宁锦州铁路运输检察院收到锦州铁路运输法院 (97)锦告裁字第 1 号裁定书,该裁定以检察机关"对被告人刘××、魏×× 未采取强制措施,二被告人未在案"为由,裁定不予受理此案。锦州铁路运输检察院认为,法院对公诉案件不予受理,于法无据。况且被采取了取保

候审措施的二被告人并非传唤不到案。经与法院沟通无效,锦州铁路运输检察院于同年 9 月 3 日依法向沈阳铁路运输中级法院提出抗诉。后锦州铁路运输法院撤销原裁定,受理了刘××、魏××盗窃一案。①

4. 审判人员在案件审理期间有贪污受贿、徇私舞弊、枉法裁判行为

审判人员在案件审理期间,有贪污受贿、徇私舞弊、枉法裁判行为,影响公正判决或裁定,造成上述三种应当抗诉的情形的,检察机关应当提出抗诉。需要明确的是,审判人员在审理案件时有贪污受贿、徇私舞弊等行为,一般会影响判决、裁定的公正性、正确性,但两者之间也并非具有必然的联系,仅以审判人员有贪污贿赂、徇私舞弊等行为为理由提出抗诉,还不够慎重,应当对判决、裁定本身是否正确进行审查。如果判决、裁定没有错误,就没有必要提出抗诉,避免增加诉累,而且人民法院也不可能作出改判,抗诉的意义不大。如果判决、裁定确有错误,或者发生错误的可能性较大,就应当提出抗诉。

(三) 第二审程序抗诉的程序

1. 提起第二审程序抗诉的机关

根据《刑事诉讼法》第 181 条的规定,有权对人民法院尚未发生法律效力的一审判决、裁定提出抗诉的,只能是同级地方人民检察院。最高人民法院的判决、裁定都是终审的判决、裁定,所以,最高人民检察院不能提出第二审程序抗诉。

另外,被害人及其法定代理人享有请求抗诉权,检察机关依法必须对被害人及其法定代理人的请求在规定期限内审查后给予答复,但是否抗诉仍然由检察机关决定,并不受被害人及其法定代理人意见的制约。

提起抗诉的人民检察院必须将抗诉书抄送上一级人民检察院。上一级人民检察院如果认为抗诉不当,可以向同级人民法院撤回抗诉,并且通知下级人民检察院。如果上一级人民检察院认为抗诉正确,则应当予以支持。提出抗诉的人民检察院如果认为上一级人民检察院撤回抗诉不当,可以提请复议。上一级人民检察院应当复议,并将复议结果通知下级人民检察院。

2. 提出第二审程序抗诉的期限

所谓抗诉期限,是指《刑事诉讼法》规定的检察机关提出第二审程序抗诉的

---

① 梁国庆主编:《中国检察业务教程》,中国检察出版社 2002 年版,第 268 页。

时间限制。规定第二审程序抗诉的目的,主要是促使检察机关及时对判决、裁定进行审查,防止诉讼的过分迟延。

根据《刑事诉讼法》第 183 条的规定,不服判决的上诉和抗诉的期限为 10日,不服裁定的上诉和抗诉的期限为 5 日,从接到判决书、裁定书的第二日起算。如果期限届满未提出上诉、抗诉,刑事判决、裁定便发生法律效力。此后即使发现刑事判决、裁定确有错误,同级人民检察院也不能提出第二审程序抗诉,只能提请上级人民检察院按照审判监督程序提出抗诉。

值得注意的是,根据《刑事诉讼法》第 182 条的规定,被害人等对判决不服,提出抗诉请求的期限为 5 日,从接到判决书的第二日起计算。人民检察院自收到请求抗诉申请后的第二日起计算,5 日以内作出是否抗诉的决定并答复请求人。两个 5 日相加,也是 10 日,看似和检察机关对判决的 10 日抗诉期限一致。但在实践中,可能发生这种情况,即由于法院送达不及时,造成被害人收到判决书的时间较晚,则检察机关接到被害人的抗诉请求后,再决定抗诉的时候会超过检察机关接到判决书的 10 日,那么二审法院是否会以超过抗诉期为由不予受理? 针对该问题,有人认为,这种差别是由于《刑事诉讼法》目前规定的两种抗诉形式造成的。检察机关接受被害人的请求,提出抗诉决定的期限不应当受检察院接到判决以后 10 日以内的期限的限制。因为被害人收到判决书的时间可能与检察院收到判决书的时间不一致,时间上无法同步,不能用检察院收到判决书的时间认定被害人提请抗诉的时间。只要检察院抗诉的决定没有超出接受被害人请求抗诉之后的 5 日,那么这个抗诉决定是有效的,没有超过抗诉期限,二审法院应当受理。① 这种观点有一定道理,但在司法实践中检、法两家目前对此尚未达成共识。

3. 审查提出抗诉的程序

1) 审查刑事判决书、裁定书或者受理被害人或法定代理人的抗诉请求

审查判决书、裁定书是第二审刑事抗诉工作的基础,只有通过认真审查,才能及时发现判决、裁定中存在的错误,才有可能进行监督。人民检察院在收到同级人民法院第一审刑事判决书或裁定书后,应当及时进行审查,并在法定抗诉期限内决定是否提出抗诉。对于被害人及其法定代理人不服判决,请求人民

---

① 参见贺恒扬主编:《抗诉论》,中国检察出版社 2008 年版,第 113 页。

检察院提出抗诉的,人民检察院应当立即进行审查。

根据最高人民检察院 2010 年 11 月印发的《关于加强对职务犯罪案件第一审判决法律监督的若干规定(试行)》,从 2011 年 1 月 1 日起,检察机关对人民法院作出的职务犯罪案件第一审判决的法律监督实行上下两级人民检察院同步审查的内部工作机制。人民检察院在收到同级人民法院作出的职务犯罪案件第一审判决书后,应当在二日内报送上一级人民检察院,由上下两级人民检察院同步进行审查。①

2) 决定是否提出抗诉

人民检察院在收到人民法院第一审刑事判决书或者裁定书后,应当及时审查,承办人员应当填写《对法院刑事判决、裁定审查表》,提出同意判决、裁定或者提出抗诉等具体意见,报公诉部门负责人审核。对拟提出抗诉的案件,还应写出《刑事抗诉案件审查报告》一并报公诉部门负责人审核,呈报主管检察长,由检察长提交检察委员会讨论决定。重大、疑难、复杂的案件可以在决定前听取上一级检察院公诉部门的意见。对于被害人及其法定代理人的抗诉请求,经审查决定,应填写《抗诉请求答复书》,在收到请求 5 日内答复请求人。

对于职务犯罪案件,作出一审判决人民法院的上一级人民检察院公诉部门经审查,认为应当抗诉的,应当及时通知下级人民检察院,下级人民检察院研究后认为不应当抗诉的,下级人民检察院应当将不抗诉的意见报上一级人民检察院公诉部门。上一级人民检察院公诉部门不同意下级人民检察院不抗诉意见的,应当根据案件情况决定是否调卷审查。上一级人民检察院公诉部门经调卷审查认为确有抗诉必要的,报检察长或者检察委员会讨论决定。上一级人民检察院作出的抗诉决定,下级人民检察院应当执行。

为了防止抗源流失,形成抗诉合力,确保重大疑难抗诉案件的质量和效果,上海市检察院于 2011 年 3 月印发了《上海检察机关公诉部门重大疑难抗诉案件三级会商工作暂行规定》,创设了抗诉案件(包括二审抗诉和再审抗诉)"三级会商制度"。根据该制度,对基层院、分院对是否抗诉意见分歧的;涉及罪与非

---

① 为了保证上一级人民检察院对职务犯罪案件第一审判决书审查的效果,该规定还要求在职务犯罪案件一审庭审后,提起公诉的人民检察院应当将公诉案件审查报告、起诉书、出庭意见书报送上一级人民检察院,有量刑建议书的,也应当一并报送。

罪的;可能影响一类案件办理的;新类型的;有较大社会影响的案件,应当启动三级会商工作机制,由基层院公诉部门汇报案件情况,市院、分院公诉部门在听取汇报后,就是否提出抗诉及如何确定抗点、理由等问题进行分析研究,并形成会商纪要。经三级会商认为有抗诉必要的,基层院公诉部门应当立即提交本院检察委员会讨论决定,并应当在提请本院检察委员会讨论的报告中写明三级会商意见,供检察委员会决策时参考。经三级会商后基层院抗诉的案件,分院在审查后发现情况有变化不支抗的,在提请分院检察委员会讨论前应当向市院公诉部门汇报,必要时再次启动三级会商程序。

3)提出抗诉

对作出抗诉决定的案件,人民检察院应当制作《刑事抗诉书》。《刑事抗诉书》的签发应实行三级审批制度,由承办人员拟稿,经公诉部门负责人审核,报检察长批准后,通过原审人民法院向上一级人民法院提出,并将《刑事抗诉书》副本连同案件材料报送上一级人民检察院。

4)支持抗诉或撤回抗诉

上一级人民检察院公诉部门在接到抗诉书副本后,应当指派检察员进行审查。审查后,认为抗诉正确、部分正确或者不当的,应当分别提出支持抗诉、部分支持抗诉或者撤回抗诉的意见,报告检察长或者检察委员会决定。

上一级人民检察院决定支持抗诉的,公诉部门应当制作《支持刑事抗诉意见书》,在同级人民法院通知开庭之前将本院《支持刑事抗诉意见书》送达法院。同时,应当将《支持抗诉意见书》副本和《刑事抗诉书》副本报送同级人大常委会。省、市人民检察院决定支持抗诉的,由省级人民检察院向同级人大常委会报告。

上一级人民检察院认为下级人民检察院抗诉不当决定撤回的,公诉部门应当制作《撤回抗诉决定书》,在同级人民法院开庭之前送达法院。同时,通知提出抗诉的下级人民检察院。下级人民检察院认为撤回抗诉不当的,可以提请复议,上一级人民检察院公诉部门应当另行指派检察员进行审查,提出意见报告检察长同意后,将复议结果书面通知下级人民检察院。

5)指令抗诉

上级人民检察院公诉部门在下级人民法院第一审判决后的抗诉期限内,发现下级人民检察院应当提出抗诉而没有提出抗诉的,可以提出指令下级人民检察院抗诉的意见,报告检察长决定。在本院作出决定后,通知下级人民检察院立即提出抗诉。下级人民检察院在抗诉期限内来不及提出抗诉的,应当在判决生效之后提请上级人民检察院按审判监督程序提出抗诉。

三、再审程序抗诉

(一) 再审程序抗诉的概念和特点

1. 再审程序抗诉的概念

再审程序抗诉,又称审判监督程序的抗诉,是指最高人民检察院对地方各级人民法院已经发生法律效力的刑事判决、裁定,上级人民检察院对下级人民法院已经发生法律效力的刑事判决、裁定,认为确有错误时,向同级人民法院提出的抗诉。

2. 再审程序抗诉的特点

再审程序抗诉与第二审程序抗诉都属于刑事抗诉的类型,但二者有着严格的区别。除了在抗诉针对的对象、提出抗诉的主体等法律规定的内容上有着明显的不同之外,再审程序抗诉还有以下两方面的特点:

1) 权力行使的广泛性

一方面,再审程序抗诉权的行使不受时间限制①,即再审抗诉权在法院生效裁判后的任何时候都可以行使;另一方面,再审程序抗诉权的行使不受次数限制,只要客观需要,检察机关的再审抗诉权可以多次行使。

2) 案件办理的复杂性

①复核取证难。再审程序抗诉案件是已经发生法律效力的案件,大都已经交付执行,有的甚至已经执行完毕。不少案件离原审作出裁判的时间相隔很长,承办人员要复核调取有关证据往往十分困难。②各方争议大。再审程序抗诉案件经过侦查、起诉、一审甚至二审以及申诉阶段,参与审理的司法机关不仅涉及人民法院原来的一审、二审部门及检察机关的一审、二审部门,而且还涉及现在决定提审、再审的人民法院和检察机关的控告申诉部门等。由于原审刑事

---

① 从《刑事诉讼法》的规定看,再审程序抗诉权的行使不受时间限制,但为了保证再审程序抗诉的效果,最高人民检察院在 2001 年 3 月印发的《关于刑事抗诉工作的若干意见》中对再审程序抗诉案件的办案期限作了限制性规定,后又在 2011 年 3 月印发的《关于调整刑事审判监督程序抗诉案件办案期限的通知》中再次缩短了再审程序抗诉案件的办案期限。

裁判已经生效,再要提起重新审理,必然要牵涉到方方面面的关系,因此,要纠正原审已经造成的裁判结果,有关各方的争议必然较大,对"确有错误"、"有抗诉必要"等的认识标准也会有所不同。③审查环节多。在审查再审程序抗诉案件时,有关方面往往对原审的审判已有倾向性意见。重新审查时既有控审部门,又有其他业务部门;既有下级检察机关的办案人员,又有上级检察机关的办案人员,审查环节较多。④社会影响大。已经发生法律效力的刑事裁判一旦出错,对司法机关的执法形象和公信力破坏很大,尤其是一些冤假错案,其对整个社会所造成的负面影响往往需要很长一段时间才能消除。因此,检察机关在纠错的过程中,本身也需要有极大的勇气和毅力,也要承受来自各方面很大的压力,甚至会引起社会的震动。①

(二)再审程序抗诉的条件

法国学者卡斯东·斯特法尼有云:"刑事裁判决定,以法律不可反驳之推定效果,被看成是对事实真相的表达。"②刑事判决是严肃的,从外国的立法例看,不管是大陆法系的"既判力理论",还是英美法系的"免受双重危险原则",都对已发生法律效力的刑事判决进行再审(重新审理)进行了严格的限制。然而,我国《刑事诉讼法》将一审未生效裁判提起第二审程序抗诉的标准和对生效裁判提起的再审程序抗诉的标准都规定为刑事裁判"确有错误",未能在法律层面对再审程序抗诉的条件作出更严格的限制。

虽然再审程序抗诉与第二审程序抗诉的性质都是检察机关为正确有效地实现国家刑罚权所采取的诉讼措施和监督手段,目的都是贯彻实事求是、有错必纠的原则,保证法律的统一、正确实施,但是,价值是多元的,价值是相对的,价值也是有选择和判断的。两种程序的抗诉,不仅在提起程序、期限和审理程序上有所区别,并且抗诉的作用也有着较大差异。第二审抗诉除了纠正错案外,还有阻止一审人民法院错误裁判生效并交付执行的功能,而再审抗诉主要是纠正错误的裁判,并对已经交付执行的错案予以纠正。再审抗诉不仅要实现司法的公平性,同时应当兼顾维护人民法院裁判的稳定性,尽可能避免对被告人的重复审理以及造成诉讼资源浪费等问题。因此,从理论上讲,再审抗诉的

---

① 参见周永年主编:《刑事抗诉重点与方法》,中国检察出版社 2008 版,第 99—100 页。
② 转引自陈瑞华:《比较刑事诉讼法》,中国人民大学出版社 2010 年版,第 463 页。

提起条件应当较第二审抗诉更为严格。①

为了在现有法律规定的框架下，突出刑事抗诉工作的重点和实效性，最高人民检察院在《关于刑事抗诉工作的若干意见》中规定，按照再审程序提出的抗诉案件的标准比照第二审程序抗诉案件的标准，但应从严掌握。同时，该意见就检察机关对判处死刑缓期二年执行的案件如何适用再审程序抗诉作了专门规定，以期贯彻"少杀、慎杀"原则，提高该类案件再审抗诉的门槛。②

以下是一再审程序抗诉的实例：

> 2005 年 12 月 28 日凌晨，被告人朱××伙同王××等人经预谋携带刀具、绳子、胶布等作案工具，至由朱指点的某废品回收站被害人徐××、陈××夫妇的暂住处。以卖废品为由，骗得被害人开门后，由王××等人持刀进入屋内并向两名被害人索要钱财，并用绳子将二名被害人的手脚捆住，用胶布封住被害人陈××的口，劫得现金人民币十二万元后逃离现场。被告人朱××因与被害人相识，未进入屋内。2004 年底至 2005 年 8 月，被告人朱××伙同他人，三次在某市居民小区附近盗窃被害人车辆、其中窃得桑塔纳轿车两辆，五菱之光面包车一辆，共计价值人民币 10 万余元。为此，一审法院以抢劫罪判处被告人朱××有期徒刑十一年，以盗窃罪判处其有期徒刑十年，决定执行有期徒刑二十年。

> 　一审检、法两家对本案的事实与证据、定性与量刑，意见均为一致。判决后，朱××不服，提出上诉。二审期间，朱××的辩护人向二审法庭提供了三份新证据，以证实抢劫案发当日朱××不在作案现场。其中一份书证是案发前一天的长途汽车票，二份证人证言证实案发当天 10 时后在外地某市见到过朱××。为此，二审法院认为：朱××到案后始终否认参与抢

---

① 重庆市人民检察院第一分院课题组：《刑事再审抗诉机制研究》，载徐静村主编：《刑事诉讼前沿研究（第八卷）》，中国检察出版社 2010 年版，第 326—327 页。

② 该意见规定："认为应当判处死刑立即执行而人民法院判处被告人死刑缓期二年执行的案件，具有下列情形之一的，除原判认定事实、适用法律有严重错误或者罪行极其严重、必须判处死刑立即执行，而判处死刑缓期二年执行明显不当的以外，一般不宜按照审判监督程序提出抗诉：1. 因被告人有自首、立功等法定从轻、减轻处罚情节而判处其死刑缓期二年执行的；2. 因婚姻家庭、邻里纠纷等民间矛盾激化引发的故意杀人案件，由于被害人一方有明显过错或者对矛盾激化负有直接责任，人民法院根据案件具体情况，判处被告人死刑缓期二年执行的；3. 被判处死刑缓期二年执行的罪犯入监劳动改造后，考验期将满，认罪服法，狱中表现较好的。"

劫犯罪,现有证据中可认定朱××参与抢劫犯罪的仅有已到案的两名同案被告人的指证,其他证据或无法证明朱参与抢劫,或可证明其不具备作案时间,且本案的大部分同案犯未到案。故以"原判认定朱××犯抢劫罪的证据不足"为由,撤销一审法院对朱××的抢劫罪的判决,以盗窃一罪判处朱××有期徒十年。

时隔数月,其他三名同案犯被抓获到案并均指证朱××参与了本案抢劫犯罪活动,且提供了作案地点。三人的供述与先前已到案的两名同案犯证言,无论在抢劫时间、预谋还是实施抢劫的具体细节和事后的分赃上都完全一致。同时,经公安机关再次向有关长途汽车站工作人员取证,原审辩护人提供的抢劫案发前一天长途汽车票,因不具名、没有具体的发车时间,不足以证明该车票持有人就是朱××。为此,一审检察院认为,根据新发现的证据并结合原有的证据,原二审判决撤销一审法院关于朱××抢劫犯罪事实的认定,确有错误,应予纠正。故建议上一级检察院按审判监督程序向某市高级人民法院提出抗诉。后由某市检察院按审判监督程序向市高院提出抗诉。市高院经开庭审理后认为原一、二审判决对朱××是否参与抢劫,认定事实不清、证据不足,故裁定发回原一审法院重审。一审法院经再审,完全采信检察机关提供的新证据,判决认定被告人朱××犯有抢劫罪,并判处有期徒刑十一年;同时犯盗窃罪,判处有期徒刑十年,决定执行有期徒刑二十年。再审判决后朱××不服,提出上诉,但被二审法院裁定驳回。

(三) 再审程序抗诉的程序

1. 提起再审程序抗诉的机关

根据《刑事诉讼法》第205条的规定,有权提起再审程序抗诉的机关只能是最高人民检察院以及作出发生法律效力的刑事判决、裁定的人民法院的上级人民检察院。

2. 提出再审程序抗诉的期限

前文已经提到,按照再审程序提出的抗诉,法律没有规定期限,只要发现已经发生法律效力的判决或裁定确有错误,检察机关任何时候都有权提出抗诉。但从维护人民法院刑事裁判的稳定性和考虑诉讼的经济性原则出发,一般要求人民检察院在审查是否按照再审程序提出抗诉的案件时要抓紧时间，一旦发现确有错误，有抗诉必要，就应该在最短的时间内及时提出抗诉。根据最高人民检察院 2011 年 3 月印发的《关于调整刑事审判监督程序抗诉案件办案期限的通知》，提请上级检察院按审判监督程序抗诉的案件，原则上应当自法院作出裁判之日起二个月内作出决定；需要复核主要证据的，可以延长一个月。上级检察院审查审判监督程序抗诉案件，原则上应当自收案之日起一个半月以内作出决定；需要复核主要证据或者侦查卷宗在 15 册以上的，可以延长一个月；需要征求其他单位意见或者召开专家论证会的，可以再延长半个月。可能属于冤错等事实证据有重大变化的案件，可以不受上述期限限制。有条件的地方，应当再自行缩短本地办案期限；对原判死缓抗诉要求改判死刑立即执行的案件，原则上不得延长期限。

3. 审查提出抗诉的程序

1) 发现生效判决或裁定确有错误

检察机关发现生效判决或裁定确有错误的材料和线索的途径是十分广泛的，它们是再审程序抗诉的最初来源。实践中通常有这样几种：第一，收到人民法院生效判决书、裁定书后，人民检察院公诉部门指定专人审查发现错误。第二，根据当事人及其法定代理人、近亲属的申诉，对判决、裁定审查后发现错误。第三，根据社会各界和有关部门转送的材料和反映的意见，对判决、裁定审查后发现错误。第四，在办案质量检查和案件复查等工作中，发现有的判决、裁定确有错误。

无论通过上述什么途径，都必须经过认真、细致、全面的审查才能确定生效判决、裁定是否有错误。如果是生效的一审判决、裁定，审查方法与按照第二审程序抗诉前审查判决书、裁定书的方法相同。如果是经过上诉、抗诉而生效的第二审判决、裁定，一般应将判决书、裁定书与一审判决、裁定书以及引起二审的抗诉书或上诉状对照起来进行审查。主要审查终审判决、裁定在认定事实、采信证据、适用法律、定罪量刑和诉讼程序等方面是否正确、合法，是否采纳了检察机关的抗诉意见和上诉人的合理要求，对无理的上诉是否驳回。在审查过程中，案件承办人员应当审阅案卷材料，提讯在押的原审被告人，复核主要证据，了解原审被告人服刑期间的表现和社会各界对原审判决、裁定的反应，必要时针对尚不清楚的事实和情节收集新的证据。

2）提请抗诉

提请抗诉不是办理再审程序抗诉案件的必经程序。凡是本级人民检察院有权按照再审程序提出抗诉的，可以根据下级人民检察院的提请作出抗诉决定，也可以不经提请直接作出抗诉决定。凡是本级人民检察院无权按照审判监督程序提出抗诉的，应当审查决定是否提请上级人民检察院抗诉。

需要由上一级人民检察院按照审判监督程序提出抗诉的案件，案件的承办人员经过审查判决书或裁定书、审阅案卷材料、提讯原审被告人、复核主要证据等工作，应当写出《刑事抗诉案件审查报告》，提出是否提请上一级人民检察院抗诉的意见，经公诉部门负责人审核，报请主管检察长提交检察委员会讨论决定。

经检察委员会讨论决定提请上一级人民检察院抗诉的案件，应当制作《提请抗诉报告书》，连同侦查卷、检察卷、检察内卷和人民法院审判卷以及《提请抗诉报告书》一式五份一并报送上一级人民检察院审查决定。《提请抗诉报告书》应当一次写明原审被告人的基本情况、犯罪事实，一审和二审法院审判情况，判决、裁定的错误之处，提请抗诉的理由、法律依据，以及本院检察委员会讨论情况。

3）决定抗诉和提出抗诉

最高人民检察院、上级人民检察院在接到《提请抗诉报告书》后，应当及时指定检察人员进行审查。特别是对认为判处死刑缓期二年执行不当，拟要求改判死刑立即执行的案件，应当尽快审查决定是否抗诉。承办案件的检察人员应当制作阅卷笔录，必要时应当复核主要证据、提讯被告人或提取新的证据。经过审查，应当写出《刑事抗诉案件审查报告》，依次写明原审被告人的基本情况、诉讼经过、犯罪事实、原审裁判情况、提请抗诉的理由和法律根据以及下一级人民检察院检察委员会讨论情况，最后提出具体的审查意见，经公诉部门负责人审核，报主管检察长审批。如果认为已经生效的判决、裁定确有错误，需要提出抗诉的，由主管检察长提交检察委员会讨论决定。

人民检察院决定抗诉后，应当制作《刑事抗诉书》，向同级人民法院提出抗诉。如果是以有新的证据证明原判决、裁定认定的事实确有错误为由提出抗诉，提出抗诉时应随附新的证据目录、证人名单和主要证据复印件或者照片。在将《刑事抗诉书》送达同级人民法院的同时，应当将《刑事抗诉书》副本报送上一级人民检察院和同级人大常委会。省、区、市人民检察院分院决定抗诉的,由省级人民检察院向同级人大常委会报告。

4)指令抗诉

最高人民检察院发现各级人民法院已经发生法律效力的刑事判决或裁定,上级人民检察院发现下级人民法院已经发生法律效力的刑事判决或者裁定确有错误时,还可以指令作出生效判决、裁定的人民法院的上一级人民检察院向同级人民法院提出抗诉。

四、出席刑事抗诉法庭

(一)出席刑事抗诉法庭的概念和范围

出席刑事抗诉案件法庭,是指检察机关依照法律规定,在同级人民法院开庭审理刑事抗诉案件时派员出席法庭,支持抗诉,维护诉讼参与人的合法权利,依法对审判活动进行监督的诉讼活动。

出席刑事抗诉法庭的范围基于是第二审程序抗诉还是再审程序抗诉而有所不同,这方面内容下文会作专题介绍。

(二)检察人员出席抗诉法庭的地位和任务

出席刑事抗诉法庭是检察机关依法进行的一项刑事诉讼活动,是检察机关实现其法律赋予的监督职权的具体体现,是纠正人民法院判决、裁定错误的具体的监督行为之一。因此,无论是出席第二审程序抗诉法庭还是再审程序抗诉法庭,检察人员的基本任务是证明原审法院的裁判确有错误,而并不是对原审公诉的继续。即使是按照第一审程序审理的再审抗诉法庭,其本质仍是审判监督程序,而非普通程序,出庭的检察人员的称谓应是检察员而非公诉人。[1] 因此,出席刑事抗诉法庭的检察人员的地位是代行检察机关职能的法律监督者,

---

[1] 《刑事诉讼法》第206条规定:"人民法院按照审判监督程序重新审判的案件,应当另行组成合议庭进行,如果原来是第一审案件,应当依照第一审程序进行审判,所作的判决、裁定,可以上诉、抗诉;如果原来是第二审案件,或者是上级人民法院提审的案件,应当依照第二审程序进行审判,所作的判决、裁定,是终审的判决、裁定。"但该条强调的重点,应当是判决、裁定的效力问题,即是否可以上诉、抗诉,而非判决、裁定是否要严格按照一审、二审程序环节和步骤作出。由于已生效的判决、裁定所认定的事实和判处的刑罚在审判程序终结之前仍然有效,因此即使再审后适用的是一审程序,其本质上仍是审判监督程序,而非普通程序。关于该问题,可以参见皇甫长城:《对上级法院指令再审的审监抗案件检察机关如何出庭》,载《上海检察调研》2010年第8期。

其主要任务就是通过纠正原审法院的错误裁判而实施法律监督。

1. 支持抗诉

支持抗诉是检察机关派员出席法庭的首要任务,也是出庭的基本目的。因为人民法院是根据检察机关的抗诉决定开庭审理,并将重点围绕抗诉意见进行审理活动,法庭审理的情况与检察机关的抗诉意见能否得到采纳有直接关系,最终对错误裁判能否得到纠正起关键和决定性作用。因此,检察机关派员出席法庭,首要任务就是通过讯问被告人、询问被害人、询问证人、示证、质证、参与辩论等活动,进一步论证原审判决、裁定的错误,促使人民法院采纳检察机关的抗诉意见。

2. 维护诉讼参与人的合法权利

检察机关作为国家法律监督机关参与刑事诉讼,在任何时候都必须维护诉讼参与人的合法权利,这是检察机关的基本职责之一。检察人员在出庭支持抗诉工作中,当然也必须依法维护诉讼参与人的合法权利,特别要注意维护被告人和被害人的合法权利。

3. 监督审判活动是否合法进行

这里的监督,是指对人民法院审判抗诉案件的程序进行监督。检察机关作为法律监督机关,负有对人民法院的审判活动是否合法进行监督的职责,因此出席抗诉案件法庭的检察人员应当代表检察机关对抗诉案件的审理程序是否合法进行监督。具体而言,主要是监督人民法院审理案件是否遵守法律规定的送达期限和审理期限,法庭的组成是否合法,庭审活动是否按照法律规定的程序进行,对应当延期审理、中止审理的案件是否作出正确决定,是否有其他违反法律规定的情形等等。

(三) 出席抗诉法庭的要求和应当注意的问题

出席抗诉法庭的基本要求和规范,应该按照第一审出庭公诉的要求和规范执行,这里不作赘述。由于抗诉法庭本身的程序比较多样,和一审公诉又有明显不同的特点,而《刑事诉讼法》以及相关规范对出席抗诉法庭作专门规定的内容较少,因此,需要结合司法实践,对出席抗诉法庭的要求和应当注意把握的一些具体问题作一个梳理。

1. 熟悉抗诉法庭的审理流程和特点

熟悉刑事抗诉法庭审理流程和特点是出席刑事抗诉法庭的最基本要求。

与一审公诉庭不同,抗诉法庭包括第二审程序抗诉法庭和再审程序抗诉法庭。检察人员对这两种抗诉法庭的流程和特点都应熟悉。

1) 第二审程序抗诉法庭审理的流程和特点

《刑事诉讼法》在第三编第三章规定了"第二审程序",但主要是对二审程序提起的方式、期限等作了规定,对于第二审程序具体的审理方式并未作规定,而是要求参照第一审程序的规定进行。根据最高人民法院《关于执行〈中华人民共和国刑事诉讼〉若干问题的解释》以及最高人民检察院 2001 年 3 月印发的《刑事抗诉出庭规则(试行)》,第二审程序抗诉法庭审理的主要流程为:①审判人员宣读第一审裁判文书后,检察人员先后宣读《刑事抗诉书》、《支持抗诉意见书》。检察人员应引导法庭调查围绕抗诉重点进行。②检察人员应当针对第一审裁判认定事实或者适用法律、量刑等方面的问题,以及上诉人的上诉意见、辩护人的辩护意见,讯问被告人,询问被害人、证人、鉴定人,出示和宣读证据,并提出意见和进行辩论。③开始法庭辩论时,应由检察人员首先发表《抗诉案件出庭检察员意见书》,再由原审被告人(或上诉人)、辩护人发言,并进行辩论。①

2) 再审程序抗诉法庭审理的流程和特点

根据《刑事诉讼法》第 206 条的规定,再审程序抗诉法庭的审理流程应根据原审裁判是一审或二审生效裁判以及上级人民法院是否提审,分别按第一审程序或第二审程序进行审判。主要流程为:①审判人员宣读原审裁判文书后,由检察人员宣读《刑事抗诉书》。②检察人员先讯问原审被告人,然后辩护人进行发问。③检察人员举证、示证等分别按照出席第一审法庭或者第二审抗诉法庭进行。④开始法庭辩论时,检察人员宣读《抗诉案件出庭检察员意见书》,再由原审被告人、辩护人发言,并进行辩论。②

2. 针对抗诉法庭要求做好庭前准备

1) 熟悉案情和证据情况,了解证人证言、被告人供述等证据材料是否发生变化

要熟悉案件和证据,吃透案情,首先必须认真、全面地审查案卷,重点审查原审判决书、裁定书与抗诉书在认定事实、适用法律等方面的分歧,着重熟悉相

---

① 这里的审理流程主要根据二审程序抗诉法庭的特点进行概要介绍,诸如审判长宣布开庭,查明原审被告人情况、宣布合议庭组成人员等内容,参照第一审程序规定即可。

② 参见周永年主编:《刑事抗诉重点与方法》,中国检察出版社 2008 年版,第 140—142 页。

关的证据情况。检察人员还应通过审阅案卷材料,了解证人证言、被告人供述的稳定程度。一般在审查决定是否抗诉期间已经提讯过被告人、询问过部分证人,出庭前往往还有必要再次讯问被告人、询问证人。讯(询)问前应有针对性地拟订提纲。讯问被告人时,着重讯问其对抗诉书和原审裁判的辩解意见,重视其提出的新的证据和证人,摸清其思想动态,特别是供述发生变化的可能性。对证人的询问,要着重就以前尚未问清的事实进行,并且要了解证人证言是否有发生变化的可能性。庭前了解被告人供述和证人证言是否发生变化,有利于提前研究对策,争取庭上主动。

2) 深入研究与案件有关的法律、政策问题,充实相关专业知识

抗诉案件往往涉及对法律理解上的分歧,有的涉及科技、经济和行业管理等方面的专业知识。出庭的检察人员必须根据案件的具体情况,熟悉与案件有关的法律规定、司法解释和法学理论,重点研究抗诉焦点涉及的法律、政策问题,必要时可以在公诉部门内部组织讨论,或者向专家咨询,以便在法庭上能够论证充分、有力。另外,检察人员还必须充实相关的专业知识,必要时应向有关行业管理部门或者专家咨询。

3) 拟订出席抗诉法庭提纲和出庭意见书

拟订出席抗诉法庭提纲的目的是提前对出庭支持抗诉的活动制作计划,使检察人员明确自己在法庭上需要做什么、怎么做以及应当注意哪些问题,有利于保证出庭支持抗诉的顺利进行。出席抗诉法庭提纲一般应当包括:①讯问原审被告人提纲;②询问证人、被害人、鉴定人提纲;③出示物证,宣读书证、证人证言、被害人陈述、被告人供述、勘验检查笔录,播放视听资料的举证和质证方案;④支持抗诉的事实、证据和法律意见;⑤对原审被告人、辩护人辩护内容的预测和答辩要点;⑥对庭审中可能出现的其他情况的预测和相应的对策。检察人员需要在法庭上就支持抗诉的意见作综合发言,因此,必须在庭前拟写《抗诉案件出庭检察员意见书》,关于该文书的制作,将在下文作具体介绍。

4) 上级人民检察院对下级人民检察院按照第二审程序提出抗诉的案件决定支持抗诉的,应当制作《支持抗诉意见书》,并在开庭前送达同级人民法院

上级人民检察院支持下级人民检察院的抗诉意见和理由的,《支持抗诉意见书》应当叙述支持的意见和理由。部分支持下级人民检察院提出的抗诉意见和理由的,《支持抗诉意见书》应当叙述部分支持的意见和理由,其他部分不予

支持的部分只表明意见,不需要说明理由。上级人民检察院不支持下级人民检察院提出的抗诉意见和理由,但认为原审判决、裁定确有其他错误的,应当在《支持抗诉意见书》中表明不同意《刑事抗诉书》的抗诉意见和理由,并且提出新的抗诉意见和理由。

3. 针对抗诉法庭特点做好出庭工作

1) 示证、质证应当注意的问题

第一审案件中,公诉人需要就案件事实、情节进行比较全面、充分的举证,以揭露犯罪和证明犯罪。在抗诉案件法庭中,由于已经经过第一审甚至多次开庭审判,就没有必要再全面举证,应当重点针对与抗诉意见和理由有关、双方发生分歧的事实、情节进行举证。根据案件具体情况的不同,举证方式也应当灵活变化。①

(1) 对于事实清楚,证据确实、充分,只是由于原审判决、裁定定性不准、适用法律错误导致量刑明显不当,或者因人民法院审判活动严重违反法定诉讼程序而提起抗诉的案件,如果原审事实、证据没有变化,在宣读《支持抗诉意见书》后,由检察人员提请,并经审判长许可和辩护方同意,除了对新的辩论观点所依据的证据应当进行举证、质证以外,可以直接进入法庭辩论。

(2) 对于因原审判决、裁定认定部分事实不清、运用部分证据错误,导致定性不准、量刑明显不当而抗诉的案件,出庭的检察人员对经过原审举证、质证,应当将法庭调查、辩论的焦点放在检察机关认为原审判决、裁定认定错误的事实和运用错误的证据上,并就有关事实和证据进行详细举证和质证。对原审未质证清楚,二审、再审对犯罪事实又有争议的证据,或者在二审、再审期间收集的新的证据,应当举证、质证。

(3) 对于因原审判决、裁定认定事实不清、证据不足,导致定性不准、量刑明显不当而抗诉的案件,出庭的检察人员应当比较全面地举证。庭审中应当注意围绕抗诉观点重点举证、质证、答辩,翔实、透彻地论证抗诉理由及其法律依据。

检察人员在举证前,应当说明取证主体、取证对象以及取证时间和地点,并表明取证程序合法。二审期间审判人员通过调查核实取得的新证据,应当由审判人员在法庭上出示,检察人员应当进行质证。对辩护人在法庭上出示的证据

---

① 参见姜伟、钱舫、徐鹤喃、卢宇蓉:《公诉制度教程》,中国检察出版社2007年版,第373—375页。

材料,无论是新的证据材料还是原审庭审时已经举证、质证的证据材料,均应积极参与质证。既要对辩护人所出示证据材料的客观真实性、合法性、关联性等发表意见,也要注意分析辩护人的举证意图。如果辩护人运用该证据材料所说明的观点不能成立,应当及时予以反驳。

2）讯问被告人应当注意的问题

检察人员在审判长的主持下讯问被告人,应当紧紧围绕抗诉理由以及对原审判决、裁定认定事实有争议的部分进行。对没有争议的事实,除保持讯问连续性所需的以外,一般不必讯问。

按照出庭的要求,检察人员在庭前准备时必须制订讯问被告人提纲。庭上讯问被告人时大体可以按照提纲所列的问题和顺序进行讯问,但要注意根据情况变化适时调整讯问内容和方法。讯问前应当先问原审被告人过去所作的供述是否属实。如果被告人回答不属实,应当讯问哪些不属实。针对翻供,可以进行政策攻心和法制教育,或者利用被告人供述的前后矛盾进行讯问,或者适时举出相关证据予以反驳。

讯问时应当有针对性,语言准确、简练、严密,注意方式、方法,研究技巧和策略。对被告人以往供述不清、不全,前后矛盾的问题,应当讯问。与案件无关、被告人已经供述清楚或者无争议的问题,可以不讯问。

对辩护人已经提问而被告人作出客观回答的问题,一般不进行重复讯问。辩护人提问后,被告人翻供或者回答含糊不清的,如果涉及案件事实、性质的认定或者影响量刑,检察人员必须有针对性地再次讯问。辩护人提问的内容与案件无关,或者采取不适当的发问语言和态度的,检察人员应当及时提出异议,申请合议庭予以制止。

3）询问证人应当注意的问题

控辩双方申请出庭作证的证人、鉴定人,应当由人民法院通知并负责安排出庭作证。对证人的询问,应当按照《刑事诉讼法》第156条规定的顺序进行。

检察人员对证人发问,应当针对证言中有遗漏、模糊不清的有争议的内容,并着重围绕与定罪量刑紧密相关的事实进行。发问应当采取一问一答的形式,做到简洁、清楚。证人进行虚假陈述的,应当通过发问澄清事实,必要时应当出示、宣读证据配合发问。

4）法庭辩论应当注意的问题

出庭的检察人员应当紧紧围绕抗诉理由和依据进行答辩和辩论,抓住重点,分清主次,切不可纠缠细枝末节。对与案件无关或者已经辩论过的观点和内容,可以简单说明与案件无关或者已经提出明确的论证意见,不再重复答辩。

开庭审理前,出庭的检察人员应准备好答辩提纲。庭前准备的答辩提纲往往是检察人员根据对庭审情况和辩护观点的预测拟订的,有时与庭审实际情况和辩护观点并不一致。检察人员应当一边听取辩护意见,一边对照答辩提纲准备辩论发言。遇到事先没有准备的问题时,应当沉着冷静,认真听取和分析被告人及其辩护人的意见,即使在短时间内无法全面反驳,也要抓住辩护观点中明显和实质性的错误,简明扼要地予以反驳。

五、刑事抗诉法律文书制作

本部分内容着重介绍刑事抗诉工作所涉及的主要几种法律文书的制作要点和应当注意的问题,关于这些文书的具体格式可参见最高人民检察院《人民检察院法律文书格式》中"样式——〇"至"样式——五"。

（一）《提请抗诉报告书》

《提请抗诉报告书》,是指下级人民检察院审查发现同级人民法院已经生效的判决、裁定确有错误而提请上级人民检察院依法抗诉的法律文书。具体内容为:

（1）首部。包括人民检察院的名称、文书名称和文书编号。

（2）正文。包括报请单位,提请或者建议提请抗诉的起因,案件审理经过及提请或者建议提请抗诉的理由。依次写明原审被告人基本情况及审查认定的犯罪事实,一审人民法院、二审人民法院的审判情况,判决、裁定错误之处,提请或者建议提请抗诉的理由和法律根据,本院检察委员会讨论意见,以及提请事项。

（3）尾部。包括制作文书的日期及提请或者建议提请抗诉。

（二）《抗诉请求答复书》

《抗诉请求答复书》,是指被害人及其法定代理人不服地方各级人民法院第一审的判决、裁定,向人民检察院提出抗诉请求后,人民检察院作出是否抗诉决定并答复被害人及其法定代理人而使用的文书。

《抗诉请求答复书》为填充式文书,共分三联,第一联统一保存备查,第二联附卷,第三联送达抗诉请求人。本文书以提出抗诉请求的被害人及其法定代理人的人数为单位制作,每提出抗诉请求一人制作一份,被害人为多人的以提出抗诉请求书的份数制作相应的份数。

(三)《支持刑事抗诉意见书》

《支持刑事抗诉意见书》,是指上一级人民检察院派员出席二审法庭,在法庭调查开始时发表的支持抗诉意见的法律文书。《支持刑事抗诉意见书》制作完成以后,可在开庭之前即送达第二审人民法院以便于其事先了解二审检察机关支持抗诉的意见并围绕该支持抗诉的意见准备庭审提纲。

上一级人民检察院支持下级人民检察院提出的抗诉意见和理由的,《支持刑事抗诉意见书》应当叙述支持的意见和理由;部分支持的,叙述部分支持的意见和理由,不予支持部分的意见应当说明。上一级人民检察院不支持下级人民检察院提出的抗诉意见和理由,但认为原审判决、裁定确有其他错误的,应当在《支持刑事抗诉意见书》中表明不同意《刑事抗诉书》的抗诉意见和理由,并且提出新的抗诉意见和理由。具体内容为:

(1)首部。内容包括制作单位名称、文书标题、文书编号及二审人民法院的名称。

(2)正文。正文内容主要阐明:①二审检察机关支持《刑事抗诉书》哪些部分,不支持哪些部分以及简要的理由;②原判存在的其他错误应予纠正的简要理由;③要求二审人民法院采纳支持抗诉意见的有关法律依据。

(3)尾部。尾部内容包括文书制作单位的落款、文书制作的日期及有关附属事项。

实例:

上海市人民检察院第×分院

支持抗诉意见书

检第×分支刑抗〔1999〕×号

上海市第×中级人民法院:

被告人徐×盗窃一案由××区人民法院于 1999 年 2 月 27 日作出一审判决,判决宣告后,××区人民检察院认为:该判决将被告人盗窃犯罪后,为抗拒抓捕,而当场暴力的抢劫行为认定为构成盗窃罪,属于认定犯罪性质错误并导致适用法律不当、量刑畸轻。据此,于同年3月5日依法提出抗诉。本院受理后,经审查一审全部案卷材料、提审被告人,并进一步复核了有关证据,认为该案一审判决定性错误并导致适用法律不当,量刑畸轻。××区人民检察院抗诉书的第一条理由充分,应予支持。抗诉书还认为,一审判决既然认定被告人徐×为犯罪未遂,可以比照既遂犯从轻处罚,但在判决文书中却未引用《刑法》第23条的规定,也系适用法律不当。鉴于一审法院已于1999年3月5日以(1999)×刑初字第54号刑事裁定书自行纠正了这一错误,因此,本院对该条理由不再支持。

综上所述,为维护司法公正,准确惩治犯罪,依照《中华人民共和国刑事诉讼法》第189条之规定,请你院依法纠正。

上海市人民检察院第×分院

一九九九年四月九日

(四)《刑事抗诉书》

《刑事抗诉书》,是指人民检察院对人民法院确有错误的判决、裁定,依法提出抗诉时所制作的法律文书。按照适用的审理程序不同,《刑事抗诉书》的制作有所差异。

1. 第二审程序适用的《刑事抗诉书》

第二审程序适用的《刑事抗诉书》由首部、原审判决(裁定)情况、检察院审查意见和抗诉理由、结论意见和要求、尾部、附注组成:

(1)首部。包括制作《刑事抗诉书》的检察机关名称、标题与文书编号,要注明制作文书的检察机关所在省(自治区、直辖市)的名称,如果是涉及涉外案件,还要冠以“中华人民共和国”字样。

(2)原审判决、裁定情况。包括案由(如果检、法两家认定罪名不一致时要分别表述),原审人民法院名称,判决、裁定书文号,判决时间,判决结果等,不用写被告人的基本情况。如果侦查、起诉、审判阶段没有程序违法现象,也不必写公安机关、检察机关与法院的办案经过。

(3)审查意见。这一部分的内容是检察机关对原审判决、裁定的审查意见,是《刑事抗诉书》最重要的内容,目的是明确指出原判决、裁定的错误所在,告知二审法院检察机关的抗诉重点是什么。该部分要观点鲜明、简明扼要。

（4）抗诉理由。针对事实确有错误、适用法律不当或审判程序严重违法等不同情况，叙写抗诉理由。在叙写该部分内容时要注意：第一，如果法院认定的事实有误，则要针对原审裁判的错误之处，提出纠正意见，强调抗诉的针对性。一是对于有多起"犯罪事实"的抗诉案件，只叙述原裁判认定事实不当的部分，认定没有错误的，可以只肯定一句"对……事实的认定无异议"即可，突出检、法两家的争议重点，体现抗诉的针对性。二是对于共同犯罪案件，也可以类似地处理，即只对原裁判漏定或错定的部分被告人犯罪事实作重点叙述，对其他被告人的犯罪事实可简写或者不写。三是关于"证据部分"，应该在论述事实时有针对性地列举证据，说明证据的内容要点及其与犯罪事实的联系。四是《刑事抗诉书》中不能追诉起诉书中没有指控的犯罪事实。五是如有自首、立功等情节的，应当在《刑事抗诉书》中予以论述。第二，如果法院适用法律有误，主要针对犯罪行为的本质特征，论述应该如何认定行为性质，从而正确适用法律，要从引用罪状、量刑情节等方面分别论述。第三，如果法院审判程序严重违法，《刑事抗诉书》就应该主要根据《刑事诉讼法》及有关司法解释，逐个论述原审法院违反法定诉讼程序的事实表现，再写明影响公正裁判的现实或可能性，最后阐述法律规定的正确诉讼程序。

（5）结论性意见、法律依据、决定和要求的事项。《刑事抗诉书》中的结论性意见应该简洁、明确，在要求事项部分，应写明"特提出抗诉，请依法判处"。

（6）尾部。写明送达的人民法院名称、署上提出抗诉的检察机关名称并盖院印以及发出文书的年月日。

（7）附注。对于未被羁押的原审被告人，应将其住所或居所明确写明，证据目录和证人名单如果与起诉书相同可不另附。

实例：

上海市××区人民检察院
刑事抗诉书

沪×检刑抗〔2009〕2 号

上海市××区人民法院以(2008)×刑初字第 758 号刑事判决书对本院提起公诉的被告人李××强奸一案作出一审判决，以被告人李××犯强制猥亵妇女罪判处有期徒刑四年。被害人不服该判决,已委托其堂姐宋××于 2009 年 4 月 13 日向本院请求提出抗诉。本院依法审查后认为,一审判决对被告人李××的犯罪行为,在认定事实和适用法律上确有错误,导致量刑畸轻。理由如下:

一、一审判决认定事实和引用证据不当

一审判决认定:"公诉机关指控被告人李××于案发当日多次对被害人实施强奸,仅有被害人的陈述,虽该陈述细节描述较完整,但现场桌布及被害人体内、衣物中均未检出体液、精液等痕迹。此外,当被害人脱离被告人控制后,既未指责当日唯一在店内的令××不施救或告知其被害真相,也未在第一时间向公安机关报案,而是在店内继续睡觉后再回住处洗澡,且在其发送的短信中,亦未明确事发内容。本院认为,指控被告人强奸的证据尚未达到确实、充分的证明程度,故本院对该罪名难以支持。"

一审判决的错误在于:

(1) 未能全面把握本案事实、未能全面客观运用本案证据。被告人李××于案发当日多次对被害人宋×实施强奸,不仅有被害人细节描述较完整的陈述,现场证人令××证实了被告人作案前告知其犯罪的目的、作案中被害人呼救及遭受暴力的事实;证人吴××证实了被告人作案后意欲通过其与被害人私了的事实;证人宋××证实了被害人于案发当日上午向其哭诉被强奸的经过及因惧怕被告人的威胁未能及时报案的事实;验伤通知书证实了被害人身体软组织挫伤的事实。上述证据与案件中的其他证据形成了证据锁链。尽管被告人拒不认罪,且因被害人缺乏证据保全意识未能提取到被告人的体液、精液等痕迹,但本案证据已经达到确实、充分的程度,足以认定被告人实施了强奸犯罪。

(2) 对被害人遭侵犯后的行为分析判断错误。首先,"被害人脱离被告人控制后,未指责当日唯一在店内的令××不施救或告知其被害真相",并不能否定强奸事实的发生,被害人本身已蒙受屈辱,在事发后选择什么人作为倾诉、心理救助的对象,有其特定的人文、性别背景,不应简单判断。同时被害人未指责令××不施救,是因为被害结果已经发生,令××系不满 16 岁的未成年人,埋怨指责已无济于事,且被害人当时不指责,不等于今后不指责。其次,被害人未在第一时间向公安机关报案囿于以下原因,一是被害人遭强暴时,被告人曾威胁不怕其报警,大不了坐几年牢;二是被害人系未成年少女,对应否报案,报案的后果及法律意义并不明确;三是被害人来自于农村,不愿意自己受侵害的事被张扬。故被害人在征询了自己的堂姐的意见后,才于当日下午报案。对此,不能评定为报案不及时。再之,被害人案发后"在店内继续睡觉后再回住处洗澡",是因为被被告人摧残近5个小时,极度疲惫、恍惚,暂时在店内休息并通过手机向亲戚求助。至于被害人回住处洗澡,是因为想尽快洗去被告人的暴力行为给自己带来的羞辱和龌龊,其并不明白这一行为的证据后果。最后,被害人在其事发后发送给亲属的短信中,只是未出现"强奸"这两个字,并不代表没有明确的事发内容。不同的群体对事物有不同的表达方式和语言风格,特别是对一个豆蔻少女,遭遇到人生最不幸的事情时,在向其堂姐发出短信:"我出事了",已明确地表达了事情的性质。

(3)不顾案件的客观事实,过于追求物证证明力。在现场桌布及被害人体内、衣物中均未检出体液、精液等痕迹,有多种原因,并不能以此否定被害人宋×被强奸。被告人李××在实施强奸时,在长达数小时内不让被害人宋×穿上内裤,后宋×又洗过澡,才在亲属帮助下报警,并做身体检验。公安人员赶到现场时,包房内桌布已更换清洗。本案的有关物证未能及时提取到,有着诸多复杂的原因,不能一味苛求,机械地要求非具备否则不能定罪,因为如此定案有悖于"重事实、重调查研究"的原则。在桌布、衣物不具备检验条件时,应当结合被害人陈述和证人证言等其他证据认定案件事实。

因此,本案指控被告人李××犯强奸罪的证据确实、充分,应予认定。

二、一审判决认定被告人李××犯强制猥亵妇女罪,适用法律错误,量刑畸轻

一审判决认定:"现有证据虽然不足以证明被告人对被害人实施了强奸,但可以证明被告人趁被害人醉酒后,将其扶进了包房并反锁房门达数小时,期间,还对被害人实施殴打,并在其离开案发现场时,承认其摸过被害人。同时,结合被告人于案发当日即离开本市并委托他人私了此事的反常表现,应认定被告人对被害人实施了强制猥亵行为。"

一审判决的定性错误在于:

（1）定性及适用法律错误。被告人李××到案后,不仅始终否认对被害人宋×实施过强奸或者猥亵行为,也从未承认摸过被害人,其辩称事发时在包房内仅待了十多分钟。而被害人陈述和证人证言及其他证据印证了被告人李××采用暴力和威胁手段实施强奸的事实。一审判决认定被告人李××强制猥亵妇女,与案件证据证明的基本事实不符,适用法律错误。

（2）定性采用的证据标准具有随意性。一审判决认定被告人对被害人实施了猥亵行为,主要采信了证人令××的证言,暨被告人作案后曾对证人说摸过被害人,证人曾在被告人作案时,听见包房内巴掌扇耳光的声音。但证人令××同时还明确地指证:被告人作案前要其到壹号包房铺桌布,被告人要与被害人搞一下(即发生性关系);被害人在包房内呼救,证人觉得被害人受到了侵犯,但害怕被告人打击报复,因为被告人江湖气很浓,就没想到报警。这些证言证明了被告人实施的是强奸行为,但这些证据被一审判决排斥在外。

（3）量刑畸轻。被告人李××采用暴力和威胁手段对被害人实施强奸,持续时间达 5 个小时,作案时威胁被害人不得报警,情节恶劣;被害人系未成年人,身心受到严重创伤;被告人作案后潜逃在外,到案后没有丝毫的认罪悔罪表现,依法应予严惩。一审判决对被告人李××的犯罪行为定性错误,导致量刑畸轻。

综上所述,上海市××区人民法院(2008)×刑初字第 758 号刑事判决书,认定犯罪事实和适用法律确有错误,量刑畸轻。为维护司法公正,准确惩治犯罪,依照《中华人民共和国刑事诉讼法》第一百八十一条的规定,特提出抗诉,请依法判处。

此致

上海市第×中级人民法院

上海市××区人民检察院

二〇〇九年四月十七日

注:被告人李××现被羁押于上海市××区看守所。

2. 再审程序适用的刑事抗诉书

再审程序适用的《刑事抗诉书》由首部、原审被告人基本情况、生效判决或裁定概况、对生效判决或裁定的审查意见（含事实认定）、抗诉理由、抗诉决定、尾部、附注组成：

(1) 首部。该部分内容和第二审程序适用的《刑事抗诉书》一致。

(2) 原审被告人基本情况。包括被告人年龄、出生日期、住址、公民身份号码、出生地、刑满释放或者假释的具体日期等。

(3) 诉讼过程、生效判决或裁定概况。如果是一审生效判决或裁定，不仅要写明一审裁判的主要内容，还要写明一审裁判的生效时间。如果是二审终审的判决或裁定，应该分别写明一审和二审判决或裁定的主要内容。此外，还应该写明提起再审程序抗诉的原因。

(4) 对生效判决或裁定的审查意见。第一，要写明事实认定与证据。对于原判决、裁定中认定的事实或新发现的事实、证据，应该作比较详细的介绍。第二，要写明审查意见。简明扼要写明检察机关对原判决、裁定的审查意见，目的是明确指出原判决、裁定的错误所在，告知再审法院检察机关抗诉的重点是什么。

(5) 抗诉理由。针对事实确有错误、适用法律不当或审判程序严重违法等不同情况，叙写抗诉理由。具体写法与适用第二审程序的《刑事抗诉书》相同。

关于结论性意见、法律依据、决定和要求的事项，尾部，以及附注的写法，均与适用第二审程序的《刑事抗诉书》相同，这里不再赘述。

(五)《抗诉案件出庭检察员意见书》[①]

《抗诉案件出庭检察员意见书》，是指人民检察院向人民法院提出抗诉后，出席抗诉法庭的检察人员在法庭上针对原审判决、裁定是否正确、抗诉理由是否充分、诉讼程序是否合法进行综合评判的总结性发言。出席刑事抗诉法庭的检察人员的主要任务是要求人民法院纠正原审作出的错误裁判，维护法律的正确实施，而发表出庭意见书是检察机关履行法律监督职责的重要形式。《抗诉案件出庭检察员意见书》，过去习惯被称为《抗诉词》，根据抗诉程序的不同可以分为第二审程序的《抗诉案件出庭检察员意见书》和再审程序的《抗诉案件出庭检察员意见书》。需要指出的是，人民检察院提起的抗诉案件，如果又有上诉人上诉的，出庭检察人员可将出庭意见合二为一，制作《抗诉、上诉案件出庭检察

[①] 参见周永年主编:《刑事抗诉重点与方法》,中国检察出版社 2008 年版,第128—129 页。

员意见书》,以支持抗诉意见为主,同时又对上诉人的上诉理由作出公正评判。

《抗诉案件出庭检察员意见书》以《刑事抗诉书》和《支持抗诉意见书》为基础,并根据庭审具体情况作必要的补充,其内容一般由首部、正文、尾部三个部分组成:

(1)首部。首部内容通常包括:①派员出席法庭的检察机关名称和文书标题;②提起公诉的检察机关名称和起诉书编号;③原审人民法院名称和判决、裁定书编号(包括一审、二审人民法院);④被告人(上诉人)姓名和案由;⑤审判人员称谓。

(2)正文。正文内容包括:①检察人员出席法庭支持抗诉的法律依据;②在法庭上的身份和职责;③阐述出庭前审查原审判决、裁定及抗诉书以及提审被告人、复核主要证据等工作情况;④对原审立案侦查、审查起诉、法庭审判程序是否合法表明态度;⑤简要评述法庭调查结果;⑥评述原审案件的事实、证据和法律适用是否正确;⑦阐述支持抗诉的意见,论证抗诉意见的正确性;⑧结论性意见,即向法庭表明抗诉要求,明确提出纠正原判决、裁定的具体意见和法律依据。

(3)尾部。尾部内容包括出庭检察人员的姓名、法律职务及发表出庭意见的年月日。

实例:

××市人民检察院

抗诉、上诉案件出庭检察员意见书

提起公诉机关:××区人民检察院　　　　起诉书号:×××

一审法院:××区人民法院　　　　　　　判决书号:×××

提起抗诉机关:××区人民检察院　　　　抗诉书号:×××

上诉人:张××　　　　　　　　　　　　案　由:抢劫

审判长、审判员:

××市中级人民法院在此公开开庭审理被告人张××抢劫抗诉、上诉一案,根据《中华人民共和国刑事诉讼法》第188条之规定,我受本院检察长指派出席法庭,执行职务。开庭前,我仔细审查了××区人民检察院的抗诉书,审查了一审判决书及全部案卷材料。在刚才的庭审质证过程中,我又充分听取了上诉人张××的上诉理由,现在发表如下意见,供合议庭评议时参考:

(一)经审查,本案从立案侦查、审查起诉到一审开庭审判的整个诉讼活动程序合法,没有发现有刑讯逼供等违法现象,因此,可以确认本案一审判决程序的合法性。

(二)经审查,一审认定的基本事实清楚,基本证据确凿,定性正确,上诉人张××的无罪辩解不能成立。

首先,今天的法庭调查再次查明了被告人张××于 1998 年 3 月 5 日晚 8 时许,携带仿真枪、打火机等作案工具窜至本市大顺通讯有限公司商店内,持"枪"威胁营业员,因营业员呼救而劫财未果,在逃跑途中拔刀对追捕其的一名群众行凶,当场被其他群众扭获的基本事实。该事实得到了当庭质证的原审证据及我院补充调查的有关证据的印证,应予确认。

其次,上诉人张××的两点上诉理由均不能采信:①其否认抢劫犯罪主观故意的辩解不能成立。张××到案后曾有两种不同供述。第一种是有罪供述,述及其出于劫财的目的,进入商店实施抢劫的事实;第二种是无罪辩解,辩称其携带凶器是为了防身,进商店是为了修 BB 机,手持仿真枪、打火机是因为与营业员发生争吵而吓唬他们,出商店是为了劝阻呼叫的营业员不是逃离等。经审查,一审庭审质证中直接指控被告人实施抢劫犯罪的两名营业员的证词得到了现场照片及目击证人陆×、金××证言的印证,这与被告人第一种有罪供述基本吻合。这些证据均证明被告人进店后并没有说过要修 BB 机之类的话,也没有与营业员发生过争吵,该店也从不修理 BB 机,并且被告人是在听到被害人大声呼救后逃离现场的。从其进店的时间、行为,结合其逃离现场,途中行凶拒捕的客观表现可以看出,被告人的第一种交代是客观真实的,应予认定,而其第二种无罪辩解不符合事实、不符合逻辑,不能采信。②其否认故意伤害刺伤证人金××的辩解不能成立。在案的证人证言及验伤通知书中医生的检验结论都已相互印证证明被告人当场为了拒捕而故意刺伤金××的事实,可谓铁证如山。

再次,原审判决定性正确。被告人张××窜入营业场所实施抢劫,而后逃跑途中行凶伤人的行为符合《刑法》第 263 条之规定,构成抢劫罪。

（三）经我院审查，原审判决适用法律不当，导致量刑畸重；区检察院抗诉有理，应当予以支持。

　　××区人民法院认定被告人张××采用入户抢劫方法实施抢劫行为，依照我国《刑法》第 263 条之规定判处其有期徒刑十四年，剥夺政治权利四年，罚金人民币一万五千元。××区人民检察院抗诉认为，该判决系适用法律不当，提请依法纠正。经审查，原判决确有错误。已经当庭质证属实的现有证据充分证实被告人张××是进入一家正在营业的商店实施抢劫，该商店无人居住，仅是营业场所。这节事实，区法院在一审判决书上已予确认。但是，营业场所不等同于公民住宅，其不属刑法意义上的"户"。我们认为，《刑法》第 263 条第 1 项规定的"入户抢劫"是指行为人采用各种非法手段进入公民家中实施抢劫的行为，其中的"户"应为公民住宅，通常是指相对独立与外界隔离的生活场所，而不应包括其他场所。否则，就会造成罪行不相适应。一审法院在认定被告人张××系进入营业场所实施抢劫的基本事实时，误把营业场所理解为《刑法》第 263 条第 1 项中的"户"，从而适用法律错误，导致量刑过重。这显然是在司法过程中对具体法条的理解错误，违背了立法精神。建议合议庭对一审判决依法纠正，予以改判，同时驳回被告人上诉。

代理检察员：徐×
一九九八年九月十四日当庭发表

第四节　出席上诉审、法院再审法庭

　　本部分所论及的上诉审①和法院再审，都是由上诉人或法院，而不是由检察机关依职权启动的审判程序。对这两个既有共同之处又差异明显的审判程序的出庭活动作专门介绍的文献较少。笔者根据法律的原则性规定并结合司法实践，对检察人员出席上诉审、再审法庭作一次尝试性的论述，以期为检察机关

---

① 这里指公诉案件中检察机关没有抗诉的上诉案件，既有抗诉又有上诉的案件的庭审活动，已经包含在本书之前刑事抗诉的内容中。

主动、有效地参与这两种程序的庭审作一个参考。

一、上诉审、法院再审法庭概述

(一) 上诉审法庭的概念和范围

1. 上诉审法庭的概念

上诉审法庭,是指公诉案件中第二审人民法院受理被告人或其法定代理人不服第一审的判决、裁定提出的上诉后进行开庭审理的活动。

2. 上诉审法庭的范围

和检察机关提出抗诉的第二审案件不同,对于上诉第二审案件的审理方式有开庭审理和讯问审理方式两种。根据最高人民检察院的相关规定,对于公诉案件中人民法院决定开庭审理的上诉案件,检察机关应当派员出席。因此,明确公诉案件中上诉审法庭的范围,对于检察机关加强对上诉案件的审判监督具有重要意义。

《刑事诉讼法》第187条规定,对于"事实清楚"的第二审案件,可以不开庭审理。但何谓"事实清楚",没有明确的标准。最高人民法院《关于执行〈中华人民共和国刑事诉讼法〉若干问题的解释》第253条,对《刑事诉讼法》第187条关于如何选择上诉案件审理方式的规定作了一个具体化的规定,即"经过阅卷,讯问被告人,听取其他当事人、辩护人、诉讼代理人的意见后,合议庭认定的事实与第一审认定的没有变化,证据充分的"就成为认定"事实清楚"的标准。可以看出,无论《刑事诉讼法》第187条的规定,还是最高人民法院相关解释的具体化规定,都是一个由二审法院根据自己的认识、判断最后作出选择的主观标准。[①]

我们认为,根据立法精神和司法实践,下列几种类型的上诉案件,人民法院应当采用开庭的方式进行审理:[②]

(1) 二审合议庭经实体审查认为原判事实不清、证据不足,可通知人民检察院开庭审理案件。

(2) 当事人以原判认定事实不清、证据不足为理由提起上诉的案件。对这

---

① 参见顾永忠:《刑事上诉程序研究》,中国人民公安大学出版社2003年版,第174—179页。
② 参见颜玉康:《刑事第二审检察》,法律出版社2006年版,第47页。

一类案件不论二审合议庭认为事实是否清楚,均应开庭审理,通过庭审经检察人员及辩护人最后依法认定案件的证据是否清楚,以体现审判的民主性和公正性。

(3)被告人的辩护律师认为事实不清、证据不足或适用法律不当的案件。通过开庭,既可充分发挥律师在刑事诉讼中的作用,又可保证二审判决的质量。

(4)案件重大、复杂或者社会影响较大的案件。

(5)未成年人案件。

(6)判处死刑立即执行的案件。①

(7)涉及司法工作人员违法乱纪甚至贪赃枉法等影响公正裁判的案件。

另外值得一提的是,上海市高级人民法院为了提高上诉案件的审理质量,规定上诉案件必须通过开庭的方式进行审理。

(二)法院再审法庭的概念和范围

1. 法院再审法庭的概念

法院再审法庭,是指人民法院依职权发现已经发生法律效力的判决、裁定确有错误而自行决定按照审判监督程序进行重新审判,并进行开庭审理的活动。

法院依职权自行提起再审程序,可谓我国审判监督程序的一大特点。英美、大陆两大法系尽管对提起再审的理由、条件不一,限制程度不同,但普遍都将提起再审的主体限定为公诉方和辩护方,没有赋予法院主动提起再审的权力。② 法院有权自行提起再审有诸多弊端,除了再审程序所共有的一些弊端,如损害生效裁判的严肃性、稳定性,不利于保护被告人的权益以外,主要还在于破坏了法院在刑事审判中的中立、被动、消极的裁判者地位,违背了不告不理、控审分离的诉讼原则。因此,取消法院自行决定再审权的呼声一直不断。③ 当然,我们仍应看到法院再审作为刑事审判监督程序的一种,对维护司法公正、纠正错误裁判所起到的重要作用,注重在现行制度框架下,积极参与到该项程序中

---

① 参见 2006 年 9 月 25 日起施行的最高人民法院、最高人民检察院《关于死刑第二审案件开庭审理程序若干问题的规定(试行)》中所作的规定。

② 苏联及俄罗斯旧《刑事诉讼法》规定法院院长和副院长有权提起抗诉并直接引发监督审程序,俄罗斯现行《刑事诉讼法》取消了这一规定。参见樊崇义等:《刑事诉讼法再修改理性思考》,中国人民公安大学出版社 2008 年版,第 526—529 页。

③ 参见方华:《刑事再审程序存在的问题与立法应对》,载《人民检察》2010 年第 5 期;向泽选:《刑事审判监督的制度缺陷与完善》,载《国家检察官学报》2006 年第 4 期。

去,履行好检察机关的监督职能。

2. 法院再审法庭的范围

基于检察机关提出的抗诉而进行再审的案件必须开庭审理,而对于法院自行提起再审的案件,则不是必须开庭审理。但是,法院一旦决定开庭,根据最高人民法院 2001 年 10 月印发的《刑事再审案件开庭审理程序的具体规定(试行)》(以下简称《再审开庭规定》)第 9 条的规定,就应该在开庭七日以前,将开庭的时间、地点通知检察机关,而根据《人民检察院刑事诉讼规则》第 367 条的规定,检察机关在接到人民法院通知出席再审法庭的通知后,应当派员出席。因此,法院再审案件的开庭范围就是检察人员出席再审法庭的范围。

与上诉审案件不同的是,法院提起的再审案件的开庭范围,已经由《再审开庭规定》作了较为明确的规定。根据该规定,应当开庭审理的案件是:

(1) 依照第一审程序审理的再审案件。按照《刑事诉讼法》规定,适用第一审程序审理的案件,只有公开与不公开开庭审理之分,并无开庭与不开庭审理的区别。因此,从理论上说,依照第一审程序审理的再审案件均应当开庭审理。

(2) 依照第二审程序需要对事实或者证据进行审理的案件。按照《刑事诉讼法》第 187 条关于第二审人民法院对事实清楚的上诉案件,可以不开庭审理的规定,那么对于事实不清楚、证据不充分的上诉案件则应开庭审理。所以,对于需要经过庭审调查、质证才能查清事实和证据的再审案件,也应当开庭审理。

(3) 可能对原审被告人或者原审上诉人加重刑罚的案件。该规定主要针对的是人民法院依职权为加重原审被告人或者原审上诉人刑罚,而启动再审程序的情形。这实际属于限制性规定,即要加重刑罚,就必须开庭。因为不能不经开庭审理,不让原审被告人或者原审上诉人依法行使诉讼权利,就决定加重刑罚。

(4) 其他应当开庭审理情形的案件。所谓其他情形,诸如有重大社会影响的案件等。对这类案件进行开庭审理,可便于社会了解人民法院依法审理的程序公正、合法,依法裁判的结果公平、合理,以提高再审案件审判的透明度。[1]

---

[1] 参见张新民:《〈最高人民法院关于刑事再审案件开庭审理程序的具体规定(试行)〉的理解与适用》,载沈德咏主编:《最新再审司法解释适用与再审改革研究》,人民法院出版社 2003 年版,第 181—201 页。另外,除了以上四种情形外,《再审开庭规定》还规定了因抗诉而启动再审程序的案件,依法都应当开庭审理。因这里讨论的是法院提起再审案件的开庭,故不将该情形列入。

二、出席上诉审法庭应当注意的问题

(一) 明确检察人员出席上诉审法庭中的角色和职责

1. 角色特点

(1) 与二审抗诉庭检察人员相比,具有被动性。尽管都是二审检察的组成部分,但与出席二审抗诉程序不同,二审上诉程序中的出庭检察人员的角色和职责具有一定的被动性。[①] 这里的被动性,主要是指检察人员在上诉审法庭中是根据上诉方的上诉理由进行应对而非主动出击。在具体应对的过程中,则应该是积极主动的。

(2) 与一审出庭检察人员相比,更具有中立性。在一审程序中,尽管检察人员也具有法律监督职责,但主要的职能还在于指控犯罪。而在二审上诉程序中,不仅要对一审判决是否正确进行评价,还要对上诉一方的上诉理由是否充分进行客观中立的评价,对于上诉人的合理主张,检察人员也应该予以支持。[②]

2. 具体职责

检察人员出席上诉审法庭的总的任务是,根据案件事实和法律向人民法院提出维持原判、发回重审和依法改判的意见。为了完成该项任务,要注重履行好以下具体职责:第一,注意听取上诉人陈述的上诉理由,并在辩护人向上诉人发问后对上诉人进行讯问。第二,针对上述人及其辩护人向法庭的举证进行质证。第三,在上诉人及其辩护人举证之后,视情向法庭举证。第四,在法庭辩论阶段,针对上诉意见和理由,并结合法庭调查中双方举证、质证的情况,公开表明对上诉的立场和态度。

(二) 严格遵守上诉不加刑原则

上诉、抗诉程序有一些共有的原则,如确保司法公正原则、提高审判效率原则、审级相互独立原则等等。[③] 与其他刑事案件审理活动相比,上诉审案件所特有的原则主要就是上诉不加刑原则。上诉不加刑原则在 1979 年《刑事诉讼法》与 1996 年修改的《刑事诉讼法》中都有内容相同的规定,它对于鼓励、保障当事

[①] 顾永忠:《检察人员二审出庭问题研究》,载张智辉主编:《中国检察(第十九卷)》,中国检察出版社 2010 年版,第 282 页。

[②] 陈卫东主编:《刑事二审开庭程序研究》,中国政法大学出版社 2008 年版,第 267 页。

[③] 参见顾永忠:《刑事上诉程序研究》,中国人民公安大学出版社 2003 年版,第 33—97 页。

人充分行使上诉权,对于上级人民法院通过二审程序对下级法院的审判活动和裁判结果依法进行审判监督,进而维护和实现司法公正具有重要的意义。这一原则不仅是对二审审判机关、审判人员的要求,而且也对没有提出抗诉而只是参与二审上诉审法庭的检察机关具有约束力。

即使确实存在原审判决量刑偏轻甚至畸轻的问题,检察人员也不应在出席上诉审法庭的过程中建议二审法院以事实不清或证据不足为由发回重审。最高人民法院《关于执行〈中华人民共和国刑事诉讼法〉若干问题的解释》第257条对上诉不加刑原则涉及的各种情形都作了明确规定,其中包括不得因为判处的刑罚畸轻或者应当适用附加刑而没有适用,以事实不清或者证据不足发回重审。因此,在上诉审法庭中,检察人员不应提出一审判决量刑偏轻或畸轻的意见。如果确实存在这一问题需要纠正,应当在二审终结后按照审判监督程序提出抗诉加以解决。①

(三)突出重点,提高审判效率

上诉审程序是一审程序发生和终结之后另行启动的审判程序,因在第一审程序中已经投入了大量的司法资源,无论在上诉审的设计还是在具体运行过程中,都要求必须重视并肯定已经发生且已终结的第一审程序及其产生的结果。因此,在出席上诉审法庭的过程中要突出重点,努力提高审判效率。具体要注意以下几个问题:

1. 庭前准备应当明确重点

要重点做好下列准备工作:第一,审阅卷宗材料和一审庭审笔录,确定在法庭上使用的证据;第二,提审上诉人和原审被告人;第三,复核证据;第四,确定需要提请法院通知到庭参加诉讼的证人、鉴定人、翻译人员及被害人;第五,向一审的侦查、检察、审判机关了解诉讼情况;第六,了解辩护人向法庭提供的新的证据和辩护观点;第七,制作出席二审法庭的预案和《上诉案件出庭检察员意见书》;第八,准备其他出庭需要的材料等。

2. 庭中应对应当围绕中心

在法庭调查阶段,检察人员应认真听取上诉人的陈述,应针对上诉理由进行发问、示证和质证,质证的重点应当放在上诉人及其辩护人存在分歧具有争

① 参见顾永忠:《检察人员二审出庭问题研究》,载张智辉主编:《中国检察(第十九卷)》,中国检察出版社2010版,第287—288页。

议的证据上。在法庭辩论阶段,检察人员应围绕庭审中上诉理由和辩护意见的重点内容予以答辩,对于不同意上诉意见和理由的案件,应当从事实、证据或法律上进行反驳,维护原审法院正确的判决或裁定,建议法院驳回上诉,维持原判;对于同意上诉意见和理由的案件,要认真听取上诉人及其辩护人的意见,凡有事实依据和法律依据的,应当表示支持,对原审法院的错误裁判提出纠正意见,建议改判或者发回重审。

三、出席法院再审法庭应当注意的问题

(一) 明确检察人员在出席法院再审法庭中的角色和职责

根据《刑事诉讼法》的规定,人民法院按照审判监督程序重新审理的案件,如果原来是第一审案件,应当按照第一审程序审判,如果原来是第二审案件,应当依照第二审程序审判。《人民检察院刑事诉讼规则》也规定人民检察院派员出席再审法庭的,分别参照第一或第二审的程序进行。值得注意的是,这些法律规定仅是解决了再审案件裁判的效力问题,即是否为终审裁判,是否可以继续上诉、抗诉,[①]但没有解决出席再审法庭的检察人员的角色和职责。而最高人民法院的《再审开庭规定》将出席再审法庭的检察人员统一称为公诉人,应属于该司法解释对出席再审法庭检察人员称谓的不当,不能简单认为出席再审法庭的检察人员履行的仍然是公诉职责。

实际上,再审与一审、二审在开庭程序上虽有共同之处,但更有其自身的特殊性和规律性。相对于普通程序而言,其在设立目的、价值基础和运作过程上都有较大差异。法院再审程序的本质是审判监督程序,检察人员出庭所履行的是法律监督职责,应站在客观公正的立场上,对原生效判决、裁定是否正确进行评判,并提出维持或撤销原判的意见,如果经过对原判决、裁定认定的事实、证据和适用法律进行全面审查之后,发现原审被告人确实应该改判无罪的,也应实事求是地发表建议法院改判无罪的意见。这也和《再审开庭规定》所规定的,检察人员无须再宣读一、二审宣读过的法律文书,而是直接就案件事实、证据和适用法律等问题进行陈述的精神相一致。

---

① 潘祥均等:《法院启动刑事再审情况实证研究——以C省为视角》,载徐静村主编:《刑事诉讼前沿研究·(第七卷)》,中国检察出版社 2008 年版,第 225 页。

（二）注意法院再审法庭的特殊程序性规定

立法设计再审程序，主要是追求实体公正，在效率上作了一定的让步。尽管如此，还是要在尽可能的范围内节约国家司法资源，以最经济的支出，获得最大的诉讼效益。《再审程序规定》在这些方面做了不少努力。①

1. 关于查明身份情况、告知诉讼权利的提前

根据《再审程序规定》，在再审开庭前，原审被告人到达开庭地点后，合议庭应当查明原审被告人的基本情况，告知原审被告人享有辩护权和最后陈述权，制作笔录后，分别由该合议庭成员和书记员签名。将查明原审被告人基本情况、告知其享有辩护权和最后陈述权移到原审被告人到达开庭地点后、开庭审理之前，是为了简化开庭程序，直接进入主题，突出开庭审理重点，同时又不影响公开审理原则。

2. 关于开庭审理程序的简化

根据《再审开庭规定》，法院再审开庭只宣读再审决定书，陈述申诉理由，不再宣读一审、二审及其他程序的法律文书。司法实践证明，经过多次审理，各方对原审裁决已经非常熟知了，再审开庭时再宣读，只会拖延时间，甚至影响对焦点问题的充分审理。

经宣读再审决定书和陈述后，法院对没有争议的事实和证据，经归纳、征求双方意见后予以确认，不再重复审理。庭审活动的重点，是紧紧围绕再审争议的焦点、重点和关键事实、证据，即申诉理由进行举证、质证、辩论及认证，繁简结合，突出重点。

3. 关于审限

《再审开庭规定》除了遵照《刑事诉讼法》第 207 条的规定，重申再审案件应当在作出再审决定之日起三个月内审结，需要延长的，不得超过六个月以外，还明确了延长三个月审理期限的批准权在进行再审的人民法院的院长。

四、上诉案件、法院再审案件出庭检察员意见书的制作

（一）《上诉案件出庭检察员意见书》的制作

根据最高人民检察院《人民检察院法律文书格式》，《抗诉案件出庭检察院

---

① 参见《最高法院有关方面负责人就〈关于刑事再审案件开庭审理程序的规定〉答本报记者问》，载《人民法院报》2002 年 1 月 7 日。

意见书》和《上诉案件出庭检察院意见书》都统一于"样式一一五"中,对于《上诉案件出庭检察院意见书》,除了在文书首部将"提起公诉的检察机关名称和起诉书编号"变为"上诉人×××"之外,其他格式性内容完全一致,因此,可以根据上文《抗诉案件出庭检察院意见书》进行制作。但在正文的内容上,要注意根据上诉审案件的特点进行叙写,具体包括:

（1）检察人员出席二审法庭的法律依据、检察人员出席法庭的身份和职责。

（2）对二审法庭庭审调查情况的概括;对上诉理由、辩护意见与原审判决的分歧点的归纳、总结。

（3）对原审判决认定的事实是否清楚,证据是否确实、充分,适用法律是否正确,量刑是否恰当,一审诉讼程序是否合法,有否影响公正判决的情况提出评判意见。

（4）对上诉人的上诉理由是否充分、能否成立,二审法院是否应予以采纳或驳回提出意见。

（5）对上诉人在二审法庭上的辩解、辩护人的辩护意见予以答辩。

（6）提出检察机关对上诉案是否维持、改变裁判或发回重审的评判建议。

（二）《法院再审案件出庭检察员意见书》的制作

《人民检察院法律文书格式》中并没有《法院再审案件出庭检察员意见书》这一种文书形式。这可能是因为根据法律规定,再审程序的案件,分别依照第一、第二审程序进行审判,故认为出席法庭的检察人员只需要分别宣读一、二审程序的法律文书即可,而无单独制作再审程序案件法律文书的必要。

前面已经多次提到,再审程序本身不是第一、二审程序的重复,尤其是法院再审案件,启动程序的主体是人民法院,检察机关处在一个消极、中立的地位,其应该对原审裁判是否正确、法院的再审决定、申诉方申诉理由是否充分进行综合评判,其发表意见时所宣读的文书当然应该和一审公诉、二审（再审）抗诉所宣读的文书有所区别。

我们认为,对于《法院再审案件出庭检察员意见书》的制作在格式上可以参考《抗诉案件出庭检察员意见书》和《上诉案件出庭检察院意见书》,因为后两种文书主要也都是对原审裁判发表评判意见,这也是《人民检察院法律文书格式》将这两种文书规定在一个格式中的原因。但在正文的内容上,要注意根据法院再审案件的特点作出调整,具体可以包括以下几个方面:

（1）检察人员出席法院再审法庭的法律依据、检察人员出席法庭的身份和职责。

（2）对法院再审法庭庭审调查情况的概括；对申诉方的申诉理由与原审判决的分歧点的归纳、总结。

（3）对原审判决认定的事实是否清楚，证据是否确实、充分，适用法律是否正确，量刑是否恰当，原一审（二审）诉讼程序是否合法，有否影响公正判决的情况提出评判意见。

（4）对申诉方的申诉理由是否充分、能否成立，原审法院是否应予以采纳或驳回提出意见。

（5）提出检察机关对法院再审所要作出的新的裁判的建议。

第五章
死刑案件的办理

第一节　世界死刑概况

　　死刑是剥夺犯罪人生命的刑罚,又称生命刑、极刑。在人类社会延续几千年的历史长河中,死刑在相当一段时期内是刑罚体系中不可动摇的主力军,承担着包括政治功能在内的多种职责,发挥着其独特的历史作用。18世纪,随着资产阶级自由、博爱思想在世界范围内的广泛传播,死刑的正当性越来越受到人们的质疑。1764年,意大利刑法学家贝卡里亚在著名的《论犯罪与刑罚》一书中提出了废除死刑的主张。从那时起,死刑就成为人类世界讨论的热门话题。直至今天,社会各界仍然在死刑问题上争论不休。

　　死刑不是凭空产生和存在的,它与一定的社会历史条件密切相关,并受到政治、经济、文化、道德等各方面因素的影响与制约。在历经几百年的辩论之后,人们虽然在保留与废除死刑的问题上始终没有达成一致意见,但是,废止死刑的国家在数量上不断增加是一个历史趋势。据大赦国际统计,自1984年起,全球在法律上或者实践中废除死刑的国家总体上呈现逐渐增加的趋势,1984年为64个,1994年为97个,2004年为117个,2009年为129个。

　　就废除死刑的原因而言,各个国家的初衷并非相同,甚至十分复杂。有的国家是基于本国的实际国情作出的理智选择,有的国家是基于要参加某个国际组织而作出的政治妥协,有的国家兼而有之。就废除死刑的过程看,有的国家永久性地废除了死刑,而有的国家在废除死刑一段时间后又恢复了死刑制度。因此,死刑问题从来就不是一个简单存废的问题,它最终取决于社会各方力量博弈的结果。保留死刑、严格控制和慎重适用死刑是我国长期以来的死刑政策。在废除死刑的国际大背景下,我国死刑改革的必要性日益急迫。他山之石,可以攻玉,考察世界主要国家和地区的死刑制度对我国的死刑改革而言具有重要的参考和借鉴意义。

一、美国的死刑制度

美国原是英国的殖民地,法律制度深受英国影响,死刑制度亦不例外。17世纪初期,当英国的殖民者来到北美新大陆的时候,他们就带来了存在于宗主国的死刑制度。美国历史上有记载的最早的死刑执行发生在 1608 年。在当时还是英国殖民地的北美新大陆,一名叫 George Kendall 的男子因为被认为是西班牙殖民者的间谍而被判处了死刑。随着 18 世纪欧洲废除死刑运动的迅速发展,废除死刑、保障人权理论在全球范围内传播。远在大洋彼岸的美国不可阻挡地卷入了这场世纪论战之中。托马斯·杰弗逊是美国提出死刑改革的先驱,他提出死刑只能在谋杀罪和叛国罪中适用。随后,美国的死刑废除运动就一直没有终止过。尽管如此,直到今天,美国仍然保留着死刑制度。值得注意的是,近十余年间,美国的死刑判决数量急剧下降,从 1994 年的 313 例下降到 2010年的 112 例。在死刑执行的数量方面,从 1976 年至 2011 年间,美国执行的死刑共计 1 243 例,平均每年 34.5 例。截至 2011 年 3 月 10 日,美国有 34 个州保留死刑,16 个州废除了死刑制度。① 另外,美国的军方和美国联邦仍然保留了死刑。美国是联邦制国家,各州享有独立的司法权。因此,在保留死刑的 34 个州当中,可判处死刑的罪名也不尽相同,但大多与剥夺他人生命的犯罪有关。此外,间谍罪、叛国罪、贩卖大宗毒品罪等被认为是严重犯罪行为,在法律上也可判处死刑。尽管如此,从美国晚近五十年的死刑判决看,与杀人无关的罪行在适用死刑方面十分慎重,仅有一例。

---

① 保留死刑的 34 个州分别是:亚拉巴马州、佛罗里达州、马里兰州、北卡罗来纳州、田纳西州、亚利桑那州、佐治亚州、密西西比州、俄亥俄州、得克萨斯州、阿肯色州、爱达荷州、密苏里州、俄克拉何马州、犹他州、加利福尼亚州、印第安纳州、蒙大拿州、俄勒冈州、弗吉尼亚州、科罗拉多州、堪萨斯州、内布拉斯加州、宾夕法尼亚州、华盛顿州、康涅狄格州、肯塔基州、内华达州、南佛罗里达州、怀俄明州、特拉华州、路易斯安那州、新罕布什尔州、南达科他州。
　废除死刑的 16 个州分别是:阿拉斯加州、缅因州、新泽西州、罗德岛州、夏威夷州、马萨诸塞州、新墨西哥州(新墨西哥州仍有两个在押的死刑犯)、佛蒙特州、伊利诺伊州、密歇根州、纽约州、西弗吉尼亚州、艾奥瓦州、明尼苏达州、北达科他州、维斯康星州。以上数据来自 Facts about the Death Penalty (Updated March 10,2011), http://www.deathpenatly.org。

美国的死刑程序十分复杂。如果穷尽所有诉讼程序，一个死刑案件大约要经历 9 个阶段。最后，如果上诉法院维持了死刑判决，那么被告人还可以利用审后救济程序，即通过申请人身保护令的方式以求将自己从错误的监禁中解放出来。在审限方面，一个死刑案件从开始审理到判决执行一般要经过 12 年的时间，个别案件甚至长达 20 年或者更长时间。在美国，死刑一审案件的定罪和量刑程序是分开的。在量刑程序中，法官很少甚至不给陪审团发出任何指示，这样，适用死刑的决定权很大程度上掌握在陪审团手中。完善的陪审团制度也保证了死刑适用的严谨和慎重。陪审团首先需要排除合理怀疑地认定被告人至少有一项法定的刑罚加重情节，以此来确定被告人属于可能判处死刑的范围。然后，陪审团对犯罪人的所有减轻和加重情节进行综合判断，最后决定是否对被告人适用死刑。量刑程序的第一阶段具有筛选的功能，第二阶段具有实现刑罚个别化的功能。上述繁琐的程序一方面耗费了大量的司法资源，另一方面则可以最大限度地保障犯罪人的各项诉讼权利，对防止错案有一定的预防作用。美国的死刑执行命令由州长或者总统签发，由监狱负责执行。执行死刑的方法较多，包括绞刑、枪决、毒气、电椅和注射，在实践中使用较多的是相对人道的注射。

二、英国的死刑制度

英国是一个死刑制度历史悠久的国家，死刑制度充满了野蛮和残酷。据史书记载，亨利八世统治的 1509 年至 1547 年，大约有 7.2 万人被执行了死刑。1688 年，英国的死刑罪名有 50 种，但是在其后的 130 年间，死刑罪名大量增加，达到 200 多种，可被判处死刑的行为十分广泛。现在看来极其微不足道的行为当时都有可能被判处死刑，比如偷摘树上的水果就会被判处死刑。英国的死刑执行方式数目繁多，堪称残忍，斩首、绞刑、烧煮等都是对付死刑犯的方法。如 1752 年的《谋杀法案》(The Murder Act)规定，杀人犯被处死之后，法官还可以对其尸体进行解剖。威廉一世统治期间，其于 1066 年曾经"废除"死刑，但是却用阉割的方式肢解受刑人，持续性的肉刑使受刑人生不如死，使人们不得不质疑其废除死刑的诚意。

现在英国是废除死刑的国家。但是，其废除死刑的进程并不顺利，而是经过了艰辛、漫长的曲折过程。19 世纪后期起，英国就开始了死刑改革，直至 20

世纪末期才最终废除死刑,前后持续百余年的时间。第二次世界大战以后,在欧洲废除死刑运动的大背景下,英国的死刑废除活动也日渐频繁。与很多国家相同,在废除死刑方面,英国也始终没有绕过民意这道门槛。从 1947 年起,工党议员西德尼·西沃曼先后三次提出改革死刑的法案,但是由于民众对死刑的迷恋,使得法案最终没有通过。后来,英国政府颇具智慧地提出了《杀人罪法案》,该法案策略性地将谋杀罪以是否可以判处死刑为标准分为两级,除在盗窃中谋杀、使用枪械或者爆炸的方法谋杀、逃避追捕或者在越狱过程中谋杀、谋杀警察、囚犯谋杀狱警、谋杀多人等六种情形外,其余的谋杀罪不得判处死刑,而是判处终身监禁,这样就大大减少了死刑的适用。1965 年,尽管大多数民众依然支持死刑,但是英国上议院和下议院还是通过了《杀人罪(废除死刑)法案》。根据该法案,英格兰、威尔士、苏格兰暂停了在杀人罪中适用死刑。1973 年北爱尔兰通过的《北爱尔兰(紧急条例)法案》亦在杀人罪中废除了死刑。随后,1971 年的《刑事损害法》废除了在皇家造船所中纵火罪的死刑,1981 年的《军人法案》废除了间谍罪的死刑,1998 年的《犯罪与扰乱治安法》废除了海盗罪和叛国罪的死刑,1998 年 11 月的《人权法案》废除了军事犯罪的死刑。从此,英国实现了从以残酷著称的死刑国家到禁止死刑国家的蜕变,实现了废除死刑的世纪梦想。1999 年 12 月,英国批准了《旨在废除死刑的〈公民权利和政治权利国际公约〉第二项任择议定书》,实现了在死刑制度上对世界的承诺。

三、德国的死刑制度

德国的死刑可以追溯到日耳曼部落时期。日耳曼部落的早期和中期,死刑是各王国法律规定的对侵害行为的处罚方法,但适用范围并不广泛。在《萨利克法典》中,只对国王的奴隶或半自由人掠夺自由妇女的行为直接规定了应处死刑,对其余的侵害行为均以支付赎罪金的方式进行处罚。但后期的法律对于死刑的适用范围有所扩大,凡侵害国王、教会、领主等违背效忠义务和信仰的犯罪,都规定处死刑。[①] 据塔西陀记载,死刑执行方式取决于罪行的性质。叛逆罪和逃亡罪应当被吊死,怯敌者、厌战者和犯其他极丑恶之秽行者,应被置于用树

---

① 何勤华、夏菲主编:《西方刑法史》,北京大学出版社 2006 年版,第 182 页。

枝编织的囚笼中投入沼泽溺死。① 在中世纪的德意志王国,死刑适用范围变得十分广泛。在别人的鱼塘里捕少量的鱼,就会被处以死刑。德意志王国的行刑方式较为恐怖残忍,如砍头、火刑、车裂、活埋、溺刑等。

纳粹时期的德国,死刑被滥用至极,刑事立法毫不顾及民主法制思想。相比 1871 年的《德国刑法典》而言,纳粹时期的死刑制度具有很大的反动性。如1933 年颁布的《关于危险的惯犯法令》和《关于保安校正处分法令》,恢复了中世纪野蛮的刑罚——去势。1935 年通过的《刑法修正案》,废除了罪刑法定原则,导致罪刑擅断再次大行其道。这一时期,死刑的适用范围极其广泛。在希特勒种族保护思想的支配下,当时德国人与犹太人之间的性行为、强奸、通婚等也可以被判处死刑。② 罪犯毫无诉讼权利而言。被判处死刑者上诉的机会少之又少,而公诉方却可以通过无效请求和特别申诉推翻生效判决,令法院改判死刑。例如,纳粹时期,特别申诉共被提起超过 21 次,其中只有一个案件被告方胜诉,两个案件减轻量刑,两个案件加重刑罚,14 个案件改判死刑。③ 纳粹时期,德国还设立特别法院,滥施极刑。特别法院的审判程序非常简单,法官拥有极大的自由裁量权,判决之后立即生效,不得上诉。这样就满足了纳粹镇压反抗的需求,因此大量的案件被交至特别法院审理。

二战结束后,德国战败,全世界都致力于清除纳粹思想的影响。废除纳粹时期专断、残酷的法律制度是当时全世界的共同愿望。德国基于对纳粹时期给世界人民带来的沉重灾难的反思,以民主与法制思想为基础,亦开展了一系列的改革。1949 年,《德国基本法》宣布废除死刑。1953 年,《德国刑法典》废除了死刑条款。1957 年,德国军事刑法取消了有关死刑的规定。这样,德国就在法律上全面废除了死刑。对于德国是否会像其他一些国家一样出现死刑的反复,学者汉斯·约阿希姆·希尔施给出了很好的回答,他说:"在德国,不可能出现死刑的回归。这不仅是因为不可能立即改变确定废除死刑的宪法形式,而且,是因为民意调查表明大多数国民反对恢复死刑。"④

---

① 参见[古罗马]塔西陀著:《阿古利可拉传·日耳曼尼亚志》,马雍译,商务印书馆 1977 年版,第 61 页。
② [德]英戈·穆勒:《恐怖的法官——纳粹时期的司法》,王勇译,中国政法大学出版社 2000 年版,第103 页。
③ [德]英戈·穆勒:《恐怖的法官——纳粹时期的司法》,王勇译,中国政法大学出版社 2000 年版,第 118 页。
④ [德]汉斯·约阿希姆·希尔施:《关于死刑》,冯军译,载刘明祥主编:《武大刑事法论坛》,中国人民公安大学出版社 2005 年版,第 320 页。

四、日本的死刑制度

与美国一样,日本是目前世界上保留死刑的少数发达国家之一。日本的刑事法律体系由刑法典和特别刑法组成,两部分都规定有死刑条款。现行《日本刑法典》于 1907 年公布,后历经数次修改。在现行有效的条款中,规定了 12 种死刑罪名,包括内乱罪、诱致外患罪、援助外患罪、对现住建筑物等放火罪、爆炸罪、侵害现住建筑物等罪、颠覆列车致死罪、威胁交通罪的结果加重犯、水道投毒致死罪、杀人罪、强盗致死罪、强盗强奸致死罪。在特别刑法中,规定了 5 种死刑罪名,包括《取缔爆炸物罚则》中的使用爆炸物罪,《有关决斗的法律》中的决斗致死罪,《有关劫持航空器罪等的法律》中的劫持航空器等致死罪、使航空器坠落致死罪,《有关处罚劫持人质等行为的法律》中的杀害人质罪。此外,日本《少年法》规定,犯罪时未满 18 周岁的人,不得适用死刑。

日本的死刑判决十分慎重。日本最高法院认为,死刑是永久剥夺作为人生存基础之生命的冷酷极刑,是在迫不得已的场合下才适用的极端刑罚。从日本的司法实践看,其死刑判决确实异常谨慎。如 1995 年 3 月 20 日发生的东京地铁沙林毒气案就是一例。该案造成 27 人死亡,5 000 多人受伤的严重后果,但该案前后庭审 200 多次,历时 10 年,最后主犯松本智津夫才被判处死刑。

日本的死刑案件从开始审理到判决执行经历的时间较长。这是因为,日本是三审终审制,且没有对再审设置明确的期限。日本的死刑执行命令由法务大臣签发,法律规定应当在判决确定之日起的 6 个月内作出。不过,在司法实践中,法务大臣并没有严格遵守上述期间限制,相反很少在 6 个月期限内签发死刑执行令。[①] 法务大臣经常不在法律规定的期限内签署死刑执行令的现实,造成许多死刑犯长期被关押,浪费了大量司法资源,同时有损法律的严肃性,使刑罚的预防功能大打折扣,遭到社会各界的批评。另外,日本死刑执行原来采取秘密方式,死刑犯在执行前一个小时才被告知执行的具体时间,家属只能在执行之后才被告知执行的事实。这种秘密执行的方式受到了国内民众的质疑。为了改变被动局面,提高死刑案件的透明度,2007 年 12 月 7 日开始,日本开始在执行前公布死刑犯的姓名和行刑的地点。

---

① [德]约阿希姆·赫尔曼:《日本死刑若干问题思考》,颜九红译,载《中国刑事法杂志》2003 年第 5 期。

日本的死刑命运如何,是当下日本各界讨论的一个重要话题。同中国一样,这是一个十分复杂的问题,至今仍没有定论,死刑制度仍然保留。但是,二战以来日本发生的著名的四大错案——免田案、财田川案、松山案、岛山案,使日本各界对死刑的适用变得越来越慎重。日本官方是否愿意废除死刑、能否废除死刑,我们不得而知。可以确信的是,在刑法学发达的日本社会,死刑的适用会更加慎重。

五、我国台湾地区的死刑制度

台湾是我国不可分割的一部分,但是由于历史和现实的诸多原因,台湾和大陆地区实行不同的法律制度。我国台湾地区的现行刑法典是 1935 年南京国民政府颁布的《中华民国刑法》。目前,这部刑法规定了 50 项死刑罪名,其中有两项为绝对死刑。我国台湾地区刑法对未满十八岁的人和八十岁以上的老年人犯罪不适用死刑。这一规定体现了我国传统"衿老恤幼"的观念。但是,对怀孕的妇女在生产后仍可以适用死刑,其"刑事诉讼法"第 465 条规定,受死刑谕知之妇女怀胎者,于其生产前,由司法行政最高官署命令停止执行。就死刑执行数量而言,1986 年至 1995 年,我国台湾地区共执行死刑 330 人,1997 年为 38 人,1998 年为 32 人,1999 年为 24 人。[①] 另据台湾地区司法行政部门的统计,2000 年执行死刑 17 人,2001 年为 10 人,2002 年为 9 人,2003 年为 7 人,2004 年为 3 人。执行数量的减少,在一定程度上表明台湾地区在死刑适用上的慎重。

在废除死刑的国际化背景之下,我国台湾地区也在作出自己的努力。台湾地区的刑法学者也有死刑存废之争,大部分学者赞成废除,但是大部分民众基于治安日益败坏,不赞成废除死刑。从官方立场看,台湾当局在众怒难犯之下,不敢贸然废除死刑。[②] 但是,台湾地区现任领导人马英九曾经在公开场合表示,从整个大趋势看,减少执行死刑,是未来方向。事实上,台湾当局在立法上推出了一系列限制死刑的措施。如 2005 年 1 月 7 日,通过修改"刑法",废除了十八岁以下的人杀害直系血亲尊亲属最高可判处死刑的规定。2005 年 2 月 5 日,将

① 见卢映杰:《死刑存在＝犯罪被害人之保护?——简论德国与台湾之被害人保护措施》,载《月旦法学杂志》2004 年第 10 期。
② 刘金林:《海峡两岸死刑制度之比较研究》,载《法学评论》1999 年第 6 期。

"性侵犯儿童及少年而故意杀害被害人"的刑罚改为相对死刑。2006 年 4 月 25 日,对犯海盗罪且故意杀人和海盗结合罪处以绝对死刑的规定进行了修正。

第二节　我国的死刑制度

一、我国古代的死刑制度

在我国,死刑制度是最为久远的刑罚制度之一。从奴隶制的夏商周开始,至清末封建社会的土崩瓦解,在延续了数千年的阶级社会中,死刑始终是统治阶级实现阶级统治的工具。历代统治者穷其智慧,逐渐使死刑成为最为复杂、影响最为深远的制度之一,在我国历史上产生了广泛而深刻的影响。

(一)我国古代死罪数量

我国古代的死刑罪名历来很多。据史书记载,夏朝有"大辟二百"。"大辟"在史学上被认为是死罪的别称,即夏朝时有死罪 200 个。商朝死刑罪名没有明确记载,但多认为继承了夏朝的数量。商朝后期,特别是商纣王时期死罪开始增加。[1] 至周朝初期,死罪多达 500 个。随着西周政权的逐步巩固,周穆王推崇"仁政"和"明德慎刑"的思想,任命吕侯进行法律改革,最终将死罪减至 200 个,与夏朝时的数量相当。这是我国历史上有记载的第一次通过法律改革减少死罪数量的实践。

春秋战国时期,诸侯争霸,社会动荡,死罪数量有增无减。秦汉时期的死罪数量是我国历史上最多的时期。秦朝刑罚苛酷,其二世而亡,与滥施刑罚不无关系。在汉朝,虽有改变秦朝严苛刑罚的努力,但却是昙花一现,与秦朝相比,死罪数量有过之而无不及。汉武帝时有死罪数量 1 882 个,死罪决事比达 13 472 个。正如《汉书·刑法志》记载:"律令凡三百五十九章,大辟四百九条,千八百八十二条,死罪决事比万三千四百七十二事。"东汉和帝时,死罪数量减为 610 个。三国两晋南北朝时期,各种社会矛盾交织,国家动荡不安,民族文化融合,政权更替频繁。在死刑方面,这一时期呈现出宽缓的趋势。魏武帝在公元

---

① 胡兴东:《中国古代死刑制度史》,法律出版社 2008 年版,第 122 页。

234 年"诏有司删定大辟,减死罪"①,开启了三国两晋南北朝时期削减死罪的序幕。西晋《泰始律》共 20 篇 620 条,可以推断出其死刑罪名较之东汉应有大幅减少。北朝北魏时在立法上对死刑进行了大量的削减。北魏高祖时有死罪 235 个。

隋唐时期是我国历史上刑罚较为宽平的时期,这一时期在立法上废除了大量的死刑罪名。隋《开皇律》在制定时删除了死罪 81 条,以《太和律》死罪 235 为基数,则隋朝的死罪应为 154 个。唐朝的《武德律》沿袭《开皇律》的规定,仅作了轻微修改,死罪数量亦无较大变动。唐太宗在《武德律》的基础上制定出《贞观律》,在其中主要减少了死罪数量,并把武德时由死刑减为斩右趾的刑罚改为加役流。在我国封建法典的代表《唐律疏议》中,据沈家本统计,共有斩刑 89 条,绞刑 143 条,总共 232 条,这一数量与夏朝的"大辟二百"数量相当。但是,从唐高宗开始,又在立法上增加死罪,并通过"格"改变律文的规定,进而增加死刑的适用。

到五代宋辽金夏时期,死刑罪名数量逐渐增加,是我国死刑制度上的一次反复。从宋朝的《宋刑统》看,死罪数量与《唐律疏议》相当,但是宋朝在敕令中大量增加死罪数量。在天圣年间编敕令时增加了"大辟之罪"17 个,庆历年间再增加 31 个,嘉祐年间又增加 60 个,这三次增加使宋朝的死罪在《宋刑统》的数目上增加了 108 个。再加上可以适用死刑但得临时奏请皇帝裁决的罪名数量,共增加了 299 个,导致宋朝的死刑罪名数量比唐朝时大大增加。②

元明清时期处于我国封建社会的后期,在统治思想上由汉唐时期的"德主刑辅"转为"明刑弼教",死刑制度继承了宋代以来增加死刑罪名的发展趋势,这种趋势一直延续到清末刑法改革才得以转变。据《元史·刑法志》记载,元朝的死罪有 139 个。可以看出,这是唐朝以来死罪最少的一个朝代,但在当时却受到批判,"然而元之刑法,其得在仁厚,其失在乎缓弛而不知检也"③。明朝《大明律》在内容上主要继承唐律,在死罪上增加了 30 多个。清末沈家本统计,《大明律》中共有死罪 262 个,加上《问刑条例》中的 20 个,明朝在法律上死罪数量有282 个。④ 清朝《大清律例》的篇目结构与《大明律》相同,但死罪数量却发生了

---

① 《三国志·魏书·明帝纪》卷 3。
② 胡兴东著:《中国古代死刑制度史》,法律出版社 2008 年版,第 5 页。
③ 《元史·刑法志》卷 102。
④ 沈家本:《历代刑法考(三)·死刑之数》,中华书局 2006 年版,第 1248—1249 页。

较大变化,达到441个。清朝末年,面对内忧外患的双重压力,清朝统治者开始变法修律,虽然这次变法运动带有许多伪善的面孔,但是在死刑方面却有不少进步。当时以沈家本为首的法理派以我国古代"慎刑"和"仁政"的思想为基础,展开了一次减少死刑罪名的努力。1910年颁布的《大清新刑律》将死罪减为20余项,创造了我国历史上死刑罪名的一个新低,这与当时各国刑法相比,亦属很少。从这个意义上说,经过清末刑法改革,我国死刑制度实现了近代化。[1]

可以看出,我国死罪数量呈现出波浪式的变化趋势。夏朝到周朝时期死罪数量逐渐增加,到汉朝时死罪数量达到顶峰,多达近2 000个。其后,从三国两晋南北朝开始,总体上以削减死罪为发展趋势,到唐朝时死刑罪名与夏朝200个相差无几。但是,随着封建政权逐渐走向瓦解,宋明和清朝初期,又出现了增加死罪的立法活动。我国古代死刑罪名发展的这种规律性,总体上与当时社会稳定、天下太平与否紧密相连。社会动荡时简单采用重刑乃至死刑,迷信死刑的威慑效果,暴露了当时统治者治理社会的智慧贫乏,结果都走向了近乎相同的历史归宿——朝代灭亡。

(二) 我国古代死刑执行方式

英国学者凯伦·法林顿对人类历史上的残酷刑罚有过恰如其分的概括,她说:"这些五花八门的'玩法',使我们不得不惊讶古人的天才创造力,也不得不惊叹人类对付同类的残酷的想象力。"[2]就我国古代的死刑执行方式而言,其残酷程度亦不输于西方国家,并在我国历史上延续数千年。

在商朝,死刑执行异常残酷。《史记·殷本纪》记载:"百姓怨望而诸侯有畔者,于是纣乃重刑辟,有炮烙之法","九侯有好女,入之纣。九侯女不喜淫,纣怒,杀之,而醢九侯,鄂侯争之强,辨之疾,并脯鄂侯"。炮烙,即在铜柱上涂油,下加火烧热,令罪犯在铜柱上走,坠炭中烧死。醢,即把人杀死,捣成肉酱。脯,即把罪犯晒成肉干。其残忍程度可见一斑。崇尚以德配天、明德慎刑的西周,死刑执行方式也有多种:斩杀、脯、焚、磔、辜、屋诛、车辕、磬等。[3] 元朝《史学指南》对周朝死刑执行方式有过详细记载:"一曰斩,诛之以斧钺;二曰杀,以刀刃弃市;三曰搏,去衣磔之也;四曰焚,烧杀也;五曰辜,磔之也;六曰踣,毙之于市

---

① 陈兴良:《死刑备忘录》,武汉大学出版社2006年版,第33页。

② [英]凯伦·法林顿:《刑罚的历史》,陈丽红等译,希望出版社2004年版,第12页。

③ 沈家本:《历代刑法考》,中国检察出版社2003年版,第12页。

肆也；七曰磔，缢之于隐处。"秦朝崇尚重刑主义，据考证，秦代死刑执行方式有二十余种，[1]包括族（将犯罪者与其亲族一起处死）、定杀（把人活着投入水中）、车裂（把受刑者的头和四肢分别拴在五辆马车上，然后驱马向五个方向各自拉动，以肢解尸体），同时将具五刑法定化。汉朝以后，法定死刑执行方式逐渐减少，如《魏新律》规定了三种死刑执行方式：枭首、腰斩和弃市。《北齐律》规定："一曰死，重者辕之，其次枭首，并陈尸三日；无市者，列于乡亭显处。其次斩刑，殊身首。其次绞刑，死而不殊。"[2]隋《开皇律》规定死刑执行方式有斩、绞两种，唐、元、明、清也仅有这两种法定执行方式。另外，我国古代的一些死刑执行方式伴有裸体执行，如宋元明清时期的凌迟刑就是明证。

可见，威慑时代的制刑者对刑罚方法的想象力达到了登峰造极的地步，基于对致人于死的刑罚方法的丰富想象，本来不具有可分性的死刑，竟被设计成轻重不一的无数种，出现在同一国度的同一朝代的同一部法典中。[3] 因此，在我国古代，死刑不仅仅是剥夺犯罪者生命这样简单，它首先通过残酷的肉刑，给受刑者带来极端的痛苦，慢慢将受刑者折磨致死，甚至将受刑者尸体示众，以收威慑之效，可以说，古代的死刑是包括了肉刑、耻辱刑和生命刑在内的一种复合性刑种。若以现代文明的尺度进行衡量，人们实在难以想象同样作为人类的成员，何以能创造性地设计出这么多令人发指的刑罚手段。[4] 历史证明，极度残酷的死刑执行方式，其威慑效果仅是一时之功，不能从根本上解决封建统治的危机。

(三) 我国古代死刑执行时间

在我国古代，科学技术十分落后，人们无法对自然界发生的各种现象作出科学的解释，认为在人类之外还存在一种超自然的神灵掌握着人的生老病死、吉凶祸福。人们相信因果报应，因而人类自己的行为应当顺应天时，讲求与自然和谐，否则将遭天谴，带来灾难。执行死刑是古代统治者的大事（不是因为要剥夺罪犯生命，而是因为害怕招致祸害），处决犯人是执行天罚，要符合天意。如《汉书·刑法志》所载："刑罚威狱，以类天之震曜杀戮也；温慈惠和，以效天之

---

① 曾宪义主编：《中国法制史》，中国人民大学出版社 2006 年版，第 66 页。
② 《隋书·刑法志》卷 25。
③ 邱兴隆：《刑罚理性评论》，中国政法大学出版社 1999 年版，第 17 页。
④ 魏健馨：《和谐与宽容——宪法学视野下的公民精神》，法律出版社 2006 年版，第 172 页。

生殖长育也。"因此,在执行死刑时,十分在意时间的选择,除了一些特殊犯罪立即处死外,其他的一些犯罪要关押到特定的时候才执行。

在死刑执行的季节上,一般选择在秋冬进行。所谓"春夏生长,利以行仁。秋冬杀藏,利以施刑"[1]。《左传》中亦有相似记载:"古之治民者,劝赏而畏刑,恤民不倦。赏以春夏,刑以秋冬。"这种秋冬行刑制度最迟在西周时期就已经形成。东汉章帝元和二年,秋冬行刑制度被载入律令而制度化。对于行刑的具体月份,各朝代的规定稍有不同。汉朝在东汉章帝以前行刑的时节具体是立秋之后冬至以前,主要集中在季秋、孟冬、仲冬(即九、十、十一月)之内,其中季冬是有限制的,即若十二月立春,这个月就被排除。[2] 唐朝禁止执行死刑的时间是立春以后、秋分以前,违反这种规定还要受到惩罚,如《唐律疏议》"断狱篇"记载:"诸立春以后,秋分以前决死刑者,徒一年。共所犯虽不待时,若于断屠月及禁杀日而决者,各杖六十;待日而违背,加二等。"明朝规定死刑应当在秋分以后、立春以前执行。在清代,根据《大清律例》记载,每年秋审之后,要"将情实人犯于霜降后、冬至前正法"。但是,也有一些朝代没有执行秋冬行刑的制度,如秦朝在一年四季都可以执行死刑,不避春夏。这是秦朝以酷刑著称的一个原因,故有"秦为虐政,四时行刑"之说。又如,明代的"其犯十恶之罪应死及强盗者",清代的"凶盗逆犯,干涉军机,应行立决及须刑鞫者",则"决不待时"。

在死刑执行的具体日子、时辰方面,古代也有较为严格的规定,在秋冬的某些日子和特定时辰是不能行刑的。如《周礼》中有"协日刑杀"的记载。南朝时对禁止死刑执行的日子作出了较为详细的规定。《隋书·刑法志》记载:"夜须明,雨须晴。晦、朔、八节、六斋日、月在张心日,并不得行刑",可见在日期上的讲究。《唐律疏议》对行刑日期亦有限定,并特别规定了"禁杀日","禁杀日"包括大祭祀日、致齐日、朔日、望日、上弦日、断屠日月、二十四节气、假日以及雨未晴、夜未明的日子。元朝规定,每个月的初一、初八、十四日、十六日、二十三日、二十九日不能执行死刑。对于行刑的时辰,基本是白天在午时,夜间须等到天亮,即夜间不得行刑。如南朝的《陈律》有"罪死将决……夜须明"的规定。

(四) 我国古代死刑执行地点

在我国古代,根据死刑的执行地点不同,可以分为公开执行与不公开执行。

---

[1] 转引自张晋藩主编:《中国法制史》,中国政法大学出版社 1999 年版,第 133 页。

[2] 胡兴东:《中国古代死刑制度史》,法律出版社 2008 年版,第 528 页。

公开执行,是为了使民众意识到犯罪带来的严重后果,并且通过刑罚对犯罪人发泄统治者心中的愤恨,引起民众心中的恐怖感,以收以儆效尤之效。如福柯所讲,公开处决并不是重建正义,而是重振权力。① 公开执行是原则。不公开执行仅针对特定的群体,一类是官僚贵族,体现封建特权;一类是妇女,以标榜统治者的"仁政"。据记载,我国从虞舜时就有了行刑场所的区别,当时有"五刑有服,五服三就"之说,其中的"三就",就是死刑执行的三个不同场所。西周对有爵位的贵族以及王室成员的同族不在公共场所执行死刑,《周礼·掌戮》记载:"唯王之同族与有爵者,杀之于甸师氏。"对于普通百姓以及无爵位者则"以适市而刑杀之",即在公开场所执行。秦代有"弃市"之说,即"弃市,杀之于市也。谓之弃市者,取'刑人于市,与众弃之'也"。

我国春秋时期的死刑行刑地点较为多样。清代沈家本考证,"古者刑人,陈尸以示戮,据襄十九《传》,或于朝,或于市。左氏所记,晋之三郤,楚之子南,卫之甯喜、右宰谷,尸于朝者;齐之崔杼、晋之雍子、邢侯,尸于市者。若郑之雍纠、公孙黑,陈之夏征舒,或于汪,或于衢,或于门,则非市于朝,是陈尸之所,不必在朝、市矣。"唐代在法典中较为详细地规定了死刑执行的场所,《唐六典》记载:"凡决大辟罪皆于市,古者决大辟罪皆于市,自今上临御以来,无其刑,但存其之来,五品以上,犯非恶逆以上,听自尽于家,七品以上,及皇族。若妇人犯罪,非斩首者,皆斩于隐处。"可见,唐朝的死刑执行以公开执行为原则,不公开执行为例外。明清时期基本沿袭唐朝的规定,没有太多变动。对于公开执行而言,由于其主要目的在于威慑,所以常在闹市中执行。如南陈时规定在朝市上处死犯人,清代的北京斩首,则常常在菜市口。

(五) 我国古代死刑制度中的特殊规则

1. 我国古代特殊主体限制适用死刑规则

在我国古代,统治者在制定严酷刑罚的同时,也在慎用死刑方面作出了规定,特殊主体不适用死刑就是一例,主要体现在幼年者、年老者、孕妇以及精神有问题的人不得适用死刑的规定。如西周时期有"三赦"之法,即"一曰赦幼弱,再曰赦老耄,三曰赦愚蠢",即西周时七岁以下、八十岁以上的人以及智力低下的人不适用死刑。《左传·襄公十九年》最早记载了对妇女限制适用死刑的规

---

① [法]福柯:《规诫与惩罚》,生活·读书·新知三联书店2007年版,第53页。

定："妇人无刑,虽有刑,不在朝市。"与西周时期普通男性臣民在朝市处死相比,妇女享有一定的优待。汉朝规定,对不满七岁的人、七十岁以上的人、女性以及精神病人限制适用死刑。《魏书·刑法志》载："大逆不道,腰斩,诛其同籍,年十四以下腐刑,女子没县官。"唐朝时,特殊主体限制死刑适用的制度基本成熟。《唐律疏议·名例》记载："八十以上、十岁以下及笃疾,犯反、逆、杀人应死者,上请。"《旧唐书·刑法志》载："九十以上、七岁以下,虽有死罪,不加刑。"《唐律疏议·断狱》规定："诸妇女犯死罪,怀孕,当决者,听产后一百日乃行刑。"可见,在唐朝,怀孕妇女只是推迟适用死刑,并非死刑免除事由。明清两朝规定,十岁以下、八十岁以上,犯杀人罪应判死刑时上请皇帝特批;七岁以下、九十岁以上的人除反逆罪外可免罪。

在刑事责任的年龄上,古人的标准比现在要低许多,尽管如此,仍然不能抹杀其矜老恤幼的积极一面。这种思想,对我国当前的刑事立法仍有较大的启示意义。

2. 我国古代死刑连坐制度

现代刑法坚持个人责任原则,即个人只对自己违反刑法规范的行为承担刑事责任,他人实施犯罪行为时,不论该人与自己的关系多么亲密,也不论该犯罪行为导致的后果多么严重,都不能归咎于自身。但是,在我国古代,为了凸显死刑的威慑效应,对犯死罪者一定范围内的亲属一并处死是一项备受推崇的制度。统治者利用株连制度残害无辜,扫除异己,往往出现一人犯罪数十人甚至成百上千人被处死的情况。《商君书》曾记载："重刑连其罪,则民不敢试。民不敢试,故无刑也。"可见,统治者利用株连制度赋予了死刑消灭犯罪的功能。

死刑连坐制度,在古代称为族刑,最早出现在商朝。《尚书·盘庚》中曾有"不吉不迪,颠越不恭,暂遇奸宄,我乃劓殄之,无遗育,无俾易种于兹新邑"的记载,劓殄即灭绝的意思,育即幼童,全句意思就是如果犯了"不吉不迪"、"颠越不恭"及"暂遇奸宄"三罪,就不仅本人要被处死,而且要斩尽杀绝,即诛杀全族。春秋战国时期,族刑制度开始广泛适用。公元前5世纪,魏国李悝受到魏文侯重用,开始变法改革,制定了我国封建社会时期第一部系统的法典——《法经》,其中明确规定："越城者,一人则诛;自十人以上则夷其乡及族。"商鞅变法以刑罚严厉著称,制定了严格的什伍连坐制度。秦朝在实践中大量适用连坐制度。在汉朝至魏晋南北朝时期,族刑有了比较大的起伏。汉高祖刘邦曾颁布"夷三族之令",突出族刑的适用。汉文帝吸取秦朝灭亡的教训,曾经废止族刑,这是我国历史上第一次废除族刑的实践。但是,在其后的汉景帝又恢复了族刑。曹魏时期,缩小了族刑的适用范围,规定除谋反夷三族外,大逆无道罪家属从坐时仅限父母、夫妻同产者,不牵连祖父母、孙。南朝《梁律》规定,缘坐对象限制在父子同产的男性上。北朝族刑适用在同一时期相对严酷,如北魏初期规定:"犯大逆者,亲族男女无少长皆斩",这就扩大了族刑的适用范围。隋朝将女子排除在死刑连坐之外,《开皇律》规定:"凡大逆、谋反、叛者,父子兄弟皆斩,家口没官"。唐朝在立法中限制死刑缘坐制度的适用范围,仅有谋反及大逆罪的缘坐,才把当事人的父亲、年龄在十六岁以上的儿子处以死罪,但男性中已经出养或入道士的不在缘坐范围之内。唐朝还将死刑缘坐连及兄弟的法律改为配役。这样,唐朝的死刑族刑制度的严酷性就大大减轻了。宋元明清时期,关于族刑的规定较之唐朝有扩大适用的迹象。如《大明律》规定:"祖父、父、子、孙、兄弟及同居之人,不分异性,及伯叔父、兄弟之子,不限籍之同异,年十六以上者,俱查出解部,即行立斩。"清朝在《大清律例》中扩大了族刑适用的范围,规定:"正犯之祖父、父、子、孙、兄弟及同居之人,如本族无服亲属,及外祖父、妻父、女婿之类,不分异性;及正犯之期亲,伯叔父、兄弟之子,不限已未析居,籍之同异,男年十六以上者,不论笃疾,废疾,皆斩。"

族刑在延续几千年的我国古代社会中一直备受统治阶级青睐,充分暴露了专制统治阶级的残暴,在我国的文明史上留下了极其血腥的一页。

3. 我国古代死刑复核、复奏制度

我国古代死刑因繁多、残酷而著名,但是,古代统治者从缓和阶级矛盾的角度出发,为了把适用死刑的司法权力牢牢掌握在自己手中,规定了死刑复核、复奏制度,从客观上起到了限制死刑适用的作用,具有一定的积极意义。

死刑复核、复奏制度萌芽于商周时期。据史书记载,商朝有"疑狱,泛与众共之,必察大小以成之"的规定,即商朝对于有疑问的案件,要广泛征求意见,可见在决断上的慎重。西周有三刺之法,即一曰讯群臣,二曰讯群吏,三曰讯万民,即随着案件疑难程度增加,君主征求意见的范围也逐渐扩大。同时,西周有"乞鞫"制度,即不服君主决断者可以上诉。这些制度是我国死刑复核、复奏制度的滥觞。三国两晋南北朝时期,死刑复核、复奏制度正式确立。北魏是最早在法律上把死刑核准权收归中央的王朝。《魏书·刑法志》记载:"论刑者,部主具状,公车鞫辞,而三都决之。当死者,部案奏闻,以死不可复生,惧监官不能平,狱成皆呈。帝亲临问,无异辞怨言仍绝之,诸州国之大辟,皆先谳报乃执行。"这就明确要求司法机关复审、复核后必须报皇帝核准,核准以后才能执行死刑。隋唐时期完善了死刑复核、核准制度,确定死刑必须经"三复奏"方可执行。《隋书·刑法志》记载:"死罪者,三奏而后决。"唐律规定,凡各地方的死刑判决作出后,必须三次奏报皇帝批准,待批准的诏令下达三日后方可执行。未经三次奏报或未获批准的或批准后未满三日或超过三日执行的,均处以相应的刑罚。[①]《通典》记载:"诸决大辟罪,在京者,行决之司五复奏;在外者,刑部三复奏。"可见,唐朝对京师判决的死刑案件要求更加严格,须经过"五复奏"。之后的宋元明清各代对死刑复核、复奏制度作了进一步的完善。宋朝初期,所有地方大辟以上案件须先送刑部复核。明朝实行厂卫制度,凌驾于司法机关之上,被皇帝赋予种种特权,完全不顾复核、复奏制度,制造了不少冤案。直至天顺三年(公元 1459 年)形成了朝审制度,即在每年霜降之后,三法司会同公侯、伯爵,在吏部尚书的主持下会审重案囚犯,并奏报皇帝。清朝在明代朝审制度的基础上又完善了死刑复核制度,除保留朝审制度外,还创设了秋审制度,对地方上报的斩监候及绞监候案件进行审理,皇帝有时会亲自参加,以示重视。明清时期通过复审、复核制度将大量斩绞监候案件改为生刑,大大减少了死刑的适用。死刑复核、复奏制度的存在表明统治者慎刑的态度,对于防止冤假错案有一定的作用。

(六) 我国古代死刑制度演变的特点

1. 死刑观念陈旧、落后,没有科学、文明精神的支撑,刑罚价值冲突严重

从奴隶制的夏朝至清朝末年封建社会的终结,我国历经四千余年的历史洗礼,但自始至终没有发展起现代科学技术,没有接受现代人文思想,更没有建立以人权为中心的政治法律制度。因此,以文明自诩的我国奴隶制和封建制社会,在刑罚观念乃至死刑观念上始终原地徘徊,痛苦挣扎。一方面,统治者寄过多期待于死刑,希冀通过死刑威慑犯罪、消灭犯罪,以维护自己的统治地位长久不衰,因此,在死刑适用上极尽残酷之能事;另一方面,统治者又标榜儒家宽仁之心,出于一时的兴奋或者短暂的"盛世",要么"大赦天下",要么制定严格的复

---

① 曾宪义主编:《中国法制史》,中国人民大学出版社 2006 年版,第 146 页。

核、复奏制度。一边以苛酷的刑罚来威吓民众,一边又为安抚民众而行虚伪的宽恕之制,这种基于维持统治地位而又自相矛盾的理念与制度的背离如幽灵般伴随历代统治者,痛苦而不能自拔。因此,统治者始终没有放弃繁多的死刑罪名和严酷的执行方式,没有从现代民主、法治的角度对刑罚本质和功能进行正式的思考。正所谓"民不畏死,奈何以死惧之",封建社会赤裸裸的死刑威慑没有达到统治者所期望的长久太平盛世,反而惊人般相似地走向朝代灭亡的历史宿命。直到清末刑法改革,才在内忧外患的双重压力之下开始了刑法的现代化改革进程,彼时的西方国家在民主法制方面的进步已经是硕果累累。相比之下,对我国而言,不得不说是历史的悲哀。

2. 死刑制度演变呈现反复性,但总体上由严厉向宽缓、由残酷向人道艰难发展

我国古代死罪数量总体上由多变少。夏朝有死罪二百,西周初年达到五百个,至汉朝多达近两千,是封建社会死罪的顶峰。三国两晋南北朝时期开始削减死罪数量,至唐太宗时又基本回到夏朝时的死罪二百。宋明清时期再次增加,一度向一千逼近。至清朝末年刑法改革,仅有二十余项。从死罪数量变化的时间节点看,凡是在社会稳定的繁荣盛世,统治者就开明仁慈,刑罚相对轻缓,适用死刑较少;相反,在社会动乱、政权危急时,就滥施刑罚,死刑的适用也就较多。从死刑执行方式上看,商朝有醢、炮烙、脯、剔剜等刑罚;秦朝时有车裂、腰斩、枭首、磔、弃市;魏晋时有枭首、腰斩和弃市三等死刑;隋唐时期执行方式减少,只有斩、绞两种,相对人道;残忍至极的凌迟刑虽在宋代出现,至清末才得以废除,但毕竟非常用之刑。因此,总体上讲执行方式由包含肉刑、耻辱刑、生命刑的复合死刑向不具可分性的单一刑种回归,由极尽残酷之能事向刑罚人道性转变。这样的转变过程数次反复上演,暴露出古代统治阶级在治理社会时的黔驴技穷和刑罚观念的落后。但是,统治者的一厢情愿终究没能抗拒死刑向人道、文明变化的总体趋势,这种被动的转变,对民众而言是一种迟来的幸运。

3. 一定程度上考虑民众对死刑的反应

死刑制度是一种社会制度,与普通民众的生存与尊严息息相关,无论社会性质如何,皆是如此。在专制社会统治阶级心中,死刑是用来威慑、恫吓民众的重要政治手段,通过死刑来控制、消灭犯罪是统治阶级滥用死刑的政治逻辑。

但是,统治阶级同样意识到,滥用死刑,随意杀人,会引起民众的反抗,最终不利于统治地位的巩固。因此,基于维护自己统治利益的长远考虑,统治阶级又在死刑适用方面创设了一些慎刑的制度,如死刑复核、复奏制度,对老年人、未成年人、智力低下的人以及怀孕的妇女等特定人群不适用死刑制度。这些在现代各国刑法中仍然沿用的制度设计,反映了统治阶级一定程度上对民众死刑观念的重视。这些制度虽具有虚伪的目的性,但是其将民众反应作为制定死刑制度的参酌因素之一,在今天看来,仍不失其积极意义。

二、清末至新中国成立前的死刑制度

(一)国民政府的死刑制度

1911 年 10 月 10 日,辛亥革命爆发,结束了中国两千多年的封建君主专制制度,随后,1912 年 1 月 1 日孙中山在南京成立了中华民国临时政府。南京临时政府针对封建社会刑罚的残酷性,倡导"本大总统提倡人道,注重民生"的资产阶级人道主义政治理念,并在刑事法律中以法律条文明确规定下列内容:一是提出"罪责自负,反对株连"的现代法制原则,废除了封建社会的族刑制度。二是反对思想犯罪,规定如有过激言论,"但未见于行动者,自不必深究",认识到只有行为才是刑罚处罚的根据。三是明令各级官署审理案件一律不得体罚和刑讯逼供,不偏信口供,重视证据的作用。即"不论行政司法官署,及何种案件,一概不准刑讯。鞫狱当试证据之充分与否,不当偏重口供"。①

1912 年 3 月 10 日,袁世凯篡夺辛亥革命的胜利果实,在北京就任中华民国临时大总统。在《暂行新刑律》中专设"内乱罪"一章,用严刑峻法镇压革命,对"意图颠覆政府,僭窃土地及其他紊乱国宪而起暴动的""首魁"处死刑或无期徒刑;"执重要事务者"处死刑、无期徒刑或者一等有期徒刑……对"凡未受宣战之告知,或已受休战媾和之告知,无故对外开战者,处死刑"。

1928 年 3 月,南京国民政府颁布《中华民国刑法》。1935 年 1 月 1 日,国民政府公布修正后的《中华民国刑法》。这部刑法为了维护南京国民政府的稳定,规定了内乱罪,即"意图破坏国体、窃据国土或以非法之方法变更国宪、颠覆政

---

① 参见中国科学院近代史研究所史料编译组编辑:《辛亥革命资料》,中华书局 1961 年版,第 7、215、216 页。

府,而着手实行者,处七年以上有期徒刑,首谋者,处死刑或无期徒刑"。可见,当时一切反对国民党统治的人,尤其是工农群众的革命行为都要被判处刑罚直至死刑,国民政府企图以此镇压革命的意图十分明显。1929 年国民政府制定《陆海空军刑法》,严厉而粗糙,单单绝对死刑罪名就有 44 个,数量之多,实为重法。

（二）中共政权的死刑制度

1921 年中国共产党成立之后,创建了诸多农村革命根据地,成立了革命政府。为了严厉打击反革命活动,保卫工农民主政权,各地苏维埃政府相继颁布了一系列保卫革命果实的刑事法律。1934 年 4 月颁行的《中华苏维埃共和国惩治反革命条例》是这一时期的代表性法规。这些刑事法律中规定的死刑较多,主要适用对象是地主豪绅中罪大恶极的反革命分子及杀人犯。

抗日战争时期,陕甘宁边区为惩治汉奸反动派,于 1939 年颁布《抗战时期惩治汉奸条例》、《抗战时期惩治盗匪条例》、《惩治贪污条例》等。这些法律规定,只对汉奸、盗匪、敌特及破坏边区的反革命首要分子判处死刑,在适用死刑上极为慎重。同时,宣判死刑向群众公开。

解放战争时期,当时的主要任务是打击反动阶级的破坏活动,各边区、大行政区、军管会以及人民政府先后制定刑事法律法规。这一时期最主要的变化是确立了"首恶必办,胁从者不问,立功者受奖"的方针。如《惩处战争罪犯命令》规定,罪大恶极的内战祸首及战犯务必抓获归来,依法严办,对于凡能真心悔改,确有表现者,不论何人,给予宽大待遇。

这一时期,刑事法律规定的死刑主要是为了配合革命形势的发展,因此适用的对象大都集中在反对本政党统治的革命犯罪方面,具有鲜明的革命斗争的从属性特征。

三、1949 年至 1979 年的死刑制度

从 1949 年新中国成立到 1979 年《刑法》颁布前的 30 年间,我国没有专门的刑法典,这一时期的死刑制度主要规定在单行刑法中。新中国成立初期,政治上孤立、经济上落后,党和国家的主要任务是保卫新生的人民民主专政的社会主义制度,发展社会主义国民经济,死刑的锋芒也主要指向危害新生政权的反革命罪和危害经济基础的贪污罪。

（一）《惩治反革命条例》规定的死刑

在新中国成立初期，针对新生人民政权的各种破坏、渗透活动十分猖獗。为了稳定国内形势，为国家建设创造良好的内部环境，同时对反革命分子进行震慑，1951年2月20日，中央人民政府委员会第十一次会议批准了《惩治反革命条例》，并于次日公布实施。《惩治反革命条例》共计21个条文，其中第2条规定："凡以推翻人民民主政权，破坏人民民主事业为目的之各种反革命罪犯，暂依本条例治罪。"该条例从第3条至第13条规定了14种反革命罪名，依次是：背叛祖国罪（第3条），策动、勾引、收买公职人员、武装部队或民兵叛变罪、率队叛变罪（第4条），持械聚众叛变罪（第5条），间谍罪、资敌罪（第6条），参加反革命特务或间谍组织罪（第7条），利用封建会门进行反革命活动罪（第8条），反革命破坏、杀人罪（第9条），反革命挑拨、煽惑罪（第10条），反革命偷越国境罪（第11条），聚众劫狱罪、暴动劫狱罪（第12条），反革命窝藏、包庇罪（第13条）。这些反革命罪最高都可以判处死刑。

《惩治反革命条例》具有以下三个特点：①带有明显的时代印记，是当时国内革命形势的反映，政治意味较浓；②在刑罚种类的排列上，除第10条、第11条、第13条外，都是死刑在前，其他刑罚在后，体现了从重处罚的思想；③在第5条还规定了绝对死刑。

（二）《妨害国家货币治罪暂行条例》规定的死刑

为了稳定国内经济形势，建立国家货币信用，1951年4月19日，中央人民政府公布施行《妨害国家货币治罪暂行条例》。该条例规定，"以反革命为目的伪造国家货币者"、"以反革命为目的变造国家货币，或贩运、行使伪造、变造国家货币者"、"意图营利而伪造国家货币者"、"以反革命为目的，散布流言或用其他方法破坏国家货币信用者"中的"首要分子或情节严重者"，最高可判处死刑。

（三）《惩治贪污条例》规定的死刑

新中国成立初期，国内经济千疮百孔，百废待兴。但是，革命胜利以后，一部分党员干部思想出现了偏差，贪污腐败之风在党内不断滋长，个别地方甚至十分严重。为了遏制这种不正之风，中共中央于1951年12月1日下发《关于实行精兵简政、增产节约、反对贪污、反对浪费和反对官僚主义的决定》。1952年4月18日，中央人民政府委员会第十四次会议批准了《惩治贪污条例》，并于当年4月21日公布。《惩治贪污条例》第2条首先规定了贪污罪的定义，即"一切国家机关、企业、学校及其附属机构的工作人员,凡侵吞、盗窃、窃取、骗取、套取国家财物、强索他人财物、收受贿赂以及其他假公济私违法取利之行为,均为贪污罪"。第3条规定了贪污罪应当判处的刑罚,确定其中"个人贪污的数额,在人民币一亿元①以上者,判处十年以上有期徒刑或无期徒刑,其情节特别严重者判处死刑"。第4条规定:"犯贪污罪有下列情形之一者,得从重或加重处刑:一、对国家和社会事业及人民安全有严重危害者;二、出卖或坐探国家经济情报者;三、贪赃枉法者;四、敲诈勒索者;五、集体贪污的组织者;六、屡犯不改者;七、拒不坦白或阻止他人坦白者;八、为消灭罪迹而毁坏公共财物者;九、为掩饰贪污罪行嫁祸于人者;十、坦白不彻底、判决后又被人检举出严重情节者;十一、犯罪行为有其他特殊恶劣情节者。因贪污而兼犯其他种罪者,合并处罚。"根据上述"从重或加重处刑"的规定,这11种行为最高都可被处以死刑。

《惩治贪污条例》第6条进一步规定,向国家工作人员行贿者、介绍贿赂者也可以被处以死刑,即"一切向国家工作人员行使贿赂、介绍贿赂者,应按其情节轻重参酌本条例第三条的规定处刑;其情节特别严重者,并得没收其财产之一部或全部;其彻底坦白并对受贿人实行检举者,得判处罚金,免予其他刑事处分"。第8条规定,非国家工作人员也参照本条例处罚,并可处以死刑。该条规定:"非国家工作人员侵吞、盗窃、骗取或者套取国家财物者,应追缴其违法所得财物,并得按其违法所得的多寡,参酌本条例第四、第五两条的规定衡量其情节,酌处罚金或判令赔偿因其罪行所造成的国家其他损失;其情节特别严重者,并得参酌本条例第三条之规定,予以刑事处分,或并没收其财产之一部或者全部;其彻底坦白、情节轻微者免予处罚。"可见当时对腐败犯罪的处罚力度之重。

(四) 其他单行法规规定的死刑

在一些地方制定的条例中,也有对一些严重的违法行为处以死刑的规定。例如,1950年9月19日的《华东惩治不法地主暂行条例》、11月15日的《西北军政委员会惩治不法地主暂行条例》等。

这一时期死刑制度的特点是:①没有一个统一的刑法典,死刑制度散见于各单行法规甚至党的文件中;②许多罪名被冠以"以反革命为目的",体现了以打击反革命为重点,维护新生政权的时代特征;③一些死刑没有明确的法律依

---

① 旧制人民币10 000元折抵新人民币1元。

据,反映了当时法制不健全,以政策代替法律的实际做法。

四、1979 年至 1997 年的死刑制度

十一届三中全会以后,我国进入了一个崭新的历史时期,全国工作的重点由"以阶级斗争为纲"转移到"以经济建设为中心"上来。国家领导人逐渐意识到,要进行社会主义现代化建设,必须有健全的法制作为保障。在此背景之下,经过三十三稿草案的《刑法》终于在 1979 年召开的第五届全国人民代表大会第二次会议上获得通过。这部刑法典是新中国历史上第一部刑法典,其在总则和分则中较为全面地规定了死刑制度,死刑数量较为适中。20 世纪 80 年代以后,随着改革开放的深入,国内经济领域犯罪形势逐渐严峻,社会治安状况日益恶化。为了应对这种始料不及的新情况,国家陆续颁布了许多单行刑法,有效补充了 1979 年《刑法》的不足。在这些单行刑法中,规定了许多死刑,导致我国死刑数量的急剧膨胀。

(一) 1979 年《刑法》规定的死刑制度

1. 总则条款关于死刑的规定

①在死刑适用的对象上,明确死刑只适用于罪大恶极的犯罪分子(第 43 条)。②规定特殊主体不得适用死刑,即犯罪的时候不满十八周岁的人和审判的时候怀孕的妇女,不适用死刑(第 44 条)。③将死刑缓期二年执行制度首次写入刑法,即对于应当判处死刑的犯罪分子,如果不是必须立即执行的,可以判处死刑同时宣告缓期二年执行,实行劳动改造,以观后效(第 43 条)。④在程序上规定,死刑除依法由最高人民法院判决的以外,都应当报请最高人民法院核准(第 43 条)。

2. 分则条款规定了 27 个死刑罪名

这 27 个死刑罪名包括 14 个反革命罪和 13 个普通犯罪。14 个反革命罪规定在分则第一章第 90 条至第 104 条,分别是:背叛祖国罪、阴谋颠覆政府罪、阴谋分裂国家罪、策动叛变罪、策动叛乱罪、投敌叛变罪、持械聚众叛乱罪、聚众劫狱罪、组织越狱罪、间谍罪、资敌罪、反革命破坏罪、反革命杀人罪、反革命伤人罪。13 个普通死刑罪名分别规定在分则第二章危害公共安全罪,第四章侵犯公民人身权利、民主权利罪,以及第五章侵犯财产罪中,分别是:放火罪、决水罪、爆炸罪、投毒罪、以危险方法危害公共安全罪、破坏交通工具罪、破坏交通设备

罪、破坏电力设备罪、破坏易燃易爆设备罪、故意杀人罪、强奸罪、抢劫罪、贪污罪。

3. 评价

可以看出,1979 年《刑法》既在实体上对死刑罪名以及适用的条件作了具体规定,又在程序上对死刑核准的程序作出了限制,内容较为全面。无论从死刑总体数量上,还是死刑罪名的分布,都较好地体现了当时"严肃与谨慎相结合"的方针,既不迷恋死刑的威慑力,又根据当时国情规定一定数量的死刑。这反映的是轻刑倾向,契合了当时世界上废除和限制死刑适用的潮流。[①]

(二) 1979 年《刑法》实施后单行刑法规定的死刑制度

1983 年,针对国内犯罪数量剧增的形势,国家决定实行依法从重从快惩处严重刑事犯罪分子的方针。在刑事法律方面,表现为根据社会发展的态势,陆续发布一系列的单行刑法。但是,这些单行刑法中,以重刑惩治、防范犯罪的思想日渐突出,关于死刑的立法开始膨胀。[②] 具体体现在:

1.《惩治军人违反职责罪暂行条例》规定的死刑

1981 年 6 月 10 日第五届全国人民代表大会常务委员会第十九次会议通过《惩治军人违反职责罪暂行条例》,其中规定了 11 种死刑罪名,分别是:为敌人或外国人窃取、刺探、提供军事秘密罪,阻碍执行军事职务罪,窃取武器装备或军用物资罪,破坏武器装备或军事设施罪,勾结敌人造谣惑众罪,临阵脱逃罪,违抗作战命令罪,谎报军情罪,假传军令罪,投降罪,掠夺、残害战区居民罪。这一条例专门针对军人制定,是对 1979 年《刑法》的补充。

2.《关于死刑案件核准问题的决定》规定的死刑

1981 年 6 月 10 日第五届全国人民代表大会常务委员会通过《关于死刑案件核准问题的决定》,规定在 1981 年至 1983 年内,犯有杀人、抢劫、强奸、爆炸、放火、投毒、决水和破坏交通、电力设备的罪行,由省、自治区、直辖市高级人民法院终审判决死刑的,或者中级人民法院一审判决死刑,被告人不上诉,经高级人民法院核准的,以及高级人民法院一审判决死刑,被告人不上诉的,都不必报最高人民法院核准。通过这个规定,部分死刑案件的核准权下放,造成核准权

---

① 胡云腾:《死刑通论》,中国政法大学出版社 1995 年版,第 183 页。
② 高铭暄、赵秉志:《中国刑法立法之演进》,法律出版社 2007 年版,第 74 页。

行使的宽松化,是错案产生的主要原因之一。

3.《关于严惩严重破坏经济的犯罪的决定》规定的死刑

1982年3月8日第五届全国人民代表大会常务委员会第二十二次会议通过的《关于严惩严重破坏经济的罪犯的决定》,将走私罪、投机倒把罪、盗窃罪、惯窃罪、盗窃珍贵文物出口罪、贩毒罪和受贿罪的法定最高刑设定为死刑。这是在经济领域进行"严打"的一个标志。

4.《关于严惩严重危害社会治安的犯罪分子的决定》规定的死刑

1983年9月2日第六届全国人民代表大会常务委员会第二次会议通过的《关于严惩严重危害社会治安的犯罪分子的决定》,增设了传授犯罪方法罪,并规定法定最高刑为死刑。另外,将流氓罪,故意伤害罪,拐卖人口罪,非法制造、买卖、运输枪支、弹药、爆炸物罪,盗窃、抢夺枪支、弹药、爆炸物罪,组织反动会道门罪,利用封建迷信进行反革命活动罪,强迫妇女卖淫罪,引诱、容留妇女卖淫罪等罪名的法定最高刑提高至死刑。

5.《关于惩治走私罪的补充规定》规定的死刑

1988年1月21日第六届全国人民代表大会常务委员会第二十四次会议通过的《关于惩治走私罪的补充规定》,将走私罪根据走私对象进行细化,并将其中的走私毒品罪,走私武器、弹药罪,走私假币罪,走私文物罪,走私珍贵动物、珍贵动物制品罪,走私贵金属罪,走私普通货物、物品罪的法定最高刑规定为死刑。

6.《关于惩治泄露国家秘密犯罪的补充规定》规定的死刑

1988年9月5日第七届全国人民代表大会常务委员会第三次会议通过的《关于惩治泄露国家秘密犯罪的补充规定》,增设了为境外窃取、刺探、收买、非法提供国家秘密罪,并规定法定最高刑为死刑。

7.《关于禁毒的决定》规定的死刑

1990年12月28日第七届全国人民代表大会常务委员会第十七次会议通过的《关于禁毒的决定》,将1979年《刑法》第171条规定的制造、贩卖、运输毒品罪和1988年1月21日通过的《关于惩治走私罪的补充规定》中规定的走私毒品罪合并为一个罪名,即走私、贩卖、运输、制造毒品罪,规定法定最高刑为死刑。

8.《关于惩治盗掘古文化遗址、古墓葬犯罪的补充规定》规定的死刑

1991年6月29日第七届全国人民代表大会常务委员会第二十次会议通过

的《关于惩治盗掘古文化遗址、古墓葬犯罪的补充规定》,增设了盗掘古文化遗址、古墓葬罪,规定法定最高刑为死刑。

9.《关于严禁卖淫嫖娼的决定》规定的死刑

1991年9月4日第七届全国人民代表大会常务委员会第二十一次会议通过的《关于严禁卖淫嫖娼的决定》,将强迫妇女卖淫罪修改为强迫他人卖淫罪,法定最高刑仍为死刑;增设了组织他人卖淫罪,规定法定最高刑为死刑。

10.《关于严惩拐卖、绑架妇女、儿童的犯罪分子的决定》规定的死刑

1991年9月4日第七届全国人民代表大会常务委员会第二十一次会议通过的《关于严惩拐卖、绑架妇女、儿童的犯罪分子的决定》,规定拐卖妇女、儿童罪,绑架妇女、儿童罪,绑架勒索罪的法定最高刑为死刑。

11.《关于惩治劫持航空器犯罪分子的决定》规定的死刑

1992年12月28日第七届全国人民代表大会常务委员会第二十九次会议通过的《关于惩治劫持航空器犯罪分子的决定》,增设劫持航空器罪,规定法定最高刑为死刑。

12.《关于惩治生产、销售伪劣商品犯罪的决定》规定的死刑

1993年7月2日第八届全国人民代表大会常务委员会第二次会议通过的《关于惩治生产、销售伪劣商品犯罪的决定》,增设生产、销售有毒、有害食品罪,规定法定最高刑为死刑;将1979年《刑法》中的制造、贩卖假药罪修改为生产、销售假药罪,法定最高刑提高至死刑。

13.《关于惩治破坏金融秩序犯罪的决定》规定的死刑

1995年6月30日第八届全国人民代表大会常务委员会第十四次会议通过的《关于惩治破坏金融秩序犯罪的决定》,增设集资诈骗罪、票据诈骗罪、金融凭证诈骗罪、信用证诈骗罪,规定法定最高刑为死刑;将1979年《刑法》中的伪造国家货币罪修改为伪造货币罪,法定最高刑提高至死刑。

14.《关于惩治虚开、伪造和非法出售增值税专用发票犯罪的决定》规定的死刑

1995年10月30日第八届全国人民代表大会常务委员会第十六次会议通过的《关于惩治虚开、伪造和非法出售增值税专用发票犯罪的决定》,增设虚开增值税专用发票,用于骗取出口退税、抵扣税款发票罪,伪造、出售伪造的增值税专用发票罪,规定法定最高刑为死刑。

通过这一系列的单行刑法,我国的死刑罪名大幅增加。截至 1997 年《刑法》修改之前,我国刑法立法中的死刑罪名多达 71 个。[①] 这些单行刑法规定的罪名,后来成为 1997 年《刑法》死刑罪名的雏形。

(三) 1997 年《刑法》规定的死刑制度

1997 年 3 月 14 日,第八届全国人民代表大会第五次会议通过了修订后的《刑法》。这部刑法对有关死刑的规定作了某些调整,在总则中细化、增加了某些规定,在分则中基本采纳了 1979 年《刑法》以及以后颁布的单行刑法中规定的死刑罪名。

1. 总则条款关于死刑的规定

(1) 对死刑的适用对象作了更为精确的表述,即"死刑只适用于罪行极其严重的犯罪分子"(第 48 条),改变了 1979 年《刑法》中"死刑只适用于罪大恶极的犯罪分子"的表述,法律用语更加规范,也增加了司法中的可操作性。[②]

(2) 重申了 1979 年《刑法》中关于不适用死刑主体的规定,即"犯罪的时候不满十八周岁的人和审判的时候怀孕的妇女,不适用死刑"(第 49 条)。同时,删除了 1979 年《刑法》中对已满 16 周岁不满 18 周岁的未成年人可能适用死刑缓期二年执行的规定,体现了未成年人不适用死刑的国际趋势。

(3) 关于死刑的核准程序,规定"死刑除依法由最高人民法院判决的以外,都应当报请最高人民法院核准。死刑缓期执行的,可以由高级人民法院判决或者核准"。

(4) 细化了死缓制度,规定"对于应当判处死刑的犯罪分子,如果不是必须立即执行的,可以判处死刑同时宣告缓期二年执行"(第 48 条);同时规定了死缓的法律后果,即"判处死刑缓期执行的,在死刑缓期执行期间,如果没有故意犯罪,二年期满后,减为无期徒刑;如果确有重大立功表现,二年期满以后,减为十五年以上二十年以下有期徒刑;如果故意犯罪,查证属实的,由最高人民法院核准,执行死刑"(第 50 条)。

2. 分则条款规定了 68 个死刑罪名

这些罪名散见于《刑法》分则除第九章渎职罪以外的其他所有章节中。具

---

① 高铭暄、赵秉志:《中国刑法立法之演进》,法律出版社 2007 年版,第 134 页。
② 钊作俊:《死刑限制论》,武汉大学出版社 2001 年版,第 113 页。

体是:分则第一章"危害国家安全罪"中规定了 7 个死刑罪名,分别是:背叛国家罪,分裂国家罪,武装叛乱、暴乱罪,投敌叛变罪,间谍罪,为境外窃取、刺探、收买、非法提供国家秘密、情报罪,资敌罪;分则第二章"危害公共安全罪"中规定了 14 个死刑罪名,分别是:放火罪,决水罪,爆炸罪,投放危险物质罪,以危险方法危害公共安全罪,破坏交通工具罪,破坏交通设施罪,破坏电力设备罪,破坏易燃易爆设备罪,劫持航空器罪,非法制造、买卖、运输、邮寄、储存枪支、弹药、爆炸物罪,非法制造、买卖、运输、储存危险物质罪,盗窃、抢夺枪支、弹药、爆炸物、危险物质罪,抢劫枪支、弹药、爆炸物、危险物质罪;分则第三章"破坏社会主义市场经济秩序罪"中规定了 16 个死刑罪名,分别是:生产、销售假药罪,生产、销售有毒、有害食品罪,走私武器、弹药罪,走私核材料罪,走私假币罪,走私文物罪,走私贵重金属罪,走私珍贵动物、珍贵动物制品罪,走私普通货物、物品罪,伪造货币罪,集资诈骗罪,票据诈骗罪,金融凭证诈骗罪,信用证诈骗罪,虚开增值税专用发票,用于骗取出口退税、抵扣税款发票罪,伪造、出售伪造的增值税专用发票罪;分则第四章"侵犯公民人身权利、民主权利罪"中规定了 5 个死刑罪名,分别是:故意杀人罪,故意伤害罪,强奸罪,绑架罪,拐卖妇女、儿童罪;分则第五章"侵犯财产罪"中规定了 2 个死刑罪名,分别是:抢劫罪、盗窃罪;分则第六章"妨害社会管理秩序罪"中规定了 8 个死刑罪名,分别是:传授犯罪方法罪,暴动越狱罪,聚众持械劫狱罪,盗窃古文化遗址、古墓葬罪,盗窃古人类化石、古脊椎动物化石罪,走私、贩卖、运输、制造毒品罪,组织卖淫罪,强迫卖淫罪;分则第七章"危害国防利益罪"中规定了 2 个死刑罪名,分别是:破坏武器装备、军事设施、军事通信罪,故意提供不合格武器装备、军事设施罪;分则第八章"贪污贿赂罪"中规定了 2 个死刑罪名,分别是:贪污罪、受贿罪;分则第十章"军人违反职责罪"中规定了 12 个死刑罪名,分别是:战时违抗命令罪,隐瞒、谎报军情罪,拒传、假传军令罪,投降罪,战时临阵脱逃罪,阻碍执行军事职责罪,军人叛逃罪,为境外窃取、刺探、收买、非法提供军事秘密罪,战时造谣惑众罪,盗窃、抢夺武器装备、军用物质罪,非法出卖、转让武器装备罪,战时残害居民、掠夺居民财物罪。

3. 评价

对于新刑法典规定的死刑制度,时任全国人大常委会副委员长王汉斌在第八届全国人大第五次会议上所作的关于《中华人民共和国刑法(修订草案)的说明》中提到,"对现行法律规定的死刑,原则上不减少也不增加"。与修改前实际存在 71 个死刑罪名相比,1997 年《刑法》减少了 3 个,总数仍然较多,但是从规定的详细程度和可操作性上看,还是体现出当时欲限制死刑适用的思想。

(四)《刑法修正案》规定的死刑制度

1997 年新《刑法》颁布后,为了应对刑法运行过程中出现的新情况,全国人大常委会以《刑法修正案》的形式对原来一些不合时宜的规定作了修改。截至 2011 年 2 月 25 日,全国人大常委会共通过了八个《刑法修正案》。其中,《刑法修正案(八)》第一次从总则和分则两部分对死刑制度进行了较大幅度的修改,集中体现了我国现阶段"保留死刑、严格控制和慎重适用死刑"的刑事政策。

1. 总则中对死刑制度的修改

在总则中,第 49 条之后增加一款,即"审判的时候已满七十五周岁的人,不适用死刑,但以特别残忍手段致人死亡的除外",既体现了对老年人犯罪的特殊处理,符合我国法制传统和世界潮流,又结合实际,作了例外规定,很好地贯彻了宽严相济的刑事政策。

2. 分则中删除了 13 个死刑罪名

在分则中,废除了 13 个罪名的死刑,这 13 个罪名是:走私文物罪,走私贵重金属罪,走私珍贵动物、珍贵动物制品罪,走私普通货物、物品罪,票据诈骗罪,金融凭证诈骗罪,信用证诈骗罪,虚开增值税专用发票,用于骗取出口退税、抵扣税款发票罪,伪造、出售伪造的增值税专用发票罪,盗窃罪,传授犯罪方法罪,盗窃古文化遗址、古墓葬罪,盗掘古人类化石、古脊椎动物化石罪。这些罪名都是经济性、非暴力性犯罪,约占现有死刑罪名的 19.1%。

3. 评价

这次修改削减死刑罪名的幅度之大,是新中国成立以来的首次,既是我国刑法实施经验的总结,又是对减少死刑直至废除死刑的国际趋势作出的一次理性回应,意义重大。

(五) 我国死刑制度的前景展望

如前所述,我国于 2011 年 2 月 25 日通过的《刑法修正案(八)》废除了 13 个死刑罪名,这次刑法修改总结了近年来社会各界争议的焦点问题,体现了我国在削减死刑方面的努力。在程序法方面,2010 年 6 月 13 日最高人民法院、最高人民检察院、公安部、国家安全部、司法部印发《关于办理死刑案件审查判断证据若干问题的规定》和《关于办理刑事案件排除非法证据若干问题的规定》,并于 2010 年 7 月 1 日起施行。两个证据规定总结了我国刑事司法的经验,比较系统地构建了我国刑事证据规则体系,确定了言辞证据规则、证据裁判规则、非法证据排除规则,是严格死刑案件办理,确保死刑案件质量的一项重大举措。两个证据规定的实施,表明我国在死刑案件办理中十分慎重的态度,同时可视为在限制和慎用死刑上的一次努力。

死刑制度说到底是一个国家制度,存在与否已经不单单是法律自身的事情,其涉及社会的各个方面。从 1764 年意大利刑法学者贝卡里亚在著名的《犯罪与刑罚》中第一次公开支持废除死刑之日起,死刑就一直是一个备受争议的话题。在当下中国,死刑已经成为立法者、法学家、社会学家乃至普通民众十分关注的一个重要命题,目前形成了死刑保留论者与死刑废除论者两大泾渭分明的阵营。在死刑废除论者内部,又有立即废除论、渐进废除论之分。就争议的焦点而言,死刑是否人道、死刑是否公正、死刑是否具有威慑力等问题成为支持各自论调的有力证据。但是,社会科学不像自然科学那样可以进行是非分明的论证,死刑保留论者和死刑废除论者同时都陷入了论证的瓶颈——不论是理论角度的推理,还是实证角度的考察,双方都无法拿出一个无可辩驳的理由来,亦都无法得出一个确定无疑的答案。可喜的是,这样的论战客观上给人们带来了思想与观念上的转变,现阶段限制死刑、慎重适用死刑越来越成为社会各界的共识。

对于废除死刑的步骤,刑法学者们提出了各种设想,比较具有代表性的观点如胡云腾博士的三阶段说①、贾宇教授的三步说②、田文昌律师的五步说③、赵秉志教授的三阶三步说④。邱兴隆教授是死刑立即废除说的代表,其曾经提出"给我一个开明的政治家,我可以在一个早上废止死刑"⑤的激进观点。上面的各种主张,为我国死刑制度改革打下了坚实的理论基础。

在笔者看来,一项制度的存废归根到底取决于一系列因素的制约与限制,

---

① 胡云腾:《死刑通论》,中国政法大学出版社 1995 年版,第 301—302 页。
② 贾宇:《死刑的理性思考及现实选择》,载《法学研究》1997 年第 2 期。
③ 田文昌、颜九红:《论中国死刑发展趋势》,载《当代法学》2005 年第 2 期。
④ 赵秉志:《中国逐步废止死刑论纲》,载《法学》2005 年第 1 期。
⑤ 邱兴隆:《死刑的德性》,载陈兴良主编:《法治的使命》,法律出版社 2003 年版,第 231 页。

必须从政治、经济、文化、社会发展的可行性上考虑。因此,就我国的死刑制度而言,既不能一味为了迎合国际潮流的需要而马上废除死刑,也不能固守特殊国情而固步自封。认清国际社会死刑制度发展的趋势,把握当下中国社会变化的阶段性特征,采取适当措施在立法上逐步废除一部分罪名的死刑、在司法上严格死刑适用是当前的理性选择。可以预见,我国在相当长的一段时间内,主要精力将放在如何削减死刑罪名、限制死刑适用方面,短期内废除死刑是一个美丽的梦。

需要警惕的是,社会治安状况处于随时变动当中,怎样克服新中国成立以来三次"严打"的历史惯性,克服机械的"乱世用重典"的管制思维,走出死刑制度反复的历史怪圈,是摆正我国政府面前的一个重要使命。限制和慎重适用死刑是一个需要政治家、学者、普通民众共同参与、共同思考的历史课题。

第三节　保留死刑、严格控制和慎重适用死刑的刑事政策

一、我国死刑政策的历史回顾

中国共产党成立之初,就公布了较为先进的死刑政策。1922 年 6 月 15 日,中国共产党发布了《中共中央对于时局的主张》,其第 9 项规定:"改良司法制度,废止死刑,实行废止肉刑。"这被认为是中国共产党关于死刑政策的第一次公开表达。但是由于当时严峻的革命形势,中国共产党还没有掌握国家政权,因此,还没有充分的机会实践自己的死刑政策。在其后的约三十年间,中国共产党的死刑政策随着革命逐渐取得胜利、人民民主专政政权的建立而萌芽、发展、成熟。这一阶段的死刑政策主要体现在毛泽东同志的一些讲话和重要文献中。

(一) 死刑政策的萌芽

十年内战时期,毛泽东同志在党内逐渐确立了领导地位,他本人关于死刑的观点逐渐成为当时的死刑政策。1927 年,毛泽东同志在《湖南农民运动考察报告》这篇文章中讲到:"枪毙。这必须是很大的土豪劣绅,农民和各界

民众共同做的。……这样的大劣绅、大土豪、枪毙一个，全县震动，于肃清封建余孽，极有效力。这样的大土豪劣绅，各县多的有几十个，少的也有几个，每县至少要把几个罪大恶极的处决了，才是镇压反动派的有效方法。……以前土豪劣绅的残忍，土豪劣绅造成的农村白色恐怖是这样，现在农民起来枪毙几个土豪劣绅，造成一点小小的镇压反革命派的恐怖现象，有什么理由说不应该?"[1]

可以看出，这一时期的死刑政策主要有三个要点：第一，死刑的作用在于以暴制暴，在于镇压和威慑，将死刑作为革命斗争的一种手段。第二，死刑的对象必须是"很大的土豪劣绅"，在对象上透露出少杀的慎刑思想。第三，指出枪毙是"农民和各界民众共同做的"，这是革命时期发动群众运动的雏形。这一死刑政策是基于当时国内严峻的革命形势及敌我双方革命力量的对比而制定的，但是在后来的执行中却一度发生过扩大化的倾向。

在井冈山革命根据地时期，受"左"的思想的影响，党中央曾经实行"烧杀"的死刑政策，其中在肃反运动中错杀多人，对革命形势造成了不好的影响。毛泽东同志在后来总结肃反的历史教训时讲道："这个方针（肃反）简单地说来，就是逼供信三字。审讯人员对待特务分子及可疑分子采用肉刑、变相肉刑及其他威逼办法；然后被审人员随意乱供，诬陷好人；然后审讯人员及负责人不假思索地相信这种绝对不可靠的供词，乱抓乱打乱杀，这是完全主观主义的方针与方法。"[2]可以看出，毛泽东同志在这一时期已经对刑讯逼供的危害有了较为深刻的认识，体现了一定的慎刑思想。

（二）死刑政策的发展

鉴于肃反运动扩大化带来的深刻历史教训，毛泽东同志在延安审干时提出了"一个不杀、大部不抓"的思想，死刑政策得到了较快发展。1940 年 12 月，毛泽东同志发表《论政策》一文，在其中指出："应该坚决地镇压那些坚决的汉奸分子和坚决的反共分子，非此不足以保卫抗日的革命势力。但是决不可多杀人，决不可牵涉到任何无辜的分子。对于反动派中的动摇分子和胁从分子，应有宽大的处理。对任何犯人，应坚决废止肉刑，重证据不轻信口供。对敌军、伪军、

---

[1] 《毛泽东选集》第 1 卷，人民出版社 1991 年版，第 26 页。
[2] 转引自崔敏：《刑事证据理论研究综述》，中国人民公安大学出版社 1990 年版，第 54 页。

反共军的俘虏,除为群众所痛恶、非杀不可而又经过上级批准的人以外,应一律采取释放的政策。"①

这一时期死刑政策的特点是:第一,明确提出了"决不可多杀人,决不可牵涉到任何无辜的分子",确定了"少杀"的基本方针。第二,提出对于死刑应当经过上级批准,基本确定了死刑的程序。第三,提出废止肉刑,重证据不轻信口供,体现了现代刑事诉讼的文明理念。

1944年4月1日,毛泽东在晋绥干部工作会议上针对一些地方在土改中不必要地处死一些地主富农的做法提出了批评意见。他指出:"我们认为,经过人民法庭和民主政府,对于那些积极地并严重地反对人民民主革命和破坏土地改革工作的重要的犯罪分子,即那些罪大恶极的反革命分子和恶霸分子,判处死刑是完全必要和正当的。不如此,就不能建立民主秩序。但对于一些站在国民党方面的普通人员,一般的地主富农分子,或犯罪较轻的分子,则必须禁止乱杀。"②1948年1月,毛泽东在《关于目前党的政策中的几个问题》一文中指出:"极少数真正罪大恶极分子经人民法庭认真审讯判决,并经一定政府机关(县级或分区一级所组织的委员会)批准枪决予以公布,这是完全必要的革命程序。这是一方面。另一方面,必须坚持少杀,严禁乱杀。主张多杀乱杀的意见是完全错误的,它只会使我们党丧失同情,脱离群众,陷于孤立。"③1948年2月,在《新解放区土地改革要点》中,他又重申:"反动分子必须镇压,但是必须严禁乱杀,杀人愈少愈好。死刑案件应由县一级组织委员会审查批准。"④

这一时期,我党的死刑政策基本形成了体系,其包括以下要点:第一,坚持少杀,严禁乱杀。第二,死刑只适用于极少数罪大恶极分子。第三,确定死刑应当经法庭审判,政府机关批准,执行时须公布。可以讲,这一时期的死刑思想整体上具备了现代刑事诉讼的基本要素。

(三) 死刑政策的成熟

1949年10月1日,我国建立了人民民主专政的社会主义政权,社会的主要

---

① 《毛泽东选集》第2卷,人民出版社1991年版,第767页。
② 《毛泽东选集》第4卷,人民出版社1991年版,第1307页。
③ 《毛泽东选集》第4卷,人民出版社1991年版,第1271页。
④ 《毛泽东选集》第4卷,人民出版社1991年版,第1284页。

矛盾发生了根本性的变化,国家的主要精力逐渐转变到稳定国家政权、进行社会主义建设方面。这一时期,为了巩固新生政权,开展了"镇反"运动。为了进行社会主义经济建设,制止党内歪风邪气,又先后开展了"三反"、"五反"运动。新中国成立初期的死刑政策尽管出现过"宽大无边"的右倾错误,但是总体上延续了毛泽东"保留死刑,少杀慎杀"的思想。1951 年 12 月,毛泽东同志指出:"应把反贪污、反浪费、反官僚主义的斗争看做如同镇压反革命斗争一样重要,一样地发动广大群众包括民主党派及社会各界人士去进行,一样地大张旗鼓去进行,一样地由首长负责,亲自动手,号召坦白和检举,轻者批评教育,重者撤职、惩办、判处徒刑(劳动改造),直至枪毙一批最严重的贪污犯,全国可能要枪毙一万至几万贪污犯才能解决问题。"在此他强调了死刑的必要性。另外,毛泽东在这一时期的讲话中也体现了慎杀的思想。1951 年 5 月 8 日他在为中央所写的指示中指出,对于农村中的反革命分子"亦只杀那些非杀不足以平民愤者,凡人民不要杀的人一律不要杀。其中有些人亦应采取判死缓刑的政策。人民要求杀的人则必须杀掉,以平民愤而利生产"。① 同年,他在修改第三次全国公安会议决议时,再次强调:凡介在可捕可不捕之间的人一定不要捕,如果捕了就是犯错误;凡介在可杀可不杀之间的人一定不要杀,如果杀了就是犯错误。经过上述发展,我国的死刑政策逐渐成熟,对我国的死刑制度起到了很好的指导、统帅作用。

毛泽东同志的上述死刑政策集中体现为保留死刑,少杀、慎杀,这一思想在 1979 年《刑法》中得到了很好的贯彻,表现为总则性规定严格,分则罪名适中。正如时任全国人大常委会副委员长彭真同志在《关于七个法律草案的说明》中提出的一样:"我国现在还不能也不应废除死刑,但应尽量减少使用。早在 1951 年,中共中央和毛泽东同志就再三提出要尽量减少死刑。现在建国将近三十年,特别在粉碎'四人帮'以后,全国形势日益安定,因此刑法(草案)减少了判处死刑罪的条款。""为了贯彻少杀的方针和力求避免发生不可挽救的冤案、假案、错案,这次恢复了死刑一律由最高人民法院判决或者核准的规定。同时,还保留了我国特有的死刑也可以缓刑的规定。"②

---

① 《建国以来毛泽东文稿》第 2 册,中央文献出版社 1988 年版,第 281—282 页。
② 高铭暄、赵秉志编:《中国刑法立法文献资料精选》,法律出版社 2007 年版,第 362 页。

但是,在 1979 年《刑法》颁布后全国人大常委会先后颁布了 25 部单行刑法。这些单行刑法实施后,我国的死刑罪名大幅增加,"少杀、慎杀"的死刑政策在国内严峻犯罪形势的背景下被"严打"的刑事政策所代替。这主要表现在死刑罪名大量增加,绝对死刑条款的出现以及死刑核准权的下放。"严打"是在我国社会转型、犯罪率大幅度增加的特定的历史环境下出台的刑事政策,它对惩治严重刑事犯罪、维护社会治安发挥了重要作用。[①] 但是,通过单行刑法迅速增加死刑罪名、弱化死刑案件核准程序的做法,也招致了学界的诸多批评,被认为是对"少杀、慎杀"政策的一次背离。

二、我国贯彻死刑政策的立法和司法实践

1997 年修订《刑法》时,在死刑制度方面,其实是承继了 1979 年《刑法》以及其后颁布的单行刑法中的死刑规定,虽然减少了部分死刑罪名设置,但仍然属于死刑配置比例较高。正因为如此,学界一直认为 1997 年《刑法》没有很好地贯彻"少杀、慎杀"的死刑政策。1997 年以后,截至作者成稿之日,全国人大常委会先后又颁布了八个《刑法修正案》和《关于惩治骗购外汇、逃汇和非法买卖外汇犯罪的决定》,刑事立法活动较为频繁。可喜的是,这些法律没有增加死刑,而是着力于限制、减少死刑。这主要体现在两个方面:其一,《关于惩治骗购外汇、逃汇和非法买卖外汇犯罪的决定》对一些罪名进行了修改,这些选择性罪名使得可适用死刑的罪名在数量上有一定程度的增加。但是,从实质上看,这些罪状在刑法典中已有规定,只是用选择性罪名予以细化,因此本质上可认为死刑罪名没有改变。其二,2011 年 2 月 25 日通过的《刑法修正案(八)》,对死刑制度进行了较大幅度的修改。在总则中,增加规定审判的时候已满 75 周岁的人原则上不适用死刑,在分则中废除了 13 个经济性、非暴力性犯罪的死刑,使得我国刑法中的死刑罪名大大减少。这些立法实践,是对我国死刑政策的一次很好的贯彻。

在司法方面,1997 年《刑法》重申死刑核准权由最高人民法院行使。但是,由于国内犯罪形势的发展,最高人民法院于 1997 年 9 月 26 日依照原《人民法

[①] 戴玉忠:《宽严相济的刑事司法政策》,载《中国法治发展报告(2008 年卷)》,社会科学文献出版社 2008 年版,第 160 页。

院组织法》第 13 条的规定,发出《关于授权高级人民法院和解放军军事法院核准部分死刑案件的通知》,将部分死刑案件的核准权下放。该通知一出,立刻招到了学界的质疑,认为这样实质上是承认法律位阶较低的《人民法院组织法》的效力高于法律位阶较高的《刑法》及《刑事诉讼法》,在法理上是讲不通的。尽管如此,这个通知在司法实践中还是实行了十年之久。令人稍感欣慰的是,这一时期,我国司法机关对死刑案件越来越重视,在事实认定、证据采信以及适用死刑标准的把握上都越来越严格。最高人民法院、最高人民检察院先后就死刑案件发布司法解释、会议纪要等,努力从司法上提高死刑案件质量,在一定程度上弥补了上述规定带来的负面作用。在一些死刑错案的不良影响下,死刑核准权收归最高人民法院的工作也备受社会各界关注。同时,在中央司法体制改革的过程中,死刑案件成为改革的重点内容之一。2005 年 12 月 7 日,最高人民法院发出《关于进一步做好死刑第二审案件开庭审理工作的通知》,规定从 2006 年下半年对所有死刑第二审案件实行开庭审理。2006 年 10 月 31 日,第十届全国人大常委会第二十四次会议通过了《关于修改〈中华人民共和国人民法院组织法〉的决定》,废除了原第 13 条的规定,改为:“死刑除依法由最高人民法院判决的以外,应当报请最高人民法院核准。”这样死刑核准权再次统一由最高人民法院行使。为配合死刑复核工作,最高人民法院又增设三个死刑复核庭,奠定了死刑复核工作的人事基础。通过这些改革,最高人民法院核准死刑案件的标准大大提高,核准死刑案件数量大为减少。在这种局面之下,地方中级人民法院和高级人民法院判处死刑案件的标准也随之提高,导致报请最高人民法院复核的案件也大为减少。因此,通过这几年的改革,我国的死刑案件质量大为提高,削减与限制死刑的效果明显。

从政府角度看,我国目前的死刑政策依然是“保留死刑,严格控制和慎重适用死刑”,这在很大程度上将决定我国的死刑存废和宽严与否。2005 年 3 月 14 日在第十届全国人民代表大会举行的记者招待会上,温家宝总理回答记者提问时指出:出于我们的国情,我们不能够取消死刑。世界上一半以上的国家还都有死刑制度,但是我们将用制度来保证死刑判决的慎重和公正。这是我国政府对死刑政策的一次公开表达,表明了慎重适用死刑的官方立场,对死刑制度的发展方向意义重大。

第四节　审查判断死刑案件证据的特有要求

一、审查判断死刑案件证据的原则

(一) 依法审查原则

我国《刑事诉讼法》、《人民检察院刑事诉讼规则》以及《关于办理死刑案件审查判断证据若干问题的规定》、《关于办理刑事案件排除非法证据若干问题的规定》是检察机关审查判断刑事案件证据的重要法律依据。这些法律、法规、规定是在总结我国长期的刑事司法经验、吸取刑事错案的教训后得出的具有普遍适用性的规则。在实践中,证据审查虽因检察人员的办案习惯不同而呈现出一定的差异性,但却都应遵守上述法律、法规、规定的要求。依法审查证据,一方面可以保证证据审查的全面、客观,为指控犯罪打下坚实的基础;另一方面,审查中发现非法证据时,应当依法坚决排除,发现瑕疵证据时,应当依法要求侦查机关作出解释或者进行补正。依法审查的前提是对法律规定的精神和内涵有精准的理解,否则依法审查就将成为无源之水、无本之木。近年来,随着我国刑事诉讼法制的不断发展,证据规则要求越来越高,新的证据规则出台的频率越来越快,证据规则体系越来越复杂,这种客观情况要求,检察人员应当保持对新规则的关注,不断学习,保持法律知识的新鲜性,以适应不断严格的刑事证据规则的要求,这是依法审查证据的前提和基础。

(二) 依照证据的特征审查原则

根据通说,刑事证据具有客观性、关联性和合法性三个特征。客观性要求,证据应当是在社会中生活中实际发生、实际存在的事实,主观臆测、主观想象以及主观捏造的事物,不能作为证据使用。关联性是指,能作为案件证据的事实必须和案件存在客观的必然的联系,对查明案件事实具有一定作用,可以直接或者间接证明犯罪事实的某一方面,不具有关联性的证据材料不能、也无须成为案件的证据。合法性是指,证据的收集、固定、保全等必须符合法律的规定,这是从价值取向上对证据作出的要求。一个具有客观性和关联性的证据材料如果缺乏合法性,仍然不能为现代刑事诉讼法治所认可,之所以如此,是要最大限度地保障犯罪人的人权。审查死刑案件证据,既应该在事实评价上认真审查证据的客观性和关联性,又必须从价值评价上认真审查证据的合法性,证据材料只有同时具备这三个特征,才能作为死刑案件的证据使用。

(三) 区别对待原则

侦查取证活动是一项复杂的工作,其质量受到侦查人员的业务素质、责任意识、客观条件等各方面因素的制约,因此,在刑事诉讼中,非法证据、瑕疵证据的存在就成为一种虽尽力克服却始终未能避免的客观现象。但是,非法证据、瑕疵证据的存在对认定案件事实具有较大的不利影响。《关于办理死刑案件审查判断证据若干问题的规定》、《关于办理刑事案件排除非法证据若干问题的规定》第一次较为全面地规定了非法证据、瑕疵证据的概念和范围,并对非法证据排除规则、瑕疵证据的补正规则作了详细规定。死刑案件的证据绝大部分来自于侦查机关的取证活动。在审查中,检察人员一定要恪守检察官的客观义务,注意区分非法证据和瑕疵证据。对于非法证据要按照法律的规定坚决排除,不得将就。对于瑕疵证据,可采取补正措施的,要及时采取措施要求侦查机关补充相关材料,弥补瑕疵或者作出解释。排除非法证据和补正瑕疵证据都是为了保证指控犯罪的质量和效果,非法证据不排除会造成指控犯罪时的被动,降低庭审效果;瑕疵证据不补正会影响证据的证明力,不利于犯罪人认罪服法,严重者可能影响案件的定罪量刑。

二、死刑案件的证明标准

(一) 死刑案件证明标准与非死刑案件证明标准

我国《刑事诉讼法》规定,对被告人定罪量刑必须"事实清楚,证据确实、充分"。这一规定适用于所有刑事案件。因此,死刑案件的证明标准理所当然应达到上述要求。但是,死刑案件与非死刑案件相比,刑罚更为严厉,在把握"事实清楚,证据确实、充分"方面应当比非死刑案件更为严格、标准更高。最高人民检察院《关于加强死刑案件办理和监督工作的指导意见》第9条指出:"从严掌握死刑案件的证据标准。……对死刑案件坚持更加严格的证明标准。"这是因为:

1. 由死刑的不可逆转性决定

死刑是剥夺犯罪人生命的极刑,一旦出现差错,没有更正的余地。刑事案件的侦查、审查起诉、审判都是以证据为中心进行的,能否对犯罪人判处死刑,关键在于证据是否达到了死刑案件的证明标准。大量的司法实践证明,证据没有达到《刑事诉讼法》要求的证明标准是产生死刑错案的最主要、最直接原因。因此,对死刑案件的证据,应当要求更高,标准更严,这是现代刑事诉讼保障人权职能的客观要求。

2. 由死刑案件犯罪人翻供的经常性、反复性决定

对于即将被剥夺生命的犯罪人来讲,其心理活动在侦查、一审、二审、复核等各个诉讼阶段的表现各不相同,翻供呈现出经常性和反复性的特征。为应对这种情况,检察人员在审查死刑案件证据时,首先必须保证以最为严格的要求审查客观性证据,保证定罪量刑主要依靠客观证据;其次,要严格审查口供,理清前后供述的不同,从供述中了解犯罪嫌疑人的心理变化,为可能在庭审中出现的翻供等提供应对措施,这样,即使犯罪人翻供,在有经严格审查的、充分的客观性证据证明并有应对措施的前提下,仍然可以保证指控犯罪时的主动。

3. 并非否定普通刑事案件证明标准需要达到"事实清楚,证据确实、充分"的要求

如前所述,《刑事诉讼法》对"事实清楚,证据确实、充分"的要求适用于所有类型的刑事案件。刑事案件的证明标准不因犯罪分子可能被判处的刑罚而有所不同,因此,不能因刑罚较轻就降低证明标准。笔者主张死刑案件的证明标准比非死刑案件更为严格,是在认可所有刑事案件的证据都必须达到《刑事诉讼法》要求的证明标准的基础之上,对死刑案件的证据审查提出的更高、更严要求。这种要求首先是办案责任意识的高要求,其次是对准确把握各类证据证明力大小、综合判断证据状况的业务能力的高要求,这两方面的要求最终落脚于确保死刑案件证据"确实、充分"。

(二) 死刑案件证明标准的五个维度

《关于办理死刑案件审查判断证据若干问题的规定》首次较为集中地单独对死刑案件的证明标准作出了详细、具体规定,是审查判断死刑案件证据的最主要法律依据。该规定第 5 条指出,办理死刑案件,对被告人犯罪事实的认定,必须达到证据确实、充分。证据确实、充分是指:①定罪量刑的事实都有证据证明;②每一个定案的证据均已经法定程序查证属实;③证据与证据之间、证据与案件事实之间不存在矛盾或者得以合理排除;④共同犯罪案件中,被告人的地

位、作用均已查清；⑤根据证据认定案件事实的过程符合逻辑和经验规则，由证据得出的结论为唯一结论。办理死刑案件，对于以下事实的证明必须达到证据确实、充分：①被指控的犯罪事实的发生；②被告人实施了犯罪行为与被告人实施犯罪行为的时间、地点、手段、后果以及其他情节；③影响被告人定罪的身份情况；④被告人有刑事责任能力；⑤被告人的罪过；⑥是否共同犯罪及被告人在共同犯罪中的地位、作用；⑦对被告人从重处罚的事实。以上是对死刑案件证据"确实、充分"的具体规定。按照这一规定，检察机关审查判断死刑案件证据时应当把握以下五点：

1. 证据的绝对真实性

《刑事诉讼法》第 42 条第 3 款规定："以上证据必须经过查证属实，才能作为定案的根据。"这是对证据的真实性作出的法律要求。大量的司法实践证明，证据丧失真实性是一切冤、假、错案产生的根本原因。死刑案件中，审查证据的真实性，既要从程序方面进行审查，确保证据来源真实，又要从其实体方面作出判断，确保证据内容可靠。如对于言词证据要注意其主观性强、易变动的特性，结合其他证据综合判断。对于物证、书证要着重审查其来源，来源不明的物证、书证将会对其真实性产生影响。对于鉴定结论要着重审查鉴定人（机构）资质、鉴定依据、鉴定时间等可能影响真实性的因素。

2. 证据的高度关联性

孤证不能定罪，必须保证证据与证据之间、证据与案件事实之间的高度关联性。真实的个证具有零碎、松散的特征，只能盖然性地证明案件事实。而具有关联性的证据可以同一地、有机地、逻辑地证明案件事实。因此，必须确保死刑案件证据的高度关联性，使证据形成一个完整的证据链条、密不可分的证据体系，坚不可摧、无懈可击，这样才能提高证据的证明力，保持证据的稳定性。

3. 证据的合法性

证据的合法性并非证据的自然属性，它是为了满足人们一定的价值追求而赋予证据的一种附加属性，对于崇尚人权的现代法制而言，意义不可低估。根据《关于办理刑事案件排除非法证据若干问题的规定》第 1 条的要求，采用刑讯逼供等非法手段获取的犯罪嫌疑人、被告人供述和用暴力、威胁等非法手段取得的证人证言、被害人陈述等属于非法证据，应当排除。另外，瑕疵证据应当及时补正完善；未按法定程序收集、固定的证据应当重新收集、固定。另外，格式不规范的证据应该规范。只有在内容和形式上都具备合法性的证据材料才能被作为定罪量刑的依据。

4. 证据的一致性

案件事实具有清晰的逻辑要素,包括时间、地点、犯罪主体、犯罪对象、行为方式、犯罪后果以及法定与酌定情节等。但是,证据却并非如此。在死刑案件中,证据纷繁多样,有的证据证明犯罪事实的一个要素,有的证据证明犯罪事实的几个要素,有的证据前后一致,有的证据则相互矛盾。就案件事实而言,一个事实要素的认定需要有多个证据同时证明,多个证据在证明同一事实要素方面应当具有同一性。正是因为证据在证明同一事实要素方面的同一性才能保证法律事实的客观性。相反,证据在同一事实要素方面高度松散,相互之间的矛盾无法排除,真假难辨,就丧失了证据的一致性,无法还原案件事实。

5. 证据的唯一性

具有直接证据的案件,比较容易得出唯一结论,认定案件事实比较容易。有些案件没有直接证据,可以依照间接证据定案。但是,单独依照间接证据定案必须十分慎重,以保证得出结论的唯一性。也就是说,依据现有间接证据必须能唯一认定犯罪行为是犯罪嫌疑人实施,否则不能定案。《关于办理死刑案件审查判断证据若干问题的规定》第33条对依照间接证据定案作出了具体规定,即没有直接证据证明犯罪行为系被告人实施,但同时符合下列条件的可以认定被告人有罪:(1)据以定案的间接证据已经查证属实;(2)据以定案的间接证据之间相互印证,不存在无法排除的矛盾和无法解释的疑问;(3)据以定案的间接证据已经形成完整的证明体系;(4)依据间接证据认定的案件事实,结论是唯一的,足以排除一切合理的怀疑;(5)运用间接证据进行的推理符合逻辑和经验判断。依据间接证据定案的,判处死刑应当特别慎重。从证据的数量上看,一般而言,同一个案件事实,单独依据间接证据定案需要的证据数量要比依照直接证据需要的证据数量多,但是,无论证据有多么繁多,只要得出的结论不是唯一的,就不能定案。

三、各类证据的审查判断

(一) 言词证据的审查判断

1. 言词证据的特点

言词证据包括犯罪嫌疑人、被告人供述和辩解,以及被害人陈述、证人证言。言词证据的形成一般需要经过以下过程：提供者对与犯罪有关的事实的感知→在大脑中形成影像→形成自己对犯罪的认识→侦查人员讯（询）问→通过侦查人员的记录转变为笔录。言词证据具有主观性、不稳定性、偏差性特征。

（1）主观性。科学证明，不同主体对同一现象的感知程度、接受能力不同，在大脑中形成的影像亦不相同，形成的感知就会出现差别。因此，对于同一案件事实，不同主体的看法不同、意见不同，因而言词证据的主观性也就表现得十分突出。

（2）不稳定性。在《刑事诉讼法》规定的七种证据类别中，言词证据是最容易变动的一类证据，在刑事诉讼中表现为翻供、翻证等。这是因为，言词证据的提供者是具有理性思维能力的自然人，其思想受到时间、环境、利益等各方面因素的制约。如犯罪嫌疑人有时基于对犯罪行为的忏悔作出有罪供述，有时基于对刑罚的恐惧而极力辩解。被害人有时基于对犯罪人的痛恨而夸大其词，有时基于对罪犯的谅解而避重就轻。证人基于和犯罪人之间的亲疏关系也可能作出前后不一的证言。这些复杂情况是言词证据（有时是自书材料）不稳定性的典型表现，需要认真甄别。

（3）偏差性。在诉讼过程中，言词证据以笔录的形式固定、示证和质证。制作笔录，一方面需要提供者通过口头表达将头脑中的感知传达给侦查人员；另一方面，侦查人员需将提供者表达的内容通过文字固定下来。在这两个过程中，受到人们认识水平、表达能力、语言习惯等的影响，提供者的表述可能与事实有偏差，侦查人员的记录也可能与提供者的真实意思有偏差。在笔录获取过程中存在的两次偏差，使得言词证据表达的内容与客观事实之间的差缪就在所难免。因此，在审查判断死刑案件的证据过程中，切忌对言词证据偏听偏信。

2. 犯罪嫌疑人、被告人供述和辩解的审查

1）树立三种意识

第一，不轻信口供。重证据不轻信口供是长期司法实践经验的总结。犯罪嫌疑人、被告人的供述并非都反映案件事实，有基于保护同案犯而大包大揽者，有为了逃脱罪责而推诿敷衍者，有为了干扰办案而胡乱编造者。因此，应当审查供述能否得到其他证据的印证。比如，应当审查被告人关于现场的描述是否与现场勘验、检查相吻合。再比如，在"先证后供"的情况下，应当审查是否能排除诱供、刑讯逼供的嫌疑。只有口供而没有其他客观性证据印证的事实，作为

有罪证据时应当十分慎重。

第二,正确对待翻供。在死刑案件中,犯罪嫌疑人、被告人的心理最为复杂,翻供现象十分常见,必须正确对待。不能简单认为翻供就是不老实,不真诚悔罪,必须认识到翻供是查清犯罪事实的一种需要,就像辩护是为了更好地定罪量刑一样。审查中,既不能简单地否定翻供内容,也不能无视已经查清的其他证据而轻信犯罪嫌疑人、被告人的翻供。对于翻供的,要认真审查翻供的原因和理由,审查是否有事实依据,翻供是否符合常理。如果犯罪嫌疑人、被告人声称翻供是由于先前遭到刑讯逼供并提供了线索的,应当认真予以审查,必要时调取犯罪嫌疑人、被告人进出看守所的健康检查记录、笔录与审讯录像,甚至要求侦查人员出庭作证,对于不能排除刑讯逼供等非法手段获取口供可能的,不能作为定案的依据。

第三,不得"戴着有色眼镜"审查。对实施违法行为者,尤其对犯罪手段极其残忍、犯罪后果极其严重的死刑案件的犯罪嫌疑人,普通民众对之谴责、唾弃是人之常情。但是,检察人员承担着查清案件事实,指控犯罪的神圣职责,在审查案件时,应当摒弃先入为主的观念,克服有罪推定的思想,平等对待有罪供述和无罪辩解、从重情节和从轻情节。否则,怀着对犯罪的极度痛恨,容易只重视有罪供述、从重情节,思维受到限制,认识出现偏差,难以发现供述中的疑点,无法排除证据之间的矛盾。本来具有客观义务的检察官变成单独指控犯罪的所谓正义代言者、道德审判者,这样就会使审查无章可循,是办案中的大忌。

2) 审查的要素

第一,讯问时间。具体审查:①笔录上是否记载讯问的起止时间;②笔录上记载的时间段与提讯证上的时间段是否吻合;③提讯证上记载的时间段内是否都有诉讼活动的记载,是否形成讯问笔录;④是否存在同一名侦查人员出现在具有重合时间段的不同讯(询)问场合;⑤讯问时间长短,是否长时间讯问、不正常超长时间讯问。

在实践中,随着现代科技在刑事案件中的运用,电子签名、电子印章在笔录中的使用也越来越频繁,因此,要越来越重视对笔录中侦查人员签名、相关盖章等的审查。同时,由于电子签名、电子印章使用的便利性,侦查人员相互"帮助办案"的现象时有存在,即使侦查人员不在讯问地点,签名亦可以很容易地出现在笔录上面。因此,要结合提讯证等从实体上审查侦查人员的资格、人数等是否合法。如在王某某、高某某故意杀人案中,侦查人员李某的签名出现在了对犯罪嫌疑人王某某的第一次讯问笔录上。但是,检察人员审查发现,在同一时间段对同案犯高某某的讯问笔录中,也出现了侦查人员李某的签名。检察人员向侦查人员了解情况,侦查人员解释系使用笔录电子模板,忘记修改所致。这种解释在庭审中说服力不强,降低了供述的真实性。

第二,讯问地点。具体审查:①对于不需要逮捕、拘留的犯罪嫌疑人是否传唤到犯罪嫌疑人所在市、县内的指定地点或者他的住处进行;②对于逮捕、拘留的犯罪嫌疑人、被告人是否在羁押场所内讯问,是否有提押至羁押场所外讯问的情形。

讯问地点的不同,对犯罪嫌疑人的权利保护和心理造成的压力不同,由此而形成的供述的真实性也不相同。一般而言,未予羁押的犯罪嫌疑人意志较为自由,在看守所羁押并讯问的犯罪嫌疑人权利较能得到保护。如在谭某某故意杀人案中,根据提讯证记载,犯罪嫌疑人在看守所收押后被公安机关提押至所外讯问,并作了第一次有罪供述。后犯罪嫌疑人翻供。因没有讯问录像,因此供述的真实性就受到很大质疑,无法排除刑讯逼供的可能。

第三,讯问人员。具体审查:①是否具有法定身份;②是否一人讯问;③是否边勘验边讯问;④讯问人员是否签名,没有签名的应当要求补正或者审查是否有合理解释。如在张某抢劫案中,在对张某的第一次讯问笔录中有侦查人员陈某的签名,但是,与该次讯问同时进行的现场勘验、检查笔录中亦出现了侦查人员陈某的签名。这样,导致讯问笔录和现场勘验、检查笔录的真实性都大打折扣。

第四,是否个别讯问。同时讯问的犯罪嫌疑人会相互影响,影响供述的真实性。

第五,签名(盖章)、捺指印。具体审查:①讯问笔录是否有犯罪嫌疑人、被告人签名(盖章)、捺指印;②最后一页签名(盖章)、捺指印是否在紧跟笔录内容的下一行进行;③最后一页是否注明:"以上×页笔录看过,和我说的一样"或者"以上×页笔录向其宣读过,其表示一致"字样;④笔录修改处是否有犯罪嫌疑人、被告人捺指印。没有经犯罪嫌疑人、被告人核对确认并签名(盖章)、捺指印的,不能作为定案的证据。签名(盖章)、捺指印有瑕疵的,应当及时要求侦查机关补正或者作出解释。

第六，首次讯问是否告知犯罪嫌疑人、被告人申请回避、聘请律师等诉讼权利。没有告知诉讼权利的，应当要求侦查人员补正或者作出合理解释。

第七，讯问聋哑人、不通晓当地通用语言的少数民族人员、外国人时是否提供了通晓聋、哑手势的人员或者翻译人员。应当提供而没有提供的，不能作为定案的证据。翻译人员应当在笔录上签名或者盖章。

在司法实践中，需要提供翻译的对象不限于以上人员，只要侦查人员与犯罪嫌疑人之间语言不通，如犯罪嫌疑人系汉族，但所使用的方言系粤语，不通晓普通话，侦查人员仅能使用普通话的，也应该依据犯罪嫌疑人通晓的语言依法提供翻译。

第八，犯罪嫌疑人、被告人前后供述是否一致，有无反复以及反复的原因；第一次有罪供述的时间；是先证后供还是先供后证。这是对犯罪嫌疑人、被告人供述的实质性审查，事关供述的真实性，是审查中的难点。另外，一般认为，"先供后证"的真实性比"先证后供"的真实性高。

第九，是否全面记载犯罪嫌疑人、被告人的供述和辩解；没有记载的是否说明了原因。全面记载犯罪嫌疑人、被告人供述和辩解是查明案件事实的需要，只记载有罪供述，不记载无罪、轻罪辩解，于案件有百害而无一利。审查是否全面记载，要结合讯问时间长短、认罪态度好坏、笔录内容繁简、录音录像等综合判断。同时，检察人员在提审犯罪嫌疑人时，要让其全面陈述有罪供述和作无罪、罪轻辩解，必要时要求侦查人员说明原因。

第十，犯罪嫌疑人、被告人辩解的内容是否符合案情和常理，有无矛盾。

第十一，犯罪嫌疑人、被告人的供述和辩解与同案犯的供述和辩解之间有无矛盾，能否印证。

3）非法口供的排除

采用刑讯逼供等非法方法取得的犯罪嫌疑人、被告人供述属于非法言词证据，应当予以排除，不能作为定案的依据。

发现刑讯逼供嫌疑的线索有：讯问时间——讯问时间过长存在刑讯逼供、变相刑讯逼供的可能性大；讯问场所——将犯罪嫌疑人提押至看守所外讯问的，刑讯逼供的可能性大；犯罪嫌疑人提供线索；犯罪嫌疑人入所（看守所）健康检查记录等。

3. 证人证言的审查判断

1）应注意的两个问题

第一，关注证人的种类。刑事诉讼法规定，知道案件情况，能够正确表达的人，都可以作为证人。根据知悉案件事实的来源不同，可以将证人分为直接证人和间接证人。直接证人即亲身目睹案件情况的证人，间接证人是指从他人处听说案件情况的人。一般来讲，直接证人对案件情况感知的准确程度要高于间接证人，在两者的证言出现不同或者矛盾时，要注意研究证人的种类，结合其他证据作出正确判断。

第二，关注证人与案件的利害关系。鉴于查明案件事实的需要，我国刑事诉讼法没有规定证人回避制度。但是，证人与案件当事人关系的亲疏会直接影响证言的真实性。与被害人关系亲密的证人，可能潜意识里提供夸大被告人罪行、加重被告人罪责的证言；与犯罪人关系亲密的证人，可能潜意识里提供夸大被害人过错、减轻犯罪人罪责的证言。一般而言，与犯罪嫌疑人关系亲密的证人提供的不利于犯罪嫌疑人的证言较为可信，与被害人关系亲密的证人提供的不利于被害人的证言较为可信。

2）审查的要素[①]

第一，是否记载询问的起始时间，没有记载的，应当要求侦查机关补正或者作出解释。

第二，询问地点。《刑事诉讼法》第 97 条规定，侦查人员询问证人，可以到证人的所在单位或者住处进行。在必要的时候，也可以通知证人到人民检察院或者公安机关提供证言。对于询问地点不符合规定的，应当要求侦查机关补正或者作出解释，并应从实体上审查是否影响证人证言的真实性。

第三，是否个别询问。没有个别进行询问取得的证人证言，不得作为定案的证据。

第四，是否经证人核对确认并签名（盖章）、捺指印，签名（盖章）、捺指印是否符合规定。没有按照规定核对确认并签名（盖章）、捺指印取得的证言不得作为定案的依据。

---

① 审查证人证言的时间、地点、侦查人员、签名（盖章）、捺指印等的要求，与审查犯罪嫌疑人供述的要求在本质上是一致的，目的在于保证讯（询）问对象的意志自由，因此笔者不再重复解释说明，可参照对犯罪嫌疑人供述审查中的相关论述。

第五,询问聋哑人或者不通晓当地语言、文字的少数民族人员、外国人是否提供翻译。应当提供而没有提供的,不得作为定案的依据。

第六,同一询问人员是否在同一时间内询问不同证人。如具有此情形,应当要求侦查人员作出解释或者要求补正。

第七,证人是否有作证能力。认真审查证人年龄、认知水平、记忆能力和表达能力、生理和精神状况是否影响作证。证人的作证资格是决定证言是否具有证明能力的前提条件。在司法实践中,醉酒状态、麻醉品中毒或者精神药物麻醉状态的证人,其对案件事实的感知能力有所降低,因而其证言的真实性也会受到影响。采信这类证言必须十分谨慎,必要时可以对证人的作证能力进行鉴定。

第八,证言是否证人的直接感知。对于间接证人提供的证言,采信时应当慎重。

第九,证人与案件的当事人、案件处理结果有无利害关系,对于影响客观性的证人提供的证言,应认真鉴别。

第十,有无使用暴力、威胁、引诱以及其他非法手段取证。

第十一,是否告知证人应当如实提供证言和有意作伪证或者隐匿罪证要承担法律责任。

3) 非法证人证言的绝对排除

第一,采用暴力、威胁等非法手段取得的证人证言,不能作为定案的根据。采用暴力、威胁等非法手段获得的证人证言,因其手段的非法性,使证人证言丧失了证据资格,即使内容真实、可靠,也不能作为定案的依据。

第二,处于明显醉酒、麻醉品中毒或者精神药物麻醉状态,以致不能正确表达的证人提供的证言,不能作为定案的根据。证人的作证能力是确保证言真实性的前提,不能正确表达的证人不具有作证能力,进而丧失了作证资格,提供的证言真实性存疑,难以作为定案的根据。

第三,证人的猜测性、评论性、推断性的证言,不能作为证据使用,但根据一般生活经验判断符合事实的除外。证言应当是证人对与案件有关的事实的感知,猜测性、评论性、推断性的证言,不能确保其真实性,因而难以作为证据使用。在司法实践中,因证人证言表现为证人言语的书面记载,其中既可能有对客观事实的描述,又可能混杂一些主观性的"意见证据",审查时应当认真分辨,对于超出"根据一般生活经验判断符合事实"范围的,不能作为定案的依据。

4. 被害人陈述的审查判断

被害人陈述是被害人亲自感知犯罪行为之后作出的陈述。被害人直接受到犯罪行为的侵害,尤其是在杀人罪、强奸罪、故意伤害罪、抢劫罪的未遂案件中,被害人通常与犯罪人近距离接触,对犯罪人的体貌特征、犯罪手段、犯罪工具以及现场环境等有较为深刻的了解,对侦破案件、指控犯罪具有不可替代的价值。但是,被害人对犯罪分子的痛恨最为深刻,要求惩治犯罪分子的意愿最为强烈,因此,被害人陈述又具有虚假的风险性。检察人员审查被害人陈述时,应当充分注意被害人陈述的正反两个特征,结合其他证据综合判断。

《刑事诉讼法》第100条规定:"询问被害人,适用本节各条规定。"即适用关于询问证人的规定。《关于办理死刑案件审查判断证据若干问题的规定》第17条规定,对被害人陈述的审查与认定适用关于证人证言的有关规定。鉴于被害人陈述与证人证言的相似性,对被害人陈述的审查判断此处不再赘述。

(二) 物证、书证的审查判断

物证是以物的外部特征、物质结构或者形态特征以及物的反映形象特征证明案件事实,书证是以文字、符号等形式表达的思想和记载的内容证明案件事实。物证、书证用以证明案件事实的基础不同,但均是以客观存在的实物或者反映形象证明案件事实,因此,与言词证据相比,物证、书证的客观性、稳定性更强,并可以检验被告人供述和辩解、被害人陈述、证人证言等主观性证据的真伪。正因为如此,物证、书证的收集、固定、审查工作历来受到侦查、起诉、审判机关的高度重视。

但是,在司法实践中,一部分司法人员对物证、书证的认识不够,认为物证、书证具有较强的客观性,无须进行严格的审查与认定。事实证明恰恰相反。正因为书证、物证的客观性强,所以审查细致、运用得当将会产生其他证据无可替代的证明效力。大量的司法实践证明,忽视审查、盲目相信物证、书证的做法有百害而无一利。在死刑案件中,一旦物证、书证出现差误,就会导致对案件事实的认定出现偏差甚至错误。实践中因不重视对物证、书证审查而导致未核准死刑的例子屡见不鲜,危害甚深。

对物证、书证的审查判断,围绕以下三个层次展开:第一,物证、书证自身的真实性问题,即物证、书证是否为原物;第二,物证、书证的存在性问题,即物证的照片、录像或者复制品以及书证的副本、复制品所反映的原物、原件是否实际存在;第三,原始证据与演示性证据的一致性问题,即物证的照片、录像或者复制品及书证的副本、复制件与原物、原件是否相符。

1. 审查的要素

(1)物证、书证是否为原物、原件,物证的照片、录像或者复制品及书证的副本、复制件与原物、原件是否相符。

(2)物证、书证是否经过辨认、鉴定。对物证、书证进行辨认、鉴定,是为了对证据进行确认,确定该物证、书证是否为原物、原件,进而确保证据的真实性以及证据的关联性。比如,犯罪嫌疑人作案后将作案工具丢弃在案发现场附近,侦查人员在现场勘查过程中发现了一把菜刀,这就需要交犯罪嫌疑人进行辨认,进而确定该菜刀是否其作案时使用的凶器。如不进行辨认,就无法建立该菜刀与案件的关联性,进而无法作为证据使用。在实践中有众多因没有及时辨认、鉴定而影响对被告人判处死刑的案件。如在贾某故意杀人案中,犯罪嫌疑人贾某供述作案后因外衣沾有被害人血迹,遂将其丢弃。侦查人员根据其供述提取了该血衣,但未让犯罪嫌疑人进行辨认,导致无法确定血衣是否系犯罪嫌疑人作案时所穿,进而无法建立与案件之间的关联。最高人民法院因此没有核准死刑。

(3)物证的照片、录像或者复制品和书证的副本、复制件是否由二人以上制作,有无制作人关于制作过程即原件、原物存在于何处的文字说明及签字。

(4)物证、书证的收集程序、方式是否符合法律及有关规定。

(5)经勘验、检查、搜查提取、扣押的物证、书证,是否附有相关笔录或者清单;笔录或者清单是否有侦查人员、物品持有人、见证人签名,没有物品持有人签名的,是否注明原因;对物品的特征、数量、质量、名称等注明是否清楚。在实践中,重收集轻固定的例子较为常见。另外,需要注意的是,对涉案物品的登记应重视其唯一性标志,如对手机的登记,不仅应表明其品牌型号,还应登记其识别码,这样才能将手机唯一确定。如李某抢劫案中,侦查机关在犯罪嫌疑人处搜查出赃物银行卡数张、人民币数元,并经犯罪嫌疑人辨认。但在赃物清单中,对银行卡的卡号记录错误,影响了证据的效力。再如马某某故意杀人案,侦查机关取证不规范,严重影响了证据效力,导致最高人民法院因此未核准被告人马某某死刑。被告人马某某因生活琐事怀恨其岳父马甲。2005年3月14日凌晨 3 时许，马某某持仿"六四"式手枪到某市新建巷 27 号，从外墙攀爬进入马甲家二楼卧室，朝正在睡觉的马甲头部开枪，致其当场死亡。枪声惊醒了马甲的三女儿马乙，马某某又用枪柄朝马乙头部击打，后逃离现场。在该案中，第一，侦查机关在提取本案关键证据手枪时未制作提取笔录，仅附一张手枪的照片，反映不出提取手枪的具体地点和过程、见证人。虽然侦查机关事后 8 个月对枪支提取作了补充说明，但仍不能反映提取枪支的具体过程。被告人在庭审时辩称没有提取该手枪时，公诉机关不能拿出有力的证据证明重要物证的来源。另外，马某某供称其扔枪时将 10 余发子弹也扔在水井中，但侦查机关没有提取到子弹。提取枪支照片中显示有一颗子弹，该子弹从何而来，也无相关说明。马某某庭审辩称虽指认了扔枪的水井，但从中未打捞到枪支，无法判明其辩解真实与否。

（6）物证、书证在收集、保管及鉴定过程中是否受到破坏或者改变。

（7）物证、书证与案件事实有无关联。对现场遗留与犯罪有关的具备检验鉴定条件的血迹、指纹、毛发、体液等生物物证、痕迹、物品，是否通过 DNA 鉴定、指纹鉴定等鉴定方式与被告人或者被害人的相应生物检材、生物特征、物品等作同一认定。同一认定可以得出确定性结论，是建立证据关联性的重要环节，没有同一认定，证据相互孤立的，不能形成证据锁链，于认定案件事实毫无意义。但是，有些看似同一认定，但事实并非如此。如在罗某抢劫案中，侦查机关对在作案工具上提取的血迹与被害人血迹仅进行血型认定，没有进行 DNA 鉴定、比对，因血型鉴定仅能得出种属认定结论，不具有排他性，不能得出同一认定结论，因而其证明力也大为降低。

（8）对在勘验、检查、搜查中发现与案件事实可能有关联的血迹、指纹、足迹、字迹、毛发、体液、人体组织等痕迹和物品是否提取，是否检验。应当提取而没有提取、应当检验而没有检验，导致案件存疑的，检察人员可以退回补充侦查或者补充收集、调取。与审查已有的物证、书证相比，此处要求更高，要求检察人员对全案的侦查过程以及证据情况有全面、细致的把握，非此不足以发现问题。如王某故意杀人案，侦查机关未提取重要物证、痕迹并进行鉴定，导致最高人民法院未核准王某死刑。2006 年 6 月 11 日 21 时许，被告人王某在送被害人张某回家途中，要求与张某发生两性关系，遭拒绝。王某便将张某按在地上，并脱下张某的衣服。张某挣扎反抗并抓伤王某手部、胸部等处。王某用手卡张某颈部,用石头打击张某的头面部,又拖到附近一水洼处,将张某的面部浸入水洼内,致张某死亡。经法医鉴定,张某系因失血性休克、溺水死亡。在该案中,第一,未提取重要物证。被告人王某供述其作案后回到家中,发现裤子上有血,就将衣裤洗了。其父也证明案发第二天,见王某的衣服晾在屋檐下,中午自己帮着收了。侦查机关未提取王某作案时所穿衣裤,以确认是否还留有血迹。第二,未对重要物证、痕迹进行鉴定。根据现场勘验、检查笔录记载,尸体右脚西北侧地面有少量血凝块;血凝块地面有不规则石头两块,上粘附有血迹和毛发(已提取)。对以上物证、痕迹均未作鉴定。第三,未提取相关痕迹进行比对。根据被告人王某供述,被害人抓伤了其胸部和手部,王某的体表照片也证明其胸部和手上有伤。但侦查机关未对被害人尸体指甲缝内的残留物进行提取、检验,进而与王某血样进行比对,作出是否同一的认定。

2. 物证、书证的绝对排除

(1) 经勘验、检查、搜查提取、扣押的物证、书证,未附有勘验、检查笔录,搜查笔录,提取笔录,以及扣押清单,不能证明物证、书证来源的,不能作为定案的根据。

(2) 对物证、书证的来源及收集过程有疑问,侦查机关不能作出合理解释的,该物证、书证不能作为定案的根据。

3. 瑕疵物证、书证的裁量排除

物证、书证的收集程序、方式存在下列瑕疵,通过侦查人员的补正或者作出合理解释的,可以采用:①收集调取的物证、书证,在勘验、检查笔录,搜查笔录,提取笔录,以及扣押清单上没有侦查人员、物品持有人、见证人签名或者物品特征、数量、质量、名称等注明不详的;②收集调取物证照片、录像或者复制品,书证的副本、复制件未注明与原件核对无异,无复制时间、无被收集、调取人(单位)签名(盖章)的;③物证照片、录像或者复制品,书证的副本、复制件没有制作人关于制作过程及原物、原件存在于何处的说明或者说明中无签名的;④物证、书证的收集程序、方式存在其他瑕疵的。

(三) 鉴定意见的审查判断

鉴定意见是指鉴定人在诉讼活动中运用科学技术或者专门知识对诉讼涉及的专门问题进行鉴别和判断后得出的结论。鉴定意见在认定案件事实,查明犯罪原因等方面具有不可替代的作用,因此,在司法实践中,往往被赋予较大的证明力,有"科学证据"之称。最高人民法院、最高人民检察院、公安部、司法部《关于进一步严格依法办案确保办理死刑案件质量的意见》第 9 条规定:"对可能属于精神病人、未成年人或者怀孕的妇女的犯罪嫌疑人,应当及时进行鉴定或者调查核实。"第 10 条规定:"……对与查明案情有关需要鉴定的物品、文件、电子证据、痕迹、人身、尸体等,应当及时进行刑事科学技术鉴定,并将鉴定报告附卷。涉及命案的,应当通过被害人近亲属辨认、DNA 鉴定、指纹鉴定等方式确定被害人身份。对现场遗留的与犯罪有关的具备同一认定检验鉴定条件的血迹、精斑、毛发、指纹等生物特征、痕迹、物品,应当通过 DNA 鉴定、指纹鉴定等刑事科学技术鉴定方式与犯罪嫌疑人的相应生物检材、生物特征、物品等作同一认定。……"可见,鉴定意见在刑事案件,尤其在死刑案件中的重要作用。

鉴定意见的检材是与案件有关的人或事物,是客观的,但鉴定意见是鉴定人从专业角度得出的主观性结论,本身存在瑕疵甚至错误的可能性,因此,不能迷信鉴定意见。在刑事案件中,应当保持对鉴定意见的质疑,这样才能发现其中可能存在的问题。也就是说,"鉴定结论仅仅是证据的一种,并不具有预定的证明力,而且存在错误的可能性,对于证据证明力的判断仍然属于事实裁判者的职能范围"[1]。死刑案件,尤其是命案中,鉴定结论涉及被告人刑事责任能力、是否到过现场以及被害人死亡原因、死亡时间等诸多重要事实的认定,鉴定意见对定罪与量刑都有重大影响,因此,应十分注重对鉴定意见的审查。

1. 审查的要素

审查鉴定意见,应当从鉴定意见的特性出发,把握鉴定人、鉴定机构、检材来源、鉴定规程与方法以及鉴定意见与案件事实的关联性等关键要素。具体应当审查:①鉴定人是否存在应当回避而未回避的情形;②鉴定机构和鉴定人是否具有合法资质;③鉴定程序是否符合法律及有关规定;④检材的来源、取得、保管、送检是否符合法律及有关规定,与相关提取笔录、扣押物品清单等记载的内容是否相符,检材是否充足、可靠;⑤鉴定的程序、方法、分析过程是否符合本专业的检验鉴定规程和技术方法要求;⑥鉴定意见的形式要件是否完备,是否注明提起鉴定的事由、鉴定委托人、鉴定机构、鉴定要求、鉴定过程、检验方法、鉴定文书的日期等相关内容,是否由鉴定机构加盖鉴定专用章并由鉴定人签名

---

[1] 汪建成、孙远:《刑事鉴定结论研究》,载《中国刑事法杂志》2000 年第 5 期,第 45 页。

盖章;⑦鉴定意见是否明确;⑧鉴定意见与案件待证事实有无关联;⑨鉴定意见与其他证据之间是否有矛盾,鉴定意见与检验笔录及相关照片是否有矛盾;⑩鉴定意见是否依法及时告知相关人员,当事人对鉴定意见是否有异议。

如穆某以危险方法危害公共安全案中,精神病司法鉴定不规范,导致鉴定意见的说服力降低,无法证实被告人的真实刑事责任能力。在该案中,第一,鉴定所依据的检材不全面、不充分。案发后,某市侦查机关从被告人穆某的母亲、妻子处了解到穆某有精神病史,曾于 2005 年 3 月在某市第一专科医院住院治疗;被告人穆某案发前反应不正常。但侦查机关没有向鉴定机构和鉴定人提供被告人穆某入院治疗的详细病历及案发前反应不正常的相关材料。第二,存在众多与鉴定结论相反的证据。一是二审法院从某市第一专科医院调取的被告人穆某 2005 年 3 月 20 日的入院病历。病历记载穆系急性应激障碍、酒依赖。急性应激障碍是精神疾病的一种,该病历证实被告人穆某有精神病史。二是被告人穆某的母亲刘某某的证言以及邻居咚某、韩某某、逞某某的当庭证言均证实,被告人穆某以前有精神病史并曾住院治疗,案发前一天曾犯病:在邻居家的房上、大街上跑,用棒子砸坏一辆夏利车等。三是派出所民警关某某证实被告人穆某砸坏夏利车及处理经过。鉴定机构在存在上述众多相反性证据的前提下,作出被告人作案时有完全刑事责任能力的结论存在错误的可能性。最高人民法院据此认为认定被告人具有完全刑事责任能力的证据不足,因而不予核准被告人死刑。

2. 不适格鉴定意见的排除

鉴定意见具有以下情形之一的,不能作为定案的依据:①鉴定机构不具备法定的资格和条件,或者鉴定事项超出本鉴定机构项目范围或者鉴定能力的;②鉴定人不具备法定的资格和条件、鉴定人不具有相关专业技术或者职称、鉴定人违反回避规定的;③鉴定程序、方法有错误的;④鉴定意见与证明对象没有关联的;⑤鉴定对象与送检材料、样本不一致的;⑥送检材料、样本来源不明或者确实被污染且不具备鉴定条件的;⑦违反有关鉴定特定标准的;⑧鉴定文书缺少签名、盖章的;⑨其他违反有关规定的情形。

例如,谢某某故意杀人案 DNA 鉴定存在重大差误,最高人民法院因此未核准被告人谢某某死刑。在该案中,刑事科学技术鉴定结论中的"检验经过"、"数据表"及"鉴定结论"之间存在矛盾和疑问,没有得到合理解释和排除。第一,根据"检验经过"部分记载,"4 号检材(谢某某上衣)可疑斑迹处 FOB 为阴性(未检出人血),5 号检材(谢某某外裤)可疑斑迹处 FOB 为阳性(检出人血)"。但在所附"分析结果"部分,却给出未检出人血的 4 号检材与 3 号检材(被害人血样)的 DNA 比对数据一致的结论。第二,根据"数据表"部分记载,3 号检材(被害人血样)与 4 号检材(谢某某上衣)进行了数据比对,但在"鉴定结论"部分,却作出了"支持谢某某外裤(5 号检材)上的血迹为死者张某所留"的结论。第三,被害人张某为女性,但在 DNA 数据表 1 中,标示张某性别的 AMEL 基因座数据为 xy(男性基因),而不是 xx(女性基因)。第四,根据鉴定结论记载,委托送检的时间误写为 2006 年 12 月 2 日,与出具鉴定的时间 2006 年 1 月 20 日形成矛盾。该案中据以定案的关键证据——DNA 鉴定,在内容和形式上都存在重大差误,检验数据与鉴定结论相矛盾,作出鉴定的时间与送检时间相矛盾,严重影响了鉴定结论的证明效力。

3. 存疑鉴定意见的补正

对鉴定意见有疑问的,检察人员可以要求鉴定人出具相关说明,或者依法补充鉴定或者重新鉴定。

(四) 现场勘验、检查笔录的审查判断

现场勘验、检查是指侦查人员利用现代科学技术手段,对与犯罪有关的场所、物品、人身、痕迹、尸体等进行勘验、检查的一种侦查活动。现场勘验、检查是一种重要的侦查行为,《刑事诉讼法》规定的七种法定证据中,都与现场勘验、检查有着直接或者间接的关系,尤其是命案中的一些重要物证、书证,如作案工具、血迹、精斑、指纹等,大多需要通过现场勘验、检查活动予以收集、固定。

我国《刑事诉讼法》第 101 条规定:"侦查人员对于与犯罪有关的场所、物品、人身、尸体应当进行勘验或者检查。"可见,现场勘验、检查是一种法定的侦查措施,理应严格依照法律、法规规定的操作规范进行,确保现场勘验、检查行为本身的合法性。同时,现场勘验、检查又是一项需要较高科学技术水平的专业活动,证据的收集、固定、保存应当符合科学规范的要求,防止证据遗失、污染。

刑事诉讼案卷中的现场勘验、检查笔录是侦查机关对现场勘验、检查活动的书面记载,既记载了现场勘验、检查的启动、实施和结束等程序性事项,又说明了犯罪现场以及相关证据的提取、收集情况。对现场勘验、检查笔录的审查判断应当从现场勘验、检查的规范性、科学性、关联性等方面进行。

1. 现场勘验、检查笔录的规范性审查

具体包括：①勘验、检查人员是否回避，主体是否适格；②是否有持证勘验、检查的记载；③对妇女身体的检查是否由女工作人员或者医师进行，搜查妇女是否由女工作人员进行；④笔录的制作是否符合法律有关规定的要求，勘验、检查人员和见证人是否签名或者盖章，签名或者盖章是否规范等。

2. 现场勘验、检查笔录的科学性审查

具体包括：①勘验、检查笔录的内容是否全面、详细、准确、规范；②是否准确记录了提起勘验、检查的事由，勘验、检查的时间、地点、在场人员、现场方位、周围环境等情况；③是否准确记载了现场、物品、人身、尸体等的位置、特征等详细情况以及勘验、检查、搜查的过程；④文字记载与实物或者绘图、录像、照片是否相符；⑤固定证据的形式、方法是否科学、规范；⑥现场、物品、痕迹等是否被破坏或者伪造，是否原始现场；⑦人身特征、伤害情况、生理状况有无伪装或者变化等；⑧进行补充勘验、检查的，前后勘验、检查的情况是否有矛盾，是否说明了再次勘验、检查的原由。

如在胡某故意杀人案中，现场勘验、检查程序不规范，记载的情况不全面，导致证据来源不清。2006 年 2 月 10 日 8 时许，被告人胡某与被害人何某因彩礼问题发生争吵。被告人胡某用随身携带的尖刀连刺被害人何某颈部、胸部、臂部等处，并用自己所穿的军大衣掩盖被害人何某后潜逃。在该案中，现场勘验、检查笔录及照片证实，被害人何某尸体上盖有一件黄绿色的军大衣。据被告人胡某供述，其杀害何某后，因所穿军大衣上沾有血迹，故将大衣脱下盖在何某身上。但卷内材料未反映侦查机关将该大衣作为物证提取；现场勘验、检查笔录未反映被害人尸体上所盖大衣外侧是否有血迹；未对血迹进行鉴定；也未要求被告人胡某对大衣进行辨认，同时没有提取大衣上的皮屑、汗液等物证并进行鉴定，因而无法证实该大衣系被告人胡某所穿衣物。

3. 现场勘验、检查笔录的关联性审查

勘验、检查笔录中记载的情况与被告人供述、被害人陈述、鉴定意见等其他证据能否印证，有无矛盾。

现场勘验、检查是收集、固定重要物证、书证的关键环节，对现场勘验、检查的关联性审查涉及证据的同一性判断，对于确定犯罪嫌疑人以及案件关键事实具有重要作用。如在何某故意杀人案中，侦查机关在案发现场提取了作案凶器，但是没有让犯罪嫌疑人对作案凶器进行混杂辨认，没有进行指纹鉴定，导致无法建立凶器与案件的关联。

4. 非法现场勘验、检查笔录的绝对排除

勘验、检查笔录存在明显不符合法律有关规定的情形，并且不能作出合理解释或者说明的，不能作为证据使用。

5. 瑕疵现场勘验、检查笔录的裁量排除

勘验、检查笔录存在勘验、检查没有见证人的，勘验、检查人员和见证人没有签名、盖章的，勘验、检查人员违反回避规定等情形，应当结合案件其他证据，审查其真实性和关联性，不具有真实性和关联性的现场勘验、检查笔录应当排除。

（五）视听资料的审查判断

视听资料是以图像和声音形式证明案件真实情况的证据。包括与案件事实、犯罪嫌疑人以及犯罪嫌疑人实施反侦查行为有关的录音、录像、照片、胶片、声卡、视盘、电子计算机内存信息资料等。① 视听资料是 1996 年《刑事诉讼法》修改后新增的一个证据种类，它与现代侦查科技化的进程密切相关。视听资料是一种重要的侦查手段，具有容量大、直观性好、可观性强、便于保存和使用的特性。但是，正如科技是一把双刃剑一样，作为利用现代高科技产生的视听资料，其制作过程一方面受到仪器设备、操作水平、制作技术、环境条件等的影响，最终形成的视听资料可能未全面记载、未客观反映案件真相；另一方面，鉴于现代科技条件的发达，视听资料本身被伪造、编辑、添加、删减的可能性增大，且不留痕迹，难以发现，其客观性常常受到挑战。因此，对视听资料的审查，应当关注其真实性、规范性。

1. 视听资料的真实性审查

具体审查：①视听资料的来源是否合法；②制作过程中当事人有无受到威胁、引诱等违反法律及有关规定的情形；③是否为原件，有无复制及复制份数；调取的视听资料是复制件的，是否附有无法调取原件的原因、制作过程和原件

---

① 参见 1996 年 12 月 31 日最高人民检察院《关于印发检察机关贯彻刑事诉讼法若干问题的意见的通知》。

存放地点的说明,是否有制作人和原视听资料持有人签名或者盖章;④内容和制作过程是否真实,有无经过剪辑、增加、删改、编辑等伪造、变造情形。

2. 视听资料的规范性审查

具体审查:①是否载明制作人或者持有人的身份;②制作的时间、地点和条件以及制作方法是否符合操作规范。

3. 视听资料的绝对排除

具有下列情形的视听资料,不能作为定案的根据:①视听资料经审查或者鉴定无法确定真伪的;②对视听资料的制作和取得的时间、地点、方式等有异议,不能作出合理解释或者提供必要证明的。

4. 对有疑问视听资料的鉴定

由于视听资料的科技含量高,检察人员对涉及视听资料的专业性知识不熟悉,因此,对视听资料及其所载内容存在怀疑时,应当进行鉴定。

在实践中,根据视听资料的种类不同,对视听资料的鉴定主要包括录音资料鉴定、录像资料鉴定、图片资料鉴定和计算机资料的鉴定。通过专业机构对有争议的视听资料进行鉴定,可以确定视听资料的制作过程是否真实,有无经过剪辑、增加、删改、编辑等伪造、变造情形,进而可以对视听资料的真伪作出确定、可靠的判断。

(六) 电子证据的审查判断

电子证据是由现代高新信息技术产生的一种新的证据。司法实践中,常见的电子证据主要包括电子邮件、电子数据交换、网络聊天记录、网络博客、手机短信、电子签名、域名等。公安部《计算机犯罪现场勘验与电子证据检查规则》第2条规定:"电子证据包括电子数据、存储媒介和电子设备。"这一定义将存储媒介和电子设备本身也作为电子证据对待。

刑事诉讼法没有将电子证据规定为一个独立的证据种类,但不可否认的是,电子证据在刑事案件中具有较强的证明价值,在司法实践中的运用越来越广泛。检察机关审查判断电子证据,应当紧紧围绕电子证据的自身特性,着重从来源、保管方面入手,判断其客观性和合法性,又要结合其他证据综合判断,确定电子证据的证明价值。

1. 电子证据的真实性、合法性审查

具体审查:①电子证据存储磁盘、存储光盘等可移动存储介质是否与打印件一并提交；②是否载明该电子证据形成的时间、地点、对象、制作人、制作过程及设备情况等；③制作、存储、传递、获得、收集、出示等程序和环节是否合法，取证人、制作人、持有人、见证人等是否签名或者盖章；④内容是否真实，有无裁剪、拼凑、篡改、添加等伪造、变造情形。

2. 电子证据的关联性审查

对电子证据，应当结合案件其他证据审查其关联性。与其他证据一样，不具有关联性的电子证据材料无法作为定罪量刑的证据。在实践中，与案件有关联的电子证据内容可能与其他内容混杂在一起，如反映犯罪分子作案时犯意联络的 QQ 聊天记录，可能与其他聊天记录混杂在一起，必要时可以只节选对案件有意义的部分。同时，由于计算机系统以及电子证据所载数据格式等的复杂性，计算机有可能误读电子数据的内容。另外，电子证据又存在各种伪造、变造的风险。鉴于以上方面的原因，对于电子证据，不仅要通过鉴定判断其自身的真实性，还要充分重视通过结合案件的其他证据，综合考查其关联性和所具有的证明价值，使这种直观、客观的证据发挥其独特的证明作用。

3. 对有疑问电子证据的鉴定

由于电子证据本身以及所依附的载体具有很高的科学技术含量，有时仅仅依靠检察人员的常规性审查很难发现其中的症结，因此，对电子证据有疑问的，应当进行鉴定。

（七）案发情况等说明类证据的审查

案发情况等说明类证据不是刑事诉讼法规定的法定证据种类，但是却能反映出侦查机关在案发前后采取的强制措施以及抓获犯罪嫌疑人的具体经过等情况，对于弄清案件侦破过程、准确认定案件事实，尤其是对认定自首、立功等法定量刑情节具有重要的意义。在死刑案件中，对犯罪分子判处死刑立即执行或者死刑缓期二年执行的依据就在于犯罪分子的量刑情节不同，而案发情况等说明类证据是反映量刑情节的重要来源，在证据体系中的作用不可忽视。

但是，由于法律对案发情况等说明类证据的格式等没有明确、详细的规定，再加之侦查人员对案发情况等说明类证据的重视程度不够，各地侦查机关，甚至同一侦查机关的不同承办人出具的案发情况等说明类证据的格式存在较大区别。公安机关、检察机关、法院对案发情况等说明类证据的制作样式意见亦不统一。从证据的规范性要求看，案发情况等说明类证据应当能清晰、明确地反映出侦查破案的具体过程,详细地表明犯罪嫌疑人可能涉及的自首、立功等情节,并且应当有出具该说明材料的办案人、办案机关的签字或者盖章。

在司法实践中,针对案发情况等说明类材料过于简单,不能反映侦查机关破案的整个过程,甚至未能说明侦查机关如何确定被告人有重大作案嫌疑、不能明确说明是否存在自首、立功情节,导致对破案经过有疑问,或者对确定被告人有重大嫌疑的根据有疑问的,或者侦查机关出具的说明材料缺少办案人、办案机关的签字或者盖章的,应当及时要求侦查机关补充说明或作出补正。

第五节　检察机关对死刑第二审案件的审查和出庭

一、检察机关办理死刑第二审案件概述

根据刑事诉讼法规定,启动死刑第二审程序的方式有上诉和抗诉两种。上诉是被告人的重要诉讼权利。从司法实践看,上诉是死刑第二审案件启动的主要方式。检察机关则通过抗诉启动死刑第二审程序。①

(一) 抗诉的提起

1. 提起抗诉的主体

《刑事诉讼法》第181条规定,地方各级人民检察院认为本级人民法院第一审的判决、裁定确有错误的时候,应当向上一级人民法院提出抗诉。第182条规定,被害人及其法定代理人不服地方各级人民法院第一审的判决的,自收到判决书后五日以内,有权请求人民检察院提出抗诉。人民检察院自收到被害人及其法定代理人的请求后五日以内,应当作出是否抗诉的决定并且答复请求人。从检察机关在启动死刑第二审程序中的地位看,可以分为主动提起抗诉和被动提起抗诉两种方式。但是否抗诉决定权在检察机关,这是由检察机关是专门法律监督机关的属性所决定的。

---

① 因本章从检察机关角度论述死刑第二审案件办理,笔者在此仅就抗诉作阐述。

根据《刑事诉讼法》第 20、21、22 条的规定,中级人民法院、高级人民法院和最高人民法院都有权审理死刑第一审案件,因此,办理死刑第二审案件的审判机关是高级人民法院和最高人民法院。相对应的是,办理死刑第二审案件的检察机关则是省、自治区、直辖市人民检察院和最高人民检察院。

2. 提起抗诉的时间

《刑事诉讼法》第 183 条规定,不服判决的上诉和抗诉的期限为十日,不服裁定的上诉和抗诉的期限为五日,从接到判决书、裁定书的第二日起算。最高人民法院《关于执行〈中华人民共和国刑事诉讼法〉若干问题的解释》第 242 条对附带民事判决或者裁定的上诉、抗诉期限作出了更为具体的规定,即对附带民事判决或者裁定的上诉、抗诉期限,应当按照刑事部分的上诉、抗诉期限确定。如果原审附带民事部分是另行审判的,上诉期限应当按照民事诉讼法规定的期限执行。因此,检察机关提起抗诉的期限可以分为以下情形:

第一,对刑事裁判或者对附带民事裁判的抗诉应当在接到判决书后的十日以内,接到裁定书后的五日以内提起,从接到判决书、裁定书的第二日起算。

第二,对原审另行审判的民事判决、裁定的抗诉,应当在接到判决书后的十五日以内,接到裁定书后的十日以内提起,从接到判决书、裁定书的第二日起算。

3. 提起抗诉的方式

最高人民法院、最高人民检察院《关于死刑第二审开庭审理程序若干问题的规定(试行)》第 3 条规定,对第一审的死刑判决抗诉的案件,提出抗诉的人民检察院向原审人民法院提交抗诉书后,应当在三日以内将抗诉书副本及有关材料报送上一级人民检察院。原审人民法院应当在抗诉期满后三日以内将抗诉书连同案卷、证据移送上一级人民法院,并将抗诉书副本送交当事人。

4. 上级人民检察院对抗诉的处理

《人民检察院刑事诉讼规则》第 403 条规定,上一级人民检察院对下级人民检察院按照第二审程序提出抗诉的案件,认为抗诉正确的,应当支持抗诉;认为抗诉不当的,应当向同级人民法院撤回抗诉,并且通知下级人民检察院。下级人民检察院如果认为上一级人民检察院撤回抗诉不当的,可以提请复议。上一级人民检察院应当复议,并且将复议结果通知下级人民检察院。上一级人民检察院在上诉、抗诉期限内,发现下级人民检察院应当提出抗诉而没有提出抗诉的案件,可以指令下级人民检察院提出抗诉。

（二）检察机关在办理死刑第二审案件中的职能和作用

在死刑二审案件中，检察机关既承担着继续指控犯罪的职能，同时也履行法律监督的职责。

1. 继续指控犯罪的职能

指控犯罪是检察机关的重要职责之一。在死刑案件第二审程序中，检察机关要着重针对一审判决认定的事实、证据和量刑进行审查，对一审判决认定事实清楚、法律适用正确、量刑适当的提出驳回上诉、维持原判的评判意见。从一定意义上讲，发表驳回上诉、维持原判的意见，使上诉人请求改变一审判决的意见不能得到支持，以维护刑罚的公平、公正。从这个角度讲，检察机关在死刑二审案件中的职能是第一审检察机关公诉职能的延续。

2. 履行法律监督的职能

法律监督是宪法赋予检察机关的重要职责，贯穿于检察机关的各项工作当中。在死刑第二审程序中，检察机关对于一审判决中认定事实、法律适用以及量刑方面的错误提出纠正意见，对于涉嫌贪赃枉法、滥用职权等违法犯罪行为的，依法向有关部门移送立案线索。这些具体的工作，是检察机关履行法律监督职能的重要体现。

（三）检察机关办理死刑第二审案件应注意的三个问题

1. 严格证据审查标准，确保证据确实充分

证据是死刑案件的生命线。办理死刑案件必须树立以证据为核心的观念，牢牢把握死刑案件证明标准，区别对待非法证据和瑕疵证据。死刑二审案件中的证据虽经过侦查机关、一审检察机关、一审法院等众多机关的审查判断，但是，一方面，从理论上不能排除一审裁判采信非法证据、瑕疵证据的可能；另一方面，大量的司法实践证明，采信非法证据、瑕疵证据的案例时有出现。二审出庭是检察机关真正、有效介入死刑案件诉讼程序的最后一个环节，在审查证据时具有最后把关的职能，因此，不能盲目认为一审裁判采信的证据就一定合法有效，要用怀疑的态度细致审查。对于采信的非法证据要在二审阶段中坚决排除。对于在一审中未经补正或者作出合理解释的证据应当审查是否有补正的可能，补正后的效力如何。

2. 把握死刑政策要求，确保量刑建议适当

死刑是受到刑事政策影响最大的一个刑种。我国现阶段的死刑政策是"保

留死刑,严格控制和慎重适用死刑"。但是,这一死刑政策在不同历史时期的标准具有一定的区别。从最高人民法院不予核准的死刑案件看,其中标准最难把握的就是受到刑事政策影响而不予核准死刑的案件。对于二审检察机关而言,必须在案件证据"确实、充分"的基础之上,考量死刑政策的因素,结合案件的特点,作出适当的评判意见。如对一审判决死缓,被害人家属要求判处死刑立即执行并要求检察机关抗诉时,检察机关应当充分考虑"少杀、慎杀"的刑事政策要求,不能一味迎合被害人家属的要求。

3. 总结死刑案件规律,做到"例""法"并举

当下,检察机关正在探索建立案例指导制度。对死刑案件而言,加强对案例的研究具有更加重要的意义。通过研究以往案例,可以总结规律,掌握死刑立即执行和死缓的界限,理清死刑案件证明标准的具体尺度,在总结成功案例经验、吸取瑕疵案例教训的基础上,结合法律法规规定,不断提高检察人员对死刑案件证明标准、死缓和死刑立即执行区别的"内心确信",不断提高办理死刑案件的能力和水平。

二、死刑第二审案件的审查

(一)检察机关审查死刑第二审案件的原则

《人民检察院刑事诉讼规则》第 362 条规定,检察人员应当客观全面地审查原审案卷材料,不受上诉或者抗诉范围的限制,重点审查原审判决认定案件事实、适用法律是否正确,证据是否确实、充分,量刑是否适当,审判活动是否合法,并应当审查下级人民检察院的抗诉书或者上诉人的上诉书,了解抗诉或者上诉的理由是否正确、充分。

1. 全面原则

检察机关在死刑第二审案件中承担法律监督与指控犯罪的双重职责,在审查时应全面了解案件事实与情节。具体应当做到:①既要对上诉或者抗诉所提出的范围与理由进行审查,又要对一审判决中认定而上诉或者抗诉没有提出的范围与理由进行审查。②共同犯罪案件,只对部分原审被告人提出抗诉或者只有部分原审被告人提出上诉的,应当对所有原审被告人的犯罪事实、情节、庭审程序、适用法律、量刑进行审查。如果提出上诉的原审被告人已经死亡,其他原审被告人没有上诉,仍应当对全案进行审查。③对刑事附

带民事诉讼判决的上诉、抗诉案件,既要对刑事部分进行审查,又要对民事部分进行审查。

2. 客观原则

客观原则由检察机关的职责所决定,只有客观才能对抗诉或者上诉理由作出中立的判断,才能切实、有效发挥法律监督的职责。客观原则要求:①要排除一审判决认定事实、证据采信、法律适用和量刑可能给二审带来的先入为主的影响。②要客观地判断一审判决采信的证据,非法证据应当排除,瑕疵证据及时补正。③要中立判断法律适用是否准确。④综合量刑情节,对量刑是否适当提出意见。

3. 重点原则

刑事二审案件与一审案件的不同在于,二审检察着重于对一审判决的评判。因此,二审检察机关在全面、客观的基础上应当有所侧重,重点对以下内容进行审查:①第一审判决认定的事实是否清楚,证据是否确实、充分,证据之间有无矛盾。②第一审判决适用法律是否正确,量刑是否适当。③侦查、公诉、庭审程序是否合法。④抗诉、上诉是否提出了新的事实和证据。⑤被告人的供述、辩解情况。⑥辩护人的辩护意见以及采纳情况。⑦附带民事部分的判决、裁定是否适当。⑧第一审审理报告,合议庭、审判委员会的讨论意见等。审查结束后,应当制作审查报告。

(二) 检察机关出席死刑第二审法庭庭审前准备

1. 阅卷

接到同级人民法院的阅卷通知后,应及时查阅案卷。

2. 讯问原审被告人,制作讯问笔录

讯问笔录应当包括以下内容:原审被告人或者上诉人的基本情况和核对情况;原审被告人或者上诉人对一审判决认定事实、采信证据和判决结果的意见;原审被告人或者上诉人是否有新的证明自己无罪、罪轻或者减轻、免除刑事责任的证据;审查过程中发现的其他问题。

3. 特殊事项处理

在审查期间,检察人员对鉴定结论有疑问的,可以重新鉴定或者补充鉴定。可以根据需要进行调查,询问证人、被害人。必要时听取辩护人的意见。取得的新证据需要在第二审法庭出示的,应当在开庭审理五日前提交法庭。

4. 制作审结报告

检察人员审查案件完毕,应当制作审结报告。检察人员提出审查意见后,经部门负责人审核,报检察长或者检察委员会决定。

5. 制定相关庭审文书

拟订讯问、询问、举证、质证、答辩提纲和出庭意见书等。

三、死刑第二审案件的出庭

(一) 派员出庭

根据《刑事诉讼法》第 188 条,人民检察院提出抗诉的案件或者第二审人民法院开庭审理的公诉案件,同级人民检察院应当派员出庭。另外,最高人民法院《关于进一步做好死刑第二审案件开庭审理工作的通知》第 2 条规定,自 2006 年下半年起对所有死刑第二审案件实行开庭审理。因此,在目前所有死刑第二审案件都必须开庭审理的情况下,人民检察院都应当派员出庭。

按照规定,检察长、检察员或者经检察长批准代行检察员职务的助理检察员有资格出席死刑第二审法庭。

(二) 出庭死刑第二审法庭的任务

检察机关出席死刑第二审法庭要完成以下任务:

第一,支持抗诉或者听取上诉人的上诉意见,对原审法院作出的错误判决或者裁定提出纠正意见。

第二,维护原审人民法院正确的判决或者裁定,反驳无理上诉,建议法庭维持原判。

第三,维护诉讼参与人的合法权利。

第四,对法庭审理案件有违反法律规定的诉讼程序的情况记入笔录。

第五,依法从事其他诉讼活动。

(三) 庭审开始前的准备

死刑第二审案件庭审开庭前,出席法庭的检察人员应当做好以下准备工作:

第一,核对被告人及其辩护人、附带民事诉讼的原告人及其诉讼代理人,以及其他应当到庭的诉讼参与人是否已经到庭。

第二,审查合议庭的组成是否合法;刑事抗诉书副本等诉讼文书的送达期限是否符合法律规定;被告人是否盲、聋、哑、未成年人或者被判处死刑而没有委托辩护人的,人民法院是否指定律师为其提供辩护。

第三,审查到庭被告人的身份材料与原审被告人的情况是否相符;审判长告知诉讼参与人的诉讼权利是否清楚、完整;审判长对回避申请的处理是否正确、合法。

出庭准备工作结束,审判长征求检察人员对法庭准备工作有无意见时,出庭的检察人员应当就存在的问题提出意见,请审判长予以纠正,或者表明没有意见。

(四) 法庭审理

1. 法庭调查阶段

在法庭调查阶段,检察人员应当按照规定完成以下工作:

(1)听取上诉理由或宣读抗诉书 法庭调查阶段,审判长或者审判员宣读第一审判决书、裁定书后,由上诉人陈述上诉理由或者检察人员宣读抗诉书;既有上诉又有抗诉的案件,先由检察人员宣读抗诉书,再由上诉人陈述上诉理由。

(2)讯问上诉人(原审被告人) 检察人员围绕上诉、抗诉理由对原审判决、裁定认定事实有争议的部分进行,对没有异议的部分不再全面讯问。

(3)出示证据 出席法庭的检察人员需要出示、宣读、播放一审中已移交人民法院的证据的,出庭的检察人员可以申请法庭出示。

检察人员在提请合议庭同意宣读有关证言、书证或者出示物证时,应当说明该证据的证明对象。合议庭同意后,在举证前,检察人员应当说明取证主体、取证对象以及取证时间和地点,说明取证程序合法。

(4)质证 检察人员收集的新证据,向法庭出示时应当说明证据的来源和证明作用以及证人的有关情况,提请法庭质证。

2. 法庭辩论

检察人员对原审被告人、辩护人提出的观点,认为需要答辩的,应当在法庭上进行答辩。

3. 最后陈述

法庭辩论结束后,检察人员应当认真听取原审被告人的最后陈述。

四、死刑第二审案件的诉讼监督

(一) 对非法证据的监督

审查死刑第二审案件的载体是案卷材料,审查的核心是证据。《关于办理刑事案件排除非法证据若干问题的规定》对非法证据的范围、处理方式作了明确、具体的规定。死刑第二审案件经过侦查机关、公诉机关和一审法院,非法证据理应得到排除。但是,鉴于各种主客观条件的限制,不能保证所有的非法证据在之前的诉讼程序中都得到了排除。因此,办理死刑第二审案件的检察机关应当加强对证据的审查,发现非法证据应当坚决排除,发现判决、裁定中采信非法证据的应及时提出纠正意见。

(二) 对漏罪漏犯的监督

检察机关在办理死刑第二审案件中,发现犯罪分子还有其他犯罪没有被发现或者其他犯罪分子没有被追究的,应当向侦查机关移送线索。

(三) 对死刑第二审裁判的监督

《刑事诉讼法》第 205 条第 3 款规定,最高人民检察院对各级人民法院已经发生法律效力的判决和裁定,上级人民检察院对下级人民法院已经发生法律效力的判决和裁定,如果发现确有错误,有权按照审判监督程序向同级人民法院提出抗诉。

《人民检察院刑事诉讼规则》第 406 条规定,人民检察院认为人民法院已经发生法律效力的判决、裁定确有错误,具有下列情形之一的,应当按照审判监督程序向人民法院提出抗诉:

(1) 有新的证据证明原判决、裁定认定的事实确有错误的;

(2) 据以定罪量刑的证据不确实、不充分或者证明案件事实的主要证据之间存在矛盾的;

(3) 原判决、裁定适用法律确有错误的;

(4) 审判人员在审理该案件的时候,有贪污受贿、徇私舞弊、枉法裁判行为的。

(四) 对办理死刑案件中职务犯罪的监督

办理死刑第二审案件的检察人员在审查案件中,发现侦查人员、审判人员等可能存在贪污受贿、徇私舞弊、枉法裁判违法犯罪线索,应当根据线索情况,及时移送职务犯罪侦查部门立案查处。

第六节　死刑复核程序

一、死刑复核程序概述

死刑复核程序是指最高人民法院对判处被告人死刑的案件进行审查核准的一种特别程序。

（一）死刑复核程序的特点

1. 审理对象的特定性

死刑复核程序的审理对象是按照其他审判程序审理终结的判处死刑（包括死刑缓期二年执行）的案件。包括：①第一审判处被告人死刑，在上诉、抗诉期内没有上诉、抗诉的案件。②第二审人民法院判处被告人死刑的案件。③按照审判监督程序审结的判处被告人死刑的案件。

2. 程序启动的必然性

最高人民法院复核死刑案件程序是由省、自治区、直辖市人民法院的报请复核引起的。根据《刑事诉讼法》第 200 条的规定，中级人民法院判处死刑的第一审案件，被告人不上诉的，应当由高级人民法院复核后，报请最高人民法院核准。高级人民法院判处死刑的第一审案件被告人不上诉的和判处死刑的第二审案件，都应当报请最高人民法院核准。可以看出，复核程序的启动不以诉讼参与人对死刑裁判有异议或者检察机关提起抗诉为前提，是死刑案件程序的一个必经阶段。

3. 核准主体的法定性

《刑事诉讼法》第 199 条规定，死刑由最高人民法院核准。死刑核准是一项严肃而重要的工作，事关被告人生命和司法权威。我国曾将部分死刑案件核准权下放，但经过数年的司法实践，这种做法的弊端日益明显。在各方的努力下，最高人民法院决定自 2007 年 1 月 1 日起，所有类型死刑案件的核准权统一收归最高人民法院行使。

4. 复核任务的全面性

最高人民法院复核死刑案件，应当作出核准的判决、裁定，或者作出不予核准的判决、裁定。为了实现这一目的,最高人民法院在死刑复核中应当完成两项具体任务,一是需要全面审查死刑判决或者裁定,确定该判决或者裁定认定的事实是否清楚,证据是否确实、充分,罪名是否正确,量刑是否适当;二是在全面审核案件后,合议庭应当进行评议并写出审理报告,最后作出裁判。

5. 复核效力的终结性

我国实行二审终审制,就非死刑案件而言,一审判决后,被告人不上诉、人民检察院不抗诉的,一审判决或者裁定就发生效力;经过上诉或者抗诉的案件,二审法院作出的判决或者裁定具有终审的效力。但是,地方人民法院作出的死刑判决以后并不生效,不能作为执行的依据,还必须经过最高人民法院的复核程序。因此,对死刑案件而言,死刑复核具有程序终结的效力,经过复核以后裁判才能生效。

(二) 死刑复核程序的意义

1. *贯彻"严格控制和慎重适用死刑"刑事政策的重要环节*

保留死刑,严格控制和慎重适用死刑是我国长期以来"少杀、慎杀"死刑政策在现阶段的表述。为实现这个刑事政策的目标,我国刑事实体法和程序法都作出了许多详细、具体的规定。刑事诉讼法中的死刑复核程序就是基于对生命的尊重和死刑政策的定位作出的制度设计。通过死刑复核,一方面可以对地方人民法院死刑判决中认定事实、采信证据、法律适用、量刑是否适当进行审查,实现最高人民法院对下级人民法院的业务监督,防止错杀;另一方面,可以统一死刑政策的适用,给地方人民法院死刑判决提供指导,厘定死刑政策的宽严标准。通过死刑复核可以保证只有罪行极其严重的犯罪分子才能被适用死刑,客观上起到了严格控制和慎重适用死刑的作用。

2. *促进死刑案件质量的全面提高*

从法律关系看,最高人民法院对下级人民法院的业务进行监督、指导,因此,最高人民法院核准死刑的标准对下级人民法院判处死刑客观上起到了示范和引导作用。同时,地方人民法院鉴于核准率考核的压力,最高人民法院死刑核准标准的提高直接导致地方人民法院判处死刑的标准随之提高。死刑复核权收归最高人民法院统一行使之后,核准的死刑案件数量下降带来报请复核的死刑案件亦随之下降,这种状况从一个侧面反映了死刑复核在提高死刑案件质量中的重要引导、制约作用。

3. 增强国际形象的法律之举

当前,废除死刑已经成为一种国际趋势,在保留死刑的国家,也都在死刑的适用标准上采取更为慎重的态度。近年来,部分国家和国际组织通过多种形式对我国死刑罪名较多、执行数量不公开等进行非议和攻击,给我国的国际形象造成了一定的不良影响,使我国在国际人权谈判中处于被动地位。死刑复核程序在保证死刑案件质量方面的重要作用,为我国在国际人权谈判中增加了砝码,同时,通过死刑复核提高死刑案件质量、控制死刑数量的做法也符合废除死刑的国际潮流。

二、死刑复核权的演变轨迹

从总体上讲,死刑复核权经过了统一行使、下放和收回三个阶段。

1979 的《刑法》、《刑事诉讼法》、《人民法院组织法》都规定,死刑案件除由最高人民法院判决的以外,应当报请最高人民法院核准。但是,在此后不久,1980年 3 月 6 日,全国人大常委会发出通知称,鉴于全国大中城市不断发生杀人、强奸、抢劫、放火和其他严重危害社会治安的重大案件,经第五届全国人大常委会第十三次会议批准,在 1980 年内,对现行的杀人、强奸、抢劫、放火等犯有严重罪行应当判处死刑的案件,最高人民法院可以授权省、自治区、直辖市高级人民法院核准。根据这个通知,最高人民法院于 1980 年 3 月 18 日发布了《关于对几类现行犯授权高级人民法院核准死刑的若干具体问题的通知》,将现行杀人、放火、抢劫、强奸等犯有严重罪行应当判处死刑的案件,正式授权各高级人民法院行使。这次授权的一个明显特征是效力只存在于 1980 年内,可见只是一个权宜之计。

1981 年 6 月 10 日,第五届全国人大常委会第十九次会议通过《关于死刑案件核准问题的决定》延续了下放核准权的趋势。该决定规定,在 1981 年至 1983年内,对犯有杀人、抢劫、强奸、放火、投毒、决水和破坏交通、电力等设备的罪行,省、自治区、直辖市高级人民法院终审判决死刑;中级人民法院一审判决死刑,被告人不上诉、人民检察院也不抗诉,经高级人民法院核准的;以及高级人民法院一审判决死刑,被告人不上诉、人民检察院也不抗诉的三种情况都不必报请最高人民法院核准。根据这个决定,最高人民法院于同年 6 月 11 日发布《关于执行全国人民代表大会常务委员会〈关于死刑案件核准问题的决定〉的几项通知》，将上述几类死刑案件的核准权授予高级人民法院行使，使高级人民法院行使死刑核准权的局面得以持续。

1983年下半年，中共中央决定在全国范围内实施"严打"。同年9月2日，第六届全国人大常委会第二次会议通过了《关于修改〈中华人民共和国人民法院组织法〉的决定》，将第13条修改为："死刑案件除由最高人民法院判决的以外，应当报请最高人民法院核准。杀人、强奸、抢劫、爆炸以及其他严重危害公共安全和社会治安判处死刑的案件的核准权，最高人民法院在必要的时候，得授权省、自治区、直辖市的高级人民法院行使。"据此，最高人民法院于同年9月7日发布《关于授权高级人民法院核准部分死刑案件的通知》。依据该通知，"在当前严厉打击刑事犯罪活动期间，为了及时严惩严重危害公共安全和社会治安的罪大恶极的刑事犯罪分子，除由本院判决的死刑案件外，各地对反革命案件和贪污等严重经济犯罪案件（包括受贿案件、走私案件、投机倒把案件、贩毒案件、盗运珍贵文物出口案件）判处死刑的，仍应由高级人民法院复核同意后，报本院核准；对杀人、强奸、抢劫、爆炸以及其他严重危害公共安全和社会治安判处死刑的案件的核准权，本院依法授权各省、自治区、直辖市高级人民法院和解放军军事法院行使。"与前两次不同的是，这次下放没有明确的时间限制，在实践中实行了二十多年之久。

后来，为了及时严惩走私、贩卖、运输、制造毒品等犯罪活动，保护公民身心健康，维护社会治安秩序，最高人民法院又分别于1991年6月6日、1993年8月18日、1996年3月19日和1997年6月23日分别发出《关于授权云南省高级人民法院核准部分毒品犯罪死刑案件的通知》、《关于授权广东省高级人民法院核准部分毒品犯罪死刑案件的通知》、《关于授权广西壮族自治区、四川省、甘肃省高级人民法院核准部分毒品犯罪死刑案件的通知》、《关于授权贵州省高级人民法院核准部分毒品犯罪死刑案件的通知》，陆续授权上述六省对部分毒品死刑案件行使核准权。

1996年修改后的《刑事诉讼法》第199条规定，死刑案件的核准权由最高人民法院行使。1997年修改后的《刑法》第48条亦规定，死刑除依法由最高人民法院判决的以外，都应当报请最高人民法院核准。但是在修改后的《刑法》即将生效前的9月26日，最高人民法院发布《关于授权高级人民法院和解放军军事法院核准部分死刑案件的通知》，再次授权高级人民法院行使部分死刑案件的核准权,重申了 1983 年下放核准权的规定。

但是,这种死刑核准权下放的实践一方面在学界遭到了批评,另一方面随着一些死刑错案的出现,高级人民法院行使死刑复核权的弊端日益显露。在这些因素的影响下,作为司法体制改革的一项重要内容,收回死刑复核权被提上了日程。2006 年 10 月 31 日,第十届全国人大常委会第二十四次会议修订《人民法院组织法》第 13 条,改为:"死刑除依法由最高人民法院判决的以外,应当报请最高人民法院核准。"随后的 12 月 28 日,最高人民法院公布了《关于统一行使死刑案件核准权有关问题的决定》,这样,从 2007 年 1 月 1 日起,死刑案件复核权正式收归最高人民法院行使。

死刑核准权的下放,是应对我国特定历史条件下严峻犯罪形势的权宜之计,虽严厉打击了一部分严重刑事犯罪,但其带来的负面作用也不容忽视。死刑核准权收归最高人民法院行使,既是刑事诉讼中保护人权职能的客观要求,也是我国刑事法治水平不断提高的重要体现。

三、死刑复核的具体程序

(一) 死刑案件的报请复核

根据最高人民法院《关于进一步做好死刑复核案件报送衔接工作的通知》,自 2007 年 1 月 1 日起,各高级人民法院、解放军军事法院报请复核死刑案件,应当在送达裁判文书后十日以内,将全部案件材料报送最高人民法院立案庭,并在邮件包装封面右上方加盖红色"刑事"字样印戳(2×4 公分)。

报请复核死刑案件,应当一案一报。报送的材料包括:

(1) 报请复核的报告,第一、二审裁判文书,死刑案件综合报告各五份以及全部诉讼案卷。

(2) 死刑案件综合报告、第二审裁判文书和审理报告,附送以 word 格式存储的光盘。

(3) 共同犯罪的案件,报送全案的案卷。

(4) 有记录诉讼活动的视听资料以及公诉机关移送案卷的,一并移送。

(二) 复核方式

为了应对死刑复核权统一由最高人民法院行使的新情况,最高人民法院于 2007 年 2 月 27 日发布了《关于复核死刑案件若干问题的规定》。同年 3 月 8

日,最高人民法院、最高人民检察院、公安部、司法部联合发布了《关于进一步严格依法办案确保办理死刑案件质量的意见》。上述两个规范性文件对死刑复核方式作出了规定,确立了书面审结合调查审、辩方适度参与的一种准行政审查方式。

根据《关于进一步严格依法办案确保办理死刑案件质量的意见》第39—44条的规定,最高人民法院复核死刑案件,应当对原审判决的事实认定、法律适用意见和诉讼程序进行全面审查。死刑复核期间,被告人委托的辩护人提出听取意见要求的,应当听取辩护人的意见,并制作笔录附卷。辩护人提出书面意见的,应当附卷。复核死刑案件,合议庭应当阅卷,并提出书面意见存查。对证据有疑问的,应当对证据进行调查核实,必要时到案发现场调查。高级人民法院复核死刑案件,应当讯问被告人。最高人民法院复核死刑案件,原则上应当讯问被告人。人民法院在保证办案质量的前提下,要进一步提高死刑复核案件的效率,公正、及时地审理死刑复核案件。人民检察院应按照法律规定加强对办理死刑案件的法律监督。

(三) 复核期限

我国《刑事诉讼法》对一审程序、二审程序和审判监督程序的审理期限作出了明确的规定,但是对死刑复核的期限没有规定。《关于进一步严格依法办案确保办理死刑案件质量的意见》对复核期限仅作了原则性的规定:"人民法院在保证办案质量的前提下,要进一步提高办理死刑案件的效率,公正、及时地审理死刑复核案件。"这种模糊化的规定在1996年修订《刑事诉讼法》时就有过争议,但当时基于复核程序是为保证死刑案件质量,规定明确期限可能会给复核工作带来困难的考虑,没有对复核期限提出明确的要求。但是,这种做法有违程序公正原则,会造成死刑案件的一再拖延。

(四) 死刑复核后的处理

人民法院对死刑案件进行全面审查之后,合议庭应当进行评议并写出复核审理报告。并且根据不同情况作出核准的裁定、判决,或者作出不予核准的裁定。

1. 核准

原判认定事实和适用法律正确、量刑适当、诉讼程序合法的,裁定予以核准。原判判处被告人死刑并无不当,但具体认定的某一事实或者引用的法律条款等不完全正确、规范的,可以在纠正后作出核准死刑的判决或者裁定。数罪并罚案件,一人有两罪以上被判处死刑,最高人民法院复核后,认为其中部分犯罪的死刑裁判认定事实正确,但不应当判处死刑的,可以改判并对其他应当判处死刑的犯罪作出核准死刑的判决。一案中两名以上的被告人被判处死刑,最高人民法院复核后,认为其中部分被告人的死刑裁判认定事实正确,但依法不应当判处死刑的,可以改判并对其他应当判处死刑的被告人作出核准死刑的判决。

2. 不予核准

包括五种情形:①原判认定事实不清、证据不足的,裁定不予核准,并撤销原判,发回重新审判。②原判认定事实正确,但依法不应当判处死刑的,裁定不予核准,并撤销原判,发回重新审判。③原审人民法院违反法定诉讼程序,可能影响公正审判的,裁定不予核准,并撤销原判,发回重新审判。④数罪并罚案件,一人有两罪以上被判处死刑,最高人民法院复核后,认为其中部分犯罪的死刑裁判认定事实不清、证据不足的,对全案不予核准,并撤销原判,发回重新审判。⑤一案中两名以上的被告人被判处死刑,最高人民法院复核后,认为其中部分被告人的死刑裁判认定事实不清、证据不足的,对全案裁定不予核准,并撤销原判,发回重新审判。

四、检察机关对死刑复核的监督

2007 年 1 月 1 日,最高人民法院收回死刑复核权,结束了延续二十多年由高级人民法院行使部分死刑复核权的局面。复核权由最高人民法院统一行使以来,死刑案件的质量进一步提高,死刑案件数量不断下降,核准程序不断完善。但是,随着司法改革的不断推进,死刑复核中检察权的缺位逐渐受到理论和实务界的关注。

(一) 检察机关对死刑复核进行监督的必要性

1. 由我国人民代表大会制度的权力架构决定

我国实行人民代表大会制度,人民法院作为国家的审判机关,必须对人大负责,受人大监督。但是,作为权力机关的全国人民代表大会和地方各级人民代表大会无法胜任对所有机关、所有事项的日常监督。因此,在制度上由检察机关作为专门的法律监督机关对人民法院的审判活动进行个案监督,是基于监督可能性和有效性的双重考虑。最高人民法院作为国家最高审判机关,在审判活动中应当充分尊重检察机关的法律监督权。死刑复核是一项重要的诉讼活动,接受检察机关的监督是最高人民法院的法律义务。

2. 保证死刑案件质量的有效之举

死刑案件攸关人命,必须以最为慎重的态度对待。死刑复核权收归最高人民法院行使以来,最高人民法院于 2007 年 2 月 28 日发布了《关于复核死刑案件若干问题的规定》,对死刑复核案件的程序作出了详细的规定,为确保死刑案件质量发挥了重要作用。但是,现有的死刑复核既缺乏诉讼应当具备的控辩特征,又缺乏检察机关的权力制约。不可否认,最高人民法院的死刑复核庭的人员,法学素养较高,责任意识较强,但是,人毕竟有其认识的局限性,仍然不能保证在死刑核准时万无一失。在现有的复核制度之下,让检察机关介入复核程序,就会使死刑案件多了一道保险程序,少了一次出差错的机会,可以更好地保证案件质量,避免死刑错案的出现。

3. 保障人权的现实需要

我国《宪法》规定:"国家尊重和保障人权。"贯彻这一规定,需要各部门法作出自己的努力。死刑剥夺了犯罪人行使其他基本权利的基础——生命权,这就要求,对待死刑案件必须慎之又慎。我国基于对国情的综合判断,现阶段虽没有废除死刑,但是"少杀、慎杀"一直是我国的死刑政策,在实体上规定了严格的适用死刑的范围,在程序上规定了死刑复核程序。从立法目的看,设立死刑复核程序就是为了保证死刑案件的程序公正,防止错杀,有效保障犯罪人的人权。检察机关对死刑复核进行监督,可以更加有效地发挥死刑复核程序在保障人权方面的作用,确保死刑只适用于罪行极其严重的犯罪分子,同时保障死刑案件被告人的诉讼权利,从而最大限度地保障犯罪人的人权,实现死刑的公平和正义。

4. 实现公诉权的必要延伸

公诉权是检察机关的一项重要权力。死刑案件的特殊性在于,除了一审、二审之外,还存在复核程序。"检察机关在死刑案件中的公诉权自然应当延伸至死刑复核程序。只有经过死刑复核程序作出生效裁判,检察机关的公诉权才真正行使完毕。因此,检察机关介入死刑复核程序,是其公诉权的必要组成部分和必然的延伸。"[1]检察机关对死刑复核的监督,一方面保证不应当判处死刑

---

[1] 张智辉:《死刑复核程序改革与检察机关的介入权》,载《法律科学》2006 年第 4 期。

的人不被判处死刑,重在防止"错杀";另一方面杜绝应当判处死刑的人逃避死刑,杜绝"纵容"。

(二) 检察机关对死刑复核进行监督的障碍

1. 思想方面的障碍

权力的本性是不受制约。死刑复核权是最高人民法院的一项专有权力,在本能上亦排斥检察机关的监督。死刑复核的非诉讼化设计,在一定程度上助长了最高人民法院不愿接受监督的底气——既然是非诉讼程序,那么可以理解为是最高人民法院的一种内部的、秘密的、行政化的审批程序。检察机关虽是专门的法律监督机关,但是对人民法院内部的、秘密的、行政化的审批程序没有监督的权力,这是目前条件下检察机关介入死刑复核监督最大的思想障碍。虽然最高人民检察院的热情很高,但是限于被监督者的不配合和自身职能定位的不明确,迄今为止对死刑复核进行监督只能是一头热的"单相思"。

2. 法律规定的缺位

对于死刑复核程序,我国《刑事诉讼法》在第199条至202条作了规定。在这四条中,仅原则性地涉及死刑核准权的行使主体、报请核准的程序、死刑复核的审判组织,对于检察机关如何介入死刑复核监督没有作出明确的规定。这种状况与死刑程序在死刑案件中的重要性明显不相称。死刑复核程序粗疏的规定,使最高人民法院在死刑复核中缺少有效规则的制约,表现出很大的随意性。对检察机关介入死刑复核监督规定的缺位,使得检察机关在介入监督时没有底气,在如何监督、何时监督、如何提出监督意见等方面显得无计可施。在既没有一般性授权规定,又没有具体程序性规定的前提下,检察机关介入死刑复核监督只能是水中月、镜中花。

3. 实践经验的空白

由于法律在检察机关介入死刑复核方面的缺位,检察机关一直以来没有有效介入死刑复核的实践。部分省级检察机关虽有对死缓复核的介入,但亦仅限于列席审委会或者提出书面意见的形式。令人遗憾的是,检察机关即使就死刑复核发表意见,法院却以缺乏辩护人意见,不能有效对抗为由,拒绝在法律文书中体现,导致检察机关仅有的这些努力沦为一种内部的参考意见。死刑复核权统一收归最高人民法院以来,最高人民检察院成立了死刑复核检察办公室,意欲对缺少监督的死刑复核增加一些掣肘。但是,成立几年来,死刑复核检察办公室无法有效开展工作,自身职能定位不清,监督形式不明,监督机制还处在探索之中。

(三) 检察机关介入死刑复核的机制设想

构建科学的检察机关介入死刑复核的机制是解决当下检察机关介入死刑复核困境的必由之路,亦是当下检察机关的一项重要课题。构建这个机制,首先必须尊重现有二审终审制的审级制度。二审终审制度是我国宪法规定的基本诉讼制度,刑事诉讼制度的改革和创新必须在其范围内进行,否则将会牵一发而动全身。为了使检察机关能介入死刑复核而改变二审终审制的设想,需要修改现有的宪法制度,实为一种不切实际的做法。因此,不能将检察机关介入死刑复核制度改造成名副其实的死刑第三审制度。其次,必须建立在对死刑复核程序的完善基础之上。现有死刑复核实际上是游离于审判权之外的一种内部审批权。从逻辑上看,检察权对法院的内部审批制度没有制约的职能,因此,建立检察机关介入死刑复核权的前提是要改造这种内部审批制度,使其具有控辩的特性,唯此才能使检察机关的监督深入、有效。在以上两个前提之下,可以对检察机关介入死刑复核机制提出以下设想:

1. 实现对犯罪分子的进一步指控

公诉权是检察机关的一项重要权力,最高人民检察院对下级人民检察院具有上下级的领导关系。因此,最高人民检察院在死刑复核中维持下级检察机关对犯罪分子的正确指控是其职责所在。①机构设置。最高人民法院设有专门的死刑复核庭,最高人民检察院应当与此相对应,设立专门的死刑复核检察机构,配备专门的检察人员,级别一致。这样可以提高监督的效果和效率。最高人民检察院现设死刑复核检察办公室,下设综合处和业务处,在机构上具备了监督的条件。②监督方式。如前所述,检察机关介入死刑复核的重要前提之一是建立死刑复核程序中的控辩构造。因此,必须改变最高人民法院目前的单方调查、书面审查、有选择地听取辩护意见等方式,将其改造为控辩双方充分参与的庭审模式。

2. 对实体违法的复议

鉴于二审终审制的诉讼构造,检察机关对于死刑复核中的实体违法行为不能通过抗诉的方式进行,否则将会使死刑案件变成三审终审制。复议权是行政纠纷中的一项权力(利),检察机关可借鉴这种模式对实体违法即认定事实、法律适用或者量刑方面的错误提交最高人民法院复议。最高人民法院死刑复核庭应当在作出死刑复核裁定前进行复议,并将复议结果告知最高人民检察院死刑复核检察机构。需要注意的是,为了充分保证被告人的权利,最高人民检察院可将提请复议的范围限定在不应当判处死刑而判处死刑的范围之内,这样既为防止错杀多设置了一道程序,又不妨碍对应当判处死刑(立即执行)而没有判处的按照审判监督程序提出抗诉。

3. 对程序违法行为提出书面纠正意见

死刑复核是一种严格的诉讼活动,检察机关有义务和权力对死刑复核程序的合法性进行监督。①监督内容:合议庭的组成是否合法,是否告知被告人诉讼权利,是否遵守回避规定,是否有辩护人,庭审程序是否保证被告人充分的辩护权等。②监督方式。可以采取检察人员出席法庭、检察长列席审委会以及在普通诉讼程序中采取的监督形式。③监督的形式。最高人民检察院发现死刑复核中存在程序违法的情形时,应当向最高人民法院发出书面纠正意见,最高人民法院应当对书面纠正意见及时作出答复。

检察机关对死刑复核的监督是检察机关的一项重大课题,建立并完善这种制度是履行检察职能的题中应有之义,需要检法两家共同努力。从推进的进程看,可由检法两家召开联席会议发布会议纪要的形式启动,最后制定具有较高效力的规范性文件。

第七节　死刑执行临场监督

一、死刑执行临场监督概述

(一) 死刑执行临场监督的概念

死刑执行临场监督是指承担死刑执行临场监督任务的人民检察院,在接到人民法院执行死刑的通知后,依照法律的规定,指派检察人员就死刑执行是否规范、合法进行的监督,并就死刑执行中出现的应当停止执行死刑、违法情况等提出法律意见的执法活动。死刑临场监督是人民检察院法律监督职能的重要组成部分。

（二）死刑执行临场监督的原则

1. 依法原则

《刑事诉讼法》第 212 条规定，人民法院在交付执行死刑前，应当通知同级人民检察院派员临场监督。这是人民检察院对死刑执行进行监督的法律依据。死刑执行是一项十分严肃的执法活动，涉及被执行者的生命，必须慎之又慎。检察机关作为法律监督机关，必须严格依照法律的规定，严格把握监督的要素和程序要求，发现问题立即提出纠正意见，这是履行监督职责的题中应有之义。

2. 准确原则

首先，保证执行对象准确，这是死刑临场监督的最基本要求。死刑执行是死刑案件的最后环节，一旦执行，没有任何纠错的余地和机会。因此，必须保证在执行对象上万无一失，验明正身时慎之又慎。其次，准确原则又是死刑临场监督的最高要求。只有保证准确，才能使应当受到处罚的罪犯得到应有的惩罚，防止错案。在死刑临场监督中，应当停止死刑执行的各种法定情形随时可能出现，监督人员应当高度专注，掌握执行过程中罪犯的时刻变化，出现法律规定的停止执行的情形时，立即建议执行人员停止执行。这是一项需要高度责任心和丰富法律修养的工作。

3. 文明原则

保证罪犯尊严地被执行死刑，是参与死刑执行的执行人员、监督人员在内的所有人应共同遵守的原则。被判处死刑的罪犯在没有被执行前是应当享有人格尊严的个体，应当以和正常人交往的方式对待。与死刑犯对话，用语要文明。死刑犯的合理要求，应当满足。执行死刑，要采用法定的执行方式。禁止游街示众或者其他有辱被执行人人格的行为。查明罪犯已经死亡后，应当保持死刑犯尸体的完整、整洁，按照法定的方式处理尸体，通知家属，严禁侮辱尸体。

4. 规范原则

规范原则一方面要求，临场监督的检察人员应当熟悉法律规定，保证执行人员的执行活动严格按照法律规定的方式进行，对不合法、不规范的执行行为及时提出纠正意见；另一方面，临场监督的检察人员也应当熟知临场监督的基本规范，在执行监督任务时严格按照监督的规范进行。第一方面的要求，是贯彻规范原则的第一要义；第二方面的要求，是保证死刑临场监督正当性和有序性的重要支撑。

(三) 死刑执行临场监督的主体

根据《刑事诉讼法》第 212 条的规定,执行死刑临场监督任务的主体是与执行死刑的人民法院同级的人民检察院。根据最高人民法院《关于执行〈中华人民共和国刑事诉讼法〉若干问题的解释》第 341 条规定,执行死刑的是原审人民法院。《刑事诉讼法》第 20 条第 2 项规定,可能判处无期徒刑、死刑的普通刑事案件由中级人民法院管辖。第 21 条规定,高级人民法院管辖的第一审刑事案件,是全省(自治区、直辖市)性的重大刑事案件。第 22 条规定,最高人民法院管辖的第一审刑事案件,是全国性的重大刑事案件。因此,最高人民法院、高级人民法院和中级人民法院都有权管辖死刑第一审案件,相对应的是,最高人民检察院、省级人民检察院和地级市人民检察院是死刑临场监督的合法主体。

承担死刑临场监督任务的人民检察院在接到人民法院的执行死刑通知后,应当指派本院公诉部门承办本案或者熟悉本案案情的检察人员履行临场监督职责。对于由监所检察部门审查起诉的案件或者最高人民法院对被判处死刑缓期二年执行的罪犯核准执行死刑的案件,应当指派本院监所检察部门的检察人员履行临场监督职责。必要的时候,检察长应当到执行现场对临场监督工作进行具体指挥。

二、人民检察院的主要任务

(一) 执行前的主要任务

第一,人民检察院在执行前应当核实执行人民法院是否收到最高人民法院核准死刑的判决或者裁定和最高人民法院院长签发的执行死刑命令。

第二,负责临场监督的检察人员应当核实本院是否在交付执行三日前接到执行人民法院临场监督通知,并应进一步熟悉案情,做好相关准备工作。

第三,在执行一日前将执行临场监督任务的人员情况通报执行人民法院。

(二) 执行中的主要任务

第一,依法监督执行死刑的场所、方法和执行死刑的程序是否合法。

第二,发现不应当执行死刑情形的,建议执行人民法院停止执行。

(三) 执行后的主要任务

第一,执行死刑后,监督检查罪犯是否确已死亡。

第二,发现和通知纠正执行死刑活动中的违法情况。

第三，执行死刑后，临场监督的检察人员应当在执行人民法院的相关文书上签名确认，同时应当填写死刑临场监督笔录，签名后入卷归档。

第四，人民检察院在死刑临场监督过程中，发现有玩忽职守、滥用职权或者收受贿赂等行为，涉嫌犯罪的，应当依法处理。

三、建议停止执行与撤销停止执行

（一）应当建议停止执行死刑的情形

人民检察院收到同级人民法院执行死刑监督通知后，发现有下列情形之一的，应当建议执行人民法院停止执行：

（1）被执行人并非应当执行死刑的罪犯的；

（2）罪犯犯罪时不满十八周岁的；

（3）判决或者裁定可能有错误的；

（4）在执行前罪犯检举揭发重大犯罪事实或者有其他重大立功表现，可能需要改判的；

（5）罪犯正在怀孕的。

（二）建议停止执行

临场监督执行的检察人员在执行人员执行死刑前，如果发现可能有错误，应当建议暂停执行，并立即向本院检察长报告。检察长认为暂停执行建议正确的，应当向执行人民法院提出停止执行建议并及时制作《停止执行死刑意见书》送达执行人民法院。人民检察院建议停止执行死刑的，应当逐级对案件提出意见，报告最高人民检察院。

（三）撤销停止执行

检察长认为暂停执行不当的，应当立即予以撤销，并制作《撤销停止执行死刑意见通知书》送达执行人民法院。

附 录

■ 附一：庭审问题处置方法释疑

1. 被告人当庭申请公诉人回避的，如何应对？

答：对被告人当庭申请公诉人回避的，应由法庭依法处置。如果法庭在被告人提出回避申请后直接征询公诉人意见的，公诉人首先应根据《最高人民法院关于执行〈中华人民共和国刑事诉讼法〉若干问题的解释》（以下简称《解释》）第一百二十九条的规定，建议审判长询问被告人的理由和依据。在听取被告人的理由和依据后，公诉人可针对不同情况再发表意见：

（1）如果被告人申请回避的理由不属于《刑事诉讼法》第28条、第29条所列情形之一，公诉人应向法庭说明："鉴于被告人申请公诉人回避的理由不符合法律规定的情形，根据《解释》第29条的规定，请法庭当庭驳回，继续审理，被告人无权申请复议"。

（2）如果被告人申请回避的理由属于《刑事诉讼法》第28条、第29条所列情形之一，公诉人应建议法庭休庭。要注意的是，此时，公诉人一般不需要当庭对该理由是否成立作出评判，但对于被告人明显故意捏造事实、歪曲真相的，应当庭反驳，以正视听；同时，对于被告人以《刑事诉讼法》第29条规定的情形申请回避的，应建议法庭要求被告人庭后向法庭提供有关证明材料。

休庭后，依照《解释》第30条的规定，法院会将有关情况和材料通知检察机关。公诉人也应及时向本院检察长报告。检察长或检委会依法决定回避的，应依法更换出庭公诉的检察人员或书记员；驳回回避申请的，应当按照《人民检察院刑事诉讼规则》（以下简称《规则》）第26条的规定，及时向被告人送达驳回回避申请决定书，并告知如其不服，有权在收到该决定书后的5日内向本院申请复议一次。检察机关应当在向被告人送达回避决定书或驳回回避申请决定书

428

或者复议决定书后,再要求法院恢复审理。

重新开庭时,根据《解释》第129条的规定,公诉人应将回避决定书或驳回回避申请的决定书或复议决定书交由审判长宣布并说明理由,必要时,可由法院院长到庭宣布。

◆◆◆ 相关法律、法规、司法解释、业务规定 ◆◆◆

《中华人民共和国刑事诉讼法》

第二十八条　审判人员、检察人员、侦查人员有下列情形之一的,应当自行回避,当事人及其法定代理人也有权要求他们回避:

(一) 是本案的当事人或者是当事人的近亲属;

(二) 本人或者他的近亲属和本案有利害关系的;

(三) 担任过本案的证人、鉴定人、辩护人、诉讼代理人的;

(四) 与本案当事人有其他关系,可能影响公正处理案件的。

第二十九条　审判人员、检察人员、侦查人员不得接受当事人及其委托的人的请客送礼,不得违反规定会见当事人及其委托的人。

第三十条　审判人员、检察人员、侦查人员的回避,应当分别由院长、检察长、公安机关负责人决定;院长的回避,由本院审判委员会决定;检察长和公安机关负责人的回避,由同级人民检察院检察委员会决定。

对侦查人员的回避作出决定前,侦查人员不能停止对案件的侦查。

对驳回申请回避的决定,当事人及其法定代理人可以申请复议一次。

第三十一条　本法第二十八条、第二十九条、第三十条的规定也适用于书记员、翻译人员和鉴定人。

《人民检察院刑事诉讼规则》

第二十二条　当事人及其法定代理人的回避要求,应当书面或者口头向人民检察院提出,并说明理由;根据刑事诉讼法第二十九条的规定提出回避申请的,应当提供有关证明材料。人民检察院经过审查或者调查,符合回避条件的,应当作出回避决定;不符合回避条件的,应当驳回申请。

第二十三条　检察长的回避,由检察委员会讨论决定。检察委员会讨论检察长回避问题时,由副检察长主持,检察长不得参加。其他检察人员的回避,由检察长决定。

第二十六条 人民检察院作出驳回申请回避的决定后,应当告知当事人及其法定代理人如不服本决定,有权在收到驳回申请回避的决定书后五日内向原决定机关申请复议一次。

第二十七条 当事人及其法定代理人对驳回申请回避的决定不服申请复议的,决定机关应当在三日内作出复议决定并书面通知申请人。

《最高人民法院关于执行〈中华人民共和国刑事诉讼法〉若干问题的解释》

第二十九条 不属于刑事诉讼法第二十八条、第二十九条所列情形的回避申请,由法庭当庭驳回,并不得申请复议。

第三十条 当事人及其法定代理人对出庭的检察人员、书记员提出回避申请的,人民法院应当通知指派该检察人员出庭的人民检察院,由该院检察长或者检察委员会决定。

第一百二十九条 审判长分别询问当事人、法定代理人是否申请回避,申请何人回避和申请回避的理由。

如果当事人、法定代理人申请审判人员、出庭支持公诉的检察人员回避,合议庭认为符合法定情形的,应当依照本解释有关回避的规定处理;认为不符合法定情形的,应当当庭驳回,继续法庭审理。如果申请回避人当庭申请复议,合议庭应当宣布休庭,待作出复议决定后,决定是否继续法庭审理。

同意或者驳回回避申请的决定及复议决定,由审判长宣布,并说明理由。必要时,也可以由院长到庭宣布。

2. 当事人提出管辖异议的,如何应对?

答:在庭审中,为体现对当事人权益和意见的充分保障和尊重,对当事人提出的管辖异议,不能简单地以法律没有赋予当事人管辖异议权为由予以驳斥,而应认真听取其意见,区分不同情况予以应对:

(1) 当事人提出的管辖异议没有事实和法律依据的,可在法庭征询公诉人意见时,向法庭说明本案管辖的法律依据和理由,并建议法庭继续开庭。

(2) 当事人提出的管辖异议确有道理的,应及时建议法院休庭,与法院沟通,由法院决定将案件退回原检察机关,检察机关不能撤回起诉。原检察机关可根据案件的具体情况,或移交具有管辖权的检察机关提起公诉,或依法报请上级检察机关指定管辖。但对于毒品犯罪的案件已提起公诉并进入审判程序的,为保证及时结案,避免超期羁押,根据最高人民法院、最高人民检察院和公安部《办理毒品犯罪案件适用法律若干问题的意见》的规定,可由检察机关和法院审查后,分别依法报请上级检察机关、法院指定管辖,而不再自行移送有管辖权的检察机关或法院。

◆◆◆ 相关法律、法规、司法解释、业务规定 ◆◆◆

《最高人民法院关于执行〈中华人民共和国刑事诉讼法〉若干问题的解释》

第一百一十七条 案件经审查后,应当根据不同情况分别处理:

(一)对于不属于本院管辖或者被告人不在案的,应当决定退回人民检察院;

……

最高人民法院、最高人民检察院、公安部《办理毒品犯罪案件适用法律若干问题的意见》

一、关于毒品犯罪案件的管辖问题

……

为保证及时结案,避免超期羁押,人民检察院对于公安机关移送审查起诉的案件,人民法院对于已进入审判程序的案件,被告人及其辩护人提出管辖异议或者办案单位发现没有管辖权的,受案人民检察院、人民法院经审查可以依法报请上级人民检察院、人民法院指定管辖,不再自行移送有管辖权的人民检察院、人民法院。

3. 被告人在就起诉书指控的犯罪进行陈述时提出起诉书认定的事实失实的,如何应对?

答:对此情况,一般应当由法庭讯问被告人具体是哪些事实失实。在听取被告人的陈述后,公诉人可针对不同情况分别作出处理:

(1)如果根据现有证据能够认定被告人提出事实失实的主张是虚假的,公诉人在讯问阶段,除按照预案准备的讯问提纲进行讯问外,应着重针对被告人所谓失实的事实进行发问,以揭露被告人理由的虚假性,并建议法庭予以注意;在举证阶段,应有针对性地对被告人的虚假陈述,运用证据加以驳斥,进一步证实起诉书的指控事实清楚,证据确实充分;在辩论阶段,发表公诉意见时可结合全案证据,进一步论证起诉书指控的事实。

(2) 如果起诉书中确实存在技术性瑕疵,导致指控的事实在细节上与客观事实不符,如日期、地点书写错误等,但不影响对案件基本事实的认定和定罪量刑的,公诉人可在本院检察长委托授权的范围内,在法庭调查前或者在发表公诉意见时实事求是地当庭予以更正,以保证庭审的顺利进行,但在庭后应及时向部门负责人报告。

(3) 如果被告人当庭提出证据证明起诉书中叙述的其身份或指控的犯罪事实不符合实际的,公诉人应根据《规则》第351条和第352条的规定,要求法庭休庭,报经检察长或检委会决定后,以书面形式向法院提出变更起诉;变更起诉需要给予辩护人必要时间进行辩护准备的,可以建议法庭延期审理。

(4) 如果根据现有证据难以排除被告人主张的虚假性,且该主张一旦属实可能影响定罪量刑的,公诉人应要求法庭休庭。如庭后经审查发现具有《规则》第348条规定的情形的,应要求法庭延期审理,进行补充侦查,并在补充侦查期限内,根据补充侦查的事实,依照《规则》第349条至353条的规定,建议法院恢复审理或者变更、追加、撤回起诉。

(5) 对适用"两简"程序审理的案件,如果被告人的主张系实质上否定了对犯罪事实的承认的,公诉人应及时要求法庭按照普通第一审程序审理,同时按照上述(1)至(4)的情形予以应对。

◆◆◆ 相关法律、法规、司法解释、业务规定 ◆◆◆

《中华人民共和国刑事诉讼法》

第一百五十五条 公诉人在法庭上宣读起诉书后,被告人、被害人可以就起诉书指控的犯罪进行陈述,公诉人可以讯问被告人。

被害人、附带民事诉讼的原告人和辩护人、诉讼代理人,经审判长许可,可以向被告人发问。

审判人员可以讯问被告人。

第一百六十条　经审判长许可,公诉人、当事人和辩护人、诉讼代理人可以对证据和案件情况发表意见并且可以互相辩论。审判长在宣布辩论终结后,被告人有最后陈述的权利。

《人民检察院刑事诉讼规则》

第三百四十八条　法庭审理过程中遇有下列情形之一的,公诉人应当要求法庭延期审理:

(一)发现事实不清、证据不足,或者遗漏罪行、遗漏同案犯罪嫌疑人,需要补充侦查或者补充提供证据的;

(二)发现遗漏罪行或者遗漏同案犯罪嫌疑人,虽不需要补充侦查和补充提供证据,但需要提出追加或者变更起诉的;

(三)需要通知开庭前未向人民法院提供名单的证人、鉴定人或者经人民法院通知而未到庭的证人出庭陈述的。

第三百四十九条　法庭宣布延期审理后,人民检察院应当在补充侦查的期限内提请人民法院恢复法庭审理或撤回起诉。

公诉人在法庭审理过程中建议延期审理的次数不得超过两次,每次不得超过一个月。

第三百五十条　在审判过程中,对于需要补充提供法庭审判所必需的证据或者补充侦查的,人民检察院应当自行收集证据和进行侦查;必要时可以要求公安机关提供协助。

人民检察院补充侦查,适用本规则第四章、第五章、第七章的规定。

补充侦查不得超过一个月。

第三百五十一条　在人民法院宣告判决前,人民检察院发现被告人的真实身份或者犯罪事实与起诉书中叙述的身份或者指控犯罪事实不符的,可以要求变更起诉;发现遗漏的同案犯罪嫌疑人或者罪行可以一并起诉和审理的,可以要求追加起诉;发现不存在犯罪事实、犯罪事实并非被告人所为或者不应当追究被告人刑事责任的,可以要求撤回起诉。

第三百五十三条　变更、追加或者撤回起诉应当报经检察长或者检察委员会决定,并以书面方式在人民法院宣告判决前向人民法院提出。

在法庭审理过程中,公诉人认为需要变更、追加或者撤回起诉的,应当要求休庭,并记明笔录。

变更、追加起诉需要给予被告人、辩护人必要时间进行辩护准备的,公诉人可以建议合议庭延期审理。

撤回起诉后,没有新的事实或者新的证据不得再行起诉。

4. 公诉人以普通话发问,被告人能够听懂普通话却以方言回答的,如何应对?

答:如果该被告人系少数民族,且其使用的方言属于本民族语言的,无论其是否能使用普通话回答,公诉人均应首先问其是否要使用本民族语言进行回答。被告人明确表示庭审中要用本民族语言回答的,公诉人应向法庭提出:"审判长,鉴于被告人要求使用本民族的语言进行诉讼,请法庭根据《刑事诉讼法》第九条的规定,为其提供翻译。"

如果被告人不属于少数民族,其使用方言不影响庭审顺利进行的,可以允许;如果影响庭审顺利进行的,公诉人应区分不同情况予以处理:

(1) 如果被告人使用方言只是用语习惯的,公诉人可向被告人指出:"被告人,如果你能够使用普通话回答问题,应使用普通话回答公诉人的提问,以便于法庭能全面客观地了解案情,公正地对你裁判。"

(2) 如果被告人确实难以用普通话进行回答的,公诉人在讯问后,可用普通话复述被告人的回答内容,并由被告人当庭确认。

要注意的是,对于被告人能够听懂普通话却只能以方言回答的情况,公诉部门承办人在审查起诉时即可掌握,如果承办人难以听懂该方言的,应及时报告部门负责人更换其他能听懂该方言的承办人办理,或采取其他措施,避免庭审时出现不必要的麻烦。

◆◆◆ 相关法律、法规、司法解释、业务规定 ◆◆◆

《中华人民共和国刑事诉讼法》

第九条 各民族公民都有使用本民族语言文字进行诉讼的权利。人民法院、人民检察院和公安机关对于不通晓当地通用的语言文字的诉讼参与人,应当为他们翻译。

在少数民族聚居或者多民族杂居的地区,应当用当地通用的语言进行审讯,用当地通用的文字发布判决书、布告和其他文件。

5. 对被告人答非所问,或者沉默不语,或者明确拒绝回答的,如何应对?

答:如果公诉人认为案情相对清晰,没有必要对被告人继续发问的,可向法庭说明:"鉴于被告人放弃辩解权利,公诉人不再发问,但将在举证阶段通过举证证明被告人的犯罪事实。"

如果公诉人认为有必要对被告人继续发问的,可以向被告人指出:"被告人,接受讯问并如实回答,有利于法庭充分听取你的辩解,全面、准确地认定案件事实,也有利于充分保障你的合法权益,希望你能正确对待,配合法庭的调查。"

如果被告人依旧不配合,公诉人可以向法庭表明:"《刑事诉讼法》第四十六条规定,没有被告人供述,证据充分确实的,可以认定被告人有罪和处以刑罚。鉴于被告人拒绝回答公诉人的讯问,公诉人将在举证阶段通过举证证明被告人的犯罪事实。"但在重大有影响案件的庭审中,如有必要通过讯问向法庭和旁听人员揭露犯罪基本概况的,公诉人也可以结合或引用起诉书中的内容,采取"长问"的方式,继续发问,但要注意庭审效果,及时调整。

◆◆◆ 相关法律、法规、司法解释、业务规定 ◆◆◆

《中华人民共和国刑事诉讼法》

第四十六条 对一切案件的判处都要重证据,重调查研究,不轻信口供。只有被告人供述,没有其他证据的,不能认定被告人有罪和处以刑罚;没有被告人供述,证据充分确实的,可以认定被告人有罪和处以刑罚。

6. 对被告人随意打断公诉人发言,为自己辩解的,如何应对?

答:被告人应当遵守法庭规则,发言、陈述和辩论,须经审判长或者独任审判员许可。被告人在法庭上随意发言,甚至恶意打断公诉人发问,是违反法庭规则的行为,根据《解释》第一百八十四条和《人民法院法庭规则》第十一条的规定,应当由法庭予以警告制止。

如果法庭没有警告制止的,公诉人可告知被告人:"根据法庭的许可,现在由公诉人发言,被告人如需要为自己辩解,可在公诉人发言后,经法庭许可,再作发言。"如果被告人随后仍然继续打断公诉人发言,影响庭审顺利进行的,公诉人应要求法庭当庭予以警告制止并予以训诫。

如果审判长不予警告制止,或者警告制止仍无效的,公诉人可向法庭建议:"鉴于被告人违反法庭规则,继续恶意打断公诉人发言,影响法庭秩序,请法庭休庭,并根据《解释》第一百八十四条和《人民法院法庭规则》第十一条的规定,对被告人这种扰乱法庭秩序的行为依法处理。"

◆◆◆ 相关法律、法规、司法解释、业务规定 ◆◆◆

《中华人民共和国刑事诉讼法》

第一百五十五条 公诉人在法庭上宣读起诉书后,被告人、被害人可以就起诉书指控的犯罪进行陈述,公诉人可以讯问被告人。

被害人、附带民事诉讼的原告人和辩护人、诉讼代理人,经审判长许可,可以向被告人发问。

审判人员可以讯问被告人。

第一百六十条 经审判长许可,公诉人、当事人和辩护人、诉讼代理人可以对证据和案件情况发表意见并且可以互相辩论。审判长在宣布辩论终结后,被告人有最后陈述的权利。

第一百六十一条 在法庭审判过程中,如果诉讼参与人或者旁听人员违反法庭秩序,审判长应当警告制止。对不听制止的,可以强行带出法庭;情节严重的,处以一千元以下的罚款或者十五日以下的拘留。罚款、拘留必须经院长批准。被处罚人对罚款、拘留的决定不服的,可以向上一级人民法院申请复议。复议期间不停止执行。

对聚众哄闹、冲击法庭或者侮辱、诽谤、威胁、殴打司法工作人员或者诉讼参与人,严重扰乱法庭秩序,构成犯罪的,依法追究刑事责任。

《最高人民法院关于执行〈中华人民共和国刑事诉讼法〉若干问题的解释》

第一百六十三条 在法庭辩论过程中,审判长对于控辩双方与案件无关、重复或者相互指责的发言应当制止。

第一百八十四条　在法庭审判过程中,如果诉讼参与人或者旁听人员违反法庭秩序,合议庭应当按照下列情形分别处理:

(一)对于违反法庭秩序情节较轻的,应当当庭警告制止并进行训诫;

(二)对于不听警告制止的,可以指令法警强行带出法庭;

(三)对于违反法庭秩序情节严重的,经报请院长批准后,对行为人处一千元以下的罚款或者十五日以下的拘留;

(四)对于严重扰乱法庭秩序,构成犯罪的,应当依法追究刑事责任。

当事人对人民法院罚款、拘留的决定不服,可以向上一级人民法院申请复议。复议申请可以直接向上一级人民法院提出,也可以通过作出罚款、拘留决定的人民法院提出。通过作出罚款、拘留决定的人民法院向上一级人民法院申请复议的,该人民法院应当自收到复议申请之日起三日内,将申请人的复议申请、罚款或者拘留决定书和有关事实、证据材料一并报上一级人民法院复议。上一级人民法院复议期间,不停止决定的执行。

《中华人民共和国人民法院法庭规则》

第七条　诉讼参与人应当遵守法庭规则,维护法庭秩序,不得喧哗、吵闹;发言、陈述和辩论,须经审判长或者独任审判员许可。

第十一条　对于违反法庭规则的人,审判长或者独任审判员可以口头警告、训诫,也可以没收录音、录像和摄影器材,责令退出法庭或者经院长批准予以罚款、拘留。

7. 对共同被告人在法庭上交头接耳,甚至暗示干扰其他被告人如实供述的,如何应对?

答:对共同被告人在法庭上交头接耳,甚至暗示干扰其他被告人如实供述的情况,应当由法庭予以警告制止。如果法庭没有予以警告制止的,公诉人可按不同的庭审阶段作出不同处理:

(1)如果是在法庭讯问阶段发现共同被告人存在交头接耳,甚至暗示干扰其他被告人的情况的,公诉人可先直接予以制止。如果被告人在公诉人继续发问时仍然交头接耳或者暗示干扰其他被告人的,公诉人可要求法庭予以警告制止,具体可表述为:"审判长,被告人交头接耳(或者暗示干扰其他被告人如实供述)的行为,不仅违反了法庭规则,而且可能影响庭审的顺利进行和案件的最终认定,根据《刑事诉讼法》第 161 条的规定,公诉人要求法庭予以警告制止。"要注意的是,根据《解释》第 134 条的规定,庭审讯问被告人应分别进行,只有在需要对质时,才允许多名被告人同时在场。因此,如果在庭审讯问对质时出现共同被告人在法庭上有交头接耳甚至暗示干扰其他被告人如实供述的情况,公诉人可视情要求法庭适当拉开或调换被告人的位置,或者将暂时不需要对质的被告人带离法庭,以防止其他共同被告人交头接耳影响庭审的顺利进行。

(2) 对于在举证质证、法庭辩论等其他庭审环节中出现的被告人交头接耳,甚至暗示干扰其他被告人如实供述的情况,公诉人不宜主动、直接对被告人进行警告、制止,可参照上述表述要求法庭警告制止。

在警告制止后,对于那些被干扰的被告人,公诉人可对其晓之以理,规劝其不要受到误导。

◆◆◆ 相关法律、法规、司法解释、业务规定 ◆◆◆

《中华人民共和国刑事诉讼法》

第一百六十一条 在法庭审判过程中,如果诉讼参与人或者旁听人员违反法庭秩序,审判长应当警告制止。对不听制止的,可以强行带出法庭;情节严重的,处以一千元以下的罚款或者十五日以下的拘留。罚款、拘留必须经院长批准。被处罚人对罚款、拘留的决定不服的,可以向上一级人民法院申请复议。复议期间不停止执行。

对聚众哄闹、冲击法庭或者侮辱、诽谤、威胁、殴打司法工作人员或者诉讼参与人,严重扰乱法庭秩序,构成犯罪的,依法追究刑事责任。

《最高人民法院关于执行〈中华人民共和国刑事诉讼法〉若干问题的解释》

第一百三十四条 对于共同犯罪案件中的被告人,应当分别进行讯问。合议庭认为必要时,可以传唤共同被告人同时到庭对质。

第一百八十四条 在法庭审判过程中,如果诉讼参与人或者旁听人员违反法庭秩序,合议庭应当按照下列情形分别处理:

(一)对于违反法庭秩序情节较轻的,应当当庭警告制止并进行训诫;

（二）对于不听警告制止的，可以指令法警强行带出法庭；

（三）对于违反法庭秩序情节严重的，经报请院长批准后，对行为人处一千元以下的罚款或者十五日以下的拘留；

（四）对于严重扰乱法庭秩序，构成犯罪的，应当依法追究刑事责任。

当事人对人民法院罚款、拘留的决定不服，可以向上一级人民法院申请复议。复议申请可以直接向上一级人民法院提出，也可以通过作出罚款、拘留决定的人民法院提出。通过作出罚款、拘留决定的人民法院向上一级人民法院申请复议的，该人民法院应当自收到复议申请之日起三日内，将申请人的复议申请、罚款或者拘留决定书和有关事实、证据材料一并报上一级人民法院复议。上一级人民法院复议期间，不停止决定的执行。

《中华人民共和国人民法院法庭规则》

第七条　诉讼参与人应当遵守法庭规则，维护法庭秩序，不得喧哗、吵闹；发言、陈述和辩论，须经审判长或者独任审判员许可。

第十一条　对于违反法庭规则的人，审判长或者独任审判员可以口头警告、训诫，也可以没收录音、录像和摄影器材，责令退出法庭或者经院长批准予以罚款、拘留。

8. 少数民族或外国籍被告人当庭提出在侦查阶段被讯问时无相关翻译的，如何应对？

答：首先要明确的是，对于当庭要出示、宣读的证据，公诉人在审查起诉时应当严格依法审查；发现侦查讯问时没有翻译人员会影响被告人的理解或表达，或者被告人明确提出聘请翻译人员，而侦查人员没有聘请翻译人员的，公诉人不得将之作为指控犯罪的依据，同时应要求侦查机关予以补救或提出纠正违法意见，绝不允许出现当庭才发现影响事实认定或定罪处罚的讯问笔录中应当有翻译人员而没有聘请的情况。

如果公安机关在进行宣告拘留、逮捕等程序性工作时确实没有提供翻译人员，虽然该相应讯问笔录不需要当庭出示、宣读，但被告人当庭提出异议的，公诉人可当庭指出："对于被告人陈述的情况，公诉人庭前已经充分注意，并已依法向公安机关提出纠正意见（视情告知公安机关相应处理措施）。同时，公诉人还要指出的是：第一，该份笔录并不是认定本案事实和罪名的证据，因此被告人的异议不影响本案的审理;第二,根据《规则》第265条的规定,通过非法方法收集的言词证据只是不能作为指控犯罪的依据,因此被告人所提出的讯问笔录并不影响本案相应拘留、逮捕等程序性行为的效力。"

除上述情况外,实践中被告人当庭提出在侦查阶段被讯问时无相关翻译的,一般可能是因为对法律的误解或有意作虚假陈述,对此公诉人应讯问被告人是否能听懂(或看懂)汉语,没有翻译人员是否影响其理解和表达,并视被告人的回答区分不同情况予以应对:

(1)如果没有翻译人员参与讯问不影响其理解和表达的,公诉人应讯问被告人在接受《犯罪嫌疑人诉讼权利义务告知书》时有无提出申请或拒绝聘请翻译人员。如果其本人未申请或者明确拒绝聘请翻译人员的,公诉人应当庭指出:"申请翻译人员是被告人权利,可以行使,也可以放弃。被告人在明知自己有权聘请翻译人员的情况下,没有积极行使该权利,实际上是对该权利的放弃,因此侦查阶段讯问时无相关翻译人员并不违反法律规定,建议法庭依法采信侦查阶段所收集的相关证据。"

(2)如果没有翻译人员参与讯问影响其理解和表达,但现有证据能证实确有相关翻译人员的,公诉人可向法庭出示、宣读有关的笔录,并请法庭注意被告人当庭虚假的陈述。

◆◆◆ 相关法律、法规、司法解释、业务规定 ◆◆◆

《中华人民共和国刑事诉讼法》

第九条 各民族公民都有用本民族语言文字进行诉讼的权利。人民法院、人民检察院和公安机关对于不通晓当地通用的语言文字的诉讼参与人,应当为他们翻译。

在少数民族聚居或者多民族杂居的地区,应当用当地通用的语言进行审讯,用当地通用的文字发布判决书、布告和其他文件。

《人民检察院刑事诉讼规则》

第二百六十五条 严禁以非法的方法收集证据。以刑讯逼供或者威胁、引诱、欺骗等非法的方法收集的犯罪嫌疑人供述、被害人陈述、证人证言,不能作为指控犯罪的根据。

人民检察院审查起诉部门在审查中发现侦查人员以非法方法收集犯罪嫌疑人供述、被害人陈述、证人证言的,应当提出纠正意见,同时应当要求侦查机关另行指派侦查人员重新调查取证,必要时人民检察院也可以自行调查取证。

侦查机关未另行指派侦查人员重新调查取证的,可以依法退回侦查机关补充侦查。

《最高人民法院关于执行〈中华人民共和国刑事诉讼法〉若干问题的解释》

第一百三十六条 审判长对于控辩双方讯问、发问被告人、被害人和附带民事诉讼原告人、被告人的内容与本案无关或者讯问、发问的方式不当的,应当制止。

对于控辩双方认为对方讯问或者发问的内容与本案无关或者讯问、发问的方式不当并提出异议的,审判长应当判明情况予以支持或者驳回。

9. 庭审中,被告人交代出自己其他犯罪事实的,如何应对?

答:对被告人主动交代自己其他犯罪事实的行为,公诉人首先应当庭予以肯定和鼓励;其次,公诉人可向法庭表明:"审判长,鉴于今天开庭审理的是起诉书指控的犯罪事实,被告人所交代的自己的其他犯罪事实,超出了起诉书的指控范围,公诉人建议法庭对本案继续开庭审理。对被告人交代的自己的其他犯罪事实,建议法庭在庭审结束后进行讯问、调查,并将有关材料依法移送有关职能部门处理。"

◆◆◆ 相关法律、法规、司法解释、业务规定 ◆◆◆

《人民检察院刑事诉讼规则》

第三百三十三条 公诉人讯问被告人,询问证人、被害人、鉴定人,出示物证,宣读书证、未出庭证人的证言笔录等应当围绕下列事实进行:

(一)被告人的身份;

(二)指控的犯罪事实是否存在,是否为被告人所实施;

(三)实施犯罪行为的时间、地点、方法、手段、结果,被告人犯罪后的表现等;

(四)犯罪集团或者其他共同犯罪案件中参与犯罪人员的各自地位和应负

的责任;

(五) 被告人有无责任能力,有无故意或者过失,行为的动机、目的;

(六) 有无依法不应当追究刑事责任的情况,有无法定的从重或者从轻、减轻以及免除处罚的情节;

(七) 犯罪对象、作案工具的主要特证,与犯罪有关的财物的来源、数量以及去向;

(八) 被告人全部或者部分否认起诉书指控的犯罪事实的,否认的根据和理由能否成立;

(九) 与定罪量刑有关的其他事实。

10. 庭审中,被告人交代他人犯罪事实的,如何应对?

答:对被告人当庭交代他人犯罪事实的行为,公诉人应当庭予以肯定和鼓励,并区分他人犯罪事实的不同性质,进行处理:

(1) 如果该事实系他人参与本案的共同犯罪事实,公诉人应在征得法庭许可后,对被告人进行仔细讯问:

若当庭讯问足以确认他人的"犯罪事实"不存在或不构成犯罪的,可要求法庭继续就起诉书指控的犯罪事实进行审理;若发现被告人有意捏造事实干扰法庭审理的,应当庭予以揭露,并请法庭注意;

若当庭讯问不足以排除他人的"犯罪事实"构成犯罪可能的,应按照《规则》第348条和《解释》第157条的规定,要求法庭延期审理,并根据《规则》第350条的规定,进行补充侦查,在补充侦查期限内,根据补充侦查的事实,依照《规则》第349条至353条的规定,建议法院恢复审理或者变更、追加、撤回起诉。

(2) 若被告人当庭交代的是他人实施的其他犯罪事实,公诉人应参照第9题的处置方法进行应对。

◆◆◆ 相关法律、法规、司法解释、业务规定 ◆◆◆

《人民检察院刑事诉讼规则》

第三百四十八条 法庭审理过程中遇有下列情形之一的,公诉人应当要求法庭延期审理:

（一）发现事实不清、证据不足，或者遗漏罪行、遗漏同案犯罪嫌疑人，需要补充侦查或者补充提供证据的；

（二）发现遗漏罪行或者遗漏同案犯罪嫌疑人，虽不需要补充侦查和补充提供证据，但需要提出追加或者变更起诉的；

（三）需要通知开庭前未向人民法院提供名单的证人、鉴定人或者经人民法院通知而未到庭的证人出庭陈述的。

第三百四十九条　法庭宣布延期审理后，人民检察院应当在补充侦查期限内提请人民法院恢复法庭审理或撤回起诉。

公诉人在法庭审理过程中建议延期审理的次数不得超过两次，每次不得超过一个月。

第三百五十条　在审判过程中，对于需要补充提供法庭审判所必需的证据或者补充侦查的，人民检察院应当自行收集证据和进行侦查；必要时可以要求公安机关提供协助。

人民检察院补充侦查，适用本规则第四章、第五章、第七章的规定。

补充侦查不得超过一个月。

第三百五十一条　在人民法院宣告判决前，人民检察院发现被告人的真实身份或者犯罪事实与起诉书中叙述的身份或者指控犯罪事实不符的，可以要求变更起诉；发现遗漏的同案犯罪嫌疑人或者罪行可以一并起诉和审理的，可以要求追加起诉；发现不存在犯罪事实、犯罪事实并非被告人所为或者不应当追究被告人刑事责任的，可以要求撤回起诉。

第三百五十三条　变更、追加或者撤回起诉应当报经检察长或者检察委员会决定，并以书面方式在人民法院宣告判决前向人民法院提出。

在法庭审理过程中，公诉人认为需要变更、追加或者撤回起诉的，应当要求休庭，并记明笔录。

变更、追加起诉需要给予被告人、辩护人必要时间进行辩护准备的，公诉人可以建议合议庭延期审理。

撤回起诉后，没有新的事实或者新的证据不得再行起诉。

《最高人民法院关于执行〈中华人民共和国刑事诉讼法〉若干问题的解释》

第一百五十七条　在庭审过程中，公诉人发现案件需要补充侦查，提出延期审理建议的,合议庭应当同意。但是建议延期审理的次数不得超过两次。

法庭宣布延期审理后,人民检察院在补充侦查的期限内没有提请人民法院恢复法庭审理的,人民法院应当决定按人民检察院撤诉处理。

11. 被害人在出庭接受公诉人询问时,提供了新的被被告人侵害的事实,如何应对?

答:公诉人可先对该事实进行询问,并问明被害人为何以前未及时陈述。然后,分两种情况予以应对:

(1)如果该事实与本案无关,可向法庭表明:"审判长,鉴于今天审理的是起诉书指控的被告人的犯罪事实,被害人提供的新的被被告人侵害的事实超出了本案起诉书指控的范围,请法庭对本案继续审理。对被害人提供的新的被被告人侵害的事实,被害人可在本案庭审后再向法院或其他有关部门报案并提供有关证据材料,检察机关将依法履行法律监督职责,以维护被害人的合法权益。"

(2)如果发现该事实与本案有关且有可能构成犯罪的,应当根据《规则》第348条至353条的规定,建议法院延期审理,进行补充侦查,并根据查明的事实情况,决定是否追加起诉。

◆◆◆ 相关法律、法规、司法解释、业务规定 ◆◆◆

《人民检察院刑事诉讼规则》

第三百四十八条 法庭审理过程中遇有下列情形之一的,公诉人应当要求法庭延期审理:

(一)发现事实不清、证据不足,或者遗漏罪行、遗漏同案犯罪嫌疑人,需要补充侦查或者补充提供证据的;

(二)发现遗漏罪行或者遗漏同案犯罪嫌疑人,虽不需要补充侦查和补充提供证据,但需要提出追加或者变更起诉的;

(三)需要通知开庭前未向人民法院提供名单的证人、鉴定人或者经人民法院通知而未到庭的证人出庭陈述的。

第三百五十一条 在人民法院宣告判决前,人民检察院发现被告人的真实身份或者犯罪事实与起诉书中叙述的身份或者指控犯罪事实不符的,可以要求变更起诉;发现遗漏的同案犯罪嫌疑人或者罪行可以一并起诉和审理的,可以要求追加起诉;发现不存在犯罪事实、犯罪事实并非被告人所为或者不应当追究被告人刑事责任的,可以要求撤回起诉。

第三百五十三条　变更、追加或者撤回起诉应当报经检察长或者检察委员会决定,并以书面方式在人民法院宣告判决前向人民法院提出。

在法庭审理过程中,公诉人认为需要变更、追加或者撤回起诉的,应当要求休庭,并记明笔录。

变更、追加起诉需要给予被告人、辩护人必要时间进行辩护准备的,公诉人可以建议合议庭延期审理。

撤回起诉后,没有新的事实或者新的证据不得再行起诉。

《最高人民法院关于执行〈中华人民共和国刑事诉讼法〉若干问题的解释》

第一百七十八条　人民法院在审理中发现新的事实,可能影响定罪的,应当建议人民检察院补充或者变更起诉;人民检察院不同意的,人民法院应当就起诉指控的犯罪事实,依照本解释第一百七十六条的有关规定依法作出裁判。

12. 对辩护人诱导发问的,如何处理?

答:《规则》第335条规定,辩护人对被告人或者证人进行诱导性讯问、询问以及其他不当讯问、询问可能影响陈述或者证言的客观真实的,公诉人可以要求审判长制止或者要求对该项陈述或者证言不予采纳。

据此,对辩护人不影响陈述或者证言客观真实,只是意在通过暗示使被告人、被害人或证人恢复对某些事实细节的回忆的诱导发问,一般情况下公诉人可以不予反对。但对辩护人有意通过暗示被告人、证人,使其故意对并不存在的事实作陈述,或者使其在事实细节方面产生偏离事实真相的陈述的发问,公诉人应及时提请法庭予以制止,并视情建议法庭对该项陈述或证言不予采信。

◆◆◆ 相关法律、法规、司法解释、业务规定 ◆◆◆

《人民检察院刑事诉讼规则》

第三百三十五条　讯问被告人、询问证人应当避免可能影响陈述或者证言客观真实的诱导性讯问、询问以及其他不当讯问、询问。

辩护人对被告人或者证人进行诱导性讯问、询问以及其他不当讯问、询问可能影响陈述或者证言的客观真实的,公诉人可以要求审判长制止或者要求对该项陈述或者证言不予采纳。

讯问共同犯罪案件的被告人、询问证人应当分别进行。

被告人、证人对同一事实的陈述存在矛盾需要对质的,公诉人可以建议法庭传唤有关被告人、证人同时到庭对质。

讯问未成年的被告人、询问未成年的证人应当根据未成年人的特点进行。

《最高人民法院关于执行〈中华人民共和国刑事诉讼法〉若干问题的解释》

第一百四十六条 询问证人应当遵循以下规则:

(一)发问的内容应当与案件的事实相关;

(二)不得以诱导方式提问;

(三)不得威胁证人;

(四)不得损害证人的人格尊严。

前款规定也适用于对被告人、被害人、附带民事诉讼原告人和被告人、鉴定人的讯问、发问或者询问。

第一百四十七条 审判长对于向证人、鉴定人发问的内容与本案无关或者发问的方式不当的,应当制止。

对于控辩双方认为对方发问的内容与本案无关或者发问的方式不当并提出异议的,审判长应当判明情况予以支持或者驳回。

13. 公诉人指出辩护人发问不当,而法庭不予支持的,如何应对?

答:公诉人认为辩护人发问不当,并当庭向法庭提出而法庭认为辩护人的发问并无不当,仍由其继续发问的,公诉人应当服从。即便认为法庭的裁断不当,也应在庭审后向法庭提出。但对辩护人不当的发问和被告人回答的内容,公诉人应在讯问、举证和质证以及发表公诉意见时,当庭予以辩驳。庭审结束后,公诉人认为法庭审理案件违反法律规定的诉讼程序的,应及时向检察长报告,必要时依法向法院提出口头或书面纠正意见。

◆◆◆ 相关法律、法规、司法解释、业务规定 ◆◆◆

《关于刑事诉讼法实施中若干问题的规定》

43. 修改后的刑事诉讼法第一百六十九条规定："人民检察院发现人民法院审理案件违反法律规定的诉讼程序，有权向人民法院提出纠正意见。"人民检察院对违反法定程序的庭审活动提出纠正意见，应当由人民检察院在庭审后提出。

《最高人民法院关于执行〈中华人民共和国刑事诉讼法〉若干问题的解释》

第一百三十六条 审判长对于控辩双方讯问、发问被告人、被害人和附带民事诉讼原告人、被告人的内容与本案无关或者讯问、发问的方式不当的，应当制止。

对于控辩双方认为对方讯问或者发问的内容与本案无关或者讯问、发问的方式不当并提出异议的，审判长应当判明情况予以支持或者驳回。

《人民检察院刑事诉讼规则》

第三百三十五条 讯问被告人、询问证人应当避免可能影响陈述或者证言客观真实的诱导性讯问、询问以及其他不当讯问、询问。

辩护人对被告人或者证人进行诱导性讯问、询问以及其他不当讯问、询问可能影响陈述或者证言的客观真实的，公诉人可以要求审判长制止或者要求对该项陈述或者证言不予采纳。

讯问共同犯罪案件的被告人、询问证人应当分别进行。

被告人、证人对同一事实的陈述存在矛盾需要对质的，公诉人可以建议法庭传唤有关被告人、证人同时到庭对质。

讯问未成年的被告人、询问未成年的证人应当根据未成年人的特点进行。

14. 辩护人提出公诉人出示的证据与指控无关的，如何应对？

答：公诉人应当围绕起诉书指控的犯罪事实和情节进行举证。对辩护人在质证过程中提出公诉人出示的证据与指控无关的意见，公诉人应区分不同情况进行答辩：

（1）如果辩护人因未正确理解公诉人就证据证明内容所作的概括说明，而

误认为该证据与指控无关的,公诉人可向法庭重申该份证据的证明要点及所证明的相关案件事实;

(2) 如果辩护人通过割裂证据之间的关系来否定该份证据的关联性的,公诉人可概要阐述该份证据可与哪些证据相结合证明哪些案件事实,以说明该份证据与本案的关联性,并希望辩护人不要割裂地看待公诉人出示的证据;

(3) 如果公诉人认为对于证据之间的关联性和综合证明作用宜在法庭辩论时再发表综合意见的,应向法庭说明,在质证时不再直接就辩护人的意见进行答辩。

◆◆◆ 相关法律、法规、司法解释、业务规定 ◆◆◆

《中华人民共和国刑事诉讼法》

第一百六十条 经审批长许可,公诉人、当事人和辩护人、诉讼代理人可以对证据和案件情况发表意见并且可以互相辩论。审判长在宣布辩论终结后,被告人有最后陈述的权利。

《人民检察院刑事诉讼规则》

第三百四十七条 在法庭审理中,经审判长许可,公诉人可以逐一对正在调查的证据和案件情况发表意见,并同被告人、辩护人进行辩论。证据调查结束时,公诉人应当发表总结性意见。

法庭辩论中,公诉人与被害人、诉讼代理人意见不一致的,公诉人应当认真听取被害人、诉讼代理人的意见,阐明自己的意见和理由。

《公诉人出庭举证质证指导意见(试行)》

第三十七条 质证阶段的辩论,一般应围绕证据的有效性和证明力进行。对于证据之间的关联性和证据的综合证明作用问题,一般在辩论阶段予以答辩。

第三十九条 辩护方对公诉方当庭出示、宣读、播放的证据的合法性、客观性、关联性提出的质证意见,公诉人应当进行答辩。

对辩护方提出的与证据证明力无关、与公诉主张无关的质证意见,公诉人可以说明理由不予答辩,并提请法庭不予采纳。

公诉人答辩一般应在辩护方提出质证意见后立即进行,也可以根据需要在法庭辩论阶段结合其他证据综合发表意见,但应向法庭说明。

第四十三条 辩护人断章取义,片面理解证据内容发表意见的,公诉人应立足证据认定的全面性、同一性原则,综合全案证据予以驳斥。

第四十四条 对于辩护方提出的质证意见,确实需要进行补充侦查的,公诉人可以建议延期审理。

辩护方建议未到庭证人、被害人到庭进行质证的,公诉人可以结合全案证据情况进行答辩,或者根据具体情况建议法庭休庭。

辩护方因对证据内容了解有误而质证的,公诉人可以对证据情况进行简要说明。

对辩护方符合事实和法律的质证,公诉人应当实事求是地发表意见,或者不再就此答辩。

15. 被告人或辩护人当庭提出公诉人事先未掌握的新的材料的,如何应对?

答:如果该证据系被告人或辩护人开庭五日前获取,但被告人、辩护人未按照《解释》第一百一十九条规定于庭前向法庭提供的,公诉人应当庭指出:"审判长,被告人、辩护人的做法违反了司法解释关于辩护人、被告人应当在开庭五日前向法庭提供证据的规定,有'证据突袭'之嫌,请法庭予以注意。同时公诉人要求当庭查阅辩护人、被告人出示的证据后再予以质证(或公诉人建议法庭休庭,待公诉人庭后查阅后,再予以质证)。"

查阅证据时,公诉人应按照《公诉人出庭举证质证指导意见(试行)》第三十五条规定的内容进行。经查阅:

(1) 如果认为该证据符合法律的要求,具有真实性、合法性、关联性的,公诉人应实事求是地发表质证意见。

(2) 如果该证据与案件无关或者明显重复、不必要,或在案证据能够反驳新证据的,公诉人可在说明理由或进行反驳后,要求法庭不予采信。

(3) 如果该证据对定罪、量刑有重大影响,当庭又难以准确判断的,公诉人可建议法庭在本案其他证据质证完毕后延期审理。在延期审理期间公诉人应对该证据进行复核或补充其他证据。

要注意的是,如果该证据系辩护律师在侦查阶段调取,或者系未按照《刑事诉讼法》第三十七条规定的程序调取,或者系其他辩护人调取的,对该三种情形,公诉人不宜按照《公诉人出庭举证质证指导意见(试行)》第四十六条的规定,直接以取证程序不合法为由要求法庭不予采信。因为根据《刑事诉讼法》第三十五条和《律师法》第三十一条的规定,辩护人需要向法庭提供的是关于被告人无罪、罪轻或减轻、免除刑事责任的"材料和意见",而非"证据",而且《律师法》第三十五条取消了《刑事诉讼法》第三十七条对辩护律师取证的限制,仅以辩护律师取证不合《刑事诉讼法》的规定为由排除其提出的证据,缺乏法律依据;同时,从《刑事诉讼法》第四十三条规定的公诉人的职责要求看,无论辩护人提供的证据在程序上是否合法,公诉人都有义务进行查阅、审核,发现符合客观事实的,都应当予以认可。

◆◆◆ 相关法律、法规、司法解释、业务规定 ◆◆◆

《中华人民共和国刑事诉讼法》

第三十五条 辩护人的责任是根据事实和法律,提出证明犯罪嫌疑人、被告人无罪、罪轻或减轻、免除其刑事责任的材料和意见,维护犯罪嫌疑人、被告人的合法权益。

第三十七条 辩护律师经证人或者其他有关单位和个人同意,可以向他们收集与本案有关的材料,也可以申请人民检察院、人民法院收集、调取证据,或者申请人民法院通知证人出庭作证。

辩护律师经人民检察院或者人民法院许可,并且经被害人或者其近亲属、被害人提供的证人同意,可以向他们收集与本案有关的材料。

第四十三条 审判人员、检察人员、侦查人员必须依照法定程序,收集能够证实犯罪嫌疑人、被告人有罪或者无罪、犯罪情节轻重的各种证据。严禁刑讯逼供和以威胁、引诱、欺骗以及其他非法的方法收集证据。必须保证一切与案件有关或者了解案情的公民,有客观地充分地提供证据的条件,除特殊情况外,并且可以吸收他们协助调查。

《中华人民共和国律师法》

第三十一条 律师担任辩护人的,应当根据事实和法律,提出犯罪嫌疑人、被告人无罪、罪轻或者减轻、免除其刑事责任的材料和意见,维护犯罪嫌疑人、被告人的合法权益。

第三十五条　受委托的律师根据案情的需要,可以申请人民检察院、人民法院收集、调取证据或者申请人民法院通知证人出庭作证。

律师自行调查取证的,凭律师执业证书和律师事务所证明,可以向有关单位或者个人调查与承办法律事务有关的情况。

《最高人民法院关于执行〈中华人民共和国刑事诉讼法〉若干问题的解释》

第一百一十九条　对于决定开庭审理的案件,人民法院应当进行下列工作:

……

(四)通知被告人、辩护人于开庭五日前提供出庭作证的身份、住址、通讯处明确的证人、鉴定人名单及不出庭作证的证人、鉴定人名单和拟当庭宣读、出示的证据复印件、照片;

……

人民法院通知公诉机关或者辩护人提供的证人时,如果该证人表示拒绝出庭作证或者按照所提供的证人通讯地址未能通知到该证人的,应当及时告知申请通知该证人的公诉机关或者辩护人。

上述工作情况应当制作笔录,并由审判人员和书记员签名。

第一百三十九条　控辩双方要求证人出庭作证,向法庭出示物证、书证、视听资料等证据,应当向审判长说明拟证明的事实,审判长同意的,即传唤证人或者准许出示证据;审判长认为与案件无关或者明显重复、不必要的证据,可以不予准许。

《公诉人出庭举证质证指导意见(试行)》

第三十五条　公诉人应在开庭前充分预测辩护方可能出示的证据以及可能对公诉方指控证据的合法性、客观性、关联性提出的质疑,制定质证方案,做好质证准备,并结合庭审情况及时调整质证方案内容。具体应注意以下方面:

(一)证据是否符合法定形式;

(二)证据的收集是否符合法律规定;

(三)证据形成的原因;

(四)发现证据时的客观环境;

（五）证据是否为原件、原物，复制件与原件、原物是否相符；

（六）证人或提供证据的其他人与案件当事人有无利害关系；

（七）证据之间的相互关系；

（八）证据内容前后是否一致，有无矛盾。

第四十六条 公诉人应当认真审查辩护方向法庭提交的证据。对于开庭五日前未提交给法庭的，应当当庭指出，并根据情况，决定是否要求查阅该证据或者建议休庭；属于下列情况的，应当提请法庭不予采信：

（一）辩护人违反刑事诉讼法第三十七条规定调取的证据；

（二）不符合证据的客观性、关联性、合法性要求的证据；

（三）辩护人在侦查阶段调取的证据；

（四）辩护人出示的证据违背本案客观事实的；

（五）辩护人提供的证据明显有悖常理的；

（六）其他需要提请法庭不予采信的情况。

前述证据如果对被告人的定罪、量刑有重大影响，当庭又难以准确判断，符合延期审理条件的，公诉人应当及时建议法庭延期审理。

16. 对辩护人申请调取新的证据，公诉人认为该证据的调取对被告人的定罪量刑没有意义的，如何应对？

答： 在法庭审理过程中申请调取新的证据是辩护人的诉讼权利，法庭应当作出是否同意申请的决定。如果公诉人认为辩护人申请调取的证据证实的情况与案件无关或者与在案证据重复，不影响案件事实认定，可以通过简要分析在案证据说明现有证据已经足以认定案件事实，调取新的证据已无必要，建议法庭驳回辩护人申请。

◆◆◆ 相关法律、法规、司法解释、业务规定 ◆◆◆

《中华人民共和国刑事诉讼法》

第一百五十九条 法庭审理过程中，当事人和辩护人、诉讼代理人有权申请通知新的证人到庭，调取新的物证，申请重新鉴定或者勘验。

法庭对于上述申请，应当作出是否同意的决定。

《关于刑事诉讼法实施中若干问题的规定》

41. 刑事诉讼法第一百五十八条第一款规定:"法庭审理过程中,合议庭对证据有疑问的,可以宣布休庭,对证据进行调查核实。"第一百五十九条第一款规定:"法庭审理过程中,当事人和辩护人、诉讼代理人有权申请通知新的证人到庭,调取新的物证,申请重新鉴定或者勘验。"根据上述规定,人民法院可以向人民检察院调取需要调查核实的证据材料;人民法院也可以根据辩护人、被告人的申请,向人民检察院调取在侦查、审查起诉中收集的有关被告人无罪或者罪轻的证据材料。人民检察院应当自收到人民法院要求调取证据材料决定书后三日内移交。

《最高人民法院关于执行〈中华人民共和国刑事诉讼法〉 若干问题的解释》

第一百五十六条　当事人和辩护人申请通知新的证人到庭,调取新的证据,申请重新鉴定或者勘验的,应当提供证人的姓名、证据的存放地点,说明所要证明的案件事实,要求重新鉴定或者勘验的理由。审判人员根据具体情况,认为可能影响案件事实认定的,应当同意该申请,并宣布延期审理;不同意的,应当告知理由并继续审理。

依照前款规定延期审理的时间不得超过一个月,延期审理的时间不计入审限。

17. 对辩护人当庭申请证人出庭,审判长询问公诉人意见的,如何应对?

答:申请证人出庭作证,是辩护人的诉讼权利,但应由法庭决定是否同意辩护人的申请。根据《解释》第139条的规定,控辩双方要求证人出庭作证的,应当向审判长说明拟证明的事实。在听取辩护人向法庭陈述的申请证人出庭的意见和理由后,如法庭询问公诉人的意见,公诉人一般不宜发表建议法庭不予准许的意见,而应建议法庭依法决定。但对于以下两种情形,公诉人可发表如下意见:

(1) 如果辩护人申请出庭的证人所要证明的事实,与法庭所要调查的案件事实没有关联,或者本案在案证据已经足以证明,该证人的出庭证言明显重复、不必要的,公诉人应根据《解释》第一百三十九条的规定,向法庭说明理由,建议法庭不予准许;

（2）如果辩护人申请出庭的证人系未成年人，或者庭审期间身患重病或者行动极为不便，或者其证言对案件的审判不产生直接决定作用，公诉人认为该证人可以不出庭作证的，应根据《解释》第一百四十一条的规定，向法庭说明具体理由，提请法庭准许证人可以不出庭作证。

◆◆◆ 相关法律、法规、司法解释、业务规定 ◆◆◆

《最高人民法院关于执行〈中华人民共和国刑事诉讼法〉若干问题的解释》

第一百三十九条 控辩双方要求证人出庭作证，向法庭出示物证、书证、视听资料等证据，应当向审判长说明拟证明的事实，审判长同意的，即传唤证人或者准许出示证据；审判长认为与案件无关或者明显重复、不必要的证据，可以不予准许。

第一百四十一条 证人应当出庭作证。

符合下列情形，经人民法院准许的，证人可以不出庭作证：

（一）未成年人；

（二）庭审期间身患严重疾病或者行动极为不便的；

（三）其证言对案件的审判不起直接决定作用的；

（四）有其他原因的。

18. 公诉人对证人名单中所列的证人、鉴定人未申请传唤出庭，但辩护人申请传唤了该证人、鉴定人的，应由控辩双方中哪一方先发问？

答：根据《解释》第一百四十三条和第一百四十五条的明确规定，向证人、鉴定人的发问，应由要求传唤的一方先进行。因此，对于公诉人未申请传唤证人、鉴定人而辩护人申请的，应先由辩护人进行发问；待辩护人发问完毕后，经审判长许可，公诉人可进行发问。这也符合交叉询问的一般规则。

涉及有被害人出庭的情形，虽然现行法律和司法解释对于询问被害人的顺序没有明确规定，但被害人出庭接受询问时主要是对案件事实进行陈述，其作用实质上与证人大体一致，故实践中需要对被害人当庭询问时，也可以参照上述询问证人、鉴定人的"先申请传唤者先询问"的原则，在审判长的主持下依次进行。

◆◆◆ 相关法律、法规、司法解释、业务规定 ◆◆◆

《最高人民法院关于执行〈中华人民共和国刑事诉讼法〉 若干问题的解释》

第一百四十三条 向证人发问,应当先由提请传唤的一方进行;发问完毕后,对方经审判长准许,也可以发问。

第一百四十五条 向鉴定人发问,应当先由要求传唤的一方进行;发问完毕后,对方经审判长准许,也可以发问。

《人民检察院刑事诉讼规则》

第三百三十八条 证人在法庭上提供证言,公诉人应当按照审判长确定的顺序向证人发问。公诉人应当首先要求证人就其所了解的与案件有关的事实进行连贯陈述。证人连贯陈述后,公诉人经审判长许可,可以对证人发问。

证人不能连贯陈述的,公诉人也可以直接发问。

对证人发问,应当针对证言中有遗漏、矛盾、模糊不清和有争议的内容,并着重围绕与定罪量刑紧密相关的事实进行。

发问应当采取一问一答形式,提问应当简洁、清楚。

证人进行虚假陈述的,应当通过发问澄清事实,必要时还应当宣读证人在侦查、审查起诉阶段提供的证言笔录或者出示、宣读其他证据对证人进行询问。

当事人和辩护人、诉讼代理人对证人发问后,公诉人可以根据证人回答的情况,经审判长许可,再次对证人发问。

询问鉴定人参照上述规定进行。

19. 对辨认笔录当庭应以何种证据种类予以出示?

答:根据《刑事诉讼法》第 42 条的规定,辨认笔录不是一种独立的证据种类。辨认通常是作为询问或讯问的辅助手段使用,以进一步查证证人证言、被害人陈述或被告人供述的真实性。同时,辨认笔录的形成,虽然在程序上与讯问或询问存在差异,但在机理上却与一般的证人证言、被害人陈述或犯罪嫌疑人、被告人供述具有同质性,即都是对已经发生的事实的回忆。因此,在当庭举证时,应根据辨认主体诉讼身份的不同而将其归于不同的言词证据,即证人的辨认笔录属于证人证言,被害人的辨认笔录属于被害人陈述,犯罪嫌疑人、被告人的辨认笔录属于犯罪嫌疑人、被告人供述。

◆◆◆ 相关法律、法规、司法解释、业务规定 ◆◆◆

《中华人民共和国刑事诉讼法》

第四十二条 *证明案件真实情况的一切事实,都是证据。*

证据有下列七种:

(一)物证、书证;

(二)证人证言;

(三)被害人陈述;

(四)犯罪嫌疑人、被告人供述和辩解;

(五)鉴定结论;

(六)勘验、检查笔录;

(七)视听资料。

以上证据必须经过查证属实,才能作为定案根据。

《人民检察院刑事诉讼规则》

第二百一十四条 辨认的情况,应当制作笔录,由参加辨认的有关人员签名或盖章。

《公安机关办理刑事案件程序规定》

第二百五十一条 辨认经过和结果,应当制作《辨认笔录》,由侦查人员签名,辨认人、见证人签字或盖章

20. 被害人辨认时的见证人与被害人有利害关系,辩护人或被告人据此否定该辨认笔录的,如何应对?

答:公诉人具体可以答辩为:"现有法律规定、司法解释和部门规章均没有对辨认见证人的资格作出特别限制,与被害人有利害关系的人担任见证人并未违反法律规定。而且见证人参与辨认的主要的目的,是为了体现侦查行为必要的公开性,保证程序的公开、公正。至于见证人与被害人有利害关系,是否影响辨认结果的真实性和有效性,这要通过结合其他在案证据对辨认结果进行实质

性审查后才能确定,不能仅因见证人与辨认人有利害关系而直接否定辨认结果的证据资格和证明力。"

◆◆◆ 相关法律、法规、司法解释、业务规定 ◆◆◆

《中华人民共和国刑事诉讼法》

第一百一十二条　在搜查的时候,应当有被搜查人或者他的家属,邻居或者其他见证人在场。

《公安机关办理刑事案件程序规定》

第二百五十一条　辨认经过和结果,应当制作《辨认笔录》,由侦查人员签名,辨认人、见证人签字或者盖章。

21. 在质证过程中,辩护人对公诉人出示的证据提出异议,且影响定罪量刑的,而审判长未询问公诉人的意见,如何应对?

答：辩护方对公诉方当庭出示、宣读、播放的证据的合法性、客观性、关联性提出的质证意见,公诉人应当进行答辩,答辩一般应在辩护方提出质证意见后立即进行,也可以根据需要在法庭辩论阶段结合其他证据综合发表意见。如庭审质证中,对于辩护方提出的质证意见,审判长未询问公诉人的意见,可以区分不同情况予以应对：

(1) 辩护方对证据的有效性和证明力提出异议,公诉人认为有必要立即进行答辩的,可以在继续举证之前,对辩护人的质证意见作出答辩,答辩后继续举证。具体可表述为："审判长,在继续出示证据之前,针对辩护人对于××证据的质证意见,公诉人作如下答辩……下面公诉人向法庭出示本案的××证据……"

如果接下来的举证,审判长仍然忽视公诉人的答辩权,公诉人则可以进一步表明："法律规定,公诉人和辩护人可以对证据进行相互辩论,所以在继续举证之前,公诉人仍要对辩护人刚才提出的异议先予以答辩。"

(2) 如果公诉人认为没有必要立即进行答辩,可以根据需要在法庭辩论阶段结合其他证据综合发表意见,但要向审判长作出说明。

◆◆◆ 相关法律、法规、司法解释、业务规定 ◆◆◆

《中华人民共和国刑事诉讼法》

第一百五十七条 公诉人、辩护人应当向法庭出示物证,让当事人辨认,对未到庭的证人的证言笔录、鉴定人的鉴定结论、勘验笔录和其他作为证据的文书,应当当庭宣读。审判人员应当听取公诉人、当事人和辩护人、诉讼代理人的意见。

第一百六十条 经审判长许可,公诉人、当事人和辩护人、诉讼代理人可以对证据和案件情况发表意见并且可以互相辩论。审判长在宣布辩论终结后,被告人有最后陈述的权利。

《最高人民法院关于执行〈中华人民共和国刑事诉讼法〉若干问题的解释》

第一百五十条 当庭出示的物证、书证、视听资料等证据,应当先由出示证据的一方就所出示的证据的来源、特征等作必要的说明,然后由另一方进行辨认并发表意见。控辩双方可以互相质问、辩论。

《人民检察院刑事诉讼规则》

第三百四十七条 在法庭审理中,经审判长许可,公诉人可以逐一对正在调查的证据和案件情况发表意见,并同被告人、辩护人进行辩论。证据调查结束时,公诉人应当发表总结性意见。

法庭辩论中,公诉人与被害人、诉讼代理人意见不一致的,公诉人应当认真听取被害人、诉讼代理人的意见,阐明自己的意见和理由。

《公诉人出庭举证质证指导意见(试行)》

第三十五条 公诉人应在开庭前充分预测辩护方可能出示的证据以及可能对公诉方指控证据的合法性、客观性、关联性提出的质疑,制定质证方案,做好质证准备,并结合庭审情况及时调整质证方案内容。具体应注意以下方面:

(一) 证据是否符合法定形式;

(二) 证据的收集是否符合法律规定;

(三) 证据形成的原因;

(四) 发现证据时的客观环境;

(五) 证据是否为原件、原物,复制件与原件、原物是否相符;

（六）证人或提供证据的其他人与案件当事人有无利害关系；

（七）证据之间的相互关系；

（八）证据内容前后是否一致，有无矛盾。

第三十七条　质证阶段的辩论，一般应围绕证据的有效性和证明力进行。对于证据之间的关联性和证据的综合证明作用问题，一般在辩论阶段予以答辩。

第三十九条　辩护方对公诉方当庭出示、宣读、播放的证据的合法性、客观性、关联性提出的质证意见，公诉人应当进行答辩。

对辩护方提出的与证据证明力无关、与公诉主张无关的质证意见，公诉人可以说明理由不予答辩，并提请法庭不予采纳。

公诉人答辩一般应在辩护方提出质证意见后立即进行，也可以根据需要在法庭辩论阶段结合其他证据综合发表意见，但应向法庭说明。

22. 对于证人及被害人不出庭，辩护人针对其证言或者陈述之间不一致或其他一些细小的问题，而否定或者怀疑其全部的证据效力，如何应对？

答：（1）如果辩护人纠缠的细小问题与案件基本事实和定性没有关系，公诉人可以当庭指出："公诉人认为辩护人参与庭审的重点和目的应在于促进查明案件事实，过于纠缠无谓的细节只能降低庭审效率，因此建议法庭对辨认的意见不予采纳。"

（2）如果被害人或证人的言词证据在细节方面存在前后矛盾，是由于记忆上或判断上的失误造成的，公诉人应向合议庭指出："被害人（或证人）的言词证据在细节方面存在的前后矛盾，正符合了人的记忆规律，说明侦查、检察人员在制作笔录时是客观真实的，不能因此怀疑该证据的真实性；反之，如果所有的记忆在细节方面都完全一致，反倒令人怀疑笔录制作过程的真实性。同时，公诉人还要指出的是，指控被告人犯罪并非只凭借一份证言或陈述，而是由各类已排除合理怀疑的证据形成的证据链来支持的，辩护人不应就一份证言或陈述内容中的某一个方面的细节而过度纠缠。"

（3）如果细节问题确属案件中的关键情节，而侦查、检察人员工作确有疏忽，导致全案不能排除合理怀疑的，则建议法庭延期审理，待补充侦查排除上述合理怀疑后再恢复法庭审理。

◆◆◆ 相关法律、法规、司法解释、业务规定 ◆◆◆

《中华人民共和国刑事诉讼法》

第一百五十五条 公诉人在法庭上宣读起诉书后,被告人、被害人可以就起诉书指控的犯罪进行陈述,公诉人可以讯问被告人。

被害人、附带民事诉讼的原告人和辩护人、诉讼代理人,经审判长许可,可以向被告人发问。

审判人员可以讯问被告人。

第一百六十条 经审判长许可,公诉人、当事人和辩护人、诉讼代理人可以对证据和案件情况发表意见并且可以互相辩论。审判长在宣布辩论终结后,被告人有最后陈述的权利。

《人民检察院刑事诉讼规则》

第三百四十八条 法庭审理过程中遇有下列情形之一的,公诉人应当要求法庭延期审理:

(一)发现事实不清、证据不足,或者遗漏罪行、遗漏同案犯罪嫌疑人,需要补充侦查或者补充提供证据的;

(二)发现遗漏罪行或者遗漏同案犯罪嫌疑人,虽不需要补充侦查和补充提供证据,但需要提出追加或者变更起诉的;

(三)需要通知开庭前未向人民法院提供名单的证人、鉴定人或者经人民法院通知而未到庭的证人出庭陈述的。

第三百四十九条 法庭宣布延期审理后,人民检察院应当在补充侦查的期限内提请人民法院恢复法庭审理或撤回起诉。

公诉人在法庭审理过程中建议延期审理的次数不得超过两次,每次不得超过一个月。

第三百五十条 在审判过程中,对于需要补充提供法庭审判所必需的证据或者补充侦查的,人民检察院应当自行收集证据和进行侦查;必要时可以要求公安机关提供协助。

23. 在庭审中,对《规则》第 334 条规定的免证事实,被告人、辩护人要求公诉人提出证据予以证明的,如何应对?

答：公诉人可具体应对为："对于被告人、辩护人提出的要求，根据《规则》第334条的规定，公诉人不需要提出证据证明。如果辩护人或被告人有相反证据可以推翻免证事实的，应当向法庭提供，公诉人将本着以事实为依据、以法律为准绳的原则，予以认真审查、质证。"

当辩护人或被告人一再要求公诉人予以证明的，公诉人也可以结合案件情况，进一步向法庭指出辩方对免证事实提出异议所具有的不合理性，请法庭支持。

◆◆◆ 相关法律、法规、司法解释、业务规定 ◆◆◆

《人民检察院刑事诉讼规则》

第三百三十四条 在法庭审理中，下列事实不必提出证据进行证明：

（一）为一般人共同知晓的常识性事实；

（二）人民法院生效裁判所确认的并且未依审判监督程序重新审理的事实；

（三）法律、法规的内容以及适用等属于审判人员履行职务所应当知晓的事实；

（四）在法庭审理中不存在异议的程序事实；

（五）法律规定的推定事实。

《公诉人出庭举证质证指导意见(试行)》

第八条 下列事实公诉人不需要提出证据证明：

（一）为一般人共同知晓的常识性事实；

（二）人民法院生效裁判所确认的并且未经审判监督程序重新审理的事实；

（三）法律、法规的内容以及适用等属于审判人员履行职务所应当知晓的事实；

（四）在法庭审理中不存在异议的程序事实；

（五）法律规定的推定事实；

（六）自然规律或者定律。

24. 对检察机关立案侦查的案件，公诉部门以非自侦罪名提起公诉时，辩方对证据合法性提出异议，要求证据转化的，如何应对？

答：公诉人具体可应对为：

"最高人民检察院 2006 年 12 月 22 日《关于人民检察院立案侦查的案件改

变定性后可否直接提起公诉问题的批复》中规定,人民检察院立案侦查时认为属于自己管辖的案件,到审查起诉阶段发现不属于人民检察院管辖的,如果证据确实、充分,符合起诉条件的,可以直接起诉。据此,原侦查阶段合法获取的证据依然有效,并不需要转化。为便于法庭裁判,公诉人具体阐述理由如下:

首先,自侦部门对案件的侦查权来源合法。在具体个案中,自侦部门是否拥有侦查职权,应当立足于立案阶段来判断。如果受案时的定性符合案件管辖的条件,侦查部门就具有合法的侦查职权。相应的,其所得证据来源也是合法的。

其次,不应因案件定性在后续诉讼环节发生的变化而否定证据的合法性。在侦查的后续诉讼阶段,证据收集活动已经结束,证据的合法属性呈现为'已然'的状态。此时对案件定性的改变,只是对案件事实的法律评价问题,不应对证据收集行为的合法性产生决定性的影响。

最后,立案管辖制度的目的在于明确司法机关的各自职责,提高诉讼效率。由于案件性质改变而进行证据转换,既不利于节约诉讼资源、提高诉讼效率,也不利于保护被告人的合法权益。"

◆◆◆ 相关法律、法规、司法解释、业务规定 ◆◆◆

《中华人民共和国刑事诉讼法》

第八十三条 公安机关或者人民检察院发现犯罪事实或者犯罪嫌疑人,应当按照管辖范围,立案侦查。

第八十六条 人民法院、人民检察院或者公安机关对于报案、控告、举报和自首的材料,应当按照管辖范围,迅速进行审查,认为有犯罪事实需要追究刑事责任的时候,应当立案;认为没有犯罪事实,或者犯罪事实显著轻微,不需要追究刑事责任的时候,不予立案,并且将不立案的原因通知控告人。控告人如果不服,可以申请复议。

《关于人民检察院立案侦查的案件改变定性后
可否直接提起公诉问题的批复》

人民检察院立案侦查刑事案件,应当严格按照刑事诉讼法有关立案侦查管辖的规定进行。人民检察院立案侦查的案件在侦查阶段发现不属于自己管辖或者在审查起诉阶段发现事实不清、证据不足并且不属于自己管辖的,应当及时移送有管辖权的机关办理。人民检察院立案侦查时认为属于自己管辖的案件,到审查起诉阶段发现不属于人民检察院管辖的,如果证据确实、充分,符合起诉条件的,可以直接起诉。

25. 对适用普通程序简化审理的案件,被告人或辩护人在示证阶段对证据提出异议的,如何应对?

答:公诉人的处置方法一般有两种:其一是仅针对该证据及其涉及的案件事实进行质证即可;其二是建议法庭适用普通程序审理。具体选择何种处置方式,关键要看该证据在认定案件基本犯罪事实中的作用:

(1) 如果该证据是认定案件基本事实的关键证据,被告人或辩护人的异议导致被告人改变了自愿认罪的态度,或者导致案件基本事实不清、证据不足的,公诉人应根据《关于适用普通程序审理"被告人认罪案件"的若干意见(试行)》第 1 条、第 11 条的规定,建议法庭转为普通程序审理;

(2) 如果该异议仅可能影响到对部分情节的认定,或者仅影响到对罪名的选择问题,被告人并未对指控的基本犯罪事实提出异议,也未改变自愿认罪态度的,根据《关于适用普通程序审理"被告人认罪案件"的若干意见(试行)》第 1 条和第 7 条第 3 项的规定,案件无须转为普通程序审理,公诉人可仅针对该证据及其涉及的案件事实进行质证。

◆◆◆ 相关法律、法规、司法解释、业务规定 ◆◆◆

《关于适用普通程序审理"被告人认罪案件"的若干意见(试行)》

第一条 被告人对被指控的基本犯罪事实无异议,并自愿认罪的第一审公诉案件,一般适用本意见审理。

对于指控被告人犯数罪的案件,对被告人认罪的部分,可以适用本意见审理。

第二条 下列案件不适用本意见审理:

1. 被告人系盲、聋、哑人的;

2. 可能判处死刑的;

3. 外国人犯罪的;

4. 有重大社会影响的;

5. 被告人认罪但经审查认为可能不构成犯罪的;

6. 共同犯罪案件中,有的被告人不认罪或者不同意适用本意见审理的;

7. 其他不宜适用本意见审理的案件。

第七条 对适用本意见开庭审理的案件,合议庭应当在公诉人宣读起诉书后,询问被告人对被指控的犯罪事实及罪名的意见,核实其是否自愿认罪和同意适用本意见进行审理,是否知悉认罪可能导致的法律后果。对于被告人自愿认罪并同意适用本意见进行审理的,可以对具体审理方式作如下简化:

(一) 被告人可以不再就起诉书指控的犯罪事实进行供述。

(二) 公诉人、辩护人、审判人员对被告人的讯问、发问可以简化或者省略。

(三) 控辩双方对无异议的证据,可以仅就证据的名称及所证明的事项作出说明。合议庭经确认公诉人、被告人、辩护人无异议的,可以当庭予以认证。

对于合议庭认为有必要调查核实的证据,控辩双方有异议的证据,或者控方、辩方要求出示、宣读的证据,应当出示、宣读,并进行质证。

(四) 控辩双方主要围绕确定罪名、量刑及其他有争议的问题进行辩论。

第十一条 适用本意见审理案件过程中,发现有不符合本意见规定情形的,人民法院应当决定不再适用本意见审理。

26. 辩护人发表辩护意见或者被告人自我辩护时,对公诉机关或者公诉人进行语言攻击的,如何应对?

答:被告人和辩护人对公诉机关或者公诉人的语言攻击,是违反法庭纪律的行为,法庭依法应予制止。如法庭未予制止,公诉人应当庭表明:"按照法律规定,辩护人和被告人应当根据事实和法律进行辩护。进行人身攻击的行为既违反法庭纪律,也无助于从轻、减轻或免除被告人的刑事责任和切实保障诉讼当事人的合法权益。对于这种行为,公诉人要求法庭予以警告制止和训诫。"

◆◆◆ 相关法律、法规、司法解释、业务规定 ◆◆◆

《中华人民共和国刑事诉讼法》

第一百六十一条 在法庭审判过程中,如果诉讼参与人或者旁听人员违反法庭秩序,审判长应当警告制止。对不听制止的,可以强行带出法庭;情节严重的,处以一千元以下的罚款或者十五日以下的拘留。罚款、拘留必须经院长批准。被处罚人对罚款、拘留的决定不服的,可以向上一级人民法院申请复议。复议期间不停止执行。

对聚众哄闹、冲击法庭或者侮辱、诽谤、威胁、殴打司法工作人员或者诉讼参与人,严重扰乱法庭秩序,构成犯罪的,依法追究刑事责任。

《最高人民法院关于执行〈中华人民共和国刑事诉讼法〉若干问题的解释》

第一百六十三条　在法庭辩论过程中,审判长对于控辩双方与案件无关、重复或者互相指责的发言应当制止。

27. 对辩护人当庭突然提出庭前没有阅看过公诉人出示的证据,并以此来攻击检察机关或公诉人的,如何应对?

答:(1)如果公诉人出示的证据系庭前已经向法庭依法移送复印件的主要证据,则应当庭表明:"公诉人今天向法庭出示的证据,都已经按照法律的规定,在提起公诉时移送主要证据复印件和证据目录、证人名单,而不是在提起公诉后至开庭前新收集的证据。辩护人本人庭前没有阅看,不是由于检察机关或公诉人的原因造成的,辩护人以此攻击检察机关和公诉人,有违辩护人的法律职责,请法庭予以警告或训诫!"如果辩护人确实在庭前已阅看了全部卷宗,而当庭称没有阅看的,公诉人则应当庭予以揭露。

(2)如果公诉人出示的证据系开庭前送交法院的证据目录以外的证据,辩护人提出对该证据需要作准备的,根据《解释》第一百五十五条的规定,应由法庭宣布休庭。法庭没有宣布的,公诉人则应向法庭表明:"公诉人所出示的证据是经过法庭许可的,符合法律和有关司法解释的规定,辩护人不应以此攻击检察机关和公诉人!同时,鉴于辩护人需要对新的证据作准备,公诉人建议法庭休庭,并根据具体情况确定辩护人作必要准备的时间,待确定的时间期满后,再继续开庭审理。"

◆◆◆ 相关法律、法规、司法解释、业务规定 ◆◆◆

《中华人民共和国刑事诉讼法》

第一百六十一条　在法庭审判过程中,如果诉讼参与人或者旁听人员违反法庭秩序,审判长应当警告制止。对不听制止的,可以强行带出法庭;情节严重的,处以一千元以下的罚款或者十五日以下的拘留。罚款、拘留必须经院长批准。被处罚人对罚款、拘留的决定不服的,可以向上一级人民法院申请复议。复议期间不停止执行。

对聚众哄闹、冲击法庭或者侮辱、诽谤、威胁、殴打司法工作人员或者诉讼参与人,严重扰乱法庭秩序,构成犯罪的,依法追究刑事责任。

《最高人民法院关于执行〈中华人民共和国刑事诉讼法〉若干问题的解释》

第一百六十三条 在法庭辩论过程中,审判长对于控辩双方与案件无关、重复或者互相指责的发言应当制止。

第一百五十五条 公诉人要求出示开庭前送交人民法院的证据目录以外的证据,辩护方提出异议的,审判长如认为该证据确有出示的必要,可以准许出示。

如果辩护方提出对新的证据要做必要准备时,可以宣布休庭,并根据具体情况确定辩护方作必要准备的时间。确定的时间期满后,应当继续开庭审理。

28. 对庭审中,被告人或辩护人要求公诉人提供检察机关内部的政策性规定的,如何应对?

答:为了统一司法人员对于法律的适用,法院、检察院通常会单独或者共同制定一系列的业务指导文件。实践中,被告人或者辩护人因对法律或者司法解释的理解有偏差,往往会误认为司法机关是根据"内部规定"定案。对此,公诉人应当庭予以澄清:"司法机关定案的依据是国家的法律、司法解释,而非所谓的'内部规定'。根据《规则》第三百三十四条第三项的规定,法律、法规的适用属于审判人员履行职务应当知晓的事实,公诉人不必提出证据进行证明。如果被告人或者辩护人对法律、司法解释的理解有异议,可以向法庭表明,公诉人会按照职责要求,对有关问题予以答辩和说明。"

◆◆◆ 相关法律、法规、司法解释、业务规定 ◆◆◆

《人民检察院刑事诉讼规则》

第三百三十四条 在法庭审理中,下列事实不必提出证据进行证明:

（一）为一般人共同知晓的常识性事实；

（二）人民法院生效裁判所确认的并且未依审判监督程序重新审理的事实；

（三）法律、法规的内容以及适用等属于审判人员履行职务所应当知晓的事实；

（四）在法庭审理中不存在异议的程序事实；

（五）法律规定的推定事实。

《公诉人出庭举证质证指导意见(试行)》

第八条 下列事实公诉人不需要提出证据证明：

（一）为一般人共同知晓的常识性事实；

（二）人民法院生效裁判所确认的并且未经审判监督程序重新审理的事实；

（三）法律、法规的内容以及适用等属于审判人员履行职务所应当知晓的事实；

（四）在法庭审理中不存在异议的程序事实；

（五）法律规定的推定事实；

（六）自然规律或者定律。

29. 对辩护人提出存在超期羁押的，如何答辩？

答：防止对犯罪嫌疑人、被告人的超期羁押是检察机关诉讼监督的重要内容。公诉人在审查起诉中，应注意对是否存在超期羁押、超出审限的行为进行审查，尽量在起诉前发现并纠正相关情况，防止法庭上被动。在一般情况下，案件不会发生超期羁押的情形，辩护人提出这方面的意见，主要还是对法律、司法解释规定的误解，对刑事诉讼程序的陌生，对此公诉人可在对相关法律、司法解释的规定作出说明后，指出司法机关已经按照规定办理了相关手续，不存在超期羁押的情况。

对极个别确实发生超期羁押的案件，公诉人应当向法庭表明："现行法律规定并没有否定公、检、法在超期羁押期间依法收集的证据具有证据效力，因此，这些证据对案件具有证明力。"同时，公诉人也应实事求是地对超期羁押情况进行评析，明确指出其违法性，并客观介绍发现此问题后的处置情况（如已变更强制措施、追究相关责任人员责任等）。

◆◆◆ 相关法律、法规、司法解释、业务规定 ◆◆◆

《中华人民共和国刑事诉讼法》

第六十五条 公安机关对于被拘留的人,应当在拘留后的二十四小时以内进行讯问。在发现不应当拘留的时候,必须立即释放,发给释放证明。对需要逮捕而证据还不充足的,可以取保候审或者监视居住。

第六十九条 公安机关对被拘留的人,认为需要逮捕的,应当在拘留后的三日以内,提请人民检察院审查批准。在特殊情况下,提请审查批准的时间可以延长一日至四日。

对于流窜作案、多次作案、结伙作案的重大嫌疑分子,提请审查批准的时间可以延长至三十日。

人民检察院应当自接到公安机关提请批准逮捕书后的七日以内,作出批准逮捕或者不批准逮捕的决定。人民检察院不批准逮捕的,公安机关应当在接到通知后立即释放,并且将执行情况及时通知人民检察院。对于需要继续侦查,并且符合取保候审、监视居住条件的,依法取保候审或者监视居住。

第一百二十四条 对犯罪嫌疑人逮捕后的侦查羁押期限不得超过二个月。案情复杂、期限届满不能终结的案件,可以经上一级人民检察院批准延长一个月。

第一百二十五条 因为特殊原因,在较长时间内不宜交付审判的特别重大复杂的案件,由最高人民检察院报请全国人民代表大会常务委员会批准延期审理。

第一百二十六条 下列案件在本法第一百二十四条规定的期限届满不能侦查终结的,经省、自治区、直辖市人民检察院批准或者决定,可以延长二个月:

(一)交通十分不便的边远地区的重大复杂案件;

(二)重大的犯罪集团案件;

(三)流窜作案的重大复杂案件;

(四)犯罪涉及面广,取证困难的重大复杂案件。

第一百二十七条 对犯罪嫌疑人可能判处十年有期徒刑以上刑罚,依照本法第一百二十六条规定延长期限届满,仍不能侦查终结的,经省、自治区、直辖市人民检察院批准或者决定,可以再延长二个月。

第一百二十八条　在侦查期间，发现犯罪嫌疑人另有重要罪行的，自发现之日起依照本法第一百二十四条的规定重新计算侦查羁押期限。

犯罪嫌疑人不讲真实姓名、住址，身份不明的，侦查羁押期限自查清其身份之日起计算，但是不得停止对其犯罪行为的侦查取证。对于犯罪事实清楚，证据确实、充分的，也可以按其自报的姓名移送人民检察院审查起诉。

第一百三十四条　人民检察院对直接受理的案件中被拘留的人，认为需要逮捕的，应当在十日以内作出决定。在特殊情况下，决定逮捕的时间可以延长一日至四日。对不需要逮捕的，应当立即释放；对于需要继续侦查，并且符合取保候审、监视居住条件的，依法取保候审或者监视居住。

《最高人民法院关于执行〈中华人民共和国刑事诉讼法〉若干问题的解释》

第六十一条　严禁以非法的方法收集证据。凡经查证确实属于刑讯逼供或者威胁、引诱、欺骗等非法的方法取得的证人证言、被害人陈述、被告人供述，不能作为定案的根据。

30. 故意伤害案件中，被告人受轻伤以上伤害，加害人未一并起诉。辩护人提出应当追究加害人的刑事责任，并当庭指出检察机关没有履行监督职责的，如何答辩？

答：公诉人具体可答辩为："《刑事诉讼法》第35条和《律师法》第31条规定，辩护人在法庭上的责任是根据事实和法律，提出被告人无罪、罪轻或者减轻、免除其刑事责任的材料和意见，维护被告人的合法权益。今天开庭审理的是被告人实施的伤害案件。故是否追究致被告人伤害的加害人的刑事责任，不属于今天庭审中要解决的问题。辩护人提出要求追究致被告人伤害的加害人的刑事责任，超越了辩护人的职责。同时，对因加害人过错对被告人刑事责任的影响，公诉人已经充分考虑，并在本案量刑建议中予以体现。

公诉人还要指出的是，检察机关不一并起诉致被告人伤害的加害人，并没有违反法律的规定。能够与被告人一并起诉的应当是被告人的同案犯，而致被告人伤害的加害人与被告人并非同案关系，因此可以不对致被告人伤害的加害人与本案被告人一并起诉。当然，通过今天的庭审，公诉人也了解了辩护人的上述意见，休庭后将会向有关职能部门转达，由有关职能部门依法办理。"

◆◆◆ 相关法律、法规、司法解释、业务规定 ◆◆◆

《中华人民共和国刑事诉讼法》

第三十五条 辩护人的责任是根据事实和法律,提出证明犯罪嫌疑人、被告人无罪、罪轻或者减轻、免除其刑事责任的材料和意见,维护犯罪嫌疑人、被告人合法权益。

《人民检察院刑事诉讼规则》

第三百五十一条 在人民法院宣告判决前,人民检察院发现被告人的真实身份或者犯罪事实与起诉书中叙述的身份或者指控犯罪事实不符的,可以要求变更起诉;发现遗漏的同案犯罪嫌疑人或者罪行可以一并起诉和审理的,可以要求追加起诉;发现不存在犯罪事实、犯罪事实并非被告人所为或者不应当追究被告人刑事责任的,可以要求撤回起诉。

附二：常用公诉法律文书格式示例

（一）起诉书

人民检察院起诉书

沪×检刑诉〔××××〕×号

被告单位……（写明单位名称、住所地、法定代表人姓名及职务的情况）

诉讼代表人……（写明姓名、性别、出生年月日、工作单位及职务的情况）

（上述两项适用于单位犯罪案件）

被告人……（写明姓名，性别，出生年月日，公民身份号码，民族，文化程度，职业或者工作单位及职务，住址，曾受到的刑事处罚以及与本案定罪量刑相关的行政处罚情况，因本案被采取强制措施、延长刑事拘留期限及延长、重新计算侦查羁押期限的情况）

本案由×××（侦查机关）侦查终结，以被告人×××涉嫌××罪，于×年×月×日移送本院审查起诉。本院受理后，于×年×月×日告知被告人有权委托辩护人，×年×月×日告知被害人及其法定代理人（或者近亲属）、附带民事诉讼的当事人及其法定代理人有权委托诉讼代理人；依法讯问了被告人，听取了被害人的诉讼代理人和被告人的辩护人的意见，审查了全部案件材料。

〔退回补充侦查的，写明："经审查，于×年×月×日（和×年×月×日两次）退回补充侦查，×××（侦查机关）补充侦查终结，于×年×月×日移送本院审查起诉。"

有精神病鉴定、中止审查起诉等影响审查起诉期限情况的，写明："其间，于×年×月×日至×年×月×日对被告人×××作精神病鉴定；因被告人×××潜逃（或者患有精神病、其他严重疾病不能接受讯问，丧失诉讼行为能力），于×年×月×日决定对其中止审查，×年×月×日恢复审查起诉。"

被告人同意适用"两简"程序的，写明："被告人×××及其辩护人对本案同意适用简易程序审理（或者适用普通程序审理'被告人认罪案件'）。"

对于侦查机关移送审查起诉后变更管辖权的案件，表述为："本案由×××（侦查机关）侦查终结，以被告人×××涉嫌××罪，于×年×月×日移送××

471

×人民检察院审查起诉。×××人民检察院经审查,于×年×月×日移送(或者报送、交送)本院审查起诉。本院受理后……(同前项内容)"

如果系因上级检察机关指定而变更管辖权的,表述为:"本案由×××(侦查机关)侦查终结,以被告人×××涉嫌××罪,于×年×月×日移送××人民检察院审查起诉,后经×××人民检察院指定,于×年×月×日移送(或者报送)本院审查起诉。本院受理后,于×年×月×日告知……(同前项内容)"

对于本院侦查终结并审查起诉的案件,表述为:"被告人×××涉嫌×××罪一案,由本院于×年×月×日侦查终结。本院于×年×月×日告知……(同前项内容)"需要退回补充侦查的,表述为:"经审查,于×年×月×日退回补充侦查,×年×月×日补充侦查终结。"

对于其他人民检察院侦查终结后变更管辖权的案件,表述为:"本案由×××人民检察院侦查终结,以被告人×××涉嫌×××罪,于×年×月×日移送本院审查起诉。本院受理后,于×年×月×日告知……(同前项内容)"需要退回补充侦查的,按前述退回公安机关补充侦查案件的表述方式叙写。]

经依法审查查明:

……(另起一段,写明经检察机关审查认定的犯罪事实和量刑情节事实)

上述事实,有以下证据证明:

……(另起一段,分组排列各类证据并论证,包括犯罪事实证据和量刑情节证据)

上述证据收集程序合法,内容客观真实,足以认定指控事实。

[建议适用"两简"程序的案件,写明:"被告人×××对基本犯罪事实无异议。"]

本院认为,……(概括性评述被告人行为的性质、危害程度、情节轻重),其行为已触犯《中华人民共和国刑法》第×条(第×款或者第×款第×项),犯罪事实清楚,证据确实、充分,应当以×××罪追究其刑事责任。(阐述认定的量刑情节,并引用相关法律条款)根据《中华人民共和国刑事诉讼法》第一百四十一条的规定,提起公诉,请依法审判。

此致

×××人民法院

（以下内容如需换页，加括号写明："此页无正文"）

检察员：

年　月　日

（院印）

附：

1. 被告人现在处所（在押被告人的羁押场所，被监视居住、取保候审被告人的处所）。

2. 已委托诉讼代理人的被害人的姓名、住址、通讯方式（因涉及被害人隐私或者为保护被害人人身安全，而不宜在起诉书中列明的，单独移送）。

3. 证据目录×页、证人名单×页和主要证据复印件×份×页（建议适用"两简"程序审理的案件，写明："侦查卷宗×册"）。

4.《适用简易程序建议书》（《适用普通程序审理"被告人认罪案件"建议书》）一份。

5.《量刑建议书》×份。

6. 赃证物品清单×页。

7. 附带民事诉讼起诉状×份。

8. 其他需要附注的事项。

9. 相关法律条文。

《中华人民共和国刑法》

第×条

……

刑法司法解释名称

第×条

……

《中华人民共和国刑事诉讼法》

第一百四十一条

……

刑事诉讼法司法解释名称

第×条

……

（二）不起诉决定书

人民检察院不起诉决定书

沪×检刑不诉〔××××〕×号

被不起诉人……〔写明姓名、性别、出生年月日、民族、文化程度、职业或工作单位及职务（国家机关工作人员利用职权实施的犯罪，应当写明犯罪期间在何单位任何职）、住址（写居住地，如果户籍所在地与暂住地不一致的，应当写明户籍所在地和暂住地），是否受过刑事处罚，采取强制措施的种类、时间、决定机关等〕

辩护人……（姓名、单位）

本案由×××（侦查机关名称）侦查终结，以被不起诉人×××涉嫌×××罪，于×年×月×日移送本院审查起诉。本院受理后，于×年×月×日已告知被告人有权委托辩护人，并听取了被告人的辩护人×××的意见；×年×月×日告知被害人及其法定代理人（或者近亲属）、附带民事诉讼的当事人及其法定代理人有权委托诉讼代理人，并听取了意见。

（如果是自侦案件，此处写："被不起诉人×××涉嫌×××案，由本院侦查终结，于×年×月×日移送审查起诉或不起诉。本院于×年×月×日已告知被告人有权……（同前项内容）"。如果案件是其他人民检察院移送的，此处应当将指定管辖、移送单位以及移送时间等写清楚。）

（如果案件曾经退回补充侦查，应当写明退回补充侦查的日期、次数以及再次移送审查起诉的时间。）

绝对不起诉——

经本院依法审查查明：

〔（1）如果是根据《中华人民共和国刑事诉讼法》第十五条第（一）项即侦查机关移送起诉认为行为构成犯罪，经检察机关审查后认定行为情节显著轻微、危害不大，不认为是犯罪而决定不起诉的，则不起诉决定书应当先概括叙述公安机关移送审查起诉意见书认定的犯罪事实（如果是检察机关的自侦案件，则不写这部分），然后叙写检察机关审查后认定的事实及相应的证据，重点反映显著轻微的情节和危害程度较小的结果。（2）如果是行为已经构成犯罪，本应当追究刑事责任，但审查过程中有《中华人民共和国刑事诉讼法》第十五条第（二）至（六）项法定不追究刑事责任的情形，因而决定不起诉的，应当重点叙明符合法定不追究刑事责任的事实和证据,充分反映出法律规定的内容。]

本院认为,×××(被不起诉人的姓名)的上述行为,情节显著轻微、危害不大,根据《中华人民共和国刑法》第十三条之规定,不构成犯罪。依照《中华人民共和国刑事诉讼法》第十五条第(一)项和第一百四十二条第一款的规定,决定对×××(被不起诉人的姓名)不起诉。

[如果是根据刑事诉讼法第十五条第(二)至(六)项法定不追究刑事责任的情形而决定的不起诉,重点阐明不追究被不起诉人刑事责任的理由及法律依据,最后写决定不起诉的法律依据。]

相对不起诉——

经本院依法审查查明:

(概括叙写案件事实,其重点内容是有关被不起诉人具有的法定情节及检察机关酌情作出不起诉决定的具体理由的事实。要将检察机关审查后认定的事实和证据写清楚,不必叙写侦查机关移送审查时认定的事实和证据。对于尚无充分证据予以证明的事实,不能写入不起诉决定书中。在事实部分表述犯罪情节时应当以犯罪构成要件为标准,还要将体现其情节轻微的事实及符合不起诉条件的特征叙述清楚。叙述事实之后,应当将证明犯罪情节的各项证据一一列举,以阐明犯罪情节如何轻微。)

本院认为,犯罪嫌疑人×××实施了《中华人民共和国刑法》第×条规定的行为,但犯罪情节轻微,具有×××情节(此处写明从轻、减轻或免除刑事处罚具体情节的表现),根据《中华人民共和国刑法》第×条的规定,不需要判处刑罚(或者免除刑罚)。依据《中华人民共和国刑事诉讼法》第一百四十二条第二款规定,决定对×××(被不起诉人的姓名)不起诉。

被不起诉人如不服本决定,可以在收到本决定后七日内向本院申诉。

证据不足不起诉——

×××(侦查机关名称)移送审查起诉认定……(概括叙述侦查机关认定的事实),经本院审查并退回补充侦查,本院仍然认为×××(侦查机关名称)认定的犯罪事实证据不足,不符合起诉条件。依照《中华人民共和国刑事诉讼法》第一百四十条第四款的规定,决定对×××(被不起诉人的姓名)不起诉。

(如系检察机关直接受理案件,则写为:本案经本院侦查终结后,在审查起诉期间,经两次补充侦查,本院仍认为本案证据不足,不符合起诉条件。依照《中华人民共和国刑事诉讼法》第一百四十条第四款的规定,决定对×××不起诉。)

被害人如果不服本决定,可以自收到本决定书后七日以内向×××人民检察院(上一级)申诉,请求提起公诉;也可以不经申诉,直接向×××人民法院(同级)提起自诉。

×××人民检察院(院印)

年 月 日

(三) 提供法庭审判所需证据材料通知书

材料通知书

检 诉提证〔 〕 号

×××(侦查机关名称):

你×(侦查机关简称)移送审查起诉(或者侦查)的犯罪嫌疑人×××(姓名)涉嫌×××(罪名)一案,为有效地指控犯罪,根据《中华人民共和国刑事诉讼法》第一百四十条第一款的规定,请提供法庭审判所必需的下列证据材料:

……(列出法庭审判所必须提供的证据材料要求)

×××人民检察院(院印)

年 月 日

制作说明:

1. 本文书依据《刑事诉讼法》第一百四十条第一款和最高人民检察院公诉厅会同公安部刑事侦查局、海关总署走私犯罪侦查局会签下发的《加强工作联系的通知》的规定制作。为人民检察院在审查起诉过程中,公诉部门立足于法庭举证的具体需要,要求侦查机关提供法庭审判所必需的证据材料使用。

2. 本文书一式二份,一份附卷,一份送达侦查机关。

(四) 报送(移送)案件意见书

_____人民检察院报送(移送)案件意见书

检 报(移)诉〔 〕 号

×××人民检察院:

×××(侦查机关名称)于×年×月×日以×××号起诉意见书向我院移

送审查起诉的犯罪嫌疑人×××(姓名)涉嫌×××(罪名)一案,经我院审查:

……(以下写明查明的案件情况,包括:犯罪嫌疑人基本情况,本院审查认定的该案犯罪事实及其证据、适用法律的意见,以及报送上级人民检察院或者移送有管辖权的其他同级人民检察院审查起诉的理由)

根据《中华人民共和国刑事诉讼法》第一百三十八条和《人民检察院刑事诉讼规则》第二百四十八条的规定,现将案件报送(或者移送)你院,请予审查。

年　月　日
(院印)

制作说明:

1. 本文书根据《刑事诉讼法》第 138 条第 2 款和《人民检察院刑事诉讼规则》第 248 条的规定制作。为人民检察院受理同级侦查机关移送审查起诉的案件后,认为属于上一级人民检察院或其他同级人民检察院审查起诉的,而报送上一级人民检察院或同级人民检察院时使用。

2. 本文书一式三份,一份附卷,一份报送上一级人民检察院或移送同级人民检察院,一份送达移送审查起诉的侦查机关。

(五) 交办案件通知书

_____人民检察院交办案件通知书

检　交诉〔　〕　号

×××人民检察院:

×××(侦查机关名称)于×年×月×日以×××号起诉意见书向我院移送审查起诉的犯罪嫌疑人×××(姓名)涉嫌×××(罪名)一案,(对于自侦案件,写为:本院于×年×月×日侦查终结的犯罪嫌疑人×××(姓名)涉嫌×××(罪名)一案)经本院审查:

……(以下写明查明的案件情况,本院审查认定的该案犯罪事实及其证据、适用法律的意见,以及交由下级检察机关办理的理由)根据《中华人民共和国刑事诉讼法》第一百三十八条和《人民检察院刑事诉讼规则》第二百四十八条的规定,现将案件移交你院审查办理。

年　月　日
(院印)

制作说明：

1. 本文书根据《刑事诉讼法》第138条第2款和《人民检察院刑事诉讼规则》第248条的规定制作。为上级人民检察院向下级人民检察院交办需要改变管辖的审查起诉案件时使用。

2. 本文书一式三份，一份附卷，一份送达下级人民检察院，一份送达移送审查起诉的侦查机关。

对自侦案件，本文书一式二份，一份附卷，一份送达下级人民检察院。

(六) 委托辩护人告知书

制作说明：

1. 本文书根据《刑事诉讼法》第33条第2款和《人民检察院刑事诉讼规则》第三百一十五条的规定制作。为人民检察院在告知犯罪嫌疑人有权委托辩护人时使用。

2 本文书共三联，第一联统一保存备案，第二联附卷，第三联送达犯罪嫌疑人。

(七) 委托诉讼代理人告知书

制作说明：

1. 本文书根据《刑事诉讼法》第四十条第二款和《人民检察院刑事诉讼规则》第三百一十八条的规定制作。为人民检察院在告知有关当事人有权委托诉讼代理人时使用。

2. 本文书共三联，第一联统一保存备案，第二联附卷，第三联送达被告知人。

(八) 辩护律师收集案件材料许可证

制作说明：

1. 本文书根据《刑事诉讼法》第三十七条第二款和《人民检察院刑事诉讼规则》第三百二十四条的规定制作。为人民检察院在许可辩护律师向有关人员收集案件材料时使用。

2. 本文书共三联，第一联统一保存备案，第二联附卷，第三联送达申请人。

(九) 补充移送起诉通知书

_____人民检察院补充移送起诉通知书

检 补诉〔 〕 号

一、送达单位。

二、写明原起诉意见书文号及犯罪嫌疑人姓名、涉嫌罪名,以及移送审查起诉时间。

三、写明需要补充移送起诉的犯罪嫌疑人姓名、犯罪事实、触犯的刑法条款、需要审查起诉的理由(如果需要补充移送起诉多名犯罪嫌疑人的,应当分别叙写)。

四、写明要求补充移送起诉的法律依据(《刑事诉讼法》第137条第2项)和要求(及时或者在一定期限内补充移送起诉,并提供必需的证据材料)。

年 月 日

(院印)

制作说明:

1. 本文书根据《刑事诉讼法》第137条第2项和《人民检察院刑事诉讼规则》第280条的规定制作。为人民检察院在要求补充移送起诉其他应当追究刑事责任的犯罪嫌疑人时使用。

2. 本文书一式二份,一份给送达单位,一份附卷。

(十) 提起公诉案件证人名单

制作说明:

1. 本文书根据《刑事诉讼法》第一百五十条和《人民检察院刑事诉讼规则》第二百八十二条的规定制作。为人民检察院在将案件提起公诉时使用。

2. 本文书与起诉书一并移送人民法院。

3. 证人名单填完后余下的空格应当划掉,并注明"以下空白"字样。

4. 本文书一式二份,一份移送人民法院,一份附卷。

(十一) 提起公诉案件证据目录

制作说明:

1. 本文书根据《刑事诉讼法》第150条和《人民检察院刑事诉讼规则》第282条的规定制作。为人民检察院在将案件提起公诉时使用。

2. 本文书与起诉书一并移送人民法院。

3. 证据目录填完后余下的空格应当划掉,并注明"以下空白"字样。

4. 本文书一式二份,一份移送人民法院,一份附卷。

(十二) 派员出席法庭通知书

制作说明:

1. 本文书根据《刑事诉讼法》第175条、第188条和《人民检察院刑事诉讼规则》第 310 条、第 359 条、第 367 条的规定制作。为人民检察院在通知人民法院派检察人员出席法庭时使用。

2. 本文书共三联,第一联统一保存备案,第二联附卷,第三联送达人民法院。

(十三) 换押证

制作说明:

1. 本文书根据《刑事诉讼法》第 138 条第 2 款、第 140 条第 2 款、第 141 条和《人民检察院刑事诉讼规则》第 248 条、第 266 条、第 279 条的规定制作。为人民检察院将案件移送人民法院或退回侦查机关补充侦查或改变管辖后通知看守所有关事宜与人民法院或侦查机关联系时使用。

2. 本文书共三联,第一联统一保存备案,第二联附卷,第三联送达看守所。

(十四) 适用简易程序建议书

制作说明:

1. 本文书根据《刑事诉讼法》第 174 条和《人民检察院刑事诉讼规则》第 307 条的规定制作。为人民检察院在建议人民法院适用简易程序时使用。

2. 本文书共三联,第一联统一保存备案,第二联附卷,第三联送达人民法院。

(十五) 适用简易程序意见书

制作说明:

1. 本文书根据《刑事诉讼法》第一百七十四条和《人民检察院刑事诉讼规则》第三百零八条的规定制作。为人民检察院在答复是否同意人民法院适用简易程序时使用。

2. 本文书共三联,第一联统一保存备案,第二联附卷,第三联送达人民法院。

(十六) 公诉意见书

人民检察院公诉意见书

被告人×××

案由×××

起诉书号×××

审判长、审判员(人民陪审员):

根据《中华人民共和国刑事诉讼法》第一百五十三条、第一百六十条、第一

百六十五条和第一百六十九条的规定,我(们)受×××人民检察院的指派,代
表本院,以国家公诉人的身份,出席法庭支持公诉,并依法对刑事诉讼实行法律
监督。现对本案证据和案件情况发表如下意见,请法庭注意:

……(结合案情重点阐述以下问题

一、根据法庭调查的情况,概述法庭质证的情况、各证据的证明作用,并运
用各证据之间的逻辑关系证明被告人的犯罪事实情况,证据确实充分。

二、根据被告人的犯罪事实,论证应适用的法律条款并提出定罪及从重、从
轻、减轻处罚等意见。

三、根据庭审情况,在揭露被告人犯罪行为的社会危害性的基础上,做必要
的法制宣传和教育工作。)

综上所述,起诉书认定本案被告人×××的犯罪事实清楚,证据确实充分,
依法应当认定被告人有罪,并应(从重、从轻或者减轻)处罚。

公诉人:

年　　月　　日当庭发表

制作说明:

1. 本文书是依据《刑事诉讼法》第153条、第160条、第165条、第169条和
《人民检察院刑事诉讼规则》第330条、第331条、第347条的规定制作。为公
诉人在法庭上对证据和案件情况集中发表意见时使用。

2. 本文书集中表达公诉人意见,制作和发表时注意与答辩意见等法庭上公
诉人发表的意见合理分工,各有侧重点。

3. 本文书第三部分可视情况决定是否制作。

(十七) 延期审理建议书

制作说明:

1. 本文书根据《刑事诉讼法》第165条、第195条和《人民检察院刑事诉讼
规则》第348条的规定制作。为人民检察院在建议人民法院延期审理时使用。

2. 本文书共三联,第一联统一保存备案,第二联附卷,第三联送达人民
法院。

(十八) 撤回起诉决定书

制作说明:

1. 本文书依据《刑事诉讼法》第351条的规定制作。为人民检察院在作出

撤回起诉决定时使用。

2. 本文书以被撤回起诉的被告人为单位制作。

3. 本文书共三联,第一联统一保存备案,第二联附卷,第三联送达人民法院。

(十九) 移送不起诉案件材料通知书

制作说明:

1. 本文书根据《刑事诉讼法》第145条和《人民检察院刑事诉讼规则》第三百零二条的规定制作。为人民检察院在对被害人不服不起诉决定而直接向人民法院起诉,人民法院受理案件后,将该案有关材料移送人民法院时使用。

2. 本文书共三联,第一联统一保存备案,第二联送达人民法院,第三联退回后附卷。

(二十) 移送有关主管机关处理违法所得意见书

制作说明:

1. 本文书根据《刑事诉讼法》第142条第3款和《人民检察院刑事诉讼规则》第291条第2款的规定制作。为人民检察院对决定不起诉的案件,需要没收犯罪嫌疑人违法所得的,移送有关主管机关处理时使用。

2. 本文书与《移送有关主管机关处理违法所得清单》一并使用。

3. 本文书共五联,第一联统一保存备案,第二联附卷,第三联送达被不起诉人,第四联送达有关主管机关,第五联退回后附卷。

(二十一) 移送有关主管机关处理违法所得清单

制作说明:

1. 本文书根据《刑事诉讼法》第142条第2款和《人民检察院刑事诉讼规则》第二百九十一条的规定制作。为人民检察院对决定不起诉的案件,需要没收犯罪嫌疑人违法所得的,移送有关主管机关处理时使用。

2. 本文书与《移送有关主管机关处理违法所得意见书》一并使用。

3. 本文书一式四份,一份附卷,一份送达有关主管机关,一份送达被不起诉人,一份送被扣押、冻结违法所得保管人。四份清单使用同一编号。

(二十二) 撤销不起诉决定书

制作说明:

1. 本文书根据《刑事诉讼法》第305条、第306条的规定制作。为人民检察院发现不起诉决定确有错误、撤销不起诉决定时使用。

2. 批准人一栏填写作出决定的检察长姓名或检察委员会。

3. 本文书共三联,第一联统一保存备案,第二联附卷,第三联送达被不起诉人,如果是上级人民检察院撤销的,送达作出不起诉决定的下级人民检察院。

(二十三) 提请抗诉报告书

_____人民检察院提请抗诉报告书

检　提抗〔　〕　号

×××人民检察院:

本院×年×月×日收到×××人民法院×年×月×日×××号对被告人×××一案的刑事判决(裁定)书。经本院审查认为:该判决(裁定)确有错误。现将审查情况报告如下:

  ……

(以下一次写明:

一、原审被告人基本情况及审查认定后的犯罪事实。

二、一审法院、二审法院的审判情况。

三、判决、裁定错误之处,提请抗诉的理由和法律依据。

四、本院检察委员会讨论情况。)

为保证法律的统一、正确实施,特提请你院通过审判监督程序对此案提出抗诉。现将×××案卷随文上报,请予审查。

年　月　日
(院印)

制作说明:

1. 本文书依据《刑事诉讼法》第205条第3款和《人民检察院刑事诉讼规则》第406条、第408条的规定制作。为下级人民检察院审查发现同级人民法院已经生效的判决、裁定确有错误而提请上级人民检察院依法抗诉时使用。

2. 本文书一份附卷,提请最高人民检察院抗诉时报22份;提请其他上一级

483

人民检察院抗诉时根据各地要求份数上报。

（二十四）抗诉请求答复书

制作说明：

1. 本文书根据《刑事诉讼法》第182条和《人民检察院刑事诉讼规则》第402条的规定制作。为人民检察院在答复被害人及其法定代理人抗诉请求时使用。

2. 本文书共三联，第一联统一保存备案，第二联附卷，第三联送达抗诉请求人。

（二十五）支持刑事抗诉意见书

_____人民检察院支持刑事抗诉意见书

检　支刑抗〔　〕　号

×××人民检察院：

　　×××人民检察院以×××号刑事抗诉书对×××人民法院×××号（写明被告人姓名、案由）一案的刑事判决（裁定）提出抗诉。本院审查后认为，抗诉正确，应予支持。……（简要说明支持的理由，可以在原刑事抗诉书的基础上改变或补充新的抗诉理由，也可以变更原抗诉请求）

　　综上所述，为维护司法公正，准确惩治犯罪，依照《中华人民共和国刑事诉讼法》第一百八十八条的规定，请你院依法纠正。

×××人民检察院（院印）
年　月　日

制作说明：

1. 本文书根据《刑事诉讼法》第一百八十八条和《人民检察院刑事诉讼规则》第三百五十九条、第三百六十条、第四百零三条的规定制作。为上级人民检察院在支持下级人民检察院刑事抗诉时使用。

2. 上级人民检察院对下级人民检察院的刑事抗诉意见，可以全部支持，可以部分支持，也可以予以改变，并通知提起抗诉的下级人民检察院。

（二十六）刑事抗诉书格式一（二审程序适用）

＿＿＿＿人民检察院刑事抗诉书

检　刑　抗〔　〕　号

×××人民法院以××号刑事判决书（裁定书）对被告人×××（姓名）×××（案由）一案判决（裁定）……（判决、裁定结果）。本院依法审查后认为（如果是被害人及其法定代理人不服地方各级人民法院第一审的判决而请求人民检察院提出抗诉的，应当写明这一程序，然后再写"本院依法审查后认为"），该判决（裁定）确有错误（包括认定事实有误、适用法律不当、审判程序严重违法），理由如下：

……（根据不同情况，理由从认定事实错误、适用法律不当和审判程序违法等几方面阐述）

综上所述……（概括上述理由），为维护司法公正，准确惩治犯罪，依照《中华人民共和国刑事诉讼法》第一百八十一条的规定，特提出抗诉，请依法判处。

此致

×××人民法院

×××人民检察院（院印）

年　月　日

附：

1. 被告人×××现羁押于×××（或者现住×××）。

2. 新的证人名单或者证据目录。

制作说明：

二审程序适用的刑事抗诉书由首部、原审判决（裁定）情况、检察院审查意见和抗诉理由、结论意见和要求、尾部、附注组成：

1. 首部

注明所在省（自治区、直辖市）的名称，不能只写地区级市、县、区院名；如果是涉外案件，要冠以"中华人民共和国"字样。

2. 原审判决、裁定情况

（1）不写被告人的基本情况；

（2）案由，如果检法两家认定罪名不一致时，应该分别表述；

（3）如果侦查、起诉、审判阶段没有超时限等程序违法现象，不必写明公安、检察与法院的办案经过,只简要写明法院判决、裁定的结果。

3. 审查意见

这一部分的内容是检察机关对原判决(裁定)的审查意见,目的是明确指出原判决(裁定)的错误所在,告知二审法院,检察院抗诉的重点是什么。这部分要观点鲜明,简明扼要。

4. 抗诉理由

针对事实确有错误、适用法律不当或审判程序严重违法等不同情况,叙写抗诉理由。

(1) 如果法院认定的事实错误,则要针对原审裁判的错误之处,提出纠正意见,强调抗诉的针对性。对于有多起"犯罪事实"的抗诉案件,只叙述原判决(裁定)认定事实不当的部分,认定没有错误的,可以只肯定一句"对……事实的认定无异议"即可。突出检、法两家的争议重点,体现抗诉的针对性。对于共同犯罪案件,也可以作类似处理,即只对原判决(裁定)漏定或错定的部分被告人犯罪事实作重点叙述,对其他被告人的犯罪事实可简写或不写。

关于"证据部分",应该在论述事实时有针对性地列举证据,说明证据的内容要点及其与犯罪事实的联系。

刑事抗诉书中不能追诉起诉书中没有指控的犯罪事实。

如有自首、立功等情节,应在抗诉书中予以论述。

(2) 如果法院适用法律有误,主要针对犯罪行为的本质特征,论述应该如何认定行为性质,从而正确适用法律。要从引用罪状、量刑情节等方面分别论述。

(3) 如果法院审判程序严重违法,抗诉书就应该主要根据刑事诉讼法及其有关司法解释,逐个论述原审法院违反法定诉讼程序的事实表现,再写明影响公正判决的现实或可能性,最后阐述法律规定的正确诉讼程序。

5. 结论性意见、法律根据、决定和要求事项

刑事抗诉书中结论性意见应当简洁、明确。在要求事项部分,应写明:"特提出抗诉,请依法判处。"

6. 尾部

尾部署名方式,署检察院名称并盖院印。

7. 附注

对于未被羁押的原审被告人,应将住所或居所明确写明。证据目录和证人

名单如果与起诉书相同,可不另附。

(二十七) 刑事抗诉书格式二(审判监督程序适用)

_____人民检察院刑事抗诉书

检　刑抗〔　〕　号

原审被告人⋯⋯(依次写明姓名、性别、出生年月日、民族、出生地、职业、单位及职务、住址、服刑情况。有数名被告人的,以犯罪事实情节由重至轻的顺序分别列出)

×××人民法院以×××号刑事判决书(裁定书)对被告人×××(姓名)×××(案由)一案判决(裁定)⋯⋯(写明生效的一审判决、裁定或者一审及二审判决、裁定情况)经依法审查(如果是被告人及其法定代理人不服地方各级人民法院的生效判决、裁定而请求人民检察院提出抗诉的,或者有关人民检察院提请抗诉的,应当写明这一程序,然后再写"经依法审查"),本案的事实如下:

⋯⋯(概括叙述检察机关认定的事实、情节。应当根据具体案件事实、证据情况,围绕刑法规定该罪的构成要件特别是争议问题,简明扼要地叙述案件事实、情节。一般应当具备时间、地点、动机、目的、关键行为情节、数额、危害结果、作案后表现等有关定罪量刑的事实、情节要素。一案有数罪、各罪有数次作案的,应当依由重至轻或者时间顺序叙述)

本院认为,该判决(裁定)确有错误(包括认定事实有误、适用法律不当、审判程序严重违法),理由如下:

⋯⋯(根据情况,理由从认定事实错误、适用法律不当和审判程序严重违法等几方面论述)

综上所述⋯⋯(概括上述理由),为维护司法公正,准确惩治犯罪,依照《中华人民共和国刑事诉讼法》第二百零五条第三款的规定,对×××法院×××号刑事判决(裁定)书,提出抗诉,请依法判决。

此致
×××人民法院

×××人民检察院(院印)

年　月　日

487

附：

1. 被告人×××现羁押于×××(或者现住×××)。

2. 新的证人名单或者证据目录。

制作说明：

审判监督程序适用的刑事抗诉书由首部、原审被告人基本情况、生效判决或裁定概况、对生效判决或裁定的审查意见(含事实认定)、抗诉理由、抗诉决定、尾部、附注组成。

1. 首部

注明所在省(自治区、直辖市)的名称,不能只写市院名;如果是涉外案件,要注明"中华人民共和国"的字样。

2. 原审被告人基本情况

被告人年龄、出生日期、住址等;被告人的身份证号码、出生地;刑满释放或者假释的具体日期等。

3. 诉讼过程、生效判决或裁定概况

如果是一审生效判决或裁定,不仅要写明一审判决或裁定的主要内容,还要写明一审判决或裁定的生效时间。如果是二审终审的判决或裁定,应该分别写明一审和二审判决或裁定的主要内容,此外,还应该写明提起审判监督程序抗诉的原因。

4. 对生效判决或裁定的审查意见(含事实认定)

(1) 事实认定与证据

对于原审判决、裁定中认定的事实或新发现的事实、证据,应该作比较详细的介绍。

(2) 审查意见

这一部分的内容是检察机关对原判决(裁定)的审查意见,目的是明确指出原判决(裁定)的错误所在,告知再审法院,检察院抗诉的重点是什么。这部分要观点鲜明,简明扼要。

5. 抗诉理由

针对事实确有错误、适用法律不当或审判程序严重违法等不同情况,叙写抗诉理由。

(1) 如果法院认定的事实错误,则要针对原审裁判的错误之处,提出纠正意见,强调抗诉的针对性。对于有多节"犯罪事实"的抗诉案件,只叙述原判决(裁定)认定事实不当的部分,认定没有错误的,可以只肯定一句"对……事实的认定无异议"即可。突出检、法两家的争议重点,体现抗诉的针对性。对于共同犯罪案件,也可以作类似处理,即只对原判决(裁定)漏定或错定的部分被告人犯罪事实作重点叙述,对其他被告人的犯罪事实可简写或不写。

关于"证据部分",应该在论述事实时有针对性地列举证据,说明证据的内容要点及其与犯罪事实的联系。

刑事抗诉书中不能追诉起诉书中没有指控的犯罪事实。

如有自首、立功等情节,应在抗诉书中予以论述。

(2) 如果法院适用法律有误,主要针对犯罪行为的本质特征,论述应该如何认定行为性质,从而正确适用法律。要从引用罪状、量刑情节等方面分别论述。

(3) 如果法院审判程序严重违法,抗诉书就应该主要根据《刑事诉讼法》及有关司法解释,逐个论述原审法院违反法定诉讼程序的事实表现,再写明影响公正判决的现实或可能性,最后阐述法律规定的正确诉讼程序。

6. 结论性意见、法律根据、决定和要求事项

刑事抗诉书中结论性意见应当简洁、明确。在要求事项部分,应写明:"特提出抗诉,请依法判处。"

7. 尾部

署名方式,署检察院名称并盖院印。

(二十八) 抗诉(上诉)案件出庭检察员意见书

_____人民检察院抗诉(上诉)案件出庭检察员意见书

提起公诉机关×××起诉书号×××

一审法院×××判决书号×××

提起抗诉机关×××抗诉书号×××(上诉人×××)

二审法院×××

被告人×××……(案由)

审判长、审判员:

根据《中华人民共和国刑事诉讼法》第一百八十八条的规定,我(们)受×××人民检察院指派,代表本院,出席本法庭,依法执行职务。现对本案证据、案

件情况和原审人民法院判决（裁定）发表如下意见，请法庭注意：

……（一、论证本案犯罪事实清楚，证据确实充分，或者一审法院认定事实、证据疏漏、有误之处；

二、揭露被告人犯罪行为性质、严重程度、评析抗诉（上诉）理由；

三、论证原审判决适用法律、定罪量刑是否正确，有误的，应提出改判的建议）

检察员：

年　月　日当庭发表

制作说明：

1. 本文书依据《刑事诉讼法》第 188 条的规定制作。为出庭检察人员在抗诉案件或者上诉案件集中发表检察意见时使用。

2. 本文书只作一份，当庭发表后附卷。

（二十九）撤回抗诉决定书

制作说明：

1. 本文书依据《刑事诉讼法》第 185 条第 2 款和《人民检察院刑事诉讼规则》第 403 条的规定制作。为上级人民检察院在决定撤回下级人民检察院抗诉时使用。

2. 本文书共四联，第一联统一保存备案，第二联附卷，第三联送达同级人民法院，第四联（通知书）送达提出抗诉的下级人民检察院。

（三十）纠正审理违法意见书

＿＿＿＿＿＿＿人民检察院纠正审理违法意见书

检　纠审〔　〕　号

一、发往单位。

二、说明在审理中发现违法的情况。

三、认定违法的事实和证据。

四、认定违法的理由和法律依据。

五、提出纠正意见。

年　月　日

（院印）

制作说明:

1. 本文书依据《刑事诉讼法》第 169 条和《人民检察院刑事诉讼规则》第 391 条、第 392 条的规定制作。为人民检察院在纠正审判机关审理案件违法时使用。

2. 本文书一式二份,一份送达人民法院,一份附卷。

参考书目

译著类

［1］［美］诺曼·嘉兰等：《执法人员刑事证据教程》，但彦铮等译，中国检察出版社 2007 年版。

［2］［美］约翰·斯特龙等：《麦考密克论证据》，汤维建等译，中国政法大学出版社 2003 年版。

［3］［美］琳达·E.卡特、埃伦·S.克赖斯伯格、斯科特·W豪尔：《美国死刑法精解》，王秀梅、邱陵、曾赛刚译，北京大学出版社 2009 年版。

［4］［英］凯伦·法林顿：《刑罚的历史》，陈丽红等译，希望出版社 2004 年版。

［5］［英］罗吉尔·胡德：《死刑的全球考察》，刘仁文、周振杰译，中国人民公安大学出版社 2005 年版。

［6］［德］英戈·穆勒：《恐怖的法官——纳粹时期的司法》，王勇译，中国政法大学出版社 2000 年版。

［7］［法］米歇尔·福柯：《规训与惩罚》，刘北成、杨远婴译，三联书店 2007 年版。

［8］［意］贝卡里亚：《论犯罪与刑罚》，黄风译，中国法制出版社 2005 年版。

［9］［日］谷口安平：《程序的正义与诉讼》，王亚新、刘荣军译，中国政法大学出版社 1996 年版。

［10］［古罗马］塔西陀：《阿古利可拉传·日耳曼尼亚志》，马雍译，商务印书馆 1977 年版。

著作类

［1］陈瑞华：《比较刑事诉讼法》，中国人民大学出版社 2010 年版。

［2］陈瑞华：《刑事诉讼的中国模式》，法律出版社 2010 年版。

［3］林钰雄：《刑事诉讼法（上、下册）》，中国人民大学出版社 2005 年版。

［4］林钰雄：《检察官论》，法律出版社 2008 年版。

［5］杜世项：《出庭公诉研究》，中国检察出版社 2000 年版。

［6］邓思清：《检察权研究》，北京大学出版社 2007 年版。

［7］顾永忠：《刑事上诉程序研究》，中国人民公安大学出版社 2003 年版。

［8］颜玉康：《刑事第二审检察》，法律出版社 2006 年版。

［9］张智辉：《检察权研究》，中国检察出版社 2007 年版。

［10］熊红文：《公诉实战技巧》，中国检察出版社 2007 年版。

［11］王昕：《公诉运行机制实证研究——以 C 市 30 年公诉工作为例》，中国检察出版社 2010

年版。

[12] 皮勇:《刑事诉讼中的电子证据规则研究》,中国人民公安大学出版社 2005 年版。

[13] 宋英辉:《刑事诉讼目的论》,中国人民公安大学出版社 1995 年版。

[14] 左卫民:《刑事程序问题研究》,中国政法大学出版社 1999 年版。

[15] 王新环:《公诉权原论》,中国人民公安大学出版社 2006 年版。

[16] 郝银钟:《刑事公诉权原理》,人民法院出版社 2004 年版。

[17] 陈兴良:《死刑备忘录》,武汉大学出版社 2006 年版。

[18] 崔敏:《死刑考论——历史 现实 未来》,中国人民公安大学出版社 2008 年版。

[19] 胡兴东:《中国古代死刑制度史》,法律出版社 2008 年版。

[20] 卢建平:《刑事政策学》,中国人民大学出版社 2007 年版。

[21] 曲新久:《刑事政策的权力分析》,中国政法大学出版社 2002 年版。

[22] 邱兴隆:《刑罚理性评论》,中国政法大学出版社 1999 年版。

[23] 沈家本:《历代刑法考》,中国检察出版社 2003 年版。

[24] 魏健馨:《和谐与宽容——宪法视野下的公民精神》,法律出版社 2006 年版。

[25] 周密:《中国刑法史纲》,北京大学出版社 1998 年版。

[26] 赵秉志:《死刑改革探索》,法律出版社 2006 年版。

[27] 张文:《十问死刑》,北京大学出版社 2006 年版。

[28] 季刚、刘晶:《公诉规则与实务》,检察出版社 2006 年版。

[29] 蒋萍、杨莉莉:《电子证据》,清华大学出版社、中国人民公安大学出版社 2007 年版。

[30] 姜伟、钱舫、徐鹤喃、卢宇蓉:《公诉制度教程》,中国检察出版社 2007 年版。

[31] 樊崇义等:《刑事诉讼法再修改理性思考》,中国人民公安大学出版社 2008 年版。

[32] 樊崇义等:《证据法学》,法律出版社 2000 年版。

[33] 孙谦主编:《中国检察制度论纲》,人民出版社 2004 年版。

[34] 孙谦主编:《检察理论研究综述(1999—2009)》,中国检察出版社 2009 年版。

[35] 姜伟主编:《公诉业务教程》,中国检察出版社 2003 年版。

[36] 姜伟主编:《公诉业务教程》,中国检察出版社 2005 年版。

[37] 何家弘主编:《外国证据法》,法律出版社 2003 年版。

[38] 何家弘主编:《证据学论坛(第 4 卷)》,中国检察出版社 2002 年版。

[39] 张军主编:《刑事证据规则理解与适用》,法律出版社 2010 年版。

[40] 陈卫东主编:《刑事二审开庭程序研究》,中国政法大学出版社 2008 版。

[41] 梁国庆主编:《中国检察业务教程》,中国检察出版社 2002 年版。

[42] 胡锡庆主编:《刑事诉讼法学》,法律出版社 2000 年第 1 版。

[43] 张书华主编:《公诉方略》,吉林大学出版社 2009 年版。

[44] 熊选国主编:《〈人民法院量刑指导意见〉与〈关于规范量刑程序若干问题的意见〉理解与适用》,法律出版社 2010 年版。

[45] 陈卫东主编:《中欧遏制酷刑比较研究》,北京大学出版社 2008 年版。

[46] 陈泽宪主编:《死刑——中外关注的焦点》,中国人民公安大学出版社 2005 年版。

[47] 贾宇主编:《死刑研究》,法律出版社 2006 年版。

[48] 邱兴隆主编:《比较刑法》(第一卷死刑专号),中国检察出版社 2001 年版。

[49] 曾宪义主编:《中国法制史》,中国人民大学出版社 2006 年版。

[50] 杨宇冠主编:《死刑案件的程序控制》,中国人民公安大学出版社 2010 年版。

[51] 吴光裕主编:《出庭检察官实务教程》,上海社会科学院出版社 2001 年版。

[52] 周永年主编:《刑事抗诉重点与方法》,中国检察出版社 2008 版。

[53] 童建明、万春主编:《中国检察体制改革论纲》,中国检察出版社 2008 年版。

[54] 张穹、姜伟主编:《公诉问题研究》,中国人民公安大学出版社 2000 年版。

[55] 朱孝清、张智辉主编:《检察学》,中国检察出版社 2010 年版。

[56] 何勤华、夏菲主编:《西方刑法史》,北京大学出版社 2006 年版。

[57] 高铭暄、赵秉志编:《中国刑法立法文献资料精选》,法律出版社 2007 年版。

[58] 全国人大常委会法制工作委员会刑法室编:《中华人民共和国刑事诉讼法条文说明、立法理由及相关规定》,北京大学出版社 2008 年版。

论文类

[1] 孙谦:《设置行政公诉制度的价值目标与制度构想》,载《中国社会科学》2011 年第 1 期。

[2] 朱孝清:《检察官客观公正义务在中国的发展完善》,载《中国法学》2009 年第 2 期。

[3] 朱孝清:《论量刑建议》,载《中国法学》2010 年第 3 期。

[4] 朱孝清:《论刑事抗诉的属性》,载《刑事司法指南(总第 44 集)》,法律出版社 2011 年版。

[5] 向泽选:《刑事审判监督机制论》,载《政法论坛》2008 年第 1 期。

[6] 汪海燕:《一部被"折扣"的法律———析〈律师法〉与〈刑事诉讼法〉的冲突》,载《政法论坛》2009 年第 3 期。

[7] 汪习根、陈焱光:《论知情权》,载《法治与社会发展》2003 年第 2 期。

[8] 乔志华、李小平:《规范示证质证认证,强化出庭公诉效果》,载《人民检察》1998 年第 1 期。

[9] 刘少英、庞良程:《析公诉权与审判监督权的独立行使》,载《人民检察》1999 年第 11 期。

[10] 张开红、徐俐:《试论多媒体举证系统的合理运用》,载《人民检察》2002 年第 10 期。

[11] 李忠诚:《律师会见权和阅卷权问题》,载《人民检察》2008 年第 7 期。

[12] 程荣斌等:《从修订后律师法看检察机关保障律师阅卷权制度的完善》,载《人民检察》2008 年第 18 期。

[13] 杨宇冠:《权利告知的国际规定与我国刑诉法的完善》,载《人民检察》2008 年第 24 期。

[14] 刘军、李勇:《公诉审查报告制作要点》,载《人民检察》2009 年第 12 期。

[15] 方华:《刑事再审程序存在的问题与立法应对》,载《人民检察》2010 年第 5 期。

[16] 王军、侯亚辉、吕卫华:《〈人民检察院开展量刑建议工作的指导意见(试行)〉解读》,载《人民检察》2010 年第 8 期。

[17] 董皞:《改革我国司法机关多重职能体制之思考》,载《人民司法》1997 年第 10 期。

[18] 徐美君:《论补充侦查制度》,载《中国刑事法杂志》1998 年第 5 期。

[19] 颜玉康:《论刑事证据审查的程序和规则》,载《中国刑事法杂志》2000 第 4 期。

[20] 汪建成、孙远:《刑事鉴定结论研究》,载《中国刑事法杂志》2000 年第 5 期。

[21] 〔德〕约阿希姆·赫尔曼:《日本死刑若干问题思考》,颜九红译,载《中国刑事法杂志》

2003 年第 5 期。

[22] 张少林、卜文：《刑事印证之研究》，载《中国刑事法杂志》2010 年第 2 期。

[23] 卞建林：《我国司法权威的缺失与树立》，载《法学论坛》2010 年第 1 期。

[24] 邓思清：《论我国刑事审判监督制度的缺陷与完善》，载《国家检察官学院学报》2004 年第 1 期。

[25] 向泽选：《刑事审判监督的制度缺陷与完善》，载《国家检察官学院学报》2006 年第 4 期。

[26] 王亦农、龚农：《刑事案件阅卷审查的思维方法》，载《中国检察官》2010 年第 7 期。

[27] 雷文波：《浅论对自诉案件的法律监督》，载《检察实践》，2005 年第 5 期。

[28] 张琳、夏莉：《浅析刑事自诉案件的法律监督》，载《安徽警官职业学院学报》，2007 年第 6 期。

[29] 昌学文、李国超：《浅谈审查起诉阶段讯问犯罪嫌疑人的完善》，载《法制与经济》2009 年第 2 期。

[30] 刘金林：《海峡两岸死刑制度之比较研究》，载《法学评论》1999 年第 6 期。

[31] 陈霁蕾、曹化：《刍议检察机关刑事审判监督制度》，载《犯罪研究》2009 年第 4 期。

[32] 皇甫长城：《对上级法院指令再审的审监抗案件检察机关如何出庭》，载《上海检察调研》2010 年第 8 期。

[33] 王戬：《法律监督权：我国检察机权的本质属性》，载《中国检察（第 14 卷）》，北京大学出版社 2007 年版，第 5 页。

[34] 顾永忠：《检察人员二审出庭问题研究》，载张智辉主编：《中国检察（第十九卷）》，中国检察出版社 2010 年版。

[35] 张新民：《〈最高人民法院关于刑事再审案件开庭审理程序的具体规定（试行）〉的理解与适用》，载沈德咏主编：《最新再审司法解释适用与再审改革研究》，人民法院出版社 2003 年版。

[36] 高宝林：《讯问技巧的运用》，载《森林公安》2006 年第 1 期。

[37] 胡之芳、胡之惠：《论审查起诉中的补充侦查》，载《政法学刊》2009 年第 2 期。

[38] 周健辉：《律师阅卷亟待明确四个问题》，载《检察日报》2008 年 6 月 10 日第 3 版。

[39] 耿磊：《如何制定完备的退回补充侦查提纲》，载《检察日报》2010 年 12 月 14 日，第 3 版。

[40] 〔德〕汉斯·约阿希姆·希尔施：《关于死刑》，冯军译，载刘明祥主编：《武大刑事法论坛》，中国人民公安大学出版社 2005 年版，第 320 页。

[41] 卢映杰：《死刑存在＝犯罪被害人之保护？——简论德国与台湾之被害人保护措施》，载《月旦法学杂志》2004 年第 10 期。

[42] 〔美〕罗伯特·萨摩尔、阿尔西·莫兹：《事实真实、法律真实与历史事实：事实、法律和历史》，徐卉译，载《公法》第 4 卷。

[43] 温军：《刑事诉讼检察监督问题研究》，载戴玉忠、万春主编：《刑事诉讼法再修改与检察监督制度的立法完善》，中国检察出版社 2008 年版。

[44] 谢荣勇：《抗诉外审判监督途径的探索》，载戴玉忠、万春主编：《刑事诉讼法再修改与检察监督制度的立法完善》，中国检察出版社 2008 年版。

[45] 万毅：《法律监督的模式转型——由"外在形"监督到"参与型"监督》，载上海市人民检

察院《"法律监督的途径与方式暨检察建议理论与实践"研讨会论文集》。

[46] 潘详均等:《法院启动刑事再审情况实证研究——以 C 省为视角》,载徐静村主编:《刑事诉讼前沿研究(第七卷)》,中国检察出版社 2008 年版。

[47] 重庆市人民检察院第一分院课题组:《刑事再审抗诉机制研究》,载徐静村主编:《刑事诉讼前沿研究(第八卷)》,中国检察出版社 2010 年版。

[48] 冯耀辉:《论检察监督与程序公正》,载《检察制度理论思索与研究》,中国检察出版社 2005 年版。

[49] 徐鹤鸣、张忠平:《对刑事审判简易程序进行有效法律监督问题研究》,http://10.31.5.200/was5/web/detail? record。

其他类

[1] 朱孝清:《充分发挥公诉职能作用,深入推进三项重点工作,维护社会和谐稳定和公平正义——在全国检察机关第四次公诉工作会议上的讲话(2010 年 6 月 30 日)》。

[2] 中华人民共和国国务院新闻办公室:《中国的反腐败和廉政建设(2010 年 12 月)》。

[3] 《最高法院有关方面负责人就〈关于刑事再审案件开庭审理程序的规定〉答本报记者问》,载《人民法院报》2002 年 1 月 7 日。

[4] 方工:《司法权威树立公平正义可期》,载《检察日报》2009 年 9 月 24 日。

[5] 《人民检察院法律文书格式》,中国检察出版社 2002 年版。

后 记

本书的编写历时半年有余，全部利用业余时间完成，是上海检察机关各级同仁集体智慧和辛勤付出的结晶。全书编写具体分工如下（以编写章节为序）：

皇甫长城（上海市人民检察院公诉一处）：第一章第一节、第二节（合写）；第二章第八节（合写）；第三章第一节、第八节；

曹化（上海市人民检察院公诉一处）：第一章第二节（合写）；第二章第一节、第六节（合写）、第八节（合写）；

邹积超（上海市黄浦区人民检察院）：第二章第二、三、四、五、六（合写）、七、九节；

谷晓丽（上海市宝山区人民检察院）：第三章第二、三、四、五、六、七节；

徐亚之（上海市金山区人民检察院）：第三章第十节；

何继清（上海市徐汇区人民检察院）：第四章；

安宁（上海市人民检察院公诉二处）：第五章。

全书由上海市人民检察院公诉一处王震、陈茜茜、皇甫长城统稿，最后由我审定。

编写过程中，上海市人民检察院第二分院副检察长、全国检察业务专家周永年同志，上海市金山区院检察长、全国检察业务专家龚培华同志，《检察风云》杂志社总编吴元浩同志，上海市人民检察院公诉一处处长李宁同志、公诉二处处长高孝义同志以及上海市浦东新区人民检察院副检察长、全国检察业务专家贺卫同志，上海市人民检察院第二分院公诉处处长、上海市检察业务专家陈为钢同志，提出了非常中肯的修改意见，为本书的出版付出了大量心血，在此一并致谢！

由于水平有限，错误在所难免，恳请批评指正。

余啸波谨记
2012 年 1 月 31 日